古代 韓日交流史

고대 한일교류사

지은이

박천수朴天秀

1987 경북대학교 인문대학 고고인류학과 학사
1991 경북대학교 대학원 고고인류학과 석사
1996 大阪大學 大學院 문학연구과 박사
1997 경북대학교 인문대학 고고인류학과 전임강사
현 경북대학교慶北大學校 고고인류학과考古人類學科 교수敎授
경북대학교慶北大學校 박물관장博物館長

저서
『실크로드 문명교류사文明交流史 서설序說 Ⅰ, Ⅱ, Ⅲ-초원로草原路, 사막로沙漠路, 해로海路』(2021)
『가야각국사加耶各國史 1-비화가야非火加耶-』(2019)
『가야문명사加耶文明史』(2018)
『신라新羅와 일본日本』(2016)
『일본日本 속 고대古代 한국문화韓國文化-근기지방近畿地方-』(2012)
『일본日本 속의 고대古代 한국문화韓國文化』(2011)
『가야토기加耶土器-가야加耶의 역사歷史와 문화文化-』(2010)
『새로 쓰는 고대한일교섭사古代韓日交涉史』(2007)
『가야와 왜加耶と倭』(2007) 외 다수

경북대학교 학술총서 4
고대 한일교류사 古代 韓日交流史

찍은 날 2023년 2월 10일 | **펴낸 날** 2023년 2월 23일
지은이 박천수(朴天秀) | **펴낸이** 홍원화 | **펴낸 곳** 경북대학교출판부
출판등록 1973년 10월 10일 ㉣97호 | **주소** 대구광역시 북구 대학로 80
전화 053-950-3830 | **팩스** 053-953-4692
이메일 press@knu.ac.kr | **홈페이지** http://knupress.com
ISBN 978-89-7180-602-9 93910

정가는 뒤표지에 있습니다. 파본은 바꾸어 드립니다.

이 저서는 〈2022년 경북대학교 연구학술총서 집필 및 출간지원사업〉의 재원으로 출간되었습니다.

古代
고대

韓日交流史
한일교류사

박천수朴天秀 지음

경북대학교출판부

고대 한일교류사

책을 열며

필자가 고대 한일교류사 연구를 시작한 지 올해로 어느덧 30여 년이 되었다.

1991년 오사카大阪대학으로 유학을 가게 되면서 고대 한일교류사에 대한 연구를 시작하였으며, 유학 중에는 일본열도에 5세기 후반 이래 노도와 같이 이입된 대가야문물의 역사적 의미를 밝히는 데 주력하였다.

1995년 오사카대학 문학부 잡지인 『대겸산논총待兼山論叢』 29집에 「도래계 문물로 본 가야와 왜의 정치적 변동渡來系文物からみた加耶と倭における政治的變動」을 발표하였다. 여기에서는 한반도산 문물이 일본열도에서 5세기 전반을 경계로 금관가야에서 대가야로 바뀌는 점과, 이와 연동하여 일본열도산 문물이 금관가야권에서 대가야권으로 이동하는 것을 밝히고, 이 현상을 가야 지역과 일본열도의 정치적 변화를 반영하는 것으로 보았다. 일본열도의 한반도산 문물과 한반도 남부지역의 일본열도산 문물이 왜의 침략과 약탈로 비롯된 것이 아니라 한반도와 일본열도의 정치적인 교섭의 산물임을 분명히 하였다.

1998년에는 『청구학술논집青丘學術論集』 12집에 「4~5세기의 한일교섭의 고고학-고고학으로 본 고대의 한일교섭4~5世紀における韓日交涉の考古學的檢討-考古學からみた古代の韓日交涉」이라는 글을 게재하여 6세기 초를 전후로 일본열도에

도입되는 문물의 창구가 대가야에서 백제로 전환되는 것을 밝혔다. 이 시기 백제가 가야지역과 왜와의 전통적인 일상적 교류를 넘어 일본열도와의 교류의 주도권을 장악한 것으로 보았다. 더욱이 백제와 왜의 본격적인 교류가 6세기 초를 전후하여 시작한 점과, 새롭게 출현하는 왕조의 창시자인 계체繼體와 관련된 지역에 백제계 문물이 집중되는 점에서 이를 백제의 재흥과 일본열도의 새로운 왕조 출현의 배경으로 보았다.

1998년부터 오사카大阪대학에서 사사한 쯔데 히로시都出比呂志 선생님과의 공동연구를 계기로 영산강유역의 전방후원분前方後圓墳에 대한 연구를 개시하였다. 그 후 50여 차례 현지 조사를 실시하였으며, 특히 전방후원분뿐만 아니라 주변의 관련 유적을 함께 답파하여, 유적 간의 관계 속에서 전방후원분의 출현과정과 성격에 대하여 논하였다. 영산강유역 전방후원분에 대한 연구로 6세기뿐만 아니라 삼국시대 한일관계사를 조망할 수 있게 되었으며 일본열도의 전방후원분에 대한 연구를 본격적으로 시작하는 계기가 되었다.

2001년에는 와카야마和歌山시립박물관의 『도래문화의 물결-2001년 추계특별전渡来文化の波-2001秋季特別展圖錄』에서 「삼국·고분시대의 한일교섭三國·古墳時代における韓·日 交渉」이라는 한일교섭사의 개요를 발표하였다. 이를 보강한 것이 『한국고대사연구韓國古代史硏究』 27집에 발표한 「고고자료考古資料를 통해 본 고대古代 한반도韓半島와 일본 열도日本列島의 상호작용相互作用」이다.

2002년에는 그간의 전방후원분에 대한 연구 결과를 고고학연구회考古學硏究會 총회에서 발표하고, 『고고학연구考古學硏究』 49-2호에서 「영산강유역의 전방후원분 피장자의 출자와 성격榮山江流域における前方後圓墳の被葬者の出自とその性格」이라는 본격적인 논문으로 게재하였다. 이 논문은 그때까지 주목하지 못했던 영산강유역 전방후원분이 주변의 재지의 수장 계열과 전혀 관계없이

갑자기 출현하는 과정을 분명하게 밝혀, 그 묘주를 재지수장으로 볼 수 없음을 명확히 하였다. 그리고 영산강유역 전방후원분의 묘주는 독립적으로 할거한 것이 아니라, 토착세력의 견제와 일본열도와의 외교 및 대가야 공략을 위해 백제 중앙에서 일시적으로 이 지역에 파견한 왜계倭系 백제 관인官人으로 판단하였다.

2003년 『동아시아의 고대문화東アジアの古代文化』 117호의 「영산강유역 전방후원분 출현의 역사적 배경榮山江流域における前方後圓墳の出現の歷史的背景」에서는 영산강유역에 전방후원분 피장자의 출자에 대해 규슈九州 북부에 분포하는 석실 유형과 패제품, 이 지역에 영산강유역산 토기와 백제 문물이 이입되는 것을 근거로 규슈 북부에서 아리아케해有明海 연안지역에 걸쳐 존재한 여러 유력호족으로 파악하였다. 영산강유역 전방후원분을 조영한 규슈지역의 유력 호족豪族은 에타후나야마江田船山고분에서 출토된 백제 장신구와 명문대도銘文大刀, 흠명欽明기에 보이는 왜계백제관료倭系百濟官僚의 양태로 볼 때 왜왕권과 더불어 백제왕권에 신속臣屬된 것으로 보았다.

2003~2004년에는 일한문화기금 초청으로 구마모토熊本대학에서 1년간 연구할 수 있었다. 이 기간은 일본열도 전역을 답사하고 관련 자료를 확보할 수 있는 절호의 기회였다. 그중에서도 한일 간 항로航路상의 고도孤島인 오키노시마沖の島유적이 가장 인상적이었다.

2007년 구마모토대학에서의 연구 성과를 고단샤講談社에서 『가야와 왜加耶と倭』, 사회평론에서 『새로 쓰는 고대한일교섭사』로 출간하였다.

2009년에는 유학시절부터 관심을 가진 이래 자료를 조사해온 일본열도 각지에서 출토된 대가야문물 자료를 집성하여 그해 고령군에서 『일본열도 속의 대가야문화』로 출간하였다. 특히 이 시기 거점지역의 최고 유력수장묘인 동일본의 사이타마현埼玉縣 이나리야마稻荷山고분, 서일본의 와카야마현和歌山縣

오타니大谷고분, 규슈九州의 구마모토현熊本縣 에타후나야마江田船山고분 등에서 대가야의 위세품이 부장된 역사적 배경에 대해 논하였다.

2011년 국내외에 산일된 대가야자료의 중요성을 인식하고 이를 집성한『국내외 소장 대가야 문물』을 고령군에서 간행하였다.

2011년 필자는 국제교류기금의 초청으로 20년 만에 오사카大阪대학에서 두 번째 연구년을 맞이하였다. 그동안 공부하지 못했던 아스카, 나라시대 유적을 집중적으로 조사할 수 있는 절호의 기회였다. 아스카, 나라시대 연구는 문헌사료가 풍부하기 때문에 고고자료와 비교 검토가 용이하고, 무엇보다도 그 이전시기 한일관계의 해석에도 도움이 되었다. 특히 이 시기 신라와 일본과의 관계에 주목하였다. 그 연구 성과를 2011년 진인진에서『일본 속의 고대 한국문화』로, 2012년 동북아역사재단에서『일본 속 고대 한국문화-근기지방近畿地方-』으로, 2016년 진인진에서『신라와 일본』으로 간행하였다.

필자는 삼국시대사, 고대 한일교류사, 실크로드 문명교류사를 중심으로 연구하였다. 2018년 가야에 대한 그간의 연구에 대해서는 진인진에서『가야문명사』를 간행하며 종합하였다.

2021년에는 10여 년의 실크로드 연구를 종합한『실크로드 문명교류사 서설 Ⅰ,Ⅱ,Ⅲ』을 진인진에서 출간하였다.

이 책은 30여 년에 걸친 필자의 고대 한일교류사 연구를 종합한 것이며, 고구려, 발해 부분은 기존의 연구를 참조하여 작성하였다.

올해는 필자가 고고학에 입문한 지 40년을 맞이하는 해이다. 앞으로는 남은 과제인 실크로드 문명교류사 연구에 주력하고자 한다.

이제까지 지도해주시고 자료 조사에 많은 도움을 주신 국내외 연구자들과 도판과 문헌목록 작성에 큰 도움을 준 경북대학교 고고인류학과 대학원의 정선운, 배노찬, 신현우, 신동호, 김동균 군에게 감사드린다. 어려운 환경에도 경북대학교의 학문 진흥을 위해 책 출간의 기회를 주신 홍원화 총장님과 편집을 위해 노력하신 출판부 편집진께 감사드린다.

마지막으로 이 책을 이제까지 살아오며 큰 은혜를 입은 여러 분께 바친다.

2023년 2월 복현 동산에서

박천수

목차

III 5세기世紀 한반도韓半島와 일본열도日本列島의 교류交流

IV 6세기世紀 한반도韓半島와 일본열도日本列島의 교류交流

VII 가야加耶와 왜倭

VIII 백제百濟와 왜倭

IX 신라新羅와 일본日本

X 고구려高句麗, 발해渤海와 일본日本

XI 고대古代 한일교류韓日交流의 변천變遷과 역사적歷史的 의의意義

도圖 목차目次

고대 한일교류사

I

고대古代 한일관계사韓日關係史에 대한 문제問題의 인식認識과 본서本書의 과제課題

I 고대古代 한일관계사韓日關係史에 대한 문제問題의 인식認識과 본서本書의 과제課題

1 고대古代 한일관계사韓日關係史에 대한 문제問題 제기提起

한반도 남부와 북부北部 규슈九州, 동해연안, 세토나이해瀨戸内海연안은 흔히 일의대수一衣帶水의 관계로 일컫는다. 교류는 이미 구석기시대부터 시작되었으며 흑요석과 토기의 이동으로 볼 때 신석기시대에는 통나무배를 이용한 왕래가 활발하게 이루어졌다. 더욱이 청동기시대에는 한반도에서 건너간 이주민에 의해 현재 일본 문화의 근간을 이루는 벼농사를 중심으로 하는 야요이彌生 문화가 개시된다.

사국시대四國時代에는 화려한 금동제 장신구, 마구, 토기, 철 소재와 철제품이 가야, 신라, 백제에서 제작되어 일본열도에 이입되었다. 이와 함께 제철, 금공, 제도製陶, 토목 등의 첨단 기술을 가진 공인工人들이 일본열도로 이주한다. 또한 실크로드를 대표하는 문물인 로마유리기, 페르시아유리기 등이 신라를 경유하여 일본열도에 이입되었다.

남북국시대南北國時代에는 이슬람유리기 등 실크로드를 통해 들어온 문물과 중국 도자기 등이 신라와 발해를 경유하여 일본열도에 이입된다. 즉 나라奈良 쇼소인正倉院에 소장된 화려한 페르시아와 중국 문물의 다수가 신라를 경유한 것으로 판단된다.

그런데 일본열도의 문명화와 고대국가 성립의 바탕이 된 한반도로부터 전해진 문물의 도입과 공인의 이주를 일본에서는 왜왕권에 의한 임나일본부任那日本府를 통한 식민지 수탈 혹은 한반도 침략의 결과로 이해해 왔다. 서역西域과 중국의 문물이 한반도를 경유하지 않고 견당사遣唐使를 통한 직접 교섭에 의한 이입을 주장하였다. 이러한 침략사관과 견당사관은 제2차 세계대전 패전 후에도 변하지 않고 지속되어 왔으며 지금도 뿌리 깊게 남아 있다.

한편 국내에서는 한반도의 문화를 일방적으로 일본열도에 전수하였으며, 가야, 신라, 백제가 일본열도에 임나일본부任那日本府와 같은 분국分國을 각각 설치하였다고 판단하기도 한다. 심지어 일본열도에 기원하는 특징적인 묘제인 영산강유역 전방후원분에 대해서도 왜와의 관계를 부정하는 견해가 있다.

고대 한일관계사의 가장 중요한 쟁점으로 부각된 영산강유역 전방후원분은 현재 16기가 확인되었다. 종래 일본열도에만 분포하는 전방후원분이 이 지역에 존재하는 것은 상상할 수 없었으며, 그 피장자의 출자와 성격에 대해 한일 양국에서 활발한 논의가 진행되고 있다.

먼저 시기별로 고대 한일관계사에 대한 선행 연구를 살펴보면서 본서의 과제에 대해 논하고자 한다.

1) 일제강점기日帝强占期

고대 한일관계사 연구는 근대화과정에서 제기된 정한론征韓論에 촉발되었으며 일제강점기를 거치면서 체계화되었다. 먼저 당시 일본학계의 고대 한일관계사 연구에서 한국사를 어떻게 인식하였는가에 대한 전제는, 일선동조론日鮮同祖論, 정체론停滯論, 타율성론他律性論(旗田巍 1989:10)으로 구분된다.

일선동조론日鮮同祖論은 고대사학자 기타 사다키치喜田貞吉에 의해 본격적으로 제기되었다. 즉 일본인과 한국인은 선조와 핏줄이 같은 한 가족으로, 일본이 가장이기 때문에, 합방은 이를 본래의 모습으로 되돌린다는 주장이다(喜田貞吉 1910). 일선동조론은 식민지지배를 정당화하고 한국인을 일본인화하려는 동화同化정책으로, 태평양전쟁에서는 황민화정책皇民化政策으로 발전하였다.

정체론停滯論은 경제사학자 후쿠다 도쿠조福田德三에 의해 제기되었다. 이는 당시 한국은 봉건제도에 도달하지 못한 일본의 헤이안平安시대의 사회발전 단계이므로, 자력으로 근대화하는 것은 불가능하기 때문에 일본이 한국을 지도해야 한다는 주장이다. 그 원인에 대해 조선이 중국문화를 모방하여 독자적인 사회발전을 이루지 못한 결과로 본 것이다(福田德三 1907:71-148).

타율성론他律性論은 고대사학자인 미시나 쇼에이三品彰英에 의해 제기되었다. 조선은 반도라는 지리적 조건 때문에 계속하여 대륙의 압력을 받아 정치적으로 독립할 수 없었으며, 중국의 압도적인 영향으로 독자적인 문화를 만들 수 없었다고 본 것이다. 일본에 의한 식민지 지배는 중국과는 달리 조선을 애호하는 것이며, 고대의 임나일본부任那日本府와 조선총독부朝鮮總督府가 동일하다는 것이다(三品彰英 1940:49-51). 그는 이를 논한 『조선사개설朝鮮史概說』의 결론에서 한반도 청년들의 태평양전쟁 참전을 찬양 고무하는 것으로 제국주의의 도구로서 동원된 일본 역사학의 본질을 웅변하고 있다(三品彰英 1940:156-157).

이렇듯 고대 한일관계사 연구는 일선동조론日鮮同祖論, 정체론停滯論, 타율성론他律性論과 같은 사관을 바탕으로 일제의 한반도 식민지 지배를 합리화하고 지배하려는 정치적 의도에 의해 개시되었으며, 그 연구의 중심에 임나일본부任那日本府론이 있다.

임나일본부론은 왜倭가 4세기 후반에 한반도 남부를 침공하여 6세기 후반까지 지배하였다는 것이다. 임나일본부론은 『일본서기日本書紀』 신공神功기의 삼한정벌, 임나일본부 기사, 광개토왕비의 왜 침공 기록, 『송서宋書』 왜국전 왜 오왕倭五王 기록을 논거로 성립되었다.

그 가운데 5세기의 금석문으로 중요한 광개토왕비廣開土王碑는 1884년 그 묵본墨本이 일본군의 밀정인 사코 카게아키酒匂景信에 의해 들어와 학계가 아닌 육군참모본부에서 해석을 주도하였고, "신묘년(391)에 왜가 바다를 건너 백제와 신라를 쳐부수고 신민臣民으로 하였다"라는 부분이 일본인 연구자들에게 크게 주목을 받았다. 왜냐하면 『일본서기』에 나타나는 신공神功 49년조의 삼한정벌과 임나일본부 기록이 한국의 당대 기록에 의해 방증되었다고 보았기 때문이다.

이와 관련하여 1905년 당시 일본 동양사학계의 태두泰斗인 시라토리 구라기치白鳥庫吉의 다음과 같은 언급이 주목된다(1-1).

"이 비문은 당시 가장 신용할 만한 역사상의 유물이다. 이로써 일본이 조선 남부를 지배했음을 알 수 있다. 당시 일본은 삼한 반도 남부를 지배했는데, 북부의 고구려와는 반대 지위였다. 고구려는 마치 지금의 러시아露國와 같은 관계여서 일본이 반도 남부에 세력을 얻으려 하면 고구려가 이를 누르려 한다. 남부의 삼국을 지배하고 또 지속하기 위해서는 어떻게 해서든지 북부의 고구려를 꺾어야 한다. 그 관계는 마치 일본이 지금의 조선을 휘어잡기 위해서는 북의 러시아를 쳐야 하는 것과 같다. 조선에서 세력을 획득하고자 먼저 중국과 싸웠고 지금은 러시아와 싸우는 것과 마찬가지로 일본은 고구려와 전쟁을 벌였던 것이다"(白鳥庫吉 1905; 1970:453-454).

종래 광개토왕비문은 고대 일본의 한반도 지배를 뒷받침하는 일급 사료로 취급되었으나, 이는 어디까지나 근대 일본이 낳은 해석의 산물이었다. 앞에서 언급한 바와 같이 광개토왕비를 또 하나의 논거로 입론立論된 고대 일본의 한반도 지배는 청일전쟁, 러일전쟁 시기 역사 과정의 표상화로 되살아난 과거라

1-1 광개토왕비廣開土王碑

는 성격을 가지고 있다(李成市(저), 박경희(역) 2001:24).

이와 같은 시대 배경으로 볼 때 임나일본부론은 단지 고대 한일관계를 규정하기 위한 것으로 볼 수 없고, 현대 일본 제국주의의 당면과제인 조선에 대한 침략과 통치의 명분을 확보하기 위해 제기된 것이다.

1915년 구로이타 가츠미黑板勝美는 가야지역을 포함한 한반도 남부지방을 조사한다. 당시 그가 남긴 「조선사적유물조사복명서」를 보면 이 시기 일본 관학자들의 조사 의도를 알 수 있다. 조사의 목적에 신라와 임나의 고지인 경상남북도를 조사하고 그 가운데 섬진강 유역과 진해만 부근을 정밀하게 탐사하는 것을 두고 있다(黑板勝美先生誕生百年紀念會 1974). 특히 섬진강 유역의 고소산성과 신방촌산성 등의 조사는 『일본서기』 계체繼體기 9년조 대사帶沙 즉 하동에서 왜군의 활동, 그리고 동 23년조에 보이는 백제가 대사를 왜의 조공항朝貢港으로 언급한 임나일본부와 관련된 유적을 탐사하기 위한 것이었다.

1916년 『조선고적도보朝鮮古蹟圖譜』 三이 간행되었다. 이 책은 조선총독부가 한반도의 역사와 문화를 집성하여 조선을 통치하기 위한 목적으로 발간되었다. 더불어 국외에 조선을 문화 통치한다고 선전하는 목적도 있었다. 이를 같은 식민지를 가진 제국주의국가에 널리 배포하여 편자인 세키노 다다시關野貞가 1917년 『조선고적도보』의 출간 공적으로 프랑스 학사원에서 상을 받은 것에서 알 수 있다. 『조선고적도보』 三에는 마한, 백제, 옥저, 예, 고신라시대와 함께 임나시대를 설정하고 있어 일제 관학자들의 가야유적을 조사한 목적을 잘 알 수 있다.

이는 그 별책에서 임나任那시대의 해설을 다음과 같이 기술하는 것에서도 드러난다(1-2). "임나任那라는 것은 일본사國史의 호칭으로 한국사韓史에서는 가야연방을 지칭하는 것이다. 임나의 건국 연대는 자세하게 알 수 없으나 주변 강국인 신라의 압박으로 이미 숭신崇神의 시기에 일본에 도움을 청한 것에

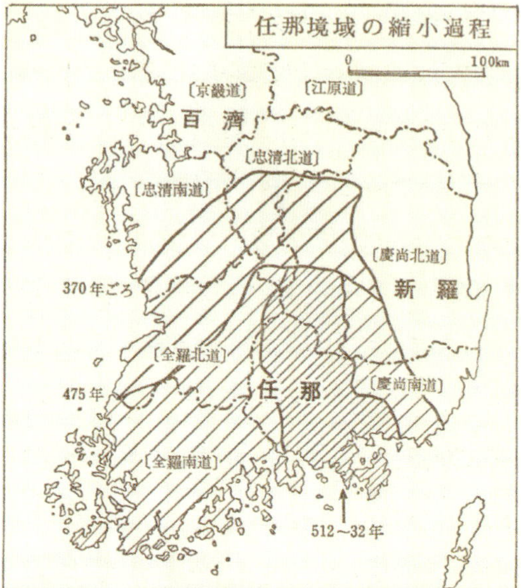

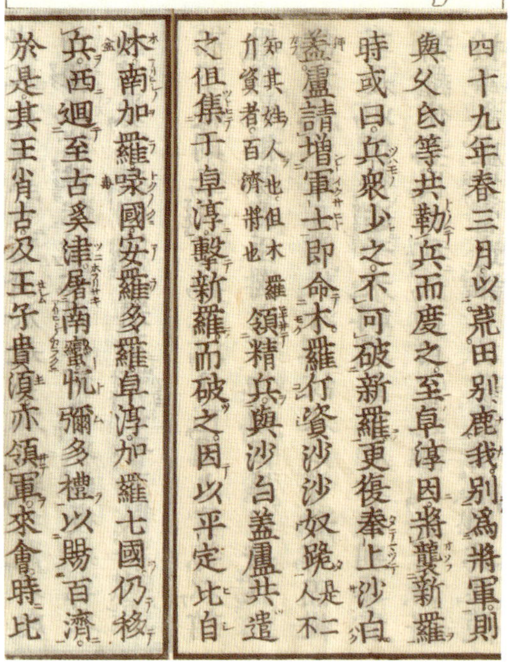

四十九年春三月以荒田別鹿我別爲將軍則
與久氐等共勒兵而度之至卓淳因將襲新羅
時或曰兵衆少之不可破新羅更復奉上沙白
蓋盧請增軍士即命木羅斤資沙沙奴跪是二人不
知其姓人也但木羅斤資者百濟將也
領精兵與沙白蓋盧共遣
之但集于卓淳擊新羅而破之因以平定比自
㶱南加羅喙國安羅多羅卓淳加羅七國仍移
兵西廻至古奚津屠南蠻忱彌多禮以賜百濟
於是其王肖古及王子貴須亦領軍來會時比

1-2 『일본서기日本書紀』 신공神功 49년조와 임나일본부론任那日本府論

서 일찍부터 변한의 땅에서 흥기한 것을 알 수 있다. 한반도 내 일본의 직할지였으나 흠명欽明 23년(562)신라에 병합되었다" 또한 함안지역에 대한 기술에서도 "경상남도 함안군은 안라가야의 고지로서 당시 일본부가 있었던 안라의 땅이다"라고 하였다(朝鮮総督府 1916). 이처럼 조선총독부 고적조사의 최고 책임자인 세키노關野의 기술은 일본제국주의의 가야유적에 대한 조사 목적을 웅변하는 것이다. 1917년 이마니시 류今西龍는 아라가야의 왕릉구인 함안군 말이산고분군 가운데 가장 입지가 좋고 대형분인 4호분을 조사하였다. 이마니시는 유물만을 찾기 위한 목적으로 조사를 진행하였다. 즉 분구를 굴착하여 석곽의 남쪽 단벽을 찾아 개석을 제거하고 들어가 유물의 위치만을 대충 기록하고 반출한 것이었다. 4호분은 입지, 규모로 볼 때 아라가야 전성기의 왕릉으로 당시 도굴되지 않았음에도 불구하고 잘못된 발굴로 인해 중요한 정보가 누락되었다. 이마니시 류今西龍는 보고문의 고찰에서 말이산34호분 출토 녹각제鹿角製 직호문도장구直弧文刀裝具가 일본열도의 고분에서 다수 출토된 예를 들어 이를 일본문화의 영향을 증명할 수 있는 역사적 사실로 강조하였다. 더욱이 이 고분의 피장자는 안라국安羅國의 왕인 한기旱岐이나, 그 고분의 구조와 유물로 볼 때 일본의 일개 지방 호족의 고분에 불과한 것으로 주장하였다. 이 고분군의 피장자 가운데에는 안라에 와 있었던 왜계 관료도 있었을 것으로 추정하였다(今西龍 1920).

말이산4호분의 녹각제 도장구는 문양의 계통과 그 출현 시기가 4세기로 소급되어 일본열도산인 점은 분명하나, 단지 이입품에 불과하며 일본문화의 영향이 미친 것으로 보기 어렵다. 또한 분구의 크기를 거대한 분구를 만드는 일본열도 고분의 규모와 단순하게 비교하는 것도 타당하지 않다. 이마니시 류今西龍의 사례에서 알 수 있듯이 당시 고적조사에 참가한 관학자들의 의식 속에는 가야유적의 발굴을 통하여 임나일본부의 존재를 증명하려는 의도가

1-3 조선총독부朝鮮総督府에 의한 고령군高靈郡 지산동고분군池山洞古墳群 발굴發掘과 대가야왕궁지大加耶王宮址의 임나일본부任那日本府 기념비記念碑

확인된다(1-3).

한편 일제강점기 조선의 민족주의 사학에서 고대 한일관계를 어떻게 파악하였는지 이를 단적으로 보여주는 것이 1931년 『조선일보』에 게재된 단재 신채호의 다음과 같은 기술이다.

"왜는 준준몽매蠢蠢蒙昧하여 오로지 어렵漁獵으로 생활할 뿐이요, 아무 문화가 없더니, 백제 고이왕이 이를 교도하여 봉직縫織, 농작農作과 기타 백공百工의 기예技藝를 가르치고, 박사博士 왕인王人을 보내어 논어論語와 천자문을 가르쳐 주고, 백제 가명假名 곧 백제의 이독자吏讀字에 의방依倣하여 일본 가명假名이란 것을 지어주었으니, 지금의 일본문자가 그것이다. 왜가 이와 같이 백제의 속국이 되었으나 천성天性이 침량侵掠을 즐겨 도리어 백제를 침우沈憂하였다"(申采浩 1977:238).

이와 같이 국내에서는 고대 한반도와 일본열도를 문명과 야만의 세계로 구분하고, 한반도의 선진 문화가 일방적으로 일본열도에 전해진 것은 물론 열도의 모든 문화가 한반도에 기원한다는 인식이 있었다.

2) 1945~1990년대

임나일본부任那日本府론은 19세기 말~20세기 스가 마사토모管政友, 츠다 쇼기치津田左右吉, 이케우치 히로시池內宏 등에 의해 확립되었으며, 스에마츠 야스카즈末松保和의 『임나흥망사任那興亡史』에서 완성되었다(末松保和 1949). 그런데 이 책이 출간된 시점이 1949년인 점이 주목된다. 이는 고대 한일관계사에 대한 일본인 연구자의 관점이 패전 이후에도 전혀 변하지 않고 그대로 지속된 것을 방증하는 것이다. 임나일본부론은 문헌사학에 의해 확립되어 이후 일본 고고학계에 고대 한일관계에 대한 해석의 틀로서 작용하였다(1-4).

1956년 패전 이후 일본을 대표하는 고고학자 교토京都대학 고바야시 유키오小林行雄는 일반교양서인 『도설 일본문화사대계圖說日本文化史大系』의 「고분문화古墳文化」를 기술하면서 사제자司祭者적 호족에서 지배자支配者적 호족으로의 전이轉移는 4세기 말 이후의 남선경영南鮮經營을 계기로 한 것으로 보고, 그 부산물로 승마의 풍습을 들었다(小林行雄 1956:224-225). 고바야시小林의 남선경영설南鮮經營설은 그가 미시나 쇼에이三品彰가 주도하는 『일본서기』 연구회에 참가한 점으로 볼 때, 미시나三品로부터의 영향으로 추정된다. 이후 남선경영설은 교토京都대학 제자들의 고훈시대 연구에 지대한 영향을 끼쳤다.

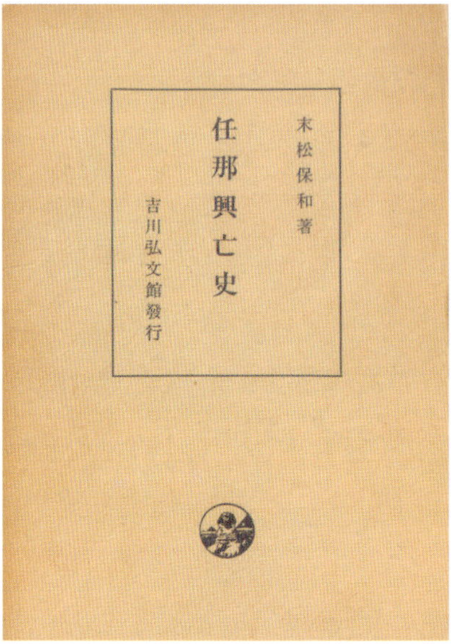

1-4 임나일본부론任那日本府論
(末松保和, 1965, 원간原刊 1949)

일제강점기 고적조사에 참가하고 이후 도쿄東京대학 고고학연구실의 교수를 역임한 사이토 다타시齋藤忠은 1960년 당시 최고 수준을 자랑하는 전문 교양서인 『도설세계문화사대계圖說世界文化史大系-일본日本 I -』에서 「해외진출海外進出」이라는 항목을 설정하고 '반도로의 출병半島への出兵'이라는 부제까지 붙이면서 3세기 말~4세기 초 왜가 야마토大和를 중심으로 북부 구주를 포함한 통일 국가체제를 갖춘 후 한반도로 출병했다고 주장하였다(齋藤忠 1960:200). 또 「임나일본부任那日本府」라는 항목에서는 그 범위가 영남과 호남지역까지 미치고, 이 지역에 왜의 상비군常備軍이 주둔하여 현지 문화에도 영향을 끼친 것으로 주장하였다. 그 근거는 앞에서 언급한 함안군 말이산4호분과 나주시 반남면 대안리9호분 출토 녹각제鹿角製 직호문도장구直弧文刀裝具, 원통형 하니와埴輪와 같은 일본열도 문물을 임나일본부에 속한 왜군이 남긴 것으로 보았다. 이는 한반도 출토 왜계문물을 통하여 임나일본부의 존재와 그 범위가 호남지역까지 미쳤다는 것을 증명하려고 한 것이다.

패전 이후 일본을 대표하는 고대사학자인 나오키 고지로直木孝次郎도 같은 책의 「왜의 오왕倭の五王」이라는 항목에서 「조선침략이 가져온 것朝鮮侵略のもたらしたもの」 부분을 다음과 같이 기술하고 있다. "4세기 후반부터 시작된 일본의 조선 원정은 백제, 신라를 일본의 지배하에 두고 임나 제국을 속국으로 삼았고, 이때 귀화인과 함께 대륙의 선진 문화와 기술, 물자가 일본에 들어왔다. 4세기 말~5세기 전반 응신應神·인덕仁德조가 융성한 것은 조선 정복에 성공했기 때문이며 이에 따른 대륙 문화의 수입이 일본 문화를 고양하였다"(直木孝次郎 1960:202)고 하였다.

같은 시기 교토京都대학 오노야마 세츠小野山節도 『세계고고학대계世界考古學大系-일본日本Ⅲ-』「마구와 승마의 풍습馬具と乘馬の風習」에서 '반도 경영의 성쇠半島經營の盛衰'라는 부제까지 붙이며 마구와 승마 습속의 이입을 한반도 남부 경영에 의한 것으로 주장하였다(小野山節 1975:125). 이 설은 제목에서 알 수 있는 바와 같이 고바야시 유키오小林行雄의 남선경영南鮮經營설에 영향을 받은 것으로 추정된다.

한편 1963년 김석형에 의해 삼한三韓·삼국三國에 의한 일본열도 분국론分國論이 제기되었다(김석형 1963). 분국론分國論은 한반도의 본국本國 즉 가야, 신라, 백제로부터 파견된 이주민이 분국分國을 설치하여 일본의 고대국가가 형성되었다는 것이다. 이는 임나일본부설을 정면으로 반박하고 고대 일본민족에 대한 한민족의 우월성을 강조한 것이다. 분국론은 이후 북한뿐만 아니라 남한의 고대 한일관계사 연구에도 엄청난 영향을 미쳤다(1-5).

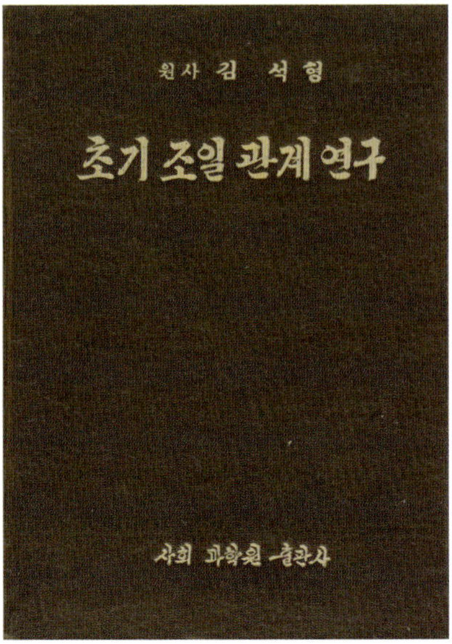

1-5 삼한삼국三韓三國 일본열도日本列島 분국설分國說(김석형金錫亨, 1966)

그러나 한반도 삼국이 분국을 성립한 것으로 본 일본열도 북부北部 규슈九州, 기비吉備, 기나이畿內 지방에서 이주민의 흔적은 존재하나, 그들이 주도하여 국가를 형성한 증거는 전혀 확인되지 않는다.

더욱이 1967년 이기백은 『한국사신론』에서 "백제가 우리나라의 유이민이 건국한 왜의 여러 나라의 군대를 동원하여 신라를 침공하였다"고 기술하고 있다(李基白 1990:108).

1978년 노중국은 나라현奈良縣 이소노가미신궁石上神宮의 칠지도支刀와 구마모토현熊本縣 후나야마船山고분의 명문대도銘文大刀를 백제왕이 하사한 것으로 보고, 당시 왜국은 백제의 후국侯國인 것으로 파악하였다. 이렇게 백제가 규슈九州지방에 후국侯國을 설치(노중국 1978:440)하였다는 해석도 분국설의 영향으로 파악된다.

그러나 분국론은 고고자료와 문헌사료로 볼 때 성립하기 어렵다. 즉 대가야, 백제산 금제, 금동제 장신구가 부장된 구마모토현熊本縣 후나야마船山고분은 1세기 이상 누세대적으로 축조된 재지 수장 묘역 내 전방후원분의 분구와 가형석관家形石棺을 매장주체부로 하고 있어 이주민의 무덤으로 볼 수 없다.

그럼에도 불구하고 분국론分國論은 그 실체를 역사적 사실로 인정해온 일본 고대사학계의 임나일본부와 관련된 『일본서기』에 대한 해석에 전환점이 되는 계기를 부여한 점은 의미가 있다.

그 후 1970년대 초 근대 한일관계사 연구자인 나카츠카 아키라中塚明(1971)는 밀정인 일본 장교가 가지고 온 광개토왕비 비문을 육군참모본부가 해독을 주도한 점을 분명히 밝히고 재일교포 사학자 이진희李進熙(1972)도 비문 변조설을 제기함에 따라 일본 고대사학계에서 임나일본부에 대한 전면적인 재해석이 이루어졌다.

한편 문헌사학에서 이러한 변화에도 불구하고 일본 고고학계에서는 다음과 같이 기존과 동일한 해석이 이어졌다. 1975년 오노야마 세츠小野山節는 김석형의 분국론과 이진희의 광개토왕비 변조설을 비판하면서 왜의 한반도 진출이 역사적 사실임을 의연하게 강조하였다(小野山節 1975:125). 특히 그는 분국론이 특정유물과 민족을 동일시하는 구스타프 코시나Gustaf Kossina의 학설과 유사하다고 지적하고, 코시나 학설이 나치즘에 의해 게르만 민족의 고지故地로 상정된 동유럽에 대한 침략의 구실로 사용된 것을 상기시키며 이를 비판한 점에서 매우 주목된다.

그러나 오노야마 세츠小野山節와 같은 시각을 가진 일본 연구자가 분국설을 비판하기 위해서는 먼저 일선동조론日鮮同祖論과 임나일본부론이 일본 제국주의의 한반도 침략과 통치를 정당화하기 위한 명분으로 이용되었던 역사적 사실에 대한 자아 성찰이 전제되어야 할 것이다.

같은 시기 아나자와 와코穴沢咊光·마노메 쥰이치馬目順一는 오구라 다케노스케小倉武之助 반출 전傳 부산시 연산동 출토 미비부주眉庇付冑·삼각판정결판갑三角板鋲結板甲 및 함양군 상백리고분군 출토 삼각판정결판갑이 일본열도 갑주甲冑와 유사함을 지적하였다. 이러한 갑주는 함안군 말이산4호분의 녹각제 직호문도장구 등과 함께 당시 왜의 영향력이 침투된 범위를 나타내는 것으로, 이것이 임나일본부를 증명하는 고고 자료임을 역설하였다(穴沢咊光·馬目順一 1975).

1980년대에 들어 한국 연구자뿐만 아니라 일본의 문헌사학자도 임나일본부가 6세기 전반에 일시적으로 함안 아라가야에 파견된 왜의 외교사절이 체류한 왜신관倭臣館임을 밝혔다(이영식 2004:111-127). 그럼에도 불구하고 일본의 문헌사학과 고고학계에서는 아직 뿌리 깊게 이전 시기 임나일본부론의 영향력이 남아 있다.

특히 일본 고고학계에서는 문헌사학의 새로운 연구 성과를 반영하지 않고, 지금까지도 한반도로부터의 문물 도입을 왜 왕권에 의해 이루어진 임나경영 혹은 침략에 의한 것으로 보는 시각이 불식되지 않고 있다. 즉 근래 일본학계에서는 예전과 같은 임나일본부에 대한 기술은 보이지 않지만, 4세기 후반 왜 왕권이 한반도 남부지역에 진출하여 군사 활동을 통하여 철을 포함한 필수 물자와 유통기구를 장악함으로써 일본열도 내의 패권을 확립하고 고대국가가 성립된 것으로 주장하고 있다. 이는 단지 조선총독부와 같은 성격의 임나일본부에 의한 수탈에서 도요토미 히데요시豊臣秀吉의 조선 침략과 같은 군사적 약탈에 의한 것으로 내용이 바뀐 것에 불과하며, 그 본질은 전혀 변하지 않은 점이 주목된다.

1983년 강인구는 한반도에 전방후원분이 존재하는 것을 밝히고 고훈시대의 다른 문물과 같이 일본열도의 전방후원분도 한반도에 그 기원을 두는 것으로 보았다(姜仁求 1983).

그러나 전방후원분은 야요이시대 분구묘로부터 자체 발전하여 3세기 중엽 일본열도에 출현한 것이 분명하다. 한편 한반도의 전방후원분은 조영 시기가 6세기 전엽에 한정되므로 그 묘제의 기원이 일본열도에 있음은 재론의 여지가 없다. 그럼에도 일본열도의 전방후원분이 한반도로부터 전파되었다는 인식은 아직도 국내에 일부 남아 있다.

서울시 강동구에 3세기 초에 조영된 500m급 전방후원분이 존재하며, 이는 일본열도 전방후원분의 기원이 한반도에 있음을 뒷받침하는 증거라는 주장이 제기되었다. 이를 공영방송이 아무런 검증 없이 대대적으로 보도한 것도 이러한 인식을 잘 보여주는 것이다. 이는 일본 고고학의 맥락을 전혀 이해하지 못한 소박한 문화 전파주의와 방송매체의 선정성에 기인한 것으로, 더욱이 이를 학계에서 적절하게 대처하지 못한 점은 비판받아야 마땅하다(권오영 2006).

한반도에서 전방후원분이 집중된 영산강유역은 종래 일본의 고대사 연구자에 의해 4세기 후반 이래 왜倭가 한반도 남부를 지배한 거점인 이른바 임나일본부의 예하에 있었던 지역으로 인식되어 왔기 때문에 특히 일본 연구자들에게 지대한 관심을 불러일으켰다. 그래서 일부 일본학계에서는 영산강유역을 『송서宋書』 왜국전에만 보이는 모한慕韓지역으로 비정하고 이 지역의 전방후원분과 관련시켜 해석하는 견해를 제기하고 있다. 모한慕韓론은 임나일본부설의 유력한 근거의 하나로 제시되어 온 『송서』 왜국전에 보이는 왜의 주장을 실재한 것으로 보는 점에서 우려된다. 왜냐하면 영산강유역을 그때까지도 백제에 복속되지 않은 모한慕韓으로 보고, 이 지역에 전방후원분이 집중되는 현상을 왜의 영향력이 한반도 남부에 미쳤다는 해석(木村誠 2005)으로까지 확대하고 있기 때문이다.

더욱이 이른바 임나사현任那四縣을 호남지역으로 비정하는 관례에 따라 이곳에서 발견되고 있는 전방후원분을 임나일본부와 관련하여 해석하려는 극단적인 견해까지도 제기되었다(小林敏男 2004).

그러나 이러한 해석은 영산강유역의 전방후원분이 6세기 초에 돌연 출현하여 정치적 중심지인 고분군을 형성하지 못하고 1세대에 한해 조영되며, 또한 백제왕권과 관련된 위신재를 보유한 고고학적 맥락을 전혀 이해하지 못한 것으로 그 타당성을 전혀 인정할 수 없다.

한편 국내 연구자 중에서는 임나일본부와의 관련을 우려하여 전방후원분의 존재를 의도적으로 회피하거나 부정하려는 경향도 있다.

필자는 영산강유역의 전방후원분은 분명히 왜인과 관련된 유적으로서 이를 정면에서 논의하지 않고서는 5~6세기 한일관계사와, 일본학계에서 아직도 완전히 불식되지 않은 임나일본부 문제를 규명할 수 없다고 판단한다. 그래서 일본열도에서 이주한 사람들이 남긴 전방후원분이야말로 5~6세기 한일관계사를 밝힐 수 있는 최적의 고고학적 자료이며, 또한 그 출현 시기와 존재 양태가 임나일본부를 부정할 수 있는 유력한 단서를 내포하고 있는 것으로 본다.

그런데 1990년대에도 일본 각지에서 발견된 한반도산 문물을 주제로 한 특별전 도록에서 금동제 장신구와 마구가 왜 왕권이 한반도를 경영 또는 침략하여 반입한 것으로 묘사되었다. 나아가 왜왕권이 5세기에도 한반도 남부지역을 거점으로 한 군사 활동을 통하여 기술자 집단과 금동제 장신구, 철소재, 무구, 마구 등 물자의 유통을 장악하고 이를 분여하여 국내 지배를 더욱 강화하였다는 것이다. 따라서 금동제 장신구와 마구 등 한반도산 금공품이 부장된 고분의 피장자는 왜 왕권의 한반도 경영 또는 군사적 활동에 참여한 무장武將으로 묘사되고 있다.

1997년 세계의 고고학을 소개하는 잡지에 민족주의에 대한 일본 연구자들의 관점이 제시되었다. 그 가운데 「세계고고학의 계보」라는 항목을 기술한 아나자와 와코穴沢咊光는 20세기 세계고고학계에서 민족주의가 대두된 배경은 국민국가의 출현과 민족자결주의 고양에 의한 것으로 주장하였다. 그래서 고고학자가 우리들의 고대 조상은 어떠한 지역을 차지했는지, 우리들의 조상은 얼마나 위대한 문화를 남겼는지에 대한 민족국가의 국민이 관심을 가지는 주제를 연구하게 된 것으로 해석하였다.

그 실례로서 북한의 고구려, 남한의 신라와 백제라는 과거 민족 전성기의 유적을 국가가 지원하여 대대적으로 발굴, 조사, 정비한 것으로 들고, 고고학을 민족주의와 유착癒着한 국민정책의 일환으로 판단하였다. 더욱이 독일의 구스타프 코시나Gustaf Kossina를 중심으로 하는 선사학이 국가주의의 어용학문으로 전락한 것과 그 경쟁자였던 소련의 고고학이 슬라브 민족중심주의를 지지하는 학문적 역할을 담당한 것에 대해 고고학의 자료를 안이安易하게 민족사에 결부시킨 결과로 보았다(穴沢咊光 1997:101). 같은 책에서 다나카 미카쿠田中琢도 「민족주의」라는 항목에서 북한의 단군릉 조성과정과 그 배경을 설명하며 국가주의에 의한 고고학의 대표적인 현상으로 소개하고 있다(田中琢 1997:108).

그런데 여기에서 주목되는 것은 일본인 연구자들이 독일 선사학이 국가주의와 결탁한 사실을 인식하고 이에 대한 비판을 제기하고 있으나, 일본 고고학이 제국주의와 결탁하여 어용학문으로 전락했던 명백한 사실에 대한 인식과 이에 대한 자아 성찰은 전혀 찾아볼 수 없다는 점이다.

과연 일본 고고학계가 독일 고고학과 북한 고고학을 비판할 자격이 있는지 의문이다. 특히 앞에서 언급한 바와 같이 일본열도산 갑주의 한반도 남부지역 분포가 임나일본부와 관련된다는 아나자와 와코穴沢咊光의 해석은 코시나의 방법론과 어떠한 차이가 있는지 이해하기 어렵다. 이는 일제 침략사관이 성립된 지 한 세기가 경과했음에도 불구하고 문헌사학에 의해 이미 그 내용이 재해석되어 온 광개토왕비와 『일본서기』, 『송서』 왜국전에 대한 연구 성과를 수용하지 않고, 그 내용을 그대로 받아들여 오히려 패전 전후의 사고로 역행하는 것이다.

신라와 일본은 해역을 사이에 두고 가까운 거리에 위치하며 4세기 후반 이래 500년간 동아시아에서 유례를 찾아보기 어려울 정도로 오랜 기간 전쟁과 외교를 통한 치열한 공방전을 되풀이한 경쟁국이었다. 양국 간 관계를 먼저 떠오르게 하는 것은 『일본서기』 신공神功 9년조 신라 관련 기록이다. 왜냐하면 이 기록은 허구임에도 불구하고 신라와 일본의 적대적인 관계를 상징하는 것으로 인식되어 왔기 때문이다. 또한 신라와 일본의 관계는 『일본서기』 이외에도 광개토왕비, 『삼국사기』에도 매우 적대적으로 기술되어 있다.

그래서 양국 간 관계는 항상 적대적으로 인식되어 가야와 일본, 백제와 일본의 관계에 비해 상대적으로 경시되었으며, 이와 관련한 연구는 다른 분야에 비해 비교할 수 없을 정도로 부진하다. 그러한 가운데 문헌사학에서 신라와 왜의 관계가 시종일관 적대적이었다고 볼 수 없다는 논의가 제기하여 주목된다.

1985년 김현구는 『삼국사기』에 신라와 왜의 관계에 대한 기록이 기원전부터 시작하여 50여 곳에서 보이는 데 비해 백제와 왜의 기록은 379년에 시작하여 10여 곳에 지나지 않고 지리적으로도 왜가 백제보다 신라에 근접한 것에 주목하고 신라와 왜의 관계를 다음과 같이 논하였다. 즉 6세기 후반 왜의 외교정책이 백제 일변도에서 다면 외교로 전환하였는데, 그 계기는 중국의 남조南朝가 멸망하여 정치, 문화의 중심이 북조北朝로 옮겨짐에 따라 백제와 중국과의 관계가 멀어진 것으로 판단하였다. 한편 신라가 한강 하류역을 획득하여 중국과의 관계를 긴밀히 하여 왜가 백제에서 도입하던 선진문물을 신라, 고구려로부터 받아들이게 되었다는 것이다(김현구 1994).

1994년 김은숙은 6세기 후반 신라와 왜 교섭의 배경은 남해안의 해상교통로를 신라가 장악하여 백제와 왜의 교섭이 불가능해졌기 때문이며, 왜의 신라와의 외교는 교섭 그 자체보다도 단절된 백제외교를 재개하는 데 목적을 둔 것으로 판단하였다(김은숙 1994).

그리고 1995년 필자는 내륙에 위치하여 그때까지 주목하지 않았던 대가야와 왜의 관계에 대하여 논하였다. 여기에서는 한반도산 문물이 일본열도에서 5세기 전반을 경계로 금관가야에서 대가야로 바뀌는 점과, 이에 연동하여 일본열도산 문물이 금관가야권에서 대가야권으로 이동하는 것을 밝혔다. 그리고 이는 가야지역과 일본열도의 정치적 변화를 반영하는 것으로 판단하였다. 또한 일본열도의 한반도산 문물과 한반도 남부지역의 일본열도산 문물은 왜의 침략에 의한 것이 아니라 한반도와 일본열도의 정치적인 교섭에 의한 것임을 분명히 하였다. 특히 이 시기 일본열도 전역에 걸친 거점지역의 최고 유력 수장묘인 동일본의 사이타마현埼玉縣 이나리야마稻荷山고분, 서일본의 와카야마현和歌山縣 오타니大谷고분, 규슈九州의 구마모토현熊本縣 에타후나야마江田船山고분 등에서 대가야의 위신재가 부장된 배경에 대해 논하였다(朴天秀 1995).

1998년 필자는 6세기 초를 전후하여 일본열도에 도입되는 문물의 창구가 대가야에서 백제로 전환되었음을 밝혔다. 구체적으로 이 시기에 백제는 가야지역과 왜와의 전통적인 교류 수준을 넘어 일본열도와의 교류에서 주도권을 장악하게 된 것으로 해석하였다. 더욱이 백제와 왜의 본격적인 교류가 6세기 초를 전후하여 시작한 점과, 새롭게 출현하는 왕조의 창시자인 계체繼體와 관련된 지역에 백제계 문물이 집중되는 점을 백제의 재흥과 일본열도의 새로운 왕조 출현의 배경으로 보았다(朴天秀 1998).

3) 2000~2020년대

2000년 데라사와 가즈오寺澤薰는 일본의 최대 출판사인 고단샤講談社 발행 일본 역사 교양서『일본의 역사日本の歷史 2』에서 상기의 문헌 기록을 근거로, 왜가 한반도 패권의 획득을 위해 군사력을 투입하여 중국 제국을 본떠 독자적인 제국帝國 형성을 지향한 것으로 판단하였다. 이는 중국 왕조를 대신하여 왜왕의 덕화德化에 의해 한반도의 정치적 질서를 수립하려고 한 것으로 파악하였다. 더욱이 그는 특히 한반도 남부 김해시 대성동고분군 출토 왜계 문물 등을 왜의 한반도 침공을 증명하는 것으로 보고, 왜의 침공이 왕권의 제국적인 국가 의지에 의해 이루어진 것이라고 주장하였다(寺澤薰 2000).

일본열도 내 갑주와 금동제 장신구, 마구를 부장한 고분의 피장자를 왜왕권의 한반도 경영 또는 외정外征에 참가한 무장으로 판단하거나, 일본열도의 이주민을 도요토미 히데요시豊臣秀吉가 조선 침략 시 약탈한 도공과 같이 설명한 것은 조선총독부에 대한 기억과 함께 근세의 사실을 너무나 안이하게 고대에 투영한 것에 지나지 않는다. 왜냐하면 한반도와 일본열도 간에는 전쟁이 아니라 정치적인 교섭과 교역에 의한 문물의 도입이 얼마든지 가능하기 때문이다. 따라서 한반도 남부의 왜계 문물은 정치적 교섭을 통해 이입된 것으로 볼 수 있지만, 이를 왜의 침략에 의한 것으로 보기는 어렵다. 더구나 왜왕의 덕화德化라는 표현은 지극히 자의적이고 소중화적인 관념의 소산에 불과하다.

2001년 필자는 와카야마和歌山시립박물관의 『도래문화의 물결渡來文化の波-2001 추계특별전도록秋季特別展圖錄』에서 「삼국·고훈시대 한일교섭三國·古墳時代における韓·日 交涉」이라는 한일교섭사의 대강을 발표하였다. 이를 보강한 것이 『한국고대사연구韓國古代史研究』 27집에 발표한 「고고자료考古資料를 통해 본 고대古代 한반도韓半島와 일본열도日本列島의 상호작용相互作用」이다(朴天秀 2001).

2001년 조희승은 가야국의 역사와 가야사람들의 일본열도 진출을 전·후편으로 구성한 『가야사』를 출간하였다. 이는 1963년 제기된 김석형의 분국론을 계승한 것이다. 후쿠오카현福岡縣 이토지마糸島, 무나가타宗像, 미야자키현宮崎縣 휴가日向, 오카야마현岡山縣 기비吉備, 와카야마현和歌山 기이紀伊지역에 가야소국이 존재하였다고 판단하였다. 즉 오카야마현岡山縣 기비吉備 가운데 비츄

備中지역에 가야소국이 존재한 것으로 본 근거는 가야賀夜라는 지명의 존재이다. 그리고 전체 길이 360m의 츠쿠리야마造山고분의 배총인 사카키야마榊山고분에서 가야토기와 마형대장식구가 출토된 것을 근거로, 이 고분의 피장자를 지명과 결부시켜 가야 국왕이라고 주장하였다(조희승 2001).

그러나 조희승이 가야 국왕묘로 주장한 비츄備中지역의 츠쿠리야마造山고분은 당시 5세기 전엽 일본열도의 두 번째 초대형 전방후원분으로, 가야 분국의 왕묘가 될 수 없다. 이에 대해서는 제Ⅲ장에서 구체적으로 논하고자 한다.

2002년 필자는 그간의 영산강유역 전방후원분에 대한 연구 결과를 일본 고고학연구회考古學硏究會 총회에서 발표하고, 『고고학연구考古學硏究』 49-2호에서 「영산강유역 전방후원분의 피장자의 출자와 성격榮山江流域における前方後圓墳の被葬者の出自とその性格」을 게재하였다. 이 논문은 그때까지 주목하지 않았던 영산강유역 전방후원분이 주변 재지의 수장 계열과 전혀 관계없이 돌연 출현하는 과정을 분명하게 밝혀, 재지 수장묘로 볼 수 없음을 명확히 하였다. 그리고 영산강유역 전방후원분前方後圓墳 피장자被葬者는 독립적으로 할거한 것으로 볼 수 없고, 토착세력의 견제와 일본열도와의 외교 및 대가야 공략을 위해 백제 중앙에서 일시적으로 이 지역에 파견된 왜계倭系 백제 관인官人으로 보았다(朴天秀 2002).

2003년 필자는 『동아시아의 고대문화東アジアの古代文化』 117호의 「영산강유역 전방후원분의 출현과 역사적 배경榮山江流域における前方後圓墳の出現の歷史的背景」에서 영산강유역에 전방후원분 피장자의 출자에 대해 북부北部 규슈九州에 분포하는 석실 유형과 패제품, 이 지역에 영산강유역산 토기와 백제 문물이 이입되는 것을 근거로 북부 규슈에서 아리아케해有明海 연안지역에 걸쳐 존재한 복수의 유력 호족으로 파악하였다. 영산강유역 전방후원분을 조영한 규슈지역의 유력 호족豪族은 에타후나야마江田船山고분에서 출토된 백제 장신구와

명문대도銘文大刀, 흠명欽明기에 보이는 왜계백제관료倭系百済官僚의 양태로 볼 때 왜 왕권과 더불어 백제왕권에 신속臣屬한 것으로 보았다(朴天秀 2002).

2007년 필자는 그간의 연구를 종합하여 『가야와 왜加耶と倭』, 『새로 쓰는 고대한일교섭사』를 출간하였다. 여기에서는 4세기 금관가야, 5세기 전반 신라, 5세기 후반 대가야, 6세기 전반 백제, 6세기 후반 신라 문물이 5세기 전반뿐만 아니라 6세기 후반 일본열도에 집중 이입되는 점에 주목하였다. 또한 이 시기 양자 간 교섭이 전면에 부상한 것을 지적하고 그 배경에 대하여 논하였다. 특히 영산강유역 전방후원분의 출현 배경에 대해 중점을 두고 논하였다. 이는 한국 고고학 연구자에 의한 한일 양국의 자료를 직접 조사한 최초의 한일교섭사로 볼 수 있다. 특히 전자는 일본어로 된 신서판으로, 일본 연구자와 시민에게 고대 한일교섭사를 이해하기 위한 입문서로 평가되었다(朴天秀 2007).

그러나 이 연구는 3~6세기 한일교섭사를 조망하는 가운데 이루어졌기 때문에 신라와 왜의 관계에 대해 본격적으로 접근하지는 못하였다. 특히 신라와 왜의 교섭이 양 지역 간에 미친 영향에 대한 구체적인 논의가 이루어지지 않았다.

더욱이 이 시기는 한국과 일본에 유학하여 양국의 자료를 숙지한 연구자들에 의해 새로운 관점의 연구 성과가 연이어 공표되었다.

2011년 최영주崔榮柱는 횡혈식석실을 중심으로 한반도와 일본열도의 교류에 대하여 논하였다. 양국 간에 횡혈식석실의 도입 시기를 3회의 획기를 설정하고 각 단계의 역사적 배경에 대해 접근하였다. 각 획기에 양국 간의 교류가 있었음을 밝히고, 특히 제2획기를 일본열도에 백제계 석실이 도입되고 영산강유역에 왜계 석실이 도입되는 상호 간의 교류가 활발한 시기로 보았다(崔榮柱 2011).

2012년 이사하야 나오토諫早直人는 마구의 제작 기술에 주목하여 동북아시아 기마문화의 전개와 교류의 역사적 배경에 대해 논하였다. 특히 삼연과 고구려가 한반도와 일본열도의 국가 형성에 미친 영향을 적극적으로 평가하였다. 특히 마구뿐만 아니라 장신구와 갑주의 금공 기술에 주목하여 그 제작지에 대하여 접근하였다. 또한 종래 한반도에서 제작되어 이입된 것으로 본 마구를 포함한 초기 금공품에 대하여 제작 기술의 분석을 통하여 일본열도 제작설을 제기하였다(諫早直人 2012).

2014년 다카다 간타高田貫田는 신라, 백제, 대가야와 왜倭의 교섭사를 통하여 고대 한일관계에 대하여 다음과 같은 중요한 논점을 제시하였다. 가야지역의 왜倭계 고분 피장자에 대하여 그 출자를 왜倭인 또는 재지인으로만 한정한다면 피장자와 고분을 축조한 집단의 활동을 특정 사회의 입장에서 일방적으로 파악할 위험성이 있음을 지적하였다. 왜倭계고분은 한반도 연안沿岸과 섬, 가야와 백제 교통로의 요충에 축조되었으며, 그 피장자는 각 지역의 집단들과 관계를 맺고 있었다. 여러 국의 위신재를 부장한 사례도 있어, 왜倭계 고분의 피장자는 그의 활동이 항상 왜倭측, 즉 왜倭 왕권과 그 원향인 북부北部 규슈九州의 의향을 따랐다고 할 수 없다. 한반도의 입장을 대변하여 행동하는 경우도 많았을 것이다. 따라서 왜倭계 고분 피장자에 대하여 당시 경계지를 왕래하면서 왜倭와 한반도를 잇는 역할을 실제로 담당한 사람으로 인식하는 점이 중요하다고 보았다(高田貫田 2014).

이러한 관점은 종래의 필자를 포함하여 왕권 간의 교섭 외에 지역집단의 입장에서 한일관계를 새롭게 조망한 것으로 평가된다. 그러나 영산강유역의 전방후원분의 피장자를 왜인으로 보지 않고 백제와의 관계를 중시하지 않는 것은 묘제와 위신재가 가진 의미와 당시의 역사적 배경을 부정하는 것이다.

2014년 이노우에 치카라井上主税는 BC 3세기에서 5세기까지 한반도 남부에서 출토된 왜계 유물을 소재로 한일관계를 다음과 같이 논하였다. 변한은 낙랑군에 철을 공급하였으나, 3세기 이후 낙랑군이 쇠퇴하면서 새로운 수출선輸出先을 일본열도에 구하하였다. 3세기 후반 부산지역의 취락인 동래 패총에서 출현하는 북부北部 규슈九州와 산인식山陰式 하지키土師器계 토기는 철자원을 구하기 위해 왜인이 도래한 것을 반영한다. 이 단계는 한반도 남부 출토 하지키土師器계 토기가 북부北部 규슈九州계인 점에서 북부北部 규슈九州를 창구로 판단하였다. 그럼에도 규슈九州지역에서 하지키土師器의 생산에 기나이畿內가 관여한 것을 고려하면 그 배후로는 기나이畿內의 존재가 상정된다고 하였다. 4세기 전엽에는 파형동기와 촉형석제품 등이 출현하며 이는 전 단계의 단순한 교역과는 달리 각 정치체 간 물자교류가 해당 지역 지배 계급 간의 외교, 군사적인 측면으로 진전된 것이다. 4세기 중엽이 되면 한반도 남부와의 교역 창구였던 북부北部 규슈九州의 니시신마치西新町유적을 중심으로 하는 취락군이 해체되어 이 시기부터 하카다만博多灣을 경유하지 않는 직접적인 대외 교역이 개시되었다. 이는 4세기 후엽 오키노시마沖の島에서의 국가 제사와 야마토大和분지동남부에서 야마토大和북부세력으로 주도권이 바뀌는 기나이畿內정권의 정치적 변동과 연동된 것으로 파악하였다. 또한 이 시기 금관가야와 관련된 복천동세력이 신라의 영향권 내에 들어가는 변화가 보이며, 이를 기점으로 양동리세력과의 관계가 강화된다고 판단하였다. 5세기 전엽 대성동고분군의 축조 정지와 왜계 문물이 금관가야에서 사라지는 것은 금관가야의 쇠퇴와 관련된 것으로 파악하였다(井上主税 2014).

이 논의는 왜계 유물을 소재로 통시적으로 동아시아의 정치적·사회적 동향을 파악하면서 한일관계를 파악한 점에서 의의가 있다. 다만 통형동기를 금관가야산으로 판단하였으나, 4세기 금관가야지역에서 다른 청동제품이 보이지 않고 일본열도에서 파형동기가 제작되는 것에서 제작지에 대한 논의가 필요하다.

2014년 김규운金奎運은 일본열도의 백제제 석실과 한반도 남부에서의 왜계 석실에 대하여, 수용의 양태와 역사적 배경에 대해 논하였다. 한반도 남부 영산강유역의 전방후원분과 왜계고분은 왜왕권과의 관계에 의해, 가야지역의 왜계고분은 규슈九州지역 수장과의 관계에 의해 각각 조영된 것으로 보았다. 또한 종래 백제계로 보아 온 나라현奈良縣 사쿠라이櫻井지역의 전곽식석실에 대하여, 축조 연대와 구조의 차이를 통하여 백제의 전실분과 이주민의 관련성을 부정하였다(金奎運 2014).

이 연구는 영산강유역 전방후원분의 석실 형태에 의거하여 왜왕권과의 관계를 배제한 점, 종래 외형에만 의거하여 안이하게 백제계 묘제로 보고 그 조영자를 이주민으로 보아 온 점에 대해 문제를 제기했다는 데 의의가 있다.

2016년 필자는 종래 신라와 일본의 관계를 문헌사료에 의해 적대적으로 보는 선입관에 의해 신라산이 분명함에도 일본열도에서의 한반도문물의 제작지를 가야 또는 백제로만 보는 시각이 의연하게 남아 있는 문제점을 지적하였다. 특히 5세기 전반의 일본열도에 이입된 철소재인 철정, 마구, 금공품의 계보를 가야지역에만 한정하여 구한 것을 들 수 있다. 이는 일본열도 출토품과 유사한 부산시 복천동고분군 출토품을 신라산으로 인식하지 못하고 금관가야산으로 파악한 것에 기인한다. 5세기 전반 일본열도에 도입된 금공품과 갑주를 제작한 공인의 계통도 이와 마찬가지로 금관가야계로 파악하였으나 그 출자는 신라로 보았다. 그리고 신라와 당, 백제와 일본의 외교관계로 파악되어 온 7세기 전반뿐만 아니라 신라와 일본이 적대적인 관계에 직면한 663년 백제 멸망 이후인 7세기 후반과 8세기 전반에도 신라 문화가 노도와 같이 일본열도에 이입되는 것을 밝히고, 신라토기, 화장묘, 왕릉의 풍수사상, 쇼소인正倉院 소장품의 도입과정을 살펴보면서 신라와 일본의 관계에 대해 접근하였다(박천수 2016).

2017년 김우대金宇大는 금제 수식부이식垂飾附耳飾과 장식대도를 소재로 백제, 신라, 대가야와 왜의 관계를 다음과 같이 논하였다. 대가야의 금제 수식부이식은 백제, 신라로부터의 이식耳飾의 이입을 통한 기술의 도입과 합천군 옥전M2호분 출토품을 분석하여 양 계통의 출자를 달리하는 공인工人이 이식耳飾을 제작하였다고 파악하였다. 또한 종래 필자 등에 의해 대가야에서 제작한 것으로 판단되어 온 일본열도 출토 장쇄식長鎖式 이식耳飾의 출현 시기가 대가야와 동일한 TK216 즉 5세기 중엽이고 효고현兵庫縣 미야야마宮山고분, 후쿠이현福井縣 덴진야마天神山7호분 출토품의 공구空球일체식으로 수하식에 연결하는 차이점에 의거하여 일본열도에서 대가야계 공인에 의해 제작된 것으로 판단하였다. 그래서 종래 이식耳飾의 존재를 논거로 한 5세기 후엽 대가야와 왜의 관계에 대한 재검토가 필요하다고 보았다. 한편 6세기 전엽 일본열도 출토 산치자山梔子형 수하식을 가진 이식耳飾은 대가야에서 이입된 것으로 보았다. 5세기 후엽 합천군 옥전M3호분 출토 장식대도는 백제로부터의 기술 도입에 의해 대가야에서 제작된 것으로, 이 시기 이래 대가야 장식대도는 신라, 비화가야, 영산강유역과의 정치적 관계의 위신재로서 사용된 것으로 보았다(金宇大 2017).

이 논의는 이식과 대도의 기술적 속성을 추출하여 정치한 논지를 전개한 점이 주목된다. 다만 5세기 후엽 장쇄식長鎖式 이식耳飾의 제작지는 도굴이 심한 가야 고분의 출토 예가 적은 점에서 자료 증가를 기다릴 필요가 있다. 또한 5세기 후엽 제작기술이 도입된 일본열도에서 지속적으로 수식부이식垂飾附耳飾이 제작되지 않고 6세기 전엽 대가야산이 이입된 것에 대한 논의가 필요하다고 본다. 나아가 필자가 5세기 후엽 대가야와 왜의 관계에 대해 주목한 것은 금제 수식부이식뿐만 아니라 이 시기 금동제 마구 등 일본열도의 금공품 제작지가 대가야인 점에 논거를 두고 있다.

2018년 츠치야 다카후미土屋隆史는 위신재인 금동제 시통矢筒, 관冠, 식리飾履를 소재로 백제, 신라, 대가야와 왜의 관계를 다음과 같이 논하였다. 대가야의 시통矢筒은 5세기 중엽 신라와 백제로부터의 이입품과 신라계 공인의 관여하에 대가야에서 제작되었으며, 5세기 후엽이 되면 백제계 공인집단의 관여하에 대가야에서 제작된다. 이후 6세기 전엽에는 백제와 대가야의 기술 교류 가운데 창출된 형식이 출현한다고 판단하였다. 일본열도에는 5세기 중엽 대가야산 쌍방중원형Ⅱ군이 다수 이입된다. 5세기 후엽에는 쌍방중원형Ⅲ군과 단책형BⅡ군은 백제와 대가야의 기술교류 가운데 출현하였으며, 양 지역에서 이입된 것으로 파악하였다(土屋隆史 2018).

이 논의는 다른 금공품에 비해 연구가 부족했던 시통矢筒의 형태와 기술적 속성을 추출하여 백제, 신라, 대가야의 지역성을 밝힌 점에서 의의가 있다.

2018년 야마모토 다카후미山本孝文는 삼국 고훈시대 한반도와 일본열도의 국가와 사회를 비교사적으로 검토하는 가운데 교류사에 대하여 논하였다. 특히 영산강유역의 전방후원분에 대하여 전통적 기반이 없는 토지에서 단기간에 전방후원분을 축조할 수 있는 노동력과 기술력의 확보가 불가능하며, 하니와埴輪와 부장품이 현지의 공인에 의해 제작된 점을 중시하였다. 영산강유역 전방후원분은 현지의 유력자층이 배하의 지역 집단을 동원하여 고분을 축조하였으며, 그 피장자는 재지수장으로 보았다. 나아가 일본열도 각지에 기나이畿內로부터의 이주민만이 전방후원분을 축조한 것이 아니며, 지역마다 다양한 특성을 가진 전방후원분이 재지수장층에 의해 축조된 것을 논거로 영산강유역의 전방후원분을 해석하였다(山本孝文 2018).

이 연구는 고고자료를 통해 양국의 국가와 사회에 접근했다고 평가되나, 영산강유역의 전방후원분에 대한 해석은 의견을 달리한다. 일본열도 각지의 전방후원분이 축조된 것은 그 사회가 문화와 장제葬制를 같이하는 왜국 사회였기 때문에 당연한 것이다. 필자는 고고자료의 해석에 그 문물에 표현된 가장 중요한 역사적 함의가 무엇인지에 주목한다. 전방후원분은 어디까지나 왜인의 독자적인 묘제이며 당시의 백제에 왜군이 동원된 역사적 배경과 관련된 것이다. 이주한 왜인이 기반이 없는 지역 사회에서 어떻게 전방후원분을 축조하였는지를 밝히는 것은 이제부터의 연구과제일 뿐이다. 최근 함평군 금산리 방분에서 현지 공인이 아닌 일본열도의 기술을 습득한 공인이 제작한 형상하니와埴輪가 확인된 점이 중요하다.

2020년 필자는 이제까지의 연구를 종합하여 3~9세기 한일교류사에 대하여 논하였다. 특히 종래 견당사 중심사관에 의해 주목받지 못했던 아스카飛鳥·나라奈良시대의 신라와 일본의 교류를 포함하여 동아시아적인 시야에서 한일교류사를 통사적으로 논하였다(朴天秀 2020). 그러나 같은 시기 고구려와 발해의 일본과의 관계에 대해 논하지 못한 한계가 있다.

2021년 이동규李東奎는 한일 양국의 분구 축조 기법에 주목하여 익산 쌍릉에 보이는 기법이 나라현奈良縣의 겐코시즈카牽牛子塚를 비롯한 팔각분에 도입된 것을 밝혔다. 나아가 팔각분은 축조 기법과 형태로 볼 때 불탑을 조형화한 것이며, 이를 불교를 기반으로 왕권강화를 의도한 것으로 판단하였다(李東奎 2021).

2022년 김도영金跳咏은 고대 동아시아 세계의 교류에 대하여, 정치적인 장신구인 대장식구를 중심으로 논하였다. 나아가 칠지도를 비롯한 상감대도의 금공 기술에 대한 연구를 통하여 공인의 행위와 기술이전에 대해 접근한 점이 주목된다. 이 연구는 고대 한일교류사뿐만 아니라 고고학의 기본인 유물학을 도외시하는 한국고고학계에 나아갈 길을 제시한 것으로 평가된다(김도영 2022).

4) 논점論點

앞에서 살펴본 바와 같이 임나일본부任那日本府론의 허구성이 밝혀졌다. 나아가 종래 적대적, 지배·종속적 관계로 이해한 고대 한일관계에 대하여, 가장 적대적인 관계로 판단한 신라와 일본의 관계도 역사적 사실이 아님을 확인하였다. 그럼에도 21세기에 종래의 임나일본부任那日本府론과 분국分國론의 역사 인식에 기초하여 이전으로 회귀回歸하는 듯한 논의가 자행되고 있어 우려된다.

2010년 무로타니 카츠미室谷克実에 의해 "문명이 반도에서 왔다는 것은 거짓말文明は半島から来たなんで大ウソ"이라는 자극적인 선전과 함께 『일한이 금기로 하는 반도의 역사日韓がタブーにする半島の歴史』가 출간되었다. 여기에서는 설화에 불과한 『삼국유사』의 호공瓠公 전래 기사를 과장하여 신라의 기초는 왜종倭種이 만들었으며, 신라의 남쪽은 왜지倭地로 주장하였다. 나아가 영산강유역의 전방후원분은 왜倭의 지배에 의한 것으로 보았다. 그리고 중화문명을 일본열도에 전한 것은 한반도 남부를 지배한 왜종倭種으로 판단하였다(室谷克実 2010).

이 책의 내용은 앞에서 살펴본 바와 같이 학계에서 폐기된 임나일본부任那日本府론의 망령으로밖에 볼 수 없으나, 혐한嫌韓 감정에 동반하여 널리 읽혀지고 있는 점이 큰 문제이다. 왜냐하면 비록 역사학자가 아니지만 언론사의 서울 지국장을 지낸 저자의 경력으로 인해 그가 일반 독자들에게 마치 한국사 전문가로 비쳐질 가능성이 매우 크기 때문이다.

2013년 오히라 히로시大平裕에 의해 "고대 조선반도 남부는 일본이 지배했었다古代の朝鮮半島南部は日本が支配していた"라는 선전과 함께 『임나일본부를 알고 있는가知っているか任那日本府』가 발간되었다. 여기에서는 영산강유역 전방후원분에 대하여 일본의 영향력이 한반도 남부에 미쳤으며, 임나일본부의 존

재를 증명하는 것이라고 주장하였다(大平裕 2013).

그러나 거듭 강조하는 바와 같이 영산강유역 전방후원분은 임나일본부가 설치되었다고 주장하는 4세기 후반에 출현하지 않고 6세기 초에 나타났기 때문에 475년 한성 함락 이후 백제와 고구려의 전쟁에 일시적으로 백제가 동원한 왜인의 무덤으로 본다. 그럼에도 저자가 영산강유역의 전방후원분을 직접 답사한 자료를 제시하며 주장하고 있고, 그가 오히라 히로시大平正芳 기념재단의 대표 즉 오히라大平 전 수상의 아들인 점이 독자들에게 미치는 영향이 크기 때문에 우려된다.

한편 이덕일은 학계에서 『일본서기』와 「양직공도」에 보이는 다라국과 기문국을 각각 경남 합천과 전북 남원으로 비정해 온 것에 대하여 다음과 같이 주장하였다. "『일본서기』 신공기의 다라국을 경남 합천으로 비정한다는 것은 합천에 국한되는 지역적 문제가 아니라 신공 49년(369)에 신라를 공격하고 정벌했다는 가라7국의 위치를 모두 한반도 남부로 비정하는 결과로 이어진다. 이는 야마토 왜가 가야를 점령하고 일본부를 설치했다는 임나일본부설이 그대로 재연된 것이다. 이렇게 『일본서기』의 논리로 가야사를 보지 말고 『삼국유사』, 『삼국사기』의 시각으로 보아야 한다. 즉 『일본서기』를 인용할 경우 한일 강단사학계처럼 한반도 내의 일로 보지 말고 북한학계와 남한 민족사학계처럼 일본열도 내의 일로 해석해야 한다."

그리고 고대 한국인들이 이주해서 일본이라는 나라를 만들었다는 분국론에 입각한 김석형의 기문과 조희승의 다라에 대한 이해를 바탕으로 양 지역이 일본열도에 위치한 것으로 보았다.

김석형은 반파와 기문에 대해 "일본학자들은 반파를 경상북도 성주의 본이름이 본피本彼라고 해서 이곳으로 잡고 기문은 섬진강 유역으로 비정하였다. 이는 야마토세력이 남부조선 깊숙이 뻗쳤다고 보는 데서 그렇게 한 것이다.

그러나 반파, 기문이 다 조선반도에 있었다고 하더라도, 『일본서기』에 기술된 반파와 기문은 기비吉備지방 즉 오카야마현岡山縣 기비吉備지방 쇼자시総社市의 임나 중심지의 북쪽에 반파가 있으며, 기문은 기비吉備의 서쪽에 있다."라고 주장하였다.

조희승은 "합천군 일대에는 고령 대가야를 구성한 다라多羅국이 있었으며, 합천 옥전고분군과 얼마 떨어지지 않은 곳에 다라의 지명이 남아 있다. 일본열도에는 이 다라에서 유래한 지명이 많이 있으며, 이는 다라인의 진출 및 정착과 관련된다. 그리고 일본열도의 다라라는 지명은 문헌과 고고자료에 의해 가야와 직접 관련된다는 것이 밝혀지고 있다"라고 설명한다.

조희승의 논리는 합천에 고령 대가야를 구성하고 있던 '다라국'이 일본열도에 진출해서 수많은 다라라는 지명이 붙은 분국과 각종 지명을 남겼다는 것이다. 그래서 일본열도에 셀 수 없이 많은 '다라' 관련 지명이 남아 있다는 것이다.

따라서 이덕일은 합천 쌍책면에 다라리가 있었다는 기록만으로 『일본서기』의 '다라국'을 합천으로 비정할 수는 없다고 주장하였다(이덕일 2021).

그런데 앞에서 언급한 바와 같이 분국론은 허구에 불과하고, 더욱이 주목되는 것은 김석형과 조희승은 기문과 다라국 모두 본국은 한반도 내 가야지역에 있으며, 그 분국이 일본열도에 있는 것으로 기술하였다. 다시 말하면 본국은 가야에 있다는 것이다. 이 점에 대해 이덕일은 가야 분국이 일본열도에 있다고 가정하더라도, 그 본국 즉 다라와 기문국의 위치에 대해 해명해야 할 것이다.

본서에서는 임나일본부론뿐만 아니라 분국론이 역사적 사실이 아님을 분명한 자료의 제시를 통하여 구체적으로 논박하고자 한다. 그리고 한일 양국의 국민들에게 자료에 의거하여 임나일본부론과 분국론의 허구성을 직접 검증할 수 있는 기회를 부여하고자 한다.

2 본서本書의 목적目的과 연구방법研究方法

일제강점기 고대 한일관계사 연구는 일본제국주의의 조선에 대한 침략, 통치, 활용을 정당화하는 수단으로 이용되었다. 고대 한일관계사에 대한 일본 학계의 이러한 연구 관점이 패전 이후에도 전혀 변하지 않고 그대로 지속된 것은 일본 고고학이 제국주의와 결탁하여 어용학문으로 전락한 명백한 사실에 대한 인식과 이에 대한 자아 성찰이 결여된 것에 기인한다.

해방 이후 북한학계의 고대 한일관계사 연구는 일본연구자들의 연구에 대한 근본적인 문제를 제기한 점에서 높게 평가되나, 그 방법론이 실은 그들이 비판해 온 일본제국주의의 일선동조론日鮮同祖論과 유사하고 고고자료와 문헌사료 해석도 작의적이라는 문제점을 안고 있다. 또한 남북한학계에서는 한반도에서 일본열도로 전해준 것만을 강조할 뿐, 어떠한 이유로 가야, 백제, 신라, 심지어 고구려까지도 일본열도에 선진문물을 제공하였는지 아니 제공할 수밖에 없었는지에 대한 논의가 부족하였다.

그리고 양 지역 간 문물과 사람의 이동을 한반도에서 일본열도로의 일방적인 이동으로만 볼 수도 없다. 김해시 대성동고분군의 일본열도산 문물과 영산강유역의 전방후원분, 가야지역의 왜계고분의 존재는 문물과 사람의 이동이 일방통행이 아닌 어느 정도 상호적임을 시사하기 때문이다.

문헌사학에서는 4세기 후반 백제와 왜의 통교 이래 교섭기사에 의거하여 고대 한일관계를 백제 중심으로만 파악하여 왔다. 그래서 필자는 고고자료를 통하여 역사적 사실이 아님을 지적하여 왔다(박천수 2007, 2016).

그럼에도 이러한 통설은 최근의 개설서에서도 확인된다. 즉 4세기 이후 왜는 백제로부터 다양한 인적·물적 자원을 제공받으며 백제 일변도의 대외 정책을 취해 왔다. 6세기 후반부터 고구려와도 친밀한 관계를 맺었으나 신라와는 적대적인 긴장 관계가 계속되어 왔다는 것이다(신주백 외 2016:56).

하지만 실상은 3세기부터 5세기까지 일본열도와의 교류의 중심은 어디까지나 가야이며 백제와의 교류는 6세기 초를 전후하여 본격적으로 개시된다. 더욱이 이제까지 문헌사료를 근거로 적대관계로만 파악되어 온 신라와 일본의 교류가 고고자료로 볼 때 활발하게 이루어진 점을 밝히고, 기존의 문헌사료에 의거한 연구를 지양하고 새로운 방향을 제시하고자 한다.

본서에서는 한일 양국의 고고자료를 통하여 시기별로 각국의 중요 문물의 특징을 밝혀 교류의 주체를 분명히 하고자 한다. 그래서 본서는 한일 양국에서 발굴된 방대한 자료의 연대와 제작지를 일관된 방식으로 정리한 자료집의 역할을 겸하고자 한다.

고고학에서 교류사 연구는 각 지역의 특성과 시기별 변화를 민감하게 반영하는 고고자료의 특성을 잘 활용하면 문헌에 기록된 극히 일부분에 불과한 사실에 대한 설명을 풍부하게 제공하는 동시에, 특히 문헌에 기록되지 않은 지역 간 교류의 실태와 그 변천을 잘 파악할 수 있다는 이점이 있다. 또한 이를 양 지역에 환원하면 단순한 교류사에 그치지 않고 지역 내의 자료에만 기반을 둔 정치사의 복원을 더욱 풍부하게 할 수 있다.

본서는 가야와 왜, 백제와 일본, 신라와 일본, 고구려와 일본, 발해와 일본으로 각각 분리하여 진행되어 고대 한일관계를 통합적으로 고찰하지 못한 한일 양국 학계의 한계를 극복하는 시도이다. 나아가 본서에서는 한일교류사의 연구가 양국의 자료에만 국한된 것을 지양하고, 동아시아적인 시야에서 논의를 진행하고자 한다.

본서는 한반도와 일본열도의 관계를 지역 간 교류에 의한 상호작용의 관점에서 3세기부터 9세기까지 가야, 백제, 신라, 고구려, 발해와 일본 간의 교류에 대해 접근하고자 한다. 나아가 시기별 교류와 배경, 그리고 교류가 상호 간에 어떻게 작용하였는지 논하고자 한다. 나아가 이를 통하여 고대 한일교류의 역사적 의의에 대해 살펴보고자 한다.

3~4세기는 금관가야산 문물이 일본열도에 이입될 뿐만 아니라 김해지역에 양동리고분군 이래 부장되던 규슈九州산 광형동모와 방제경이 사라지고, 대성동고분군에 파형동기巴形銅器가 부착된 방패盾, 통형동기筒形銅器, 석제품石製品 등 기나이畿內지역의 문물이 이입된다. 이는 금관가야가 대왜 교류의 주체임을 시사한다. 그리고 이 시기 새롭게 중심지로 대두한 대성동세력과 기나이畿內세력 상호 간에 위신재威信財가 교환된 것에 주목하여, 광개토왕비 경자년庚子年(400)조에 보이는 왜의 군사적 활동은 독자적인 것으로 볼 수 없고 어디까지나 금관가야와 관련된 것임을 분명히 한다.

한편 문헌에 나타나는 활발한 교섭기사에도 불구하고 일본열도에서 칠지도七支刀 외 백제산 문물을 찾아볼 수 없을 뿐만 아니라 백제지역에도 일본열도산 문물이 이입되지 않은 점을 논거로 이 시기 백제를 일본열도와의 교류의 주체로 볼 수 없음을 밝히고자 한다.

5세기 전반 일본열도에 이입된 금동제 대장식구帶裝飾具, 마구馬具와 철정鐵鋌이 이제까지의 인식과는 달리 신라산임을 밝히고, 한반도산으로 알려진 신라지역의 금관에 부착된 경옥硬玉제 곡옥曲玉이 일본열도산임을 분명히 한다. 나아가 왜 왕권이 중국 남조南朝와의 직접 교섭에 의해 이입된 것으로 파악한 로마유리기가 신라를 경유한 것을 유라시아적인 시야에서 논하고자 한다. 이를 바탕으로 문헌사료를 통해 신라와 왜의 관계를 적대적인 것으로만 바라본 기존의 인식을 재검토하고, 5세기 전반 금관가야 쇠퇴 후의 양국 간 교섭과 그 배경에 대하여 살펴보고자 한다.

4세기 후반 칠지도 전래 이후 알려지지 않았던 백제와 왜의 관계를 파악할 수 있는 유적이 남해안 일대에서 확인되어 주목된다. 즉 5세기 전반에 축조된 고흥군 길두리 안동고분, 고흥군 야막고분, 신안군 배널리고분, 해남군 외도고분 등의 원분이다. 이 고분들이 재지 수장묘가 아닌 남해안 일대와 천안 지역에 거주한 백제에 의해 고구려와의 전쟁에 용병으로 동원된 왜倭의 전사戰士묘인 점을 밝히고자 한다. 나아가 당시의 한반도 정세와 관련하여 백제와 왜의 관계에 대하여 접근하고자 한다.

5세기 후반 일본열도로 이입된 문물의 대부분이 대가야산임을 명확히 하여 이제까지 문헌사료를 통해 파악하기 어려웠던 대가야와 왜의 관계에 대해 접근한다. 이 시기 대가야가 중심국으로 성장하는 배경에 대해 섬진강로와 임나사현任那四縣, 대사帶沙의 확보를 기반으로 한 남해안 진출과 일본열도와의 교역을 통하여 살펴보고자 한다.

6세기 전반 일본열도에 본격적으로 출현한 백제문물과 백제지역에 집중된 일본열도 문물의 검토를 통하여 백제와 일본열도의 교섭에 대해 살펴보고자 한다. 이는 웅진기 백제와의 관계를 가장 잘 반영하는 영산강유역의 전방후원분을 통하여 접근하고자 한다.

본서에서는 특히 고대 한일관계사의 가장 중요한 쟁점으로 부각되고 있는 영산강유역 전방후원분 문제에 대해 집중 조명하겠다. 5세기 전엽 백제지역에 보이던 왜계고분인 원분과는 달리, 이 시기 최고 위계의 일본열도 수장의 묘제인 전방후원분이 영산강유역에 출현한다. 따라서 일본열도 지배자의 묘제인 전방후원분이 이른바 '임나일본부'가 성립하고 발전하였다는 4세기 후반부터 5세기까지 한반도 남부에는 조영되지 않다가, 오히려 소멸하였다는 시기에 영산강유역에서 출현하였음을 지적하고, 그 출현 배경이 백제 왕권과 관련된 것을 명확히 한다.

나아가 영산강유역의 전방후원분과 가야지역의 왜계고분 그리고 금강유역에서 왜계묘제인 횡혈묘가 출현하는 역사적 배경에 대해 백제 웅진기熊津期 한반도 남부의 정치적 상황 및 그 축조 세력과 백제 및 대가야왕권과의 관계를 통하여 접근하고자 한다.

6세기 후반 유명한 나라현奈良縣 후지노키藤ノ木고분의 화려한 금동제 마구가 신라산임을 밝힌다. 같은 시기 후쿠오카현福岡縣 오키노시마沖の島8호 제사유구祭祀遺構 출토 사산조 페르시아유리기에 대하여, 종래 일본 연구자들은 중국과의 직접 교섭 시에 이입된 것으로 파악하였으나 공반 유물로 볼 때 신라를 경유한 것으로 판단된다. 이 시기 다시 신라와 왜의 교섭이 개시되는 배경에 대해 살펴보고자 한다.

6세기 후반 이제까지 외교 관계가 없었던 고구려가 왜에 견사遣使한다. 이전 시기 고구려와 왜는 광개토왕비와 4세기 말 오키노시마沖の島의 전승을 기원한 제사유적, 남해안 일대의 왜계고분으로 볼 때 매우 적대적인 관계였음을 알 수 있다. 일본열도에서 이 시기에 고구려 문물이 이입되지 않은 점도 이를 방증한다. 그런데 동북아시아의 패자였던 고구려가 6세기 후반 어떠한 이유로 왜와의 교섭을 개시한 것인지, 동아시아 정세 속에서 교류와 그 배경에 대하여 논하고자 한다.

7세기에는 660년대 동아시아 대전쟁이 임박한 백제, 신라, 고구려와 왜의 관계에 대해 접근하고자 한다. 즉 7세기 전엽과 중엽에 고구려가 일본열도로 사절을 파견하고 승려와 공인工人을 보낸다. 이후 일본열도의 고구려계 벽화를 비롯한 고구려 문물이 출현한다. 이 시기 고구려와 왜의 교섭 배경에 대하여 동아시아 정세를 파악하면서 살펴보고자 한다.

8~9세기 남북국시대에는 신라와 발해의 대왜 교섭에 대해 논하고자 한다.

663년 백강전투 이후 관계가 단절되었던 신라와 일본의 교섭 재개와 그 배경에 대해 논하고자 한다. 특히 9세기 장보고가 주도한 한중일 해상무역은 신라의 배후에 일본이라는 거대한 시장이 그 배경으로 작용하였음을 밝히고자 한다.

이 시기 중국 동북지방에 위치한 발해가 교통의 어려움을 무릅쓰고 일본과 교섭하게 된 배경에 대하여 접근하고자 한다. 이와 관련하여 일본으로의 발해 교역항인 러시아 연해주 크라노스키노성에 소그드인이 거주한 것을 밝히고 유라시아 초원지대의 모피로를 통하여 발해가 중앙아시아와 일본을 연결한 것에 주목하고자 한다.

본서에서는 동아시아의 국제관계 가운데 한반도와 일본열도의 교류의 주체가 시기별로 변동하는 점에 주목하여 그것이 고정된 것이 아니라 당시 국제 정세와 이해관계에 따라 역동적으로 변화해 온 것임을 환기시키고자 한다.

나아가 고대 한반도와 일본열도 간 교류의 역사적 의의에 대하여 논하고자 한다. 즉 본서는 특히 양국이 교류를 통하여 상호 발전하여 온 것을 분명히 함으로써, 미래 지향적인 한일 관계에 기여하고자 한다.

참고문헌

[국문國文]

申采浩, 1948, 『朝鮮上古史』, 서울, 종로서원.

申采浩, 1977, 『朝鮮上古史』下, 서울, 三星文化財團.

김석형, 1963, 「삼한 삼국의 일본열도내 분국에 대하여」, 『역사과학』 1, 평양, 사회과학원출판사.

김석형, 1966, 『초기 조일 관계 연구』, 평양, 사회과학원출판사.

노중국, 1978, 「三國文化가 日本에 미친 影響」, 『한국사』 2, 서울, 탐구당.

姜仁求, 1983, 「咸安·固城地方에서의 前方後圓墳 발견의 의의」, 『영남대학교신문』 1048호, 경산, 영남대학교.

李基白, 1990, 『韓國史新論신수판(新修版)』, 서울, 一潮閣.

金鉉球, 1994, 「新羅와 日本-大化改新과 新羅·日本·唐 三國간의 협력체제의 성립-」, 『講座-韓日關係史』, 서울, 玄音社.

金恩淑, 1994, 「6世紀 後半 新羅와 倭國의 國交成立過程」, 『新羅文化財學術發表會論文集』 第15輯, 慶州, 新羅文化宣揚會.

姜仁求, 2001, 『韓半島의 前方後圓墳論集』, 서울, 동방미디어.

조희승, 2001, 『가야사』, 평양, 과학백과사전종합출판사.

李成市(저), 박경희(역), 2001, 「고대사에 나타난 국민국가 이야기」, 『만들어진 고대』, 서울, 삼인.

朴天秀, 2002, 「考古資料를 통해 본 古代 韓半島와 日本列島의 相互作用」, 『韓國古代史研究』 27, 서울, 서경문화사.

이영식, 2004, 「가야와 왜, 그리고 임나일본부」, 『가야 잊혀진 이름 빛나는 유산』, 서울, 혜안.

권오영, 2006, 「무지와 만용이 빚은 최악의 오보, 전방후원분」, 『서울경기고고학보』 5-1, 오산, 서울경기고고학회.

박천수, 2007, 『새로 쓰는 고대 한일교섭사』, 서울, 사회평론.

박천수, 2009, 『일본열도 속의 대가야문화』, 대구, 고령군·경북대학교.

박천수, 2011, 『일본 속의 고대 한국문화』, 과천, 진인진.

박천수, 2012, 『일본 속 고대 한국문화-近畿地方-』, 서울, 동북아역사재단.

박천수, 2016, 『신라와 일본』, 서울, 진인진.

신주백 외, 2016, 『처음 읽는 동아시아사1-선사 시대부터 18세기까지-』, 서울, Humanist.

이덕일, 2021, 「일본서기의 다라국과 기문국의 문제점」, 『가야고분군 세계유산 등재 추진을 위한 대토론회 토론문』, 창원, 국립가야문화재연구소.

김도영, 2022, 『금공품으로 본 고대 동아시아 세계』, 과천, 진인진.

[일문日文]

白鳥庫吉, 1905,「滿州地名談附好太王の碑文について」,『中央公論』20-8, 東京,中央公論社.

白鳥庫吉, 1970,『白鳥庫吉全集』5, 東京, 岩波書店.

福田德三, 1907,『経済學硏究』, 大阪, 改造社.

喜田貞吉, 1910,『韓國の併合と國史』, 東京, 三省堂.

朝鮮總督府, 1916,『朝鮮古蹟圖譜』3, 東京, 國華社.

今西龍, 1920,「咸安제34號墳調查記」,『大正六年度朝鮮古蹟調査報告』, 京城,朝鮮總督府.

喜田貞吉, 1921,「日鮮兩民族同源論」,『民族と國史』6-1, 東京, 日本學術普及会.

三品彰英, 1940,『朝鮮史概說』, 東京, 弘文館.

末松保和, 1949,『任那興亡史』, 東京, 吉川弘文館.

小林行雄, 1956,「古墳文化」,『圖說日本文化史大系』, 東京, 小學館.

小野山節, 1959,「馬具と乘馬の風習」,『世界考古學大系3-日本Ⅲ-』, 東京, 平凡社.

齋藤忠, 1960,「海外進出」,『圖說世界文化史大系-日本Ⅰ-』, 東京, 角川書店.

直木孝次郎, 1960,「倭の五王」,『圖說世界文化史大系~日本Ⅰ-』, 東京, 角川書店.

中塚明, 1971,「近代日本史學における朝鮮問題-特に広開土王陵碑をめぐって-」,『思想』561, 東京, 岩波書店.

李進熙, 1972,『広開土王陵碑の硏究』, 東京, 吉川弘文館.

黒板勝美先生誕生百年紀念會, 1974,『黒板勝美先生遺文』, 東京, 吉川弘文館.

小野山節, 1975,「騎馬民族王朝說をめぐって」,『古代史發掘6-古墳と國家の成立ち-』, 東京, 講談社.

穴沢咊光·馬目順一, 1975,「南部朝鮮出土の鉄製鋲留甲胄」,『朝鮮學報』76, 天理, 朝鮮學會.

旗田巍, 1989,「日朝関係と歴史學」,『日朝関係を考える』, 東京, 青木書店.

朴天秀, 1995,「渡來系文物からみた加耶と倭における政治的變動」,『待兼山論叢』史學編 29, 大阪, 大阪大學文學部.

穴沢咊光, 1997,「世界考古學の系譜」,『AERA MooK 考古學がわかる』, 東京, 朝日新聞社.

田中琢, 1997,「ナショナリズム」,『AERA MooK 考古學がわかる』, 東京, 朝日新聞社.

朴天秀, 1998,「考古學から見た古代の韓·日交渉」,『青丘學術論集』第12集, 東京, 財團法人韓國文化硏究振興財團.

寺澤薫, 2000,『日本の歴史2-王權誕生-』, 東京, 講談社.

朴天秀, 2001,「三國·古墳時代における韓·日交渉」,『渡来文化の波 - 5~6世紀の紀伊國を探る - 』, 和歌山市立博物館.

小林敏男, 2004,「日本古代國家形成過程-五、六世紀を中心に-」,『シンポジウム倭人のクニから日本へ-東アジアからみる日本古代國家の起源-』, 東京, 學生社.

木村誠, 2005,「朝鮮三國と倭」,『古代を考える - 日本と朝鮮 - 』, 東京, 吉川弘文館.
朴天秀, 2007,『加耶と倭』, 東京, 講談社.
室谷克実, 2010,『日韓がタブーにする半島の歴史』(新潮新書), 東京, 新潮社.
崔榮柱, 2011,『三國古墳時代における韓日交流の考古學的研究ー橫穴式石室を中心に-』, 京都, 立命館大學大學院.
大平裕, 2013,『知っているか任那日本府』, 東京, PHP研究所.
諫早直人, 2012,『東北アジアにおける騎馬文化の考古學的研究』, 東京, 雄山閣.
高田貫田, 2014,『古墳時代の日朝関係 新羅·百済·大加耶と倭の交渉史』, 東京, 吉川弘文館.
井上主税, 2014,『朝鮮半島の倭系遺物からみた日朝関係』, 東京, 學生社.
金奎運, 2014,『古墳からみた日本列島と韓半島』, 京都, 京都大學大學院.
金宇大, 2017,『金工品から読む古代朝鮮と倭』, 京都, 京都大學學術出版會.
土屋隆史, 2018,『古墳時代の日朝交流と金工品』, 東京, 雄山閣.
山本孝文, 2018,『古代韓半島と倭國』, 東京, 中央公論新社.
朴天秀, 2020,「古代の朝鮮半島と日本列島」,『渡來系移住民』, 東京, 岩波書店.
李東奎, 2021,『築造方法からみた橫穴式古墳の研究-畿內地域を中心に-』, 神奈川, 專修大學大學院.

고대 한일교류사

II

3~4세기世紀 한반도韓半島와 일본열도日本列島의 교류交流

II 3~4세기世紀 한반도韓半島와 일본열도日本列島의 교류交流

1 일본열도日本列島의 한반도韓半島 문물文物

1) 토기土器

(1) 금관가야양식金官加耶樣式

기후현岐阜縣 아쇼비즈카遊塚고분은 4세기 후엽에 조영된 전장 80m의 대형 전방후원분으로, 이곳에서 출토된 유대파수부완有臺把手附盌의 개蓋는 일찍부터 부산시 화명동7호분 출토품과 유사한 것으로 파악되어 왔다(定森秀夫 1982, 申敬澈 1983). 이 토기는 아쇼비즈카고분의 철제 농공구와 함께 금관가야에서 이입된 것으로 본다. 인접한 전장 82m의 대형 전방후원분인 기후현 요로이즈카鎧塚고분에서 채집된 통형기대筒形器臺는 4세기 후엽의 김해시 대성동11호분 출토품에서 유례가 확인되고, 이 고분군에서 토우의 부착 예가 보이는 점으로 보아 김해지역산으로 파악된다. 또 시즈오카현靜岡縣의 전장 110m의 대형 전방후원분인 쇼린잔松林山고분에 바로 접한 신메이神明고분군에서 출토된 통형기대는 종래 초기 스에키須惠器로 파악되어 왔으나 황갈색의 색조, 기형과 토우가 부착된 점에서 역시 김해지역산으로 판단된다.

오사카부大阪府 구메다久米田고분의 발형기대는 황갈색의 색조, 배신의 타래문, 집선문, 파상문의 구성과 각부의 즐치문櫛齒文을 세로로 나열하여 시문한 점 등 그 세부에 이르기까지 김해시 대성동1호분, 부산시 복천동31호분 출토품과 유사하다.

나라현奈良縣 취락유적인 야마타미치山田道유적 출토의 무개식고배는 김해, 부산지역에 분포하는 외절구연 고배로서 부산시 화명동2, 7호분 출토품과 유사하다(定森秀夫 1994).

오사카부의 취락유적인 야오미나미八尾南유적 SE21출토 호壺는 구연부에 돌대를 돌리고 타날한 후 나선상침선을 돌린 것으로 복천동21, 22호분의 토기와 유사하다(米田敏幸 1993). 이 형식의 호는 오사카부 오바데라大庭寺유적에서도 확인되는데, 스에키須惠器 공인의 출자 파악에도 단서를 제공한다.

후쿠오카현福岡縣 후쿠오카시 서쪽 해안 사구砂丘상에 입지한 대규모 취락유적인 니시신마치西新町유적과 오사카부 규호지久寶寺유적 출토 노형기대는 원삼국시대 후기의 신식 와질토기를 모방하여 현지에서 제작된 것이다. 이러한 토기의 계통은 규호지유적에서 노형기대와 공반된 첨저옹이 부산시 노포동고분군 출토품과 유사하고, 이 시기 일본열도에 이입된 문물의 대부분이 낙동강하류역산인 점에서 김해·부산지역산으로 본다.

오사카부 오바데라大庭寺유적의 가마유구인 TG231, TG232요 출토 토기는 일본열도에서 지금까지 최고 형식으로 설명되었던 스에무라陶邑 TK73형식보다 확실히 한 단계 선행하는 초기 스에키須惠器로 평가된다(朴天秀 1993). 즉 일본열도에서 최초로 회청색 경질토기를 생산하는 가마가 오사카 남부에서 조업을 개시한 것이다. 이 유적에서는 여러 기종의 토기가 출토되었으나 그 가운데 특히 고배高杯의 개蓋는 가야지역 출토품과 구별이 되지 않을 정도로 흡사한 기법으로 만들어졌다(2-1).

고배는 대각 투창의 형태에 따라 삼각형, 장방형, 능형으로 분류할 수 있다. 장방형의 다투창 고배와 소형투창을 가진 통형 고배는 함안지역에 주로 분포

2-1 오사카부大阪府 오바데라유적大庭寺遺蹟 토기土器

하고 있으며 그 계통은 아라가야 양식에서 찾아진다. 또한 삼각형투창의 고배는 5세기대에는 소가야권에 분포하고 있으나 4세기대에는 함안지역에도 분포하는 것에서 아라가야양식으로 본다.

통형기대는 부산시 화명동7호분 출토품과 유사하다. 발형 기대는 배신의 문양이 대부분 파악되어, 이 유적의 초기 스에키須惠器 공인의 계통을 파악하는 데 중요한 자료이다. TG232폐기장에서 출토된 발형기대의 문양구성을 분석해 보면, 무문無文(1), 격자문格子文(2), 격자문格子文＋거치문鋸齒文(3), 결승문結繩文(2), 파상문波狀文＋거치문鋸齒文(11), 파상문波狀文(10)의 조합으로 구성되어 있다. 격자문, 거치문, 결승문을 복합한 문양구성이 주류를 이루는 가운데 새롭게 파상문이 시문된 기대가 출현하는 양상을 관찰할 수 있다. 이러한 문양 조합은 복천동21·22호분과 거의 일치하는 것으로 판단된다. 또 그 가운데에는 복천동10·11호분 출토의 '산山'자형 변형파상문을 가진 것이 확인된다.

오바데라유적은 폐기장의 규모가 크고 수백 개체의 대옹이 발견되는 점으로 볼 때 일정기간 동안 조업한 것으로 파악되는데 이 기대는 4세기 말부터 5세기 초에 걸친 시기에 제작된 것으로 파악된다(朴天秀 1998). 오바데라유적 출토 초기 스에키의 경우 수장묘에 사용되는 제기인 기대류는 김해·부산지역에서 제작되고, 고배 등은 함안 등 경남 서부 지역에 출자를 가진 공인에 의해 제작되었을 가능성이 크다.

(2) 아라가야양식阿羅加耶樣式

오사카부大阪府 규호지久寶寺유적에서 약 500m 떨어진 가미加美1호묘 출토 승석문호繩席文壺는 와질토기에서 회청색 경질토기로 전환하는 시기에 제작된 토기이다. 이 토기는 동부에 함몰흔이 있고 구연부가 타원형인 점에서 횡치 소성에 의해 제작된 것으로 파악된다. 이러한 기법은 이 시기 함안지역에

2-2 나가사키현長崎縣 다이쇼군야마고분大將軍山古墳과 그곳에서 출토出土된 함안산咸安産 승석문호繩蓆文壺

서만 확인된다는 점에서 가미1호묘 출토 토기를 아라가야 양식 토기로 본다.

나가사키현長崎縣 쓰시마對馬島 해안에 입지하는 석관묘인 다이쇼군야마大將軍山고분에서 출토된 승석문양이부호繩席文兩耳附壺는 직립하는 구연부를 가지고 저면에 타원형의 선각이 있다. 이 토기는 발견 당시 백제토기로 파악(小田富士雄 1978)되어 왔으나 함안지역산 토기로 판단된다. 그 근거는 이 형식의 호가 도항리고분군을 비롯한 함안지역에서 집중적으로 출토되고 있고 이제까지 주목하지 않았던 저면의 선각이 이 지역에서 주로 보이는 예새기호이기 때문이다. 따라서 이 토기는 3세기 중엽의 함안지역산으로 판단된다(2-2).

후쿠오카현福岡縣 히가시시모타東下田유적에서도 함안지역산으로 보이는 4세기대의 승석문타날호繩席文打捺壺가 출토되었다. 이 토기는 저면에 배모양 선각이 있어 주목된다. 왜냐하면 이러한 선각은 함안지역에서 확인되는 반월형의 예새기호로 판단되기 때문이다. 동일한 형식인 나가사키현의 아사히야마朝日山고분, 미네三根유적, 세토바루瀨戶原유적, 고후노사에コフノサエ유적, 하루노츠지原の辻유적, 후쿠오카현 니시신마치西新町유적, 시마네현島根縣 가미나가하마上長浜패총, 돗토리현鳥取縣 아오키이나바靑木稻場유적 출토 승석문양이부타날호繩席文兩耳附打捺壺도 4세기대의 아라가야양식 토기이다.

나라현奈良縣 미나미야마南山4호분의 기마인물형토기는 동일한 형식의 이양선수집 경주박물관 소장품이 김해지역 출토품으로 추정되어 이 지역에서 이입된 것으로 생각되어 왔다. 그런데 이 토기는 각부형태와 능형의 소형 투공과 공반된 소형 통형 기대와 동일한 형식이 합천군 저포리A지구 47호분 등에서 아라가야양식의 고배, 발형기대와 함께 출토되고 있어 아라가야양식일 가능성이 크다.

(3) 백제양식百濟樣式

효고현兵庫縣 데아이出合유적은 백제계 이주민에 의해 4세기 말에 조영된 초기 가마窯이다. 북쪽 구내에서 무문 내박자 1점, 와질계토기, 연질토기, 스에키, 하지키가 가마 내와 주변에서 확인되었다. 소성부에서 외면 격자타날, 평행타날, 내면 무문내박자흔이 보이는 초기 스에키가 출토되었다. 연소부에서는 직립하는 구연부에 중앙의 증기공을 중심으로 방사상으로 천공된 시루, 격자타날문 천발淺鉢, 격자타날문호, 평행타날문 옹, 대옹 등의 연질, 와질계 호가 출토되었다(2-3).

2-3 효고현兵庫縣 데아이유적出合遺蹟 백제계토기百濟系土器

2) 철기鐵器

(1) 철정鐵鋌

철정鐵鋌은 김해 부산지역, 함안지역, 경주지역에 집중 분포하고 있다. 이 시기 판상철부板狀鐵斧는 정형화된 철정이 성립되기 이전에 농공구로서의 용도뿐만 아니라 철소재로서의 역할을 겸했다. 판상철부板狀鐵斧는 일본열도 전역에 걸쳐서 분포하며, 교토부京都府 츠바이오즈카椿井大塚山고분, 후쿠오카현福岡縣 니시신마치西新町유적, 후쿠오카현福岡縣 하나소게花聲고분, 오카야마현岡山縣 비젠구루마즈카備前車塚고분, 오사카부大阪府 마나이眞名井고분, 니와토리즈카庭鳥塚고분, 교토부京都府 죠호지미나미바라長法寺南原고분, 나라현奈良縣 이케노우치池ノ內6호분, 아이치愛知縣 히가시노미야東之宮고분, 가나가와현神奈川縣 신토오즈카眞土大塚山고분, 군마현群馬縣 마에바시텐진야마前橋天神山고분, 후쿠시마현福島縣 아이즈오즈카야마會津大塚山고분 등에서 출토되었다.

이러한 판상철부의 기원은 창원시 다호리1호묘 출토품에서 찾을 수 있다. 일본열도 고훈시대 전기의 판상철부는 3세기 중엽에 조영된 김해시 대성동29호분에서 유사한 형식의 것이 다수 출토되었고, 나라현 이케노우치6호묘와 후쿠시마현 아이즈오츠카야마고분에서 금관가야산 유견대상철부有肩袋狀鐵斧가 함께 출토된 점에서 김해지역에서 이입된 것으로 판단된다. 그 후 판상철부는 비실용화되면서 판상철부형 철정으로 변하였다가 다시 철정으로 변화한다. 판상철부형 철정은 신라의 경주 월성로가29호분, 구어리1호 목곽묘, 가야의 부산 복천동38호분, 46호분 출토품으로 볼 때 양자 모두 인부刃部가 커지고 날이 없어진 동일한 형태이다. 그 후 철정으로 변화하면서 신라, 가야 철정은 지역적 특징을 가지며 분화한다.

한편 교토부京都府 츠바이오즈카椿井大塚山고분 출토 판상철부板狀鐵斧는 직사각형으로서 금관가야산과 형태가 다르다는 점에서 백제산일 가능성이 크다(李東冠 2012).

4세기 후엽 금관가야의 철정은 측면이 대칭이고 단부가 직선적이나, 아라가야 철정은 측면이 대칭이고 단부가 내만한 것이 특징이다. 한편 신라 철정은 측면이 비대칭이고 단부가 타원형인 것이 특징이다.

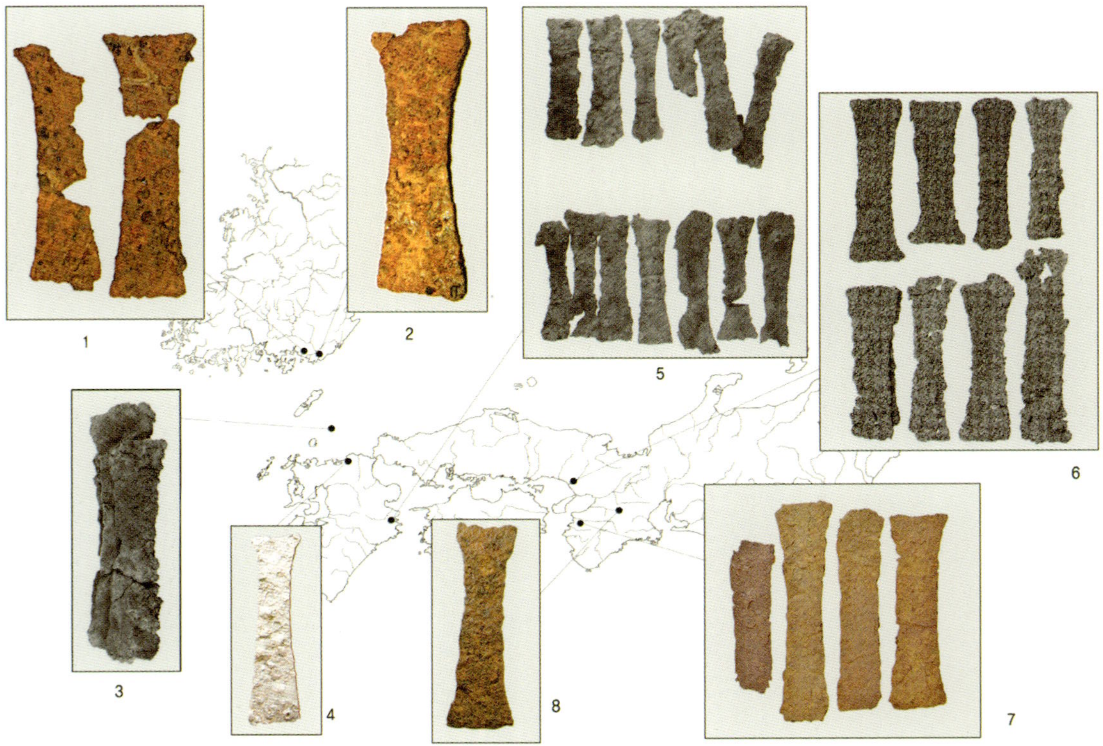

2-4 4세기世紀 후반後半 일본열도日本列島의 금관가야양식金官加耶樣式 철정鐵鋌

1. 김해시金海市 대성동大成洞2호묘, **2.** 부산시釜山市 복천동福泉洞54호묘, **3.** 후쿠오카현福岡縣 오키노시마유적沖の島遺蹟, **4.** 후쿠오카현福岡縣 후쿠마와리바타케고분福間割畑古墳, **5.** 오이타현大分縣 시모야마고분下山古墳, **6.** 효고현兵庫縣 교자즈카고분行者塚古墳, **7.** 와카야마현和歌山縣 마루야마고분丸山古墳, **8.** 나라현奈良縣 미나미야마南山4호분

이 시기 금관가야형 철정은 김해시 대성동1, 2, 3호분, 부산시 복천동54호분, 김해시 칠산동20호분 출토품으로 볼 때 측면이 대칭이고 단부가 직선적인 것이 특징이다. 4세기 후엽 효고현兵庫縣 교자즈카行者塚고분, 교토부京都府 야하타오즈카八幡大塚고분, 와카야마현和歌山縣 마루야마丸山고분, 오이타현大分縣 시모야마下山고분 출토 철정은 전자인 금관가야산과 형태가 유사한 점에서 이 시기 다른 철제품과 같이 김해지역에서 이입된 것으로 파악된다(2-4). 이는 교토부京都府 야하타오즈카八幡大塚고분에서 금관가야계의 능형菱形철촉(우병철 2004)이 금관가야산 철정, 복발부주覆鉢附冑와 함께 출토된 점에서도 그러하다.

4세기 말 나라현奈良縣 미나미야마南山4호분에서는 20점의 철정이 아라가야양식 토기와 함께 출토되었다. 이 고분 출토 철정은 측면이 대칭이고 단부가 내만한 아라가야산과, 측면이 대칭이고 단부가 직선적인 금관가야산으로 구분된다.

이 시기의 후쿠오카현福岡縣 후쿠마와리바타케福間割畑고분 출토 철정은 대칭형에 가깝고 단부가 내만한 것에서 함안 아라가야산으로 생각된다.

⑵ 철제 농공구農工具

철병부수부鐵柄附手斧는 기후현岐阜縣의 히루이오즈카晝飯大塚고분, 아쇼비즈카遊塚고분, 나라현奈良縣 우에도노上殿고분, 시카현滋賀縣의 기타다니北谷11호분, 산노야마山王山고분, 야마나시현山梨縣 오마루야마大丸山고분, 오사카부大阪府 오츠카야마大塚山고분에서 출토되었다. 한반도에서는 아직까지 4세기고분에서는 확인되지 않고 창녕군 교동3호분, 삼척시 갈야산 적석총, 대구시 달서고분, 경주시 황오동5호분 등 5세기 전반 신라 지역의 고분에서 주로 확인된다. 그래서 철병부수부鐵柄附手斧의 계통은 공반유물로 판단할 수밖에 없다.

2-5 김해시金海市 대성동고분군大成洞古墳群 출토出土 철제품(上)과 후쿠시마현福島縣 아이즈와카마츠야마고분會津大塚山古墳 출토 철제품(下)

기후현岐阜縣 아쇼비즈카遊塚고분에서는 금관가야산 토기가 공반되고, 나라현奈良縣 우에도노上殿고분에서는 근래 김해지역에서 집중 출토되는 통형동기筒形銅器가 공반된 점에서 금관가야와 관련된 것으로 보인다.

고훈시대 전기 일본열도에서 출토되는 철부鐵斧 가운데에서 유견대상철부有肩袋狀鐵斧는 한반도에서 출토되는 특징적인 형태이다. 유견대상철부는 오사카부大阪府 시킨잔紫金山고분, 나라현奈良縣 다니구치タニグチ1호분, 이케노우치池ノ內5호분, 후쿠시마현福島縣 아이즈와카마츠야마會津大塚山고분, 도쿄도東京都 노게오즈카野毛大塚고분, 오카야마현岡山縣 가나쿠라야마金藏山고분, 히로시마현廣島縣 가메야마龜山고분, 오이타현大分縣 멘케히라免ヶ平고분, 이미사키伊美崎2호묘 등에서 출토되었다(2-5).

일본열도 출토 유견대상철부는 영남지역에 널리 분포하고 있으나, 대성동29호묘, 13호묘, 18호묘 출토품 등과 형식이 유사하고 오사카부大阪府 시킨잔紫金山고분, 나라현奈良縣 다니구치タニグチ1호분, 이케노우치池ノ內5호분, 오카야마현岡山縣 가나구라야마金藏山고분, 히로시마현廣島縣 가메야마龜山고분에서 통형동기筒形銅器가 공반되는 점에서 금관가야지역에서 반입된 것으로 파악된다. 또한 나라현奈良縣 신야마新山고분, 오사카부大阪府 노나카野中고분, 기후현岐阜縣 아쇼비즈카遊塚고분, 미에현三重縣 이시야마石山고분, 군마현群馬縣 오후지야마お富士山고분, 도쿄도東京都 노게오즈카野毛大塚고분, 이바라기현茨城縣 가가미즈카鏡塚고분 등에서는 석제모조품石製模造品으로 제작되어 판상철부형 모조품과 함께 제사용 의기儀器로 부장된다.

U자형 삽날은 4세기대의 후쿠오카현福岡縣 이나바生葉유적 등에서 출토되었는데, 대성동2호묘에서 부장되고 있어 일본열도의 4세기대 출토품은 다른 철제품과 함께 김해지역 출토품과 관련되는 것으로 추정된다.

따비는 교토부京都府 이마바야시今林5호묘, 시마네현島根縣 니시다니西谷16

호묘 등에서 출토되었는데, 그 시기로 볼 때 이마바야시今林5호묘 출토품은 김해시 양동리212호묘 출토품과 유사하다.

3) 무기武器와 무구武具

(1) 무기武器

후쿠오카현福岡縣 츠코쇼카케津古掛고분, 교토부京都府 츠바이오츠카椿井大塚山고분, 후쿠시마현福島縣 아이즈오츠카야마會津大塚山고분 출토 정각식定角式 철촉은 김해시 대성동29호분 출토품과 같은 금관가야계 철촉으로 파악된다. 이는 이 형식이 김해지역을 중심으로 분포하고, 이러한 고분에는 착두鑿頭형 철촉과 판상철부 같은 금관가야산 문물이 공반되는 점에서도 그러하다.

또 김해시 대성동고분군을 중심으로 분포권을 형성하고 있는 금관가야계의 능형菱形철촉은 교토부京都府 야하다오츠카八幡大塚고분에서는 금관가야산 철정鐵鋌, 복발부주覆鉢附冑와 함께 출토되었다. 교토부京都府의 가와라다니瓦谷고분과 소노베카이이치園部垣内고분에서 방형판 혁결판갑과 함께 출토되었다. 교토부京都府의 모토이나리元稲荷고분과 후쿠오카현福岡縣 료지老司고분 3호석실, 오카야마현岡山縣 가나쿠라야마金蔵山고분, 효고현兵庫縣 덴보야마天坊山고분 등에서는 한반도산 철제품과 함께 출토되었다. 가나쿠라야마고분에서는 금관가야계의 통형동기와 함께 출토되어 이 형식 철촉의 계통을 추정할 수 있다. 야마구치현山口縣 덴진야마天神山1호분에서는 능형철촉이 도자刀子형과 착두鑿頭형철촉과 함께 출토되었다.

김해시 구지로18호분과 부산시 노포동31호분 등 출토 천공穿孔된 유엽柳葉형 철촉은 후쿠오카현福岡縣 죠시즈카銚子塚고분 등에서 확인된다.

나가노현長野縣 네즈카根塚유적과 교토부京都府 히루즈카ヒル塚고분 출토 와권문장식부철검渦巻文裝飾附鐵劍은 2세기 후엽의 김해시 양동리212호분 출토품 등과 유사하다.

히로시마현廣島縣 가메야마亀山고분 출토 연미형燕尾形 철모鐵鉾는 이 시기 한반도 남부 전역에 분포하고 있으나 김해지역에서 출토되는 통형동기筒形銅器와 공반된 것에서 금관가야산으로 추정된다. 이는 후쿠오카현福岡縣 료지老司고분 3호석실에서도 금관가야산 능형철촉과 함께 철모鐵鉾가 공반되는 것에서 그러하다.

⑵ 무구武具

4세기 판갑은 대수장묘인 야마나시현山梨縣 오마루야마大丸山고분, 오사카부大阪府 시킨잔紫金山고분 등에서 출토된 종장판혁결판갑縱長板革結板甲이다. 신경철은 일본열도 출토 종장판혁결판갑에 대하여 김해시 대성동고분과 부산시 복천동고분군 출토 예를 지적하며 양자 간의 차이점은 인정되지만 그 계통을 금관가야 지역에서 구하였다(신경철 1993). 이는 시킨잔紫金山고분에서 금관가야산 통형동기筒形銅器와 유견대상철부有肩袋狀鐵斧가 공반되었고, 오마루야마大丸山고분에서는 철병부수부鐵柄附手斧가 출토되어 그 가능성이 크다(2-6).

2-6 야마나시현山梨縣 오마루야마고분大丸山古墳 출토 종장판혁결판갑縱長板革結板甲

종장판혁결판갑뿐만 아니라 시가현滋賀縣 아츠지효단야마安土瓢簞山고분, 나라현奈良縣 우에도노上殿고분, 니이자와센즈카新澤千塚

500호분, 다니구치タニグチ1호분 등에서 출토된 방형판혁결판갑方形板革結板甲에 대해서도 복천동64호분 출토 예를 지적하면서 그 계통을 김해, 부산지역에서 찾는 견해가 제시되었다(橋本達也 1998). 방형판혁결판갑은 아즈지효단야마安土瓢箪山고분, 니이자와센즈카新沢千塚500호분, 다니구치タニグチ1호분에서 통형동기와 공반되고, 우에도노上殿고분에서 철병부수부가 함께 부장되는 점에서 그 계통이 금관가야와 관련된 것으로 추정된다.

4) 장신구裝身具

나가노현長野縣 아사카와바다淺川端유적 출토 청동제 마형대장식구馬形帶裝飾具는 주거지의 매립토에서 발견되어 정확한 출토상태를 알 수 없으나 천안시 청당동5호분 출토품과 같은 형식으로, 아산만 일대에서 제작되어 이입된 것으로 추정된다.

나라현奈良縣 신야마新山고분에서 진식晉式 대장식구帶裝飾具가 출토되었다(2-7). 이 고분은 우마미馬見고분군의 남군에 속하는 전방후방분이다. 구릉 단부를 이용해 전방부를 남서로 향하게 축조하였다. 전체 길이 137m, 후방부 동서 폭 67m, 높이 10m, 전방부 추정 폭 66m, 높이 6m이다.

부장품은 동범경同范鏡 6면을 포함한 박재삼각연신수경舶載三角緣神獸鏡, 화문대환상유신수경畵文帶環狀乳神獸鏡, 화문대신수경畵文帶乳神獸鏡, 방제仿製의 방격규구사신경方格規矩四神鏡, 삼신삼수수대경三神三獸獸帶鏡, 타용경鼉龍鏡, 내행화문경內行花文鏡, 직호문경直弧文鏡 등 거울 34면, 벽옥제 관옥 20점, 초형석鍬形石·석천石釧 9점, 차륜석車輪石 5점, 통형석제품筒形石製品 5점, 의자형석제품 1점, 촉형석제품 7점, 도자병형刀子柄形 석제품 1점, 원형유공圓形有孔 석제품 2점, 활석제의 부형석제품斧形石製品 1점, 곡옥 127점, 철도鐵刀 16점, 철검鐵劍 16점, 도자刀子 40점 등이 있다.

2-7 나라현奈良縣 신야마고분新山古墳과 진식晉式 대장식구帶裝飾具

신야마新山고분은 다량의 거울을 비롯하여 풍부한 부장품이 출토된 전방후방분으로, 4세기 후엽 우마미馬見구릉 가운데 최초로 축조된 것으로 생각된다.

효고현兵庫縣 교자즈카行者塚고분에서도 진식晉式 대장식구가 출토되었다. 이 고분은 가코천加古川 하구에서 약 6km 떨어진 동안 구릉상에 조영된 전방후원분이다. 3단 축성으로 길이 100m, 후원부 직경 68m, 높이 10m, 전방부 폭 55m, 높이 5.5m이다. 매장주체부는 장방형 묘광 내에 점토곽 3기가 확인되었다. 중앙곽과 서곽 사이 북쪽의 목상木箱으로 된 중앙 부장고副葬庫 내에서 금동제 용문투조대장식금구, 재갈轡, 철부, 통형 청동제품이 출토되었다. 서 부장고에서는 철복鐵鍑, 철정鐵鋌, 철도, 철검, 철모, 철초鐵鍬, 철서鐵鋤, 철부, 철겸, 철착, 철거鐵鋸, 철상鐵床, 파형동기가 출토되었다.

금동제 용문대장식구는 서진西晉에서 이입된 것으로, 그 외 원형, 장방판경판부비, 철정, 철복, 철부, 철겸, 철상 등은 김해시 대성동고분과 양동리고분군에서 출토되는 것에서 금관가야산으로 볼 수 있다. 금동제 용문대장식구는 대성동88호분에서 출토되어 중국으로부터 직접 이입된 것으로 볼 수는 없고, 금관가야를 매개로 하여 들어온 것으로 판단된다. 교자즈카고분의 축조시기는 부장품이 금관가야 전성기에 제작된 것으로 보아 4세기 말로 파악된다.

이 고분의 피장자는 김해지역에서 나타나는 철상과 철정, 다수의 철제농공구 그리고 파형동기가 상징하는 바와 같이 세토나이해瀨戶內海를 이용하여 금관가야와 교섭한 하리마播磨지역의 유력 호족으로 파악된다.

나라현奈良縣 신야마新山고분과 효고현兵庫縣 교자즈카行者塚고분의 진식晉式 대장식구는 중국에서 직접 이입되지 않았으며, 김해시 대성동88호분과 경주시 쪽샘지구에서 출토되어 고구려-신라-금관가야를 통하여 이입된 것으로 판단한다.

5) 묘제墓制

나라현奈良縣 호케노야마ホケノ山고분의 목곽과 미야자키현宮崎縣 아오키檍 1호분, 교토부京都府 구로다黑田고분, 가가와현香川縣 이시즈카야마石塚山고분, 도쿠시마현德島縣 하기하라萩原1호분의 목곽은 일본열도에서는 그 계통을 찾아볼 수 없는 것으로, 가야 전기 특히 김해지역의 양동리고분군, 대성동고분군의 대형 목곽묘와 계통이 연결될 가능성이 크다.

2 한반도韓半島의 일본열도日本列島 문물文物

1) 토기土器

하지키土師器와 이를 모방한 하지키계 연질토기는 옛 김해만을 중심으로 부산, 진해지역 등 동남해안에서 출토되고 있는 점이 특징이다.

하지키에 대해서는 다케스에 준이치武末純一가 규슈지역과의 비교연구(武末純一 1988)를 실시하였으며, 그 후 안재호가 하지키를 5단계로 편년하며 그 시기별 반입 양상을 다음과 같이 설명하였다(安在晧 1993).

1단계는 고배高杯, 소형기대小形器臺, 장경호長頸壺가 출현하고, 후루布留식토기를 충실히 모방하는 시기이다. 2단계가 되면 그 수가 증가할 뿐만 아니라 기종도 다양화되며, 이후 가장 많이 제작되는 내만구연호內湾口緣甕가 등장한다. 3단계는 2단계에 비하여 수가 줄어드나 다음 시기에 비하면 아직 비교적 다양한 기종으로 구성된다. 4단계가 되면 기종도 단순해지며 그 제작수법도 현지토기인 연질토기軟質土器의 영향이 강하게 나타난다. 5단계가 되면 옹甕만 남아 있으며 그 제작수법도 완전히 연질토기화 된다.

안재호는 하지키계 연질토기軟質土器가 가장 원형에 충실한 시기를 왜인倭

人들이 이주한 시기로 보고 제1차 이주기를 4세기 전엽의 1단계, 제2차 이주기를 4세기 후엽의 3단계로 설정하였다. 제1차 이주의 직접적인 계기를 긴키近畿 지역의 후루식토기가 열도 전역으로 확산하는 것에 두었으며, 제2차 이주의 계기는 문헌에 보이는 4세기 후반 왜倭의 활동에서 그 배경을 찾았다. 또 4단계 이후 하지키의 쇠퇴는 5세기 초 이후 가야와 왜의 관계악화를 그 원인으로 보았다. 이와 같이 하지키의 출현 시기와 출현 배경, 쇠퇴의 원인을 각각 4세기 후반 왜倭의 활동과 5세기 초 이후 가야와 왜 간의 관계악화로 본 해석에 대해서는 의문이 있으나 이 토기가 왜인倭人의 이주를 계기로 제작된 점과 시기별 획기에 대한 파악은 타당한 것으로 판단된다.

하지키는 쇼나이庄內식과 후루布留식이 있으며 이러한 토기 가운데에는 반입품과 모방품이 함께 나타난다. 먼저 여기에서는 쇼나이식 토기와 후루식 토기의 특징에 대해서 옹甕을 중심으로 살펴보고 구별의 기준으로 삼고자 한다.

쇼나이식 하지키: 구연부口緣部는 '〈'자상으로 날카롭게 외반하고 단부端部는 위쪽으로 돌출되게 처리하였다. 동체胴體는 외면을 타날한 후 세로 방향 목판 긁기로 조정하고 그 내면은 구연부와 동체의 경계면을 날카롭게 돌출되도록 예새로 깎아서 정면하며 기벽이 얇다.

후루식 하지키: 구연부는 내만하면서 위쪽으로 올라가고 단부는 기본적으로 내측을 두껍게 처리하였다. 동체는 거의 구형이고 외면은 목판 긁기로 조정하고 그 내면은 예새로 깎아서 정면하나 경계면이 날카롭지 않고 기벽이 두껍다.

쇼나이식 하지키는 동래패총 출토품과 노포동2호묘 출토품이 있다. 국립박물관 조사 동래패총 출토품 가운데에는 구연부가 '〈'자상으로 날카롭게 외반하며 동체의 내면은 예새깎기로 구연부와의 경계면을 예리하게 돌출시키면서 정면한 토기가 2~3점 보인다. 노포동2호묘 출토품은 명황갈색으로 구연부는 '〈'자상으로 외반하고 동체는 외면을 타날한 후에 세로 방향 목판 긁기로 조정하고 그 내면은 목판 긁기로 구연부와의 경계면을 돌출시키며 정면한 것이다. 이 토기는 기벽이 전형적인 쇼나이식보다 두꺼운 점에서 모방품으로 본다.

동남해안 지역의 쇼나이식 토기는 부산시 동래패총 F피트 중 회청색 경질토기를 공반하지 않고 후기 와질토기만 출토되는 10층에서 쇼나이식에 병행하는 북부 규슈九州산, 시마네현, 돗토리현에 걸친 산인山陰산, 후쿠이현, 토야마현, 이시카와현에 걸친 호쿠리쿠北陸산의 하지키 옹이 확인되는 점에서 늦어도 3세기 중엽 전후에 출현한 것으로 추정된다.

회청색 경질토기를 수반한 3세기 중엽의 김해시 대성동29호분, 김해시 예안리74호묘, 160호분 출토 소형옹은 쇼나이식과 병행하는 것으로 파악된다. 이 토기는 후쿠오카현福岡縣 츠고쇼카케津古生掛고분, 나가사키현長岐縣 하루노츠지原の辻유적 등에서 유사한 기형이 존재하여 북부 규슈산으로 파악된다.

경주시 월성로가31호분의 하지키계 연질토기는 고배, 기대, 옹 등의 다양한 기종이 출토되었다(2-8). 이 고분은 공반토기의 회청색 경질화가 호壺류에 한정되고, 와질토기의 소성과 조정수법이 잔존한 기종이 남아 있는 점, 또 고배는 쇼나이식(米田敏幸 1993)인 점에서 3세기 후엽으로 편년된다. 3세기 후반으로 편년되는 경주시 황성동25호분 출토 평저발 1점과 원저완 1점도 하지키계 연질토기로 파악되고 있다(安在晧 2005).

후루식토기는 김해지역의 대성동고분군, 양동리고분군, 퇴래리고분군, 예안리고분군, 봉황대유적, 부산지역의 복천동고분군, 화명동고분군, 괴정동고분군, 조도패총, 경산시 임당저습지유적, 창녕군 계성리유적 등에서 광범위하게 출토되었다. 이 가운데 괴정동40호묘 출토품으로 전해지는 것은 구연부

2-8 경주시慶州市 월성로月城路가13호분(上)과 거제시巨濟市 아주동유적鵝洲洞遺蹟(下) 출토出土 일본열도계日本列島系 하지키土師器

가 '〈'자상으로 외반하고 동체 내면은 예새깎기로 구경부와의 경계면을 날카롭게 돌출시키며 정면한 후루식토기이다. 이 토기는 후루식 가운데서도 고식이며 그 제작수법으로 볼 때 반입품으로 판단된다. 조도패총 출토품은 그 형태가 후루식 토기와 유사하여 반입품 또는 충실형으로 분류되고 있다. 그 외 대성동고분군, 복천동고분군, 화명동고분군 출토품은 현지에서 후루식 토기의 제작수법을 인지한 공인工人이 제작한 것으로 추정된다.

4세기 전엽 대성동13호묘 등에서 출토된 후루식 내만구연옹內彎口緣甕은 규슈지역 옹의 영향을 받아 김해에서 제작된 것으로, 4세기 중엽 복천동57호묘에서는 내만구연옹, 환상파수부環狀把手附 이중구연옹二重口緣甕이 출토되었다. 그리고 4세기 말 복천동93호묘에는 내만구연옹, 환상파수부이중구연옹이 출토되었다.

부산시 용원유적에서는 하지키가 23호 유구에서 고배 1점, 패총 최정상부 피트에서 소형기대 1점, 패총 5피트에서 고배 1점, 패총 9피트에서 고배 1점, 패총 4층에서 고배 1점이 출토되었다. 그 외 26호와 37호 주거지 등에서 하지키계 연질토기가 11점 출토되었으며, 토기는 북부 규슈산 또는 그 계통으로 파악되고 있다. 이 유적은 임해성이 강한 구릉상에 위치하고 공반된 토기가 금관가야양식인 점에서 금관가야의 교역 거점으로 파악된다.

거제시 아주동 1485번지 유적은 삼국시대 수혈주거지 40여 기로 구성된 취락유적이며, 지리적으로는 규슈九州지역과 인접한 남해안의 거제도 동남부에 위치하는 옥포만에 조영되어 있다.

유적의 입지나 수혈주거지의 구조, 출토된 유물로 볼 때 남해안의 해상루트를 통한 당시 지역 간의 교류양상을 확인할 수 있다. 수혈주거지의 구조는 방형계의 평면형태가 주류를 이루며, 4주식의 주혈과 한쪽 벽면에 마련한 부뚜막이 다수 확인되고 있다.

이 유적에서 주목되는 것은 함안 아라가야양식 토기와 함께 하지키土師器계 토기, 장동옹, 평저 시루와 같은 마한계토기가 다수 확인된다. 유적에서 출토되는 하지키계 토기의 기종은 대부분 고배이며, 9호 수혈주거지에서 옹 1점, 26호 수혈주거지의 상부에서 소형발 1점이 출토되었다. 특히 고배의 경우 대각을 배신에 삽입하여 접합한 일본열도의 제작기법과 동일한 점에서 이입 또는 왜인에 의해 현지에서 제작된 것으로 보인다.

9호 수혈주거지는 아라가야양식 승석문양이부호와 공자형고배가 출토되었다. 전자는 구형에 가깝고 아직 장동화되지 않은 점에서 4세기 중엽 이전으로 본다. 후자도 각부에 문양이 시문되지 않은 고식인 점에서 같은 시기로 편년된다.

이 유적은 하지키土師器계토기와 아라가야양식 토기가 다수 확인되는 점에서, 철소재를 구하기 위해 이주한 왜인, 마한인이 아라가야인과 혼재한 것으로 파악되며 아라가야의 교역 거점으로 본다.

창녕군 계성리8호수혈주거지 출토품 가운데 대형복합구연호는 서부 세토우치瀨內海계 또는 기나이畿內계 토기로 파악되고 있다(井上主稅 2008). 이 유적은 출토된 비화가야양식 토기로 볼 때 그 중심 시기는 4세기 후엽이며, 4주식주거지와 마한계 토기가 다수 확인되는 것에서 철소재를 구하기 위한 마한인과 왜인이 다수 거주한 비화가야의 교역 거점으로 판단된다.

강릉시 강문동Ⅳ-1호 주거지 출토품은 장경호이며 동부의 목판조정 흔적이 보이는 점에서 이입품으로 파악된다. 이 토기는 기형과 제작기법으로 볼 때 후루布留2식 즉 4세기 후엽 규슈九州 북부지역에서 이입된 것이다.

그 후 하지키계 연질토기는 5세기 중엽 김해시 예안리35호묘에서 환상파수부이중구연옹이 부장된 이후 소멸한다. 이와 같이 하지키는 3세기 전엽에 출현하여 4세기대에는 김해, 부산지역에서 집중적으로 제작되다가, 5세기 중엽 이후 자취를 감춘다.

그런데 김해·부산지역의 토기 가운데에 하지키의 속성을 받아들여 제작한 것이 있어 흥미롭다. 즉 김해·부산지역에 묘포하는 외절구연고배外折口緣高杯 가운데 김해시 예안리11호묘 출토품은 배부杯部가 완만하게 외반하며 통형 각부脚部에 단이 형성된 것으로 후루식 고배와 형태가 유사하고, 예안리31호묘 출토품은 하지키계 옹형토기가 공반하는 것에서 하지키의 영향을 받은 것으로 파악된다. 또 노형기대에도 하지키의 속성이 보이는데, 김해·부산지역의 파수把手가 붙은 특징적인 노형기대 가운데 다른 지역에서 보이지 않는 내만구연內湾口緣의 속성이 그러하다. 이 구연부의 형태가 함께 출토되는 하지키와 일치하면서 이 두 지역은 하지키계 토기가 가장 밀도 높게 분포하기 때문이다.

2) 무기武器와 무구武具

(1) 무기武器

① 동모銅矛

김해지역을 중심으로 출토되는 의기화된 중광형동모와 광형동모는 일본열도 북부 규슈에서 집중 출토되고 그 주형鑄型이 발견되며, 특히 쓰시마對馬에서 다수 출토되어 일본열도로부터 이입된 것으로 본다.

북부 규슈산 광형동모는 김해시 양동리고분군 90호묘에서 출토된 중광형동모 2점, 200호묘에서 출토된 광형동모 1점, 전 양동리 출토품이 있고, 김해시 내덕리19호묘와 명법동에서 1점씩 출토되었다. 대성동88호묘에서 중광형동모 1점이 출토되었다(2-9).

이와 같이 광형동모의 분포가 김해지역에 집중되고 그 가운데에서 양동리고분군에 개체수가 많은 것이 특징이다. 따라서 김해지역의 광형동모는 양동리 집단이 북부 규슈에서 입수한 동모를 이들 집단에 분여한 것으로 본다. 그외 고성군 동외동패총에서 1점이 출토되었는데, 이는 김해 지역을 경유하지 않고 거제도와 쓰시마를 거친 직접 교류를 통하여 입수한 것으로 추정된다.

2-9 김해시金海市 대성동大成洞88호묘 동모銅鉾

김해시 대성동13호묘에서는 직호문녹각제도검장구直弧文鹿角製刀劍裝具가 출토되었다. 창원시 삼동동2호묘에서는 동촉 2점이 출토되었다.

② 통형동기筒形銅器(2-10)

통형동기는 고훈시대 전기 후반에서 중기 전반을 중심으로 고분에 부장된 청동제품이다. 그 형상은 길이 10cm, 직경 2cm 내외의 원통형으로 기벽의 두께가 1~2mm로 아주 얇고 한쪽 끝은 막혀 있다. 종래 통형동기는 일본열도에만 분포하는 특수한 의기로 파악되어 왔으나, 그 후 한반도 내에서 그 존재가 알려지고 김해시 대성동, 양동리고분군과 부산시 복천동고분군에서 집중 출토됨에 따라 한일 간에 제작지에 대하여 논의가 이루어지고 있다.

통형동기의 제작지는 출현시기가 선행하는 점, 분포의 중심이 대성동 고분군 피장자 집단인 점, 출현 당시부터 각 형식이 갖춰져 있는 점 등에서 금관가야로부터 야마토정권이 입수하여 분여하였다는 견해가 제시되었다(鄭澄元·洪潽植 2000:45~56).

그러나 필자도 금관가야산으로 생각하였으나, 이 시기 금관가야에서 주조한 청동제품이 보이지 않고, 일본열도산 철창과 공반되는 예가 많은 점에서 파형동기와 같이 이입품으로 파악된다.

통형동기는 4세기 후엽의 대성동1호분과 2호분에서 철창鐵槍과 공반되는데 물미가 확인되지 않는 것으로 보아 창槍의 준鐏으로 사용되나 창이 공반되지 않는 출토 예가 있고 설舌을 갖춘 점, 준으로 쓰기에는 구경이 좁은 점 등으로 볼 때 장두杖頭로 쓰였을 가능성도 있다. 통형동기는 출토 상황이 분명한 것은 44기의 고분에서 출토된 59점이며, 분포는 기나이畿內를 중심으로 북쪽은 사이타마현埼玉縣 구마노신사熊野神社고분, 남쪽은 구마모토현熊本縣 시미즈淸水고분까지 광범위하게 확인된다. 고훈시대 전기 중반의 시킨잔紫金山

2-10 오사카부大阪府 니와토리즈카고분庭鳥塚古墳 출토 통형동기(左)와 김해시金海市 대성동大成洞88호묘 출토 통형동기(右)

고분 출토품부터 중기까지이며 전기 후반을 중심으로 확인된다(井上主税 2008).

김해시 대성동고분군과 부산시 복천동고분군, 김해시 양동리고분군에서 집중 출토되었으나 김해시 망덕리고분군에서도 3점이 확인되었다. 그 외 포항시 남성리고분군에서 2점이 출토되었다. 호소가와 신다로細川晋太郎(2012)의 논고를 참고하면서 근래 추가된 자료를 보완한다.

대성동18호묘에서는 피장자의 두부頭部 부근에서 2점 출토되는데 각각 피장자의 양쪽에 위치하고 있다. 2점의 통형동기는 구연부 방향을 따라가면 각각 창과 대응한다. 그중 1점에는 내부에 병이 잔존하고 있다. 창의 병도 통형동기의 구연부 쪽으로 향하고 있어 본래는 창을 구성하고 있었음을 파악할 수 있다.

대성동88호묘에서는 북쪽 유물부장 공간에서 3점이 출토되었으며 통형동기와 대칭하는 것은 이지창 1점과 철창 1점이 남쪽에 위치한다.

대성동91호묘에서는 창과의 대응관계는 확인되지 않는다.

대성동94호묘에서는 동북쪽 순장자 인골의 동쪽에서 3점이 출토되었으며 자루 방향은 남쪽 일직선상에 이지창 1점이 위치한다. 그리고 이지창의 남쪽에서 1점이 출토되었다.

대성동1호묘에서는 목곽 내 북서쪽에서 7점, 목곽 내 남서쪽에서 1점이 출토되어 합계 8점의 통형동기가 확인되었다. 남서 모서리에서 출토된 1점은 토기 아래에 들어가 있는 상태로 확인되어 원위치를 유지하고 있을 가능성이 높다. 다만 구연부의 방향을 따라가면 바로 목곽의 벽에 부딪치고 주변에 대응할 창 등은 눈에 띄지 않는다. 목곽 내 북서쪽에서 확인된 통형동기 7점은 비교적 가까이 합친 상태로 출토되고, 목곽 내 북동쪽에서는 복수의 창이 출토되었다. 통형동기와 창의 수량이 같지 않고, 통형동기의 구연부 및 창의 병의 방향도 일치하지 않지만 통형동기의 내부에는 병이 양호하게 잔존하고 있기 때문에 대응관계를 상정할 수 있다.

대성동2호묘에서는 피장자의 두부 부근, 목곽 내 남동쪽에서 2점이 확인되며, 모두 거의 같은 방향으로 구연부가 향하고 있다. 가까이 복수의 창이 존재하고 있다.

대성동39호묘에서는 목곽 내 남동 모서리에서 2점이 확인되고 주축에 따라서 줄을 서듯이 배치되어 있다. 구연부의 방향은 모두 서쪽을 향하고 있지만, 연장선상에 창 등은 존재하지 않는다. 그러나 2점 중 1점의 내부에는 병이 잔존하고 있다.

복천동38호묘에서는 2점이 모두 목곽 내 서쪽, 피장자의 두부 방향에서 출토되었다. 통형동기의 내부에는 병이 잔존하며, 구연부 방향의 연장선상에는 창이 있다.

복천동60호묘에서는 통형동기 3점이 확인되었다. 피장자의 두부 방향으로 2점, 족부에서 1점이 출토되었다. 내부에 목병의 흔적이 남아 있는 것이 있다.

양동리304호묘에서는 통형동기 3점이 출토되었다. 창과의 대응관계는 확인되지 않는다.

양동리340호묘에서는 1점이 출토되었으며, 창과의 대응관계는 확인할 수 없지만, 내면에는 세로 방향의 목질이 부착되어 있다.

망덕리13호묘에서는 2점이 모두 목곽 내 남동쪽 모서리에서 출토되었다. 출토상황에서 창과의 직접적인 대응관계는 확인되지 않으나 서쪽에서 철모와 철창이 5점 확인되어 대응관계를 추정할 수 있다.

망덕리16호묘에서는 1점이 남서쪽에서 출토되었다. 내부에 목병의 흔적이 남아 있다. 구연부 방향의 연장선상에는 창이 있다.

창원 석동388호묘에서는 동단벽에서 통형동기 1점과 부속구로 보이는 각형동기 및 설 각 1점, 북서편으로 약간 치우쳐 철모 1점이 출토되었다. 출토 위치에서 철모에 착장된 것으로 보기 어렵다.

그 외 호암미술관 소장 김동현 수집품 5점, 이양선 수집품이 있다.

일본열도에서 통형동기는 특히 금관가야계의 종장판혁결판갑縱長板革結板甲 또는 방형판혁결판갑方形板革結板甲, 판상철부板狀鐵斧, 유견대상철부有肩袋狀鐵斧 등과 공반되는 경향이 보인다. 예를 들면 오사카부大阪府의 시킨잔紫金山고분에서는 종장판혁결판갑과 유견대상철부, 니와토리즈카庭鳥塚고분에서는 통형동기, 나라현奈良縣의 우에도노上殿고분에서는 방형판혁결판갑, 니이자와센즈카新沢千塚500호분에서는 방형판혁결판갑과 철모鐵鉾, 다니구치タニグチ1호분에서는 방형판혁결판갑과 유견대상철부, 이케노우치池ノ内5호분에서는 유견대상철부, 시가현滋賀縣 아즈치효단야마安土瓢簞山고분에서는 방형판혁결판갑, 오카야마현岡山縣 가마쿠라야마金蔵山고분에서는 유견대상철부, 히로시마현廣島縣 가메야마亀山고분에서는 유견대상철부와 철모가 공반된다. 이를 통해 볼 때 통형동기를 소유한 수장은 금관가야와의 교류에 관여한 인물로 추정된다.

(2) 무구武具

파형동기巴形銅器는 일본열도에서 야요이彌生시대에 출현한 청동기로서, 야요이 후기에 사라졌다가 고훈시대 전기 후반에 다시 출현한다. 이 청동기는 야요이시대에 주형鑄型이 확인되므로 일본열도산이다. 또 한반도 출토품의 시기가 일본열도 출토품보다 이르지 않은 점에서도 그러하다. 현재 파형동기는 일본열도에서 21기의 고분과 주거지 1기에서 93점이 출토되었다(田中晋作 2000:2). 파형동기는 긴키近畿지역과 그 주변을 중심으로 동쪽으로는 가나가와현神奈川縣 진토오즈카真土大塚고분, 서쪽으로는 후쿠오카현福岡縣 마루쿠마야마丸隈山고분에서 출토되었다. 그 용도는 주로 방패盾와 가죽 화살통(채靫)의 장식으로 사용되는데, 효고현兵庫縣 교자즈카行者塚고분에서는 부장품 상자 내에 수납된 채로 발견되었다.

2-11 김해시金海市 대성동大成洞88號墓 파형동기巴形銅器(左)와 오사카부大阪府 고카네즈카고분黃金塚古墳 파형동기巴形銅器(右)

파형동기는 전장 208m인 오사카부大阪府 츠토시로야마津堂城山고분을 비롯한 미에현三重縣 이시야마石山고분 등의 유력 수장묘에서 부장되는 위신재임을 알 수 있다.

김해시 대성동13호묘에서는 파형동기 6점이 부착된 가죽 방패가 출토되었다. 대성동88호묘에서 12점, 대성동2호묘에서 1점, 23호묘에서 2점의 파형동기가 출토되었다. 그 외 경주박물관 소장 이양선 수집품 가운데 여러 점이 있다.

대성동11호묘에서는 시가현滋賀縣 유키노야마雪野山고분과 교토부京都府 가와라다니瓦谷1호분 출토품과 같은 고훈시대 전기에 보이는 거치식据置式 가죽 화살통(채靫)이 출토되었다(2-11).

3) 거울鏡

함안군 사내리沙內里 출토 방제경과 제주도 산지항 출토 거울은 내행화문일광경계방제경內行花文日光鏡系倣製鏡으로 북부 규슈를 중심으로 하는 서일본에서 제작된 것으로 파악되어 왔다(高倉洋彰 1989).

김해시 양동리고분군의 427호분와 162호분의 방제경은 왜경으로 파악되고 있다. 양동리162호분 출토 8면面의 거울은 내행화문일광경계방제경의 Ⅱa, b형으로 그 주형鑄型이 북부 규슈 특히 후쿠오카현福岡縣 수구須玖유적을 중심으로 출토되고 있어 그 가능성이 높다. 양동리441호분 출토 방제방격규구경도 왜경으로 파악되고 있다. 창원시 삼동동고분군에서는 일본열도산 내행화문경이 출토되었다.

4) 옥석제품玉石製品

청동기시대 이래 한반도에서는 곡옥이 사용되어 왔다. 청동기시대에는 C자형 천하석제 곡옥이 사용되다가 원삼국시대 후기에는 수정제 곡옥이 출현한다. 그런데 삼국시대가 되면 이제까지 보이지 않던 경옥제硬玉製(비취翡翠) 곡옥曲玉이 돌연 출현한다. 즉 3세기 후엽에 조영된 부산시 복천동80호묘, 38호묘, 4세기 전엽에 조영된 김해시 대성동18호분, 4세기 중엽에 조영된 김해시 양동리304호묘 등에서 경옥제 곡옥이 부장된다. 복천동80호묘, 38호묘의 경옥제 곡옥은 한반도에서 출토된 가장 이른 시기의 것으로 파악된다.

한편 일본열도에서는 야요이시대 전기 말에서 중기 초 북부 규슈의 후쿠오카현福岡縣 요시타케타카키吉武高木유적과 야요이시대 중기 전반에서 후반에 걸친 사가현佐賀縣 우키군덴宇木汲田유적의 경옥제 곡옥은 기원전 2세기에 이미 출현한다. 고훈시대에는 곡옥이 일본열도 전역에 분포하나 특히 긴키近畿지역에 집중한다. 야요이시대 이래 경옥제 장신구가 애호되었던 북부 규슈지역에서 경옥제 정자형 곡옥이 긴키지역 다음가는 빈도를 보이며 출토되는 것도 한반도에로의 곡옥의 이입과 관련된다.

경옥의 원석은 일본열도의 19지점 외에 미얀마 북부, 중국 운남성 등에서 산출(國立科學博物館 2004)되고 있으나 야요이~고훈古墳시대에 사용되는 경옥제품은 니이카타현新潟縣 이토이천糸魚川산 경옥에 한정된다(米田克彦 2005).

일본열도의 경옥제 곡옥은 고분시대 전기 말에서 중기 초에 걸쳐서 변화가 보인다. 이전시기의 곡옥은 투명하고 선명한 녹색부분이 포함된 것을 사용하며 크기와 형태의 차이가 크다. 단부경이 큰 석제의 공구에 의한 양면兩面 또는 편면片面 천공穿孔이 행해진 것이다. 중기 이후에는 불투명하고 녹색부분이 포함되지 않은 흰색 재질이 사용되며 형태차가 크지 않다. 선단이 예리한 철기에 의한 편면 천공이 행해진다(大賀克彦 2005).

삼국시대의 경옥제 곡옥은 한반도 내에서 그 산지가 확인되지 않는 점, 재질과 제작기법이 동일한 점, 기원전 2세기인 야요이시대 전기 말부터 출현하여 고훈시대 전기인 3, 4세기에는 일본열도 전역에 분포하는 점에서 일본열도산으로 추정된다. 더욱이 경옥제 곡옥과 함께 복천동38호묘에서는 마노제 화살촉, 대성동18호분에서는 녹색응회암제綠色凝灰巖製 방추차형석제품紡錘車刑石製品과 벽옥碧玉제 관옥管玉과 같은 일본열도산 문물이 공반되는 점에서도 그러하다. 따라서 야요이시대 이래 일본열도에서 동·서지역 간의 교역품으로 사용되던 경옥제 곡옥이 삼국시대에 이르러 한반도와의 교역에 사용된 것으로 추정된다.

4세기 후엽에 조영된 경주시 월성로가13호분과 경산시 임당G6호분의 경옥제 곡옥도 마찬가지로 재질과 제작기법으로 볼 때 일본열도산으로 파악된다.

경옥제 곡옥에 대한 자연과학적 분석은 최은주와 사오토메 마사히로早乙女雅博·하야카와 야스히로早川泰弘에 의해 형광X선분석이 실시되었다. 최은주(1986)는 숭실대학교 소장 김양선 수집 경옥제 곡옥의 분석을 통하여 일본열도산에서 검출되는 미량원소인 Sr과 Zr이 검출되지 않은 것에 근거하여 이를 비롯한 신라고분 출토 경옥제 곡옥이 한반도산이라는 견해를 제시하였다. 한편 사오토메 마사히로早乙女雅博·하야카와 야스히로早川泰弘(1997)가 도쿄국립박물관에 보관된 신라 지방의 유력 수장묘인 양산시 부부총고분 출토 경옥제 곡옥을 분석한 결과 Sr과 Zr이 확인되었다. 와라시나 테츠오藁科哲男 등(2008)도 경주시 미추왕릉지구고분군과 경산시 임당고분군 출토 경옥제 곡옥을 분석한 결과 역시 니이카타현 이토이천산일 가능성이 높다고 보았다.

이와 같이 경옥제 곡옥에 대해서는 한반도산이라는 의견도 제시되고 있으나, 그 산지가 국내에서 확인되지 않는 점, 출현시기상 일본열도가 수백 년 이상 선행한 점, 양산시 부부총 출토품의 성분분석 결과 니이카타현新潟縣 이토이천糸魚川산과 일치하는 점으로 볼 때 일본열도산으로 파악된다.

더욱이 한반도 내에서 경옥제 곡옥이 3, 4세기에는 일본열도에 가까운 김해, 부산의 가야지역에서 주로 출현하여 분포하다가, 5세기에는 신라지역으로 바뀌고, 6세기에는 백제지역으로 분포권이 이동하는 것에서 시기에 따라 왜와의 교역이 활발했던 지역으로 이입되는 것에서도 방증된다(2-12).

가야지역의 부산시 복천동고분군에서는 3세기 말에 조영된 80호묘에서는 길이 4.6cm인 대형의 경옥제 곡옥 1점과 수정제 절자옥, 금박유리옥 등이 공반되어 출토되었다. 모두 두부에 침선이 2~3조 새겨져 있고 전체적으로 C자형으로 크게 굽은 형태인데, 현재까지 국내에서 출토된 예로는 가장 이른 것으로 생각된다.

4세기 초에 조영된 38호묘에서는 녹색 투명하며 단면은 둥글고 잘 마연된 양질의 경옥제 곡옥이 1점 출토되었고 마노제 촉형석제품, 소형의 활석제 곡옥, 유리제 곡옥부경식, 통형동기 등이 공반되었다.

4세기 중엽에 조영된 54, 57호묘에서는 유리제 옥류 등과 함께 경식 또는 수식으로 사용된 것으로 생각되는 경옥제 곡옥이 각 1점씩 출토되었다.

4세기 중엽에 조영된 71호묘에서는 통형동기와 함께 경옥제 곡옥이 출토되었다.

4세기 말에 조영된 22호묘에서는 유리제 환옥과 함께 경옥제 곡옥이 1점 출토되었다. 흰색 불투명한 경옥으로, 두부와 미부에는 각이 형성되어 있으며 구멍은 한쪽에서 뚫었다.

김해시 대성동고분군에서는 3·18·71호묘 등에서 출토되었다. 이 중 4세기 전엽으로 가장 이른 출토 예를 보이는 18호분에서는 두부 좌측에서 양질의 경옥제 곡옥 1점과 벽옥제 관옥 8점이 함께 출토되어 이식의 용도로 사용된 것을 알 수 있다. 71호묘에서는 두부에 침선을 새긴 흔적이 있는 반결형곡옥 1점이 벽옥제 관옥 1점과 함께 출토되었고, 3호묘에서는 유리제 환옥과 함께

2-12 니이카타현新潟縣 이토이천산糸魚川産 경옥제硬玉製 원석原石(1, 2)과 오사카부大阪府 구라즈카鞍塚古墳(3), 경주시慶州市 월성로月城路가13號墳호분(4) 출토 경옥제硬玉製 곡옥曲玉

곡옥 2점이, 41호묘에서도 곡옥 1점이 출토되었다.

13호묘를 비롯한 여러 고분에서 출토된 경옥제 곡옥·석제품·파형동기·통형동기 등의 왜계 유물은 금관가야와 왜의 교류양상을 잘 보여주는 것으로 생각된다.

신라의 경주시 월성로가13호분은 적석목곽묘로, 묘광 규모는 길이 3.5m, 폭 2.4m, 깊이 0.9m 정도이다. 장신구의 출토위치 및 환두대도 등의 배치로 보아 5명의 소아를 합장한 것으로 추정된다.

4세기 후엽 조영된 월성로가13호묘분에서는 주곽만이 조사되었으나 총 26점에 달하는 경옥제 곡옥이 출토되었다. 그 가운데 두부에 침선을 새긴 것은 16점이며 대부분 정형을 띠고 있으나 이형곡옥 1점을 포함하고 있다. 녹색 투명한 양질의 경옥을 사용한 비중이 높다. 이와 함께 특히 로마 유리기 2점과 금제품의 부장이 탁월한 점이 주목된다. 이 고분은 부장품 구성과 피장자로 볼 때 경주시 금령총과 같은 왕릉에 부수된 배총으로 판단된다.

4세기 초 경산시 조영1A-19호 주곽에서는 경옥제 곡옥이 총 3점 출토되었다.

석제품은 일본열도의 고훈시대 전기와 중기에 주로 벽옥으로 기물을 모방하여 만든 의기儀器, 보기寶器적인 성격의 부장품이다. 4세기대 김해시 대성동고분군을 중심으로 집중되며 그 외 김해시 양동리고분군, 부산시 복천동고분군과 경주시 월성로고분군에 소수가 부장되었다.

촉형석제품鏃形石製品은 동촉과 철촉을 모방한 것으로, 관통력이 없는 보기적인 성격을 띤 위세품이다. 촉형석제품은 녹색응회암綠色凝灰巖제가 김해시 대성동고분군 가운데 13호분에서 15점, 2호분에서 2점, 부산시 복천동38호분에서 마노제瑪瑙製가 1점 출토되었다. 그 외 대성동13호분에서는 할석제 이형석제품 1점, 18호분에서는 녹색응회암제 방추차형석제품 1점, 벽옥제관옥 16점, 46호분에서는 옥장玉仗 1점이 출토되었다.

한편 3세기대까지 왜계문물이 집중하던 양동리고분군에서는 벽옥제방추차형석제품이 1점 출토되는 것에 불과하다.

경주시 월성로가29호분에서는 녹색응회암제 석천石釧이 1점 출토되었다.

5) 자연유물自然遺物

3세기 창원 가음정동 패총에서는 청자고둥Lithoconus litteratus 반제품이 출토되었다.

4세기 전엽 축조된 김해 예안리77호묘에서는 청자고둥을 가공한 패부貝符 1점이 부장되었다.

4세기 전반 김해시 대성동91호분에서는 류큐열도산琉球列島産 패각을 가공하여 소재로 쓴 철제 투조 반구형 운주·십금구와 패제 소반구형 장식금구 등 29여 점이 출토되었다. 그 가운데 20점은 고호우라제, 9점은 청자고둥제로 보고 있다. 철제 투조 반구형 운주·십금구는 발부가 약하게 솟아 있고 용문이 퇴화한 문양이 투조되어 있다. 투조 문양 위에는 평면 원형의 반구상 패각을 얹어 장식을 더욱 높였다. 패각 중앙에는 원형 투공이 뚫려 있고 발부 직경에 맞추어 가장자리를 마연하여 가공하였다. 패제 소반구형 장식금구는 패각을 평면 원형의 반구상으로 가공하여 반구좌로 사용하였다.

한반도에서 가장 이른 시기인 1세기에 이입된 류큐열도산琉球列島産 패제품貝製品은 평양시 정백동9호분 출토품이다. 정백동9호분 출토품은 당시 한漢문물이 집중 이입되는 북부北部 규슈九州의 집단에 의해 중개되어 이입된 것으로 추정된다.

3세기대 창원시 가음정동패총 출토품은 이전 시기 한반도 서북부에 이입된 류큐열도산琉球列島産 조개가 동남부지역을 경유했음을 알 수 있게 한다.

4세기 전엽 김해시 예안리77호묘는 수장묘로 볼 수 없음에도 불구하고 패부貝符가 부장된 것은 한반도 동남부지역이 류큐열도산琉球列島産 조개의 주된 경유지였음을 방증한다.

같은 시기 대성동91호묘에서 출토된 마구는 패제 삼계장식구뿐만 아니라 다른 마구들 역시 지금까지 김해 대성동고분군에서는 찾아볼 수 없는 최고급 마구들이다. 보고자뿐만 아니라 학계에서는 금동제 마구 대부분을 중국 동북지방에서 유입된 '선비계 마구'로 보고 있으며 일부 철제 재갈이나 패제 삼계장식구는 선비계 마구의 영향으로 금관가야에서 제작된 것으로 보고 있다.

대성동91호묘 출토 금동제 마구는 현존 최고식의 선비계 마구인 4세기 중반 조양 원대자벽화묘, 안양 효민둔154호묘 출토 마구와 형태나 종류, 구성 등에서 상당한 공통점이 보임에 따라 학계의 일반적인 견해인 전연前燕에서 제작된 마구로 보는 것은 이견이 없다. 문제는 패각이 장식된 철제 투조 운주·십금구와 패제 소반구형 장식금구가 재지에서 제작되었고, 국내에서 마구에 패각을 소재로 활용한 것이 김해지역이 가장 이르다고 보는 데 있다.

그러나 보고자의 견해와 달리 패각을 마구의 소재로 사용한 예는 이미 중국 삼연지역에서 그 계보를 찾을 수 있다. 전연 성립 전후인 3세기 말~4세기 전반으로 편년되는 조양朝陽 창량요묘倉糧窯墓, 조양朝陽 요금구姚金溝1호묘, 4세기 중반 이후인 북표北標 라마동喇嘛洞 II M196호묘, 5세기 전반인 풍소불묘馮素弗墓(415) 등 선비족鮮卑族의 고분에서 패각을 가공하여 사용한 장식금구가 확인되기 때문이다(木下尙子 2002:530). 일시적 현상이 아니라 3세기 말부터 5세기까지 지속적으로 패각을 마구 장식에 활용해 왔고 이는 패각을 마구에 사용한 문화가 삼연지역에서 시작되었음을 의미한다.

국내에서 확인되는 기마문화는 중국 동북지방, 특히 삼연지역의 영향을 받았으며, 이러한 상호관계 속에서 삼연지역의 패각 사용 마구가 다른 금공마

2-13 김해시金海市 대성동大成洞91호묘 류큐열도산琉球列島産 패제품貝製品

구와 함께 김해 대성동 집단에 유입되었고, 대성동91호분에 부장된 것이라 본다. 이러한 관계가 일시적 현상에 그쳤음은 이후 대성동고분군에서 패각을 소재로 활용한 마구가 더 이상 출토되지 않음이 방증해준다.

현재 국내에서 가장 이른 패각 사용 마구는 김해시 대성동91호묘 출토 패제 삼계장식구이다(2-13). 그런데 신라에서는 5세기 중반 경주 황남대총 남분에서 청자고둥을 소반구형·보요부형 장식금구의 반구좌로 사용하였으며, 5세기 후반 금관총의 소반구형 장식금구, 6세기대의 천마총, 금령총의 발부조합반구형 운주·십금구로 변화하였다. 이처럼 패제 삼계장식구가 경주지역을 중심으로 집중 분포함에 따라 '신라 장식마구와 류큐열도산琉球列島産 패각의 융합'으로 신라에서 창안한 것으로 보았다(木下尙子 2002:526~531; 李炫姃 2009:110; 中村友昭 2014). 즉 패제 삼계장식구는 5세기 중엽에서 6세기 중엽까지 신라권을 중심으로 애용된 장식마구인 것이다. 창녕군 송현동고분군 출토 패제 삼계장식구는 신라에서 제작되어 이입된 것이다.

기노시다 나오코木下尙子가 이미 지적하였듯이, 패각을 장식구로 사용한 문화는 삼연 기마문화의 연장선상에서 한반도에 유입되었고, 신라에 집중적으로 분포함은 '삼연 → 고구려 → 신라'로 이어지는 마구 문화의 영향으로 봐야 할 것이다. 신라는 지속적으로 상위계층을 위한 새로운 장식마구를 창안해왔고 마구의 재질과 형태를 통해 마장의 서열화를 진행해왔다. 이러한 흐름 속에서 신라는 삼연지역과 유사한 패제 소반구형 장식금구를 사용하다가 점차 신라 상위지배층의 수요를 충족시키기 위해 지속적으로 마구를 개량, 제작하고 그러한 가운데 희귀품인 류큐열도산琉球列島産 청자고둥을 사용한 신라의 독자적인 장식마구인 발부조합반구형 운주·십금구가 출현한 것이라 볼 수 있다(李炫姃 2009:88, 2012:175).

대성동91호묘에서 국내 최고식의 패제 삼계장식구가 출현하였지만, 주류를 이룬 곳은 역시 신라권이다. 총 33곳의 유적 중 부산지역까지 포함한다면 신라권에 포함되는 곳은 20곳에 이른다. 그중 신라의 중심인 경주지역에서만 10곳에 이르는 유적에서 패각을 사용한 운주·십금구, 장식금구가 확인되는 점을 통해 패제 삼계장식구의 제작·사용 중심지는 경주지역이었음을 짐작할 수 있다.

4세기 후반 김해시 봉황토성의 남쪽 끝 항구로 추정되는 곳에서 길이 3.8m, 폭 58cm의 준구조선의 현측재舷側材로 추정되는 부재가 출토되었다. 선船의 길이는 약 15m로 복원되며, 재질은 일본열도산 녹나무로 확인되었다. 선의 형태도 일본열도의 하니와埴輪에 보이는 준구조선과 유사한 점에서 왜倭에서 제작된 것으로 보고 있다.

3 3~4세기世紀 한반도韓半島와 일본열도日本列島의 이주민移住民과 교류交流

1) 이주민移住民

(1) 일본열도日本列島의 이주민移住民

후쿠오카현福岡縣 후쿠오카시福岡市 원구방루元寇防壘에 접하여 하카타博多만에 면한 사구砂丘에 입지한 니시신마치西新町유적은 야요이 종말기에서 고훈시대 전기에 걸친 대규모 취락유적이다(2-14). 이 유적은 가야토기, 영산강유역 토기와 함께 당시의 철 소재로도 사용된 판상철부板狀鐵斧가 출토되고, 또 일본열도의 기나이畿內지역과 동해안의 산인山陰지역의 토기가 반입되는 북부 규슈의 국제 교역항이었다(武末純一(저), 全玉年(역) 1998:98). 니시신마치유적에서는 당시 일본열도의 다른 취락의 경우 화덕으로 전통적인 노爐를 사용하는 데 비해 한반도에 유래하는 부뚜막을 갖춘 주거지가 확인된다. 더욱이 같은 유적 내에서 서쪽에는 부뚜막이 없이 노爐만 보이고 동쪽 주거지군에 집중하는 경향이 뚜렷하다. 니시신마치유적의 부뚜막은 토기와 철소재만이 이동한 것이 아니라 한반도의 생활방식을 가진 사람이 북부 규슈에 이주하였음을 보여준다. 그런데 동쪽 주거지군의 부뚜막이 인근 서쪽 주거지군에 영향을 주어 본래 중앙에 설치되었던 노爐가 벽체쪽으로 치우치게 되고 시간이 지날수록 전체적으로 부뚜막의 수가 증가하는 현상이 보인다. 또 이 유적에서는 가야지역산 토기, 판상철부와 함께 양이부호兩耳付壺, 이중구연호二重口緣壺, 광구완廣口椀과 같은 호남지역의 토기가 출토되었다. 동쪽 주거지군의 동반부는 가야지역계, 서반부는 영산강유역계가 점한다는 주장(武末純一 2004:321)이 있으며, 다소 혼재되는 양상이 보이나 타당한 것으로 본다. 더욱이 평저平底이고 동체胴體가 비교적 높은 이중구연호二重口緣壺는 영산강유역을 벗어난 노령

2-14 후쿠오카현福岡縣 니시신마치유적西新町遺蹟과 마한양식馬韓樣式, 함안산咸安産 토기土器와 판상철부板狀鐵斧

산맥 이북의 영광군 또는 고창군 지역과 관련된 점에서 한반도 여러 지역에서 이주하였음을 알 수 있다. 특히 노령산맥 이북의 토기는 줄포만을 무대로 활약한 고창 봉덕리 주변세력과 관련될 가능성이 있어 주목된다. 이 시기 한반도로부터 뚜렷한 이주 흔적을 확인할 수 있는 연질계토기와 부뚜막이 조합되는 예는 북부 규슈의 니시신마치유적을 제외하고는 찾아보기 어렵다.

효고현兵庫縣 데아이出合유적은 고베시神戸市 니시쿠西區 다마츠정玉津町 데아이出合, 나가노中野에 위치한다. 이 유적은 아카시가와明石川 하류역 서안의 충적대지상에 입지하고 있다.

이 유적에서는 일본열도에서 가장 이른 시기로 추정되는 가마가 확인되어 주목된다. 가마는 해발 14m의 대지상에서 1기가 출토되었다. 가마의 주축 방향은 동서이며 길이 약 2.1m, 폭 1.2m로서 연도煙道쪽이 삭평되고 연소부는 후대에 남북으로 형성된 구에 의해 절단된 상태였다. 소성부와 연소부 사이에 단차가 있는 반지하식 등요이다.

출토품은 가마의 북쪽 구내에서 무문 내박자 1점, 와질계토기, 연질토기, 스에키, 하지키가 가마 내와 주변에서 확인되었다. 소성부에서 외면 격자타날, 평행타날, 내면 무문내박자흔이 보이는 초기 스에키가 출토되었다. 연소부에서는 직립하는 구연부에 중앙의 증기공을 중심으로 방사상으로 천공된 시루, 격자타날문 천발淺鉢, 격자타날문 호, 평행타날문 옹, 대옹 등의 연질, 와질계 호가 출토되었다.

유적의 조영 시기는 한반도계 스에키와 가마의 구조로 볼 때 4세기 후반으로 추정된다. 이 유적의 가마는 연소부와 소성부 사이에 단이 있는 것으로 일본열도에서 확인된 가장 이른 시기로 볼 수 있다. 이 가마의 구조는 진천군 삼용리가마, 산수리가마와 유사하며, 삼용리가마에서는 동일한 형태의 토기가 확인된다. 또한 이 유적 출토 시루와 동일한 기형과 증기공을 가진 토기는 완주군 반교리 등 백제지역에서 출토된다. 이 유적은 가마의 구조와 출토 토기로 볼 때 백제계 이주민에 의해 조영된 것으로 파악되며, 그 시기가 백제에 의해 칠지도가 전래된 직후인 점이 주목된다.

(2) 한반도韓半島의 이주민移住民

한편 이 시기 한반도에서 당시 왜인의 이주를 반영하는 생활유구와 묘제는 찾아볼 수 없고 이를 간접적으로 살필 수 있는 것이 일본열도의 토기인 하지키土師器와 이를 모방한 연질토기의 출토 양태이다. 이 토기는 옛 김해만을 중심으로 부산, 진해지역과 같은 동남해안에서만 주로 출토되는 점이 특징이다.

부산시 복천동고분에 접한 동래패총에서는 일본열도의 북부 규슈九州산, 산인山陰산, 호쿠리쿠北陸산 등의 하지키옹이 확인된다. 현재 이 유적은 수영만에서 약 5km 들어간 곳에 입지하고 있으나, 패총이 해수성패로 구성되어 있어 유적 형성 시에는 해안이었던 것으로 추정된다. 그리고 동래패총은 수영강과 온천천이 합류하는 곳으로 그 배후에는 울산 단층대를 따라 올라가는 내륙 교통로가 개설되어 있는 요충에 위치하는 대규모 유적이다. 이 패총유적이 위치한 곳은 하지키뿐만 아니라 이중구연호二重口緣壺와 같은 백제지역의 토기와 대구 또는 경주지역산으로 보이는 영남 북부지역산 흑색 마연토기가 출토되어 후쿠오카의 니시신마치유적과 같은 성격의 국제 교역항으로 파악된다. 인근 내성萊城유적의 단야鍛冶유구에서 야요이 토기가 다수 출토되고 있어, 전통적으로 왜인이 거주한 곳으로 3~4세기에도 왜인이 이주 정착하여 생활한 것으로 추정된다. 그 목적은 동래패총에서 단야로와 철재鐵滓, 소토燒土가 확인된 것에서 니시신마치유적의 한반도계 이주민과 동일하게 철을 둘러싼 교역이었을 가능성이 크다. 이와 같은 성격의 유적은 김해 지역의 대성동고분군에 인접한 봉황대유적에서도 확인되고 있어 앞으로의 전면적인 조사가 기대된다.

김해시의 남서쪽에 위치하는 취락유적인 부원동유적에서도 취락 전역에서 하지키와 이를 모방한 연질토기가 출토되었다. 이 유적은 지금은 육화되었으나 옛 김해만의 북안에 위치하며 동래패총과 같은 유적 입지에 형성된 진해시 용원유적과 같은 시기의 취락이다.

진해시 용원유적은 김해지역과 거제도를 연결하는 해상 교통로의 요충에 위치하는 4세기대 취락유적으로, 하지키가 5점, 하지키계 연질토기가 11점 출토되었다(高久健二 2004:375~377). 하지키계 토기는 북부 규슈산 또는 그 계통의 것으로 취락 전역에 분포하며 어느 정도 시간차를 보이는 점에서 왜인이 취락의 일정 부분을 차지하여 정주하였을 가능성이 높다.

거제시 아주동유적은 동북부 옥포만을 조망하는 곡간부 사면에 위치한다. 지리적으로 볼 때 거제도 동부해안선을 따라 한반도와 일본열도를 가로지르는 항로의 기점에 위치한다. 아주동 1485번지와 1540-1번지 유적은 입지와 출토품으로 보았을 때 동일 유적으로 파악되며 총 수혈주거지 52기를 비롯해 수혈, 고상건물지 등이 확인되었다. 주거지의 평면형태는 대부분 방형(장방형)이며, 일부 사주식주거지도 확인된다. 내부 시설은 벽구·노지·주혈·저장공·배수구 등이 확인되었으며, 고배·단경호·장동옹·시루·발 등이 출토되었다. 아주동유적의 연대는 4세기 중엽에서 후엽으로 편년된다. 이 유적은 인접한 금관가야양식 토기가 거의 확인되지 않고, 일본열도계 하지키계토기土師器係土器와 아라가야산 단경호, 마한계 주거지와 생활용 토기 등이 출토된 점이 특징이다. 따라서 이 유적은 아라가야, 마한, 왜를 연결하는 국제 교역항으로서 왜인이 철을 교역하기 위해 이곳에 거주한 것으로 파악된다.

창녕군 계성리유적은 계성천이 낙동강으로 이어지는 곡간부에 위치한다. 계성천을 중심으로 계성고분군과 계성토성을 마주하고 있다. 옹, 완, 주구토

2-15 창녕군昌寧郡 계성리유적桂城里遺蹟 마한양식馬韓樣式 토기土器와 일본열도계日本列島系 하지키土師器

기, 시루, 고배, 발형기대, 소형기대, 단경호, 광구소호, 하지키계토기土師器係土器, 철정 등이 출토되었다. 주거지의 평면형태는 방형 4주식이며, 내부시설은 주혈, 부뚜막, 노지, 벽구, 길게 뻗은 배수구 등이 확인되었다. 유적의 연대는 4세기 후엽~5세기 전엽으로 편년된다. 충적지나 구릉이 아닌 곡간부에 형성된 점, 방형의 평면형태, 영산강유역의 생활용기와 비화가야양식 고배 및 발형기대·금관가야형 철정·일본열도의 하지키계토기土師器係土器가 출토된 점, 일부

수혈주거지 배수구에서 확인된 의례 추정 행위, 주거지의 의도적인 화재 폐기가 확인되는 점이 특징이다. 이 유적은 비화가야에 영산강유역 집단이 철을 중심으로 하는 교역을 목적으로 거주한 국제적인 교역취락이며, 왜인이 철을 교역하기 위해 거주한 것으로 파악된다(2-15).

이 시기 한반도와 일본열도의 교섭은 후쿠오카현福岡縣 니시신마치西新町유적과 부산시 동래패총, 김해시 부원동유적, 진해시 용원유적, 거제시 아주동유적, 창녕군 계성리유적에서 확인되는 것처럼 문물의 이동만이 아니라 사람의 상호 왕래와 거주를 동반한 것이었다. 또 그 이주는 니시신마치에서 보듯이 양자 간의 이주 정착이 취락 내의 부뚜막과 노爐의 관계와 같이 상호적이며 점진적인 관계하에 이루어진 것으로 추정된다. 또 진해시 용원유적, 거제시 아주동유적에서도 점진적으로 이주 정착하여 현지인과 공존한 왜인의 모습이 엿보인다.

2) 교류交流와 역사적歷史的 배경背景

2세기까지 한반도 문물은 일본열도 가운데 관문지역인 북부 규슈지역에 집중되고 이 시기까지 한반도에서 발견되는 일본열도산 문물은 북부 규슈산이 대부분이다.

그런데 3세기 후반부터 한반도 문물이 이제까지 관문이었던 북부 규슈지역을 경유하지 않고 세토나이해瀨戶內海를 통과하여 오사카 주변의 긴키近畿지역에 집중된다. 이와 함께 금관가야지역에는 긴키지역의 문물이 북부 규슈산 문물을 대신하여 출현한다. 이는 이 시기 일본열도 내에서 긴키세력이 한반도와의 교섭에서 결정적인 우위를 차지하였음을 보여주는 것이다.

그러나 이 시기 후쿠오카현福岡縣 니시신마치西新町유적과 같은 국제교역항이 기나이畿內에서 확인되지 않고 같은 시기의 동래패총에는 북부北部 규슈九

州산, 산인山陰산, 호쿠리쿠北陸산 하지키가 확인되나 기나이畿內산은 보이지 않는다. 또 용원유적, 부원동유적과 대성동, 양동리, 복천동고분군 등에서 출토된 하지키와 이를 모방한 연질토기가 북부 규슈와 동해 연안의 산인계인 점이 주목된다. 물론 이 시기 일본열도 내에서 한반도와의 교섭에서 결정적인 우위를 차지한 기나이세력이 북부 규슈세력을 매개로 한 것은 충분히 상정된다. 그러나 왜왕권이 선진문물과 필수 물자의 도입 루트를 독점적으로 장악한 것으로 볼 수는 없다.

왜냐하면 이 시기에도 후쿠오카현福岡縣 츠코쇼카케津古掛고분, 후쿠오카현福岡縣 니시신마치西新町유적, 후쿠오카현福岡縣 하나쇼게花聲고분 등의 출토품에서 보듯이 철소재인 판상철부가 야요이시대 이래 지속적으로 이입되고 있기 때문이다. 더욱이 일본열도에서 긴키지방의 동쪽에 위치한 도카이東海지방 등에서도 한반도 문물의 출토 빈도가 높은 것이 주목된다. 즉 기후현岐阜縣의 대수장묘인 전장 150m의 히루이오즈카晝飯大塚고분에서는 철병부수부鐵柄附手斧와 궐수문도자蕨手文刀子가 부장되고, 다음 시기의 전장 80m의 기후현 아쇼비즈카遊塚고분에서는 금관가야산 파수부단경호把手付短頸壺의 개蓋와 함께 철병부수부와 철부鐵斧 등 다수의 농공구가 부장된다. 다음 시기에 조영된 대수장묘인 요로이즈카鎧塚고분에서는 금관가야산 통형기대筒形器臺가 부장되었으며 약 2세대 정도의 시기차를 두고 중소 수장묘인 나카하치만中八幡고분에서도 신라산 안장과 등자 등을 비롯한 마구가 부장되었다.

시즈오카현靜岡縣의 대수장묘인 쇼린잔松林山고분에서는 판상철부板狀鐵斧와 함께 철부가 부장되었다. 이와 인접한 신메이神明고분군에서는 금관가야지역산 통형기대가 출토되었다. 다음 시기의 대수장묘인 도야마堂山고분에서도 철병부수부가 부장되었다.

양 지역에서는 공통적으로 금관가야산 토기가 출토되고, 철제품 또한 김해지역에서 반입된 것으로 추정된다. 도카이東海지방의 한반도산 문물이 여러 세대에 걸쳐 지속적으로 김해지역에서 이입된 점으로 볼 때, 이러한 한반도산 문물은 왜왕권을 경유하지 않고 도카이 지방의 수장이 독자적으로 금관가야와 교섭하는 가운데 입수하였을 가능성이 크다.

따라서 긴키세력의 중추인 왜왕권이 한반도에서의 군사적 활동을 통하여 철과 같은 필수 물자의 도입 루트를 독점적으로 장악하고, 이를 통해 얻은 물자를 각 지역에 분여함으로써 일본열도 내의 패권을 확립한 것으로 본 해석은 재검토가 필요하다.

한반도 남부의 일본열도산 문물의 이입양태를 살펴보면 구야국시기에는 양동리고분군에 북부 규슈산 광형동모가 집중하고 그 가운데에서도 대형묘에 주로 부장되는 현상이 관찰된다. 금관가야시기에는 대성동고분군에서 긴키지역의 대수장묘에 부장되는 파형동기巴形銅器, 방추차형석제품紡錘車形石製品, 촉형석제품鏃形石製品, 옥장玉杖, 화살통(채靫), 통형동기筒形銅器가 대형묘에 매납되지만, 복천동고분군의 경우 38호분에서 마노제촉만이 출토되고 주로 하지키계 토기가 부장된다. 그리고 하위 취락의 고분군인 김해시의 칠산고분군과 예안리고분군에서는 패부와 같은 일본열도 남도산 조개 제품이 부장되거나 하지키계 토기만이 부장될 뿐이다.

이러한 점에서 볼 때 일본열도에서 한반도산 문물이 위신재의 역할을 하였을 뿐만 아니라 한반도 동남부 특히 금관가야권에서도 긴키지역의 대수장묘에 부장되는 문물이 금관가야의 왕묘역에 매납되고, 또 그 휘하에 분여分與되는 점에서 일본열도산 문물이 일정한 위신재의 역할을 한 것으로 추정된다.

그런데 이 시기 일본열도에서 가장 먼저 성립된 오바데라大庭寺 TG232가마의 초기스에키初期須惠器의 출현 배경에 대해, 신경철은 광개토왕비문廣開土王碑文에 보이는 경자년庚子年(400)조條의 고구려 남정南征에 의한 김해시 대성동세력의 동요에 따른 공인의 이주로 보았다. 그는 초기스에키를 구메다久米田고분 - 오바데라大庭寺TG232폐기장 - TK73요의 순서로 편년하였다. 그리고 오바데라 출토 초기스에키는 제1세대 혹은 제2세대 공인에 의해서 제작되었으므로 그 시기는 남정 이후인 460년대로 비정된다고 하였다. 이 연대관은 광개토왕비문의 경자년조와 종래의 일본학계 연대관에 의거하고 있다(申敬澈 1997). 그 후 나라현奈良縣 헤이죠궁平城宮 하층 구溝SD6030에서 TK73형식의 스에키와 함께 출토된 미완성 목제품의 연대가 412년으로 밝혀지게 되었다(光谷拓實·次山淳 1999:8~9). 그러므로 오바데라 TG232유구 출토 스에키는 TK73형식보다 확실히 한 단계 선행하는 형식이므로 4세기 4/4분기로 편년된다. 더욱이 교토부京都府 시가이市街유적에서 오바데라TG232호 출토 스에키에 병행하는 토기와 함께 출토된 목제품의 연대가 389년으로 밝혀졌다.

이는 금관가야를 비롯한 이 시기 한반도 문물과 공인工人의 이주가 전쟁으로 인한 이주, 망명이라기보다는 정치적인 교섭에 의한 것임을 보여준다. 왜냐하면 당시 첨단 기술을 가진 가야지역 출신 공인은 망명, 약탈보다는 왕권 간의 정치적인 교섭에 의해 이주한 것으로 보는 것이 순리적이기 때문이다.

3~4세기의 한일 교섭으로 볼 때 이제까지 상정되어 온 바와 같이 한반도에서의 군사적 활동을 통하여 선진 문물과 필수 물자의 도입 루트를 왜왕권이 독점적으로 장악한 것으로 볼 수도 없다. 이 시기 한반도와 일본열도의 교류는 이주민의 존재 양태에서 보듯이 상호적이며 점진적인 관계하에 이루어진 것으로 추정된다. 구야국 이래 금관가야에서도 일본열도의 문물이 위신재로 유통된 것은 상호 간 교류에 의해 문물이 도입된 것을 시사한다. 또 이 시기에는 한반도의 금관가야를 중심으로 한 왜 왕권의 중심지 간의 교류와 함께 일본열도 각지와 금관가야와의 개별적인 교섭이 동시에 이루어진 것으로 파악된다.

그런데 이 시기 가야지역에서 가장 넓은 분포권을 형성하는 함안지역 토기가 나가사키현長崎縣 쓰시마對馬島와 이키壱岐를 비롯하여 후쿠오카현福岡縣, 시마네현島根縣, 돗토리현鳥取縣, 에히메현愛媛縣, 나라현奈良縣 등에 활발하게 이입되고 있어 주목된다. 이는 금관가야양식 토기가 일본열도에서 오사카大阪를 중심으로 한 긴키近畿지방과 도카이東海지방에서 주로 출토되는 것과 대비되는 것으로 아라가야의 독자적인 관계망과 일본열도와의 교섭으로 볼 때, 금관가야를 중심으로 한 일본열도와의 교섭의 독점과 이를 기반으로 하여 가야 전 지역을 통괄하였다는 단일 연맹체설과 금관가야 중심 연맹체설은 성립될 수 없다. 이 시기 금관가야와 함께 가야전기의 중심국인 아라가야도 일본열도와의 교섭의 한 축을 형성하였을 가능성이 높기 때문이다.

이는 거제도에 위치하는 아주동유적에서 마한의 4주식주거지와 함께 아라가야양식토기, 마한양식, 일본열도산 하지키가 다수 출토되어 아라가야에 의한 항시港市가 이곳에 형성되었음을 알 수 있다(정선운 2022). 이는 대안에 위치한 후쿠오카현福岡縣 후쿠오카시福岡市의 하카다博多만에 면한 사구砂丘에 입지한 니시신마치西新町유적에서 아라가야산 승석문호와 함께 마한양식토기가 출토되고 철소재인 판상철부가 공반된 점에서 현해탄을 사이에 두고 아라가야와 북부 규슈九州의 항시港市가 철소재의 유통을 중심으로 형성되었음을 알 수 있다.

나아가 4세기 중엽의 강릉시 강문동Ⅳ-1호 주거지에서 북부 규슈九州지역에서 제작되어 이입된 하지키土師器가 출토되어 주목된다. 왜냐하면 이는 거제도 아주동 항시취락과 같은 시기인 점에서 이를 경유할 가능성이 크기 때문이다. 그런데 강문동유적은 동해안 최대 규모의 석호潟湖인 경포鏡浦에 면한 항시港市 취락으로, 이는 아라가야와 신라를 매개로 동해안 일대와 일본열도가 교역망으로 연결된 것을 보여준다(2-16).

2-16 강릉시江陵市 강문동江門洞IV-1호 주거지住居址 출토出土 하지키土師器

한편 이 시기 일본열도에서 칠지도七支刀를 제외하고는 백제산 문물을 찾아보기 어렵다. 다만 백제의 문물은 효고현兵庫縣 데아이出合유적의 요窯와 연질토기軟質土器에 불과하고, 나가노현長野縣 아사가와바다淺川端유적 출토 마형대장식구馬形帶裝飾具도 백제 중앙보다는 천안을 포함한 아산만 일대로부터 이입된 것으로 보인다. 이 유적의 마형대장식구는 같은 나가노현長野縣의 네즈카根塚유적에서 김해시 양동리고분군 출토품과 같은 계통의 와권문장식부철검渦卷文裝飾附鐵劍이 출토되고 있어 역시 구야국을 중계로 하여 반입되었을 가능성이 크다. 또한 4세기 후반부터 5세기 전반 백제지역에서 가야지역에 일상적으로 반입되는 하지키土師器와 같은 일본열도산 문물과 금관가야의 왕묘에 부장된 기나이畿內지역의 위신재를 찾아보기 어렵다는 점도 주목된다.

『일본서기日本書紀』에 기록된 366년 백제와 왜의 통교 이래, 태화泰和4년

369년명銘을 가진 칠지도七支刀의 372년 전래기록은 당시 양자 간 교섭이 실재하였음을 보여준다. 그럼에도 불구하고 4세기 후반부터 5세기 중엽까지 일본열도에서 백제계 문물이 그다지 이입되지 않은 것과, 이 지역에서 일본열도산 문물을 찾아보기 어려운 것은 당시 양자 간 교류의 주체가 어디까지나 가야지역이었음을 웅변하는 것이다.

參考文獻
참고문헌

[국문國文]

崔恩珠, 1986, 「韓國 曲玉의 硏究」, 『崇實史學』 第4輯, 서울, 崇實大學校史學會.

申敬澈, 1997, 「日本初期 須惠器의 發現」, 『동아시아 속의 韓·日關係』, 부산, 釜山大學校韓國民族文化硏究所.

武末純一(저)·全玉年(역), 1998, 「土器에서 본 加耶와 古代日本」, 『加耶史論集 1-加耶와 古代日本-』, 金海, 金海市.

朴天秀, 1998, 「大伽耶圈墳墓의 編年」, 『韓國考古學報』 39, pp.89~124, 大邱, 韓國考古學會.

조희승, 2001, 『가야사』, 평양, 과학백과사전종합출판사.

安在晧, 2005, 「韓半島에서 출토된 倭 관련 文物」, 『한일관계사연구논집2-왜5왕 문제와 한일관계-』, 서울, 景仁文化社.

藁科哲男·이홍종·박순발·박천수·박승규·이재환·김대환·中村大介, 2008, 「한반도 玉類의 이화학적분석과 유통」, 『호남지역 읍락사회의 변천』, 淸州, 호서고고학회.

李炫姃, 2009, 『嶺南地方 三國時代 三繫裝飾具 硏究』(考古人類學科碩士學位論文), 慶北大學校大學院.

유병일, 2012, 「嶺南地域에서 출토된 交流관련 動物遺體(조가비)」, 『嶺南考古學』 61, 嶺南考古會.

細川晋太郎, 2012, 「韓半島 출토 통형동기의 제작지와 부장배경」, 『한국고고학보』, 한국고고학회.

李東冠, 2012, 「百濟의 鐵과 製鋼技術에 관한 試論」, 『백제와 주변세계』, 서울, 진인진.

朴天秀·林童美, 2013, 「新羅·加耶의 玉」, 『韓國 先史·古代의 玉硏究』, 釜山, 福泉博物館.

朴天秀·李炫姃, 2014, 「琉球列島産貝製品かたみた地域間交流」, 『海洋交流의 考古學』(第11回 嶺南考古學會·九州考古學會合同交流會), 那覇, 嶺南考古學會·九州考古學會.

朴天秀, 2016, 『新羅와 日本』, 果川, 眞仁眞.

정선운, 2022, 『가야 항시의 성립과 전개』(고고인류학과 석사학위논문), 대구, 경북대학교대학원.

[일문日文]

小田富士雄, 1978, 「西日本発見の百済系土器」, 『古文化談叢』第5集, p. 115, 北九州,九州古文化硏究會.

定森秀夫, 1982, 「韓國慶尚南道釜山金海地域出土陶質土器の検討」, 『平安博物館硏究紀要』 7, pp. 63~96, 京都, 平安博物館.

申敬徹, 1983,「伽耶地域における4世紀代の陶質土器と墓制 - 金海礼安里遺跡の發掘調査を中心として」,『古代を考える』34, 大阪,古代を考える會.

武末純一, 1988,「朝鮮半島の布留系の甕」,『永井昌文教授定年記念論文集-日本民族文化の生成』, pp. 827~843, 東京, 六興出版.

高倉洋彰, 1989,「韓國原三國時代の銅鏡」,『九州歷史資料館研究論集』14, 福岡, 九州歷史資料館.

門田誠一, 1989,「日本と韓國における硬玉製勾玉についての再吟味」,『日本海文化研究』, 富山, 日本海文化を考える富山シンポジウム実行委員会.

安在晧, 1993,「土師器系軟質土器考」,『加耶と古代東アジア』, pp. 163~184, 東京, 新人物往來社.

米田敏幸, 1993,「古式土師器に伴う韓式系土器について」,『韓式系土器研究』Ⅳ, 大阪,韓式系土器研究會.

朴天秀, 1993,「韓半島からみた初期須恵器の系譜と編年」,『古墳時代における朝鮮系文物の傳播』(第34回 埋葬文化財研究集會) pp. 109~123, 奈良, 埋葬文化財研究會.

申敬澈, 1993,『伽耶古墳文化の研究』, 筑波, 筑波大學文學博士論文.

木下尙子, 1994,「イモガイをつけた馬具—騎馬文化の中の南海産貝—」,『倭國の形成と東アジアの騎馬文化』第11回 古代史シンポジウム.

定森秀夫, 1994,「陶質土器からみた近畿と朝鮮」,『ヤマト王権と交流の諸相』, p. 90, 東京, 名著出版.

木下尙子, 1996,『南島貝文化の研究』, 法政大學出版部.

早乙女雅博·早川泰弘, 1997,「日韓硬玉製勾玉の自然科學分析」,『朝鮮學報』第162輯, 天理, 朝鮮學会.

橋本達也, 1998,「4~5世紀における韓日交涉の考古學的檢討-竪矧板. 方形板革綴短甲の技術と系譜-」,『青丘學術論集』12, p. 67, 東京, 財團法人韓國文化振興財團.

光谷拓實·次山淳, 1999,「平城宮下層古墳時代の遺物の年輪年代」,『奈良國立文化財研究所年報』1999-1, 奈良, 奈良國立文化財研究所.

鈴木敏則, 1999,「静岡縣内における初期須恵器の流通とその背景」,『静岡縣考古學研究』No31, pp. 71~86, 静岡,静岡縣考古學會.

田中晋作, 2000,「巴形銅器について」,『古代學研究』151, 大阪, 古代學協會.

鄭澄元·洪潽植, 2000,「筒形銅器」,『福岡大學綜合研究所報』240, 福岡, 福岡大學.

木下尚子, 2001,「古代朝鮮·琉球交流試論 - 朝鮮半島における紀元1世紀から7世紀の大型巻貝使用製品の考古學的検討」,『青丘學術論集』第18集, 東京韓国文化研究振興財團.

木下尚子, 2002,「韓半島の琉球列島産貝製品 - 1~7世紀を対象に - 」,『韓半島考古學論叢』, つくば, すずさわ書店.

武末純一, 2004,「加耶と倭の交流 古墳時代前·中期の土器と集落」,『國立歷史民俗博物館研究報告』第110集, 佐倉, 國立歷史民俗博物館.
武末純一, 2004,「加耶と倭の交流 古墳時代前·中期の土器と集落」,『國立歷史民俗博物館研究報告』第110集, p. 321, 佐倉, 國立歷史民俗博物館.
高久健二, 2004,「韓國の倭系遺物-加耶地域出土の倭系遺物を中心に-」,『國立歷史民俗博物館研究報告』第110集, pp. 375~377, 佐倉, 國立歷史民俗博物館.
朴天秀, 2004,「大加耶と倭」,『國立歷史民俗博物館研究報告』第110集, pp. 461~480, 佐倉, 國立歷史民俗博物館.
國立科學博物館, 2004,『翡翠展-東洋の至寶-』東京, 國立科學博物館.
米田克彦, 2005,「古墳時代の玉生産と玉文化」,『玉文化の謎をさぐる』, 徳島, 徳島市立資料館.
大賀克彦, 2005,「稲童古墳群の玉類について-古墳時代中期後半における玉の傳世-」,『稲童古墳群-福岡県行橋市稲童所在の稲童古墳群調査報告』, 行橋, 行橋市教育委員会.
亀田修一, 2005,「百済の考古学と倭」『古代を考える-日本と朝鮮-』, pp. 121~148, 東京, 吉川弘文館.
門田誠一, 2006,「朝鮮三國における硬玉製勾玉の消長」,『古代東アジアにおける考古學的研究』, 東京, 學生社.
久住猛雄, 2007,「博多湾貿易の瀬尾律と解体-古墳時代初頭の対外交易機構-」,『考古学研究』, 53-4, 岡山, 考古学研究会.
高橋浩二, 2012,『古墳時代におけるヒスイ勾玉の生産と流通に関する研究』, 富山, 富山大學人文學部.
中村友昭, 2014,「琉球列島産貝製品かたみた地域間交流」,『古墳時代の地域間交流Ⅱ』, 第17回 九州前方後圓墳研究會.

고대 한일교류사

III

5세기世紀 한반도韓半島와 일본열도日本列島의 교류交流

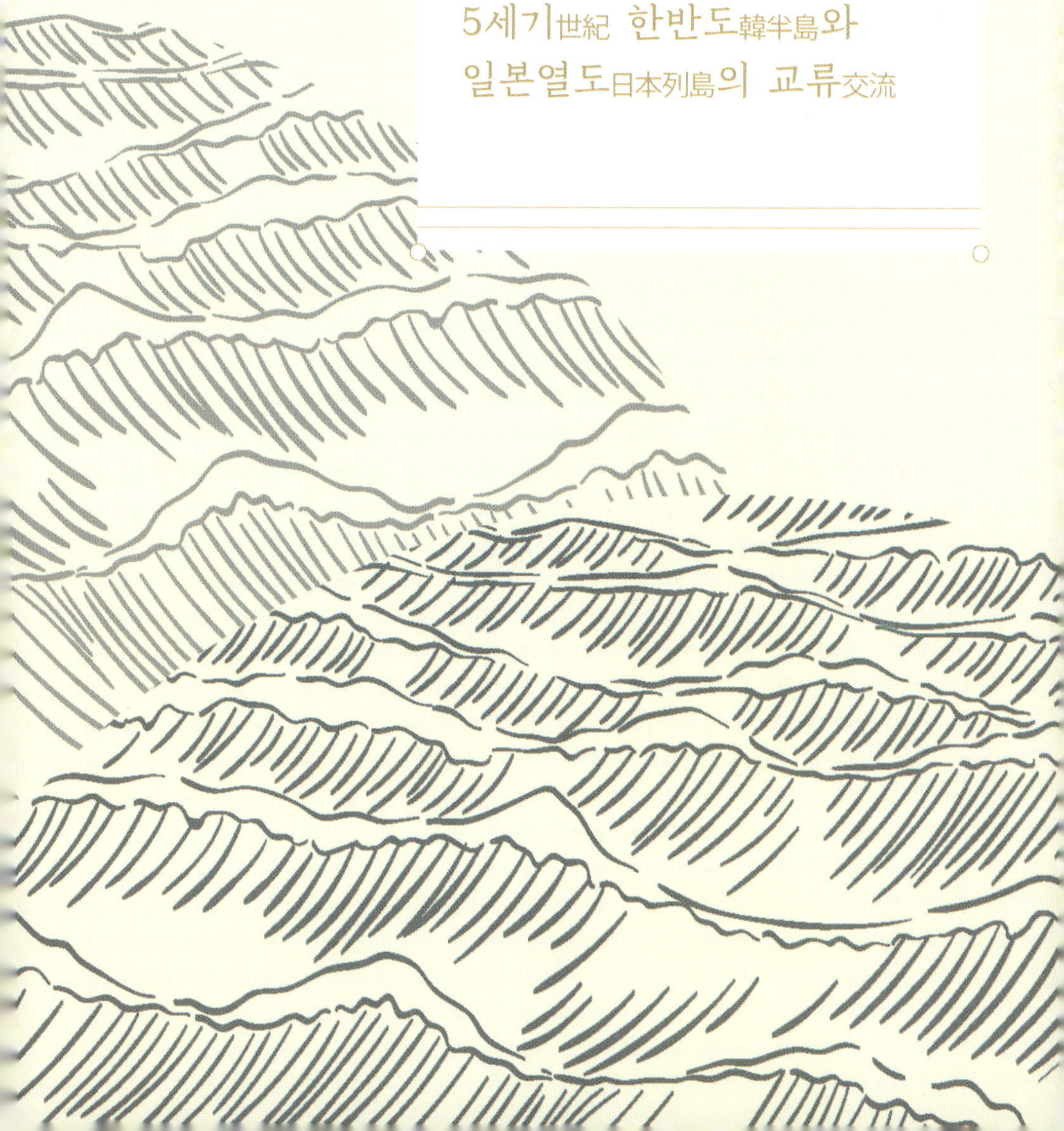

III 5세기世紀 한반도韓半島와 일본열도日本列島의 교류交流

1 일본열도日本列島의 한반도韓半島 문물文物(3-1)

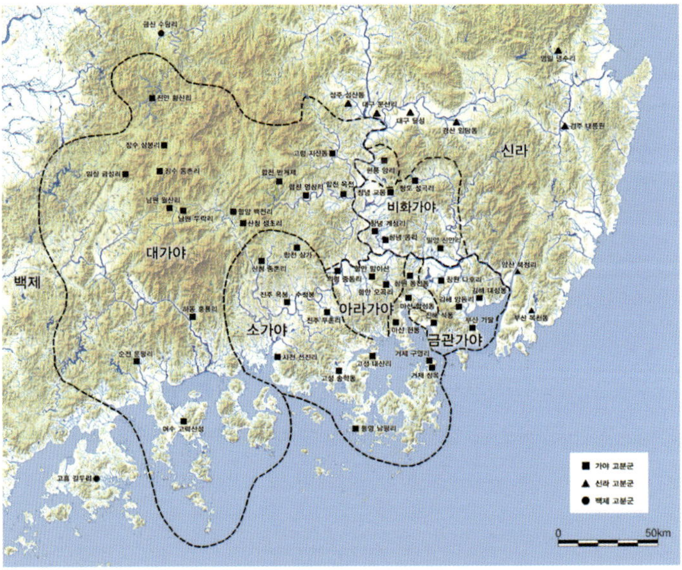

3-1 5세기世紀 후엽後葉 가야권역加耶圈域

1) 토기土器

(1) 아라가야阿羅加耶(3-2)

나라현奈良縣 시죠오타나카四條大田中유적에서는 제사에 사용된 것으로 추

3-2 5세기世紀 전반前半 일본열도日本列島의 함안산咸安産 토기土器
1. 에히메현愛媛縣 후나카타니유적船ヶ谷遺蹟, **2.** 에히메현愛媛縣 사루카타니2호분猿ヶ谷2號墳 분구墳丘, **3.** 나라현奈良縣 신토유적新堂遺蹟

정되는 금琴, 양산형 목제품 등과 함께 소형 투공이 천공된 아라가야양식의 함안지역산 소형 기대가 시루, 심발형 토기와 같은 한식계토기와 함께 출토되었다. 나라현 신토新堂유적에서는 유로에서 화염형투창고배 2점, 원통형배 1점이 송풍관, 노재爐滓, 철재鐵滓, 시루 등의 한식계토기와 함께 출토되었다. 에히메현愛媛縣 사루카타니猿ヶ谷2호분 분구 출토품은 발형기대, 통형고배, 삼각투창고배, 광구소호, 소형기대, 통형기대의 조합을 이루고 있으며 기대와 고배의 형식으로 볼 때 5세기 초에 제작된 것으로 추정된다. 사루카타니2호분 발형기대는 사격자문이 시문된 것으로 전형적인 아라가야양식의 기대로 보인다. 고배는 원형투공이 뚫린 통형고배와 삼각투창고배가 있는데, 전자는 아라가야양식의 표지적인 기종이며 후자인 삼각형투창의 고배도 유사한 것이 함안지역에서 출토되고 있어 양자 모두 아라가야양식으로 파악된다.

그리고 이 고분에서 출토된 나가사키현 에비스야마惠比須山고분 출토품과 유사한 소형기대와 광구소호는 영남지역의 비교적 넓은 범위에서 분포하고 있으나, 함안지역에서도 확인되고 있고 공반된 기종이 이 지역산인 점에서 아라가야양식으로 본다. 또 4세기 말을 전후하여 이입된 에히메현愛媛縣 후나카타니船ヶ谷유적 출토 2점의 소형 통형기대는 기형과 화염형 투창의 형태로 볼 때 함안지역산으로 파악되어 이 시기 아라가야양식 토기가 이 지역에 집중적으로 반입된 것을 알 수 있다(朴天秀 2004).

나라현奈良縣 무로미야야마室宮山고분은 5세기 초에 조영된 전장 238m의 대형 전방후원분으로, 후원부에서 태풍으로 인한 분구의 손상으로 인해 토기가 출토되었다. 선형船形토기는 준 구조선을 본뜬 것으로, 선재에 보이는 선체의 형태와 사선문이 함안 말이산45호분과 창원 현동고분군 출토품과 유사한 점에서 아라가야산으로 본다. 공반된 유대파수부완有臺把手附盌도 기형과 문양으로 볼 때 같은 지역산이다.

나라현奈良縣 후루布留유적의 화염형투창고배는 일찍부터 아라가야양식으로 파악되어 왔다.

영남지역 전역에서 분포하는 유대파수부완有臺把手附盌은 그 계통의 구별이 어려우나 투공의 형태와 소성상태로 볼 때 나가사키현長崎縣의 구와바루クワバル고분, 고후노사에コフノサエ유적, 후쿠오카현 미쿠모三雲유적, 히로시마현廣島縣 이케노우치池の內2호분, 스나시리砂走유적 출토품은 아라가야양식으로 파악된다. 미쿠모三雲유적에서는 아라가야양식의 세승석문타날호가 공반되었다.

오이타현大分縣 시모고우리下郡유적 출토 발형기대는 삼각형 투창과 각부의 크기가 배신보다 비교적 작은 점에서 아라가야양식으로, 타래문의 폭이 비교적 넓은 점에서 산청지역과 같은 남강중류역에서 제작된 것으로 추정된다.

아라가야양식의 통형 각부에 능형 혹은 원형의 투공을 가진 통형 고배는 가가와현香川縣 미야야마宮山요, 미타니사부로이케三谷三郎池요, 오사카부 오바데라大庭寺요 등의 초기 스에키요에서 발견되었다. 종래 필자는 가가와현 미야야마宮山요 공인의 계통을 함안계로 추정(朴天秀 1993)한 바 있는데, 이후 같은 시코쿠四國지방의 에히메현 사루카타니猿ヶ谷2호분과 후나카타니船ヶ谷유적에서 집중적으로 아라가야양식 토기가 출토되어 그 가능성이 한층 높아졌다. 또, 와카야마현和歌山縣의 쿠수미楠見유적 등 통형 각부에 능형의 소투공을 가진 통형고배도 아라가야양식으로 파악된다.

(2) 소가야小加耶(3-3)

나가사키현長崎縣 쓰시마對馬島에서는 다음과 같이 소가야양식 토기가 집중 출토된다. 쓰시마시對馬市 에비스야마惠比須山2호묘 출토 삼각투창고배, 고후노사에コフノサエ7·10호묘 출토 삼각투창고배, 구와바루クワバル고분 출토 삼각투창고배, 미시마箕島2·31호묘 출토 삼각투창고배와 일단장방형투창고배, 가야노키ガヤノキG지점 출토 일단장방형투창고배, 도우도고야마トウトゴ山유적 채집 삼각투창고배가 있다(鈴木廣樹 2019).

오이타현大分縣 후나오카야마船岡山유적 출토 삼각형투창고배도 소가야양식이다.

5세기 전엽 후쿠오카현福岡縣 고데라古寺고분군, 이케노우에池の上고분군에서는 삼각투창고배와 함께 수평구연호, 발형기대, 유공광구소호가 출토되었다. 고배의 삼각투창, 호의 수평구연에 가까운 구연부 처리와 동하부의 타날, 유공광구소호의 경부 돌대와 발형기대의 파상문 형태 등으로 보아 소가야양식 토기와 유사하다. 이러한 토기는 형식과 기종의 구성에서 소가야 양식으로 판단되나 세부형태가 다른 점에서 후쿠오카현 아사쿠라朝倉요산으로 파악된

3-3 5세기世紀 전반前半 일본열도日本列島의 소가야양식小加耶樣式 초기初期 스에키須惠器
1. 가고시마현鹿兒島縣 진료10호분神領10號墳, **2.** 미야자키현宮崎縣 치쿠이케횡혈묘築池橫穴墓, **3·4.** 후쿠오카현福岡縣 이케노우에6호분池の上6號墳, **5.** 후쿠오카현福岡縣 고데라고분군古寺古墳群

다. 그런데 오바데라大庭寺유적과 달리 소가야양식과 세부적인 차이가 보이는 이유는 현재 확인된 자료가 1세대 공인에 의해 생산된 것이 아니라 오사카부 스에무라陶邑TK73형식과 같이 2세대 공인에 의해 제작된 것이기 때문으로 추정된다. 장차 아사쿠라朝倉지역을 포함한 규슈지역에서 오바데라유적과 같은 조업 개시기 가마의 발견이 기대된다.

사가현佐賀縣 스즈쿠마鈴熊유적의 ST001·002고분 출토 소가야양식의 유공광구소호도 태토분석 결과 아사쿠라산朝倉産으로 파악되었다. 이러한 초기 스에키須惠器는 당시 규슈지역과 밀접한 관계가 있는 소가야 지역의 공인이 제작한 것으로 판단된다.

그리고 소가야양식 토기는 에히메현愛媛縣 이치바미나미쿠미市場南組요에서 다수 제작되어 주목된다. 이치바미나미쿠미요에서 제작된 소가야양식 토기는 에히메현과 규슈 남단의 가고시마현鹿兒島縣 진료神領10호분, 미야자키현宮崎縣 치쿠이케築池횡혈묘 등에서 다수 출토된다.

시가현滋賀縣 이리에나이호入江内湖유적과 후쿠오카현福岡縣 요시타케吉武유적 출토 일단장방형투창고배는 대각 하위에 1조의 돌대를 돌린 형식으로, 고성지역 등 소가야권에서 반입된 것이다. 구마모토현熊本縣 모노미야구라物見櫓고분 출토 유공광구소호는 경부에 돌대를 돌린 것으로 고성군 내산리고분군과 송학동고분에서 집중적으로 출토되고 있어 소가야양식으로 판단된다.

그런데 이리에나이호入江内湖유적과 요시타케吉武유적, 모노미야구라物見櫓고분에서는 소가야양식 토기가 대가야양식 토기와 공반되거나 인접하여 출토되어 흥미롭다.

(3) 비화가야非火加耶(3-4)

나가사키현長崎縣 미시마箕島1호분 출토 배신에 유충문幼蟲文이 시문된 무개식고배, 무문 무개식고배와 31호분에서 출토된 각부 하단에 돌대가 돌려진 1단투창고배는 그 형태, 문양과 시문위치, 흑색의 색조로 볼 때 비화가야양식으로 판단된다.

나가사키현 고후노사에コフノサエ4호분과 7호분 출토 고배는 그 형태로 볼 때 비화가야양식이다.

나가사키현 에비스야마惠比須山고분군 출토 상하교호투창고배는 삼단각으로 기형과 색조로 볼 때 비화가야양식이다.

교토부京都府 나구오카키타奈具岡北1호분 출토 발형기대는 김해시 가달5호

3-4 5세기世紀 전반前半 일본열도日本列島의 비화가야양식非火加耶樣式 토기土器
1. 기후현岐阜縣 히다飛弾, **2.** 니이카타현新潟縣 미야노이리유적宮ノ入遺蹟, **3·4.** 나라현奈良縣 오미야신사大宮神社, **5~7.** 교토부京都府 나구오카키타1호분奈具岡北1號墳

분 출토 비화가야양식 토기와 흡사한 점에서 비화가야양식으로 판단된다. 그 외 상하일렬투창고배와 유충문이 시문된 개도 같은 지역 양식이다.

미에현三重縣 다이니치야마大日山1호분 출토 고배는 성주지역산으로 보고(定森秀夫 1993:19, 白井克也 2000:103) 있으나 기형과 각부의 파상문으로 볼 때 확실히 5세기 후엽 비화가야양식으로 판단된다.

돗토리현鳥取縣 나가세타카하마長瀨高浜유적 출토 한반도산 토기 가운데 유충문 개는 기형, 흑색의 색조와 유충문의 형태로 볼 때 5세기 중엽의 비화가야양식으로 파악된다.

시마네현島根縣 미타카타니弥陀ヶ谷유적 출토 대부장경호 또한 각부의 형태로 볼 때 비화가야양식일 가능성이 높다. 시마네현 이주모코쿠후出雲國府유적 출토 고배도 기형과 색조로 볼 때 같은 지역양식으로 본다.

오카야마현岡山縣 사이토미齋富유적 출토 고배 개는 시문된 유충문과 흑색 색조로 볼 때 5세기 중엽의 비화가야양식이며, 기후현岐阜縣 히다飛弾지역 출토 1단투창고배, 니이카타현新潟縣 미야노이리宮ノ入유적 출토의 상하교호투창고배도 비화가야양식 토기이다.

오사카부大阪府 노나카野中고분 출토품 가운데 유대파수부완有臺把手附盌 3점과 개 2점은 창녕군 동리7호목곽묘 출토품과 유사하다. 이 형식의 소형 유대파수부완은 김해시 가달5호분에도 출토되어 금관가야양식처럼 보이지만, 이 고분 출토 고배, 단경호, 장경호, 발형기대 등 전 기종이 비화가야양식인 점에서 역시 같은 양식으로 판단된다.

나라현奈良縣 오미야大宮신사 제사유적의 개와 장경호도 5세기 중엽의 비화가야양식 토기이다.

(4) 대가야大加耶(3-5)

에히메현愛媛縣 기노모토樹之本고분 출토 유개식장경호는 에히메현 가라코다이唐子臺80지점에서 출토된 고배와 함께 5세기 중엽에 이입된 것이다.

3-5 5세기世紀 중엽中葉 에히메현愛媛縣 기노모토고분樹之本古墳의 대가야양식大加耶樣式 토기土器

오사카부大阪府 니시코야마西小山고분에서도 같은 시기의 유개장경호가 출토되었다. 효고현兵庫縣 군게郡家유적의 개배는 온돌상의 부뚜막 유구와 함께 확인되어 5세기 후엽 대가야지역의 이주민이 반입한 것으로 추정된다.

도야마시富山市 후쿠이福居고분과 후쿠오카현福岡縣 요시타케吉武유적 출토 장경호도 같은 시기의 것이다.

⑸ 낙동강이동洛東江以東

오사카부大阪府 나가하라長原유적SD014유구 주변 출토 유대파수부완과 대부장경호는 부산시 복천동11호분을 전후한 시기의 신라양식 토기이다. 후쿠이현福井縣 미소노三生野유적에서도 나가하라長原유적 출토품과 같이 견부에 결승문을 시문한 대부장경호가 출토되었다. 와카야마현和歌山縣 쿠수미楠見유적 출토 통형기대筒形器臺와 고배형기대高杯形器臺는 기형과 단추형의 세로 장식대裝飾帶로 볼 때 5세기 제2/4~제3/4분기의 칠곡군 약목고분 출토품 및 성주군 성산동38호분 출토품과 유사하며, 또 이 유적 출토 대부완臺附椀의 파상문波狀文도 성주, 현풍지역의 고배高杯 등 기종에서 보인다. 쿠수미楠見유적 토기는 신라와 가야 양식을 절충折衷한 낙동강 중류역의 성주, 현풍지역에서 반입된 것으로 판단된다(朴天秀 2001:69-90).

미야자키현宮崎縣 이키메生目9호분 출토 파수부대부완把手附臺附椀은 TK23 형식의 스에키須惠器와 공반된 것으로 색조, 태토, 기형, 파상문의 형태로 볼 때 5세기 후엽 성주 주변의 낙동강 중류역으로부터의 반입품으로 판단된다. 시마네현島根縣 진자키珍崎 출토 개蓋는 창녕지역산으로 파악(白井克也 2000:103)되어 왔으나 꼭지의 모양과 태토, 소성 상태로 볼 때 5세기 후엽 성주지역산이다. 나가노현長野縣 전傳 도구치쇼군즈카土口將軍塚고분 출토 1단투창유개고배는 단추형꼭지, 개신의 3단에 걸친 파상문 시문 등의 특징으로 볼 때 낙동강 이동양식으로, 그 가운데 성주양식으로 추정된다.

세스도노セスドノ고분의 유개호有蓋壺는 신라양식이나 그 형태와 석실 구조로 볼 때 대구지역산일 가능성이 높다. 와카야마현和歌山縣 전傳 이와세센즈카

岩橋千塚고분군 출토 1단투창유개고배는 꼭지의 모양과 문양으로 볼 때 낙동강 중류역의 대구지역 주변에서 제작된 것으로 보인다.

아이치현愛知縣 야하기카와카쇼矢作川河床 출토 2단 교호투창고배는 경주지역 토기와 기형과 제작기법이 다른 점에서 낙동강 이동양식으로 파악된다.

(6) 백제百濟

사가현佐賀縣 노다野田유적에서는 백제의 특징적인 기종인 삼족배三足杯가 출토되었고, 나가사키현長崎縣 가이구치사우라사키貝口寺浦崎2호석관에서 출토된 기대는 백제의 특징적인 통형기대로 파악된다(武末純一 2000:100). 나라현奈良縣 니이자와센즈카新澤千塚281호분 병형토기는 5세기 후엽의 백제토기이다.

5세기 초에 조업된 오사카부大阪府 스에무라陶邑TK87호요 등에서는 평저의 중앙에 원공을 중심으로 주위에 다원형공 4개를 뚫은 것으로 시루바닥의 구멍 배치가 몽촌토성 출토품과 유사한 점에서 백제계의 시루로 추정되고 있다(酒井清治 2002:13-20). 5세기 초에 조업된 오사카부大阪府 ON231호요 출토 'U'자형 부뚜막 부속 토제품도 양 측면이 'ㄱ'자형으로 각이 진 것으로 풍납토성 출토품과 유사한 점에서 백제계일 가능성이 높다.

(7) 영산강유역榮山江流域

와카야마현和歌山縣 무쇼다니六十谷유적 출토 양이부호兩耳付壺와 개蓋, 오사카부大阪府 고사카小坂유적C지구 출토 개蓋, 요즈이케四つ池유적 출토 양이부호兩耳附壺는 4세기대 서해안 일대에 걸쳐서 분포하고 있으나, 5세기 이 기종의 주 분포권이 전라남도지역인 점에서 영산강유역 양식으로 파악된다.

오사카부大阪府 히아리야마日明山유적 출토 승석문타날호繩席文打捺壺는 함안지역 토기와 유사하나, 원저화에 수반된 제작공정에서 이루어진 동체 하부의 타날이 상부와 달리 격자格子인 점 등에서 영산강유역에서 그 계통을 찾을 수 있다.

오사카부大阪府 나가하라長原유적 NG95-36조사 일괄 출토 조족문鳥足文 연질토기는 유적 주변의 점토로 제작되었을 가능성이 높으며, 백제계 이주민에 의해 사용된 것으로 추정되고 있다(櫻井久之 1998:21-32). 이 토기들은 나주시 복암리2호분의 주구에서 기형과 조합이 유사한 토기가 출토되어 영산강유역 양식으로 파악된다.

후쿠오카현福岡縣 마에바루시前原市 주변의 이와라井原 죠가쿠上學유적과 이와라井原 츠카마와리塚廻유적에서는 조족문으로 평행타날한 연질토기가 출토되었다.

후쿠오카현福岡縣 유스산다이夜臼三代유적의 OMR-6구출토 연질토기 10여점은 평행 또는 격자타날한 것으로, 그 가운데 격자타날호에 조족문鳥足文이 보인다. 이 조족문 격자타날호를 비롯한 일군의 토기는 현지에서 제작되어 원향原鄕의 것에서 약간 변형되어 형태상의 특징이 뚜렷하지 않고, 같은 백제지역에서도 분포하고 있으므로 그 계통이 명확하지 않다. 그런데 이 시기를 전후하여 역시 영산강유역 토기가 백제토기보다 상대적으로 더 많이 유입되고, 인근 후쿠오카시福岡市의 니시신마치西神町유적과 마에바루시前原市 주변에서 다수 출토되고 있다는 점에서 일단 그 계통은 전라도지역으로 추정된다.

2) 장신구裝身具

(1) 관식冠飾

대가야의 관은 신라관과 백제관과는 달리 액대식額帶式이며 보주형寶珠形 입식으로 장식한 것이 특징이다(3-6).

3-6 5세기世紀 후반後半 일본열도日本列島의 대가야양식大加耶樣式 금동관金銅冠
1·2. 후쿠이현福井縣 니혼마츠야마고분二本松山古墳, **3.** 나가노현長野縣 사쿠라카오카고분櫻ケ丘古墳, **4.** 도치키현栃木縣 구와57호분桑57號墳

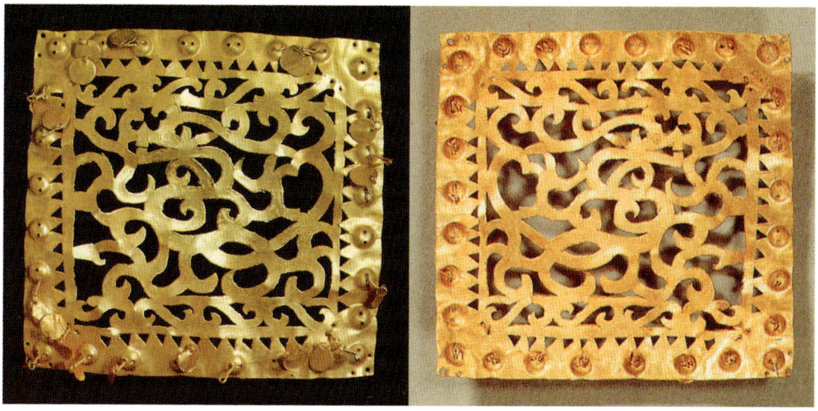

3-7 5세기世紀 중엽中葉 나라현奈良縣 니이자와센즈카新沢千塚126호분 출토 신라양식新羅樣式 금제金製 관식冠飾

후쿠이현福井縣 니혼마츠야마二本松山고분, 나가노현長野縣 사쿠라카오카櫻ヶ丘고분 출토 관은 액대식額帶式으로 중앙에 대형의 보주형장식을 가진 점, 사쿠라카오카고분 출토 관은 연변緣邊에 파상점렬문波狀点列文을 시문한 점과 중앙 돌기에 앵무새 부리형의 장식을 가진 점에서, 지산동32호분과 지산동30호분 출토 관을 조형으로 하여 제작된 것으로 본다. 도치키현栃木縣 구와桑57호분 출토 관도 반원형입식이 없으나 액대에서 직접 3개의 입식을 세우고 전방부만을 장식한 점에서 이들 관과 같은 계통이다.

도야마현富山縣 아사히나가야마朝日長山고분에서는 금동제 관모冠帽, 시통矢筒, 검릉형행엽劍菱形杏葉과 철모鉄鉾가 출토되었다. 금동제 관모는 합천군 반계제潘溪堤가A호분 출토품과 유사하여 대가야계 관모로 추정된다(毛利光俊彦 1995:65-129).

나라현奈良縣 니이자와센즈카新沢千塚126호분 출토 용문투조 관식(3-7)은 경주시 황남대총 남분 출토품과 유사하며, 도야마현富山縣 사쿠라다니櫻谷7호분의 관식은 문양이 초엽문계인 점에서 신라산으로 본다.

(2) 이식耳飾

일본열도의 이식耳飾은 제작공인의 의장意匠이 가장 민감하게 반영되는 수하식垂下飾의 형태에 따라 보주식寶珠式, 삼익식三翼式, 부자식浮子(원추圓錐)式, 산치자식山梔子式, 심엽식心葉式으로 분류된다(高田貫太 1998:55-76). 이시모토 쥰코石本淳子는 일본열도 출토 금제 수식부이식垂飾附耳飾 중에 사슬형 연결금구와 공구체형 중간식을 조합한 이식의 계통을 고령군 지산동고분군 출토품에서 구하였다(石本淳子 1990). 이는 이 형식의 이식이 출토된 구마모토현熊本縣 모노미야구라고분에 공반된 파수부유개완이 대가야양식 토기인 점에서 증명되었다.

대가야 이식은 공구체 중간식을 연결하고 그 아래 사슬모양의 연결고리를 사용하여 심엽형, 원추형, 산치자형, 낙하산형, 삼익형, 공구체 등의 끝장식을 단 것이 특징이다. 초기에는 백제이식의 영향을 받아 제작되다가 대가야의 독자적인 이식으로 변화한다.

5세기 후반 대가야산 금제, 은제 수식부이식의 특징은 사슬이 긴 장쇄식長鎖式인 점이다. 구마모토현熊本縣 에타후나야마江田船山고분, 미야자키현宮崎縣 시모키타카타下北方5호분, 효고현兵庫縣 미야야마宮山고분·간즈즈카カンス塚고분, 나라현奈良縣 니이자와센즈카新澤千塚109호분, 와카야마현和歌山縣 오타니大谷고분, 후쿠이현 무카이야마向山1호분·덴진야마天神山7호분·니시즈카西塚고분, 군마현群馬縣 겐자키나가토로니시劒崎長瀞西10호분, 치바현千葉縣 아네자키후타코즈카姉崎二子塚고분, 기온오츠카야마祇園大塚山고분 등 일본열도 전역에서 출토되었다(3-8).

신라계 이식耳飾으로 파악되는 자료는 5세기 중엽의 나라현奈良縣 니이자와센즈카新澤千塚126호분, 후쿠오카현福岡縣 덴진모리天神森1호분 출토품이 있다.

덴진모리天神森1호분 출토품은 신라양식 귀걸이의 특징적인 중간식中間飾인

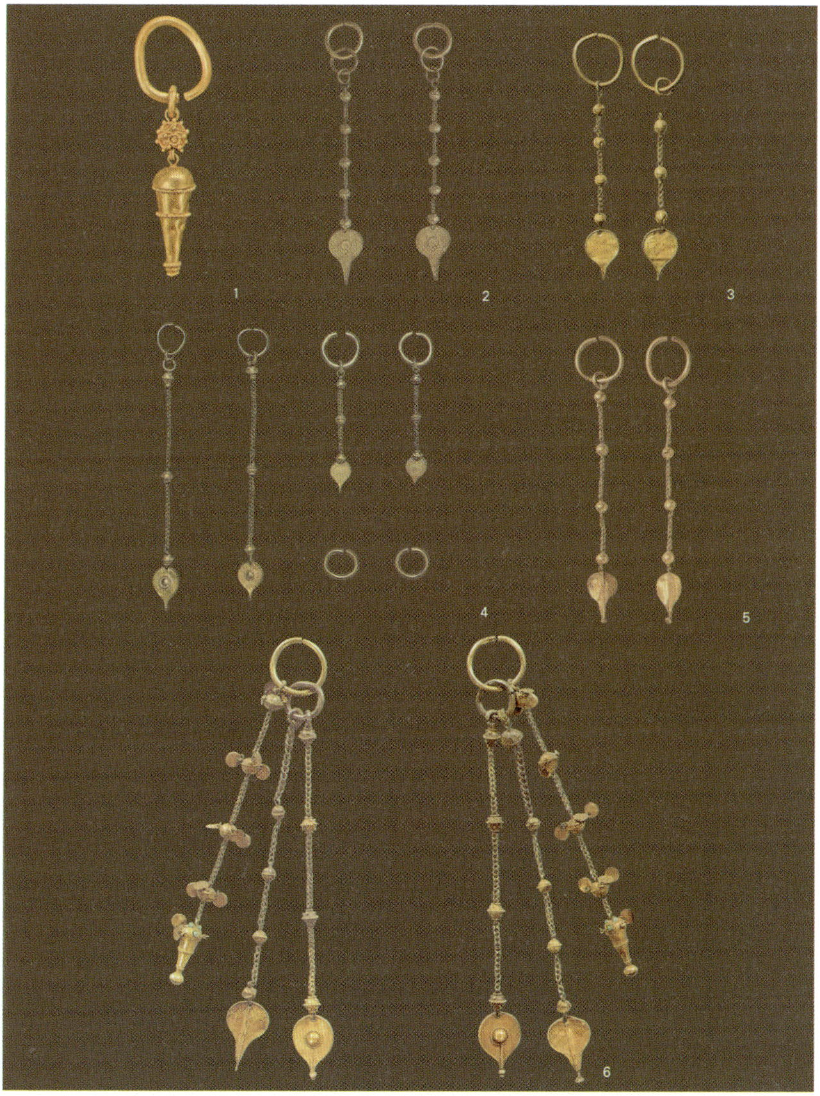

3-8 5세기世紀 후반後半 일본열도日本列島의 대가야양식大加耶樣式 금제金製 수식부이식垂飾附耳飾

1. 구마모토현熊本縣 덴사야마고분傳佐山古墳, **2.** 효고현兵庫縣 간즈즈카고분カンス塚古墳, **3.** 미야자키현宮崎縣 시모키타카타5호분下北方5號墳, **4.** 효고현兵庫縣 미야야마고분宮山古墳, **5.** 나라현奈良縣 니이자와센즈카109호분新澤千塚109號墳, **6.** 구마모토현熊本縣 에타후나야마고분江田船山古墳

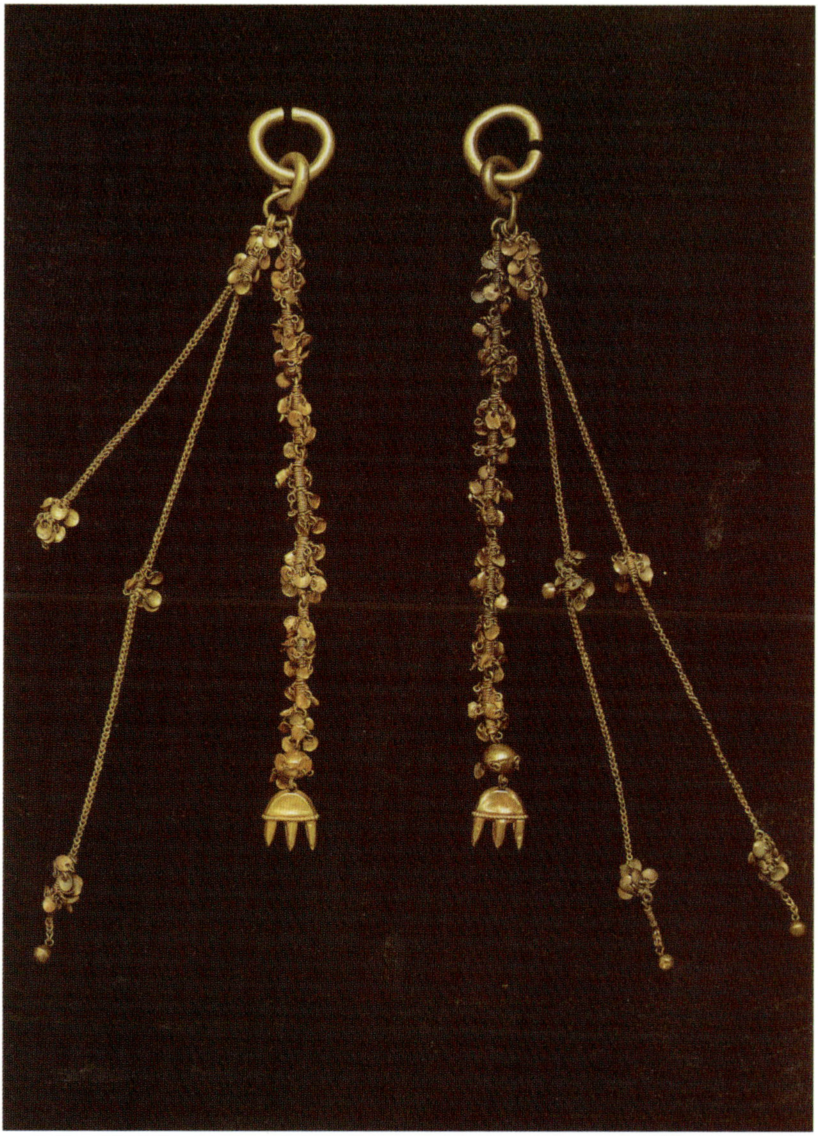

3-9 5세기世紀 중엽中葉 나라현奈良縣 니이자와센즈카126호분新沢千塚126號墳 출토出土 신라양식新羅樣式 금제金製 수식부이식垂飾附耳飾

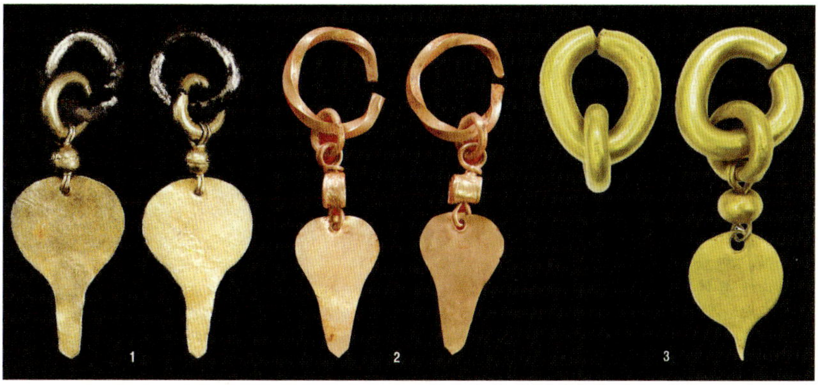

3-10 5세기世紀 일본열도日本列島의 백제양식百濟樣式 금제金製 수식부이식垂飾附耳飾과 비교比較 자료資料
1. 청주시清州市 주성리고분主城里古墳, **2.** 서산시瑞山市 부장리고분富長里古墳, **3.** 가가와현香川縣 메기시마마루야마고분女木島山古墳

소환연접입방체小環連接立方體를 가진 것이다. 니이자와센즈카新澤千塚126호분 이식은 황남대총남분皇南大塚南墳 출토 수하식垂下飾 등에서 유례가 있고 경주의 왕릉급 고분에서 출토되는 유리제품이 공반되어 신라제로 파악된다(3-9).

나가하타長畑1호분 이식은 의성군義城郡 탑리塔里고분, 상주시尙州市 신흥리新興里28호분, 강릉시江陵市 병산동柄山洞14호분 등 신라권인 낙동강 이동지역 북부나 동해안지역을 중심으로 분포한다(高田貫太 2002:45-60).

니시미야야마西宮山고분 출토품은 소환연접입방체小環連接立方體를 중간식으로 이용한 점, 심엽형 수하식 전후에 2개의 심엽형 영락瓔珞을 매단 점 등 신라계 귀걸이의 특징을 가진다. 고오리카와니시구루마즈카郡川西車塚고분 출토품의 중간식은 2개의 모자형 장식을 상하 대칭으로 배치하고 그 내부에 유기질 장식을 끼운 것으로 역시 낙동강이동지역에 분포하는 신라계 귀걸이의 한 형식이다.

가가와현香川縣 메기시마마루야마女木島山고분 출토 이식은 중간식과 수식이 청원군 주성리고분과 서산군 부장리고분군 출토품과 유사한 점에서 백제산으로 보고 있다(다카타 간타(저), 김도영(역) 2019:13)(3-10). 후쿠오카현福岡縣 츠즈미하스마치堤蓮町1호분 출토품도 같은 형식이다.

⑶ 경식頸飾

와카야마현和歌山縣 사가노코지車駕之古址고분 출토 금제 곡옥은 합천군 옥전M4호분에서 2점 출토 예가 있고 도쿄東京박물관 보관의 오구라小倉 반출 금제곡옥에 대가야이식에 사용되는 금제 공구체형 중간식이 공반된 것에서 인접한 오타니大谷고분의 장신구, 마구와 함께 대가야에서 제작된 것으로 본다.

백제계 횡혈식석실을 내부 주체로 하는 오사카부大阪府 다카이다야마高井田山고분에서는 1점의 금층유리주金層琉璃珠가 출토되었다. 다카이다야마高井田山고분 출토 금층유리주는 2개의 유리관 사이에 금박을 삽입하여 성형한 것이다. 금층유리주는 백제지역에서 출토된 예가 있으며, 그 제작지는 오리엔트 또는 지중해 동부지역으로 비정되고 있다(福島雅儀 1985). 다카이다야마고분과 동일한 형식의 울두熨斗가 부장된 무령왕릉에서는 왕비의 장신구로 다수의 금층유리주가 출토되었다. 따라서 다카이다야마고분의 금층유리주는 백제를 경유하여 일본열도로 들어온 것으로 추정되고 있다.

⑷ 대장식구帶裝飾具

5세기 전엽의 후쿠오카현福岡縣 츠기노오카月の岡고분에서 출토된 용문 과판에 심엽형 수식을 가진 대장식구와 오사카부大阪府 시치칸七觀고분 출토 용문투조 대장식구는 경주시 황남대총남분 출토품과 강릉시 초당동A-1호묘, 경산시 임당동7B호분 등에서 그 유례가 확인되어, 신라지역에서 이입된 것으

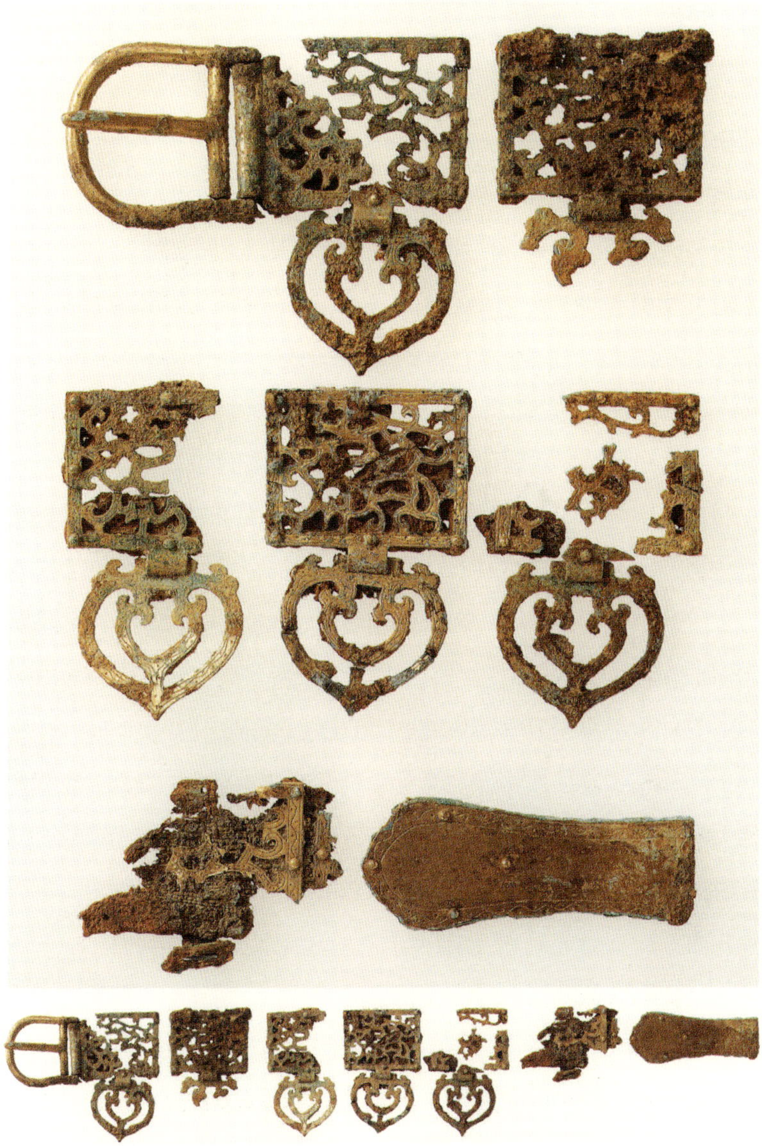

3-11 5세기世紀 전엽前葉 오사카부大阪府 시치칸七觀고분 출토出土 신라양식新羅樣式 금동제金銅製 용문투조대장식구龍文透彫帶裝飾具

로 판단된다(高田貫太 2003:97-120)(3-11).

후쿠오카현福岡縣 하제야마櫨山고분, 효고현兵庫縣 미야야마宮山고분 제2주체부, 시가현滋賀縣 신카이新開1호분에서는 초엽문 대장식구가 출토되었다. 이시카와현石川縣 기츠네야마狐山고분에서 출토된 심엽형 대장식구도 신라산이다.

한편 5세기 후엽 교토부京都府 고쿠즈카穀塚고분, 후쿠이현福井縣 니시즈카西塚고분, 사이타마현埼玉縣 이나리야마稻荷山고분, 구마모토현熊本縣 에타후나야마江田船山고분에서는 반육조의 용문 대장식구가 출현한다. 오카야마현岡山縣 우시부미차우스야마牛文茶臼山고분에서는 귀면문 대장식구가 부장된다.

필자는 반육조의 용문 대장식구는 오구라小倉반출품의 같은 형식의 대장식구가 대가야권에서 도굴된 것으로 추정되는 점, 고령군 지산동39호분과 합천군 옥전M3호분에서 귀면문 대장식구가 출토되고 있는 점에서 양자가 대가야에서 이입되었을 것으로 보았다(朴天秀 1998:77-122). 이는 오구라小倉반출 대장식구의 하부에 달린 금구는 옥전M3호분 출토 검릉형행엽의 입문立聞 금구 형태와 일치하며, 후쿠이현福井縣 니시즈카西塚고분과 사이타마현埼玉縣 이나리야마稻荷山고분 출토품의 금구와 동일한 형태이기 때문이다. 이 두 고분에서 출토된 대장식구는 과판에 방울을 장식한 것으로 오구라 반출품도 이와 같이 방울을 장식했던 것으로 추정되고, 이러한 대장식구를 부장한 고분에서 금제 수식부이식, 금동제 마구, 철제 무기와 같은 대가야산 문물이 공반하는 것에서도 그러하다.

5세기 일본열도의 대장식구는 전반대에는 신라산이 이입되다가 후반에는 대가야산으로 바뀌는 변화를 보여 주목된다.

3) 무기武器

⑴ 환두대도

대가야산 환두대도의 특징은 환두 내 용봉문 장식을 일체식으로 제작한 백제와는 달리 별주別鑄하여 부착한 점 이외에도 환두를 백제산 대도와는 달리 도금鍍金하지 않고 금피金被로 장식한 점 등을 들 수 있다. 5세기 말 구마모토현熊本縣 에타후나야마江田船山고분은 용문으로 장식한 환두 내에 장식을 삽입하기 위한 방형의 홈이 보이는 점에서 금제 수식부이식, f자형경판비, 용문투조대장식구와 함께 대가야산으로 판단된다(3-12).

5세기 후엽 효고현兵庫縣 미야야마宮山고분과 나라현奈良縣 이케도노池殿4호분에서는 금은 상감 환두대도가 출토되었다. 이 시기 한반도에서 상감 환두대도가 백제에서 집중적으로 제작되고 있으나, 양 고분에서는 백제 문물이 공반되지 않았다. 대가야권역에서도 이와 같은 형식의 대도가 부장되고 미야야마고분에서 대가야산 수식부이식이 반출된 것에서 양자는 대가야를 통하여 이입된 것으로 본다.

삼루환두三累環頭대도는 신라의 왕릉급인 황남대총 남분과 지방의 수방묘에 부장되는 최고 위계의 장식대도로서, 5세기 중엽을 전후하여 조영된 후쿠오카현福岡縣 츠즈미하스마치堤蓮町1호분과 가가와현香川縣 와라마原間6호분에서 출토되었다.

⑵ 철모鐵鉾

철모는 한반도에서는 삼국시대의 필수무기이나, 일본열도에서는 대도가 주류를 이루므로 주된 무기라 할 수는 없다. 철모는 다른 한반도산 문물과 동반한 일본열도 고훈시대 이입문물의 상징적인 물품이다(高田貫太 1994:45-51) 삼국시대의 철모에 대하여 김길식은 철모의 대부袋部 단면이 팔각형인 것을 백

3-12 5세기世紀 후엽後葉 구마모토현熊本縣 에타후나야마고분江田船山古墳 출토出土 은상감대도銀象嵌大刀와 무기武器

제계, 대부 단면이 원형이고 심鐔이 부착된 것을 신라계로 분류하고, 또 대가야권에서도 대부 단면이 팔각형인 철모가 주류를 이루고 있음을 지적하였다(金吉植 1994). 그 후 필자는 일본열도 고훈시대 중기의 철모를 대부 단면이 원형인 것을 A류, 대부 단면이 팔각형 혹은 육각형인 것을 B류로 분류하고, 왜의 철모 변천에 대하여 전자에서 후자로 변하는 두 기의 획기를 설정하였다(朴天秀 1995).

제1획기는 4세기 후엽~5세기 전엽의 A류 철모의 출현으로, 이러한 유형의 철모는 그때까지 길고 관關과 대부의 경계부 단면이 사각형인 낙랑계와 계통을 달리한다. 나라현奈良縣 고죠네코즈카五條猫塚고분, 교토부京都府 우지후다코야마宇治二子山북분, 교토부京都府 나구오카기타奈具岡北1호분, 효고현兵庫縣 차스리야마茶すり山고분, 히로시마현廣島縣 미츠시로三ツ城고분, 후쿠오카현福岡縣 미야지이데노우에宮司井手ノ上고분 등에서 출토되었다. 이러한 유형의 철모는 영남지역에서 널리 분포하고 있어 지역차를 알기 어려우나, 다른 지역 출토품에 비해 관부關部가 비교적 발달하고 대부의 단면이 원형인 점에서 신라산으로 본다.

제2획기는 이전 시기와 다른 B류 철모가 돌연 출현하는 5세기 후엽으로, B류 철모는 구마모토현熊本縣 에타후나야마江田船山고분, 와카야마현和歌山縣 오타니大谷고분, 사이타마현埼玉縣 이나리야마稻荷山고분, 교토부京都府 우지후다코야마宇治二子山남분 등에 출토예가 있다. 이 유형의 철모는 백제계 철모로 인지되고 있으나, 대가야권에도 널리 분포하고 이 시기에 철모와 함께 이입된 한반도문물의 대부분이 대가야산인 점을 감안한다면 그 계통을 백제지역보다는 대가야권으로 보는 것이 타당할 것이다. 이러한 철모의 변화를 상징적으로 보여 주는 것이 남북으로 연접 조영된 우지후다코야마宇治二子山고분이다. 5세기 중엽인 북분에서는 신라산 철모가, 5세기 후엽인 남분에서는 대가야산 철모가 각각 출토되어 거의 한 세대 내에서 철모의 변화가 보여 흥미롭다. 이와 유사한 변화는 이시카와현石川縣 와다야마和田山5호분에서도 보이는데, 먼저 조영된 A곽에서는 신라산 광봉철모가, 후에 조영된 B곽에서는 대부단면 6각형의 대가야산 철모가 출토되었다.

(3) 철촉鐵鏃

5세기 중엽을 전후하여 일본열도에 출현하는 장경촉은 한반도 철촉鐵鏃의 영향에 의한 것이다. 그 계통은 한반도 내에서 동시 다발적으로 출현하기 때문에 파악하기 어렵다. 다만 장경촉 가운데 사이타마현埼玉縣 이나리야마稲荷山고분 출토 도자형장경촉刀子形長頸鏃은 공반된 문물이 대가야산인 점과 그 권역에 주로 분포하고 있는 점에서 대가야에서 그 계통을 구할 수 있다.

오사카부大阪府 나가모치야마長持山고분 출토 도자형장경촉도 대가야산 검릉형행엽, f자형경판비, 내만타원형경판비와 공반하여 출토된 것에서 그러하다. 시즈오카현静岡縣 다다오즈카多田大塚고분에서도 대가야산 f자형경판비와 함께 도자형장경촉이 공반된다. 교토부京都府 우지후다코야마宇治二子山남분에서는 대가야산 철모, 대가야의 f자형경판비, 검릉형행엽과 함께 도자형 장경촉이 공반된다. 따라서 5세기 후반 일본열도에 출현하는 도자형철촉은 공반유물로 볼 때 대가야에서 그 계통을 찾을 수 있다.

4) 무구武具

(1) 화살통矢筒

고훈시대 전기에는 가죽 화살통(채靫)이 사용되었으나, 고훈시대 중기가 되면 채靫를 대신하여 호록胡籙이 출현하여 화살통의 주류를 이룬다.

다나카 신지田中新史는 한반도와 일본열도에서 출토된 화살통을 집성하고, 특히 5세기 전반 일본열도에서 출토품의 계통과 그 지역성에 대해 검토하였다(田中新史 1988:173-214). 또 전옥년은 한반도에서 출토된 화살통의 지역성에 대하여 전면前面 식금구飾金具를 산형山形(Ⅰ류)과 대륜형帶輪形(Ⅱ류)으로 크게 분류하고, Ⅰ류가 주로 김해·부산지역의 금관가야와 신라지역에 분포하는 데 반해 Ⅱ류는 주로 대가야권에 분포하고 있음을 밝혔다(全玉年 1992).

여기에서는 전면 식금구가 U자상인 것을 A류(전옥년 I 류), 대륜상帶輪狀인 것을 B류(전옥년 II 류)로 크게 분류하였다. B류를 다시 산형은 B1류, 삼엽형입식三葉形立飾이 붙은 것을 B2류, 대륜형帶輪形을 B3류로 세분하여 5세기 후반 일본열도에서 출토된 화살통을 중심으로 그 계통을 살펴보고자 한다.

A류는 일본열도에 처음 출현한 유형으로 후쿠오카현福岡縣 츠기노오카月の岡고분, 치바현千葉縣 다이리즈카內裏塚고분 출토품이 대표적인 예이다(3-13). 이 두 고분에서 출토된 시통은 전면식금구前面飾金具의 형태 및 그 부속구인 현수식懸垂式 금구金具의 형태로 볼 때 다나카田中와 전옥년이 지적한 것처럼 부산시 복천동21·22호분 출토품과 동일한 계통이다. 특히 다나카의 지적처럼 이 세 고분의 출토품은 현수식 금구인 중원판상금구中圓板狀金具의 규격과 구조, 문양이 일치하여 동일한 공인집단에 의해 제작되었을 가능성이 높다. 또한 교토부京都府 기사이치마루야마私市丸山고분과 후쿠오카현福岡縣 츠즈미툐쇼지堤当正寺고분 출토의 시통도 문양의 형태와 제작기법으로 볼 때 동일 공방에서 제작된 것으로 파악된다. 그런데 츠키노오카月の岡고분 및 부산시 복천동21·22호분 출토품과 유사한 자료가 낙동강이동지역의 경산시 임당동7B호분, 조영동CII-2호분 등 신라권 내에서도 출토되어 신라산으로 판단된다(高田貫太 2003:112).

B류 화살통은 5세기 후반에 A류를 대신하여 새로이 일본열도에 출현하여 주류를 이룬다. B류 중 가장 주류를 이루는 B1류는 와카야마현和歌山縣 오타니大谷고분·오사카부大阪府 시치노츠보七ノ坪고분 등에서 출토되었다. 이 유형은 A류인 함양군 백천리1호분 출토의 산 모양이 축소되나 여전히 하나인 것에서 합천군 옥전M4호분의 산 모양 장식이 작아지고 연접하여 늘어난 것으로 형식 변화한 것이다.

삼엽형 입식이 붙은 B2류는 후쿠오카현福岡縣 오키노시마沖ノ島7호유적 등

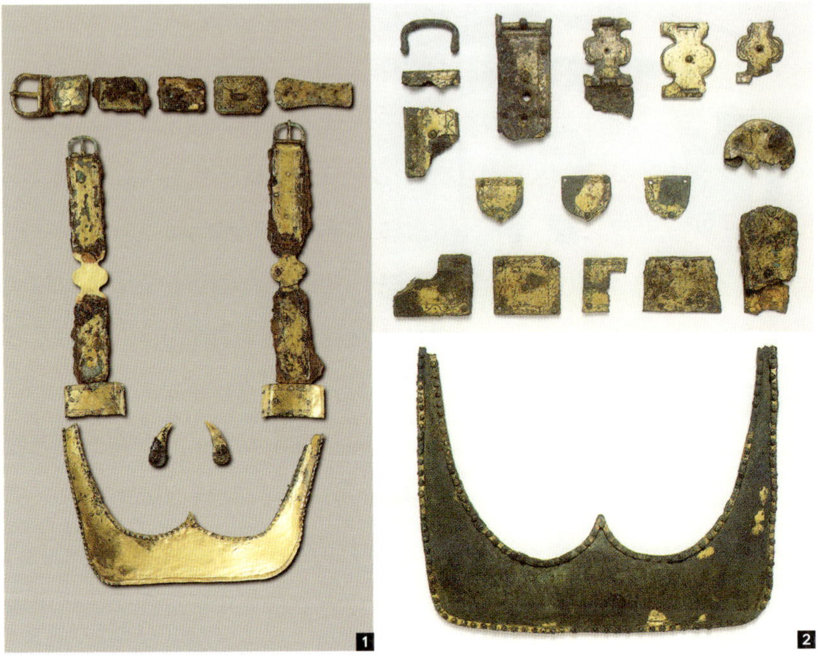

3-13 5세기世紀 전엽前葉 후쿠오카현福岡縣 츠기노오카고분月の岡古墳의 신라양식新羅樣式 금동제金銅製 화살통矢筒 장식구裝飾具와 비교比較 자료資料
1. 부산시釜山市 복천동21·22호분福泉洞21·22號墳, **2.** 후쿠오카현福岡縣 츠기노오카고분月の岡古墳

에서 출토되며, 합천군 옥전M4호분 등에서 출토 예가 있다.

이와 같이 대가야권에서 5세기 후엽의 산형금구를 갖춘 A류에서 대륜형금구를 가진 B류 화살통으로 변하는 과정을 살펴볼 때 이 시기 일본열도의 화살통의 계통은 대가야권에서 구할 수 있다. 5세기 일본열도의 화살통은 전반에는 신라산이 이입되다가 후반에는 대가야산으로 바뀌는 변화를 보인다.

⑵ 갑주甲冑

우치야마 토시유키內山敏行는 한반도계 갑주가 고훈시대 중·후기의 일본열도계 갑주에 끼친 영향을 다음과 같이 설명하였다. 그는 5세기 전반 시가현滋賀縣 신카이新開1호분, 나라현奈良縣 고죠네코즈카五條猫塚 출토의 미비부주眉庇附冑와 교토부京都府 구즈가와구루마즈카久津川車塚고분의 충각부주衝角附冑에 보이는 폭이 좁은 종장지판縱長地板은 부산시 복천동10호분 등의 복발부주伏鉢附冑의 영향으로 보았다(內山敏行 1992). 그런데 이와 같은 투구는 복천동 출토품이 신라산인 점, 일본열도에서도 신라산 문물과 공반된 점에서 신라의 영향에 의한 것으로 보는 것이 합리적이다.

가야지역의 5세기대 갑주의 지역차는 아직 그 내용이 명확하게 밝혀지지 않았으나, 주冑의 경우 어느 정도 경향을 파악할 수 있다. 4세기부터 신라·가야지역에는 복발부주가 널리 분포하지만, 5세기 후엽이 되면 지역차가 나타난다. 즉 5세기 중엽까지는 경주시 황남동109호분 3·4곽과 부산시 복천동21호분 등에서 보이는 폭이 좁은 종장지판縱長地板을 가진 복발부주가 양 지역에 공존하고 있었다. 그 후 신라지역에서는 좁은 종장지판을 가진 복발부주가 여전히 제작되나, 가야지역에서는 5세기 후엽이 되면 합천군 옥전70호분과 도쿄東京박물관 보관의 오구라小倉 반출 전傳 경상남도 출토품에서 보이는 폭이 넓은 종장지판을 가진 복발부주가 새롭게 출현한다.

남원군 월산리M1-A분의 복발부주에서 보이는 복발을 종장지판縱長地板과 결합하는 타원형의 중간금구는 복발과 종장지판을 그대로 연접해서 엮었던 복발부주에서는 볼 수 없는 것이다. 이 금구는 관모계주冠帽系冑의 관모상복발冠帽狀伏鉢과 소찰小札 또는 종장지판縱長地板을 연결하는 중간 금구로 발전한다. 고령군 지산동518호분과 오구라小倉 반출의 전傳 경상남도 출토품은 폭이 넓은 종장지판에 이 중간금구를 가진 복발부주로 전형적인 대가야형 주冑로 본다. 그리고 관모계 주와 그 계열의 것으로 생각되는 돌기부주突起附冑는 대가야권에서 복발부주를 개량한 것으로 파악된다. 남원시 월산리M5호분에서도 같은 형식이 출토되었다. 합천군 옥전M3호분·반계제가A호분에서 소찰小札과 폭이 넓은 방형지판을 가진 관모계冠帽系 주冑가 출토되었다. 같은 형식의 금동제 주冑가 고성군 송학동1호분A호묘에서 출토되었다. 돌기부주突起附冑는 오구라小倉 반출의 전傳 창녕 출토품이 있다.

폭이 넓은 종장지판을 가진 복발부주와 관모계주는 주로 합천 지역 등에 분포하고 있어 대가야형 주冑로 설정할 수 있다. 이 시기 대가야형의 금동제 관모계 주冑가 소가야지역인 고성군 송학동1호분에서 출토된 것은 당시의 대가야왕권과 소가야의 밀접한 관계를 보여 주는 것이다.

(3) 마주馬冑

마주馬冑는 이전의 말 얼굴을 장식하는 마면과는 달리 마갑과 함께 적의 공격으로부터 말의 머리를 보호하는 무구이다. 마주는 얼굴 부분을 덮는 얼굴덮개부와 머리의 정수리부분, 귀를 가리는 챙, 볼을 가리는 볼가리개 세 부분으로 이루어져 있다. 이들은 말의 안면과 양볼, 귀를 비롯한 후미를 각각 보호한다.

얼굴 덮개부는 눈 사이의 길쭉한 얼굴부분을 가리는 미간판眉間板, 그 끝에서 코부분을 가리는 비량판鼻梁板, 미간판 옆으로 굽어진 측판側板으로 이루어진다. 안공眼孔은 보통 미간판과 측판에 걸쳐 뚫려 있다. 안공의 아래는 돌출부 부분을 보호하기 위해 안에서 밖으로 두드려 약간 볼록하게 만들었다. 측판의 아랫단에는 2~3개의 구멍이 있는데 이는 볼가리개를 연결하기 위한 장치이다. 비량판鼻梁板은 양쪽을 둥글게 돌출시키는데 굴곡을 만드는 방법에 차이가 있다.

챙은 정수리부와 양쪽의 귀부분을 덮는 철판을 서로 결합하는 것으로 고구려 벽화고분에 묘사된 삼화형三花形과 반원형半圓形으로 크게 구분된다. 챙의

뒤편에는 기旗와 같은 것을 꽂을 수 있는 관금구가 부착되어 있다.

동아시아에서 실물 마주는 와카야마현和歌山縣 오타니大谷고분에서 처음 출토되었다. 그 후 사이타마현埼玉縣 쇼군야마將軍山고분 출토품에서 마주의 존재가 확인되었다. 국내에서는 1980년대 초 부산시 복천동10·11호분에서 처음으로 출토되었으며, 1980년대 후반 옥전고분군과 대성동고분군에서도 출토되었다. 더욱이 1993년 이토 아키오伊藤秋男는 일제 강점기에 조사된 경주시 황남리109호3·4곽 출토품을 재검토하여 마주의 존재를 확인하고, 합천군 반계제가A호분에서 출토된 용도불명 철판을 가죽과 연결한 독특한 마주로 보았다(伊藤秋男 1993:46-49). 1990년대 전반 함안군 말이산8호분에서 마주가 출토되었다. 1990년대 후반에는 경주시 사라리고분군과 김해시 두곡고분군에서 마주가 출토되었다.

와카마즈 요이치若松良一는 마주를 천정부를 세장한 철판을 사용하여 좌우의 면복부面覆部를 결합한 유형과 천정부 전체를 철판으로 덮은 유형으로 분류하였다(若松良一 1991:1-12). 오타 히로유기太田博之는 와카마즈 요이치 분류안을 세분하여 3종류로 세분하였다(太田博之 1994:103-125).

그 후 이상률은 영남지역 출토 마주를 면복부面覆部 중 말의 상면을 덮는 미간판眉間板의 형태가 2매의 판으로 된 것을 A류, 1매의 판으로 된 것을 B류로 분류하였다(李尙律 2000:29-32). A류는 김해시 대성동1호분, 부산시 복천동10호분, 합천군 옥전M1·35호분에서 출토되었고, B류는 경주시 황남동109호분4곽, 합천군 옥전M3호분, 함안군 도항리8호분에서 출토되었다. A류를 가야형, B류를 신라형으로 파악하였다.

김재우는 A류가 5세기 초 먼저 등장하며 B류는 A류에서 변화한 것으로 양자 모두 고구려계로 파악하고, 영남지방 마주의 출현을 400년 고구려 남정의 결과로 보았다(金宰佑 2004:77).

1

2

3-14 5세기世紀 후엽後葉 와카야마현和歌山縣 오타니고분大谷古墳의 대가야양식大加耶樣式 마주馬冑와 비교比較 자료資料
1. 합천군陜川郡 옥전28호분玉田28號墳, **2.** 와카야마현和歌山縣 오타니고분大谷古墳

마주는 천정부를 세장한 철판을 사용하여 좌우의 면복부面覆部를 결합한 유형과 천정부 전체를 1매의 철판으로 덮은 유형으로 분류된다.

전자는 김해시 대성동1호분과 두곡8호분, 함안군 마갑총에서 출토되고 있으나 경주시 사라리65호분과 옥전M1·35호분에서 신라산 문물과 공반되고, 부산시 복천동10호분에서도 신라문물이 함께 확인되고 있어 신라형으로 본다.

후자는 경주시 황남동109호분4곽에서 출토되고 있으나 5세기 후반에는 합천군 옥전M3호분, 옥전28호분, 함안군 도항리8호분에서 확인되고 있어 대가야형으로 본다.

와카야마현和歌山縣 오타니大谷고분 출토의 마주는 미간판眉間板의 폭이 넓은 1매의 판으로 된 것으로 대가야지역에서 제작된 것이다(3-14).

오타니고분에서는 대가야의 마구와 이식, 사이타마현埼玉縣 쇼군야마將軍山고분에서는 사행상철기와 같은 신라산 마구와 동완銅椀이 공반되는 것이 주목된다. 즉 이는 전자가 대가야형, 후자가 신라형임을 방증하는 자료로 평가된다.

영남지역 마주는 출현기는 신라 가야지역에 형식이 혼재하였으나 5세기 후반에는 신라형과 가야형으로 나뉘며 각각 시기별로 일본열도에 전래된다.

5) 말馬과 마구馬具

(1) 말馬(3-15)

5세기 일본열도에 말의 사육과 번식 기술이 한반도로부터 도입되었다. 당시 말은 군용, 농업, 교통, 운반에 사용된 귀중한 자원이었으나 그때까지 일본열도는 독자적인 말의 사육과 번식 기술을 갖추지 못했다.

군마현群馬縣 다카사키시高崎市 겐자기나가토로니시劍崎長瀞西고분군의 1·2호분에 인접한 5세기 중엽의 13호 수혈(길이 약 1.5m, 폭 약 60cm)에서는 마구인

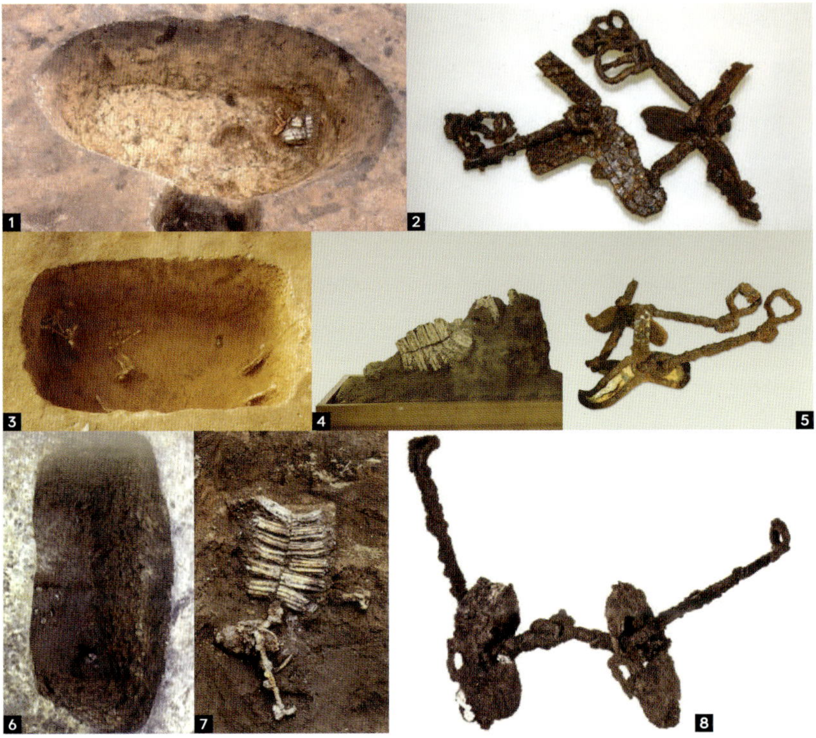

3-15 5세기世紀 후엽後葉 일본열도日本列島의 대가야양식大加耶樣式 마구馬具 착장着裝 말馬 매장埋葬 유구遺構
1·2. 후쿠오카현福岡縣 혼고노비라키5호분本鄕野5號墳(102호수혈102號竪穴),
3~5. 나가노현長野縣 아라이하라고분군, **6~8.** 치바현千葉縣 오사쿠31호분大作31號墳

철제 재갈이 이빨 및 뼈의 일부와 함께 출토되었다. 재갈은 X형의 금구가 부착된 가야계의 환판비이다. 매장된 말의 크기는 구덩이의 크기로 볼 때 몸 높이는 1.3m, 몸 길이는 1.5m 정도로 추측된다.

5세기 후반 말의 순장이 가장 많이 행해진 곳은 나가노현長野縣 이다시飯田市 주변이다. 모노미즈카物見塚고분, 미야가이토宮垣外유적 10·64호수혈, 아라이하라新井原2·12호분, 차카라야마茶柄山2·9호분 등이다. 차카라야마9호분은 전장 24m의 전방부가 짧은 가리비조개帆立貝식고분으로 주구 내에 6기의 수혈와 그 외 2기의 수혈에서 말이빨이 출토되어 최소 8마리의 말이 순장된 것으로 추정된다. 미야가이토宮垣外유적 64호구덩이에서는 f자형경판부비와 검릉형행엽, 환형운주, 등자 등이 출토되었다.

아라이하라新井原12호분은 전장 36m의 가리비조개식고분으로 주구 주변에서 확인된 수혈에서 f자형경판부비와 검릉형행엽이 착장된 한 마리분의 말이 출토되었다.

돗토리현鳥取縣의 동해에 면한 사구에 입지한 나가세다카하마長瀨高浜유적 2~4·7·8·24·28호분 주구 내와 수혈에서 말뼈가 출토되었다.

미에현三重縣 오자토니시오키大里西沖유적SK105수혈에서도 f자형경판부비와 검릉형행엽, 환형운주가 출토되어 말이 순장된 것으로 추정된다.

치바현千葉縣의 직경 15m 원분인 오사쿠大作31호분에서는 주구에 인접한 수혈에서 말 이빨과 내만타원형 경판비를 비롯한 마구가 출토되었다.

5세기 후엽의 후쿠오카현福岡縣 혼고노비라키本鄉野開5호분의 남동쪽에 인접한 102호수혈에서도 말이 f자형경판부비를 착장한 채로 확인되었다.

이상으로 볼 때 5세기 후반 일본열도의 말 사육은 대가야에서 이주한 마사집단에 의해 개시되었음을 알 수 있다.

⑵ 마구馬具

나카무라 쥰코中村潤子는 일본의 마구 도입시기에 주안점을 두어 제1차 도입기와 제2차 도입기로 나누고 그 특징을 정리하였다(中村潤子 1991). 여기에서는 나카무라中村의 연구를 중심으로 치가히사시千賀久의 연구를 참고하면서 일본열도의 마구 계통변화에 대해서 시기별로 정리해 보고자 한다(千賀久 1994).

① 제1차 도입기의 마구

출현기에는 후쿠오카현福岡縣 료지老司고분과 이케노우에池の上6호분 등에서 볼 수 있는 표비鑣轡가 보이며 그 후 시가현滋賀縣 신카이新開1호분, 오사카부大阪府 시치칸七觀고분, 구라즈카鞍塚고분 등에서 경판비鏡板轡가 나타난다. 이와 공반되는 안장은 안금구鞍金具의 폭이 넓고 내측이 능형을 이루는 편평한 것이며, 안금구 병대鋲帶의 간격이 조밀한 것이 특징이다.

② 제2차 도입기의 마구

5세기 후반이 되면 마장구로서 행엽이 더해진다. 그리고 비轡는 f자형字形과 내만다원형內灣楕圓形 경판비鏡板轡가 새롭게 출현한다. 안장은 안금구 병대鋲帶의 간격이 넓다.

나카무라中村는 이처럼 두 기로 대별되는 마구에 대하여 양자 사이에 명백한 차이가 인지되며 동시에 일본열도에서는 이 사이를 연결하는 자료가 없기 때문에 일본 자체 내에서 형식 변화한 것으로 보지 않았다. 치가히가시千賀久는 안금구 병대鋲帶의 병鋲 간격이 조밀한 것에서 넓어진 것으로 변하는 현상은 f자형경판비字形鏡板轡와 검릉형행엽劍菱形杏葉의 조합이 더해지는 제2차 도입기에 보이는 변화로 인식하였다. 그 계통을 제1차 도입기는 신라에서, 제2차 도입기는 비신라권에서 찾았다. 또 치가히가시는 안장금구鞍裝金具의 구조 차이에 착목하여 안鞍의 중앙에 있는 주빈洲浜과 그 좌우의 기금구磯金具를 함께 만든 일체안一體鞍과 따로 나누어서 만든 분리안分離鞍으로 분류하고 전자는 신라계, 후자는 비신라계로 파악하였다(千賀久 2003).

제1차 도입기의 원형경판비圓形鏡板轡는 그 세부는 각각 다르지만 김해시 대성동2·41·42호분, 창원시 현동43호분 등에서 출토된 예가 있다. 이러한 유형의 경판비는 그 조형을 안양安陽 효민둔孝民屯과 조양朝陽 원대자袁臺子 출토의 북방민족의 것에서 구할 수 있으며, 김해시 대성동2호분 출토 경판비 등은 낙동강 하류역에서 북방의 것을 개량·고안한 것으로 파악되고 있다(金斗喆 1993). 따라서 이 시기 일본열도의 원형경판비는 김해를 중심으로 한 그 주변지역에서 이입된 것이다. 또 료지老司고분과 이케노우에池の上6호분의 표비도 대성동고분군과 복천동고분군 등에서 다수 출토되어 김해를 중심으로 하는 그 주변 지역에서 반입된 것으로 추정된다. 교자즈카行者塚고분 출토 원형圓形·장방판비長方板轡는 김해시 대성동고분군 출토품과 형태가 유사하고 철정과 철부 등 공반유물로 볼 때 금관가야산 마구로 판단된다.

한편 5세기 전엽으로 편년되는 오사카부大阪府 곤다고뵤야마譽田御廟山(전 응신릉応神陵)고분의 배총인 마루야마丸山고분 출토 금동제 용문투조龍文透彫 안금구鞍金具는 제작지가 중국 동북지역, 고구려, 신라, 가야지역으로 비정되고 있는 것이다. 그런데 마루야마丸山고분의 안장은 경주시 황남대총 남분에서 용문 금동제 안장이 출토되고 황남대총 남분, 강릉시 초당동A-1호분, 경산시 임당동7B호분 등에서 용문 대장식구가 확인되는 것에서, 그 기원은 동북지역에 찾아지나 신라에서 제작 또는 이를 경유하여 이입된 것으로 본다(3-16).

또 일본열도에서 출현하는 오사카부 구라즈카鞍塚고분, 오사카부 오시시즈카御獅子塚고분, 시가현滋賀縣 신카이新開1호분, 기후현岐阜縣 나카하치만中八幡고분 출토품과 같은 철제 일체안一體鞍도 신라산으로 본다. 왜냐하면 철제 일체안一體鞍은 4세기 말에 조영된 황남동109호분3·4곽에서 알 수 있듯이 경주지역에서 가장 이른 시기에 출현하여 6세기 초에 조영된 천마총에서도 부장될 뿐만 아니라 상주시 신흥리고분군과 같은 신라의 지방에서도 출토되기 때문이다.

시가현滋賀縣 신카이新開1호분 출토 용문경판비도 신라산 초엽문 대장식구

3-16 5세기世紀 전엽前葉 오사카부大阪府 곤다고뵤야마誉田御廟山(전 응신릉応神陵)고분古墳과 마루야마고분丸山古墳의 신라양식新羅樣式 금동제金銅製 용문투조龍文透彫 안장금구鞍裝金具

와 공반되므로 신라산으로 보아야 할 것이다. 신카이新開1호분 출토 목심 철판피 등자도 같은 형식이 상주시 신흥리39호분, 부산시 복천동10·11호분에서 출토되고 있어 신라산으로 판단된다.

한편 제2차 도입기의 마구인 내만타원형판비, f자형경판비字形鏡板轡와 검릉형행엽劍菱形杏葉, 환형운주의 조합은 고령·합천을 중심으로 하는 대가야권에서 그 계통을 찾을 수 있다. 오사카부大阪府 나가모치야마長持山고분에서는 f자형경판비와 검릉형행엽, 내만타원형판비, 안금구 병대鋲帶의 간격이 넓은 안장, 답수부가 넓어진 목심철판피 등자 등의 대가야산 마구의 조합이 확인된다(3-17).

더욱이 치가千賀가 지적한 것처럼 합천군 옥전M3호분에서 검릉형행엽의 연금에 사선을 시문하는 기법은 사이타마현埼玉縣 이나리야마稻荷山고분에서 출토된 f자형경판비字形鏡板轡의 연금緣金에서도 보인다. 이처럼 양 지역 간에는 마구의 조합 관계뿐만 아니라 그 제작기법까지 일치한다.

구마모토현熊本縣 에타후나야마江田船山고분, 와카야마현和歌山縣 오타니大谷고분 출토 금동제 검릉형행엽과 f자형경판비는 중국산으로 상정되어 온 장식성이 높은 마구이다. 그러나 이 두 고분의 마구는 그 계통이 중국과 연결되지 않으며 그곳에서 실물이 출토된 바도 없다. 오타니大谷고분과 후쿠이현福井縣 쥬젠노모리十善ノ森고분의 영부鈴附검릉형행엽은 방울을 착장한 고령군 지산동44호분 출토품과 유사하여 대가야에서 그 계통을 구할 수 있다. 따라서 양 고분의 f자형경판비와 검릉형행엽은 중국에서 이러한 형식의 마구가 확인되지 않고 있고, 공반된 금제 수식부이식, 금동제마구, 철제무기와 같은 다른 대가야문물과 함께 이입된 것으로 판단된다. 이제까지 일본연구자들은 금공기술이 뛰어난 공예품은 무조건 중국산으로 보아 왔다. 이는 대상 유물 자체의 조형성에만 집착한 것으로, 그 유물의 속성과 공반관계를 중요시하지 않은

3-17 5세기世紀 후엽後葉 오사카부大阪府 나가모치야마고분長持山古墳 출토出土 대가야양식大加耶樣式 금동제金銅製 안장금구鞍裝金具

것에 기인한다.

또 검릉형행엽과 f자형경판비의 대형화는 종래 일본열도의 독자적인 변화로 파악되어 왔으나, 6세기 초 창원시 다호리B지구 1호석실분과 고성군 송학동1호분에서 대형화된 형식이 출토되어 그 변화가 가야지역과의 관계에 의한 것으로 파악된다. 왜냐하면 송학동1호분에서는 1A-6호묘에서 옥전M3호분에 후행하는 5세기 말 지산동44호분 단계의 대가야산 검릉형행엽과 f자형경판비字形鏡板轡가 출토되고, 6세기 초의 1A-1호묘에서는 자체적으로 형식 변화한 대형의 대가야산 검릉형행엽과 f자형경판비字形鏡板轡가 출토되기 때문이다.

이와 같이 일본열도의 마구는 4세기 말 금관가야산이 이입되다가 5세기 전반에는 신라산으로 바뀌고 5세기 후반에는 대가야산으로 전환되어 당시 한반도와 일본열도의 교섭 창구의 변화를 민감하게 반영하고 있어 주목된다.

6) 철기

(1) 철정鐵鋌

철정은 판상철부에서 그 중간 형식인 판상철부형 철정을 거쳐 양단의 폭이 넓은 철정으로 변화한다.

아즈마 우시오東潮의 연구를 참고하면서 일본열도의 고분 등에서 출토된 철정의 형태와 규격의 검토를 통하여 그 제작지를 살펴보자(東潮 1987). 5세기 전엽의 야마토大和6호분은 나라현奈良縣 북부의 전방후원분이 집중하는 사기다테나미佐紀盾列고분군의 전장 256m의 전방후원분인 우와나베ウワナベ고분의 배총陪塚이다. 이 고분에서는 1,332매의 철정이 출토된 경주시 황남대총 남분에 육박하는 일본열도에서 가장 많은 대형 철정 282매, 소형 철정이 590매가 출토되어 유명하다.

대형 철정은 크게 2종류로 길이 30~35cm의 양 단부가 직선적이고 양 측면이 대칭을 이룬 것과 길이 40cm 전후의 양 단부가 호상弧狀을 이루고 양 측면이 요철이 심하게 비대칭적인 것으로 분류된다. 전자는 규격과 형태로 볼 때 4세기 후엽의 김해시 대성동1·2·3호분, 부산시 복천동54호분, 김해시 칠산동20호분 출토품과 같은 금관가야산 철정으로 본다. 한편 후자는 규격과 형태로 볼 때 경주시 월성로가6호분, 경산시 임당동G5·6호분과 같은 신라산 철정으로 판단된다. 특히 길이 40cm 전후의 후자는 규격이 부산시 복천동21·22호분 출토품, 경주시 황남대총 남분, 함안군 말이산10호묘 출토품보다 약간 작으나 전체적으로 같은 범주에 들어간다.

그런데 복천동21·22호분의 철정은 4세기 후엽의 김해시 대성동1·2·3호분, 부산시 복천동54호분, 김해시 칠산동20호분 출토품에서 관찰되는 바와 같이 양 단부의 형태가 직선적이고 양 측면이 요철이 없이 대칭적인 호상弧狀을 형성한 금관가야의 철정에서 벗어난 점이 흥미롭다. 복천동21·22호분 출토 철정에 대해서는 이전 시기와 달리 규격화되고 대형이 출현하는 것에서 공인 집단이 금관가야의 정치적 구속력에 의해 조직화 대규모화된 것으로 본 바있다(安在晧 1990:105). 그러나 이 철정은 양단부의 형태가 호상弧狀을 이루며 비대칭인 점과 양 측면이 요철이 심한 호상을 형성하고 있는 점에서 신라의 철정으로 분류된다. 복천동21·22호분에서는 신라양식의 토기와 신라산 금동제 시통矢筒, 착두형의 신라형 철촉이 공반되는 것에서 역시 이 시기 이 고분의 대형 철정은 신라에서 공급된 것으로 파악된다(3-18).

4세기 전엽의 복천동54호분에서는 금관가야형의 철정이 부장되다가 4세기 후엽 복천동21·22호분 단계에서 신라형 철정이 출현한다.

말이산10호묘 출토품은 금관가야, 신라의 철정과는 달리 양단부가 내만하거나 호상을 이루고, 양 측면이 요철이 적은 호상弧狀을 형성하고 있는 점에서

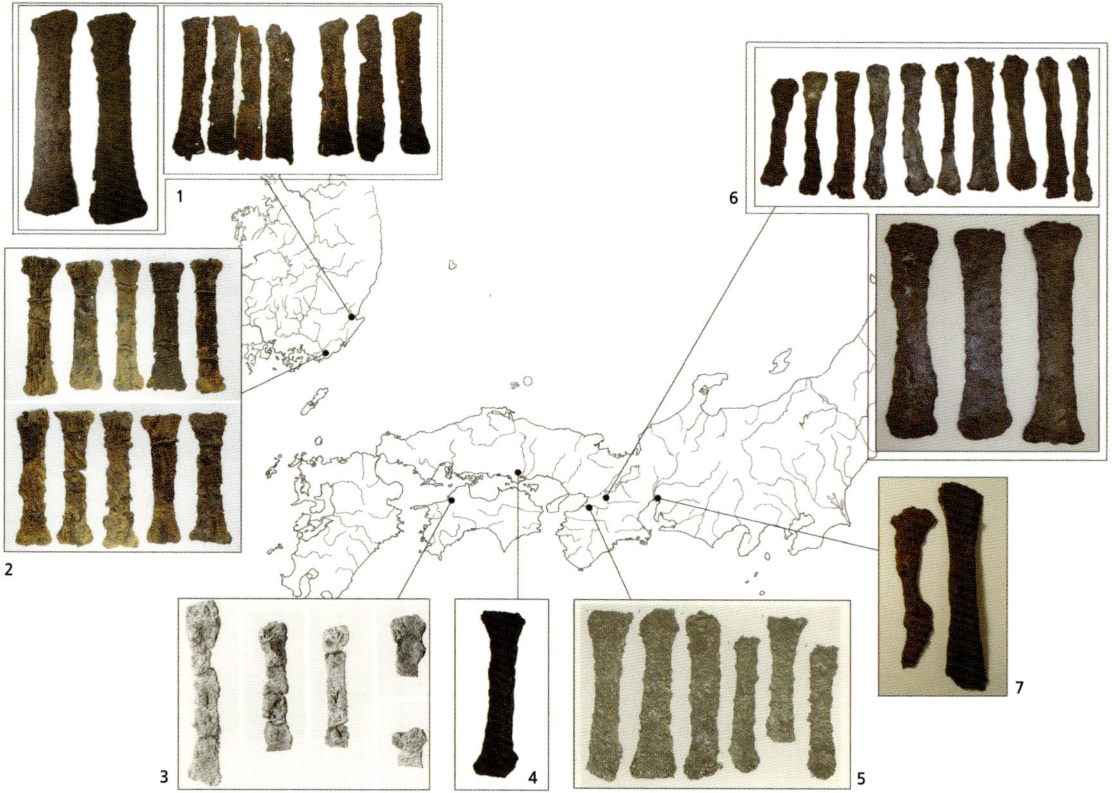

3-18 5세기世紀 전반前半 일본열도日本列島의 신라양식新羅樣式 철정鐵鋌
1. 경주시慶州市 황남대총남분皇南大塚南墳, **2.** 부산시釜山市 복천동福泉洞21·22호분, **3.** 에히메현愛媛縣 슛사쿠유적出作遺蹟, **4.** 오카야마현岡山縣 구보키야쿠시유적窪木藥師遺蹟, **5.** 오사카부大阪府 노나카고분野中古墳, **6.** 나라현奈良縣 야마토大和6호분, **7.** 아이치현愛知縣 이세야마쥬각코유적伊勢山中學校遺蹟

함안 아라가야지역 철정의 전형적인 예라 할 수 있다.

야마토大和6호분의 대형 철정은 금관가야산과 신라산으로 분류되는데 전자의 금관가야산 철정은 4세기대에 이입된 것이 전세된 것으로 본다. 그런데 소형 철정은 모두 양단이 호상弧狀을 이루고 양 측면이 요철이 심한 비대칭적인 형태와 규격이 복천동4호분 출토품을 비롯한 경주지역에서 제작된 철정과 유사한 것에서 역시 신라에서 공급된 것으로 판단된다. 더욱이 오사카부大阪府 노나카野中고분, 나라현奈良縣 미나미야마南山4호분, 효고현兵庫縣 미야야마宮山고분, 오카야마현岡山縣 구보키야쿠시窪木薬師유적, 아이치현愛知縣 마사기쵸正木町유적 등의 중소형 철정은 형태와 규격이 경주지역 및 부산지역 출토품과 유사한 점에서도 그러하다. 특히 노나카野中고분 철정은 형태가 비대칭인 점과 규격으로 볼 때 모두 분명한 신라산으로 판단된다. 후쿠오카현福岡縣 와리바다케割畑1호분 출토 철정은 그 가운데 양 단부가 직선으로 처리된 금관가야산과 유사한 형태를 띤 것도 있으나 전체적인 형태와 규격으로 볼 때 신라산의 범주에 들어간다.

5세기 전엽의 오이타현大分縣 시모야마下山고분 출토 철정은 양 단부가 직선적으로 처리된 점과 양 측면이 대칭적인 점에서 금관가야산과 유사한 것으로 파악된다.

⑵ 철제농공구鐵製農工具

5세기의 수병부철부手柄附鐵斧는 후쿠오카현福岡縣 미야지이데노우에宮司井手ノ上고분, 미야자키현宮崎縣 시모키타카다下北方5호 지하식횡혈묘地下式橫穴墓, 오사카부大阪府 시치칸七觀고분, 교토부京都府 후다코야마二子山고분, 효고현兵庫縣 차스리야마茶すり山고분 등에서 출토되었다. 이 시기의 철부는 5세기 전반의 신라지역 고분에서 주로 확인되는 것과 유사하며, 시치칸고분에서 신

라에서 반입된 용문투조대금구, 미야지이데노우에宮司井手ノ上고분과 차스리야마茶すり山고분에서 신라산 철모鐵鉾가 공반되어 신라지역에서 반입되었을 가능성이 크다.

삽날은 5세기대에는 오이타大分縣 이미사키伊美崎2호묘, 미야지이데노우에宮司井手ノ上고분 등에서 출토되며, 이 시기 경주지역에서는 5세기 중엽의 황남대총 남분, 황오리16호분, 황남리 파괴고분 등에서 확인된다. 그래서 일본열도의 5세기대 출토품은 신라지역의 농구와 관련되는 것으로 본다.

쇠스랑은 에히메현愛媛縣 슛사쿠出作유적 등에서 출토되었는데 울산시 하대43·76호묘, 양동리162호묘와 경주지역의 5세기 중엽 황남대총남분, 황오리16호분, 황남리파괴고분 등에서 보인다. 슛사쿠유적의 쇠스랑은 시기로 볼 때 신라지역의 농구와 관련되는 것으로 본다.

7) 금속용기金屬容器

울두熨斗는 근년까지 사용된 다리미 모양을 한 청동제품靑銅製品이다. 그 출현은 5세기 중엽 나라현奈良縣 니이자와센즈카新澤千塚126호분 단계까지 소급된다. 후기의 것은 오사카부大阪府 다카이다야마高井田山고분, 후쿠오카현福岡縣 즈칸도塚堂고분에서 출토 예 등이 있다. 일본열도의 울두는 화명火皿과 손잡이의 결합방법, 손잡이의 형태에 따라 일체식一體式, 중공식中空式, 목병삽입식木柄挿入式, 병류식鋲留式으로 형식 분류된다(滝瀨芳之 1994).

다카이다야마高井田山고분의 울두는 일체식으로 백제 무령왕릉 출토품과 모양과 크기가 유사한 점에서 백제산으로 판단된다. 니이자와센즈카新澤千塚126호분 출토품은 그 형태와 공반된 이입 문물이 모두 경주 고분에서 출토된 것과 같은 점에서 신라산으로 파악된다.

8) 묘제墓制

5세기 후쿠오카현福岡縣 츠야자기津屋崎10호분, 세스도노セスドノ고분, 네코자코猫迫1호분, 효고현兵庫縣의 미야야마宮山고분, 간즈즈카カンス塚고분, 이케지리池尻2호분 등의 매장주체부는 낙동강이동지역과의 관계가 지적되어 왔다(高田貫太 1999).

즉, 츠야자기津屋崎10호분의 수혈계횡구식석실은 낙동강이동의 창녕지역과 상주지역에서 확인되는 평면 세장방형의 횡구식석곽과 유사하다(3-19). 또 세스도노セスドノ고분과 전 단계의 수장묘인 네코자코1호분의 수혈계횡구식석실은 천정까지 이르는 대형판석을 측벽으로 세우고 판석 사이를 할석으로 채우는 축조기법이 특징적이다. 이러한 축조기법은 이미 대구시 달성고분군의 판석조석곽과 유사성이 지적되어 왔다. 특히 세스도노セスドノ고분은 석실 구조뿐만 아니라 신라양식의 토기, 사슬형 연결금구와 공구체형 중간식을 조합한 수식부이식, 철모가 출토되어 이주민의 무덤으로 파악된다.

다카다 칸타高田貫太는 효고현兵庫縣 미야야마宮山고분, 간즈즈카カンス塚고분, 이케지리池尻2호분은 네 벽을 수직으로 구축하고 꺽쇠나 못을 사용한 목관을 안치한 수혈식석곽의 구조와 구축과정, 부장품의 계통으로 볼 때 부산·김해지역, 특히 복천동21·22호분과 같은 묘제와 관련되는 것으로 보았다. 그러나 세토나이해瀨戶內海연안의 수혈식석곽은 축조시기, 크기와 구조로 볼 때 김해지역의 5세기 전반의 가달고분군, 능동고분군, 칠산고분군의 석곽묘와 직접 관련된 것이다.

5세기 한반도계 묘제로 주목되는 적석총은 후쿠오카현福岡縣, 아이치현愛知縣, 시즈오카현静岡縣, 나가노현長野縣, 군마현群馬縣 등 일본열도 각지에 분포하고 있다. 후쿠오카현 아이노시마相島고분군은 현카이나다玄界灘에 위치한 아이노시마 동북 해안선에 연하여 251기가 확인되었다. 아이노시마는 조선후기

3-19 5세기世紀 전반前半 규슈지방九州地方의 낙동강洛東江 이동지역以東地域 묘제墓制
1. 후쿠오카현福岡縣 츠야자기10호분津屋崎10號墳, **2.** 후쿠오카현福岡縣 네코자코1호분猫迫1號墳

통신사일행이 기항한 곳으로 양 지역 간 해상교통의 요충이다. 이 적석총은 매장주체부가 석관, 수혈식석곽, 횡구식석실, 횡혈식석실이며 방형, 원형의 분구 전면을 자갈돌로 적석하였다. 축조시기는 5세기대를 중심으로 하며, 한반도산 문물로는 금동제 이식만이 출토되었다. 그 피장자는 대안의 전방후원분이 밀집하는 후쿠오카현 신바루누야마新原奴山고분군 축조집단과 관련된 이주민집단으로 파악된다.

나가노현長野縣 오무로大室고분군은 동서 2.5km, 남북 2.5km에 걸쳐 총수 500여 기로 구성된 일본열도 내 최대의 적석총군이다. 이 고분군은 크게 5개의 군으로 나누어지며 내부주체는 수혈식석곽, 횡구식석실, 횡혈식석실이며 분구 전체를 할석으로 적석하였다. 그 가운데 10여 기의 맞배식 천정을 가진 석실분은 일찍부터 구조가 공주시 시목동1·2호분과 관련된 것으로 파악되어 왔다. 그런데 현재 일본열도에서 80여 기가 확인되고 있는 맞배식 석실분 가운데에는 시목동1·2호분보다 이른 시기에 축조된 것이 있어 백제 기원설에 대한 반론도 있다. 그런데 오무로고분군과 인접한 맞배식 석실분을 포함하여 20여 기의 적석총으로 구성된 나가하라고분군의 7호분에서 백제계 병형토기, 13호분에서 백제계의 청동팔찌靑銅釧가 출토되고, 약 10km 떨어진 적석총인 핫쵸요로이즈카八丁鎧塚2호분에서 공주시 송산리3호분 출토품과 유사한 귀면 대장식구가 출토되어 주목된다.

따라서 일본열도의 맞배식 석실분과 백제와의 관련을 배제하기는 어려우며 장차 백제지역에서 5세기대로 올라가는 같은 구조의 석실분 확인이 기대된다.

군마현 겐자키나가도로니시劍崎長瀞西유적에서는 18기의 고분과 다수의 주거지가 조사되었다. 그 가운데 적석총은 5기가 확인되었고, 주거지에서는 부뚜막유구가 확인되었다. 원분인 1·2호분 주위의 13호 구덩이에서는 원환비를 장착한 말이 순장되었다. 10호분에서는 대가야산 수식부이식과 연질토기가 공반되어 출토되었다.

군마현 시모시바야츠下芝谷ツ고분은 1변 20m의 적석 방분으로 수혈식석곽을 내부 주체로 한다. 주변의 레이더 탐사와 시굴조사에서 그 외 1기의 적석총이 확인되었다. 석곽 내에서 금동제 식리飾履, 경판비, 행엽, 환령, 은장대도 등이 출토되었다. 야츠고분의 피장자는 금동제 식리을 부장한 점에서 이주민 씨족의 중심인물로 추정된다.

오사카부大阪府 다카이다야마高井田山고분은 판석상의 얇은 석재를 사용하고 있는 점, 우편연도인 점, 천정 구조가 궁륭상일 가능성이 높은 점, 그리고 연도를 돌로 쌓아 폐쇄한 점 등은 백제의 횡혈식석실과 유사하다. 또 단측판과 장측판, 바닥판과 측판을 못으로 고정한 상자형 목관을 사용한 점, 2기의 목관을 장축과 평행하게 안치하는 매장방식 즉 부부합장은 백제지역의 석실에서 보이는 것이다(吉井秀夫 1999:251)**(3-20)**. 또 석실 내 스에키須惠器를 부장하는 의례도 이전 시기 일본열도에서는 보이지 않으며, 백제를 비롯한 한반도의 장송의례에 영향을 받은 것으로 보인다(土生田純之 1985). 이와 같이 다카이다야마고분은 석실의 구조뿐만 아니라 부장품에서 장송의례에 이르기까지 일

3-20 5세기世紀 후엽後葉 오사카부大阪府 다카이다야마고분高井田山古墳의 백제계석실百濟系石室

본열도에서 백제의 영향을 직접 받은 초기 횡혈식석실인 점에서 주목된다. 이 고분의 피장자는 그 구조와 소형분임에도 울두熨斗, 금층유리주金層琉璃珠, 도신형철모刀身形鐵鉾 등 백제 문물이 출토된 점에서 이주민으로 추정된다.

다카이다야마고분의 석실에 대해 일본인 연구자들은 스에키須惠器(TK23·TK47형식)의 사용시기를 5세기 후반으로 보고 이 고분의 횡혈식석실의 기원을 한성시대 말~웅진시대 전반의 백제석실에서 구하였다. 한편 홍보식은 현실평면 정방형의 송산리형석실이 무령왕릉의 영향을 받아 장방형화된 송산리Ⅲ식 석실을 다카이다야마고분의 조형으로 주장하였다. 이러한 그의 주장은 석실의 편년과 함께 다카이다야마고분에서 출토된 울두熨斗 등이 무령왕릉 출토유물과 공통되는 것을 근거로 일본의 고훈시대 연대관에 대한 문제를 제기한 것이다. 즉 TK23형식의 스에키須惠器가 출토된 다카이다야마고분의 연대를 무령왕릉 이후로 보고, 그 이후 시기인 TK47형식의 스에키須惠器가 출토된 사이타마현埼玉縣 이나리야마稻荷山고분의 금상감명철검金象嵌銘鐵劍의 신해년辛亥年은 471년으로 볼 수 없고 531년으로 보아야 한다는 것이다(洪潽植 1993). 그런데 횡혈식석실의 구조와 계통의 문제에 대해 다카이다야마고분의 석실과 같이 현실 평면형태가 장방형인 석실이 무령왕릉 축조 이후에 출현한다는 주장은 수긍하기 어렵다.

다카이다야마고분과 유사한 구조를 가진 원주시 법천리1호분의 경우도 출토 등자로 볼 때 분명히 5세기 중엽 이전으로 소급되고, 서울 몽촌토성에서도 한성 함락인 475년 이전에 이입된 것으로 파악되는 TK23형식의 스에키須惠器가 출토되었다. 따라서 이 고분을 무령왕릉 이후인 6세기 중엽으로 보는 홍보식의 연대관은 성립하기 어렵다. 이 고분은 한성기 백제의 횡혈식석실의 축조 기법에 의해 조영된 것이고 그 외 현실 평면이 정방형인 나라현奈良縣 츠바이미야야마椿井宮山고분 등은 웅진기 송산리식 석실의 영향에 의한 것으로 파악된다.

9) 유리기琉璃器

나라현奈良縣 니이자와新澤126호분은 이 고분군 북쪽에 위치하는 동서 약 22m, 남북 약 16m의 방형분으로 5세기 중엽에 조영되었으며 2점의 유리기가 신라산 금제 장신구와 함께 출토되었다.

절자문완切子文盌은 고 6.7cm 구경 7.8cm으로 동부가 구형이며 동부와 구연부의 경계가 축약되고 구연부가 c자형으로 내만하는 완이다. 담록색淡綠色으로 투명도가 높고 1~2mm로 얇으며 대롱불기로 만들었다. 구연부口緣部는 구순口脣의 높이가 일정하지 않고 거칠어 조정하지 않은 미완성 상태이다. 동부의 중위에는 원문을 5열에 걸쳐 하였는데, 최상단에 거칠게 마연한 원문, 그 하단에 정연하게 절삭한 원문을 교대로 배치하였다. 동부의 하위에는 거친 원문을 3열에 걸쳐 시문하였다.

감색명紺色皿은 고 3cm 구경 14.5cm으로 넓은 대부臺部에서 180도에 가깝게 벌어진 명皿이다. 감색紺色으로 투명도가 낮고 두꺼우며 대롱불기로 만들었다. 구연부口緣部는 끝이 반원형半圓形이다. 대부臺部는 신부에서 뽑아내어 눌러 일체로 만들었으며 단면은 원형圓形이다. 명皿의 내면에는 수목, 동물, 인물문이 시문된 흔적이 보인다. 저부 중앙에는 폰티 흔적이 남아 있다.

오사카부大阪府 다이센大仙고분(전傳 인덕릉仁德陵)은 모즈百舌鳥고분군 내에 있으며 5세기 중엽에 축조된 일본열도 최대 규모로서 길이 486m 주호를 포함한 전체 길이는 840m에 달하는 전방후원분이다. 후원부의 주피장자와 관련된 배총이 축조된 전방부에서는 1872년 태풍으로 인해 전방부 2단에 축조된 수혈식석곽 내에서 금동장 투구, 갑옷, 철도와 함께 유리제 백색명白色皿, 감색호紺色壺가 출토되었다. 이 유물들은 묘사도가 작성된 후 다시 매납되었다.

백색명白色皿, 감색호紺色壺는 출토 후 곧바로 다시 매납되어 자세한 것을 알 수 없으나, 색조는 다르지만 명皿이 포함된 기종 구성이 니이자와新澤126호분 출토품과 유사한 점이 주목된다.

2 한반도韓半島의 일본열도日本列島 문물文物

1) 토기土器(3-21)

5세기 이후에는 하지키土師器는 이입되지 않고 가야 토기의 영향에 의해 제작된 일본열도산 스에키須惠器가 다음과 같이 이입된다.

(1) 가야지역

고령군 지산동30호분 주변에 조영된 소형석곽인 1~5호묘 출토 유공광구소호는 5세기 후엽으로 편년되는 TK23형식이다. 합천군 봉계리20호분 출토 무개고배도 같은 형식이다.

산청군 명동고분군 출토 배杯는 5세기 말로 편년되는 TK47형식이다.

(2) 백제지역

청주시 신봉동고분군 A지구32호분 출토 개배蓋杯의 배신杯身과 B지구1호분 출토 개배蓋杯, 서울시 몽촌토성 출토 배신杯身은 5세기 후엽으로 편년되는 TK23형식이다. 고창군 봉덕1호분 4호석실 출토 무개고배도 같은 형식이다. 4호석실에서 출토된 자지유공광구호子持有孔廣口壺는 5세기 중엽의 TK208형식으로 보인다.

벽주건물지인 공주시 정지산유적의 23호와 4호수혈에서 출토된 개배와 유공광구소호는 TK47형식이다. 제사유적인 부안군 죽막동 가2구 출토 개蓋는

3-21 5세기世紀 후엽後葉 백제百濟, 가야加耶의 일본열도산日本列島産 스에키須惠器

1. 부안군扶安郡 죽막동유적竹幕洞遺蹟, **2.** 서울시 몽촌토성夢村土城, **3.** 고창군高敞郡 봉덕리1호분4호석실鳳德里1號墳4號石室, **4.** 고성군固城郡 송학동1호분B호석실松鶴洞1號墳B號石室, **5.** 합천군陜川郡 봉계리20호분鳳溪里20號墳

TK47형식이다.

⑶ 영산강유역

장흥군 상방촌 A-57호 주거지 출토 배杯는 5세기 전엽 TK73형식이다. 광주시 동림동유적 71호구에서 TK23단계의 중형단경호 구경부편이 출토되었다(이지희 2016).

나주시 복암리 정촌고분 1호석실 목관3호 출토 유공광구소호는 TK47형식이다.

⑷ 신라지역

기장군 동백리 12호 석실 출토 배杯는 TK47형식이다.

2) 무구武具(3-22)

한반도에서 출토된 대금계帶金系 갑주甲冑의 제작지에 대해서는 한반도산이라는 설과 일본열도산이라는 설로 나뉘어 논의되고 있다. 대금식 판갑板甲은 충각부주衝角附冑·미비부주眉庇附冑와 함께 수백 점이 출토된 고훈시대 중기中期의 정형화된 일본열도의 특징적인 갑주이다.

⑴ 가야加耶

금관가야권역에서는 5세기 전엽 김해시 두곡43호분에서 삼각판혁결판갑三角板革結板甲과 차양주遮陽冑, 같은 시기로 추정되는 두곡72호분에서는 장방판혁결판갑長方板革結板甲, 5세기 중엽 부산시 가달4호분에서는 삼각판혁결판갑, 김해시 죽곡리94호분에서 삼각판혁결충각부주三角板革結衝角附冑와 경갑頸甲, 협당脇当, 부산시 연산동M3호분에서 삼각판혁결충각부주, 경갑, 삼각판혁결

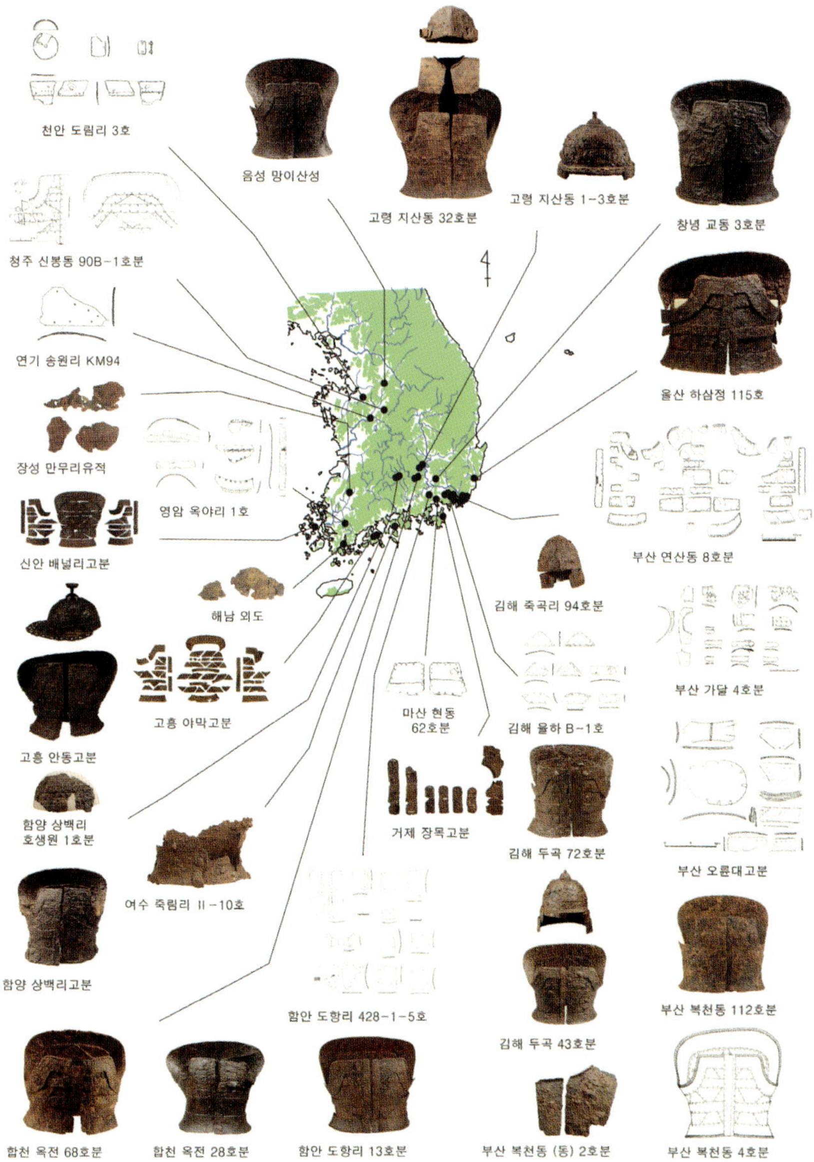

3-22 5세기世紀 한반도韓半島의 일본열도계日本列島系 갑주甲冑

판갑이 출토되었다. 부산시 오륜대고분군에서 삼각판혁결충각부주가 채집되었다. 전 연산동고분 출토 차양주遮陽冑가 있다.

아라가야권역에서는 5세기 초 함안군 말이산13호묘에서 삼각판정결판갑三角板釘結板甲이 출토되었다. 소가야권역에서는 5세기 후엽 여수시 죽림리차동Ⅱ-10호분에서 횡장판정결판갑橫長板釘結板甲, 6세기 초 거제시 장목고분에서는 횡장판정결판갑橫長板釘結板甲, 횡장판정결충각부주橫長板釘結衝角附冑, 경갑頸甲이 출토되었다. 비화가야에서는 5세기 중엽 창녕군 교동3호분에서 삼각판횡장판병용정결판갑三角板橫長板倂用釘結板甲이 출토되었다.

대가야권역에서는 4세기 말 합천군 옥전68호묘에서 삼각판정결판갑三角板釘結板甲, 5세기 중엽 옥전28호분에서 횡장판정결판갑이 출토되었다. 5세기 중엽 고령군 지산동32호분에서 횡장판정결판갑·경갑·횡장판정결충각부주, 지산동1~3호분에서 차양주, 5세기 후엽의 함양군 상백리고분군에서 삼각판정결판갑과 상백리 호생원1호분에서 횡장판정결충각부주가 출토되었다.

(2) 백제百濟

백제지역에서는 남해안과 서해안의 5세기 전엽 고흥군 안동고분에서 미비부주眉庇附冑, 경갑頸甲, 횡장판정결판갑橫長板釘結板甲, 고흥군 야막고분에서 삼각판혁결충각부주三角板革結衝角附冑, 견갑肩甲, 경갑頸甲, 삼각판혁결판갑三角板革結板甲, 해남군 외도의 상식석관묘에서 삼각판혁결판갑, 신안군 배널리고분에서 삼각판정결충각부주三角板釘結衝角附冑, 삼각판혁결판갑三角板革結板甲이 출토되었다.

5세기 전엽 천안시 구도리고분에서는 삼각판혁결판갑三角板革結板甲이 출토되었다. 5세기 후엽 청주시 신봉동B지구1호분에서 삼각판정결판갑三角板釘結板甲과 견갑肩甲이 출토되었다. 같은 시기 음성군 망이산성에서는 횡장판정결판갑橫長板釘結板甲이 출토되었다.

(3) 신라新羅

신라지역에서는 5세기 중엽 부산시 복천동4호분에서 삼각판혁결판갑三角板革結板甲, 5세기 중엽 연산동8호분에서 장방판혁결판갑長方板革結板甲, 삼각판정결판갑三角板釘結板甲, 5세기 중엽 오륜대고분군에서는 삼각판정결충각부주三角板釘結衝角附冑가 출토되었다.

한반도 출토 대금계 갑주의 제작지와 관련하여 주목되는 것은 그 출토지가 시기에 따라 달라진다는 것이다. 대금계 갑주가 4세기 말~5세기 초에는 합천과 함안지역에서 출토되다가, 5세기 전반에는 부산·김해지역에 집중적으로 출토된다. 이는 5세기 전반 대금계 갑주가 집중 출토되는 이 두 지역은 이미 이 시기에는 신라의 영향력이 미치기 때문으로 이해한다. 그리고 그 직후인 5세기 후반에는 고령, 합천, 함양 등의 대가야권에 집중적으로 출토된다. 5세기 후엽 이후에는 망이산성의 횡장판정결판갑, 신덕고분의 협갑, 해남군 외도 상식석관묘의 삼각판혁결판갑, 장성군 만무리고분의 횡장판정결판갑 등 영산강유역과 백제지역에 집중되는 현상이 뚜렷해진다.

이 중 5세기 전반의 부산·김해지역에 집중되는 현상은 이 시기 금관가야의 쇠퇴로 볼 때 가야지역에서 갑주가 생산된 것으로 볼 수 없다. 이는 금관가야 쇠퇴 후 대가야 대두까지 한시적으로 이 지역이 일본열도와의 교류의 장으로서 역할을 수행하는 것에 기인할 가능성이 크다. 즉 이 시기 대금계 갑주는 창녕군 교동3호분과 창녕산 토기가 출토된 합천군 옥전68호묘, 부산시 가달4호분, 김해시 두곡43호분, 부산시 복천동4호분, 연산동8호분의 갑주로 볼 때 이 시기 일본열도와의 교섭에 참여한 창녕 비화가야세력에 의해 이입된 것으로 추정된다.

그 후 5세기 후반 이 시기 대왜 교섭의 중심지인 고령군 지산동고분군, 합천군 옥전고분군, 함양군 상백리고분군 등 대가야권에 대금식 갑주가 집중되는 경향이 뚜렷하다. 고령군 지산동32호분 출토의 판갑과 주冑에 비해 경갑만이 고식 양상을 보이는 조합은 구마모토현熊本縣 에타후나야마江田船山고분과 후쿠이현福井縣 니혼마츠야마二本松山고분에 있는 것에 주목하고 그 세 고분이 모두 보주형 금동관을 가지고 있는 점을 지적하였다(藤田和尊 1985). 니혼마츠야마二本松山고분의 대가야계 금동관이 상징하는 바와 같이 이 시기 대가야와 왜의 활발한 지역 간 교류 가운데 동일한 형식의 갑주가 존재하는 점이 주목된다.

6세기 초를 전후하여 가야지역을 벗어나 백제에 의해 파견된 왜인에 의해 조영한 것으로 파악되는 영산강유역의 전방후원분과 그 배총 및 관련 유적에서 대금계 갑주가 출토되는 점은 그 제작지의 해결에 또 하나의 중요한 단서를 제공한다.

필자는 종장판계 갑주에서 대금계 갑주로 변화하는 과도기적 형식이 현재 한반도 내에서 확인되지 않고, 대금계 갑주가 시기에 따라 일본열도와 교류한 지역으로 이동하는 것으로 보아, 일본열도에서 제작되어 반입된 것으로 본다.

당시 한반도의 갑주가 활동이 편리한 찰갑이 널리 실용품으로 사용되고 있었으므로 대금식의 갑주는 왜와의 교류와 군사적인 동맹관계를 상징하는 위신재로 볼 수 있다.

3) 무기武器

대가야권역에 속하는 임실군 금성리고분군, 하동군 남산리고분군에서 사행상철검蛇行狀鐵劍이 출토되었다. 사행상철검은 창원시 도계동8호 목곽묘에서도 확인되었다.

사행상철검은 한반도에서는 그 출토 예가 희소하고 일본열도 전역에서 확인되고 있어 반입품으로 파악된다.

직호문녹각제도검장구直弧文鹿角製刀劍裝具는 그 문양의 계통으로 볼 때 확실하게 일본열도산으로 판단되는데, 이것은 함안군 말이산4호분, 말이산13호분, 창녕군 교동89호분, 나주시 신촌리9호분 경관庚棺에서 출토되었다.

고흥군 야막고분 출토 신부와 관부에 산山자형 돌기가 형성된 편평규두형 철촉, 역자유엽형 철촉은 일본의 고훈시대古墳時代 중기의 특징적인 형식이다.

4) 거울鏡

원삼국시대 이래 삼국시대 한반도에서는 거울이 거의 제작되지 않는다. 따라서 이 시기 한반도 출토 거울은 대부분 중국산 또는 일본열도산이다.

5세기 전엽에 조영된 것으로 추정되는 경주시 황남리고분에서는 일본열도산 뇌문경振文鏡이 발견되었다. 5세기 후엽에 조영된 금령총 출토 주문경珠文鏡은 일본열도에서 제작되었을 가능성이 크다(上野祥史 2004).

5) 옥석제품玉石製品

(1) 가야

5세기 초 대가야 왕릉인 고령군 지산동73호분에서는 3조의 경옥제 곡옥을 수식으로 하는 청색과 녹색으로 구성된 유리제 경식이 출토되었다. 경옥제 곡옥은 11점이 확인되었다.

5세기 말 대가야 왕릉인 44호분에서는 경옥제 곡옥 1점을 비롯해 마노제 절자주 1점, 관주 2점, 유리제 환주 40점과 같은 옥류가 확인되었다.

합천군 옥전고분군에서는 5세기 중엽 다라국의 왕비릉인 M2호분에서는 금제 이식, 금제 천 등과 함께 경식의 구성으로 경옥제 곡옥 9점, 수정제 곡옥 1점, 마노제 곡옥 1점, 유리제 곡옥 1점, 마노제 관주 12점, 호박제 주 7점, 유리제 환주 1,438점이 출토되었다.

5세기 후엽에는 24·69·72·82호분과 같은 목곽묘에서 금제이식과 함께 경식의 구성으로 경옥제 곡옥이 출토되었으며, 6세기 초 다라국 왕릉인 M4호분에서는 금제 이식, 단봉문 환두대도 등 대가야계 유물이 집중 부장되고 있다. 경식A는 경옥제 곡옥 20점, 호박제 곡옥 5점, 호박제 주 17점, 마노제 관주 19점, 유리제 절자주 3점 등으로 구성되어 있으며, 경옥은 3.0cm 이상의 크기에 두부에 침선을 새긴 정형곡옥의 비중이 높다. 경식B는 경옥제 곡옥 14점, 호박제 곡옥 2점, 마노제 관옥 15점, 이형옥, 유리제 환옥 등으로 구성되어 있으며, 경옥은 1.0~2.0cm 크기의 비교적 소형곡옥으로 이루어졌다. M4호분에서 출토된 경옥제 곡옥은 전체적으로 녹색의 (반)투명한 색조에 잘 마연된 양질의 경옥이 다량 출토되었다.

(2) 신라

5세기 중엽 눌지왕릉인 경주시 황남대총 남분에서는 총 40점의 경옥제 곡옥이 출토되었다. 형태는 대부분 정형 곡옥이나 과대수식에는 이형 곡옥이 1점 사용되었다. 금동제 관에 부착된 것 중 확인 가능한 5점의 경옥제 곡옥은 모두 녹색의 투명한 색조이며 반결형 곡옥이 4점이다.

5세기 후엽 눌지왕비릉인 황남대총 북분에서는 총 121점의 경옥제 곡옥이 출토되었다. 단일고분에서는 가장 많은 수량이다. 금관에 부착된 77점의 경옥제 곡옥은 대부분 녹색의 투명한 양질의 정형 곡옥이다.

5세기 말 왕족묘인 금관총에서는 경옥제 곡옥은 총 115점으로, 금관에 부착된 곡옥은 대부분 정형이나 녹색 투명한 색조보다는 흰색 불투명한 경옥의 사용이 많아진 것을 알 수 있다. 또한 단독으로 부장된 경옥제 곡옥은 대형의 것이 많고 대부분 잘 마연된 정형 곡옥이다.

5세기 초 부산시 복천동1호분에서는 유리제 옥류와 함께 경옥제 곡옥 2점이 출토되었으며 금동제 관, 금제 세환이식 등과 공반되었다.

5세기 전엽 복천동53호분에서는 유리제 환주과 함께 경옥제 곡옥이 2점 출토되었으며 금제 세환이식이 공반되었다.

5세기 중엽 복천동15호분에서는 3점의 경옥제 곡옥이 출토되었다. 불투명한 대형의 것이다.

5세기 전엽 경산시 임당7A호분은 주곽 암광목곽묘에서 금동제 관, 금동제 수식, 금제 이식, 금제 지환, 금동제 천 등의 장신구를 착장하고 유리제 환주·금층유리주 등과 함께 경식의 구성으로 경옥제 곡옥이 4점 출토되었다.

5세기 후엽 양산지역 대수묘인 양산시 부부총에서는 묘주가 착장한 경식에 경옥제 곡옥 1점, 순장자가 착장한 경식에 2점이 확인되었다.

5세기 후엽 양산시 금조총에서는 경식에 사용된 경옥제 곡옥 2점이 출토되었다. 경옥은 연녹색의 불투명한 색조이며 잘 마연된 비교적 양질의 것이 사용되었다.

앞에서 언급한 바와 같이 일본열도의 경옥제 곡옥은 투명하고 선명한 녹색부분이 포함된 것에서 불투명하고 백색 재질로 변한다. 그런데 이와 같은 변화가 한반도 내에서도 특히 신라지역에서 확인되어 흥미롭다. 즉 황남대총 북분 출토 금관에서 보는 바와 같이 이 시기까지는 투명도가 높은 녹색의 경옥이 사용되다가, 그 이후에는 금관총, 서봉총 출토 금관과 같이 투명도가 낮은 것으로 바뀐다. 가장 늦은 시기인 천마총 출토 금관에는 투명도가 낮은 백색의 경옥이 주로 사용된다(3-23).

3-23 5세기世紀 신라 금관金冠의 경옥제硬玉製 곡옥曲玉의 색조色調의 변화變化

(3) 백제

5세기 전엽 서산군 부장리5호분에서는 경옥제 곡옥은 1점 출토되었으며, 길이 4.2cm의 정형 곡옥으로 유백색에 녹색이 섞인 색조를 띤다. 이 고분은 금동제 관모로 볼 때 수촌리Ⅱ-1호분에 1단계 후행하는 5세기 전엽의 이 지역 유력 수장묘이다.

5세기 초 공주시 수촌리Ⅱ-2호 목곽묘에서는 금제 수식부이식 1쌍, 경식 등이 출토되었다. 경옥제 곡옥은 출토 위치로 보아 유리제 환옥과 함께 경·흉식의 구성이며, 길이 3.7cm가량의 정형곡옥으로 백색과 녹색이 섞인 색조를 띤다. 이 고분은 경옥제 곡옥을 비롯한 장신구로 보아 관모와 식리, 환두대도, 중국제 청자 등이 출토된 1호분 피장자와 관련된 여성의 무덤으로 추정된다.

5세기 후엽 고창군 봉덕1호분 4호석실은 장변 72m의 방대형고분으로 4호

횡혈식석실에서 금동제 식리, 중국 청자, 스에키와 함께 경옥제 곡옥 2점이 출토되었다.

완주군 상운리고분군에서는 전체 160기의 분구묘 가운데 약 46%에 달하는 74기에서 6,000여 점의 옥류가 출토되었으며, 경옥제 곡옥은 모두 11점이다. 나지구 1-2호·2-1호 출토품과 같이 머리 부분에 침선을 새긴 형태도 확인되며, 특히 2-1호 출토품은 길이 5.7cm인 대형의 경옥을 사용하였다. 경옥이 출토된 고분은 나지구2-1호묘 같이 대도와 단야구, 철정을 부장한 수장묘이다(3-24).

이 유적의 중심연대는 나지구4-6호묘 출토 목심철판장등자와 라지구1-9호묘 출토 유공광구소호로 볼 때 5세기 전엽을 중심으로 하는 것으로 본다.

5세기 후엽에서 6세기 전엽에 걸쳐서 조영된 나주시 신촌리9호분은 영산강유역 대표적인 고분군인 반남면고분군 가운데 입지와 출토 유물로 볼 때 최고 수장묘이다. 방대형의 분구상에 옹관 11기가 조영되었다.

을乙관은 길이 2.5m가량의 합구옹관묘로, 9호분 가운데서도 부장품이 가장 화려하여 금동관, 금동제 이식, 경식, 동제 천, 금동제 식리, 용봉문환두대도 등이 출토되었다. 경옥제 곡옥은 2점이 출토되었다.

경庚관은 길이 3.1m가량의 합구옹관묘로, 금제 세환이식, 경식, 동제 팔찌 등이 출토되었다. 경옥제 곡옥은 2점으로 한 점은 두부에 침선이 새겨진 형태이다. 을乙관은 식리와 용봉문환두대도로 볼 때 6세기 초로 편년된다. 경庚관은 을乙관에 약간 선행하는 것으로 본다.

나주시 대안리9호분은 반남면 일대에 조영된 대안리고분군 가운데 최대 규모이며, 길이 45m 내외의 방대형 분구상에 옹관 9기가 조영되어 있다. 경庚관은 9호분의 옹관 가운데 가장 규모가 크며 많은 유물이 출토되었고 분구 중앙에 위치하고 있다. 경庚관에서는 금제 이식, 경식, 동제 천, 대도 등과 2점

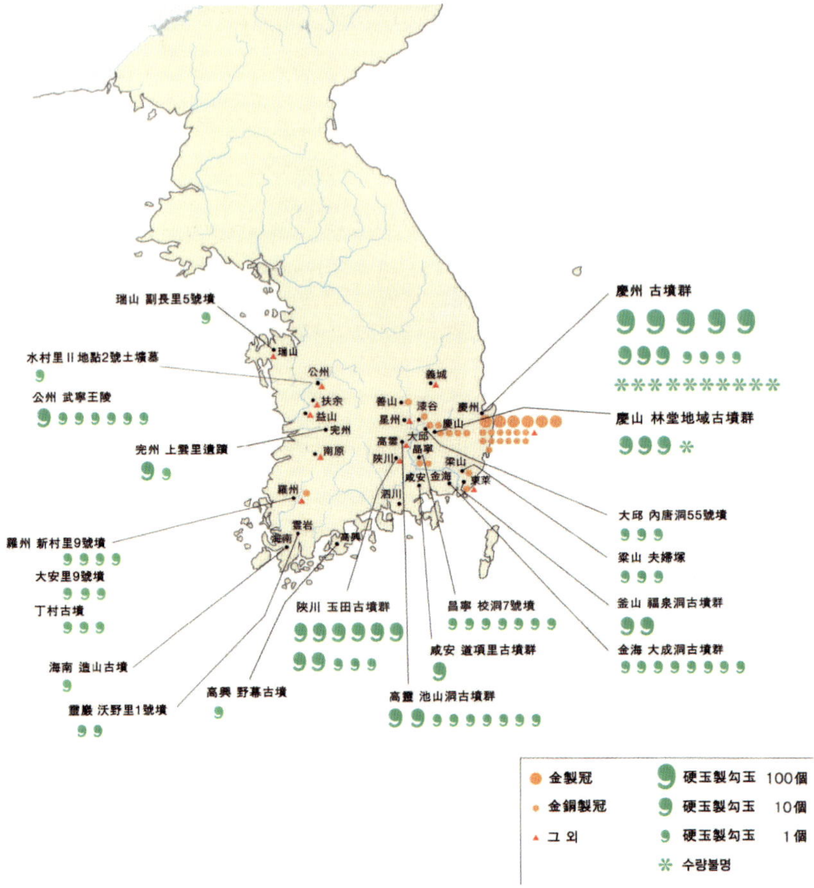

3-24 4~6세기世紀 한반도韓半島의 일본열도산日本列島産 경옥제硬玉製 곡옥曲玉

의 경옥제 곡옥이 출토되었다. 을乙관에서는 금제 이식, 대도 등과 2점의 경옥제 곡옥이 출토되었다. 경庚관은 신촌리9호분 을乙관에 약간 선행하는 것으로 본다.

나주시 복암리 정촌고분은 5세기 말에 축조된 동서 33.3m 남북 30.5m 방형의 즙석 분구를 가진 수장묘이다. 금동제 식리, 금제 수식부이식, 환두대도,

마구류, 토기류 등 다수의 유물이 출토되었다. 경식으로 사용된 것으로 추정되는 경옥제 곡옥은 3점이다.

나주시 가흥리 신흥고분은 5세기 중엽의 짧은 전방부를 가진 길이 32.4m의 왜계고분이다. 경옥제 곡옥 1점이 출토되었다.

영암군 옥야리 방대형고분은 5세기 전엽의 장변 36m 방대형의 분구를 가진 수장묘급 왜계고분이다. 경식을 구성하는 경옥제 곡옥 1점이 출토되었다. 곡옥은 길이 4cm, 두께 1cm 흰색 바탕에 녹색이 섞인 것이다. 합구식인 제1호 옹관묘에서는 경식으로 사용된 경옥제 곡옥 1점이 출토되었다.

해남군 월송리 조산고분은 문주석과 대형의 요석을 갖춘 왜계고분이며, 경옥제 곡옥은 1점으로 길이는 2.9cm이며 백색에 녹색이 일부 섞인 것으로 보인다.

고흥군 야막고분의 경옥제 곡옥은 피장자의 발쪽 측벽 부근에서 출토되었다. 길이는 4cm이며 유백색으로 표면을 매끄럽게 연마해 광택을 내고 있다.

야막고분은 단독으로 위치하며 즙석을 갖춘 분구와 대금식갑주를 부장한 점에서 그 피장자는 왜계로 본다.

부안군 죽막동유적에서는 유공원판, 판갑형, 도자형, 검형, 겸형, 부형석제품斧形石製品이 출토되었다.

6) 자연유물自然遺物

(1) 패류貝類

① 야광패夜光貝(Lunatica marmorata)(3-25)

아마미오시마奄美大島 이남의 열대 인도양과 태평양에 분포하는 산호초에 서식하며, 진주층의 광택을 가지며 나전 등의 세공에 사용되는 각고殼高가 20cm에 달하는 대형 권패卷貝이다.

5세기 후엽에 축조된 경주시 황남대총북분에서는 야광패를 가공하여 테두리를 금동제 복륜覆輪으로 장식한 국자형 배杯가 2점 출토되었다.

5세기 말에 축조된 경주시 금관총에서는 야광패를 가공하여 테두리를 금동제 복륜으로 장식한 국자형 배杯가 3점 출토되었다.

6세기 초에 축조된 경주시 천마총에서는 야광패를 가공하여 테두리를 금동제 복륜으로 장식한 국자형 배가 1점 출토되었다.

5세기 말 고령군 지산동44호분 주실主室에서 야광패를 가공한 국자형 배가 출토되었다.

② 긴타카하마キンタカハマ(Tectus pyramis)

아마미오시마 이남의 열대 인도양과 태평양에 분포하는 산호초에 서식하며, 각고가 10cm 전후인 원추형의 권패卷貝이다. 5세기 후엽 축조된 경산지역의 수장묘인 임당동E지구1호분에서 어형 장식품이 1점 출토되었다.

③ 청자고둥Lithoconus litteratus

아마미오시마 이남의 열대 인도양과 태평양에 분포하는 산호초에 서식하며, 각고가 10cm 전후인 원추형의 권패卷貝이다.

5세기 중엽에 축조된 경산시 조영동C1-1호분 주곽에서는 청자고둥을 가공한 패부貝符 1점이 다른 패제품과 함께 출토되었다. 5세기 중엽 경주시 황남대총남분에서는 청자고둥제 식금구 7점, 5세기 말 금관총에서는 청자고둥제 식금구 6점이 출토되었다.

야광패제 용기는 아마제도奄美諸島에서 집중적으로 출토되어 남도南島에서 반입되었다고 판단된다. 이러한 조개류는 그 후 마구에 사용되는 남도산

3-25 5세기世紀 후반前半 신라新羅, 가야加耶의 류큐열도산琉球列島産 야광패제품夜光貝製品
1. 류큐열도, **2.** 경주시慶州市 천마총, **3.** 황남대총북분皇南大塚北墳, **4.** 고령군高靈郡 지산동44호분池山洞44號墳

南島産 조개인 청자고둥イモガイ의 유통경로를 참고하면 직접교역보다는 규슈九卅세력의 중계를 통해서 수입된 것으로 파악된다.

(2) 목재木材

5세기 말 경주시 금관총 출토 관재棺材는 그다지 주목되지 않았으나 일제강점기 분석결과 제주도를 제외한 한반도에서 자생하지 않는 녹나무楠로 확인되었다(尾中文彦 1939).

5세기 말 창녕군 송현동7호분에서는 선재船材를 전용한 목관이 출토되었다. 길이 3.3m, 폭 1.2m이며 재질은 일본열도산 녹나무로 확인되었다. 목관은 직경 1m의 녹나무 원목의 속을 파내어 만든 준구조선의 바닥재를 전용한 것이다.

3 5세기世紀 한반도韓半島와 일본열도日本列島의 이주민移住民과 교류交流

1) 이주민移住民

(1) 일본열도日本列島의 이주민移住民

① 규슈九州

아이노시마相島적석총은 현해탄玄界灘의 후쿠오카현福岡県 아이노시마相島 동북해안에 접해 있고, 자갈로 이루어진 현무암지대에 입지한다. 분구는 전부 자갈로 축조되었으며, 대부분 원분, 방분으로 그 규모는 지름 3~12m, 높이 2m 전후이다. 매장주체는 목관, 상자형석관, 판석제 상자형석관, 횡구식 석실 등이 있다. 고분군은 4~6세기에 걸쳐 조영되었다(3-26).

3-26 5세기世紀 후쿠오카현福岡縣 아이노시마相島 적석총積石塚과 출토 유물

1호분은 한 변이 8m인 방분의 횡혈식석실로 철검, 도자, 금동제 소환이식, 수정제 절자옥 등이 부장되었다. 110호분에서는 중앙이 약간 볼록한 단추형 꼭지와 유충문이 시문된 개 1점, 39호분에서는 파상문이 시문된 기대 편 1점 및 조족문 단경호 1점이 출토되었다.

아이노시마相島적석총은 적석총이라는 매장주체부의 구조와 부장품에 가야토기와 조족문호가 보이는 점에서 이주민에 의해 조영된 것으로 파악된다.

5세기 전엽 후쿠오카현福岡県 이케노우에池の上고분군과 고데라古寺고분군의 피장자는 이 시기 일본열도에서 찾아보기 어려운 매장주체부 내에서 토기와 함께 방추차가 부장되어 주목된다. 토기가 부장되는 것은 망자에게 음식물을 공헌하는 한반도 남부의 묘제를 따른 것으로, 또한 한반도 출토품과 형태가 동일한 단면 6각형 방추차를 부장한 점도 이와 관련된다.

이 고분군의 피장자는 단야구 등이 부장되고 인근에 고쿠마小隈유적 등의 아사쿠라朝倉유적과 초기 스에키 가마가 위치하는 것에서 한반도 남부, 특히 소가야지역에서 이주한 토기와 철기 제작 공인집단으로 추정된다.

세스도노セスドノ고분은 후쿠오카현福岡縣 동북부를 관류하는 온가천遠賀川의 상류인 다가와시田川市 이다伊田에 소재한다. 고분은 히코네야마천彦山川의 우안 구릉상에 위치한다. 분구는 높이 5m, 직경 37m, 주구 폭 5m, 주제周堤 폭 5m의 원분이며 주제를 포함한 직경은 길이 76~78m로서 이 지역의 최대급 원분이다. 매장주체부는 주축을 동서 방향으로 하며 서쪽으로 입구를 낸 횡혈식석실이다.

현실은 길이 3.2m, 폭 1.8m, 높이 1.9~2m의 평면형태가 장방형이며, 그 중앙에 길이 0.65m, 폭 0.5m의 천장석 1매가 덮인 짧은 연도가 붙어 있다. 현실은 후벽과 양 측벽은 개석 높이만큼의 큰 판석 2매와 3매를 각각 세우고 개석과 판석의 틈새는 할석으로 채웠다.

현문은 서쪽에 위치하며 유단식으로 좌우 하단에는 문주석과 같은 판석을 세우고 그 위에 할석을 5~7단 정도 쌓은 구조이며 1매의 판석을 세워서 막았다. 현실과 연도 바닥은 0.54m의 단차가 있다. 천장에는 3매의 판석을 횡가하였으며 연도 측벽은 할석으로 평적하고 미석楣石을 얹었다.

석실 내부에는 5구의 인골과 신라토기, 주문경珠文鏡, 횡장판정결판갑横長板釘結板甲 등이 먼저 부장되고, 3호를 추가장하면서 금동제 수식부이식이 부장되었다. 이 외 철검 1점, 철도 6점, 철모 2점, 철창 1점, 물미 1점, 철촉 15점, 도자 1점 등과 같은 무기, 영부경판부비鈴附鏡板附轡 1점, 영부행엽鈴附杏葉 1점, 십금구辻金具 2점, 금동관 편, 경옥제 곡옥 1점, 유리제 옥 10점, 호박제 옥 5점, 유공원판 1점, 녹각제도장구鹿角製刀裝具 2점 등이 출토되었다.

이 고분과 같은 판석조 석실구조는 5세기 후엽 대구시 달성고분군을 비롯한 낙동강 중류역에 분포하는 고분의 구조와 유사하다. 이는 출토된 유개식 단경호가 신라토기인 점도 이를 방증한다. 수식부이식은 장쇄식으로 사슬, 중간식인 공구체, 수식단부의 금립 등으로 볼 때 대가야산으로 파악된다.

세스도노セスドノ고분의 피장자는 이전 시기의 네코사코猫迫1호분과 같이 판석조의 석실 구조뿐만 아니라 신라양식의 토기, 사슬형 연결금구와 공구체형 중간식을 조합한 수식부이식, 철모가 부장된 것에서 낙동강 이동지역의 이주민으로 파악된다.

② 시코쿠四國

에히메현愛媛縣 슷사쿠出作유적은 이요군伊豫郡 마즈마에정松前町 슷사쿠出作에 위치한다. 마즈야마松山평야의 서남부에 입지하며 이요나다伊豫灘에서 약 5km 떨어진 곳에 해당한다.

제사유구, 자연 유로, 수혈주거지 1동, 다수의 노지爐址가 확인되었다. 제사유구에서 철기, 하지키, 석제 모조품이 출토되었다. 특히 주목되는 것은 철정 26점, U자형 삽날 6점, 철겸 3점, 수겸手鎌 2점, 철부 1점, 도자 3점, 철촉 1점, 축소모형 철부 11점, 축소모형 철모 1점, 단야철편 22점, 가공품 편 5점 등 321점에 달하는 철기이다. 또한 이 유적에서는 에히메현 이치바미나미쿠미市場南組 가마산 스에키가 다수 출토되었다.

철정은 단부가 비직선적이고 좌우 비대칭이다. 이 철정은 그 형태로 볼 때 신라산으로 공반된 쇠스랑, U자형삽날과 같이 신라로부터 이입된 것으로 판단된다. 유적의 점유 시기는 출토된 TK73, TK216형식에 병행하는 스에키와 철정으로 볼 때 5세기 전반으로 편년된다.

이 유적에서는 철정과 미완성 철 편 등의 철제품과 함께 노지가 확인되어 단야가 행해진 것으로 판단된다. 단야는 이입된 철정과 농구의 형태로 볼 때 신라로부터의 이주한 공인집단에 의한 것으로 추정된다.

5세기 전엽 에히메현愛媛県 이치바미나미구미市場南組유적에서는 소가야양식 토기가 제작된 것이 확인된다. 이는 후쿠오카현 아사쿠라朝倉가마와 같이 소가야계 공인이 이주하여 조업한 것으로 보인다. 이는 인접한 돈다바라土壇原고분군에서 후쿠오카현 이케노우에池の上고분군과 고데라古寺고분군과 같이 5세기 일본열도에서 찾아보기 어려운 매장주체부 내에서 토기가 부장되기 때문이다. 즉 이치바미나미구미市場南組유적에서 제작된 초기 스에키가 부장되어 토기가 부장되는 것은 망자에게 음식물을 공헌하는 한반도 남부의 묘제를 따른 것으로, 이 고분군의 피장자는 소가야계 토기 공인 집단일 가능성이 크다.

③ 쥬코쿠中國

오카야마현岡山縣 스고쇼각쿄우라야마菅生小學校裏山유적은 구라시키시倉敷

市의 구릉 말단부에 위치하였다. 유적은 당시 해안선에 접한 곳으로 배후의 구릉을 넘으면 이 지역의 중심부인 쇼자總社평야이다. 유구는 고훈시대 중기의 취락의 저습지에 해당하는 곡부와 유로이며, 다수의 한반도산 토기, 초기 스에키, 한반도계 연질토기가 출토되었다.

한반도산 토기는 평행타날문 단경호이며 상반부 외면을 회전물손질로 정면하여 타날을 지운 점, 측면에 횡치소성흔이 보이는 점, 구경부가 왜곡된 점으로 볼 때 호남지역에서 제작된 것으로 파악된다. 초기 스에키는 견부를 돌대로 구획하고 결승문을 시문한 광구호, 유대파수부완, 무개식고배 등이 있다.

광구호와 유대파수부완은 신라계, 무개식고배는 가야계로 본다. 연질토기는 시루가 2종류 출토되었는데 구연부가 형성되고 환저이며 바닥의 증기공이 방사상으로 렌즈형으로 천공된 것과 구연부가 형성되지 않고 평저이며 증기공이 소형 원공으로 다수 천공된 것으로 구분된다. 전자는 신라계, 후자는 호남지역계로 볼 수 있다.

이 유적은 5세기 전반 이 지역 중심세력의 항구로 기능하였던 것으로 추정되며 한반도 남부 여러 지역의 이주민이 다수 거주한 것으로 본다.

오카야마현岡山縣 구보키야쿠시窪木藥師유적은 쇼자시総社市 구보키야쿠시窪木藥師에 위치한다(3-27).

다카하시천高梁 하류역에 형성된 쇼자総社市평야의 북으로는 나가라야마長良山와 남으로는 미스三須의 낮은 구릉 사이의 구 하도에 둘러싸인 미고지상에 입지하고 있다. 서남쪽에 츠쿠리야마作山고분, 동남쪽에 츠쿠리야마造山고분이 위치한다. 이요나다伊豫灘에서 약 5km 떨어진 곳에 해당한다.

이 유적에서는 고훈시대 전기, 중기, 후기의 수혈주거지와 굴립주건물지, 수전, 수혈, 구 등이 확인되었다. 그 가운데 13호수혈주거지는 동서 4.65m, 남북

3-27 5세기世紀 중엽中葉 오카야마현岡山縣 구보키야쿠시유적窪木藥師遺蹟과 출토 유물出土遺物

3.6m 말각 방형의 4주柱식이다. 북쪽에서 약간 동쪽으로 치우친 곳에 부뚜막이 설치되어 있으며 서남쪽에는 타원형 수혈이 부속되어 있다. 부뚜막은 의도적인 폐기에 의해 지각이 뽑혔으며 그 내부 바닥면에서 1점의 철정이 출토되었다. 또한 부뚜막 주변과 바닥에서 철재鐵滓 약간, 숫돌 2점, 철촉 1점, 시루 1점, 고배 2점, 파상문 호 1점, 옹 1점, 완 1점, 단경호 2점 등의 초기 스에키, 수날토기 5점, 옹 3점과 같은 하지키가 출토되었다.

13호 주거지의 조영 시기는 출토된 TK73형식의 초기 스에키와 철정으로 볼 때 5세기 전엽으로 편년된다. 23호수혈주거지는 남북 7.6m, 동서 6.8m 방형으로 4주식이다. 서벽의 남쪽에 치우친 곳에 부뚜막이 설치되었다. 토제 지각 1점, 송풍관 3점, 이동식 부뚜막 1점, 하지키, 스에키가 다수 출토되었다. 23호주거지의 조영 시기는 출토된 스에키로 볼 때 6세기 후반으로 편년된다. 이 시기에는 단야로가 확인된다. 8호구에서는 철정이 철재, 철기, 철제 미완성품 등과 같이 출토되었다. 이 구의 연대는 같은 23호 주거지와 같은 시기로 편년된다. 13호수혈주거지에서 출토된 철정은 단부가 비직선적이고 좌우 비대칭적이다. 이 철정은 그 형태로 볼 때 신라로부터 이입된 것으로 판단된다.

이 유적에서는 철정과 미완성 철 편 등의 철제품과 함께 송풍관, 단야로가 확인되어 5세기 전엽에서 6세기 후반까지 단야가 행해진 것으로 판단된다. 5세기 전반의 단야는 이입된 철정과 농구의 형태로 볼 때 신라로부터의 이주한 공인집단에 의한 것으로 추정된다.

④ 긴키近畿

효고현兵庫縣 마루야마천圓山川은 남에서 북으로 다지마지역을 관류하여 동해에 하구를 형성하는 전체 길이 68km의 하천으로, 크게 상류역과 하류역에 유적이 집중하고 있다.

가기츠보柿坪유적은 아사고시朝來市 산토정山東町 가기츠보柿坪의 동해東海에 면한 다지마但馬지역과 기나이畿內를 연결하는 육로 교통로상에 위치한다. 이 유적은 신라산 철소재를 사용한 다량의 철제품을 부장한 차스리야마茶すり山고분 남쪽에 입지한다.

엔야마천圓山川 상류에 형성된 선상지의 거의 전역을 점유하며 그 범위는 동서 400m, 남북 1km에 달하는 다지마但馬 지역 최대의 고훈시대 취락유적이다. 120기 이상의 고훈시대 수혈주거지가 확인되었고, 그 가운데 정연하게 배치된 굴립주건물군이 주목된다. 가장 큰 건물지의 경우, 바닥 면적이 201m^{2}이고, 동지주와 차양이 있는 특수한 구조로서 제사와 관련되는 건물로 추정되고 있다. 그 외 대형 주혈과 동지주가 있는 대형 건물지가 확인되었다. 건물지는 거관, 창고, 신전 등으로 추정된다. 이 유적은 바로 북쪽에 인접하여 미나미타지마南但馬의 최대 원분인 차스리야마고분이 입지하고 있어 이 고분 피장자의 호족 거관으로 추정된다.

이 유적에서는 신라토기를 모방한 각배와 영산강유역산 승문타날호가 확인되어 동해를 통하여 이입된 이주민이 거주한 것으로 추정된다.

호우지ホウジ1호분은 다이시야마大師山고분군의 대안 이주시천出石川 동안의 도요오카시豊岡市 나가타니長谷에 입지하는 5세기대의 고분으로 매장주체부는 목관이다. 이 고분에서는 철제 집게, 철제 망치, 철제 끌, 숫돌과 같은 단야 도구 일습이 부장되어 주목된다. 이 고분의 피장자는 단야와 관련된 이주민일 가능성이 크다.

오야마小山고분군은 다이시야마大師山고분군의 서쪽 마루야마천圓山川의 대안에 위치하는 고분군이다. 해발 131m의 능선에 5기의 고분이 입지하고 있다. 3호분은 능선의 가장 말단부에 축조된 고분으로, 매장주체부는 수혈식석곽이다. 석곽의 규모는 전체 길이 4.5m, 폭 1m이다. 고분의 주변에서 개석으로 추정되는 석재가 전혀 확인되지 않아 목개木蓋인 것으로 판단된다. 석곽 내에서는 철도와 TK47형식에 병행하는 고배, 호 등의 스에키가 출토되었다.

이 고분은 석곽이 목개이고 길이에 비해 폭이 넓은 점에서 낙동강 하류역 동안의 부산시 화명동고분군, 우안의 부산시 가달고분군 등의 수혈식석곽과 유사하다. 3호분의 피장자는 이러한 석곽이 출현하는 점에서 5세기 후엽 낙동강하류역부터의 이주민으로 추정된다.

효고현兵庫縣 이치천市川유역에도 이주민이 집중한다. 이는 이치천이 마루야마천圓山川의 상류역을 매개로 동해와 세토나이해瀨戶內海를 연결하는 교통로의 역할을 한 것에 기인한다.

미야야마宮山고분은 이치천市川 하구에서 4km 떨어진 우안에 해당하는 히메지시姬路市 시고정西鄕町 사카모토坂本의 해발 35m 구릉 선단에 위치한다. 5세기 전엽에 조영된 직경 30m의 원분으로, 분구 정상 부근에 평행하게 배치된 제1호와 제2호 수혈식석곽과 그 밑인 분정하 1.9m 지점에서 또 하나의 수혈식석곽인 3호 석곽이 조영되었다.

이 고분은 석곽의 축조과정, 평면형태, 꺽쇠와 못을 사용한 목관, 매장시설 내 토기 부장 등에서 한반도 묘제의 영향에 의해 축조된 전형적인 고분이다. 더욱이 당시 일본열도에서 찾아볼 수 없는 순장자의 존재가 제2호 석곽에서 확인되었다. 즉, 제2호 석곽에서는 주인공의 것으로 보이는 금제 수식부이식과 옥류의 조합이 석곽 동쪽에서 출토되었는데, 그것과는 별도로 금제 소환이식과 옥류의 조합이 석곽 서쪽에서 확인되었다. 도굴되지 않았던 석곽인 점을 감안할 때 두 사람이 매장되었다면 수식부이식과 소환이식이라는 위계 차이로 볼 수 있으며, 주인공과 함께 순장자가 매장되었을 가능성이 높다. 수혈식석곽 내부에 주인공과 함께 순장자를 매장하는 것은 한반도 남부지역 수장묘에서 일반적으로 행해진 관습이다.

3기의 수혈식석곽에서 금제 수식부이식, 은제 반지, 금동제 대장식금구, 금은장 환두대도, 곡옥과 유리구슬을 조합한 경식을 비롯한 화려한 가야산 장신구와 철정, 철모를 비롯한 무기·무구류와 마구, 농공구류가 출토되었다. 이 가운데 금제 수식부이식은 사슬, 중간식인 공구체, 수식의 외연에 시문된 각목문 장식과 그 단부의 금립으로 볼 때 대가야산으로 판단되고, 대장식구는 문양이 당초문인 점에서 철정, 철모와 함께 신라산으로 본다. 마구는 백제산으로 보고 있다.

전체적으로 길이에 비해 폭이 넓은 수혈식석곽에 꺽쇠와 못으로 결합한 목관이 사용된 점, 순장이 이루어진 점, 한반도산 문물이 다수 부장된 점, 토기가 석곽 내에 부장된 점이 주목된다. 특히 토기가 매장시설 내에 부장된 것은 음식물이 피장자에게 공헌된 것으로 파악되어 수혈식석곽과 꺽쇠, 못으로 결합한 목관과 함께 한반도 남부지역의 묘제가 도입된 것으로 볼 수 있다. 따라서 이 고분군의 피장자는 한반도남부에서 정착한 이주민으로 파악된다.

이치노고市之鄕유적은 미야야마고분의 대안에 해당하는 이치천市川 좌안의 이치노고에 위치한다. 여러 시대에 걸치는 유구 중 A, B지구와 E지구에서는 고훈시대에 해당하는 취락유구와 유물 등이 다수 발견되었다. 이 유구들은 다시 5세기에서 6세기 전엽에 걸치는 시기와 7세기 전반에 걸치는 시기로 대별된다.

고훈시대의 주거지는 대부분 방형 또는 장방형으로 기둥은 사주식이나 이 가운데 특징적인 것은 SH18 주거지와 같이 부뚜막이 설치되어 있는 것이다. 더욱이 이 주거지에서는 시루를 비롯한 평저발 등의 한식계 토기가 다수 출토되었다. 부뚜막이 설치된 점과 한식계 토기의 출토로 보아 이주민이 취락 내에서 거주했던 것으로 판단된다. 이 외에도 여러 주거지에서 한식계토기가 다수 출토되었다. 이 유적은 미야야마고분과 같은 시기인 점과 이치천市川을 사이에 둔 대안에 위치한 점에서 볼 때 미야야마宮山고분 피장자와 관련된 이주민의 취락으로 추정된다.

오쿠야마奧山1·2호분은 미야야마宮山고분에서 남쪽 1.5km 떨어진 오쿠야마奧山에 입지한다. 고분군은 마을의 논 가운데 위치하는데 4기가 존재한 것으로 전해지며 2기가 조사되었다.

1호분은 직경 약 15m의 타원형으로 높이는 약 3m이다. 매장주체부는 점토와 할석으로 만든 석곽을 설치하고 그 안에 상형 목관을 두었다.

삼각판정결판갑, 철모, 철촉, 철도, 철검, 도자, 비轡, 꺽쇠, U자형삽날, 철겸, 식금구, 벽옥제 관옥, 거울, 금제 소환이식, 환옥 다수, 유리소옥 다수, 목관 편 등이 출토되었다. 금제 이식과 대부袋部 단면 8각형철모는 대가야산, U자형삽날은 신라산이다.

2호분은 1호분의 북쪽에 위치하는데, 대부분이 유실되어 극히 일부분만 잔존하고 있다. 매장주체부는 수혈식석곽으로 할석을 5, 6단으로 쌓았다. 바닥에는 작은 자갈을 깔았다. 부장품은 횡장판정결판갑, 철모, 철도, 철촉, 철겸, 철환, 교구, 꺽쇠 1점, 벽옥제 관옥, 유리소옥 등이 출토되었다. 3점의 철모는 봉부의 폭이 넓고 장봉인 점에서 신라산으로 보인다.

출토품으로 보아 1·2호분은 모두 5세기 중엽에 축조된 점, 꺽쇠를 사용한 목관을 수혈식석곽안에 안치한 점, 금제 소환이식, 철모, U자형삽날과 같은 대가야와 신라산 부장품이 확인되는 점 등으로 볼 때 미야야마宮山고분으로부터 이어지는 이주민 수장의 무덤으로 추정된다.

가코천加古川공업용수댐 고분군은 가코천加古川 하구에서 약 6km 떨어진 서진西晉제 금동제 용문대장식구와 금관가야산 철정 등을 부장한 길이 100m 전방후원분인 교자즈카行者塚고분 대안에 해당하는 서안에 위치한다. 이케지리池尻, 마다히라닛다又平新田, 아마카하라天ヶ原지구로 구성되었으며 가코천공업용수댐으로 건설된 헤이소호平莊湖에 의해 수몰된 고훈시대 중기부터 후기에 걸친 100기가 넘는 가코천하류지역 최대의 군집분이다. 이케지리2호분에서는 분구가 파괴되었으나 수혈식석곽 내에서 철모, 철촉, 갑주, 마구, 철부, U자형삽날, 도자, 스에키須惠器가 출토되었다. 이케지리15호분에서는 금동제 마구, 삼륜옥三輪玉과 함께 금사金絲가 출토되었다.

간스즈카고분은 직경 30m의 원분으로 수혈식석곽에서 금제 수식부이식 2점, 경갑, 판갑과 같은 갑주와 시통矢筒, 단야구, 지석砥石, 착鑿, 철부, 도자, 스에키 등이 출토되었다. 간스즈카고분에서 출토된 금제 수식부이식은 사슬, 중간식인 공구체, 수식의 외연에 시문된 각목문 장식과 그 단부의 금립으로 볼 때 대가야산이다.

이 고분군에서는 길이에 비해 폭이 넓은 수혈식석곽에 꺽쇠와 못으로 결합한 목관이 사용된 점, 금제품을 비롯한 한반도산 문물이 다수 부장된 점, 토기가 석곽 내에 부장된 점이 주목된다. 특히 토기가 매장시설 내에 부장된 것은 음식물이 피장자에게 공헌된 것으로 파악되어 수혈식석곽과 꺽쇠와 못으로 결합한 목관과 함께 한반도 남부지역의 묘제가 도입된 것으로 볼 수 있다. 따라서 이케지리2호분과 간스즈카고분의 피장자는 묘제와 단야구, 풍부한 한반도산 부장품 등으로 볼 때 5세기 전반 가야지역으로부터 이주한 기술자집단의 수장일 가능성이 높다.

나라현奈良縣 니이자와센즈카新澤千塚126호분의 피장자는 소형묘임에도 불구하고 금제 장신구와 경주의 왕릉급 고분에 보이는 서역산 유리제품과 같은 화려한 문물이 부장되어 있고, 대부분의 부장품이 경주고분 출토품과 유사한 점 등으로 보아 신라로부터 이주민으로 추정된다.

나라현奈良縣 난고南鄕유적은 시모차야下茶屋, 고쿠라쿠지極樂寺에 걸쳐 위치하는 취락유적이다. 곤고잔金剛山 동록의 분지를 조망할 수 있는 선상지에 입지한다.

주변유적으로 동쪽에는 이 지역 최대의 전방후원분인 미야야마宮山고분과 대형 군집분인 고세야마고분군이 위치한다. 북쪽에는 거관으로 보이는 나가라名柄유적이 있고, 남쪽에는 당시의 간선 도로가 발견된 나루카미鴨神유적이 위치한다.

난고유적에서는 도수시설을 중심으로 하는 제사유구가 발견된 난고오히가시南鄕大東유적이 주목된다(3-28).

이 유구는 사행하는 고하천의 굴곡부를 개수하여 상류의 석제 호안護岸으로 된 저수지로부터 3개의 목통을 통하여 물을 흐르게 한 구조이다. 2번째 목통은 전체를 하나의 나무로 만든 길이 4m에 달하는 것으로 일부분을 파내어 수조의 역할을 하게 하였다. 이 목통은 2×2칸의 건물과 이중으로 구획된 나무 울타리에 둘러싸여 엄중하게 보호되었다. 이는 제사의 장엄성을 높이기 위한 무대장치로 추정되고 있다.

유적의 점유 시기는 출토된 스에키가 TK216, TK208형식인 점과 한반도산 토기로 볼 때 5세기 중엽이 중심인 것으로 추정된다.

출토품은 금琴, 무기형 목제품, 옥, 석제품, 말뼈, 한반도산 토기, 스에키, 하지키 등이 출토되었다. 한반도산 토기 가운데 승석문 호, 조족문 호는 영산강유역산이고 평저 심발은 영산강유역계 또는 백제계로 파악된다. 광주시 동림동유적에서 동일한 형태의 도수시설을 갖춘 제사유구가 확인되어 이 지역과의 관련이 주목된다. 또한 한반도로부터의 이주민이 거주한 유적은 벽주건물지가 확인된 난고 하카나베はかなべ유적, 공방지가 확인된 난고 츠노다角田유적 등을 들 수 있다. 단야와 관련된 철편, 철재, 송풍관이 출토되었다(3-29).

고쿠라쿠지極樂寺유적에서는 호족의 공적 거관으로 추정되는 즙석 호안의 환호와 목책으로 둘러싸인 대형 각주角柱건물지가 확인되었다.

3-28 5세기世紀 중엽中葉 나라현奈良縣 난고유적南鄕遺蹟의 도수시설導水施設

3-29 5세기世紀 중엽中葉 나라현奈良縣 난고유적南鄕遺蹟의 단야유물鍛冶遺物

이 유적은 고훈시대 전기에는 존재가 미약하나, 중기에 일제히 출현하는 양상을 보이고 있다. 주변의 미야야마고분宮山古墳 등에 근거하여 가즈라기葛城씨의 본거지로 보고 있으며 난고유적에 거주한 이주민은 왜의 유력 호족인 가즈라기씨의 교섭에 의해 이입된 것으로 본다.

미야야마고분 주변에서는 4세기 후반 아라가야, 5세기 전반 신라, 5세기 후반 대가야와 백제 문화의 이입과정이 확인되고 이와 함께 지속적으로 이주민이 정착하여 생산 활동에 종사한 것을 알 수 있다.

오사카부大阪府 다카이다야마高井田山고분의 피장자는 석실의 구조, 못을 사용한 목관, 매장방식과 울두熨斗, 금층유리옥金層琉璃玉, 도신형철모刀身形鐵鉾 등으로 볼 때 백제로부터의 이주민이다.

오사카부大阪府 나가하라長原유적은 히라노구平野區 나가요시나가하라長吉長原, 가와나베川辺, 데토出戶 일대의 넓은 범위에 걸쳐 분포한다. 이 유적은 나가하라고분군을 중심으로 하여 동서로 나뉘어 취락이 조영되었다. 취락은 5세기 전반 동쪽에서, 5세기 후반~6세기 전반에 서쪽으로 이동한다.

동쪽 취락은 유적의 북동쪽에 형성된 데토出戶 자연제방 위에 동서 약 300m, 남북 약 600m에 걸쳐 분포한다. 이곳에서는 부뚜막이 부착된 수혈주거지, 벽주건물지가 확인되며 가야, 신라, 백제산 토기와 한반도계 초기 스에키와 연질토기가 출토되었다. 이와 함께 단야 공방지가 다수 확인되어 철제품의 생산을 담당한 이주민이 주로 거주하였음을 알 수 있다. 또한 말뼈가 소수 확인되어 마사와 관련된 이주민도 거주하였던 듯하다. 특히 5세기 초 대부장경호와 같은 신라계 초기 스에키, 파수대부완과 같은 신라산토기가 출토되어 주목된다.

서쪽 취락은 동쪽에서 약 600m 떨어진 곳에서 5세기 후반에 출현한다. 이 지구 취락은 소단위로 구분되어 이주민과 재지인이 각각 취락별로 거주한 것으로 추정된다. 횡치 소성된 영산강유역산의 승석문 호와 함께 이동식 부뚜막, 시루, 장동옹, 평저발 등의 연질토기가 출토된다. 그리고 이 시기에는 취락 전면에 걸쳐서 말뼈가 확인되어 말의 사육이 활발하게 이루어졌음을 알 수 있다.

이 유적에서 긴키지방 내에서 가장 많은 수의 다양한 한식계 토기가 출토되어 주목된다. 더욱이 이주민의 계통이 시기별로 다른 점이 흥미롭다. 즉 동쪽 취락에서는 5세기 전엽에는 신라산 토기와 신라계 초기 스에키를 사용한 이주민이 거주하다가, 5세기 중엽에는 영산강유역계 조족문토기를 사용하는 이주민이 출현한다. 5세기 후엽 취락이 서쪽으로 이동한 후에는 영산강유역산 토기가 본격적으로 등장하며 고분군 내에는 백제계 횡혈식석실분인 시치

노츠보七ノ坪고분이 출현한다. 그래서 5세기 전반에는 한반도 동남부, 5세기 후반에는 서남부의 이주민이 거주한 것으로 추정된다.

오사카부大阪府 고자카아이小阪合유적은 야오시八尾市의 중앙부 구 야마토가와大和川의 주류인 나가세천長瀨川과 다마쿠시천玉串川 사이의 충적지상에 입지한다. 야요이시대부터 중세에 걸친 유적이다.

이 유적에서는 구와 수혈에서 5세기의 연질 한식계토기인 장동옹과 시루, 부뚜막 아궁이장식 틀로 사용된 토제품, 연통으로 보이는 원통형 토제품 등이 출토되었다. 부뚜막장식 틀 가운데에는 전면에 베풀어진 2개의 돌대가 중앙에서 교차하는 것으로 유례가 드문 것이다.

규호지久寶寺유적은 고자카아이小阪合유적의 서쪽에 위치한다. 구 야마토천 지류의 강바닥에서는 나무로 만든 둑이 발견되었는데, 길이는 9m 이상이고 폭은 약 4.5m이다. 부재를 합장형으로 조합한 구조로, 말뚝과 건축부재의 전용품 등 176개의 목재를 사용했다.

이 둑은 작은 댐으로 수전에 물을 댈 때, 강과 수로의 흐름을 막아 수위를 높이는 시설로 보인다. 다른 유적의 둑은 그 내부가 점토와 돌로 채워져 있으나 이 유적의 경우는 점토와 돌을 채운 흔적은 없고 내부는 빈 공간이다. 그래서 이곳의 둑은 물의 흐름을 약하게 하는 수제로 보고 있다.

일본에서는 종래 수제를 축조하는 발상은 없었다. 수제에는 강의 특성을 잘 아는 치수의 지식이 필요하다. 그래서 이 둑은 이주민에 의해 축조되었으며 일본 최고의 수제라 할 수 있다.

규호지유적의 북쪽에 위치하는 규호지키타久寶寺北유적에서는 구 야마토천, 즉 나가세천의 호안護岸 흔적이 확인되었다. 호안은 목제로 구성되었으며 외면은 점토로 바르고 다시 초본류를 덮었다. 초본류를 덮은 것은 부엽공법과 유사하나 물 흐름의 충격을 완화하기 위한 것이다. 이 유적에서는 백제토기를 모방한 심발형토기가 출토되어 이주민에 의해 토목공사가 이루어진 것을 알 수 있다.

오사카부大阪府 가메이龜井유적은 구 가와치호河內湖의 남쪽으로 약 3km 정도 저지대에 입지한다. 이 유적의 북쪽에 있는 가와치호는 우에마치上町대지의 선단으로 오사카만으로 통한다. 우기에는 요도천淀川와 야마토천大和川에서 흘러 들어오는 물이 정체를 일으켜 강을 역류하였으며, 큰 조수와 태풍이 겹치면 해면이 두드러지게 상승해서 큰 피해가 일어났다. 그래서 이 유적의 둑은 강의 역류에 의한 수해로부터 수전을 지키기 위해 만들었던 것이다.

둑은 높이 약 1.5m, 폭 약 8~12m, 길이 80m 이상이다. 둑의 하반부에 부엽공법이 사용되었는데, 토층 사이에 식물의 줄기와 껍질과 같은 보강재를 넣어 미끄러짐에 대한 저항력을 높였다. 이렇게 성토하여 보강한 것을 부엽공법이라 한다. 인접한 시로야마城山유적에서는 가메이유적의 수전 개발과 관련된 사람들의 분묘가 조사되었다. 이 유적에서는 고분과 옹관에서 다수의 백제토기가 출토되어 이러한 토목기술이 백제계 이주민에 의해 도입된 것을 알 수 있다.

오사카부大阪府 야오미나미八尾南유적은 야마토천大和川 우안의 와카야바시정若林町 일대에 분포하는 취락이다. 이 유적에서는 마사와 관련된 복합유적이 확인되었으며, 직경 3.75m의 우물에서는 목제 안鞍이 발견되었다. 옆에서는 굴립주 건물 2동과 함께 말을 씻은 장소로 생각되는 수혈도 확인되었다. 더욱이 안교가 발견된 우물 서쪽에는 방목지로 보이는 공간이 넓게 있는데 방목지를 구획하는 목책도 발견되었으며, 방목지의 지면에는 말발굽에 의한 요철이 보인다. 굴립주건물은 말을 사육했던 사람들의 주거지로 생각된다. 이와 함께 말 사육에 빠질 수 없는 소금을 구웠던 제염토기도 발견되었다.

『일본서기』 계체繼體기에는 계체의 옹립에 공헌한 가와치노우마카이노오비토아라코河內馬飼首荒籠라는 인물이 보이는데, 가와치에서 말을 길렀던 사람임을 알 수 있다. 또 계체 24년조(530)에는 오미케누노오미近江毛野臣의 수행원으로서 가야로 건너온 가와치오모노기우마카이노오비토미카리河內母樹馬飼首御狩라는 인물이 기록되어 있다. 오모노키母樹는 지명으로 히가시오사카東大阪市의 히라오카枚岡신사 또는 야오시 온지恩智신사 주변을 가리키는 것으로 이곳에서 말 사육이 널리 행해졌던 것을 알 수 있다.

따라서 이주민인 가와치의 마사집단은 계체의 옹립에 관여하거나 가야로 건너간 집단에 편성되는 등 야마토大和정권에 중요한 위치를 점한 것으로 볼 수 있다.

미에현三重縣 조노코시城之越유적은 고훈시대 전기 후반에서 중기에 성행한 제사유적으로, 기즈천木津川 상류역 좌안 구릉단부에 입지한다. 이 유적에 근접하여 미에현을 대표하는 이시야마石山고분을 비롯해 전방후원분이 집중 분포한다.

유적의 중심부는 물이 솟아 올라오는 세 군데의 우물을 중심으로 즙석된 구에 둘러싸인 15×10m의 타원형 광장이다. 이 광장에서 제사를 행하였던 것으로 추정된다. 구와 구의 합류지점에는 돌출부와 입석, 유로로 내려가는 계단 등을 배치하였다. 아스카시대의 원지와 경관적인 공통성이 지적되기도 한다.

구에서는 대량의 고배와 소형 환저호를 중심으로 하지키, 무기형 목제품이 다수 출토되었다. 제사유구의 동쪽 100m에는 네 면에 처마와 같은 것이 붙어 있는 굴립주건물지 2동이 나란히 축조된 것이 확인되었다. 이 가운데 서쪽 건물은 주축 연장선이 제사유구와 일치하므로, 두 유구의 관계는 밀접한 것으로 볼 수 있다. 같은 형태의 굴립주건물지가 곡부에 연한 곳에 2동 더 확인되었다.

이 유적에서는 격자타날문호를 비롯한 한식계토기가 출토되어, 나라현 난고유적과 같이 이주민에 의해 제의가 행해졌을 가능성이 크다.

미에현三重縣 로쿠다이A유적은 야요이시대 후기에서 고훈시대에 걸친 제사유적이다. 이 유적에서는 길이 200m, 폭 30m가 넘는 구溝 내에서 10여 기의 우물, 목조시설, 구의 주변에서 소규모 굴립주건물지가 확인되었다.

유물은 구에서 토기, 할석제 석제품 외 다량의 목제품이 출토되었다. 삽, 괭이 등의 농구, 절구, 용기, 안案, 방직구, 직호문으로 장식한 도장구, 활, 방패, 호등壺鐙, 준구조선 부재, 무기형 목제품, 남근男根형 목제품과 같은 제사용구, 나막신, 15매 이상의 문짝을 포함한 건축부재를 들 수 있다. 건축부재는 굴립주건물지용이 많은 점에서 인근에 고상창고군을 포함한 건물지가 다수 존재하였던 것으로 추정된다. 특히 목제품 가운데 판축에 사용되는 도구가 발견되어 주목된다.

이 유적의 중심 시기는 초기 스에키로 볼 때 5세기 전반으로 추정된다. 토기 가운데에는 결승문結繩文, 거치문鋸齒文을 시문한 고배형기대와 유대광구소호부완과 같은 초기 스에키가 격자타날문 옹과 호, 심발형토기와 같은 한반도계 연질토기와 함께 출토되는 것에서 이주민이 거주한 것으로 파악된다.

가야토기와 함께 유대광구소호부완과 같은 신라양식의 토기가 확인되어 이주민의 원향은 낙동강하류역 일대로 볼 수 있다.

⑤ 쥬부中部

나가노현長野縣 이다飯田지역의 아제치畦地1호분, 미야가이토宮垣外고분군에서는 5세기 후엽 대가야산 마구를 착장한 말을 순장한 수혈이 확인되고, 미조구치노즈카溝口の塚고분에서는 인골에서 이주민의 형질적 특징과 대가야산 철모, 녹각제 자루 도자가 확인되어 대가야로부터 이주한 마사집단이 존재한 것으로 생각된다(3-30).

나가노현長野縣 이다飯田지역의 북쪽에 위치하는 마츠모토松本의 사쿠라카오카櫻ヶ丘고분의 피장자는 단독으로 조영된 원분으로 소형분임에도 금동관을 소유하고 이 시기 일본열도에서 찾아보기 어려운 부곽을 갖춘 점에서 그 피장자는 대가야로부터의 이주민으로 본다. 이는 인근 빗타리平田里고분의 주구에서 마구를 착장한 말이 확인되는 점에서 마사집단의 지배자로 추정된다.

⑥ 간토關東

군마현群馬縣 겐자키나가토로니시劍崎長瀞西고분군에서는 대가야산 금제 수식부이식과 대가야계 연질토기가 함께 출토되었다. 이 고분군의 피장자는

3-30 5세기世紀 후엽後葉 나가노현長野縣 미조구치노즈카고분溝口の塚古墳

말 순장 수혈과 출토된 유물로 볼 대 대가야에서 이입된 마사집단으로 볼 수 있다.

군마현群馬縣 가나이히가시우라金井東裏유적 출토 갑옷을 착장한 1호 인골은 40대 남성으로 왜인들과 비교할 때 장신인 추정신장 164cm의 이주민의 형질을 갖추고 있으며, 갑옷을 착장하고 녹각제 자루 도자, 숫돌을 휴대하고 있었다. 1호 인골은 인골의 스트론튬 분석에 의해 나가노현長野縣 이서의 지역에서 유년기를 보낸 것으로 추정되어, 이 인물은 형질적 특징과 녹각제 자루 도자, 휴대용 숫돌로 볼 때 5세기 후반부터 말 사육이 성행한 나가노현長野縣에서 이주한 대가야계 이주민으로 생각된다. 가야부터 이주한 수장이 존재한 것으로 파악된다.

치바현千葉縣 오사쿠大作31호분에서 출토된 내만다원형 경판비도 전자와 같은 대가야산의 마구이다. 돗토리현鳥取縣 나가세다카하마長瀨高浜유적에서도 말의 순장갱과 창녕지역산 토기가 출토되었다.

이와 같은 마필생산 거점지역에서는 한반도계의 묘제와 문물이 이입되어 초기의 마필생산자의 주체가 한반도에서 도래한 이주민임을 보여 준다. 5세기의 마필생산에는 아라이하라新井原12호분, 미야가이토유적, 오사쿠大作31호분 등에서 출토된 f자형경판부비와 검릉형행엽, 환형운주와 같은 마구가 공반되는 것으로 볼 때 대가야지역 마사집단馬飼集團이 이주하였을 가능성이 높다. 더욱이 간토關東지역의 겐자키나가도로니시劍崎長瀞西10호분의 피장자도 대가야산 수식부이식과 연질토기가 출토된 점에서 대가야지역으로부터의 이주민으로 추정된다(3-31).

이와 같이 5세기대에는 4세기대의 금관가야를 대신하여 신라, 대가야, 백제지역의 이주민이 일본열도에 출현한다. 이는 문물 이입에서도 나타나는 바와 같이 금관가야지역과 일본열도의 교류가 쇠퇴한 것을 반영한다. 5세기 전반

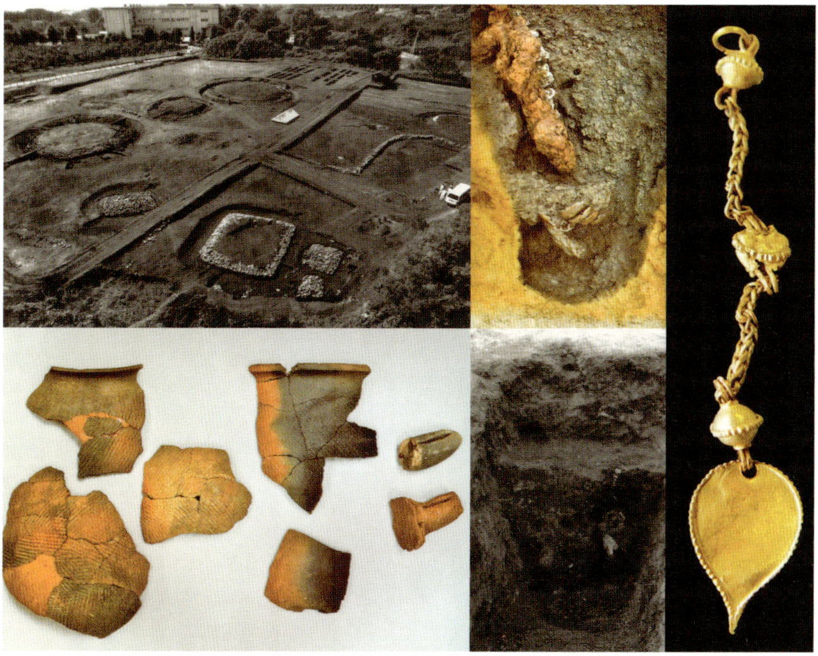

3-31 5세기世紀 후엽後葉 군마현群馬縣 겐자키나가토로니시유적劍崎長瀞遺蹟

에는 이를 대신한 낙동강 이동지역과 신라계 이주민의 존재가 특히 주목된다.

5세기 후반에는 대가야지역의 이주민이 일본열도에 대거 출현한다. 이는 이 시기 일본열도의 한반도계 문물의 대부분이 대가야계인 점과 관련하여 주목된다. 더욱이 대가야계 이주민이 마필 생산에 종사한 것으로 추정되어 흥미롭다. 한편 백제계 이주민의 존재는 아직까지 주류를 점하지 못하며, 이는 백제계 문물의 이입과 궤를 같이한다.

5세기를 전후하는 시기에는 종래의 철과 관련된 이주민 외에 토기 생산 공인이 대거 출현하는 것이 특징이다. 더욱이 마필 생산에 종사한 특수한 기능을 가진 공인집단이 출현하는 것과 이제까지 규슈지역 등 특정지역에만 한정되던 이주민이 동일본을 비롯한 일본열도 전역에 등장하는 점도 다르다.

(2) 한반도韓半島의 이주민移住民

안동雁洞고분은 전라남도 고흥군 포두면 길두리 안동마을에 단독으로 위치한다. 이 고분은 해창만의 동쪽 끝 해역에 접하여 입지한다.

이 고분은 원분으로 분구는 잔존직경 36m, 잔존높이 3.3m이며, 매장주체부는 수혈식석곽이다. 석곽의 평면형태는 장축 320cm, 단축 150cm, 높이 130cm의 사다리꼴 형태이다. 장축방향은 동-서이며 동단벽이 서단벽보다 넓고 금동제 식리가 서쪽에 치우친 점으로 보아 피장자의 두향은 동쪽으로 추정된다. 개석은 3매의 판석을 이용하였으며 벽석과 접하는 부분에 회색점토를 깐 흔적이 관찰된다. 벽석은 편평한 할석을 횡평적으로 11~13단 쌓아 축조하였는데 주칠흔적이 희미하게 남아 있다. 석곽 바닥의 할석 7개는 목관 받침대로 추정된다.

부장품은 서단벽쪽에서 금동관 1점, 금동식리 2점, 구슬류 564점이 출토되었으며, 동단벽쪽에서는 주胄, 견갑肩甲, 장방판혁결판갑長方版革結板甲, 철촉, 방추차 등이 출토되었다. 석곽 중앙에서는 금동제이식 2점, 동경 1점이 출토되었으나 원위치에서 이동한 것으로 생각된다. 투구·견갑·판갑 등의 갑주류는 목관을 안치한 다음 목관과 동단벽 사이에 부장하였을 것으로 판단된다. 북동쪽 모서리에서 환두대도 3점과 철모 2점, 철도 1점과 동경 옆 철도 1점, 남장벽 중앙에서 철도 1점과 철모 1점이 확인되었다. 특히 금동제 관과 식리는 백제산이다. 또한 이전에 고흥지역에서 확인되지 않던 수혈식석곽으로 제작된 점, 석곽의 평면이 사다리꼴인 점, 목관이 사용된 점 등과 분구와 석곽의 제작에 사용한 기법 가운데 기반성토基盤盛土, 제형梯型평면, 주칠朱漆 등의 특징은 일본열도 북부 규슈九州지방 수혈식석곽분竪穴式石槨墳에서 계보를 찾을 수 있다.

야막野幕고분은 전라남도 고흥군 풍양면 야막리에 위치한다. 고분은 현재 고흥군 풍양면 남천마을 북쪽의 구릉 정상부에 고흥만이 내려다보이는 입지를 가지고 있다(3-32).

이 고분은 원분으로 분구의 잔존규모는 북서-남동방향으로 16.8m, 북동-남서방향으로 18m, 높이 최대 1.5m이며 기저부 즙석을 고려한 조성 당시의 규모는 직경 24m, 높이 2.6~4m이다. 분구의 평면형태는 원형이며 즙석되어 있다. 매장주체부는 목개木蓋한 수혈식석곽이며 평면형태는 세장방형, 길이 330cm, 너비 80cm, 높이 40cm, 장단지 4.1:1이다. 석곽 주변에는 벽석과 이를 보호하는 너비 100cm, 높이 40cm의 부석이 있다.

부장품은 판갑, 투구, 경갑, 견갑으로 구성된 갑주, 철도, 철검, 철모 등의 무기, 동경, 곡옥, 관주, 환주, 수즐竪櫛 등의 장신구, 철서, 철겸, 철도자, 철착, 철사 등의 농공구, 경배, 옹, 단경호 등이 출토되었다. 석곽 내부에서는 무기, 갑주, 장신구가 부장되고 석곽 벽석 상면에는 철모와 철서, 철겸, 철도자, 철착 등 공구류가 부장된다. 석곽 내부 채움토에서는 철서와 도자 1점이 출토되었는데 석곽 벽석 상면에 놓여 있다가 벽석이 함몰되며 유입되었다.

무기 또는 갑주류가 다수를 차지하는데 일본열도에서 유래를 찾을 수 있는 점이 주목된다. 판갑은 대금식판갑帶金式板甲으로 삼각형 철판을 가죽끈으로 연결하여 제작한 삼각판혁결판갑으로, 도야마현富山縣 다니우치谷內21호분 출토품과 유사하다. 투구는 삼각판혁철충각부주이며 상·하 지판, 충각저판, 충각선단, 요권판 형태, 1매의 복륜을 한 판철 등으로 이루어진 점은 도쿄도東京都 노세오츠카野手大塚고분, 오사카부大阪府 신온지야마心合寺山고분, 교토부京都府 기사이치마루야마私市円山고분, 기후현岐阜縣 가메즈카亀塚고분의 출토품과 유사하다. 동경은 위지삼공경位至三公鏡으로 낙양 중심의 서진묘에서 주로 출토되는 것이다. 또한 동경과 대금식갑주가 함께 부장되는 것은 일본 고훈시대 중기의 전형적인 부장품 구성이다. 더불어 수즐竪櫛과 출토된 양상으로

3-32 5세기世紀 전엽前葉 고흥군高興郡 야막고분野幕古墳

볼 때 후쿠오카현福岡縣 다나바다이케七夕池고분과 유사하다.

신월리 방분은 해남군 북일리 장고산 전방후원분의 서북쪽에 위치한다. 이 고분은 분구가 즙석된 점, 적색안료가 도포된 규슈九州계 석관묘가 매장주체부임이 확인되었다.

외도고분은 해남군 북일리 외도에 2기가 위치한다. 1호분의 분구에서는 2단에 걸친 즙석과 빈殯에 사용된 것으로 추정되는 묘상건축이 확인되었다. 매장주체부는 1, 2호분 모두 상식석관묘이며, 1호분에서 삼각판혁결판갑三角板革結板甲 편이 출토되었다. 즙석은 일본열도 전역에 보이며 또한 상식석관이 규슈九州지역에 집중하는 것으로 볼 때 왜계고분으로 파악된다(3-33).

배널리3호분은 전라남도 신안군 안좌면 대리에 위치한다. 이곳은 원래 바다로 둘러싸인 북동-남서 길이 180m, 북서-남동 길이 120m의 무인도였으나 현재 북서쪽에 간척지가 조성되어 안좌면과 연결되어 있다. 이 고분은 안좌도의 남동쪽 끝에 위치하여 뱃길을 바로 바라볼 수 있는 요충에 입지하고 있다.

배널리고분군은 주변 마을 사람들에 의해 돌무덤이라 불려온 3기의 고분으로 구성되어 있다. 1호분을 중심으로 남동쪽 15m에 2호분, 동쪽 50m에 3호분이 위치한다. 1호분은 매장주체부가 확인되지 않았고, 2호분은 매장주체부의 바닥석 일부와 벽석 일부만 확인되었다. 1호분은 파괴되어 원형을 알 수 없고, 2호분은 분구 규모가 가장 크며 상부에 축조된 수혈식석곽은 파괴되었다. 3호분에서는 분구, 매장주체부, 부장품이 거의 완전한 형태로 확인되었다.

배널리3호분의 분구는 원분으로 동서 680cm, 남북 530cm, 높이 70cm이며 장축방향은 동서이다. 매장 주체부는 기반토를 파내려간 후 분구의 성토와 동시에 축조되었다. 석곽은 기반토를 판 뒤 바닥면을 정지한 후 바닥시

3-33 5세기世紀 전엽前葉 해남군海南郡 외도고분外島古墳과 출토出土 유물遺物

1. 입지立地, **2.** 1호분號墳 분구墳丘와 즙석葺石, **3.** 1호분號墳 석관石棺과 묘상건축물墓上建築物, **4.** 2호분號墳 석관石棺, **5.** 1호분號墳 철촉鐵鏃, **6.** 1호분號墳 판갑편板甲片

설 없이 네 벽을 쌓아올린 수혈식이다. 묘광은 약 210cm, 너비 56cm, 깊이 70cm로 장폭비 4:1 정도의 세장방형이다. 석곽의 장축방향은 동-서이며 양단벽은 1매의 판석, 양장벽은 장대석과 할석을 배치하였는데 작은 할석을 사용해 빈틈을 메꾸었다.

부장품은 주冑, 판갑板甲, 철검, 대도, 철모, 철촉, 철도자, 철겸, 철부, 철집게, 곡옥, 관주 등이 있다. 주冑는 충각부주衝角附冑로 삼각판을 리벳으로 고정한 정결식釘結式이며, 오사카부大阪府 슈킨즈카珠金塚, 구라츠카鞍塚 등에서 확인된다. 갑주는 삼각판혁결판갑으로 고흥군 야막고분, 합천군 옥전69호묘, 함안군 말이산13호묘 또는 이시카와현石川縣 시다카이하츠차우스야마下開發茶臼山 9호분과 유사하다. 철검 2점은 관부가 신부의 양쪽에 형성된 양관형으로 대도 2점과 더불어 병부에 뚫린 2개의 못구멍, 철검 1점에서 관찰되는 S자형의 완만한 곡선이 일본열도 출토품과 유사하다. 철촉은 63점 출토되었으며, 역자형 철촉은 일본열도산이다. 옥류로는 곡옥, 관주, 환주가 있으며 곡옥은 마노제와 활석제, 환주는 마노제, 활석제, 유리제로 구성되어 있다. 녹색 응회암제 관주와 활석제 환주는 고훈시대에 다수 출토되는 것으로 그 재질로 볼 때 일본열도에서 제작한 것이다(3-34).

옥야리 방대형고분은 영암군 옥야리의 해발 15m 내외의 구릉 정상부에 단독으로 입지하며 동편으로 월출산, 서편으로 영산강의 지류인 삼포천이 흐른다. 고분은 장변 36m 방대형의 분구 중앙에 동서 길이 3.0m, 깊이 1.4m의 매장주체부를 가진 수혈계횡구식석실을 조성하였고, 그 외연에 석곽묘, 목관묘, 옹관묘가 위치한다. 석실에서는 대금계 철제 판갑 편, 철촉, 철부 등의 철기류가 다량 출토되었으며 분구 정상부에는 하니와埴輪형 토제품이 수립되었다. 장신구는 석실 내부에서 경식을 구성하는 경옥제 곡옥 1점, 합구식인 제1호 옹관묘에서 경식으로 사용된 경옥제 곡옥 1점이 출토되었다. 판갑 편은 견갑

3-34 5세기世紀 전엽前葉 신안군 배널리고분古墳과 출토 유물

肩甲과 경갑頸甲의 부속구로 추정되며 고흥군 길두리 안동고분 출토품과 유사하다.

이 고분은 신연리고분군과는 분리되어 단독으로 위치하며 하니와埴輪형 토제품이 수립되고, 판갑이 부장된 점에서 그 피장자를 왜계로 본다. 축조 시기는 출토된 가야토기로 볼 때 5세기 전엽으로 파악된다.

나주시 가흥리 신흥고분은 길이 32.4m이며 전방부에 주구를 갖춘 전방후원형 분구를 가지며 매장주체부는 수혈계횡구식석실이다. 전방부가 짧은 가리비형 고분이다. 이 고분은 전방후원형 분구를 가지고 단독으로 위치하며 옥야리 방대형고분과 유사한 석실 구조를 가진 점에서 그 피장자를 왜계로 본다. 축조 시기는 출토된 소가야양식 발형기대로 볼 때 5세기 중엽으로 파악된다.

구도리求道里고분은 충청남도 천안시 동남구 동면 구도리에 위치한다. 유적의 서쪽으로 천안, 북서쪽으로 진천, 남동쪽으로 청주시와 연결되는, 해발 77~100m 사이의 저구릉성 산지에 해당하여 주변 지형을 조망하기 좋은 입지를 가진다.

분구의 평면형태는 북서-남동향의 긴 타원형으로 추정되며, 직경 21.9m, 높이 2.79m 내외이다. 매장주체부는 수혈식석곽으로 길이 230cm, 너비 58cm, 깊이 70cm이며, 평면형태는 장방형이다. 장축방향은 북서-남동향이며, 부장품으로 보아 피장자의 두향은 남동쪽으로 추정된다. 석곽은 남·북단벽을 입수적한 후 서장벽과 동장벽을 순차적으로 축조하였으며, 내·외부로 보강석이 있다. 보강석을 포함한 가장자리 형태가 묘광 평면과 비슷한 말각장방형을 띠며 묘광과 보강석 사이에 사질점토를 채워 함몰을 방지하였다. 벽체는 양단벽은 대형의 판석형 가공석을 세우거나 입수적하였으며, 양장벽은 양단벽 쪽에서 순차적으로 열을 맞추어 최하단석을 마련한 뒤 할석을 정연하게 쌓아 올렸다. 천장은 대형 판석 4매를 덮어 마무리하였으며, 할석을 보강석으로 사용하였다. 매장주체부 바닥은 양장벽에서 안쪽으로 'U'자형으로 굴광되어 있으며 할석과 잔자갈을 이용하여 시상을 마련하였다. 부장품은 안교내연금구, 철도자가 있다.

삼각판혁결판갑三角板革結板甲과 대부호를 매장주체부가 아닌 분구에 매납하였다. 삼각판혁결판갑三角板革結板甲은 대금계이며 전체 7단 구조로 혁결식에 삼각판은 둔각계이다. 신안군 배널리3호분 출토품과 유사하다.

2) 교류交流와 역사적歷史的 배경背景

일본열도 고훈시대 중기인 5세기에는 전기의 주술적인 벽옥제 석제품을 대신하여 화려한 금공품이 출현한다. 종래 일본열도 출토 금공품에 대해서는 한반도 남부에서 가장 화려한 금공품이 대량으로 제작되는 곳이 신라였음에도 불구하고 신라와 왜의 관계에 대한 선입관 때문에 그 제작지를 백제 또는 가야로 보아왔으나 5세기 전반의 일본열도산 금공품이 실은 신라산임은 재론의 여지가 없다.

그 대표적인 것은 나라현奈良縣 니이자와센즈카新澤千塚126호분 출토품으로, 금제 관식冠飾, 경식頸飾, 수식부이식垂飾附耳飾, 발식髮飾, 지륜指輪의 조합을 들 수 있다. 이 고분에서는 로마유리기인 절자문완切子文盌과 감색명紺色皿이 금제 장신구와 함께 출토되었다. 금제 장신구는 같은 형식이 경주의 황남대총 북분과 남분에서 각각 출토되었다. 126호분의 피장자는 당시 일본열도의 소형묘에서 이러한 화려한 문물이 부장된 예를 찾아볼 수 없고, 유리기를 2점 부장한 점에서 신라에서 온 왕족급 이주민으로 파악된다.

같은 시기 일본열도 최대규모의 왕릉인 오사카부大阪府 다이센大仙 전 인덕릉傳仁德陵고분 전방부에서는 금장갑주金裝甲冑와 함께 백색명白色皿, 감색호紺

色壺가 출토되었다. 이 고분 출토 유리기는 색조는 다르나 신라를 경유한 것으로 추정된다. 신라산 장신구가 공반된 니이자와新澤126호분과 색조는 다르나 기종 구성이 동일하고 이 시기 왜와 같이 남조南朝에 견사遣使한 백제에서는 유리기를 찾아볼 수 없다. 한편 신라에서는 4세기 후엽 경주시 월성로가 13호분에서 이미 출현하였고, 같은 시기에 해당하는 경주시 황남대총 남분에 다수의 유리기가 부장되었기 때문이다. 이 고분 출토 금장갑주도 보요步搖 등의 제작기법으로 볼 때 신라공인에 의해 제작되었을 가능성이 크다.

더욱이 주목되는 것은 유리기가 발견된 전방부는 후원부의 주피장자와 관련된 배총인 점에서 후원부에는 다수의 유리기가 부장되었을 가능성이 크다. 즉 대릉원고분군에서 왕릉인 황남대총남분에서는 7점이 부장되고 배총에서는 2점이 부장되기 때문이다. 나아가 후루이치古市고분군의 안한릉安閑陵고분에서 절자문切子文완이 출토된 점에서 5세기 일본의 왕릉인 모즈百舌鳥 후루이치古市고분군에 신라를 경유한 다수의 유리기가 부장된 것을 추정할 수 있다.

5세기 전반 왜가 가장 필요했던 금제품, 철제품과 유리기를 포함한 서역문물을 보유한 가장 근거리에 위치한 곳은 신라였다. 특히 일본의 왕릉인 다이센大仙고분에서 신라를 경유한 유리기가 출토된 것은 신라와 왜 왕권 간의 직접적인 정치적 교섭을 상징한다. 이는 이 시기 왜왕권의 교섭 대상이 금관가야에서 신라로 바뀐 것을 알려준다. 신라와 왜의 교섭은 금관가야의 쇠퇴 이후 철과 함께 특히 신라의 금공품을 비롯하여 신라를 경유한 서역산 문물과 같은 위세품을 확보하기 위해 새로운 교섭 상대가 절대적으로 필요하였던 왜의 의도와, 금관가야 쇠퇴 이후 일본열도와의 교역 장악과 함께 종래의 적대적인 관계를 타개하려는 신라의 이해관계가 합치하여 이루어졌던 것이다.

5세기 전반 일본열도에 출현하는 신라산 금동제 장신구는 야요이시대 이래의 고훈시대 전기에 사용되던 석제의 주술적인 장신구와는 계통과 성격을 달리하는 것이다. 즉 금동제 장신구는 4세기 후반 신라에서 성립되어 이입된 것으로, 고훈시대 전기까지의 주술적인 수장의 면모가 사제에서 정치적 지배자로 변화하는 과정임을 알 수 있게 한다.

이와 함께 새로이 출현하는 신라산의 철제 농공구는 U자형삽날, 곡인겸曲刃鎌과 톱鋸을 들 수 있다. U자형삽날은 심경深耕을 가능하게 하였으며, 곡인겸은 수확뿐만 아니라 나무의 가지치기를 용이하게 하였다. 대형 톱은 삼림의 개간에 위력을 발휘하였다. 이 시기의 철제 농공구는 야요이시대 이래 일본열도 농업사에서 제2의 전환기의 토대를 마련한 것으로 평가되고 있다.

그런데 일본열도의 초대형 전방후원분이 나라奈良분지에서 오사카大阪남부로 이동하여 출현하는 5세기 초를 전후하는 시기에 신라산 문물이 오사카남부에 이입되고, 신라지역에 일본열도산 문물이 이입되는 것이 주목된다.

이전 시기인 4세기 후반 일본열도에는 금관가야산 철제품이 이입되고 김해시 대성동고분군의 파형동기, 벽옥제석제품으로 볼 때, 금관가야는 이 시기 왕권을 장악한 사기佐紀세력과 교섭한 것으로 본다.

그런데 4세기 말~5세기 초 후루이치고분군의 나카츠야마仲ツ山고분에 인접한 구라즈카鞍塚고분과 모즈百舌鳥고분군의 가미이시츠미산자이上石津ミサンザイ고분(전 이중릉履中陵, 전체 길이 365m)의 배총인 시치칸七觀고분에 신라산 마구, 철정, 철모 등이 부장되는 것에 주목한다.

더욱이 같은 시기 경주시 월성로가13호분에서는 양질의 경옥제 곡옥이 다수 부장되고, 4세기 후엽의 경산시 임당동G6호분에서도 양질의 경옥제 곡옥이 부장된다. 이와 같이 5세기 초 이전에 이미 일본열도의 오사카남부에 신라산 마구가 이입되고 신라지역에 일본열도산 경옥제 곡옥이 본격적으로 이입되는 것이 주목된다. 왜냐하면 이 시기 경옥제 곡옥이 오사카부 고카네즈카黃金塚고분, 슈킨즈카珠金塚고분 등 오사카남부고분에 주로 부장된 점에서 신라에 이입된 곡옥은 오사카남부세력을 통해 입수된 것으로 파악되기 때문이다.

이는 금관가야와 왕권을 장악한 나라분지 북부의 사기세력이 교섭하는 시기에 새롭게 대두한 오사카남부의 세력은 이미 신라와의 교섭을 개시한 것으로 볼 수 있게 한다. 초대형 전방후원분이 나라 북부에서 오사카남부로 이동하여 곤다고뵤야마譽田御廟山고분(전 응신릉應神陵), 다이센大仙고분(전 인덕릉仁德陵)이 조영되는 시기에 왜 왕권의 교섭 대상이 금관가야에서 신라로 바뀐 것이다. 즉 4세기 말~5세기 초 왜왕권의 중추부를 구성하는 양대 세력인 나라북부와 오사카남부의 대외교섭 상대가 각각 금관가야와 신라인 것과, 그 교섭 상대의 성세가 양대 세력의 흥망을 좌우한 것으로 추정된다.

따라서 400년의 고구려 남정 결과 금관가야와 동맹관계였던 나라 북부의 사기세력이 쇠퇴하고, 신라와 동맹한 오사카남부의 가와치세력이 왕권을 장악한 것이다. 그래서 필자는 초대형 전방후원분이 나라 북부에서 오사카남부로 이동하는 것을 단순한 묘역이동으로 보지 않고 왕조의 교체로 파악한다. 더욱이 거대한 전방후원분을 축조하고 막대한 철제품을 보유한 가와치왕조의 융성은 신라와의 교섭을 통한 필수물자인 철, 위세품인 금공품과 첨단기술을 가진 공인의 도입이 중요한 배경으로 작용한 것으로 볼 수 있다.

『삼국사기』에는 신라와 왜의 교전 기록이 빈번하게 보이나, 『일본서기』 수인垂仁기 3년조의 아메노히보코天日槍 설화, 『삼국사기』 실성왕實聖王 원년(402)조 내물왕자奈勿王子 미사흔未斯欣 파견을 통한 통교 기사와 특히 『일본서기』 응신應神 31년(420)조, 인덕仁德 11년(443)조 등의 신라인 기술자 파견기사 등은 신라와 왜의 활발한 정치적 교섭을 시사한다.

특히 『일본서기』 윤공允恭기에는 가야, 백제와의 교섭기사가 전혀 보이지 않고 신라와의 교섭기사만 보여 매우 주목된다. 즉 윤공 3년조 신라로의 사절 파견과 신라로부터의 의사 파견, 윤공 42년조 신라로부터의 조문단 파견 기사는 당시 신라와 왜가 상당히 우호적인 관계였음을 방증하는 것이다. 이와 관련하여 일본열도에서의 신라계 이주민들의 존재가 주목된다. 앞에서 언급한 바와 같이 소형분임에도 불구하고 신라산 금공품과 신라를 경유한 유리제품을 다수 부장한 나라현 니이자와센즈카126호분의 피장자가 그러하다.

일본열도에 이입된 다수의 신라산 금동제 대장식구와 마구는 조합을 이루어 일정한 시간차를 가지고 일본열도 전역에 이입되었기 때문에, 이 시기 신라와 왜를 반드시 적대적인 관계로만 볼 수 없다. 왜냐하면 일본열도의 오사카부 곤다고뵤야마(誉田御廟, 전 응신릉応神陵)고분의 배총인 마루야마丸山고분 출토 신라산 용문 금동제 안장과, 황남대총 북분, 금관총, 천마총 등 신라 왕릉급 무덤에 부장된 금관 및 금제 대장식구에 부착된 경옥제硬玉製 곡옥曲玉이 일본열도 니가타현新潟縣 이토이천糸魚川산인 점은 왕권 간의 교섭을 상징하기 때문이다. 또한 신라산 금동제 대장식구와 일본열도산 경옥이 착장형 위신재이면서 양자가 왕권과 지방의 관계를 상징하는 정치적 장신구로 각각 활용된 것은 이와 같은 교섭을 시사한다. 특히 신라산 철모, 갑주, 금동제 화살통과 같은 무기, 무구가 일본열도에 이입되고 신라 공인의 이주에 의해 금장갑주金裝甲胄와 정결판갑釘結板甲(3-35) 같은 갑주가 제작된 것은 양자 간 교섭의 성격을 보여주는 것이다. 또한 일본열도산 조설촉鳥舌鏃이 경산시 임당동 G6호분, 부산시 복천동21·22호분, 상주시 신흥리37호분과 같은 신라지방의 유력 수장묘에 부장(禹炳喆 2008)된 것도 주목된다. 이와 같은 위신재적인 성격을 지닌 무기, 무구를 적대적인 관계에서는 공유하기 어렵다. 특히 왕묘인 오사카부 다이센고분 전방부 출토의 신라계 공인에 의해 제작된 금장갑주는 이를 웅변하는 것이다.

왜에 대한 신라의 적극적인 외교는 백제, 가야뿐만 아니라 신라를 압박하고 있던 고구려에 대한 견제가 그 배경에 있었다고 할 수 있다. 즉 신라는 동

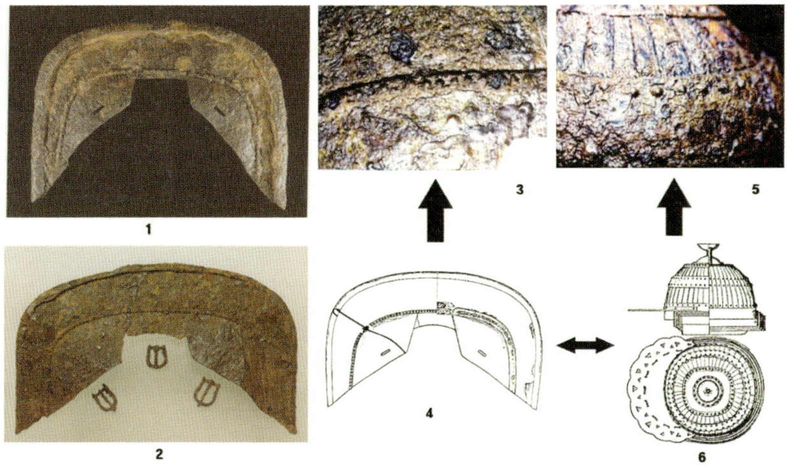

3-35 5세기世紀 전반前半 일본열도日本列島의 정결기법釘結技法의 전파傳播
1. 상주시尙州市 신흥리39호분新興里39號墳, **2~6.** 시가현滋賀縣 신카이1호분新開1號墳

맹국이었던 고구려의 속박으로부터 벗어나기 위해 이제까지 적대국이었던 왜를 통하여 고구려를 견제하려는 일종의 이이제이와 같은 방식을 취하였을 가능성도 상정된다. 왜냐하면 5세기 중엽 신라를 압박하던 고구려군을 격퇴하는 시점이 신라와 왜의 교류가 돌연 소원해지는 것과 상호 연동되는 것으로 파악되기 때문이다.

이제까지 5세기 전반 신라의 낙동강 이동지역 진출을 통한 발전은 주로 국내적 요인만을 그 배경으로 보아 왔으나, 필자는 왜와의 철과 금공품 교역을 통한 부의 축적과 후방의 안전이 융성하게 된 중요한 요인 중 하나로 본다.

4세기 후반 칠지도 전래 이후 잘 알 수 없었던 백제와 왜의 관계를 알 수 있는 유적이 남해안 일대에서 확인되어 주목된다. 5세기 전반에 축조된 고흥군 안동고분, 고흥군 야막고분, 신안군 배널리고분이 그것이다.

안동고분은 이전 시기 고분이 축조되지 않던 고흥군 동쪽 해창만에 면하여 돌연 단독으로 출현한 점, 매장주체부가 단수인 점, 매장주체부인 석곽의 형식이 북부北部 규슈九州지역과 유사한 점, 일본열도산 갑주를 부장한 점에서 왜계고분으로 판단된다. 더욱이 이 고분에는 백제산 금동관, 금동식리가 부장된 점이 주목된다.

야막고분은 이전 시기 고분이 축조되지 않던 고흥군 서쪽의 득량만에 면하여 단독으로 출현한 점, 매장주체부가 단수인 점, 매장주체부인 석곽의 형식이 북부北部 규슈九州지역과 유사한 점, 일본열도산 갑주를 부장한 점에서 왜계고분으로 판단된다.

배널리고분은 이전 시기 고분이 축조되지 않던 신안군의 동쪽 수로에 면하여 단독으로 출현한 점, 매장주체부가 단수인 점, 매장주체부인 석곽의 형식이 북부北部 규슈九州지역과 유사한 점, 일본열도산 갑주를 부장한 점에서 왜계고분으로 판단된다.

영암군 옥야리 방대형고분은 수장묘역인 신연리고분군과 입지를 달리하여 단독으로 출현한 점, 매장주체부가 단수인 점, 매장주체부인 석곽의 형식이 북부北部 규슈九州지역과 유사한 점, 하니와埴輪형 토제품이 수립되고, 일본열도산 판갑이 부장한 점에서 왜계고분으로 판단된다(3-36).

나주시 가흥리 신흥고분은 단독으로 입지하는 일본열도의 가리비형 전방후원분으로 옥야리 방분과 유사한 석실 구조인 점에서 왜계고분으로 판단된다.

천안시 구도리고분은 이전 시기 고분이 축조되지 않던 이 지역에서 단독으로 출현한 점, 매장주체부가 단수인 점, 매장주체부인 석곽의 형식이 북부北部 규슈九州지역과 유사한 점, 일본열도산 갑주를 부장한 점에서 왜계고분으로 판단된다.

이러한 고분은 주변의 재지수장계열과는 관계없이 돌연 출현하여 1세대에 한해 축조되고 일본열도산 갑주와 무기를 부장한 점에서 피장자는 왜인倭人

3-36 5세기世紀 전엽前葉 왜계고분倭系古墳의 분포分布와 영암군靈巖郡 옥야리沃野里 방분方墳

1. 고흥군高興郡 안동고분雁洞古墳 **2.**고흥군高興郡 야막고분野幕古墳 **3.** 해남군海南郡 외도고분外島古墳 **4.** 신안군新安郡 배널리고분古墳 **5.** 영암군靈巖郡 옥야리沃野里 방분方墳

전사戰士일 가능성이 크다. 또한 모두 백제의 영역인 남해안에 위치하고 안동고분에는 백제산 금동관, 금동식리가 부장된 점을 감안하면 그 피장자는 백제에 의해 배치된 무장일 가능성이 크다.

야막고분의 매장주체부는 후쿠오카현福岡縣 다나바타이케七夕池고분 등과 유사하여 그 피장자가 규슈九州에 출자를 가진 왜인으로 상정된다.

이와 관련하여 『삼국사기』 전지왕 1년(405) 왜에 체재하던 전지왕이 귀국하여 즉위할 때 군사 100인이 호위한 기록이 있어 주목된다. 이 즉위기록은 『일본서기』 응신應神 16년(405)에도 보여 신빙성이 크다. 더욱이 후술하는 『일본서기』 웅략雄略 23년(479) 동성왕의 즉위기록과도 통하는 점을 감안하면 이들은 405년 전후 백제에 온 왜의 군사가 귀국하지 않고 남해안 일대에 배치되어 백제왕권에 종사한 후 매장된 것으로 추정된다(3-34).

이 시기 왜계고분의 피장자는 광개토왕비 영락 14년(404), 백제와 왜의 연합군이 대방계를 공격하였다는 기록에서 대고구려전에 참가하였을 가능성이 있고, 또 가야지역에 인접한 고흥군에 집중하는 것에서 항로의 방어에 더하여 대가야전에 동원된 것으로 생각된다.

더욱이 옥야리 방대형고분은 영산강의 삼포강 입구의 해역에 접하여 위치하며 나주시 가흥리 신흥고분은 영산강 북안에 출현하는 것이 주목된다. 왜냐하면 양 고분은 이 지역 중심세력의 수장묘인 나주 반남고분군에서 이격된 곳에 위치하기 때문이다. 즉 옥야리고분은 나주 반남지역으로 들어가는 삼포강의 입구에 해당하며, 신흥고분은 나주 반남지역에서 북쪽으로 올라가는 북쪽 교통로상에 위치하고 있다.

더욱이 구도리고분은 북서쪽으로 진천, 남동쪽으로 청주시가 위치하고 있어 백제의 동쪽 방어를 담당(成正鏞·林基洙, 2020)하고 신라전에 동원된 왜인 전사묘로 추정된다.

5세기 전반 백제가 남해안의 항로와 영산강유역, 천안지역에 규슈계의 무장을 일시적으로 배치한 것이 웅진기 영산강유역의 전방후원분 출현의 계기가 되었다.

그런데 5세기 후반 대가야는 고령을 거점으로 성장하여 황강수계, 남강중상류역, 섬진강수계, 남해안, 금강상류역에 걸친 넓은 권역을 형성하여 가야사상 획기적인 발전을 이루었다. 이 시기 정치적 지위를 상징하는 위신재인 후쿠이현福井縣 니혼마츠야마二本松山고분 출토품을 비롯한 금동관과 일본열도 전역에서 출토되는 금제 수식부이식이 대가야산인 것은 5세기 후반 대가야가 왜와의 교섭에서 중심적인 역할을 담당하였다는 것을 알 수 있게 한다.

5세기 후반 일본열도의 유력수장묘인 긴키지방의 와카야마현和歌山縣 오타니大谷고분, 동일본의 군마현群馬縣 이데후다코야마井出二子山고분, 사이타마현埼玉縣 이나리야마稻荷山고분, 서일본의 구마모토현熊本縣 에타후나야마江田船山고분 등에서 대가야형의 위신재가 부장된다.

이제까지 대가야의 발전은 주로 고령과 안림천 수계로 연결된 야로지역의 철산 개발에 의한 것으로 파악되어 왔다. 그 후 필자는 이를 기반으로 한 섬진강로의 확보, 특히 하동 대사진의 장악을 통한 대 일본열도 교역을 그 원동력으로 보았다. 필자는 대가야가 남강 상류역으로 진출한 후 남원분지로 남하하여 구례를 거쳐 섬진강하구의 교역항인 하동을 확보함과 동시에 이제까지 그다지 주목하지 못했던 여수, 순천, 광양지역을 장악한 것으로 본다. 대가야는 하동의 확보만으로는 남해안의 안전한 교통이 불가능하여 해상 교통과 군사적 요충인 여수반도를 장악한 것으로 본다. 남해안의 제해권을 확보함으로써 아라가야와 소가야의 내륙회랑인 남강로뿐만 아니라 양 세력이 활동하던 남해안로를 차단할 수 있게 된 것이다. 더욱이 백제와 왜의 교통뿐만 아니라 왜의 중국 교통에도 일정한 영향력을 행사할 수 있게 된다(3-37).

3-37 대가야大加耶의 교역항交易港인 섬진강蟾津江 하구河口의 하동河東 대사진帶沙津

이제까지 설명할 수 없었던, 4세기까지 이입되던 금관가야산 문물과 5세기 전반에 이입되던 신라산 문물 대신에 대가야산 문물이 5세기 후반 일본열도에 유입되는 배경이 바로 여기에 있는 것이다. 이로써 대가야는 종래의 금관가야와 신라를 대신하여 일본열도와의 교역과 교섭을 주도하며 대외관계에서도 가야의 맹주로 군림하게 된다.

5세기 후반 일본열도의 대가야 문화는 4세기에 금관가야가 전해준 철제품과는 비교할 수 없는 화려한 금제, 금동제의 장신구와 마구를 포함하고 있어 양자 간 국가 경쟁력의 질적 차이를 알 수 있게 한다. 또한 대가야는 당시 왜가 원했던 말과 그 사육방법을 전해 준 점, 더욱이 국가체제의 정비에 절대적으로 필요했던 문자의 사용을 본격화시킨 점에서 대가야 문화가 일본열도의 문명화에 기여한 것으로 판단된다.

한편 6세기 전엽 백제가 임나사현과 대사진을 점령함으로써 대가야는 남해안의 제해권과 교역항을 상실한다. 이에 동반하여 남조 문물을 앞세운 백제산 문물의 본격적인 일본열도 이입으로 인해 대가야와 일본열도의 교역이 퇴조하였으며 이는 대가야의 쇠퇴를 의미한다.

신라·가야고분에서 출토된 경옥제 곡옥은 현재 발굴조사에서 확인된 것만 780점에 달한다. 특히 주목되는 것은 신라고분에서의 출토 수량이다. 왕릉인 황남대총에서는 161점, 왕족급의 고분인 금관총, 천마총, 서봉총에서는 각각 115점, 75점, 46점이 출토되었다. 이를 통해 대릉원고분군 출토 경옥제 곡옥의 부장 수량을 추정해보면, 이 고분군에는 401년 몰한 내물왕부터 513년 몰한 지증왕까지의 왕릉 6기가 조영되어 있다. 황남대총으로 볼 때 왕릉과 왕비릉에 각각 100점 전후가 부장된 것으로 추정한다면 약 1,000점으로 환산되고, 그 외 왕족급의 무덤은 약 50기로 보고 각각 50점 전후가 부장된 것으로 보면 합계 3,500점으로 추산된다. 이로써 신라에 이입된 경옥제 곡옥의 수는 대릉원 이외의 경주지역과 신라 지방의 부장품을 더한다면 약 5,000점 전후에 달한다고 보아도 과언이 아니다. 이는 일본 고훈시대 출토 경옥제 곡옥의 수에 필적하는 것이다. 더욱이 121점의 이토이천糸魚川산 경옥제 곡옥이 출토된 황남대총북분에서는 111점의 류큐열도산 청자고둥제 마구가 출토된 이와 같은 사례는 일본열도에서도 찾아볼 수 없다. 특히 왕릉급 고분인 황남대총북분, 금관총, 천마총 출토 6점의 야광패제 배는 이를 상징하는 것이다.

경옥제 곡옥이 한반도산이라는 설은 아직도 뿌리 깊게 남아 있으나 타당한 논거를 찾기 어렵다. 경옥 산지의 유무, 경옥제 곡옥의 출현 시기, 경옥제 곡옥의 변화양상 등으로 볼 때 일본열도산이 분명하며, 오히려 이 점에 큰 역사적 의의를 두고자 한다. 즉 신라에 이입된 것으로 추정되는 수천 점에 달하는 최상급의 경옥제 곡옥이야말로 신라와 일본의 우호적인 관계를 상징하는 것이며, 이는 왜 왕권에서 적극적으로 신라와의 교류를 원했던 것을 웅변하는 것으로 생각한다.

5세기에는 특히 북부北部 규슈九州, 기비吉備, 기나이畿內지방에 수많은 이주민이 존재한 것을 알 수 있다. 그러나 앞에서 언급한 바와 같이 김석형과 조희승이 한반도 삼국에 의해 분국이 성립한 것으로 본 이 세 지역에서 이주민의 유적은 다수 존재하나, 그들이 주도하여 국가를 형성한 증거는 전혀 확인되지 않는다.

특히 그들이 오카야마현岡山縣 기비吉備 가운데 비츄備中지역에 가야소국이 존재하고 중심지로 본 근거는 가야賀夜라는 지명의 존재이다. 그리고 전체 길이 360m의 츠쿠리야마造山고분의 배총인 사카키야마榊山고분에서 가야토기와 마형대장식구가 출토된 것을 근거로, 이 고분의 피장자를 지명과 결부시켜 가야 국왕이라고 주장하였다(조희승 2001).

그러나 츠쿠리야마造山고분은 야요이시대 이래 이곳에 거주하며 여러 세대에 걸쳐 축조되어 온 기비吉備지역의 재지 수장묘로, 피장자를 가야 분국의 왕으로 볼 수 없다. 더구나 이 고분은 5세기 전엽 기나이畿內의 대왕묘인 응신릉應神陵고분에 필적하는 일본열도 제2위의 초대형분으로 기비吉備국의 왕묘이다. 더구나 이 고분에서는 석관石棺이 출토되어 가야지역과는 전방후원분인 분형과 매장주체부가 전혀 다른 구조임을 알 수 있다. 그래서 이 고분은 가야 분국의 왕묘가 될 수 없다. 더구나 가야인의 무덤으로 본 츠쿠리야마造山고분의 배총인 사카키야마榊山고분의 피장자는 그 부장품으로 볼 때 기비吉備지역

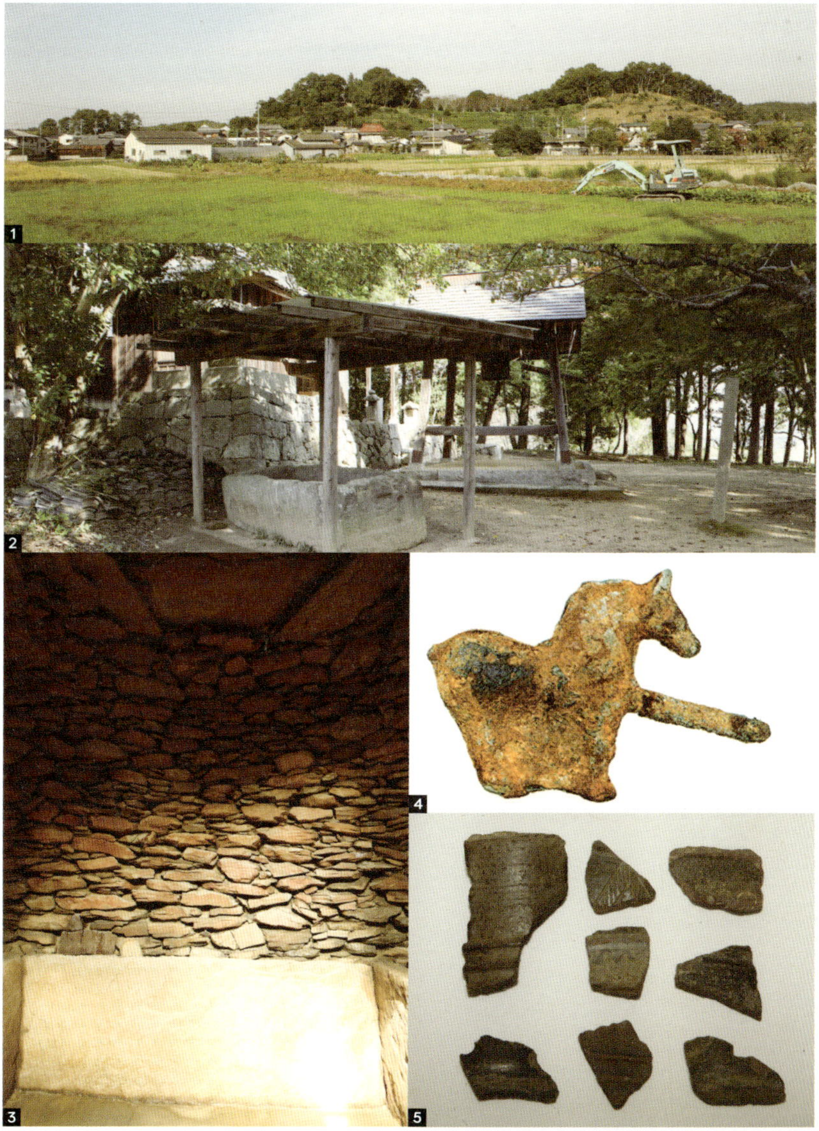

3-38 5세기世紀 전엽前葉 오카야마현岡山縣 츠쿠리야마고분造山古墳과 배총陪塚
1. 츠쿠리리야마고분造山古墳, 2. 쿠리야마고분造山古墳 석관石棺, 3. 센조쿠고분千足古墳 석실石室, 4. 사카키야마고분榊山古墳 마형대구馬形帶鉤, 5. 사카키야마고분榊山古墳 가야토기加耶土器

의 교역과 외교에 종사한 왜인이다. 같은 배총인 센조쿠千足고분의 피장자는 방형의 현실에 석장石障을 가진 구조로 볼 때 구마모토현熊本縣 히고肥後지역 출신의 인물이다(3-38).

그리고 츠쿠리야마造山고분의 서북쪽에 위치하는 쇼자시総社市 구보키야구시窪木薬師유적의 5세기 전엽 13호 수혈주거지에서는 부뚜막 근처에서 철정과 철재鐵滓, 숫돌이 출토되었다. 이 밖에도 유적에서는 철정과 미완성 철편 등의 철제품과 함께 송풍관, 단야로가 확인되어 단야로 철기를 제작한 것으로 판단된다. 그런데 단야 공정은 이입된 철정과 농구의 형태로 볼 때 가야가 아닌 신라로부터 이주한 공인집단에 의한 것으로 추정된다. 따라서 이주민은 조희승이 주장하는 바와 같이 가야인이 아닌 신라인이며, 더구나 그들이 분국을 세우고 초대형 전방후원분을 조영했다는 것은 역사적 사실이 아니다.

参考文獻
참고문헌

[국문國文]

安在晧, 1990,「鐵鋌에 대해서」,『東萊福泉洞古墳群Ⅱ』, 遺跡調査報告 第14輯, 釜山, 釜山大學校博物館.

全玉年, 1992,「加耶의 金工品에 대하여-盛矢具硏究-」,『加耶考古學論叢』1, 서울, 가락국사적개발연구원.

洪潽植, 1993,「百濟 橫穴式石室墓의 型式分類와 對外傳播에 관한 硏究」,『博物館硏究論集』2, 釜山, 釜山直轄市立博物館.

金吉植, 1994,「三國時代鐵鉾의 變遷-百濟系鐵鉾의 認識-」,『百濟硏究』24, 大田, 忠南大學校百濟硏究所.

朴天秀, 1996,「일본 속의 가야문화」,『가야사의 새로운 이해』, 대구, 한국고대사연구회.

吉井秀夫, 1999,「일본속의 백제」,『특별전 백제』, 서울, 국립중앙박물관.

李尙律, 2000,「金海杜谷8号墳の馬冑」,『大谷古墳とその遺物』, 和歌山, 和歌山市立博物館.

조희승, 2001,『가야사』, 평양, 과학백과사전종합출판사.

高田貫太, 2003,「5,6世紀 洛東江以東地域과 日本列島의 交涉에 관한 豫察」,『韓國考古學報』50, 大邱, 韓國考古學會.

金宰佑, 2004,「嶺南地方의 馬冑에 대하여-金海 大成洞古墳出土 馬冑를 소재로-」,『嶺南考古學』35, 釜山, 嶺南考古學會.

禹炳喆, 2008,「철촉과 철모로 본 신라, 가야, 그리고 倭」,『한·일교류의 고고학』, 영남고고학회·구주고고학회 제8회 합동고고학대회 발표요지, 대구, 영남고고학회.

박천수, 2009,『일본열도 속의 대가야 문화』, 대구, 경북대학교·고령군.

정아름·최재완·김순관, 2017,「科學的 遺物分析 結果 1)羅州 丁村古墳 출토 木材의 樹種分析」,『羅州 伏岩里 丁村古墳』, 羅州, 國立羅州文化材硏究所.

다카타 간타(저)·김도영(역), 2019,『한반도에서 바라본 고대 일본』, 과천, 진인진.

鈴木廣樹, 2019,「對馬출토 須恵器 및 도질토기로 본 한일교류」,『중앙고고연구』, 29, 대전, 중앙문화재연구원.

成正鏞·林基樹, 2020,「天安 求道里 古墳과 韓半島 中西部地域의 初期 倭系古墳」,『柳本照男さん古稀記念論文集』, 大阪, 柳本照男さん古稀記念論文集刊行委員會.

[일문日文]

土生田純之, 1985,「古墳出土の須恵器(1)」,『末永先生米寿記念献呈論文集』, 大阪, 末永先生米寿記念献呈論文刊行會.
福島雅儀, 1985,「ゴールドサンドウィッチグラスの玉·一例」,『考古學と移住·移動』, (同志社大學考古學シリースⅡ), 京都, 同志社大學.
藤田和尊, 1985,「日韓出土の短甲について—福泉洞10墳. 池山洞32號墳出土例に關連して—」,『末永雅雄先生米壽記念獻呈記念論文集』, 大阪, 末永雅雄先生米壽記念會.
東潮, 1987,「鐵鋌の基礎的研究」,『考古學論攷』 第12册, 彊原, 彊原考古學研究所.
田中新史, 1988,「古墳出土の胡籙·靫金具」,『井上コレクション彌生·古墳時代時代資料圖錄』, 東京, 言叢社.
石本淳子, 1990,「日韓の垂飾付耳飾についての一考察-古墳時代の日韓關係考察のために-」,『播磨考古學論叢』, 精文舍.
若松良一, 1991,「古代日朝の馬冑について」,『埼玉縣立さきたま資料館調查報告』 4, 浦和, 埼玉縣立さきたま資料館.
中村潤子, 1991,「騎馬民族說の考古學」,『考古學その見方と解釋』, 東京, 筑摩書房.
內山敏行, 1992,「古墳時代後期の朝鮮半島系冑」,『研究紀要』 1, 財團法人栃木縣文化振興事業團.
金斗喆, 1993,「加耶の馬具」,『加耶と古代東アジア』, 東京, 新人物往來社.
朴天秀, 1993,「韓半島からみた初期須惠器の系譜と編年」,『古墳時代における朝鮮系文物の傳播』(第34回 埋葬文化財研究集會) pp. 109~123, 奈良, 埋葬文化財研究會.
定森秀夫, 1993,「日本出土の陶質土器-新羅系陶質土器を中心に-」,『MUSEUM』 No.503, p. 19, 東京, 東京國立博物館.
伊藤秋男, 1993,「慶州皇南洞109号墳出土の馬冑-馬冑の型式と系譜の問題を中心として-」,『日本考古學協會第59回総會研究発表要旨』, 東京, 日本考古學協會.
酒井清治, 1993,「韓國出土の須恵器類似品」,『古文化談叢』 第30集(中), pp. 899~913, 北九州, 九州古文化研究會.
千賀久, 1994,「日本出土初期馬具の系譜」,『橿原考古學研究論集』 12, 東京, 吉川弘文館.
伊藤秋男, 1994,「韓國陜川磻溪堤가A号墳出土の革製馬冑の復元について」,『日本考古學協會第60回総會研究発表要旨』, 東京, 日本考古學協會.
太田博之, 1994,「埼玉将軍山古墳出土馬冑資料の基礎研究」,『日本考古學』 1, 東京, 日本考古學協會.
高田貫太, 1994,「古墳副葬鐵鉾の性格」,『考古學研究』 45~51, 岡山, 考古學研究會.
滝瀬芳之, 1994,「熨斗(ひのし)について」,『和光市花ノ木·向原·柿ノ木坂·丸山台』, 埼玉, (財)埼玉縣埋蔵文化財調査事業団.
毛利光俊彦, 1995,「日本古代の冠」,『文化財論叢』 2, 奈良, 奈良文化財研究所.
朴天秀, 1995,「渡來系文物からみた加耶と倭における政治的變動」,『待兼山論叢』 史學編

29, 大阪, 大阪大學文學部.
朴天秀, 1998, 「考古學から見た古代の韓·日交渉」, 『青丘學術論集』 第12集, 東京, 財団法人韓國文化研究振興財団.
櫻井久之, 1998, 「鳥足文タタキメのある土器の一群」, 『大阪市文化財協會研究紀要』 創刊号, 大阪, 財団法人大阪市文化財協會.
高田貫太, 1998, 「垂飾付耳飾をめぐる地域間交渉」, 『古文化談叢』 41, 北九州, 九州古文化研究會.
高田貫太, 1999, 「瀬戸内における渡来文化の受容と展開-5世紀代の墓制を中心として-」, 『渡来文化の受容と展開-5世紀における政治的社會的変化の具体相(2)-』, 第46回 埋蔵文化財研究集會, 大阪, 埋蔵文化財研究會.
白井克也, 2000, 「日本出土の朝鮮産土器·陶器 - 新石器時代から統一新羅時代まで - 」, 『日本出土の舶載陶磁 - 朝鮮·渤海·ベトナム·タイ·イスラム - 』, 東京, 東京國立博物館.
武末純一, 2000, 「九州の百済系土器 - 4·5世紀を中心に - 」, 『日本所在百済文化財調査報告書2 - 九州地方 - 』, 研究叢書 第11冊, 公州, 國立公州博物館.
朴天秀, 2001, 「三國·古墳時代における韓·日交渉」, 『渡来文化の波-5~6世紀の紀伊國を探る-』, 和歌山, 和歌山市立博物館.
酒井清治, 2002, 『古代関東の須恵器と瓦』, 東京, 同成社.
高田貫太, 2002, 「垂飾耳飾をめぐる地域間交渉 - 九州地域を中心に - 」, 『古墳時代の日韓交流 - 熊本の古墳文化を探る - 』, 熊本, 肥後考古學會·熊本古墳研究會.
千賀久, 2003, 「日本出土「新羅系」馬裝具の系譜」, 『東アジアと日本の考古學Ⅲ-交流と交易-』, 東京, 同成社.
木下亘, 2003, 「韓半島 出土 須惠器(系)土器에 대하여」, 『百済研究』 37, pp. 21~36, 大田, 忠南大學校百濟研究所.
上野祥史, 2004, 「韓半島南部出土鏡について」, 『國立歷史民俗博物館研究報告110-古代東アジアにおける倭と加耶の交流-』, 佐倉, 國立歷史民俗博物館.

고대 한일교류사

IV

6세기世紀 한반도韓半島와 일본열도日本列島의 교류交流

IV 6세기世紀 한반도韓半島와 일본열도日本列島의 교류交流

1 일본열도日本列島의 한반도韓半島 문물文物

1) 토기土器

(1) 대가야양식大加耶樣式

6세기에도 대가야양식 토기는 일본열도 전역에서 출토된다. 경부에 파상문을 가진 유개식이 특징인 대가야양식의 장경호는 후쿠오카현福岡縣 요시다케吉武유적, 에히메현愛媛縣 하리마즈카播磨塚고분·도죠東條고분, 시가현滋賀縣 이리에나이호入江內湖유적, 기후현岐阜縣 곤겐야마權現山유적·가미마치히사나카上町久中유적 등 넓은 범위에서 출토되었다. 고배는 후쿠오카현福岡縣 이케우라池浦고분·오니노마쿠라鬼の枕고분, 에히메현愛媛縣 시로카다니城ヶ谷고분, 시가현滋賀縣 이리에나이호入江內湖유적(4-1), 야마가타현山形縣 히가시카나이東金井유적에서 확인되었다.

단경호는 사가현佐賀縣 도즈케藤附C유적ST008고분, 에히메현愛媛縣 이세야마오즈카伊勢山大冢고분, 기대는 시마네현島根縣 모리카쇼네森ヶ曾根고분에서 출토되었다. 오사카부大阪府 우에마치上町 출토 대가야양식 토기는 연질로서 취락에서 사용되었을 가능성이 높다. 구마모토현熊本縣 모노미야구라物見櫓고분에서는 6세기 초의 MT15형식 스에키須惠器와 함께 대가야양식 파수부유개

4-1 6세기世紀 전엽前葉 시가현滋賀縣 이리에나이호유적入江內湖遺蹟에서 출토出土된 소가야小加耶, 대가야양식大加耶樣式 토기土器

완, 단경호, 사슬과 금구슬을 조합한 금제 수식부이식이 출토되었다.

⑵ 소가야양식小加耶樣式

시가현滋賀縣 이리에나이호入江內湖유적과 후쿠오카현福岡縣 요시다케吉武유적 출토 일단장방형투창고배는 대각 하위에 1조의 돌대를 두른 형식으로, 고성 등 소가야권에서 반입된 것이다. 구마모토현熊本縣 모노미야구라物見櫓고분 출토 유공광구소호는 경부에 돌대를 두른 것으로 고성군 내산리고분군과 송학동고분에서 집중적으로 출토되고 있어 소가야양식으로 판단된다.

그런데 이리에나이호入江內湖유적과 요시다케吉武유적, 모노미야구라物見櫓고분에서는 소가야양식 토기가 대가야양식 토기와 공반되거나 인접하여 출토되어 흥미롭다.

(3) 백제양식

구마모토현熊本縣 에타후나야마江田船山고분 출토의 개배 2점은 기형과 저면을 회전깎기 조정을 하지 않은 정면 기법으로 볼 때 스에키로 볼 수 없고 이입품으로 파악된다. 이 개배는 백제(白井克也 2000:101)와 영산강유역산(武末純一 2000:100)으로 추정되어 왔으나, 공주시 정지산유적 출토품 등에서 기형, 소성상태, 정면기법이 유사한 형식이 다수 확인되어 백제지역산으로 판단된다(朴天秀 2001:79). 이 토기는 에타후나야마고분의 2차 매장 시의 백제계 문물에 공반된 것으로 파악되어 6세기 초로 편년된다.

나라현奈良縣 세코잔石光山43호분, 니이자와센즈카新澤千塚160호묘에서 출토된 6세기 중엽을 전후한 시기의 병형토기는 백제산으로 파악되고 있다. 후쿠오카현福岡縣 히로이시廣石1호분에서는 6세기 중엽을 전후한 시기의 백제 병형토기가 출토되었다. 시가현滋賀縣 다이코즈카太鼓塚고분, 후쿠오카현福岡縣 요시다케吉武유적 등 일본열도 전역에서 백제 병형토기 모방품이 확인된다. 다이코즈카고분은 백제계 이주민의 무덤으로, 이곳에서 출토된 토기는 원향에서 사용하던 용기를 현지에서 모방 제작한 것으로 보이며, 이 시기에 백제의 금공품과 함께 토기양식이 일본열도에 영향을 미친 것으로 파악된다.

(4) 영산강유역양식

이제까지 일본열도에서 출토된 영산강유역산 토기 중에는 조족문鳥足文토기만 주목되어 왔다. 그런데 실제로는 가야토기로 인식되어 온 승석문토기의 대부분이 영산강유역산 토기이며, 조족문토기를 훨씬 웃도는 수량이 6세기 초를 전후하여 일본열도에 출현한다. 이 시기에 일본열도의 승석문토기는 제작기법으로 보아 대부분이 영산강유역산으로 판단된다.

필자는 다케스에준이치武末純一가 영산강유역산 토기의 특징으로 지적한 동체부의 함몰(武末純一 2000:100)이 실은 가마 내의 횡치소성에 의한 것으로 확인하였다. 즉 영암군 신연리9호분의 4호목곽묘 출토 호에 부착된 토기의 파편, 나주시 덕산리3호분 갑관 출토 호에 부착된 옹관 파편, 후쿠오카현福岡縣 구와바라이시카모토桑原石ヶ元9호분 출토 호의 동체부 함몰부 주위에 원형으로 부착된 짚흔은 각각 이상재離床材인 초본류로 판단되기 때문이다. 횡치소성은 4세기 함안지역에서 확인되나 이 시기 백제, 신라, 가야, 왜의 토기에는 일반적으로 행해지지 않았던 기법으로 영산강유역산 토기의 인식에 가장 중요한 기준이 된다. 또 영산강유역산 호는 동체부 외면 상부의 타날을 물손질로 지워서 정면하는데, 이는 이 지역 출토 옹관의 구경부 정면에 뚜렷하게 나타나는 기법으로 4세기 함안지역 토기 외에 이 시기 다른 지역의 토기에는 그다지 보이지 않은 또 하나의 특징이다. 이러한 특징에 의거하여 조사를 행한 결과 이제까지 가야토기 또는 스에키須惠器로 인식되어 온 다음과 같은 다수의 토기들이 영산강유역산 토기임을 확인할 수 있었다.

영산강유역산 토기는 나가사키현長崎縣 아사히야마朝日山유적, 치코노하나チゴノハナ유적, 에비스야마惠比須山3·7·11호묘, 사호우라아카사키佐保浦赤崎3호묘號墓, 가네카케자키鐘掛崎유적, 시마야마아카자키島山赤崎2호묘, 다마시라베고지로玉調五次郎3지점地点3호묘, 간노자키神ノ崎유적을 비롯하여 후쿠오카현福岡縣의 미토코마츠바라御床松原47호 주거지, 이노우라井ノ浦고분, 구와바라이시카모토桑原石ヶ元7·9호분, 우메바야시梅林고분, 아라지在自유적, 하사코미야ハサコの宮2호분, 우루자기潤崎유적, 데라다寺田유적, 반즈카番塚고분(4-2), 오니쿠마鬼熊8호주거지, 사가현佐賀縣의 오가相賀고분, 도즈케藤附K ST001고분, 우라다浦田SB021주거지 등 규슈 북부에 집중하는 경향이 뚜렷하다.

4-2 6세기世紀 전엽前葉 후쿠오카현福岡縣 반즈카고분番塚古墳과 영산강유역양식榮山江流域樣式 토기土器

그리고 영산강유역산 토기는 오사카부大阪府 나가하라長原유적, 하제土師유적, 만자키이케万崎池유적, 미나미노코메자키南野米崎유적, 시죠소각코나이四条畷小學校内유적, 나라현奈良縣 호시즈카星塚1호분, 쇼지小路유적, 난코오히가시南

鄕大東유적, 호소노우치杣之內유적, 게묘지下明寺유적, 쥬로쿠센야쿠오지十六面薬王寺유적, 교토부京都府 모리카이도森垣外유적, 나까토미中臣유적, 효고현兵庫縣 모리키타森北유적, 시가현滋賀縣 가키타柿田1호분 등 긴키近畿 지역에서도 규슈지역과 거의 같은 넓은 분포권을 형성한다.

(5) 신라양식

6세기 전엽에 조영된 2중의 주호周濠와 주제周堤를 두른 직경 152m의 초대형 원분인 후쿠오카현福岡縣 곤겐즈카權現塚고분에서는 신라 후기양식의 개와 개배가 출토되었다. 곤겐즈카고분 출토품은 보주형 꼭지에 콤파스문을 시문한 것으로 6세기 전엽의 신라토기이다. 5세기 말에 조영된 인접한 온즈카御塚고분 부근 출토품으로 전하는 것은 곤겐즈카고분 부근 출토품과 개의 형식이 동일하고 온즈카고분과 시기가 일치하지 않는 점에서 곤겐즈카고분과 관련된 것으로 추정된다. 곤겐즈카고분에서는 개蓋가 3점, 배杯가 1점 출토되어 유개 고배가 3점 이상 존재하였고 이것들은 분구 주변에서 제사에 사용된 것으로 파악된다(白井克也 2000:104). 곤겐즈카고분의 피장자는 일본서기에 보이는 치쿠고가와筑後川유역의 호족인 미누마노키미水沼君로 추정되고 있고, 신라와 관계를 가진 것으로 기록된 이와이磐井의 무덤으로 비정되고 있는 이와토야마岩戶山고분과 인접하고 있어 상호 관계가 주목된다.

후쿠오카시福岡市 가나타케金武고분군 요시타케吉武 L-8호분 주구 출토의 개蓋는 콤파스문을 시문한 것으로 6세기 중엽의 신라토기이다(白井克也 2000:104).

에히메현愛媛縣 이세야마오즈카伊勢山大塚고분에서는 3점의 신라양식 토기가 출토되었으며, 기형으로 볼 때 경주지역산이 아닌 신라의 지방인 낙동강 이동지역산으로 추정된다. 이세야마오즈카고분 출토품은 3점 모두 5세기대의 기형을 하고 있으나 낙동강 이동지역에는 비교적 늦게까지 고식의 요소가 남아 있고 함께 발견된 대가야양식 단경호가 6세기 전엽인 점을 고려하여 6세기 초로 추정된다.

돗토리현鳥取縣 도우카나루塔ヶ平유적과 시마네현島根縣 즈와노정津和野町에서는 이중구연으로 이행하는 직전 단계의 신라양식의 장경호가 출토되었다. 도우카히라유적 출토품은 문양으로 볼 때 경주산이며, 같은 요토에정淀江町에는 신라의 삼루문장식대도, 투조관식, 동령銅鈴이 출토된 대수장묘인 쵸자카히라長者ヶ平고분이 입지하고 있어 동해를 통한 상호 교류가 비교적 활발했음을 알 수 있다.

아이치현愛知縣 가미죠上條유적, 와카야마현和歌山縣 이와세마에야마岩橋前山 A46호분, 효고현兵庫縣 가사카즈카笠ヶ塚유적에서 출토된 신라후기 양식의 유개고배는 6세기 중엽을 전후한 시기에 제작된 것이다(定森秀夫 1993:22).

6세기 전반의 교토부 오미오大耳尾고분 출토 각배는 그 형태로 볼 때 신라양식이다.

6세기 후엽 나가사키현長岐縣 이키壹岐에서는 집중적으로 인화문 토기가 출토되어 주목된다. 쇼로쿠雙六고분은 이키시壹岐市 가츠모토정勝本町에 위치하는 대형 전방후원분이다. 이키 중앙부의 고분이 집중하는 고쿠분國分지구에 위치한다. 후술하는 사사즈카笹塚고분이 인접한다. 고분은 길이 91m, 높이 5m이며, 석실은 현실, 전실, 연도로 된 복실 구조이다. 부장품은 백유연채원문완白釉緣彩圓文盌, 금사金絲, 유리구슬, 스에키須惠器, 하지키土師器, 금동제 규두대도 파두, 통형금구, 금동제 운주, 행엽, 당초문 식금구, 유리제 옥, 금동제 방울, 철촉, 은상감 담鐔, 장니금구, 심엽형경판부비, 단봉문 환두대도 파두와 함께 개 2점, 대부직구호 1점, 구연부편 1점과 같은 신라후기 양식 토기가 출토되었다. 이 고분의 피장자는 분구, 석실의 규모와 신라산의 화려한 마구, 북

4-3 6세기世紀 후엽後葉 나가사키현長岐縣 쇼로쿠雙六고분과 신라양식토기新羅樣式土器 인화문호印花文壺와 북제산北齊産 연주문배連珠文杯

제산 도자기와 같은 부장품으로 볼 때 한반도 남부 특히 신라와의 교섭을 담당한 이 지역의 유력호족으로 볼 수 있다(4-3).

사사즈카笹塚고분은 해발 약85m의 용암대지 위에 조영된 원분이다. 분구는 직경 66m 높이 3m이고, 상단은 직경 38m 높이 10m의 말각방형이며, 석실은 현실, 중실, 전실, 연도가 있는 복실 구조이다. 이곳에서는 금동제 귀형龜

形운주, 인동당초문 심엽형행엽, 인동당초문 심엽형경판부비, 귀갑문 호등壺鐙, 장니금구, 안금구와 같은 금동제 마구와 유리제 소옥, 금동제 소환이식, U자형삽날, 철부, 철촉, 철도, 철모, 개蓋 1점, 고배 1점, 옹 1점, 녹유유개합자 1점과 같은 4점의 신라후기 양식 토기와 스에키須惠器 등의 부장품이 출토되었다. 이 고분에서 출토된 마구, 특히 구형운주는 조형미가 뛰어난 것으로 심엽형행엽과 심엽형경판부비와 함께 신라산으로 파악된다. 이는 신라후기 양식 토기가 다수 공반된 점에서도 방증된다. 이 고분의 분구, 석실의 규모와 신라산의 화려한 마구로 볼 때 피장자는 한반도 남부 특히 신라와의 교섭을 담당한 이 지역의 유력호족으로 볼 수 있다.

아이치현愛知縣 안죠시安城市 죠죠上条유적에서 유개고배가 출토되었다. 개와 고배 모두 기벽이 얇으며, 고배의 경우 대각부 상하에 장방형의 투창이 교호로 뚫려 있고, 단부는 살짝 말려올라간다. 개의 꼭지와 고배 대각부의 형태 등을 고려하였을 때 6세기 전엽의 신라양식 토기로 판단된다.

도치기현栃木縣 오야마시小山市 노지마延島유적에서 스에키로 보고되었던 신라 토기가 있다. 유개고배로서 개와 고배의 신부를 합하면 구형球形을 이루는데, 고배의 대각은 비교적 짧고, 4개의 투창이 상하교호로 뚫려 있으며, 대각단부가 말려올라가는 형태이다. 6세기 전반대의 신라양식 토기로 판단된다.

야마가타현山形縣 신죠시新庄市 히가시야마東山에서 유개고배가 출토되었다. 개와 고배의 신부를 합한 것이 구형球形을 이루고, 고배의 대각부가 비교적 짧으며, 대각단부는 말려올라가는 형태이다. 대각부 상하로 투창이 교호로 뚫려 있고, 6세기 전엽의 신라양식 유개고배로 판단된다.

2) 장신구裝身具

(1) 관식冠飾

6세기 제1/4분기의 구마모토현熊本縣 에타후나야마江田船山고분, 후쿠이현福井縣 쥬젠노모리十善の森고분 등의 관모는 익산시 입점리1호분 출토품의 계통으로 파악되고 있다. 에타후나야마고분, 시가현滋賀縣 가모이나리야마鴨稻荷山고분·야마즈테루진자山津照神社고분, 사가현佐賀縣 시마다즈카島田塚고분 출토 이산식관二山式冠은 종래 왜의 독자적인 것으로 인식되어 왔으나, 익산시 입점리1호분 출토 관에서 그 계통이 구해진다(毛利光俊彦 1995).

이산식관은 전방후원분인 함평군 신덕고분에서도 백제 금공품과 함께 이 형식의 관으로 추정되는 파편이 출토되고 있어 그 기원이 백제에 있는 것으로 추정된다. 이는 이산식으로 추정되는 쥬젠노모리고분 관 또는 식리의 부

4-4 안동시安東市 지동1호분枝洞1號墳(左)과 군마현群馬縣 긴칸즈카고분金冠塚古墳(右)에서 출토出土된 신라양식新羅樣式 금동관金銅冠

속구인 어형 장식과 나주시 복암리3호분 96년도 석실 출토 백제산 식리의 부속구가 유사한 것에서도 방증된다. 가모이나리야마고분에서 출토된 관은 이산식이나, 동일 형태의 입식이 가야 지역에서 발견되어 가야와 백제의 관을 절충하여 제작한 것으로 파악된다. 6세기 후엽 시마네현島根縣 사기노유鷺ノ湯병원 횡혈橫穴묘 출토 금동제 입화식 관식은 무령왕릉 출토 왕비관의 계통을 이은 것으로 추정된다.

6세기 후엽 군마현群馬縣 긴칸즈카金冠塚고분의 출자형出字形 금동관은 6세기 후반 안동시安東市 지동1호분枝洞1號墳 및 상주 출토품과 같이 대륜帶輪의 폭이 넓어지고 녹각형 입식이 없어지며 그 가지의 수가 5개로 늘어난 전형적인 신라후기 양식의 관이다(4-4).

(2) 이식耳飾

6세기 전엽의 대가야산 수식부이식은 사슬이 짧은 단쇄식短鎖式으로 산치자형 수식을 가진 것이 특징이다. 후쿠오카현福岡縣의 히하이즈카日拜塚고분·다치야마야마立山山8호분, 사가현佐賀縣 다마시마玉島고분·류오키竜王崎11호분, 구마모토현熊本縣 모노미야구라物見櫓고분·덴사야마傳佐山고분·다이보大坊고분, 나라현奈良縣 와리즈카割塚고분, 오사카부大阪府 이치스카一須賀B7호분, 미에현三重縣 호코리구루마즈카保古里車塚고분, 나가노현長野縣 아제치畦地1호분 등 일본열도 전역에 대가야산 이식이 이입된다.

시가현滋賀縣 가모이나리야마鴨稻荷山고분 출토 이식은 무령왕릉과 송산리 6호분 출토품과 같이 작은 고리를 연접시켜 만든 반구체 안에 유리옥이 감입된 중간식이 사용된 것으로 백제계로 지적되어 왔다(野上丈助 1982:282). 그러나 가모이나리야마고분 출토 이식은 사슬로 된 연결금구와 수하식의 상하를 장식한 금립金粒은 대가야계 이식의 요소인 점에서 공반된 금동제 용봉문환두

4-5 6세기世紀 전엽前葉 일본열도日本列島의 대가야양식大加耶樣式 금제金製 수식부이식垂飾附耳飾

1. 오사카부大阪府 이치스카一須賀B7호분, **2.** 후쿠오카현福岡縣 히하이즈카日拜塚고분, **3.** 구마모토현熊本縣 모노미야구라物見櫓고분, **4.** 나라현奈良縣 와리즈카割塚고분, **5.** 미에현三重縣 호코리구루마즈카保古里車塚고분, **6.** 후쿠오카현福岡縣 다치야마야마立山山8호분, **7.** 시가현滋賀縣 가모이나리야마鴨稲荷山고분

4-6 공주시公州市 무령왕릉武寧王陵(左)과 구마모토현熊本縣 에타후나야마江田船山고분(右) 출토 백제양식百濟樣式 금제金製 수식부이식垂飾附耳飾

대도와 함께 대가야산으로 파악된다. 그 외 구마모토현 시로카츠지城ヶ辻6호분, 이시카와현石川縣 수이사카마루야마吸坂丸山5호분, 군마현群馬縣 마에후타코야마前二子山고분 등 출토 금제 소환이식도 고령군 지산동고분군 출토품과 비교해 볼 때 대가야산으로 본다(4-5).

구마모토현熊本縣 에타후나야마江田船山고분에서는 형식이 다른 2조의 이식耳飾이 출토되었다. 그 가운데 유쇄식有鎖式은 앞에서 언급한 바와 같이 대가야계이나, 무쇄식無鎖式이며 심엽형 수하식을 가진 것은 무령왕릉 출토유물과 같이 백제계통의 이식이다(野上丈助 1982:282)(4-6). 구마모토현熊本縣 다이보大坊고분에서는 은제의 대가야산 이식과 함께 익산시 입점리1호분 출토품과 유사한 백제산 금제 수식부이식이 출토되었다. 나라현奈良縣 호시즈카星塚2호분의 금제수식부이식도 금사를 매듭지어 유환과 연결하는 기법이 입점리1호분 등 출토품과 유사한 점에서 백제산으로 본다. 오카야마현岡山縣 야하타오즈카八幡大塚2호분의 심엽형 수식부이식은 백제산이다. 야하다오즈카2호분 출토 이식은 중간부가 두 개의 금제소환과 한 개의 금제 공구체를 서로 접합하여 일체로 제작한 것으로, 부여군 능산리 운동장부지32호분과 관북리 출토품에서 유례를 찾아 볼 수 있다.

6세기 전반 후쿠오카현福岡縣 나가하다長畑1호분, 효고현兵庫縣 니시미야야마西宮山고분, 오사카부大阪府 고오리카와니시구루마즈카郡川西車塚고분 출토품은 중간식과 수식으로 볼 때 신라산이다. 시마네현島根縣 사기노유鷺ノ湯병원지 횡혈묘 출토 금동제 태환이식은 수식은 없으나 신라산으로 추정된다.

⑶ 경식頸飾

무령왕릉에서는 왕비의 경식을 구성하는 유리주 가운데 금층유리주金層琉璃珠와 함께 암주暗朱·황黃·녹錄의 3색을 나선형으로 배합한 연관옥鍊菅玉이 출토되었다. 오다 후지오小田富士雄에 의하면 이 시기의 연옥은 후쿠오카현福岡縣 고우신노우こうしんのう2호분과 노리바乘場고분 등에서 출토 예가 있고 이들은 백제계로 보았다(小田富士雄 1992). 이는 후쿠오카현福岡縣 하사코미야ハサコの宮2호분에서 영산강유역산 토기와 함께 연옥鍊玉이 출토된 점에서도 그러하다.

나라현奈良縣 가모야마鴨山고분의 금층유리주, 호박제조옥琥珀製棗玉, 은공옥銀空玉은 무령왕릉에서 일괄 출토된 것으로 모두 백제에서 반입된 것으로 판단된다. 가모이나리야마鴨稻荷山고분의 호박제조옥도 백제에서 이입된 것이다. 후쿠이현福井縣 쥬젠노모리十善の森고분 출토 감입유리옥玉을 비롯한 경식도 백제계 관모와 함께 동일한 계통으로 파악된다.

⑷ 식리飾履

고훈시대 후기 일본열도에서 처음으로 출현하는 장신구이다. 한반도와 일본열도 식리는 바닥판만 금속제이고 측판은 유기질로 제작된 것과, 바닥판과 측판 양쪽이 금속제인 것으로 분류된다(馬目順一 1991:24-131).

4-7 익산시益山市 입점리1호분笠店里1號墳(上)과 구마모토현熊本縣 에타후나야마고분江田船山古墳(下) 출토出土 백제양식百濟樣式 금동제金銅製 식리飾履

고구려와 백제의 식리는 바닥에 못을 박았으나 신라의 것은 못이 없는 것이 특징이다. 백제의 식리는 2매의 금동판을 발등과 발의 뒤꿈치에서 못으로 고정시켰으나 신라의 것은 1매의 금동판으로 발등을 감싸고, 뒤꿈치는 별도의 금동판으로 감싼 다음 발의 좌우측에서 연결하여 고정시켰다(國立慶州博物館 2001:206).

일본 출토 식리는 하나의 예를 제외하면 모두 두 장의 측판이 발등쪽과 발뒤꿈치쪽에서 고정시켜서 만든 백제계이다(吉井秀夫 1996:248). 출현기의 구마모토현熊本縣 에타후나야마江田船山고분의 식리는 동일한 귀갑문이 시문된 이산식관二山式冠, 이식, 마구와 함께 백제에서 반입된 것으로 파악된다(4-7). 그리고 종래 일본열도의 독자적인 것으로 파악되어 온 바닥판에 어형魚形장식을 부착한 식리가 나주시 복암리96년 발굴 석실에서 출토되어, 6세기대 식리의 형식변화가 백제와 관련될 가능성이 높다.

야마구치현山口縣 도노오塔ノ尾고분 금동제 식리는 형태, 귀갑문, 스파이크, 은제 어형장식 등으로 볼 때 관모와 같이 백제산으로 파악된다.

고분의 입지와 부장품으로 볼 때 이 고분의 피장자는 한반도와의 교통로인 세토나이해를 무대로 활약한 호족 세력으로 추정된다. 6세기 후엽에 조영된 나라현奈良縣 후지노키藤ノ木고분 출토 어형장식을 부착한 식리도 일본열도화된 것이나 그 계통은 역시 백제에서 구해진다.

3) 무기武器

(1) 환두대도

사이타마현埼玉縣 쇼군야마將軍山고분, 후쿠오카현福岡縣 요시타케吉武S-9호분, 효고현兵庫縣 히사코즈카瓢塚고분군 출토품, 시가현滋賀縣 가모이나리야마鴨稻荷山고분 출토품은 앞에서 언급한 바와 같이 환두 내 장식을 별주하여 부착한 점으로 볼 때 대가야산 환두대도로 본다(4-8).

그 외 국내외에 소장된 출토지 불명의 용봉문환두대도龍鳳文環頭大刀 가운데 삼성미술관 소장품 등 30점 이상이 대가야산으로 추정된다.

특히 그간 제작지를 알 수 없었던 오사카부 모즈百舌鳥고분군의 인덕릉仁德陵고분 출토품으로 전하는 보스턴 미술관 소장품은 환두 내연에 각목문이 시문되어 있고 병두금구柄頭金具와 초구금구鞘口金具의 문양 구획을 능삼문稜杉文으로 장식한 점에서 대가야산으로 본다. 또한 이 환두대도는 병두금구와 초구금구의 용문이 퇴화하여 그 제작 시기가 6세기 중엽으로 파악되어 그곳 출

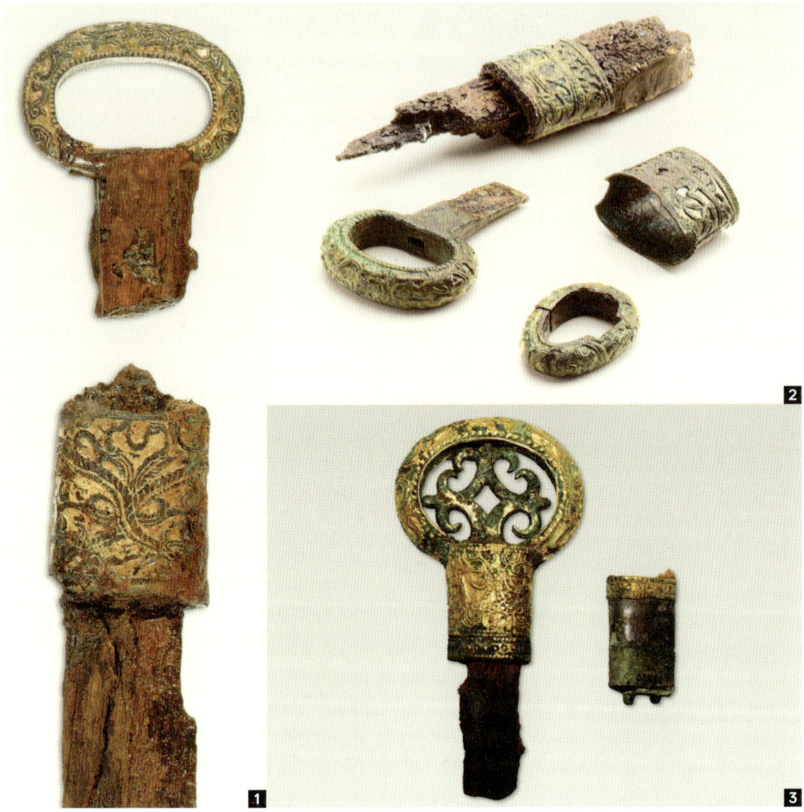

4-8 6세기世紀 전엽前葉 일본열도日本列島의 대가야양식大加耶樣式 금동제金銅製 용봉문환두대도龍鳳文環頭大刀

1. 후쿠오카현福岡縣 요시타케S-9호분吉武S-9號墳, **2.** 효고현兵庫縣 히사코즈카고분군瓢塚古墳群, **3.** 사이타마현埼玉縣 소군야마고분將軍山古墳

토품으로 볼 수 없다. 더욱이 이 시기에는 이 고분군에 용봉문환두대도를 부장할 수 있는 유력 수장묘가 보이지 않는 점에서 모즈고분군 출토품으로 보기 어렵다. 그래서 필자는 당시 고령지역에서 도굴된 환두대도가 일본으로 널리 유출된 점에서 이 환두대도는 고령 출토품일 가능성이 크다고 본다.

6세기 후반 이후 유행하는 일본열도의 특징적인 쌍룡문대도는 그 의장으로 볼 때 6세기 전반에 이입된 대가야 대도를 계승한 것이다.

미야자키현宮崎縣 야마노가미山の神고분 출토 삼엽환두대도도 병부의 어린문魚鱗文이 전형적인 신라산과 다른 반원형인 점으로 볼 때 대가야산으로 본다.

6세기 전반 일본열도의 후쿠이현福井縣 마루야마丸山고분, 나라현奈良縣 다마키야마珠城山1호분 출토 삼엽문 환두대도는 그 계통을 분명하게 알 수 없으나 삼엽문 장식과 어린문魚鱗文의 형태가 전형적인 삼엽문대도와 다른 점에서 신라의 환두대도로 보기 어렵다. 그런데 양 고분 출토품은 대가야산 오구라 반출 용문환두대도와 원두대도, 사이타마현 쇼군야마고분 환두대도에 보이는 연주문이 시문된 점으로 볼 때 대가야산일 가능성이 크다.

삼루三累환두대도는 고구려, 신라에 분포하고 있으나 용문환두대도는 백제, 가야지역에 분포한다.

오사카부大阪府 가이보즈카海北塚고분, 오사카부大阪府 이치스카一須賀WA1호분, 오카야마현岡山縣 이와다岩田14호분 등의 용문환두대도는 무령왕릉 출토품과의 유사성이 지적되어 왔다(穴沢咊光·馬目順一 1976).

신라계의 삼루환두三累環頭대도는 돗토리현鳥取縣 쵸자카히라長者ヶ平고분과 이바라키현茨城縣 무사즈카武者塚고분에서 출토되었다.

삼엽환두대도는 후쿠이현福井縣 마루야마즈카丸山塚고분과 나라현奈良縣 다마기야마珠城山1호분, 사이타마현埼玉縣 쇼군야마将軍山고분에서 출토되었다. 6세기 일본열도의 삼엽환두대도는 삼엽문의 하부가 긴 형태를 한 것으로 나주시 복암리3호분96호 석실과 신촌리9호분 을관에서 출토된 것과 유사한 점에서 백제산으로 본다. 나라현奈良縣 호시즈카星塚2호분의 금상감 귀갑문龜甲文 환두대도는 백제산 금제 이식과 반출된 점과 인접한 1호분에서 영산강유역산 토기가 공반된 것에서 백제산으로 판단된다.

나주시 복암리3호분 5호묘, 7호묘에서 6세기 후엽 일본열도에 유행하는 규두圭頭대도와 사치문獅齒文환두대도가 출토되었다. 현재까지 일본열도에서 규두대도는 군마현群馬縣 간논즈카觀音塚, 치바현千葉縣 킨레이즈카金鈴塚고분 등의 간토關東지방을 중심으로 일본열도 전역에 걸쳐서 90여 점이 출토되었다. 사치문환두대도는 시마네현島根縣 미사사키야마御崎山, 아오모리현青森縣 단고비라丹後平고분 등에서 간토지방을 중심으로 동일본 일대에 걸쳐 30여 점이 출토되었다. 이와 같이 출토 수는 한반도에 비해 월등히 많고, 양 지역 간 대도의 출현 시기가 거의 동일하나 도상圖像과 제작 기법으로 볼 때 백제산으로 판단된다.

군마현群馬縣 간논야마觀音山고분 출토 은장도자銀裝刀子는 병두柄頭, 초금구鞘金具 등이 은銀으로 장식된 것으로 무령왕릉 출토품과 같은 계통의 백제산으로 파악된다. 은장도자는 치바현千葉縣 킨레이즈카金鈴塚, 사이타마현埼玉縣 오미신간지小見眞觀寺고분, 시마네현島根縣 도리기鳥木횡혈橫穴묘 등에서 출토되었다.

(2) 철모鐵鉾

오사카부大阪府 가이보즈카海北塚고분에는 삽입부 끝부분 주위를 은판銀板으로 감아 장식한 단봉무관식短鋒無關式의 백제계 철모가 부장되었다(朴天秀 1999). 은장철모銀裝鐵鉾는 무령왕릉을 비롯하여 고령군 지산동고분군, 합천군 옥전고분군, 함평군 신덕고분, 창녕군 교동고분군, 경주시 식리총에서 출토되었으며, 일본열도에서는 오사카부大阪府 미나미즈카南塚, 교토부京都府 모노메쿠루마즈카物集女車塚고분, 시가현滋賀縣 가부토야마甲山고분, 사이타마현埼玉縣 쇼군야마將軍山고분, 치바현千葉縣 센쇼지야마禪昌寺山고분·킨레이즈카金鈴塚고분의 대수장묘와 후쿠시마현福島縣 나카다오케츠中田橫穴묘 등에서 확인된다. 이와 같이 왜의 위세품인 의장철모儀仗鐵鉾가 백제, 대가야, 영산강 유역에서 발굴된 것과 같은 은장철모銀裝鐵鉾이고, 유담有鐔철모가 주류인 고구려, 신라의 철모와 구별되는 점이 흥미롭다.

오사카부大阪府 다카이다야마高井田山고분 등에서 출토된 도신형철모刀身形鐵鉾는 부안군 죽막동유적에서 옹형토기에 매납된 상태로 여러 점이 출토되었다. 이 형식의 철모는 함양군 백천리1호분에서 확인된 바 있으나 죽막동유적에서는 백제계의 격자타날옹에서 출토된 점, 다카이다야마고분의 구조와 출토품의 계통을 감안하면 백제계로 파악된다.

한편 경주를 중심으로 낙동강 이동지역에 주로 분포하는 유담有鐔철모는 오카야마현岡山縣 히바다日畑고분, 효고현兵庫縣 다카바네高羽고분, 오사카부大阪府 시치노츠보七ノ坪고분, 사가현佐賀縣 도즈케藤附유적1구ST2001호분 등에서 출토 예가 있으며 대수장묘에서 출토되는 은장철모銀裝鐵鉾와는 달리 주로 수장묘가 아닌 소형분에서 출토되는 것이 특징이다.

4) 무구武具

우치야마 토시유키內山敏行는 5세기 후반~6세기 전반의 오사카부大阪府 미나미즈카南塚고분, 치바현千葉縣 킨레이즈카金鈴塚 등에 보이는 종장광지판縱長廣地板의 충각부주衝角附冑는 합천군 옥전70호분, 도쿄東京박물관 보관의 오구라小倉 반출 전傳 경상남도 출토품과 같은 한반도산 주冑의 영향에 의해 제작된 것으로 보았다. 또한 군마현群馬縣 간논야마觀音山고분과 후쿠시마현福島縣 이케노우에池の上1호분의 돌기부주突起附冑도 합천군 반계제가A호분 관모주冠帽冑와 관련된 것으로 보았다(內山敏行 1992)(4-9).

이 시기 종장광지판縱長廣地板의 요소와 돌기부주突起附冑는 대가야형 주冑로서 이 지역의 갑주 제작기술의 영향에 의한 것으로 본다. 이는 고령군 지산

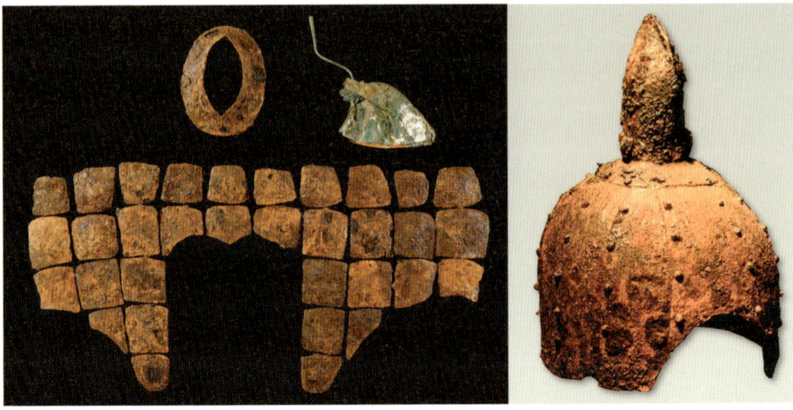

4-9 대가야양식大加耶樣式 합천군陜川郡 반계제磻溪提가A호분號墳 출토 관모주冠帽冑(左)와 군마현群馬縣 간논야마고분觀音山古墳 출토 돌기부주突起附冑(右)

동518호분과 대가야 권역인 남원시 월산리M5호분에서 돌기부주突起附冑가 출토된 것에서도 방증된다.

나라현奈良縣 후지노키藤ノ木고분의 경갑頸甲은 당시 일본열도의 갑주 계통에서 찾아볼 수 없는 것으로 한반도에서 그 조형을 찾을 수 있으며, 마구와 함께 신라산일 가능성이 높다.

사이타마현埼玉縣 쇼군야마將軍山고분은 마주馬冑가 출토된 6세기 후반에 조영되었다. 이 고분에서 출토된 마주는 좌우를 분할 성형한 미간판眉間板을 천정부天井部의 비선鼻先에서 저부底部에 달하는 세장한 중앙의 근판筋板을 통하여 연접하는 방법이 부산시 복천동10·11호분과 합천군 옥전M1호분 출토품의 계통이다(大田博之 1994). 그런데 양 고분에서는 모두 신라문물이 다수 공반되고 있어 쇼군야마고분의 마주는 이 고분의 출토 동완과 같이 신라계로 파악된다.

쇼군야마고분 출토품은 종래 전세된 것으로 파악되어 왔으나 다른 신라제품과 함께 6세기 중엽에 이입된 것으로 보인다.

5) 말馬과 마구馬具

(1) 말馬

5~6세기대의 오사카부大阪府 시죠나와테시四條畷市 일대는 서쪽은 호수, 동쪽은 이코마生駒산맥으로 둘러싸인 곳이었다. 시죠나와테시를 중심으로 마사유적이 집중 분포한다. 이곳은 산계로부터 몇 개의 하천이 흘러내려 목장의 울타리 역할을 하였다. 또 기복이 많은 지형은 말을 훈련하기에 최적의 장소였으며, 호수와 하천변은 풀이 잘 자라서 말을 사육하기 좋은 곳이었다. 따라서 이곳에는 고훈시대에 말을 사육한 목장이 있었으며, 말 뼈와 함께 말을 키우는 데 반드시 필요한 소금을 굽기 위한 제염토기製塩土器도 많이 발견되었다.

6세기 초를 전후하여 한반도로부터 준구조선準構造船에 싣고 온 말은 마사인馬飼人과 함께 시죠나와테四條畷의 가마다鎌田유적 부근에 내려졌다. 당시 가와치河内로의 관문은 나니와難波진이었다. 나니와진에서 가와치호로 배를 저어가면 이코마산맥이 모습을 보이고 이이모리야마飯盛山의 기슭에 도달한다. 현재 가쿠엔토시센學研都市線의 전차로 시죠나와테로 가면서 보이는 풍경이 당시의 모습이다.

말을 수송하는 것은 물건을 운반하는 것과 달리 위험한 항해였다. 당시의 배로는 한 척에 여러 마리의 말은 실을 수 없으며 말의 식사나 휴식에 사람의 그것 이상으로 주의해야 했다. 말이 병에 걸리거나 죽으면 항해의 고생도 물거품으로 끝나기 때문이었다. 이곳에 도착한 말은 소중하게 키워졌으며 여러 용도로 활용되는 귀중한 자원이었다. 시죠나와테시 주변은 일본열도에서 한반도산 토기와 생활용품이 가장 밀도 높게 발견되는 곳으로 보아 이주한 마사집단이 거주하면서 말을 사육한 것을 알 수 있다.

시토미야기타유적은 큰 구에 의해 구분되는 평지에 100동 이상의 수혈건

4-10 오사카부大阪府 시죠나와테시四條畷市 주변周邊 마사유적馬飼遺蹟 복원도復原圖와 출토出土 말 뼈馬骨, 영산강유역양식榮山江流域樣式 토기土器, 전시시설展示施設

물지와 굴립주건물지가 발견되어 중심 취락임을 알 수 있다. 여기에는 영산강 유역에서 전해진 부뚜막과 그 아궁이틀로 사용한 토제품이 다수 발견되었다. 또한 말 뼈도 다수 발견되었고, 그 가운데에서도 고훈시대의 말 한 마리분의 뼈가 수혈에서 그대로 출토되었다. 이로써 당시 말의 크기와 체격이 어느 정도였는지 복원할 수 있게 되었다. 또 이 유적에서는 1500점 이상 다량의 제염 소금이 출토되었는데, 이것은 말의 소금 섭취량이 인간의 약 10배에 이르므로 그만큼 많은 소금이 필요했다는 것을 알려주는 것이다. 또한 원양 항해가 가능한 준구조선의 부재를 우물의 틀로 사용했던 것이 다수 발견되었다. 이를 복원하면 10~20m 정도의 큰 배이며, 이주민이 영산강유역으로부터 말과 함께 타고 온 배임을 알 수 있다.

시죠나와테시四條畷市 시토미야키타蔀屋北유적에서는 장변 약 2m, 단변 약 1.5m, 깊이 약 30cm의 장방형 구덩이 내에 옆으로 매장된 말 1마리의 전신 골격이 출토되었다(4-10).

미야자키현宮崎縣 등에 현재 서식하는 재래종인 이 말의 체고는 약 125cm이며 이빨의 마모도로 볼 때 5~6세로 추정된다. 6세기 초를 전후하여 영산강 유역산의 토기가 집중적으로 출토된 시죠나와테시 주변의 시죠나테쇼각코나이四條畷小學校內유적, 미나미노코메자키南野米崎유적, 구스노키楠유적, 나라이奈良井유적, 고마이케홋뽀木間池北方유적, 사라군죠리讚良郡條里유적, 쵸보지長保寺유적에서는 말 뼈와 말을 사육하기 위한 제염 토기가 다수 출토되어 이곳이 가와치河內의 마사집단 유적으로 파악된다.

특히 나라이奈良井유적에서는 한 변이 약 40m의 방형의 구로 둘러싸인 제장祭場이 있고 그 주구에서 7마리분의 말 뼈가 출토되었다. 큰 말이 제사에 쓰였는데, 그중 1마리는 목판에 올려지고, 나머지는 말머리만 매장되었다. 그 외 살마제사殺馬祭祀에 쓰인 말의 뼈 이외에도 인형, 마형 토제품 등의 제사유물이 출토되었다. 또 이 유적의 주구 내에서는 말의 하악골과 함께 목제 솔과 채찍이 출토되어 말의 손질과 훈련이 이곳에서 일상적으로 이루어졌음을 알 수 있게 되었다. 인근 기요타키靑瀧2호분과 사라오카야마更良岡山1호분에서는 주구의 내외에 말을 매장한 수혈이 확인되어 말을 순장하는 풍습과 제사가 동시에 행해진 것을 알 수 있다.

시죠나와테시 시민종합센터를 건립할 때 조사된 나라이奈良井유적에서는 구로 둘러싸인 말 전용 제사 장소가 확인되었다. 구의 가운데에는 6두 이상의 말이 매장되었다. 이 유적에서는 말 꼬리를 다듬기 위한 빗과 말을 조련했던 채찍도 발견되었다. 제사 장소에서는 말의 머리를 신에게 바치는 의식도 행해졌다.

이 외에 시죠나와테시 일대의 시죠나와테쇼각코나이四條畷小學校內 유적, 미나미노코메자기南野米崎유적, 고마이케키타카다木間池北方유적에서는 영산강유역의 토기와 부뚜막 부속구가 집중 출토되어 가와치의 목장이 이 지역 출신 이주민에 의해 성립된 것을 알 수 있다. 이러한 점에서 기나이지역 말의 도입은 영산강유역 전방후원분 피장자를 매개로 백제 왕권과 왜 왕권의 교섭에 의한 것으로 추정된다.

영산강유역산의 토기가 출토된 시가현滋賀縣 가기타柿田유적 주변의 곤고우지金剛寺유적에서 말의 발자국이 발견되어 비와호琵琶湖 연안의 목牧에도 이 지역 마사馬飼집단이 관여하였을 가능성이 높다. 후쿠오카현福岡縣 오고리시小郡市 하사코노미야ハサコの宮2호분에서는 주구에서 말의 순장갱으로 추정되는 유구가 발견되었으며 영산강유역산 토기가 함께 출토되었다. 인근 미츠자와三澤 구릉의 2호분, 4호분, 6호분, 17호분, 20호분 등의 주구 주변 수혈에서도 말 뼈가 출토되었다. 교토부京都府 모리카이토森垣外유적에서는 영산강유역토기가 출토된 벽주건물 주변 수혈에서 마치馬齒가 출토되었다.

그 외 구마모토현熊本縣 츠카하라塚原고분군의 26호분, 27호분, 39호분과 인근 우에노하라上の原고분군 1호분, 6호분, 12호분의 주구와 육교 부근에서 마치馬齒가 출토되었다. 또 전장 46.2m 전방후원분인 나가즈카長塚고분 주구 구덩이에서도 마치馬齒가 출토되었다. 그 외 오다라小田良고분과 우마데馬出고분에서는 석실 내에서 말 뼈가 출토되었는데, 영산강유역의 자라봉전방후원분과 복암리고분의 석실 내에 매장된 것과 유사하여 흥미롭다.

(2) 마구馬具

6세기 이후 일본열도에 본격적으로 출현하는 환상경판부비環狀鏡板附轡는 5세기대 청주시 신봉동고분군를 비롯한 백제고분에서 출토되는 것으로 보아 백제계로 파악된다. 함평군 신덕고분과 의령군 경산리1호분에서 출토된 삼연식비三連式轡와 조합된 반구형 화판장식운주花瓣裝飾雲珠 등의 마구는 백제에서 제작된 것으로, 삼연식비는 구마모토현熊本縣 에타후나야마江田船山고분 등에서 다수 출토되며 화판장식운주는 6세기 후반의 일본열도에서 성행하는 형식이었다.

치가히사시千賀久는 안鞍의 중앙에 있는 주빈洲浜과 그 좌우의 기금구磯金具를 함께 만든 일체안一體鞍과, 이를 따로 만든 분리안分離鞍으로 분류하고, 전자는 신라계, 후자는 비신라계로 파악하였다(千賀久 2003:105). 즉 6세기대에 등장하는 금동제 투조마구는 신라계로 보았으며 이러한 마구 가운데 전傳미야자키현宮崎縣 사이토바루西都原고분군 출토 용문 투조 안금구鞍金具는 일체안으로 그 좌금구座金具의 형태도 신라의 마구와 일치한다. 또 이에 공반하는 쌍용문雙龍文 투조 타원형경판楕圓形鏡板과 심엽형행엽心葉形杏葉에는 연금緣金없이 문양판文樣板만 있는 점, 경판鏡板의 외측外側에서 인수引手와 연결한 점, 행엽에 반원형 구금구鉤金具가 부착된 점도 신라 마구와 공통하는 것으로 파악하였다.

따라서 6세기 중엽에서 후엽에 걸친 시기의 군마현群馬縣 와다누기칸논야마綿貫觀音山고분과 후쿠오카현福岡縣 오키노시마沖ノ島유적 출토 투조透彫심엽형행엽心葉形杏葉 등의 마구와 영락부입주식瓔珞附立柱式 운주雲珠도 신라계이다.

6세기 후엽에 조영된 유명한 나라현奈良縣 후지노키藤ノ木고분의 마구 제작지에 대해서는 아직도 논의가 계속되고 있다. 그 제작 후보지로는 문양 구성에서는 중국, 마구의 형태에서는 신라, 제작기법에서는 백제로 지적되어 왔다. 후지노키藤ノ木고분 마구는 안鞍의 중앙에 있는 주빈洲浜과 그 좌우左右의 기금구磯金具를 함께 만든 일체안一體鞍인 점, 보료부입주식步搖附立柱式 운주雲珠 및 심엽형경판心葉形鏡板과 종형행엽鐘形杏葉 등의 마구형태와 구금구鉤金具가 판상板狀인 점에서 가장 신라적인 특징을 가진 것으로 파악된다(千賀久 2003:122-123)**(4-11)**.

또 후지노키藤ノ木고분 안鞍의 후륜에 부착된 삼각파三脚把와 유사한 것이 경주시 황남대총북분의 투조금동판피옥충안透彫金銅板皮玉蟲鞍의 부속구로 보이는 금동제이형투조장식金銅製異形透彫裝飾이고, 금제의 쇄식鎖飾을 감입한 청유리옥靑琉璃玉은 경주시 황오동52호분 금장도자金裝刀子의 병두柄頭에 부착된 금상감청색유리주金象嵌靑色琉璃珠와 유사하다(神谷正弘 2002). 이 외에도 6세기 후반 신라계 심엽형행엽이 나라현奈良縣 다마키야마珠城山3호분, 후쿠오카현福岡縣 가나쿠마金隈고분, 노리바乘場고분, 구마모토현熊本縣 사이죠노才園고분, 시즈오카현靜岡縣 미코야바라御小屋原고분, 가나가와현神奈川縣 무로노키室ノ木고분 등 일본열도 전역에서 출토되고 있다.

후쿠오카현福岡縣 미야지다케宮地嶽고분과 군마현群馬縣 와타누기칸논야마綿貫觀音山고분 등에서 출토된 국자형 호등壺登은 의성군 학미리3호분 출토

4-11 6세기世紀 후엽後葉 나라현奈良縣 후지노키고분藤ノ木古墳 출토出土 신라산新羅産 금동제金銅製 안금구鞍金具

품 등에서 그 계통을 구할 수 있다(高田貫太 2003). 즉 학미리3호분 출토 호등은 철제 윤등에 목제 호부를 장착시켜 그것을 길이 3.2~5.5cm의 못 7개로 고정한 것으로 호부 위에 장착된 구흉형鳩胸形 장식구는 미야지다케宮地嶽고분 출토품과 형태가 유사하다. 학미리1호분에서는 청동제 다각형 마령馬鈴이 출토되었다. 형지공型持孔을 가진 대형 방울은 학미리 외에도 부산시 덕천동C지구 21호분에서 출토된 예가 있다. 일본열도에서는 사이타마현埼玉縣 쇼군즈카將軍山고분과 야마구치현山口縣 스쿠모횡혈スクモ横穴 등이 있으며 양 지역의 자료를 비교하면 3~4개의 형지공, 화형뉴좌花形鈕座 등 세부적으로도 유사하다.

6) 금속용기金屬用器

동완은 무대식無臺式과 대가 있는 유대식有臺式, 높은 각脚을 붙인 고각식高脚式의 3유형으로 분류되며, 승반承盤을 가진 것, 뚜껑을 가진 것이 있다(毛利光俊彦 1978). 사가현佐賀縣 시마다즈카島田塚고분, 구마모토현熊本縣 구니코시國越고분 출토품은 무개고대식無蓋高臺式이며, 무령왕릉 출토품 계통에 속한다.

한편, 군마현群馬縣 쇼군즈카將軍塚고분, 치바현千葉縣 킨레이즈카金鈴塚고분 출토품과 보주형 꼭지를 가진 유개고대식有蓋高臺式은 신라 계통으로 파악된다(小田富士雄 1975:199~220). 그 외 사이타마현埼玉縣 쇼군즈카將軍塚2호분, 교토부京都府 유부네자카湯船坂2호분, 시마네현島根縣 오자니시大座西2호분 출토품도 신라산으로 파악된다.

7) 주거住居

(1) 벽주건물壁柱建物

벽주건물이란 종래 대벽大壁건물로 호칭되어온 것으로 네 벽의 하부에 구

4-12 시가현滋賀縣 아노穴太유적遺蹟 벽주건물지壁柱建物址

溝를 파서 벽의 기초를 만들고 지붕을 받치는 주주主柱와 토벽을 유지시키는 간주間柱를 세운 후 점토로 벽체를 마무리한 건물을 가리킨다(權五榮·李亨源 2006:162). 이 건물지는 1971년에 시가현滋賀縣 아노穴太유적(4-12)에서 처음으로 확인되어 오미近江지역에만 분포하는 특수한 구조물로 인식되어 왔으나, 현재까지 50개소 이상 유적에서 100기 전후가 확인되었다. 이 건물의 연대는 5세기대~8세기 전반대에 이르며, 긴키近畿지방을 중심으로 서쪽으로 규슈지방까지, 동쪽으로는 중부지방에 이르는 광범위한 지역에서 분포한다. 이 가운데 긴키 이외에서는 후쿠오카현福岡縣 우메바야시梅林유적, 돗토리현鳥取縣 가와라다니瓦谷유적, 아이치현愛知縣 야즈지矢迫유적, 나가노현長野縣 우에노죠上の城유적 등에서 확인되었다.

이 건물이 확인된 유적의 대부분은 한반도계 이주민과의 관계가 상정되어 왔다. 그러나 한국에서는 오랫동안 확인되지 않다가 공주시 정지산艇止山유적에서 처음으로 출토되었으며 현재까지 여러 유적에서 확인되고 있다. 현재 5세기 후반부터 7세기대까지의 건물지가 충청남도 지역에 집중 분포하고 있고, 공주시 정지산유적의 건물지가 구조상 가장 유사하여 6세기 전반에 조영된 벽주건물의 도입지로 백제지역이 가장 유력한 후보지로 파악된다. 그러나 고령군 연조리 전 대가야궁성지와 합천군 성산리토성에서도 확인되므로 가야지역과의 관련도 주목된다. 특히 나라현奈良縣 난코야나기하라南鄕柳原유적과 같이 5세기의 가야토기가 출토된 벽주건물이 그러하다.

아오야기다이스케青柳泰介는 벽주건물을 평면형태 및 단면형태를 기준으로 크게 세 유형으로 분류하였다(青柳泰介 2002).

A류: 주주主柱가 구溝 안팎으로 돌출하고 간격을 두어 배치되며, 간주間柱가 구 안에 밀집해서 배치되는 등 2~3중의 주열에 의해 구성되고 동지주棟持柱를 가진다. 유례는 5세기 전반~6세기 전반 나라현奈良縣의 난코야나기하라南鄕柳原유적과 난코이와시타南鄕岩下유적 SB01, 정지산유적1~5호에서 보인다.

B류: 주주, 간주의 구별이 있으며 한 줄의 주열로 구성되고 구에서 돌출한 기둥은 없다. 주주는 대부분 간격을 두고 배치되며, 그 사이에 간주를 설치한다. 또 모서리 부분 및 중앙부의 주주가 다른 것보다 크고 깊은 것을 1류, 거의 같은 크기, 깊이의 주주로 구성된 것을 2류라고 한다. 또 1류는 2류보다 주주 사이의 간격이 좁다.

1류는 난코이가라南鄕井柄유적, 공산성, 안영리유적, 정지산유적6·7호, 이치노모토다카즈카櫟本高塚유적, 시가현滋賀縣 아노시모다이몬穴太下大門 등에서 보인다. 시기는 5세기 후반~7세기 전반에 걸치며, 동지주棟持柱를 가지는 것이 많다. 2류는 아노穴太A지구 BP 제2유구1·2호, 시가현滋賀縣 시가사토미나미기수이滋賀里南生水 SB6, 기쇼木曾유적, 간호寒鳳유적, 우에노죠上の城유적, 고소지光相寺유적 등에서 보인다. 6세기 후반~7세기 전반 및 8세기 전반에 걸쳐 조영되며 동지주를 가지지 않는다.

C류 : 주주, 간주를 구별할 수 있고 한 줄의 주열로 구성되며, 구溝에서 돌출되는 기둥은 없다. 그러나 B류와는 달리 주주와 간주의 구별은 명료하지 않고 배치도 일정하지 않아 사행蛇行하는 경우도 있다. 구축방법 또는 기둥 배치에 의해 두 가지로 나눠진다. 1류는 구 파내기→(간주 설치→)구 메우기→주주공 파기→주주 설치(→간주 설치)의 순서를 취하며, 일부에서 주열이 2중으로 되는 부분이 있다. 2류는 구 파내기→주주, 간주 박기→구 메우기의 순서를 취하며, 1류보다 기둥 간격이 조밀하다. 1류는 이도오다다이井戶大田臺유적, 시가사토미세滋賀里見世A, 아노穴太A지구 BP 제1유구3호, 2류는 아노A지구 BP 제1유구1·2호, 시가사토미나미기수이滋賀里南生水 SB7의 예를 들 수 있으며 모두 6세기 후반~7세기 전반의 유적이다.

오사카부大阪府 나가하라長原유적, 교토부京都府 모리카이토森垣外유적, 후쿠오카현福岡縣 우메바야시梅林유적, 후쿠오카현 요시다케吉武유적에서는 영산강유역산 토기가 인접하여 출토되어 주목된다. 모리카이토유적에서는 벽주건물 주변 수혈에서 마치馬齒가 출토되었다.

(2) 부뚜막과 온돌

오사카부大阪府 사라이군죠리讚良郡條里유적, 쵸보지長保寺유적, 시토미야기다蔀屋北유적에서 출토된 부착식 부뚜막의 부속구는 전체적인 형태가 U자형이고 외연에 돌대를 붙인 것이다. 광주시 월계동1호분 주구, 광주시 월전동유적, 나주시 신촌리9호분 등 영산강유역의 출토품과 가장 유사한 형식이다(徐賢珠 2003).

L자형으로 점토로 피복한 온돌은 6세기 중엽 후쿠오카현福岡縣 오츠카大塚고분에 인접한 게이센정桂川町의 가게즈카히가시影塚東25호주거지, 가와사키정川崎町의 묘가즈카冥加塚1호주거지에서 확인되었다. 이는 한반도와 교섭한 오츠카고분 피장자와 관련한 이주민의 주거유적으로 파악된다.

5세기 후엽의 동해에 면한 돗토리현鳥取縣 우라뉴코不入岡유적S103 수혈주거지에서 L자형으로 점토로 피복한 온돌이 확인되고, 이 유적의 북쪽 구릉에 위치한 가와와타니夏谷유적에서는 벽주건물이 확인된다. 유적 일대에 동해를 통해 이주한 사람들이 거주한 것으로 보인다.

시가현滋賀縣 아노穴太유적에서는 벽주건물과 함께 석조온돌이 공반된다. 아노유적 석조온돌은 삼국시대 남부지역 특히 백제지역에 그 유례가 많고 벽주건물과 함께 출현하는 점에서 백제계로 파악된다. 더욱이 나라현奈良縣 시미즈다니清水谷 간카쿠지観覚寺 모리카시다니森カシ谷유적에서는 벽주건물 내에서 온돌이 확인되어 원래 양자가 결합되었음을 알 수 있다(權五榮·李亨源 2006:188).

시가현滋賀縣 노다미치野田道유적SH1호 수혈주거지는 8세기 초의 것으로 석조의 연도를 가지고 부뚜막의 수부袖部 양측에 문주석을 설치한 것이다. 형태는 아노穴太유적과 부소산성의 온돌과 유사한 것으로 파악되고 있다.

시가현滋賀縣 가기타柿田유적SH44호 수혈 주거지는 7세기 말의 것으로 석조의 연도를 가지고 부뚜막의 수부袖部 양측에 보강석을 설치한 것이다. 가기타柿田유적의 주거지는 이 유적의 고분에서 영산강유역산 토기가 출토되고 주변에는 말의 족적이 확인된 곤코지金剛寺유적이 인접하고 있어 마사馬飼와 관련된 이주민이 조영한 것으로 본다.

8) 묘제墓制

오사카부大阪府 구라즈카藏塚고분은 하비키노시羽曳野市 아스카飛鳥의 단구 선단에 위치했던 전체 길이 69m의 전방후원분이다. 이 고분은 분구를 만들기 전에 후원분 분구를 만들 장소의 지면을 주구 등으로 굴착하고 지표의 흙

4-13 오사카부大阪府 구라즈카고분藏塚古墳 신라계新羅系 분구墳丘 축조기법築造技法

을 사용해 쌓아 편평하게 했다. 후원부 내측의 분구를 방사상으로 10등분하고 그 방사선에 따라 토낭열을 만들어 그 사이에 흙을 쌓았다(4-13).

분구의 사면 외주에도 토낭을 쌓았다. 후원부 외측 분구는 중간까지 흙을 쌓은 다음 외주에 토낭을 쌓고 그 내측에 흙을 담아 후원부를 완성하였다. 전방부는 먼저 후원부와 접합하는 부분의 지면을 표토로 쌓고 전방부 내측 분구의 단을 토낭열로 구획하였다. 후원부와의 경계면에 토낭열을 둘러 방형의 단을 만들었다. 분구단의 토낭열 내측으로 흙을 담은 다음, 전체적으로 흙을 쌓고 전방부 외측의 분구에도 흙을 쌓아 분구 전체를 완성하였다. 평균적인 토낭 한 개의 크기는 34×24cm, 두께는 13cm이다.

이 고분은 매장시설이 파괴되었으나 분구상에서 출토된 스에키에 의해 6세기 중엽에 조영된 것으로 판명되었다. 또한 구분성토법과 토낭을 이용한 분구 축조기법은 창녕군 교동고분군, 성주군 성산동고분군 등 신라지역에서 다수 확인되는 점에서 이 고분의 피장자는 신라로부터 정착한 이주민으로 볼 수 있다.

9) 사원寺院

6세기 후반 일본열도의 백제 문화를 상징하는 것은 일본 최초의 본격적인 불교사원으로 건립된 나라현奈良縣 아스카사飛鳥寺이다. 아스카사는 백제계 이주민인 소가노우마코蘇我馬子가 587년에 발원하여, 그 익년에 조영이 시작되었다(4-14). 가람 배치는 탑을 중심으로 동·서·북으로 금당을 배치한 1탑 3금당식인 점에서 종래 그 계통이 고구려 청암리사지에 구해져왔으나 근래 부여군 왕흥사지 등에서 유사한 구조의 가람배치가 확인되어 주목된다. 즉 왕흥사지 서회랑지 외곽에서는 기존에 알려지지 않은 또 다른 건물지군이 확인되었는데 이것은 3탑 3금당의 가람배치를 보이는 익산 미륵사지 석

4-14 6세기世紀 후엽後葉에 건립建立된 나라현奈良縣 아스카사飛鳥寺와 출토出土 유물遺物

탑 이전에 나타난 소위 다원식多院式 사원의 별원別院과 같은 것으로 보고 있다(이병호 2013).

아스카사의 창건 기와는 크게 성조星組, 화조花組 2계통의 와공집단에 의해 생산된 것으로 밝혀졌다. 성조는 연판蓮瓣의 끝에 별과 같은 주문珠文을 붙인 것에서 유래하며 그 기원은 공주시 대통사 출토품 등에 구해졌다. 화조는 벚꽃의 꽃잎과 같이 연판蓮瓣의 중간 끝을 잘라내어 반전시킨 모양에서 유래하며 그 기원은 부여군 관북리유적과 부소산성 등의 출토품에서 구해졌다. 그리고 부여군 왕흥사지에서 양 계통의 와당이 출토되었다.

현재의 아스카사 본존인 아스카대불은 구라츠쿠리노도리鞍作造가 제작한 금동석가여래상이다. 아스카사는 와당문양, 제작기술 등이 백제와 연결되므로, 아스카사의 조영에 백제에서 공인이 파견되었다는 『일본서기』의 기록과 일치한다.

10) 유리기琉璃器

후쿠오카현福岡縣 무나카타군宗像郡 오키노시마沖ノ島8호유적에서는 6세기 후반 암음제사가 행해진 8호유구에서 절자철출원문배切子凸出圓文杯가 출토되었다. 8호유구는 D호 거암을 중심으로 7호와 같이 위치하며 양자는 동일 형식의 보요부식금구步搖附飾金具를 공유하고 있는 것에서 같은 시기에 행해진 제사유구임을 알 수 있다. 7호에서는 신라제 옥충장식玉蟲裝飾 대장식구帶裝飾具, 금제 지륜指輪, 금동제 보요부입주식운주步搖附立柱式雲珠, 심엽형행엽心葉形杏葉이 출토되었다.

이 유리기는 잔존 길이 3cm 편으로 철출凸出 원문을 절삭切削하여 시문하였는데 현재 철출 원문의 일부만 남아 있다. 담록색淡綠色으로 투명도가 높고 두껍다.

오사카부大阪府 후루이치古市고분군에 위치하는 전방후원분인 전 안한릉安閑陵고분의 분구는 전체 길이 122m이며 매장주체부는 횡혈식석실로 전한다. 18세기 전반 홍수에 의해 분구가 유실되어 절자원문배切子圓文杯가 출토되었다고 전한다. 이 유리기는 높이 8.6cm 구경 12cm인 반구형의 광구완으로 담갈색淡褐色이며 투명도가 높고 두껍다. 전면에 걸쳐 마연흔이 보인다. 구연부口緣部는 끝이 반원형半圓形이다. 기면에는 동부胴部에 4단으로 각 22개의 원문을 절삭切削하여 시문하였다. 중앙과 그 하단에 0.5cm 폭으로 수평으로 깎아낸 횡대문橫帶文을 둘러 3단으로 구획하고 그 상하를 횡타원형橫楕圓形의 원문圓文을 마연하여 시문하였다. 저부底部에는 중앙의 큰 원문을 중심으로 7개의 원문을 화판花瓣형으로 연마하여 장식하였다.

2 한반도韓半島의 일본열도日本列島 문물文物

1) 묘제墓制

영산강유역 전방후원분의 매장주체부인 횡혈식석실은 평면 방형에 궁륭형 천장을 가진 당시 백제의 송산리형석실과는 달리 평면 장방형에 평천장을 가지고 문주석과 요석腰石을 설치하고 석실 내를 적색안료로 채색한 것이 특징이다. 또 함평군 신덕고분, 광주시 명화동고분, 해남군 장고봉고분에서는 벽면 하부에 요석이 확인되며, 또 요석과 문주석 혹은 문주석만을 가진 횡혈식석실은 전자가 해남군 조산고분, 광주시 쌍암동고분, 나주시 복암리3호분 96년 발굴 석실, 광주시 각화동고분에서, 후자가 장성군 영천리고분, 광주시 월계동고분 등에서 확인되었다.

또한 조산고분, 신덕고분, 해남군 방산리 장고봉고분, 고흥군 안동고분의 수혈식석곽, 창녕군 송현동6,7호분의 횡구식석실 내에서 적색안료의 채색이 확인되었다. 신덕고분의 분구조사에서 일본열도의 고훈시대 분구의 특징적인 축조 기법인 단축段築과 즙석葺石이 확인되었다. 즙석은 담양군 성월리고분, 해남군 장고봉고분에 인접한 신월리방분과 용일리고분 및 함평군 장고산

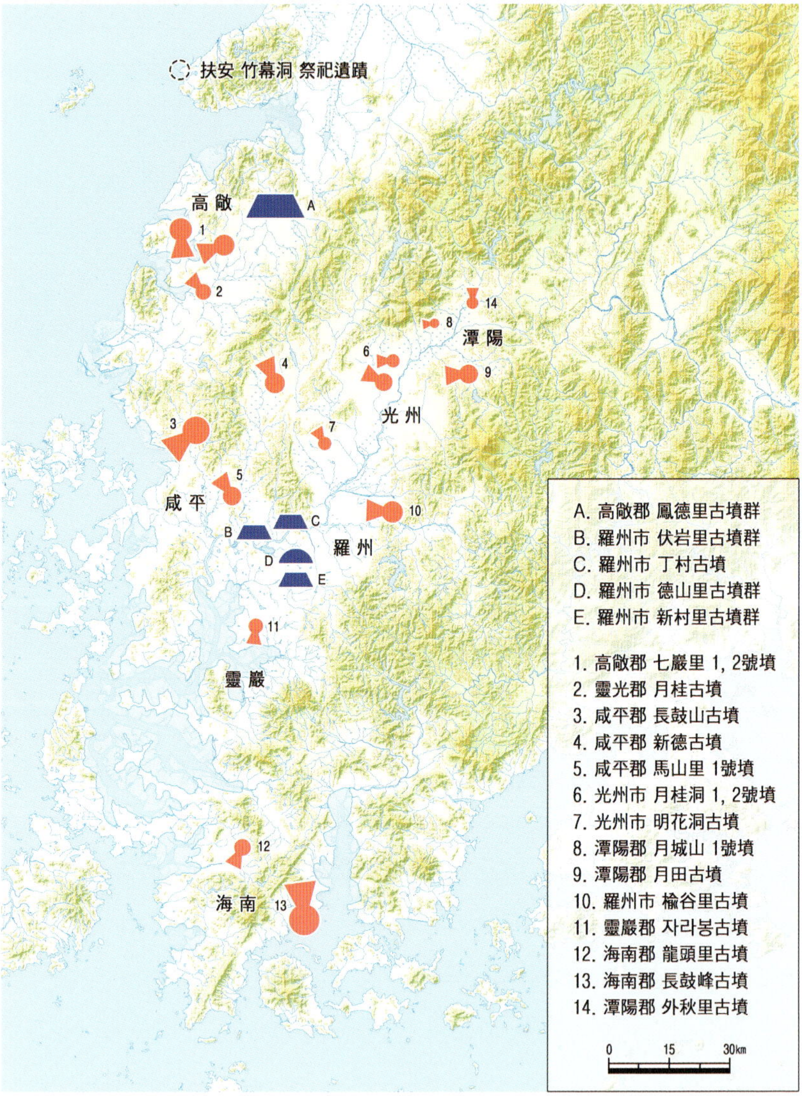

4-15 6세기世紀 전엽前葉 영산강유역榮山江流域 수장묘首長墓와 전방후원분前方後圓墳의 분포分布

고분에 인접한 미출방분과 화순군 백암리고분에서 확인되었다. 영암군 자라봉고분에서는 월계동고분과 같은 방패 모양 주구가 확인되었다. 영산강유역과 가야지역의 전방후원분과 왜계고분은 다음과 같다(4-15).

(1) 칠암리七巖里고분(4-16, 17)

전라북도全羅北道 고창군高敞郡 공음면 칠암리 산 22번지 일원에 위치한다. 고분의 장축방향은 남-북으로, 원부圓部가 남쪽, 방부方部가 북쪽에 자리하고 있다. 현재 분구의 북쪽과 동쪽은 원형의 상태를 유지하고 있으나, 서쪽과 남쪽 부분은 민묘 조성으로 인해 일부가 훼손되어 형태가 불분명하다. 분구의 규모는 전체 길이 56m, 방부方部 폭 34.9m, 높이 4.6m, 연결부 폭 16.3m, 높이 3.7m, 원부圓部 직경 32.8m, 높이 6.6m로 원부가 방부보다 높고 좀 더 경사가 심한 편이며, 한국에서 확인된 전방후원분 중 세 번째 크기에 해당한다.

고분의 축조과정은 6단계로 구분된다. 1단계는 대상지 선정 및 평면기획 단계로 산지성 구릉이라는 지형적인 조건을 최대한 활용하여 구릉 말단부를 1~2m 정도 삭토削土한 뒤 분구를 성토盛土하였다. 이는 최소한의 노동력으로 분구를 거대하게 만들기 위한 축조공정으로 볼 수 있다. 2단계·3단계에서는 1차·2차로 나뉘어 분구 성토가 이루어졌는데, 3단계에서 구획성토區劃盛土 양상이 확인된다. 분구 중하단부에서 남-북 방향으로 점토블록의 성토재가 조사되었는데, 이 점토블록이 구획대의 역할을 한 것으로 추정된다. 4단계는 매장주체 시설과 시신이 안치된 이후 3차로 분구가 성토되는데, 서로 다른 성토재를 이용한 분할성토分割盛土가 관찰된다. 5단계는 분구의 형태가 완료되는 단계로 북동쪽에서 성토를 먼저 시작하여 북-남 나선형으로 분구를 감싸듯이 성토하였다. 6단계는 분구 사면에 즙석하고 하니와埴輪를

4-16 고창군高敞郡 칠암리1·2호분七巖里1(上, 中)·2號墳 분구墳丘(下)

수립하였다.

즙석葺石은 분구 하단부(해발 60.0~60.7m)와 분구 상단부(해발 62.1~62.7m)에서 부분적으로 확인된다. 즙석은 20~40cm 크기의 할석이 사용되었다. 분구 하단부 즙석 가장 끝단에서 하니와埴輪 1점이 세워진 상태로 출토되어, 즙석의 가장자리를 따라 일정 간격으로 하니와가 수립된 것으로 보인다.

후원부에서는 주구周溝와 주제周堤가 확인된다. 전체적인 조사가 이루어지

4-17 고창군高敞郡 칠암리1호분七巖里1號墳 석실石室과 출토出土 유물遺物

지 않고 측량조사와 시굴조사만 이루어져 정확한 형태를 파악할 수 없지만, 주구周溝의 안쪽은 분구의 형태를 따르고 바깥쪽은 방패모양을 하고 있다.

주제周堤는 분구 가장자리에 조성된 주구周溝 외곽을 따라 성토된 것으로 후원부 북쪽 부분에서만 확인되며, 이중으로 주제를 돌린 것으로 파악된다. 주제의 규모는 하단부 폭 9m 내외, 상단부 폭 2m, 가장 높은 둑의 규모는 1.5m 정도이다.

고분의 매장주체부埋藏主體部는 지상식 횡혈식석실橫穴式石室이며, 후원부의 중앙에 위치한다. 석실의 장축방향은 동-서로 분구의 장축방향과 사선방향이다. 횡혈식석실은 파괴되어 정확한 형태를 복원할 수 없으나, 4매의 장대석長臺石을 사용하여 장벽長壁과 단벽短壁 하단을 구성하였다. 이는 북부北部 규슈九州지방 횡혈식석실의 특징적인 축조기법인 벽체 하단의 요석腰石으로 파악된다. 현실玄室의 규모는 추정 길이 220cm, 추정 폭 160(동)~180cm(서), 잔존 높이 70cm이다. 현실玄室의 면적은 약 3.9m²이다. 현실 내부에서는 관정棺釘이 출토되어 목관木棺을 사용한 것으로 파악된다. 현실 출토유물은 개배蓋杯, 기대器臺 고배高杯 등 토기류와 철촉鐵鏃, 철부鐵斧, 철겸鐵鎌 등 철기류, 옥玉류, 마구馬具 등이 있다.

고분의 연대는 요석을 가진 구조와 철촉, 마구 등의 유물을 통해 6세기 초로 추정된다.

칠암리七巖里2호분은 전라북도 고창군 공음면 칠암리 산 74번지 일원에 위치한다. 고창군 무장면에서 공음면으로 향하는 지방도 제 796호선을 내려가다 보면 GS 용정주유소에 이른다. 주유소로 가는 갈림길에서 약 400m를 지나면 오른쪽에 '경주최씨세장산慶州崔氏世葬山' 비석이 나온다. 비석 옆의 길을 따라 올라가면 경주최씨묘가 있는데, 묘 너머 산지 능선에 칠암리 2호분이 입지하고 있다. 고분은 용산마을 동쪽에 위치한 삿갓산(165.6m)에서 서쪽으로 뻗어 내린 해발 75m 내외 산 능선에 위치하고 있다. 고분의 남서쪽 직선거리 약 500m 떨어진 곳에 칠암리고분이 자리하고 있는데, 동일한 산 능선에 있다. 현재 고분 주변에는 소나무와 잡목들이 우거져 있다.

고분의 장축방향은 산 능선과 동일한 북동-남서이며, 후원부가 북동쪽, 전방부가 남서쪽에 자리하고 있다. 분구 연결부와 남동쪽 지점에 민묘가 조성되는 등 훼손이 이루어졌지만, 전방후원분의 형태가 잘 남아 있다. 분구의 규모는 전체 길이 52.8m, 방부方部 폭 24.5m, 높이 2.6m, 연결부 폭 11.6m, 높이 1.3m, 방부 직경 28.3m, 높이 4.8m이다. 원부圓部 북동쪽에는 주구周溝의 흔적이 일부 남아 있다(대한문화재연구원, 2017, 『高敞 七巖里古墳』, 國立羅州博物館, 2019, 『韓國의 長鼓墳』).

⑵ 월계月桂고분(4-18)

전라남도 영광군 법성면 월산리 산 104번지에 위치한다. 월계月桂고분은 마을 북서쪽에 있는 초포산(해발 209m)에서 남쪽으로 흘러내린 해발 20m 내외의 구릉 능선상에 입지한다. 고분은 완만하게 내려오던 능선이 급경사를 이루며 충적평지로 이어지는 지점에 있어 주변이 조망된다. 1호분은 전방후원분으로 구릉 위쪽에 위치하며, 25m 아래에는 원분인 2호분이 있다. 현재 고분 주변에는 소나무와 잡목들이 우거진 상태이며, 1호분 방부方部쪽과 2호분 근처에서는 경작이 이루어지고 있다.

1호분의 장축방향은 북서-남동이며, 원부圓部가 남동쪽, 방부方部가 북서쪽에 자리하고 있다. 분구는 원부 남동쪽에 민묘가 조영되면서 약간 변형되었고, 전방부 북서쪽은 길이 나면서 훼손되었다. 마을 쪽에 해당하는 분구 서남쪽 사면은 밋밋한 경사도를 보이고 있어 상당히 삭평된 것으로 생각되지만, 서북쪽 사면은 원래의 상태를 비교적 잘 유지하고 있으며 주구周溝의 흔적도 뚜렷하게 남아 있다. 분구의 규모는 전체 길이 39m 내외, 방부方部 폭 18m, 높이 2m 내외, 연결부 폭 10m, 높이 2m 내외, 원부圓部 직경 21m, 높이 3.5m이다. 분구의 규모는 소형이며, 분구 동쪽 부분에서 명확히 관찰되는 주구周溝는

4-18 영광군靈光郡 월계고분月桂古墳 분구墳丘

폭 5m 정도이다.

2호분은 전체 직경 10m, 높이 1.3m 정도의 원분이다. 분구 중앙에 석재가 노출되어 있는 점과 함몰부가 확인되는 것으로 볼 때, 매장주체부埋葬主體部는 횡혈식석실로 추정된다(國立羅州博物館, 2019, 『韓國의 長鼓墳』).

(3) 죽암리竹岩里 장고산長鼓山고분(4-19)

전라남도 함평군 손불면 죽암리 산 333-4번지에 위치한다. 고분은 해발

47m의 구릉 정상부 남서쪽으로 내려오는 능선 말단부에 위치한다. 동북쪽에 즙석과 형상 하니와埴輪가 확인된 금산리 방분이 위치한다. 고분의 서쪽은 제방을 쌓기 전에 바다가 인접해 있었다.

4-19 함평군咸平郡 죽암리竹岩里 장고산고분長鼓山古墳 분구墳丘와 출토出土 하니와埴輪

고분의 장축방향은 북동-남서이며, 원부圓部는 북동쪽, 방부方部는 남서쪽에 자리하고 있다. 분구는 전체적으로 잘 남아 있으나 도로로 인해 전방부 남쪽 모서리 일부가 훼손되었다.

전남대학교 박물관에 의해 시굴조사가 실시되었으며, 이에 의거한 복원이 이루어졌다.

분구의 규모는 전체 길이 68m, 방부方部 폭 36m, 높이 5m, 연결부 폭 8m, 원부圓部 직경 36m, 높이 4.5m이며, 한국에서 확인된 전방후원분 중 두 번째 크기이다.

주구周溝는 분구 외곽이 개간되면서 삭평된 부분이 많아 분명하지 않지만, 분구 외형을 따라 진행하는 것으로 판단된다. 폭 6m 내외, 깊이 1~1.5m 내외로 추정된다. 분구와 주구周溝에서는 하니와埴輪 편이 출토되었다.

최근 조사에 의해 후원부에서 매장주체부埋葬主體部인 석실石室의 존재가 확인되었다(국립나주문화재연구소 전남대학교박물관, 2015, 『한국의 원통형토기(분주토기)』, 國立羅州博物館, 2019, 『韓國의 長鼓墳』).

(4) 신덕新德고분(4-20, 21, 22, 23)

전라남도 함평군 월야면 예덕리 산 176-2와 산 177번지 일원에 위치한다. 고분은 신덕마을 서쪽, 남북으로 길게 이어지는 낮은 구릉에 위치하고 있으며, 주변 조망이 매우 뛰어나다. 1호분은 전방후원분으로 해발 62m 내외 낮은 구릉에 입지한다. 고분의 장축방향은 북서-남동이며, 원부圓部가 남동쪽, 방부方部가 북서쪽에 자리하고 있다. 분구의 규모는 전체길이 약 50m, 방부方部 폭 약 24m, 높이 약 4m, 연결부 폭 약 18m, 높이 약 3.25m, 원부圓部 직경 약 30m, 높이 약 5m이다. 분구의 규모는 중형에 해당하며, 분구의 축조는 먼저 구지표면을 평탄하게 하기 위한 정지작업整地作業을 실시하고 분구 성토작업

4-20 함평군咸平郡 예덕리禮德里 신덕1·2호분新德1·2號墳 분구墳丘와 묘도墓道

4-21 함평군咸平郡 예덕리禮德里 신덕1·2호분新德1·2號墳 석실石室

을 진행하였다. 트렌치조사에서 토층이 분구 바깥쪽에서 안쪽으로 기울어지면서 확인되었는데, 분구의 외곽을 먼저 축조하고 그 내부를 채우는 제방형 성토堤坊形盛土 작업이 진행된 것으로 보인다. 연결부 토층에서 방부方部와 원부圓部의 연결부분의 토층이 연속적이지는 않았으나, 좌우가 마치 톱니처럼 교차되어 있는 것으로 확인되었다. 이를 통해 원부圓部와 방부方部는 동시에 축조되었으나, 최종적으로는 방부方部를 먼저 쌓고 원부圓部를 성토한 것으로 보고 있다.

분구 사면에는 즙석葺石이 확인되었다. 즙석은 방부方部와 원부圓部 사면에서 전체적으로 확인되었다. 즙석은 길이 4.3~18m, 높이 1.5~3.0m가 잔존하였다. 즙석에 사용된 할석割石의 크기는 25~30cm가 중심을 이루며, 원부와 연결부에서는 최하단석으로 크기 40cm 이상의 장대석長臺石이 열을 맞추어 있는 것이 확인되었다.

원부圓部 정상 남동쪽에서 훼기毁棄된 통형기대편筒形器臺片이 다수 출토되어 의례가 행해졌음을 알 수 있다.

주구周溝는 분구 외형을 따라 확인되었는데, 전체가 이어지지 않는 잠형蠶形으로 총 8개가 조사되었다. 길이가 가장 짧은 주구는 방부方部 전단에 위치하며, 규모는 길이 6m, 최대 폭 2.5m, 깊이 0.46m이다. 길이가 가장 긴 주구는 원부에 위치하며, 규모는 길이 27m, 최대폭 5m, 깊이 0.85m이다. 서쪽 사면부에는 10m 정도 간격을 두고 주구가 분리되어 있는데, 현실 입구로 향하는 통로로 추정된다.

매장주체부는 횡혈식석실橫穴式石室로 원부圓部 중심에서 남서쪽으로 치우쳐 축조되었다.

현실玄室은 구지표면을 정지하고 축조한 지상식이며, 현실과 분구는 동시에 축조된 것으로 추정된다. 현실의 장축방향은 분구와 직교하는 북동-남서이며, 북동쪽에 현실, 남서쪽에 묘도墓道가 있다. 현실의 평면형태는 장방형이며, 바닥 규모는 길이長 290(남벽)~300cm(북벽), 폭 220(서벽)~245cm(동벽), 높이 235~260cm이다. 면적은 약 7.1m²이다. 벽석은 아래쪽에는 대형 요석腰石으

4-22 함평군咸平郡 예덕리禮德里 신덕1호분新德1號墳 출토出土 유물遺物

로 보이는 장대석長臺石을 놓고 그 위에는 할석割石을 쌓아 네 벽을 약간씩 줄인 조임식이며, 천장석天障石은 대형 판석板石 2장인데 이를 덮어 마무리하였다. 현실 내부 네 벽과 천장 전면에는 주칠朱漆이 되어 있다. 서벽 중앙에 위치한 현문玄門은 문주석門柱石, 문미석門楣石, 문지방석門地枋石이 갖추어져 있으며, 높이 121cm, 폭 85~87cm이다. 문비석門扉石은 높이 157cm, 폭 82~99cm, 두께 7.5~11cm의 대형 판석 1장을 사용하여 현실 입구를 막고 그 앞에는 폐쇄석閉鎖石을 쌓았다. 상면床面은 할석割石을 전체적으로 깔았으며, 북쪽에 동-서 장축의 관대棺臺가 있다. 관대는 전체 길이 252cm, 폭 90cm 내외이다. 관대 위에 목관재木棺材가 있었다. 현실 남쪽 바닥에서는 장대석 1매와 할석割石이 확인되었는데, 주변에 작은 관정棺釘이 있는 것으로 보아, 총 2개의 목관木棺이 있었을 것으로 추정된다. 현실 내부에서는 장경호長頸壺 1점과 다량의 철기들이 출토되었다. 철기는 재갈轡, 철촉鐵鏃, 철부鐵斧, 찰갑札甲, 관정棺釘, 관고리棺環 등이 있으며, 금제이식金製耳飾, 금동관편金銅冠片, 다량의 옥玉류가 출토되었다. 그 밖에 도굴된 후 압수된 유물로는 대도大刀, 철모鐵鉾, 철준鐵鐏, 운주雲珠, 갑주甲冑, 등자鐙子 등이 있다.

묘도墓道는 밖으로 가면서 벌어지는 팔八자형으로 북벽은 길이 320cm, 높이 105~200cm, 남벽은 길이는 260cm, 높이 67~175cm이다. 묘도 중앙부 폐쇄석 아래에서 고배高杯 3점과, 개배蓋杯 56조가 확인되었다. 다량의 토기는 현실을 폐쇄한 뒤 의례를 행하기 위해 사용된 것으로 추정된다. 묘도 남벽석 끝부분에서 대호大壺 2점, 철기, 칠기 흔적이 확인되었으며, 대호大壺 안에서는 참돔 뼈가 출토되었다.

2호분은 원분으로 전방후원분으로부터 북쪽으로 약 10.5m 거리를 두고 조영되었다. 규모는 직경 19m, 높이 약 3.0m 정도이다. 주구周溝는 원형으로 돌아가며, 폭 2.5~3.0m 내외, 깊이 0.3~0.98m이다. 매장주체부는 능산리식 석실

4-23 함평군咸平郡 예덕리禮德里 신덕1호분新德1號墳 출토出土 유물遺物

이며 입구가 서쪽에 위치한다. 석실은 현실, 연도, 묘도, 배수시설로 이루어져 있다. 현실은 단면 6각형이며, 규모는 길이 250cm, 폭 125cm, 높이 100cm이다. 연도羨道는 단면 사각형이며, 남벽에 치우쳐 있다. 규모는 길이 55cm, 폭

81~84cm이다. 묘도墓道는 팔八자형으로 길이는 남벽 83cm, 북벽 105cm이며, 배수시설은 19.1m이다.

신덕1호분과 2호분은 같은 묘역 내에 위치하고 양 고분의 피장자는 친족, 즉 부자 관계와 같은 인물로 보인다. 전방후원분인 1호분은 석실의 형태와 부장품으로 볼 때 6세기 전엽, 2호분은 유물이 출토되지는 않았으나, 백제 능산리식인 단면 6각형인 점으로 보아 6세기 중엽으로 추정된다(국립광주박물관, 2021, 『咸平 禮德里 新德古墳』, 國立羅州博物館, 2019, 『韓國의 長鼓墳』).

⑸ 마산리馬山里1호분(4-24)

전라남도 함평군 학교면 마산리 산 16-2번지 일원에 25기 전후로 구성된 고분군 내에 위치한다. 고분은 표산마을 서쪽 해발 34m 내외 구릉 능선에 입지하며, 학교천 주변의 충적지를 조망하기 좋은 지점에 있다.

1호분인 전방후원분은 고분군의 중상단에 위치한다. 고분의 장축방향은 북서-남동이며, 원부圓部가 남동쪽, 방부方部가 북서쪽에 자리하고 있다. 분구의 규모는 전체 길이 약 46m, 방부方部 폭 26m, 높이 4m, 연결부 폭 약 13m, 원부圓部 직경 약 25m, 높이 4m이다. 방부와 원부에는 도굴 구덩이의 흔적이 보이며, 연결부 북서쪽에는 민묘로 인한 분구의 변형이 이루어졌다. 분구의 규모는 중형이며, 한국에서 확인된 전방후원분 중 여섯 번째 크기에 해당한다.

분구의 축조방법을 확인하기 위한 토층조사에서는 분구 외곽에 복발형(∩)으로 둑을 쌓고 그 내부를 채워 분구의 평면형태를 완성하는 제방형성토堤坊形盛土가 확인되었다. 분구 바깥쪽 토층은 상대적으로 두껍고 점성이 강한 토양을 사용하였으며, 안쪽 토층은 점성이 강한 토양과 약한 토양을 번갈아가며 수평에 가깝게 성토盛土한 흔적이 확인된다.

4-24 함평군咸平郡 마산리1호분馬山里1號墳과 출토出土 유물遺物

분구 외곽에는 주구周溝가 둘러졌다. 매장주체부는 횡혈식석실橫穴式石室로 원부圓部 중앙에서 남동쪽으로 약간 치우친 곳에 위치한다. 장축방향은 북동-남서이고, 현실玄室, 문미석門楣石을 겸한 짧은 연도羨道, 묘도墓道를 갖추고 있다. 현실의 평면형태는 장방형이나, 현문玄門이 위치한 앞쪽이 약 20cm 정도 좁게 축조되었다. 규모는 길이 523cm, 남쪽 동단벽 폭 266cm, 현실 입구 폭 244cm, 높이 278cm이다. 면적은 약 13.9m²로 다른 전방후원분 현실 면적에 비해 큰 편에 속한다. 벽석은 하단에 대형 요석腰石 1매를 배치하고 상부는 할석割石으로 쌓았다. 천장석天障石은 1매만 원형을 유지하고 있으며, 규모는 장축 215cm, 단축 130cm이다. 현문玄門에는 문주석門柱石, 문지방석門地枋石, 문미석門楣石을 갖추었으며, 크기는 폭 93cm, 높이 128cm이다. 현문은 2매의 대형 판석板石을 상하로 겹쳐서 막고, 그 위에 빈 공간을 할석으로 쌓았다. 묘도墓道는 입구가 약간 벌어진 팔八자형이다.

부장품은 중국 남조에서 이입된 전문도기편錢文陶器片을 비롯하여 백제 기대器臺와 유공소호有孔小壺 등 소수의 토기편이 출토되었다(동신대학교박물관, 2015, 『咸平 마산리1호분』, 國立羅州博物館, 2019, 『韓國의 長鼓墳』).

⑹ 월계동月桂洞고분(4-25, 26)

광주광역시 광산구 월계동 765-5번지 일원에 위치한다. 1호분은 구릉에서 평지로 이어지는 해발 22~23m에 입지한다. 고분의 장축방향은 동남-서북이며, 원부圓部는 평지 방향인 동남쪽, 방부方部는 구릉 방향인 서북쪽에 있다. 분구의 규모는 전체 길이 36.6m, 방부 폭 27m, 높이 4.9m, 연결부 폭 10.45m, 높이 3.3m, 원부 직경 16m 내외, 높이 4.8m이다. 조사를 통해 파악된 분구의 본래 규모는 전체 길이 44m, 방부方部 길이 16m, 폭 36m, 높이 4.8m, 연결부 길이 4m, 폭 12m, 높이 3.2m, 원부 직경 24m, 높이 4.8m로 추정된다. 분구의

4-25 광주시光州市 월계동1·2호분月桂洞1·2號墳 분구墳丘와 석실石室

1·2·4·5. 1호분, **3.** 2호분

규모는 중형에 해당하며, 한국에서 발견된 전방후원분 중 일곱 번째 크기에 해당한다.

분구 축조는 먼저 구지표면을 정지整地한 후 원부圓部와 방부方部에 별도로 성토작업을 시작하여 연결부에서 마무리하였다. 연결부 토층조사에서 아래쪽은 방부에서 원부 쪽으로 경사진 토층이 있고, 위쪽은 반대방향으로 성토된 점에서, 방부를 먼저 축조한 후 원부를 축조한 것으로 추정된다. 분구 외곽에는 황갈색과 갈색점토로 복발형(∩)으로 둑을 쌓고 내부에는 점토를 쌓은 제방형성토堤坊形盛土가 확인된다. 분구 하단부는 제방형성토가 수직으로 두 차례 이루어졌으며, 상단부는 수평으로 성토하여 마무리하였다.

주구周溝는 분구 주위 전체를 돌아가고 있으며, 안쪽은 분구의 형태를 따르고 바깥쪽은 방패형防牌形이다. 주구의 폭은 방부方部 정면 5.3~8m, 연결부 측면 12.5~15m, 원부圓部 정면에서 양쪽 측면까지 6.5~7.5m로 방부와 원부는 좁고 연결부는 넓은 형태이다. 주구의 원래 깊이는 방부 전면 1~1.5m, 원부에서 연결부까지 2m 내외로 추정된다. 원부 주구에는 폭 12m, 높이 1m의 석실과 연결된 육교가 확인된다. 방부 남서쪽에는 분구로 올라가는 길로 추정되는 시설도 확인되었다. 분구와 주구를 포함한 고분의 본래 규모는 전체 길이 60m, 방부 폭 52m, 원부 직경 40m 정도로 추정된다.

주구周溝에서는 많은 수의 하니와埴輪가 출토되었으며, 특히 북쪽 주구에서는 개형蓋形·이와미형石見形 목제하니와木製埴輪와 목제 메공이, 목제 망치 등의 목기가 수습되었다. 이 유물들은 분구 기저부基底部에 둘러졌던 의례용으로 고분 축조 이후 주구周溝로 넘어져 들어온 것으로 추정된다. 이외에도 연결부 남·북쪽과 방부方部 서쪽 주구周溝에서 기대器臺, 고배高杯, 개배蓋杯, 삼족기三足器 등을 비롯한 토기류가 출토되었는데, 제사와 관련된 유물이다.

매장주체부埋葬主體部는 횡혈식석실橫穴式石室로 원부圓部 중심에서 남서쪽

4-26 광주시光州市 월계동1호분月桂洞1號墳 주구周溝와 출토出土 유물遺物

으로 치우쳐 축조되었다. 현실은 원부圓部 중심부에 폭 12~13m, 높이 1m의 토축기단土築基壇을 만들고 축조한 지상식이며, 분구와 동시에 축조되었다. 현실의 장축방향은 동북동-서남서로 동북동쪽에 현실玄室, 서남서쪽에 연도羨道가 있다. 현재 석실의 전체 길이는 765cm이며, 연도羨道 끝부분이 파괴되어 있어 원래는 800cm 정도였을 것으로 추정된다. 현실의 평면형태는 장방형이며, 규모는 길이 455cm, 폭 300cm, 높이 290cm이다. 면적은 약 13.3m²이다. 현실 입구가 있는 서단벽을 제외한 세 벽은 길이 40cm 내외, 폭 40cm 내외, 두께 15cm 내외 크기의 할석割石을 벽돌처럼 쌓아 올렸는데, 위로 올라갈수록 벽을 약간씩 줄인 조임식이다. 현문玄門에는 문주석門柱石과 문지방석門地枋石이 갖추어져 있다. 문주석門柱石은 95cm 간격을 두고 두 장의 판석板石으로 축조하였으며, 그 사이 바닥에는 두 장의 작은 판석을 이어 붙인 문지방석이 있다. 천장은 4매 정도의 대형 판석을 덮은 것으로 추정된다. 상면床面은 큰 판석 4장을 깔았다. 석관石棺은 장방형으로, 후벽後壁에 접해 있다. 장축방향은 현실 장축과 직교하는 남동남-북서북이다. 석관 상면에는 길이 190cm, 폭 100cm의 큰 판석이 깔려 있으며, 석관의 벽은 길이 100cm, 높이 50cm의 판석을 단벽短壁에 1매, 장벽長壁에는 2매를 사용하였다. 연도羨道는 현실방 벽과 동일한 석재를 사용하였다. 연도의 길이는 300cm 정도 남아 있으며, 폭은 140~145cm이다. 천장으로 2매의 판석을 덮었다. 연도의 바깥쪽은 모두 파괴되었으나 짧은 묘도墓道가 있었을 것으로 추정된다. 현실 내부는 도굴되었고, 여기서 금제이식金製耳飾, 철촉鐵鏃, 관정棺釘, 토기土器가 출토되었다. 고분의 연대는 6세기 전엽으로 추정된다.

월계동2호분은 1호분에서 북동쪽으로 약 50m 떨어진 해발 21m 내외 저평한 구릉 말단부에 있다. 조사 당시 2호분은 민가 및 경작지 조성 등으로 인해 석실石室과 분구墳丘가 심하게 훼손되어 있었다. 고분의 장축방향은 동-서이며, 원부圓部는 평지 방향인 동쪽에, 방부方部는 구릉 방향인 서쪽에 자리하고 있다. 분구의 규모는 전체 길이 28m, 방부方部 너비 11.9m, 높이 2m, 연결부 폭 7.9m, 높이 0.7m, 원부圓部 폭 12m, 높이 2.3m이나, 전체 길이 33m, 방부 길이 15m, 폭 27m, 높이 4m, 연결부 길이 15m, 폭 9~10m, 원부 직경 18m, 높이 4m로 복원된다.

원부圓部는 현실을 축조하면서 분구를 조영하였는데, 바깥쪽에서 안쪽으로 약간 경사지게 성토한 것으로 추정된다. 분구 외곽쪽은 황회색 점토를 사용하여 성토하였고 원부의 현실 부근과 연결부~방부方部의 중심부에는 암갈색과 회갈색 점토를 사용한 제방형성토堤坊形盛土가 확인됐다.

주구周溝는 1호분과 같이 분구 전체에 돌아가고 있으며, 안쪽은 분구의 형태를 따르고 바깥쪽은 방패모양을 하고 있다. 주구의 폭은 방부方部 정면 3.5m, 원부圓部 정면 5.5m, 연결부 측면은 7.5~10m로 방부와 원부는 좁고 연결부는 넓은 형태이다. 주구의 원래 깊이는 1m 정도로 추정된다. 분구와 주구를 포함한 고분의 원래 규모는 전체 길이 46.5m, 방부方部 폭 42m, 원부圓部의 직경 33m 정도로 추정된다. 주구에서는 하니와埴輪, 토기가 출토되었다.

매장주체부埋葬主體部는 횡혈식석실橫穴式石室로 현실玄室의 동쪽 모서리가 원부圓部 중앙에 있어 원부 중심에서 서북쪽으로 치우쳐 축조되었다. 현실은 구지표면에서 약 90cm 위에 마련된 지상식이며, 1호분처럼 현실 축조를 위한 토축기단土築基壇은 만들어지지 않았다. 현실의 장축방향은 동남-서북으로 동남쪽에 현실, 서북쪽에 연도羨道가 위치한다. 현실의 평면형태는 장방형이며, 규모는 길이 400~420cm, 폭 240~245cm, 잔존 높이 105cm이다. 면적은 약 10m^{2}이다. 현실 입구가 있는 서북단벽을 제외한 현실 장벽과 동남단벽은 길이 40cm, 폭 40cm, 두께 15cm 내외 크기의 할석割石을 벽돌처럼 쌓았는데, 최하단부에는 길이 150cm 내외의 장대석長臺石을 놓은 부분도 있다. 벽석은 현재 1~6단 정도만 남아 있다. 서북단벽 중앙에는 현문玄門의 문지방석門地枋石으로 추정되는 판석이 놓여 있으며 폭은 90cm 정도로 추정된다. 바닥에는 판석을 전면에 깔았으며, 관대棺臺와 석관石棺과 같은 시설물이 확인되지 않았다. 천장에는 대형 판석板石을 덮었을 것으로 파악된다. 연도羨道는 길이가 235cm 정도 남아 있다. 연도 입구 문지방석에서 120cm 정도 떨어진 부분에 장대석 2매가 좌우에 1매씩 놓여 있고, 이를 경계로 바닥면이 높아지고 양벽 사이도 벌어지고 있어, 묘도墓道와 연도羨道의 경계지점으로 추정된다. 현실 바닥에서 도자刀子, 개蓋, 고배高杯, 기대器臺 등의 토기류, 옥玉 등이 출토되었다. 고분의 연대는 6세기 전엽으로 추정된다(全南大學校博物館, 2003,『光州 月桂洞 長鼓墳』, 國立羅州博物館, 2019,『韓國의 長鼓墳』).

(7) 명화동明花洞고분(4-27, 28)

광주광역시 광산구 명화동 170-5번지 일원에 위치한다. 고분은 화동마을을 에워싸고 있는 해발 47m 내외 구릉에 있어 원거리에서도 조망된다. 이는 자연적인 지형을 이용하여 고분의 규모를 크게 보이도록 하는 효과를 의도한 것으로 추정된다. 고분의 장축방향은 북서-남동이며, 원부圓部가 남동쪽, 방부方部가 북서쪽에 자리하고 있다. 분구의 규모는 전체 길이 33m, 방부 폭 24m, 높이 2.73m, 연결부 폭 12m, 높이 1.87m, 원부 직경 18m, 높이 2.73m이다. 분구의 규모는 소형에 해당하며 분구는 구지표 위에 점성이 강한 암갈색 점토를 평탄하게 성토한 후 형태와 규모를 1차 구획하여 축조하였다. 분구의 하단부는 가장자리를 따라 회백색 점토로 제방처럼 흙을 쌓고 내부를 채우는 제방형성토堤坊形盛土가 이루어졌으며, 상단부는 수평으로 성토하였다. 연결부 토층에서 원부圓部와 방부方部를 잇는 수평토층이 확인되어 원부와 방부는 동시에 축조된 것으로 판단된다. 방부가 있는 북서쪽은 구릉을 V자형으로 절개

4-27 광주시光州市 명화동고분明花洞古墳 분구墳丘와 하니와埴輪 출토出土 상태狀態

4-28 광주시光州市 명화동고분明花洞古墳 석실石室과 출토出土 유물遺物

하여 분구를 조영하였으나 복원공사에 의해 원형이 훼손되었다.

연결부 분구 사면에는 성토층을 약간 파고 그 위에 하니와埴輪가 수립竪立되었는데, 동쪽과 서쪽에서 배치형태가 다르게 나타난다. 연결부 동쪽(해발 48.2m)은 하니와를 1점씩 50cm 정도의 일정한 간격을 두고 일렬로 세웠다. 그 길이는 총 8.2m 정도로 확인된다. 반면 연결부 서쪽(해발 47.5m)은 하니와를 3점의 조합으로 일렬로 배치하였다.

주구周溝는 서쪽과 북쪽을 제외한 나머지 부분에서는 U자형으로 확인되었다. 서쪽은 민가로 인해 훼손되어 흔적이 남아 있지 않으며, 북쪽은 주구가 조성되지 않았던 것으로 파악된다. 주구는 폭, 깊이, 높이가 위치에 따라 차이를 보이는데, 연결부분이 가장 넓게 나타나는 방패형防牌形이다. 연결부 동쪽에서 확인된 주구의 규모는 최대 폭 5.5m, 깊이 0.8m이며, 원부圓部 남쪽은 폭 1.5m, 깊이 0.4m이다. 주구周溝 내부에서는 하니와埴輪가 중첩되어 출토되었다.

매장주체부埋葬主體部는 지상식 횡혈식석실橫穴式石室로 분구와 동시에 축조되었다. 현실은 동쪽 모서리가 원부圓部 중앙지점에 놓이도록 분구 정상부에서 약간 서쪽으로 치우친 곳에 축조되었다. 현실은 도굴로 인해 심하게 훼손되었으며, 벽석부와 바닥석 일부가 북동-남서 방향으로 남아 있다. 남아 있는 두 벽의 기초석으로 볼 때 평면형태는 방형이나 장방형으로 추정된다. 바닥의 북동-남서 폭은 약 180cm로 현실玄室규모는 매우 작은 편이다. 현실 남동벽은 길이로 보아 단벽短壁으로 추정되기 때문에 현실의 장축방향은 남동-북서 방향으로 판단된다. 벽 구조는 남아 있는 남동쪽 하부구조를 통해 볼 때 아래에서부터 장대석長臺石과 할석割石을 쌓아 올린 형태로 월계동2호분과 유사하다. 바닥은 점토를 깐 뒤 할석제 판석板石으로 형태를 맞추고 그 사이에 작은 할석을 채워 빈틈을 막은 것으로 파악된다. 북서쪽에 현문玄門이 있었을 것으로 추정되나, 문門과 연도羨道의 구조를 파악하기 어렵다.

현실 남동벽과 남서벽이 만나는 모서리 부근 바닥에서 금동제이식金銅製耳飾, 철촉鐵鏃, 개蓋, 십금구辻金具, 교구鉸具, 개배蓋杯, 토기편이 출토되었다.

고분의 축조시기는 현실의 잔존 형태, 장경유엽형철촉長頸柳葉形鐵鏃과 개蓋 등을 통해 볼 때, 6세기 전엽으로 추정된다(國立光州博物館, 1996, 2012,『光州 明花洞古墳』, 國立羅州博物館, 2019,『韓國의 長鼓墳』).

⑻ 월성산月城山1호분(4-29)

4-29 담양군潭陽郡 월성산1호분月城山1號墳 분구墳丘

전라남도 담양군 수북면 고성리 582-37번지 일원에 위치한다. 삼인산 남쪽으로 뻗어내린 해발 50m 구릉의 능선을 따라 10기 내외의 고분이 분포되어 있었던 것으로 추정되지만, 현재 분구가 잘 남아 있는 고분은 3기 정도이다.

1호분은 고분군 가운데 가장 남쪽 해발 43m 내외에 위치한다. 분구의 서쪽과 남쪽에는 민묘와 도로 등이 조성되면서 일부 훼손되기는 했으나, 분구의 동쪽은 원형에 가깝고 서쪽은 방형을 띠고 있어 전방후원분의 형태와 유사하다. 장축방향은 동-서로 구릉의 진행 방향과 직교하며, 방부方部가 구릉의 서사면을 향하고 있다. 분구의 규모는 전체 길이 24m, 방부 길이 12m, 높이 2.5m 내외, 원부圓部 직경 14m이다. 주구周溝는 폭 3m 내외로 추정된다. 분구의 규모는 소형이며, 한국에서 확인된 전방후원분 중 제일 작다. 일본에서 확인되는 전방부가 짧은 가리비조개식帆立貝式 전방후원분과 유사하다(國立羅州博物館, 2019, 『韓國의 長鼓墳』).

(9) 월전月田고분(4-30)

전라남도 담양군 고서면 성월리 379번지에 위치한다. 고분은 해발 200m 내외의 산지와 중암천 사이에 형성된 해발 50m 내외의 충적평야에 위치하고 있다. 고분의 장축방향은 동-서이며, 원부圓部가 서쪽, 방부方部가 동쪽에 자리하고 있는 것으로 알려져 왔다. 그러나 발굴조사에서 분구의 기저부基底部로 판단되는 흔적과 매장주체부의 위치로 볼 때, 원부가 서쪽, 방부가 동쪽에 위치하는 것으로 확인되었다. 잔존 분구의 규모는 전체 길이 40.7m, 방부 폭 19.3m, 원부 직경 17.1m, 높이 2.6m이나, 복원 분구의 규모는 전체 길이 약 47m, 방부 너비 21m, 높이 3m, 원부 직경 26m, 높이 4m 정도로 추정된다.

즙석葺石은 동쪽에 위치한 방부方部에서 집중적으로 확인된다. 즙석은 할석

4-30 담양군潭陽郡 월전고분月田古墳 분구墳丘와 출토出土 유물遺物

割石과 천석川石을 사용하였으며, 분구 하단까지 확인된다. 주구周溝는 후대의 경작과 삭평으로 인해 전체적인 형태를 파악할 수 없으나, 방패형防牌形으로 추정된다. 현재까지 확인된 주구의 폭은 3.54~9.94m, 깊이 약 0.5~1.0m이며, 단면형태는 넓고 완만한 U자형을 이루고 있다.

매장주체부는 서쪽 원부圓部 중앙에서 횡혈식석실橫穴式石室 1기와 현실 서쪽에 인접하여 석곽石槨 1기가 확인되었다. 현실의 상부는 분구와 함께 삭평 또는 유실되었다. 현실은 지상식으로 분구를 100cm 정도 성토盛土하고 그 위에 축조하였다. 장축방향은 남-북이며, 현실玄室과 연도羨道, 그리고 현실 상부에서 개석蓋石으로 추정되는 대형 판석板石 1매가 확인되었다. 현실의 평면형태는 장방형이나 북쪽이 넓고 남쪽이 좁은 형태를 띠고 있다. 규모는 전체 길이 410cm, 상부 폭 260cm, 하부 폭 200cm, 잔존 높이는 10~40cm이며, 면적은 약 10.7m²이다. 벽석은 할석을 사용하여 축조하였으며, 현재 하단에 1~3단 정도만 남아 있다. 시상屍床은 현실방 내부 전면에 5~15cm 크기의 천석을 3~4겹 정도 깔고 점토로 다졌다. 동벽쪽에는 길이 60cm, 폭 30~50cm, 두께 6cm 정도의 판석 2매가 남-북방향으로 90cm 정도 간격을 두고 놓여 있다. 판석 사이에서 인골의 흔적이 관찰되고, 주변에서 관정棺釘이 출토되는 것으로 보아 관대棺臺로 사용한 것으로 추정된다. 연도羨道는 교란으로 인해 확인되지 않았다. 추가장追加葬은 현실 내부에서는 구분되지 않지만, 유물의 수량이 많고 개배蓋杯와 병甁 등 일부 유물에서 시기 차이를 보이고 있어, 2~3차례 정도 행해진 것으로 파악된다. 현실에서는 발형기대鉢形器臺, 개배蓋杯, 광구호廣口壺, 장경호長頸壺, 병甁, 편병扁甁, 고배高杯, 유공소호有孔小壺 등의 토기류가 출토되었다. 이 외에도 찰갑札甲, 철촉鐵鏃, 관정棺釘 등의 철기류와 옥玉류 등이 출토되었다.

석곽石槨은 현실 서쪽에 인접하여 확인되는데, 분구를 절개하고 나중에 축조한 것으로 보인다. 개석은 유실되었고 벽석은 1~2단 정도 남아 있다. 평면형태는 장방형이며, 장축방향은 남-북에 가깝다. 규모는 길이 184cm, 폭 44cm, 잔존 높이 36~52cm이다. 출토유물은 남벽 쪽에 붙어서 연질 대형 완盌과 내부에서 소형 완이 공반되었으며, 바닥 중앙에서는 도자刀子 1점이, 북쪽에서는 옥玉류가 출토되었다.

이 고분에서는 일본열도의 스에키를 모방한 발형기대鉢形器臺, 개배蓋杯, 광구호廣口壺, 장경호長頸壺, 병甁, 편병扁甁, 고배高杯, 유공소호有孔小壺가 출토되어 주목된다.

고분의 축조시기는 함평군 예덕리 신덕1호분, 해남군 용두리고분, 광주시 명화동고분에서 출토된 유물, 석실구조 등과 비교해 볼 때 6세기 전엽으로 추정된다(영해문화재연구원, 2015, 『潭陽 聲月里 月田古墳』, 國立羅州博物館, 2019, 『韓國의 長鼓墳』).

(10) 유곡리楡谷里고분(4-31)

전라남도 나주시 봉황면 유곡리에 위치한다. 이곳은 나주시 반남면의 북서쪽에 해당한다. 고분은 영산강의 지류인 만봉천에 접한 구릉에 단독으로 입지하고 있다. 고분에서는 충적 평야가 조망된다.

분구는 후원부 일부가 훼손되었으나 원형을 잘 보존하고 있다. 2021년 광주-강진 간 고속도로 공사로 시굴조사가 이루어졌다.

분구는 즙석葺石되었으며, 동-서 방향으로 원부가 동쪽에, 방부가 서쪽에 있다. 규모는 길이 53m, 원부 직경 30m, 높이 4m, 방부 길이 23m, 폭 19m, 높이 3m이다.

분구에서는 매장주체부인 횡혈식석실과 하니와埴輪가 확인되었다(울산문화재연구원 2021).

4-31 나주시羅州市 유곡리고분楡谷里古墳 분구墳丘

전방후원분이 영산강유역의 중심부인 나주 반남면의 북서쪽 외곽에서 확인된 점이 중요하다.

(11) 자라봉고분(4-32, 33)

전라남도 영암군 시종면 태간리 774번지 일원에 위치한다. 고분은 서쪽의 태봉산(해발 83.4m)과 동쪽의 해발 20~30m 구릉 사이에 형성된 해발 7m 내외

4-32 영암군靈巖郡 자라봉고분古墳 분구墳丘와 석실石室

의 곡간평지에 위치한다. 고분의 장축방향은 남-북이며, 원부圓部가 북쪽, 방부方部가 남쪽에 자리하고 있다. 분구의 규모는 전체 길이 37m, 방부 폭 20m, 높이 2.4m, 연결부 폭 11m, 높이 2.26m, 원부 직경 24m, 높이 4.6m이다. 분구의 규모는 소형이며, 한국에서 발견된 전방후원분 중에서 열한 번째 크기에 해당한다.

조사 결과 분구는 6단계의 축조공정을 거쳐 완성된 것으로 보고 있다. 먼저 성토를 하기 전에 분구를 축조할 범위에 대한 정지작업整地作業이 이루어졌다.

4-33 영암군靈巖郡 자라봉고분古墳 출토出土 유물遺物

2단계는 1차 원부圓部 성토작업이 진행되는 단계로 분구 바깥쪽에 복발형(∩)의 둑을 쌓은 뒤 내부를 성토하는 제방형성토堤坊形盛土가 수직으로 2차례 이루어진 뒤, 원부 전체에 한 차례의 성토가 더 이루어졌다. 원부 북쪽, 남쪽, 동쪽에서는 중앙에 점토블록을 놓고 양쪽에 성토한 구획성토區劃盛土가 확인된다. 3단계는 원부 남쪽에 덧붙여 방부 성토가 이루어지는 단계로 세 번에 걸쳐 성토를 진행하였다. 전체적으로 유사판축類似版築의 성토방법이 나타나며, 원부에 비해 단순한 성토재가 사용되었다. 4단계는 방부에 비해 높게 조영된 원부의 분형을 완성하는 단계로 약 1.5m 정도 더 성토하여 분구를 완성하였다. 이 단계에서는 북에서 남쪽으로 네 부분으로 나누어 분할성토하였다. 5단계는 매장주체부埋葬主體部를 축조할 지점에 편오각형으로 묘광을 다시 굴착한 후 현실을 축조하였다. 마지막 6단계는 개석蓋石을 덮고 다시 성토하여 최종 분구를 완성하였다.

원부圓部 동남쪽 분구 최상위 성토층에서 호 2개를 합구한 대용관代用棺이 확인되었다. 원부와 방부가 만나는 지점에서는 호 1점의 구연부를 훼기毁棄하여 매납하였다.

분구 가장자리를 따라 전체적으로 주구周溝가 조사되었는데, 방부方部 측면과 전면의 주구가 단절되어 있는 점이 특징이다. 주구의 폭은 4~6m 내외이며, 깊이는 0.3~1.8m이다. 주구에서는 하니와埴輪, 개배蓋杯, 병甁, 단경호短徑壺, 완盌 등의 토기류가, 북서쪽에서는 목제하니와木製埴輪, 양날모양목기 등 목제품이 출토되었다. 하니와는 분구의 평탄면과 주구 외연을 따라 수립되었다. 목제하니와는 2점씩 조합으로 자루에 끼워진 채로 2개체가 확인되었는데, 의례 후 주구 내에 의도적으로 폐기된 것으로 추정된다.

매장주체부는 횡구식석실橫口式石室로 원부圓部 중심부에서 약간 동쪽으로 치우친 지점에 위치한다. 현실은 정지면에서 2.24m 높이에 위치한 지상식이다. 현실의 장축방향은 동-서이며, 평면형태는 장방형이다. 현실玄室의 규모는 길이 326cm, 폭 233cm 내외, 높이 102~190cm 내외, 면적은 4.6m²이다. 현실의 벽석은 할석割石을 사용하여 10단 내외로 쌓았으며, 개석蓋石은 4장의 판석板石을 이용하였다. 현실의 구조에 대해 1차 조사에서는 수혈식석곽竪穴式石槨으로 보고되었다. 2차 발굴조사에서는 현실 동벽을 1~4단 축조한 후 중앙부분을 U자상으로 남겨둔 채 가장자리 부분에 남벽과 북벽을 잇대어 쌓은 점, 묘광墓壙 구축의 평면형태, 연도羨道와 작업로의 확인 등을 통해 횡구식橫口式으로 보고 있다. 목관木棺은 길이 150cm, 폭 50cm 내외로 추정된다.

부장품으로 동벽과 서벽 사이에 치우쳐 금제이식金製耳飾, 옥玉, 대도大刀, 철모鐵鉾, 철겸鐵鎌, 철부鐵斧, 도자刀子, 개배蓋杯, 호壺, 소 또는 돼지로 추정되는 동물 뼈도 출토되었다.

고분의 축조 시기는 개배蓋杯와 철모鐵鉾 등으로 볼 때 6세기 초로 추정된다(韓國精神文化硏究院, 1992, 『자라봉 古墳』, 대한문화재연구원, 2015, 『영암 태간리 자라봉 고분』, 國立羅州博物館, 2019, 『韓國의 長鼓墳』).

(12) 용두리龍頭里고분(4-34, 35)

전라남도 해남군 삼산면 창리 578번지 일원에 위치한다. 고분은 창리 용두마을 뒷산(해발 66.5m)에서 길게 북동쪽으로 형성된 해발 32m 내외 낮은 구릉에 단독으로 조성되어 있어, 분구가 규모에 비해 고대高大하게 보인다. 고분의 장축방향은 북동-남서이며, 원부圓部가 북동쪽, 방부方部가 남서쪽에 자리하고 있다. 분구의 규모는 전체 길이 41.3m, 방부方部 폭 17.5m, 높이 3.8m, 연결부 폭 15.3m, 높이 3.5m, 원부 직경 24.3m, 높이 5.2m이다.

고분은 자연지형을 최대한 활용하여 석실石室이 위치한 부분이 가장 높고 주변이 낮아지는 구릉을 선택하였다. 먼저 대상지를 선정한 뒤, 구지표면을 평탄하게 깎거나 정리하는 정지작업整地作業을 실시하였다. 정지작업 이후 황갈색 계통의 사질점토를 안쪽으로 비스듬히 쌓아 분구의 외형을 만들고, 내부에는 황갈색 계통의 사질토 또는 사질점토를 반복하여 쌓은 제방형성토堤坊形盛土작업을 진행하였다. 연결부 토층에서 확인된 회녹색 점토층의 존재를 통해 방부方部의 기초를 먼저 쌓은 뒤 원부圓部의 기초를 쌓은 것으로 파악된

4-34 해남군海南郡 용두리고분龍頭里古墳 분구墳丘

4-35 해남군海南郡 용두리고분龍頭里古墳 석실石室과 출토出土 유물遺物

다. 분구 최상층은 황갈색 계통의 사질점토를 방부 1.6m, 연결부 1.5m, 원부 2m 높이로 쌓아 방부와 원부와 함께 현실도 벽체와 분구를 동시에 쌓아 올린 것으로 보고있다.

즙석葺石은 분구 전면에서 확인되었으며, 가장 잘 남아 있는 곳은 분구 서쪽으로 규모는 길이 18.4m, 최대 높이 1.4m이다. 원부圓部의 즙석은 경사가 심한 곳에 만들어져 최하단석은 장대석長臺石을 사용하고 위쪽에는 할석割石을 사용하였다.

주구周溝는 분구 외형을 따라 잠형蠶形으로 총 6개가 확인되었다. 주구는 방부方部 남쪽 2개, 서쪽 측면 2개, 원부圓部 북쪽 1개, 남동쪽 측면 1개가 조사되었다. 가장 큰 규모의 주구는 남동쪽 측면 주구로 길이 29.4m, 최대 폭 5.9m, 최대 깊이 0.8m이다. 분구와 연결되는 통로는 5곳에서 확인되었으나 훼손된 북동쪽을 포함하면 더 있을 가능성이 있다.

매장주체부는 횡혈식석실橫穴式石室로 분구의 장축방향과 평행하게 원부圓部 중심에서 남서쪽에 치우쳐 축조되어, 현문玄門이 전방부를 향하여 개구開口하였다. 현실玄室은 구지표 정지면 위에 1m 정도 성토하여 축조한 지상식이다. 장축방향은 현실의 장축방향과 동일한 북동-남서이고, 현실 연도羨道를 갖추고 있다. 현실의 평면형태는 장방형이며, 규모는 길이 316(서)~349cm(동), 폭 210(남)~213cm(북), 최대 높이 181cm이다. 면적은 약 7.4m²이다. 벽석은 아래쪽에 큰 요석腰石을 놓고 그 위에는 할석割石을 쌓아 장축벽을 좁힌 양벽 조임식이다. 바닥에는 대형 판석 1장을 놓았다. 천장석天障石은 북쪽에서 대형 판석 1장만 확인되었다. 남벽 중앙에 위치한 현문玄門은 문주석門柱石, 문지방석門地枋石을 모두 갖추었으며, 높이 127cm, 폭 30~65cm이다. 현문玄門은 할석割石으로 폐쇄閉鎖한 것으로 보인다. 연도羨道는 약간 서벽에 치우쳐 있으며, 팔八자형이다. 연도 동벽과 서벽의 길이는 140cm로 짧고, 수혈竪穴로 된 250cm 길이의 묘도墓道와 연결된다.

부장품으로 귀면문도장금판鬼面文刀裝金版, 금동제시통金銅製矢筒, 호마노관주縞瑪瑙管珠, 홍옥수환주紅玉髓環珠, 유리주琉璃珠, 철촉鐵鏃, 통형기대筒形器臺, 발형기대鉢形器臺, 개배蓋杯, 호壺, 병甁 등이 출토되었다. 특히 중국 남조의 전문도錢文陶는 분구墳丘, 즙석葺石, 주구周溝 등에서 출토되어 제사에 사용된 후 파쇄破碎된 것으로 보인다.

용두리고분은 출토 유물로 볼 때 6세기 초에 조성된 것으로 추정된다(國立光州博物館, 2011, 『海南 龍頭里古墳』, 國立羅州博物館, 2019, 『韓國의 長鼓墳』).

⒀ 방산리 장고봉方山里長鼓峰고분(4-36, 37, 38)

전라남도 해남군 북일면 방산리 산 721번지에 위치한다. 고분은 성마산에서 뻗어 나온 해발 20m 내외의 가지구릉 능선에 단독으로 위치하고 있어 분구의 고대高大함이 돋보인다. 또한 고분 남쪽에는 남해가 조망된다. 지금은 간척되었으나 고분의 남쪽까지 해역이 진입한 것으로 보인다. 고분의 장축방향은 남-북이며 원부圓部가 남쪽, 방부方部가 북쪽에 자리하고 있다. 분구의 규모는 전체 길이 약 76m, 방부 폭 36m, 높이 9m, 연결부 폭 30cm, 높이 6m, 원부 직경 43m, 높이 약 10m이다. 고분은 한반도에서 발견된 전방후원분 중 최대 규모이다. 고분의 형태는 전체적으로 양호한 편이나, 주변에는 도로가 개설되었고, 민묘가 조성되었으며, 경작이 행해지고 있다.

시굴 조사는 매장주체부 중심으로 진행하였기 때문에 분구와 주구周溝에 대한 조사는 이루어지지 않았다. 그러나 방부方部 동북쪽에서 주구의 흔적이 확인되었고, 최근 현실 조사과정에서 분구 축조방법을 부분적으로 파악할 수 있었다.

발굴조사에서는 현실이 위치한 원부圓部 정상에서 약 4m 아래까지 분구 아랫부분은 층을 이루며 정연하게 쌓았으며, 석실의 상부는 두꺼운 점토로 밀봉되었음을 확인할 수 있었다.

고분의 매장주체부는 원부圓部 중앙에서 남서쪽으로 약간 치우쳐 축조된 횡혈식석실橫穴式石室이며, 분구 기저부基底部에서 5m 위에 위치하는 지상식이다. 현실玄室의 장축 방향은 분구의 길이와 직교한 동-서이며, 현실, 연도羨道를 갖추고 있다. 현실은 분구의 중앙부에 위치한다. 현실의 평면형태는 장방형이며, 규모는 길이 460cm, 폭 210(서)~240cm(동), 높이 180~190cm, 현실 현문玄門이 있는 서벽은 약간 좁혀 만들었다.

면적은 약 11m²이다. 현실의 동서 단벽은 수직으로, 남북 장벽은 안쪽으

4-36 해남군海南郡 방산리方山里 장고봉고분長鼓峰古墳 분구墳丘와 석실石室

4-37 해남군海南郡 방산리方山里 장고봉고분長鼓峰古墳 석실石室

4-38 해남군海南郡 방산리方山里 장고봉고분長鼓峰古墳 출토出土 유물遺物

로 할석割石을 11~12단 쌓아 올리고 최하단과 천장석天障石 바로 아래에는 판석板石을 사용하였다. 천장석天障石으로 판석 5장을 덮었으며, 상면床面은 270×180cm의 판석 1매를 사용하였다. 현실玄室의 벽壁과 천장天障은 주칠朱漆하였다. 현실 입구는 중앙에 위치하며, 문주석門柱石, 문미석門楣石을 갖추었다. 크기는 길이 70cm, 폭 58cm, 높이 115cm이다. 연도羨道는 길이 400cm, 폭 120cm이며, 3매의 천장석天障石을 덮었다. 현실에서는 찰갑편札甲片과, 남색, 초록색 유리주琉璃珠, 관冠과 식리飾履에 착장되었던 보요步搖 1점이 출토되었다. 연도 입구에서 다수의 개배蓋杯가 출토되었다. 매장주체부를 확인하기 위한 트렌치 조사과정 중 하니와埴輪편이 출토되었다. 고분의 축조시기는 6세기 초로 추정된다(國立光州博物館, 2001, 『海南 方山里 長鼓峰古墳 試掘調査報告書』, 國立羅州博物館, 2019, 『韓國의 長鼓墳』).

(14) 금산리金山里 방분方墳(4-39, 40)

전라남도 함평군 손불면 죽암리 장고산長鼓山고분의 동북쪽에 위치한다. 장고산고분과 같이 임해성이 강한 고분이다.

장변 54m, 단변 46m, 높이 6.4m이며 분구 전면에 할석으로 즙석하였다.

조사 결과 경사면을 따라 중·대형 할석을 사용하여 가로 세로 방향으로 석축을 쌓고 단과 단 사이를 중·소형 할석으로 채운 4단의 방형 석축이 확인되었다.

분정부에는 매장주체부로 추정되는 적석유구와 대형 판석 1매가 확인되었으나 교란이 심하여 구조 파악이 어렵다.

이 고분에서는 일본열도의 분구에서 보이는 즙석이 확인되었으며, 분구에서 인물형人物形, 마형馬形, 조형鳥形 하니와埴輪가 출토되었다. 이 고분 출토 하니와埴輪는 목판木版으로 정면된 것으로 모두 일본열도에서 이주한 공인에 의해 제작된 것이다.

이것들은 인근에서 조사된 노적취락유적 내 주거지 출토 하니와埴輪와 같은 기법으로 만들어진 것으로 주변에 제작공방이 있었던 것으로 추정된다.

그 외 중국 남조산의 연판문 청자완과 흑유호 편, 스에키와 스에키계의 편병, 장식부 장경호, 고배 등이 출토되었다. 축조시기는 연판문 청자완과 토기로 볼 때 6세기 초를 전후한 시기로 판단된다.

이 고분은 장년리 장고산고분과 하니와 편이 확인된 노적취락유적과 연관된 유적으로 상호 관계와 축조 집단의 성격에 대한 논의가 기대된다(전남문화재연구소, 2015, 2021, 『咸平 金山里 方臺形古墳』).

4-39 함평군咸平郡 금산리金山里 방분方墳 분구墳丘

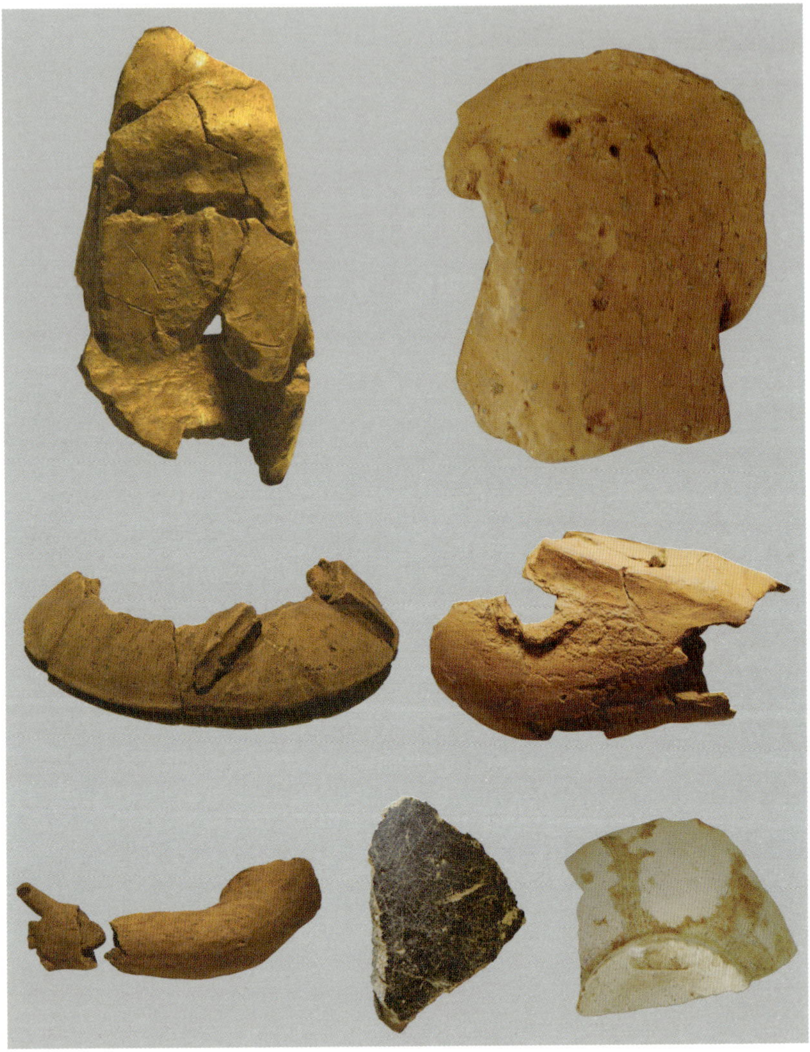

4-40 함평군咸平郡 금산리金山里 방분方墳 출토出土 유물遺物

(15) 영천리鈴泉里고분(4-41)

전라남도 장성군 장성읍 영천리 100번지 보해주조공장내에 위치한다. 고분은 노령산맥 남쪽 지맥인 불태산에서 서쪽으로 뻗어내린 구릉의 말단에 위치하였으며, 주변에는 영산강의 지류인 황룡강, 그리고 곡간의 충적평야가 형성되어 있다. 이곳에서는 황룡강과 그 주변의 충적 평야를 한눈에 조망할 수 있다. 1986년 발굴조사된 후 현재의 위치에 복원되었다.

분구의 평면 형태는 원형이고, 크기는 폭 17m, 높이 3m이다. 매장주체부는 횡혈식석실로 기반층 위에 형성된 부식토층에 조성되어 있는 지상식이다. 연도는 석실 남벽의 중앙에서 열려 있다. 석실의 단벽인 북동벽이 봉분의 거의 중앙에 위치하고 연도가 남서벽에 위치하여 뻗어나가기 때문에 전체적으로 보아 석실이 분구의 남서쪽으로 치우쳐 있다.

석실은 장축 방향이 구릉 방향과 직교하는 북동-남서이고, 크기는 길이 280~290cm, 폭 220~240cm, 높이 170~200cm이다. 평면 형태는 방형에 가까운 장방형이고, 입구로 갈수록 약간 좁아지는 형태이다. 벽은 할석으로 쌓았으며, 약 90~100cm까지는 거의 수직을 이루고, 그 위부터는 들여쌓아서 안쪽으로 경사지게 하였다. 또한 각 벽석의 연결부도 모를 줄이면서 쌓아 천장을 최대한 좁혔다. 천장으로 큰 판석 2매를 사용하였다. 석실 입구에는 양쪽에 장방형 문주석을 세우고 연도 쪽으로 작은 문주석을 덧대었다. 그리고 그 사이에 자연석을 이용하여 문지방석을 놓아 연도와 구분하였다. 연도는 길이 320cm, 폭 130~160cm, 높이 150cm이다. 천장석은 길이 180cm, 최대폭 90cm, 두께 30cm인 큰 판석 1매로 문주석 위에 걸쳤는데, 석실 천장석보다 한단 낮은 위치이다. 연도 벽은 판석을 세우거나 눕혀서 쌓았는데, 입구 쪽 일부는 할석으로 무질서하게 쌓았다. 석실과 연도의 바닥은 부식된 기반층을 평탄하게 고른 후 잔자갈과 회색점토를 혼합하여 두께 15~20cm, 폭 13cm로 다졌다.

부장품은 금제 이식 2점, 옥류 38점, 개배, 개, 기대편 등이 있다. 이 고분은

4-41 장성군長城郡 영천리鈴泉里고분 분구墳丘와 석실石室

개배와 구조로 볼 때 6세기 전엽에 축조된 것으로 보인다.

이 고분은 석실의 안쪽 단벽이 바깥쪽 단벽에 비해 상대적으로 넓고 입구에 문주석이 설치되어 있는 등의 요소는 동일 시기의 백제지역에서 찾아볼 수 없는 구조이다. 구조적으로는 규슈九州지역 서북부西北部 석실과 유사하다(李榮文 1990, 『長城 鈴泉里 古墳』; 이정호 2009).

(16) 회덕懷德3호분(4-42)

전라남도 화순군 능주면 천덕리 591-1번지 일대에 위치한다. 회덕리 일대는 국사봉, 연주산, 비봉산 등의 산지로 둘러싸여 있으며 영산강과 섬진강의 지류(지석천, 동복천)가 흐르는 충적평야가 형성되어 있다. 회덕고분군은 회덕마을 북쪽 구릉에 위치하는데, 능선을 따라 3기가 잔존하며, 특히 모두 분구외연에 즙석이 시설된 점이 특징이다. 분구의 규모는 잔존 장축 22.17m, 단축 19.9m, 높이 5.3m이며, 분구 외연에 할석을 사용한 즙석이 피복되어 있다. 석실은 분구 중앙부에 위치하며, 장축은 북동-남서방향이다. 평면형태는 제형에 가까우며, 팔八자형의 좌편재 연도가 설치되어 있으며, 중앙으로 치우쳐 있다. 장벽 260(우)~310cm(좌), 단벽 190(전), 210cm(후), 잔존 높이 150cm이며, 석실 내부 주칠이 확인되었다. 석실의 최초 평면형태는 역제형이었으나, 축조 도중 석실 규모를 확장한 장방형의 평면형태로 바뀌었다고 보고 있다. 석실 내부에서는 최초의 매장의례 이후 2차례의 추가장이 실시되어, 최소 3인의 피장자가 안치된 것이 확인되었다. 현문 시설은 좌우 3매의 문주석과 문미석이 확인되었다. 또한 연도부 좌·우벽에 2매의 주형 기둥을 세워 2중의 문주석을 설치하였다.

유물은 석실 내부, 연도, 묘도, 분구에서 모두 확인되었다. 개배, 고배, 호, 유공광구소호, 발형기대, 통형기대, 관정, 도자, 교구, 등자, 금구, 찰갑 편, 철촉,

4-42 화순군和順郡 회덕3호분懷德3號墳과 출토出土 유물遺物

와형토제품 등이 출토되었다. 특히 개배는 영산강, 백제, 일본열도산 스에키須惠器로 확인되었으며, 소성방식과 제작기법이 혼합된 개체도 존재한다. 분정부를 중심으로 출토된 와형토제품은 개배 다음으로 높은 점유율을 보이는데,

백제의 기와 제작기법과 달리 영산강 유역 토기 제작기법이 확인되는 것이 특징이다. 또한 철제 집게, 청동 집게를 비롯한 단야구 조합이 부장되었으며, 특히 마구인 등자, 교구는 가야지역과 연관성을 찾을 수 있다.

즙석, 현문시설, 제형梯形의 평면형태, 팔八자형 연도 등은 북부北部 규슈九州에서, 북부지역 횡혈식석실, 이중의 문주석을 갖춘 구조는 구마모토熊本지역, 석실의 주칠은 역시 규슈九州일대에서 확인되는 요소이다(대한문화재연구원, 2019, 『和順 千德里懷德3號墳』).

(17) 조산造山고분(4-43)

전라남도 해남군 현산면 월송리 증산마을 378-1번지에 위치한다. 분구는 저평한 구릉선상에 반구형으로 축조되었다. 규모는 직경 17m, 높이 4.5m로 분구를 성토하여 만든 다음 석실을 구축한 지상식의 횡혈식석실이다. 석실의 규모는 길이 363cm, 폭 204cm, 높이 196cm로 할석조 맞조림식 석실묘이다. 연도시설은 완전하게 갖추지 않았으나 서벽의 중심에서 남으로 치우쳐 문비를 갖추고 1매의 할석으로 현실을 폐쇄하였다. 연도의 높이는 110cm, 폭은 75cm이며 길이는 60cm로 짧다.

석실은 2~3매의 요석腰石으로 보이는 장대석을 놓고 그 위로 할석을 내경시키면서 쌓았다. 바닥에는 거대한 판석 1매를 깔고 모서리는 작은 할석으로 메웠다. 천장은 3매의 판석으로 결구하였다.

이곳에서는 토기류 25점과 금동제의 f자형경판비, 검릉형행엽 3점, 동제령銅製鈴 10점, 철모 4점, 철촉 100여 점, 환두대도 2점, 철부 4점의 부장품이 출토되었다. 그 외에도 장신구로서 관옥 11점, 환옥 17점, 다면옥 4점, 곡옥 1점, 동경 1점이 출토되었다. 동경은 직경 7.1cm의 소형으로 유두형문이 2열로 교차하여 둘러놓인 가운데 면을 3구획으로 하였다. 출토 유물과 구조를 통해

4-43 해남군海南郡 조산고분造山古墳과 출토出土 유물遺物

볼 때 이 고분의 축조연대는 5세기 말에서 6세기 초에 걸친 시기로 편년된다

(徐聲勳 成洛俊, 1984,『海南 月松里 造山古墳』, 조근우, 2009).

(18) 남치리南峙里 1호분

경상남도 남해군 고현면 남치리 산 118번지에 위치한다. 남해군의 북쪽 곡간 분지의 배후 중앙 능선 정상부에 해역이 조망되는 곳에 입지한다.

남치리1호분은 남북 8.2m, 동서 6m의 규모이다. 묘제는 지하식의 횡혈식 석실이다. 구릉의 사면에 사방 3.5m의 장방형 묘광을 구축하여 석실을 축조하였다. 현실의 평면형태는 길이 240cm, 폭 170cm, 높이 130cm의 장방형으로 장폭비는 1.4:1이다. 입구를 제외한 세 벽은 편평한 할석을 눕혀서 쌓았고 위로 갈수록 들여쌓아 모를 줄였다. 세 벽의 최하단석에는 요석腰石을 사용하였으며 편평한 돌을 깔아 시상을 형성하였다. 벽석의 최상단석을 석실 내부로 깊숙이 들여놓은 후에 개석을 얹었다. 현문부는 폭 85cm, 높이 110cm이며 문지방석, 문주석, 문미석으로 구성되어 있다. 연도는 중앙에 있으며 길이 100cm, 폭 95cm이다. 남쪽에 짧은 묘도가 있다.

부장품은 후대의 도굴로 인해 훼손되었으며, 현실 바닥에서 은화관식과 관모 테 각 1점, 대장식구 1세트, 관고리 11점, 관정 40여 점이 출토되었다. 관고리가 출토된 지점과 범위로 볼 때 석실 내부에 최소 2개의 관을 안치했던 것으로 추정된다. 은화관식과 대금구는 입구에서 보았을 때 왼쪽의 피장자가 착장한 것이다.

은화관식의 전체 길이는 15.2cm이며, 정화頂花를 포함하여 다섯 개의 꽃봉오리가 주간부, 좌우 각 2단의 가삽부로 구성하고 있다. 남치리 1호 석실 은화관식을 제외하면 출토된 12점은 사비기 부여지역과 나주와 남원, 익산 등에서의 출토품과 유사한 것으로 확인되었으며, 특히 익산 미륵사지 서탑 출토품과 형태적으로 매우 유사하다. 대장식구는 모두 청동제 주조품으로 피장자의 왼쪽 허벅지로 추정되는 인골 밑에서 출토되어 직접 착장하지 않았던 것으로 추정되며 은화관식과 더불어 익산 미륵사지 서탑 출토품과 유사하다. 관모

테는 대부분 은화관식과 공반되는 특징을 가지고 있는데 남치리 1호 출토품은 가는 철사로 직각삼각형 2개를 만들고 위쪽 중앙에서 2개가 서로 만나 배치하여 역삼각형의 형태를 만들었음을 알 수 있다.

석실은 관정과 관고리로 구성된 목관을 사용하였으며 현문부에 문지방석·문주석·문미석 등의 시설을 설치한 점 등은 신라 횡혈식석실의 특징인 반지하 또는 지상식의 구조와 고대한 분구와 그 가장자리에 호석을 설치하고 주구를 돌린 점과 차이를 보인다. 이 고분은 은화관식으로 볼 때 6세기 말 또는 7세기 초로 편년된다. 이 고분을 백제계 석실로 보기도 하나, 이 시기 백제고분에 문지방석·문주석·문미석의 구조를 찾아볼 수 없으므로 이러한 특징을 가진 북부北部 규슈九州계 횡혈식석실임을 알 수 있다. 왜계고분에 백제의 나솔奈率 이상이 사용하는 은화 관식과 대장식구를 장착하고 매장된 피장자는 왜계 백제관료로 추정된다(慶南發展研究院歷史文化센터, 2016,『南海 南峙里 百濟石室』).

(19) 단지리丹芝里고분군(4-44, 45)

충청남도 공주시 우성면 단지리 275-1번지 일대에 위치한다. 고분군은 금강에 합류하는 유구천 하류의 북편에 위치하는 낮은 구릉의 능선과 사면부에 형성되었다. 동쪽으로는 공주, 서남쪽으로는 부여와 접해 있다. 횡혈묘는 4지구에서 24기가 확인되었는데 3~7기씩 무리를 이루며 분포한다. 중앙 구릉에는 횡혈묘만 군집하고 구릉의 동사면에는 석축 고분과 혼재되어 있거나 단독으로 존재한다. 또한 4개군에 포함되지 않고 외곽에 단독으로 입지하는 횡혈묘는 기와를 사용한 차이를 보인다.

횡혈묘는 묘도부, 폐쇄부, 현실로 구분할 수 있으며, 연도가 없는 것이 특징이다. 현실의 장축과 등고선의 관계(횡장식, 종장식), 묘도의 굴착방식(수혈식, 경사식), 현실과 묘도 바닥의 단차 여부로 구분된다.

4-44 공주시公州市 단지리丹芝里 횡혈묘橫穴墓

종장식 횡혈묘의 평면형태는 역제형 또는 방형이며 반원형, 장타원형을 띠기도 한다. 굴착은 지표에서 경사 또는 수혈식으로 굴광한 뒤 현문까지 수평으로 이어지는데 현실 내부로 들어갈수록 높이가 낮아지는 특징이 있다. 묘도부의 퇴적토에서 추가장의 흔적이 확인되기도 한다. 바닥에는 자갈, 모래, 암반을 이용하여 시신을 안치하고 유물을 부장하였으며, 3호 횡혈묘에서 관재로 추정되는 목질이 확인된 점, 4호와 18호에서 경첩과 유사한 용도미상 철기가 확인된 점에서 목관을 사용하였을 가능성이 있다. 현실의 폐쇄에는 판

4-45 공주시公州市 단지리丹芝里 횡혈묘橫穴墓

석, 할석, 목판 등이 이용되었으며 대부분은 장대석을 종방향으로 세우고 작은 할석 또는 강자갈, 점토를 이용하여 밀봉하였다. 또한 3지구에서 6기의 횡장식 횡혈묘인 와관묘가 확인되었다. 횡혈묘의 주 분포범위 외곽에 단독으로 입지하며, 규모 또한 일반 횡혈묘와 비교하여 정형성이 떨어지는 형태로 추가장이 확인되지 않는 차이점이 있다.

출토유물은 삼족기, 개배, 고배, 병형토기, 대부완, 심발형토기, 호류, 조족문토기 등의 토기와 철부, 철겸, 철도자 등의 철기, 금제 세환이식과 은제 세환이식의 금제품이 있으며 방추차가 한 점씩 부장된 점이 특징이다. 또한 4호 횡혈묘 출토 고배는 스에키와 유사한 형태이다(朴大淳 池珉周 ,2006, 『公州丹芝里遺蹟』).

단지리횡혈묘는 재지在地의 묘제에서 그 계보를 구할 수 없고, 그 구조가 규슈九州지역의 스에키須惠器 또는 이를 모방한 토기를 부장한 점에서 그 피장자는 북부 규슈지역의 왜인으로 파악된다. 이것은 횡혈묘가 북부 규슈의 후쿠오카현福岡縣 유쿠하시시行橋市 다케나미竹並, 오이타현大分縣 우에노하라上ノ原, 스오나다周防灘, 온가천遠賀川 등에 집중된 것에 기인한다. 특히 스오나다 연안과 온가천 유역 또는 다케나미竹並고분군의 횡혈묘의 현실 평면, 묘도 굴삭법, 묘도 저면과 현실 바닥면의 단차 등으로 볼 때 단지리 횡혈묘와 가장 유사하다. 또한 조영시기와 출자出自가 영산강유역의 전방후원분과 유사한 점, 주변에 산성이 존재하는 점, 영산강유역의 토기가 확인되는 점 등은 영산강유역의 전방후원분과의 관계와 더불어 백제 중앙에 존재하였던 왜인의 존재를 시사한다.

(20) 송학동松鶴洞1B-1호분

경상남도 고성군 고성읍 송학리 473-2번지 일대 송학동고분군 내에 위치한다. 고분은 동쪽과 서남쪽 방면으로 바다로 둘러싸여 있고, 북서쪽은 천왕산이 있는 평야이나 삼국시대에는 해역이었던 곳에 입지한다. 1호분은 전방후원분으로 보았으나 원형의 분구묘 3기가 중복되어 배치된 것이 확인되었다. 1호분은 A·B·C 3기의 원분이 중복 배치된 것으로 수혈식석곽은 1A호분의 11기와 1D호분, 횡혈식석실은 1B호분·1C호분, 목곽묘는 1E호분으로 확인되었다.

그 중 1B호분은 구릉 정상부를 부분적으로 정지하여 기반부로 삼고 주위

낮은 부위부터 성토하기 시작하여 원추형 대상帶狀을 이루도록 축조하였다. 중앙의 대형 횡혈식석실인 1B-1호분이 위치하며 분구 남쪽과 묘도 입구 북쪽에 인접하여 수형 수혈식석곽 1B-2호와 1B-3호가 확인되었다. 분구 가장자리에 잠형 주구를 설치하였고 주구 내에서는 적갈색 연질의 원통형 토제품이 눕혀진 채 출토되었다.

1B-1호분 석실의 평면형태는 세장방형으로 길이는 670cm, 폭은 200cm이며 장폭비가 3.3:1이다. 양수식 연도이며 문지방석, 문주석, 판석으로 된 문비석을 배치하였다. 연도 또한 세장방형으로 이루어져 있으며 묘도는 제형 또는 부채꼴형에 가깝다. 묘도는 연도의 서쪽에 위치하는데 폭이 연도와 석실보다 넓은 것이 특징이다. 석실의 전면全面을 적색안료赤色顔料로 도포하였으며, 양장벽에는 점토를 바른 후, 천장엔 점토를 바르지 않고 칠했다. 후벽의 중앙에 목제 선반木棚을 설치하였으나, 부식되어 흔적만 확인된다. 1B-1석실에서 내부 묘도 폐쇄 흔적과 바닥의 흔적, 출토 유물의 시기차로 보아 2회 정도 추가장이 이루어졌던 것으로 보고 있다.

출토 유물은 매장주체부와 분구, 주구에서 토기, 철기, 장신구 등이 출토되었으며 특히 토기는 소가야양식 토기를 중심으로 대가야, 신라, 영산강유역, 일본열도에서 제작되어 이입된 토기가 다수 출토되었다. 안교, 재갈, 등자, 행엽, 마령 등의 마구와 갑주, 대도, 철부, 철겸 등과 장신구인 이식과 경식 등이 출토되었다.

1B-1호분은 현문부의 문주석과 문비석, 석실 전면에 도포된 주칠朱漆, 목붕木棚은 연접하여 축조되었지만 현문부에 문주석과 문비석이 없는 재지계 횡혈식석실인 1C호분과 전혀 다른 구조이다. 즉 일본 북부 규슈九州지방과 와카야마현和歌山縣의 기이紀伊지방과 유사한 왜계 횡혈식석실이다(沈奉謹, 2005, 『固城松鶴洞古墳群』). 1A-1C-1B호분이 연접하여 축조된 점으로 볼 때 5세기 후엽 선

축된 소가야의 왕묘인 1A호분과 연접하여 1B호분이 조영된 점에서, 이 석실의 피장자는 소가야왕권과 관련된 인물로 보인다.

(21) 경산리景山里1호분(4-46)

경상남도 의령군 부림면 경산리 산 29-1번지 일대에 위치한다. 고분군은 서쪽에서 동쪽으로 신반천이 흐르고, 동쪽의 박진고개를 넘으면 낙동강을 사이에 두고 창녕군 남지읍과 마주하는 곳에 입지한다.

이 고분은 경산리고분군의 남쪽 사면이 완만해지는 곳에 단독으로 입지하며, 고분군 내에서 분구의 크기가 가장 크다. 고분은 현실의 축조와 함께 분구의 성토가 이루어졌으며, 구획 성토가 확인되었다. 경사면 위쪽으로 반원상의 주구가 설치되어 있으며, 묘도부 앞쪽에 의례공간으로 추정되는 평탄한 곳이 확인되었다. 전체 분구의 절반 정도 즙석이 설치되었으며 호석은 전면에 확인된다. 매장주체부는 장방형이며 횡혈식석실묘이다. 길이 480~500cm, 폭 250~260cm, 높이 260cm이다. 연도는 중앙에 있으며, 천장은 평천장이다. 현실의 양측벽과 후벽은 부분 가공한 할석을 평평하게 쌓았다. 현문부에서 문비석, 문주석 등은 확인되지 않았으나 문지방석이 있다. 또한 현문부 측벽은 문지방석과 크기가 비슷한 판석상 할석을 정교하게 쌓아 올렸다.

현실은 도굴로 인하여 원형이 크게 훼손되었으나 석관의 존재가 주목된다. 석관은 후벽에 밀착하여 동서방향을 장축으로 설치되었다. 개석은 3매를 사용했을 것으로 추정되며 석관의 평면형은 'ㅍ'자형이었을 것으로 추정된다. 또한 석관 앞 장벽의 중앙을 의도적으로 깨트려 'U'자형으로 만들었다. 연도에는 자갈을 깔았으며, 연도와 묘도를 2매의 판석을 세워 폐쇄하였다.

석실 내부에서 개, 단경호, 통형기대, 발형기대, 합 등의 토기와 초미금구鞘尾金具, 준鐏, 능형은판菱形銀板, 방형은판方形銀板, 이식耳飾 등의 부장품이 출토

4-46 의령군宜寧郡 경산리1호분景山里1號墳과 출토出土 유물遺物

되었다.

경산리1호분처럼 분구에 즙석한 점, 석실 내부에 석관을 안치한 점은 한반도에서 확인할 수 없다. 석관은 석옥형石屋形으로 일본 규슈九州 서부의 아리아케해有明海 연안 구마모토熊本지방에서 계통을 찾을 수 있다. 이는 석관을 내부가 보이게 'U'자형을 만든 점, 연도 입구에 2매의 긴 판석을 세운 점, 연도와 묘도를 구획한 복실複室구조인 점에서도 그러하다(趙榮濟 柳昌煥, 2004, 『宜寧

景山里古墳群』).

이 고분의 피장자는 재지수장묘역인 유곡리고분군에서 격리된 지점에 축조되고 대가야양식의 통형기대를 부장하고 조영된 지역이 그 권역에 속하는 점에서 대가야왕권과 관련된 왜인으로 판단된다. 1호분의 축조를 계기로 고분군이 형성되었으며, 이후에 축조된 2호분도 구조가 유사하며 대가야양식의 통형기대를 부장하고 있어 대가야와의 관련을 알 수 있다.

(22) 운곡리雲谷里1호분(4-47)

경상남도 의령군 용덕면 운곡리 산76번지 일대의 운곡리고분군 내에 위치한다. 이곳은 삼봉산에서 남쪽으로 뻗은 구릉 말단부이다. 1호분은 고분군의 남쪽 입구에 위치한다. 분구는 남북 약 12m이며, 높이는 3~4m이다. 북쪽의 경사면 윗부분에서 반원상의 주구가 확인되었다. 동쪽과 서쪽의 일부만 확인되어 남쪽으로는 둘러놓지 않았다. 주구는 최대폭 3m, 깊이 0.4m로 파손된 장경호와 대호가 4곳에서 출토되었다. 주구와 봉분의 경계부분에는 호석이 둘러놓여 있었지만 대부분 유실되었다.

매장주체부의 묘제는 횡혈식석실로 중앙연도가 설치되었다. 현실은 길이 415cm, 폭은 250cm, 높이는 196cm로 평면형태는 장방형이나, 네 개의 선이 직선을 이루는 장방형이 아닌 양장벽이 바깥쪽으로 팽창한 모습이다. 후벽의 중상반부에는 길게 돌출된 판석, 즉 석붕石棚이 설치되었다. 현실 내부에서는 4개의 시상이 만들어졌는데 후벽과 나란히 2개(A, B), 동서장벽에 붙여서 각 1개(C, D)로 'ㄷ'자상으로 확인된다. 시상은 대부분 얇은 점판암계의 돌을 쌓아서 만들었지만, A시상은 판석 위에 2매의 큰 판석을 얹어 시상으로 이용하였으며, C·D시상은 석실 가운데 놓은 내측선을 따라 판석을 눕혀서 마무리하였다.

부장품은 4개의 시상과 현문부, 석실바닥 등에서 구분되어 확인되나 도굴

4-47 의령군宜寧郡 운곡리1호분雲谷里1號墳과 출토出土 유물遺物

로 인한 내부의 교란이 심한 점을 고려하면 원래의 부장위치가 아닐 가능성도 있다. 토기와 철기가 대부분이며, 토기는 유개식장경호, 컵형토기, 고배, 개 등이, 철기는 대도, 도자, 꺽쇠, 관정, 관고리 등이 확인되었다(趙榮濟 柳昌煥 河承哲 孔智賢, 2000, 『宜寧雲谷里古墳群』).

현실의 평면형태는 현실의 장축의 중앙부분이 단축보다 넓은 특징을 가지고 있는데 이것은 九州지역 아리아케해有明海연안 치쿠고筑後 등지에서 확인되는 동장형석실胴張形石室과 유사하다. 이러한 석실의 형태는 일본에서 동장胴張형이라고 부르기도 한다. 또한 후벽 중상반부에서 돌출된 석붕과 'ㄷ'자형을 띠고 있는 시상배치, 우벽의 시상에 설치된 판상석의 열列은 일본의 히고형석실肥後型石室과 유사하다. 현실의 내부에 설치되어 있는 A·B시상과 C·D시상에서 출토된 유물의 연대 차는 추가장이 시행되었을 가능성을 시사한다.

이 고분군도 경산리고분군과 같이 재지수장묘역과 격리된 지점에 축조되고 대가야양식의 토기를 부장하고 조영된 지역이 대가야권역에 속하는 점에서 고분의 피장자는 대가야왕권과 관련된 왜인으로 판단된다. 1호분의 축조를 계기로 고분군이 형성되었다.

(23) 선진리船津里고분(4-48)

이 고분은 경상남도 사천시 용현면 선진리 623번지, 사남면과의 경계지점에 위치한다. 고분은 현재 사천만에서 약 400m 떨어져 있는 구릉 정상부에 있으나 삼국시대에는 해역이 고분에 근접하여 입지하였다. 이 고분은 도굴된 이후 석실의 내부가 매몰된 상태였는데 실측조사가 이루어졌다.

석실은 수직으로 쌓은 5단 정도까지 단벽을 기준으로 장벽을 잇대어 쌓고 동시에 연도 벽석과 현문시설을 만들었으며, 현실 벽면을 내경하게 쌓을 때 남장벽이 단벽 위에 얹히게 쌓았다.

분구는 훼손되어 정확한 범위를 알 수 없으나 직경 30m, 높이 5m 내외로 추정된다. 횡혈식석실은 길이 570cm, 폭 227cm, 높이 200cm 전후 장방형이다. 연도는 서단벽의 중앙에 위치한다. 연도의 길이는 334cm, 입구부 폭 114cm이며 높이는 150cm로 추정된다. 입구부는 문주석과 문미석을 이용하여 현문시설을 만들었고, 문주석 위에 할석을 쌓아 높이를 맞추고 문미석을 올렸으며, 문미석이 연도 개석을 받치고 있다. 현실의 단면은 제형으로, 네 벽

4-48 사천시泗川市 선진리고분船津里古墳 분구墳丘와 석실石室

은 수직 쌓기 후 내경하여 빈틈을 할석으로 메웠다. 양장벽을 4~5단 정도 쌓은 후 상위에 큰 장대석 1매를 사용하여 벽을 형성하였으며, 단벽 또한 세장한 돌로 평적하여 5단 정도부터 방형의 돌을 이용해서 쌓아 장벽과 유사한 큰 돌을 이용하였다.

문주석과 문미석 등의 현문시설이 구비되어 있는 점, 요석腰石의 개념과 유사한 장대석을 벽석 상위에 사용한 점, 석실을 개석 3매만 사용하여 마감한 점, 30m 이상 대형분이 사천시 우안의 사천만이 조망되는 곳에 단독으로 조영된 점은 재지고분과 다른 특성을 가진다. 또한 현실 개석과 연도 개석이 평천장이면서 단차가 없는 점, 세장방형 현실에 긴 연도를 가진 점 등이 특징이다. 이 고분의 입지와 구조로 볼 때 피장자는 왜인으로 파악된다(김규운·김준식, 2010, 「사천 선진리 석실분」, 『영남고고학』 48).

(24) 향촌동香村洞1호분(4-49)

경상남도 사천시 향촌동 666번지 일대에 위치한다. 고분은 남해를 조망할 수 있는 구릉에 입지한다. 향촌동유적은 Ⅰ, Ⅱ, Ⅲ구역으로 구분되며, Ⅱ구역에서는 삼국시대 석실묘 5기 등이 확인되었다.

Ⅱ구역에서 확인된 1호분은 구릉의 중앙 우월한 입지에 축조되었다. 분구는 삭평되었으며, 호석은 2열이 확인되었다. 주구는 반원형으로 최대폭 3.4m, 깊이 65cm이다.

횡혈식석실은 중앙연도식으로 길이 259cm, 폭 204cm, 높이 120cm의 장방형이다. 현문은 문주석과 문지방석으로 구성되었다. 문주석은 세장한 방형의 할석을 문지방은 괴석 위에 판석을 놓아 설치하였다.

현실의 측벽은 6단 정도 잔존하며 후벽과 좌우벽의 모서리는 교차로 결구되어 있어 동시에 축조했음을 알 수 있다. 좌벽, 후벽의 최하단석은 괴석을 이용하였으며, 우벽은 세장한 할석을 종평적하였다. 2단부터 종평적과 횡평적을 혼용하여 사이에 할석을 끼워 보강하였다. 천장의 형태는 추정할 수 없으나, 잔존형태를 볼 때 바닥에서 90cm까지 측벽을 수직으로 축조하고, 점차 내경시켜 천장으로 이어졌다고 추정된다.

4-49 사천시泗川市 향촌동1호분香村洞1號墳과 출토出土 유물遺物

석실 내부에서 'ㄷ'자상으로 석관이 배치되어 있으며, 중앙의 바닥에는 편평한 할석을 전면에 깔았고, 현실 좌벽의 3차 석관은 벽석에 밀착시켰다. 총 3차에 걸쳐서 추가장되었다. 1호 석관은 현실의 후벽에 접하며, 2호 석관은 1호 석관의 남장벽과 직교하여 우벽과 평행하게, 3호 석관은 1호 석관의 서쪽 부분을 파괴하고 좌벽과 평행하게 설치되었다. 1호를 제외한 2·3호 석관에서는 개석이 확인되었다.

1호 석관 내부에서는 이식 1쌍과 도자, 철겸, 주조철부가, 석관 서쪽에서 다수의 경식이 확인되었다. 3호 석관과 장벽 사이에서 벽옥제 곡옥과 관옥 등으로 구성된 경식, 철침, 방추차 등이 확인되었다. 2호 석관 내부에서는 도자, 지환指環 등이 확인되었다. 3호 석관에서는 도자, 개, 고배, 완, 대부장경호, 연유도기인 유개대부직구호 등이 확인되었다. 주구 내부에서는 다량의 토기가 파쇄된 상태로 확인되었다.

치석된 판석 여러 매를 현실 바닥에 세워 세장방형의 공간을 구획하여 석관의 형태로 마련한 석장형 석관구조, 현문시설을 구비하여 문주석과 문지방석을 설치한 점, 현실 내부의 후벽을 중심으로 'ㄷ'자상으로 석관을 배치한 점이 특징이다.

이 석실의 구조는 일본 규슈九州지역 아리아케해有明海연안 사가현佐賀縣·후쿠오카현福岡縣 남쪽해안, 구마모토현熊本縣의 서쪽해안 및 하천유역을 중심으로 분포하는 히고형석실肥後型石室 계통이다. 또한 석실의 평면형태가 방형에 가까운 장방형인 것은 인근 가야지역 석실묘의 장단비가 세장한 점과 차이가 확인되는데, 이러한 평면형태 또한 히고형석실에서 확인된다.

한편 괴석과 할석을 이용하여 축조한 호석은 기존의 봉분을 절토한 후 내부 석관이 추가장되는 과정에서 설치된 것으로 보이며, 사천시 월성리고분군, 합천군 저포리E지구고분군과 같이 신라화된 석실묘에 나타나는 요소로 볼 수 있다(우리문화재연구원, 2011, 『泗川 香村洞遺蹟』 48).

이 고분은 출토 토기로 볼 때 6세기 후엽에 축조되어 7세기 전엽까지 추가장이 이루어졌다. 그런데 이 고분에서는 일본열도산 벽옥제 경식과 최고급의 신라산 연유도기를 부장한 점이 주목된다.

1호분의 입지와 구조로 볼 때 피장자는 왜인으로 파악되며, 이 고분의 축조를 계기로 고분군이 형성되었다. 더욱이 가야 멸망 이후에도 남해안 일대에서 왜인이 신라와 연계하여 활동한 것을 알 수 있다.

(25) 장목長木고분(4-50)

거제시 장목면 농소리 산 130-1번지에 위치한다. 남으로 남해를 접하고 있으며 북으로는 김해만과 진동만을 사이에 두고 김해, 마산, 창원, 진동, 고성 등과 마주하고 있다. 또한 남동방향의 해로를 따라 대한해협을 건너면 규슈九州에 도달한다.

장목고분은 횡혈식석실로 평면형태는 제형梯形이다. 현실의 규모는 장축 315cm, 단축 180cm이며, 장폭비는 1.7:1이다. 천장은 평천장이며 후벽의 최하단에 장대형의 요석이 설치된 점이 특징이라 볼 수 있다. 연도의 평면형태는 양수식으로 나팔상의 짧은 형태이며 연도개석은 없다. 묘도 또한 연도와 연결되어 나팔상으로 벌어지는 구조이다. 현문시설은 문주석, 문미석, 문지방석, 문비석의 구조로 이루어져 있다.

할석과 천석으로 이루어진 즙석을 봉분의 외면과 끝자락에 일정한 폭으로 둘러놓았다.

현실 내부의 유물은 도굴로 교란되어 원상태를 유지하지 못했지만 현문부 근처에서 삼지창三枝槍, 경갑脛甲, 찰갑札甲, 철촉鐵鏃 등 다수의 철기류가, 좌벽을 중심으로 한 바닥 전면에서 경식頸飾이 출토되었다. 토기류는 현실 및 연도에서 확인되지 않았으나, 즙석 사이에서 대호, 원통형 토제품이, 분구에서 대호가 출토되었다.

현문시설이 문주석·문미석·문지방석·문비석으로 구성된 점과 더불어 제형梯形의 평면형태, 팔八자형 연도, 석실의 벽체 최하단에 배치한 요석 등은 규슈九州 북부지역 횡혈식석실에서 주로 확인된다.

봉분 주변에서 원통형 토제품이 확인되는 점, 우벽 중간지점에 철모 1점이 꽂힌 채 출토된 것, 다른 철모 1점은 동일한 위치에서 삼지창과 함께 밀봉토에 꽂힌 채 출토된 것, 봉분 즙석 하부에 완전히 구부러진 채로 철도 1점이 발

4-50 거제시巨濟市 장목長木고분과 출토出土 유물遺物

견된 것은 일본 반즈카番塚고분에서 철도자 3점이 후벽에 꽂힌 채 발견된 것과 유사하다(慶南發展研究院歷史文化센터, 2006, 『巨濟 長木古墳』).

이 고분이 재지 수장묘역인 구영리고분군에서 이격된 지점에 축조된 점, 즙석과 원통형토제품, 석실의 구조, 일본열도산 경갑脛甲으로 미루어 볼 때 피장자는 소가야와 연계된 왜인으로 파악된다.

2) 하니와埴輪(4-51)

하니와埴輪는 일본열도에서 고분 주위와 분정부에 주로 둘러 세운 것으로 야요이시대 기대에서 자체 발전하여 3세기대에 출현하는 일본 특유의 토제품이다. 서울시 몽촌토성 출토 원통형 기대 등을 형태상의 유사성만을 근거로 하여 그 기원으로 파악한 설도 있었으나, 전혀 상관성을 인정할 수 없다. 하니와는 종래 한반도에서 그 존재를 찾을 수 없는 것으로 파악되어 왔으나 광주시 명화동고분, 월계동고분과 고창군 칠암리고분, 함평군 장고산고분, 해남군 용두리고분 등 6세기 초를 전후한 시기의 전방후원분에서 주로 출토되었다.

광주시 명화동고분에서는 원통형 하니와, 월계동고분에서는 원통형 하니와와 함께 나팔꽃형 하니와, 방패형과 삿갓형 목제품이 확인되었다. 영암 자라봉고분에서도 삿갓형 목제품이 출토되었다.

목제 하니와는 당시 왜인들의 독특한 정신세계를 반영하는 것으로 전방후원분 피장자의 출자出自를 이해하는 데 중요한 단서를 제공한다. 나주시 복암리2호분과 함평군 중랑고분에서는 주구에서 호형 하니와가 출토되었다. 호형 하니와는 6세기 이전으로 소급되는 군산시 척동고분군과 나주시 장등고분군에서 확인되었다. 나주시 신촌리9호분의 분구에서도 원통형 하니와와 호형 하니와가 출토되었으나 그 가운데 후자는 일본열도 하니와의 계통에서

4-51 일본열도日本列島와 영산강유역榮山江流域 출토出土 하니와埴輪

1. 오사카부大阪府 이마시로즈카今城塚, **2·3.** 광주시光州市 월계동고분月桂洞古墳 **4.** 광주시光州市 명화동고분明花洞古墳, **5.** 나주시羅州市 신촌리9호분新村里9號墳, **6.** 함평군咸平郡 노적유적老迪遺蹟

벗어난 것으로 재지의 창안품으로 파악된다. 방분인 무안군 고절고분과 광주시 향등유적의 주거지에서도 재지형의 하니와가 출토되었다. 화순군 백암리 고분에서도 같은 재지형 하니와가 확인되었다. 가야지역에서는 고성군 송학동1호분B호묘 분구와 거제시 장목고분에서 투창을 가진 재지형의 원통형 하니와가 수립된 것이 확인되었다.

함평군 금산리 방분에서 일본열도의 의례를 보여주는 형상形像 하니와埴輪가 출토되어 주목된다. 이 고분은 일본열도의 분구에서 보이는 즙석이 확인되고 장년리 장고산전방후원분에 인접한 점에서 왜계고분으로 본다. 이 고분의 분구에 수립된 인물형人物形, 마형馬形, 조형鳥形 형상 하니와는 목판木版으로 정면된 것으로 모두 일본열도에서 이주한 공인에 의해 제작된 것이다. 이는 함평군 장년리 장고산고분과 같은 시기의 주변 취락인 노적老迪유적 주거지에서 목판木版으로 정면한 원통형 하니와가 출토되어 취락에서 왜인이 하니와의 제작에 참여한 것을 알 수 있다.

더욱이 영암군 내동리 쌍분에서는 금산리 방분 출토품과 유사한 인물형人物形, 멧돼지형猪形, 사슴형鹿形 형상形像 하니와埴輪가 확인되었다. 그런데 이들은 타날기법으로 정면한 점으로 볼 때, 이들은 일본열도의 형상 하니와를 재지의 공인이 모방 제작한 것이다.

3) 토기土器(4-52)

(1) 가야지역

산청군 생초9호석곽묘에서는 MT15형식과 TK10형식의 개배, 무개식고배, 소형유개호 등이 출토되었다. 이 고분은 소형묘임에도 다수의 스에키須恵器와 일본열도산 주문경이 공반되어 피장자는 일본열도로부터의 이주민일 가능성이 크다.

4-52 6세기世紀 가야加耶, 백제百濟지역地域 출토出土 스에키須恵器
1·2. 산청군山淸郡 생초9호석곽묘生草9號石槨墓, **3.** 고성군固城郡 송학동1호분B호석실松鶴洞1號墳B號石室, **4.** 해남군海南郡 용일리고분龍日里古墳

고성군 송학동고분 1A-2호분에서는 MT15형식 무개고배가 출토되었다.

(2) 영산강유역

나주시 복암리3호분 96석실에서는 TK47형식과 MT15형식과 병행하는 유공광구소호가 3점 출토되었다. 복암리2호분의 주구에서도 유공광구소호와 영부호가 확인되었다.

해남군 용두리고분에서는 MT15형식의 배杯가 출토되었다. 광주시 명화동고분, 외촌유적, 순천시 송산 3호주거지에서 TK10형식의 배杯가 출토되었다.

광주시 월계동 1호분, 담양군 성월리 월전고분에서는 TK10형식의 무개고배가 출토되었다.

4) 무기武器

신덕고분에서 출토된 반구형장식부半球形裝飾附 환두대도環頭大刀는 6세기 일본열도의 대표적인 환두대도로서 이입품으로 파악된다. 신덕고분의 은장 철모는 백제, 대가야의 왕릉과 수장묘에서 출토되는 위신재인 무기이다. 한편 인부刃部 단면이 삼각형인 것은 일본열도의 6세기대 철모에만 보이는 요소로서 반입품으로 파악된다(朴天秀 1999).

6세기 말에 제작된 목포 주변 출토품으로 전하는 국립박물관 소장 쌍룡문雙龍文 환두대도병두環頭大刀柄頭와 7세기 초 제작된 구 스키하라 쇼타로杉原長太郎 수집품으로 현재 경북대학교박물관 소장품인 쌍룡문 환두대도의 출토지는 백제에서 구해지나 일본열도에서 변용한 것으로 후자에서 제작되었을 가능성이 크다(穴沢咊光 1993:127). 쌍룡문 환두대도가 전방후원분이 조영되었던 영산강유역의 목포 주변에서 출토된 점이 주목된다.

5) 무구武具

왜계고분인 거제시 장목고분에서 경갑頸甲·횡장판정결판갑橫長板釘結板甲·횡장판정결충각부주橫長板釘結衝角附冑가 출토되었다. 신덕고분의 협갑脇甲은 일본열도에서 사용되던 것으로 유례로는 군마현群馬縣 간논야마觀音山고분 출토품 등이 있다.

장성군 만무리고분에서 출토된 횡장판정결판갑橫長板釘結板甲과 백제지역 망이산성 출토 횡장판정결판갑은 일본열도산으로 파악된다. 이와 같이 이제까지 가야지역에 이입되던 일본열도산 갑주가 백제지역에 반입되어 흥미롭다.

6) 거울鏡(4-53)

6세기 전엽 고령군 지산동45호분 출토 거울은 동질銅質·제작기법에서 일본열도 변형육수경變形六獸鏡으로 추정된다(小田富士雄 1988).

해남군 조산고분과 광주시 쌍암동고분에서는 일본열도산 주문경珠文鏡이 출토되었고, 담양군 제월리고분에서는 변형육수경과 주문경이 확인되었다. 진주시 중안동고분에서는 육수경이 출토되었다. 산청군 생초9호분에서는 MT15형식과 TK10형식의 스에키와 함께 주문경이 출토되어 이 시기 방제경이 일본열도산임이 증명되었다.

4-53 6세기世紀 일본열도산日本列島産 동경銅鏡
1·2. 담양군潭陽郡 제월리고분齊月里古墳, **3.** 산청군山淸郡 생초9호석곽묘生草9號石槨墓

7) 옥석제품玉石製品

(1) 신라

6세기 초에 조영된 경주시 서봉총은 적석목곽분이며 목곽은 단독곽으로 동서 길이 3.75m, 폭 1.95m이다. 목관 내 피장자는 금관, 금제 태환이식, 경흉식, 금·은·유리제 팔치, 금제 과대와 요패 등의 장신구를 착장하였다. 로마유리기 2점 등이 출토되었다. 서봉총에서는 총 46점의 경옥제 곡옥이 출토되었으며, 왕릉으로 추정되는 서봉황대고분과 관련된 왕족묘로 추정된다.

6세기 초에 조영된 천마총은 직경 47m, 높이 12.5m 봉분의 적석목곽분으로 목곽은 동서 길이 6.6m, 폭 4.2m, 높이 2.1m이다. 목관 내 피장자는 금관, 금제 세환이식, 경흉식, 금제 천, 금제 과대와 요패 등의 장신구를 착장하였다. 그 외 로마 유리기 2점, 용봉문환두대도 1점이 부장되었다. 총 75점의 경옥제 곡옥이 출토되었으며 흰색 불투명한 재질의 경옥이 다수 사용되었다. 천마총은 왕릉인 황남대총과 관련된 왕족묘로 추정된다.

금령총은 직경 18m, 높이 4.5m 정도로 추정되는 적석목곽묘이다. 목곽은 길이 4.8m, 폭 3.5m, 높이 1.5m이다. 목관 내 피장자는 금관, 금제 수식부이식, 경흉식, 금제 천, 금제 과대와 요패 등의 장신구를 착장하였다. 로마 유리기 2점, 금령이 출토되었다. 6세기 초에 조영된 금령총에서는 총 11점의 경옥제 곡옥이 출토되었으며, 왕릉으로 추정되는 동봉황대고분과 관련된 소아 왕족묘로 추정된다.

식리총은 직경 30m, 높이 6m 정도로 추정되는 적석목곽분으로 목곽은 길이 5.2m, 폭 3.3m, 높이 1.2m이다. 목관 내 피장자는 금제 수식부이식 4점, 경식, 은제 천, 은제 과대와 요패 등을 착장하였다. 이 고분에서 환두대도가 출토되었다. 6세기 초에 조영된 식리총에서는 총 3점의 경옥제 곡옥이 출토되었으며, 왕릉으로 추정되는 동봉황대고분과 관련된 왕족묘로 추정된다.

(2) 가야

가야지역의 고령군 지산동45호분은 주·부곽과 11기의 석곽이 배치된 주부곽식석곽분이다. 주곽에서는 금동제 관형장식, 금제 세환이식, 은제 이식, 청동경 등과 함께 경옥제 곡옥 5점·유리제 환옥·마노제 구옥·마노제 다면옥·금동제 구옥 등 경옥을 비롯한 옥류가 확인되었다. 부곽에서는 금제 세환이식과 함께 경옥제 곡옥 1점·유리제 환옥으로 구성된 경식이 출토되어 45호분에서는 총 6점의 경옥제 곡옥이 출토된 것을 확인할 수 있다.

47호분은 수혈식석곽분으로, 은제 관모, 은제 천, 용봉문환두대도 등이 출토되었다. 경옥제 곡옥은 총 5점 출토되었다.

합천군 옥전고분군의 6세기 초에 조영된 M6호분은 세장방형 수혈식석곽분이며, 대가야계 토기가 중심을 이루고 신라계 토기와 금동관이 부장되었다. 경옥을 포함한 옥류는 경식의 구성으로 경옥제 곡옥 8점·유리제 곡옥 2점·호박제 관옥 13점·마노제 관옥 6점·유리제 관옥 5점 등이 있고, 호박제 옥 11점으로 구성된 팔찌가 출토되었다.

(3) 백제(4-54)

백제 25대 무령왕릉에서는 왕의 유해부에서 금제 관식, 금제 뒤꽂이, 금제 이식, 금은제 대금구, 금동제 식리가 출토되었다. 경옥제 곡옥은 금제 수식부이식 1쌍에 수식으로 사용되었으며, 담녹색을 띠고 두부에는 금모를 씌웠다.

왕비의 유해부에서는 금제 관식, 금제 수식부이식, 금·은제 천, 금동제 식리 등이 출토되었다.

경옥제 곡옥은 총 14점이 확인되는데, 그중 7점은 금모를 씌운 상태로 출토되었고 3점은 두부에 침선을 새긴 형태이다.

부여군 왕흥사지 목탑의 심초석 남변 중앙 사리공에서 금, 은, 옥, 청동, 유리 등의 사리장엄구가 출토되었다. 사리함 몸체의 명문으로 볼 때 왕실 사찰로서 577년 건립된 것으로 밝혀졌다. 경옥제 곡옥은 5점이 출토되었다.

그리고 일본열도의 제사유적에서 주로 확인되는 특징적인 유물인 모자곡

4-54 6세기世紀 일본열도산日本列島産 경옥제硬玉製 곡옥曲玉
1. 합천군陝川郡 옥전M4호분玉田M4號墳, **2.** 부여군扶餘郡 왕흥사지王興寺址, **3.** 공주시公州市 무령왕릉武寧王陵

옥母子曲玉은 이 시기 백제지역인 부여군 군수리, 순천시 황전면 월산리, 광양시 용강리4호 주거지, 신안군 압해도, 고흥군 방사유적39-4호 주거지에서 출토되었다. 모자곡옥은 전방후원분과 횡혈묘를 비롯한 왜계고분이 조영되는 지역에 분포하는 것으로 왜인의 제의에 사용된 것으로 추정된다.

8) 자연유물自然遺物

무령왕릉의 관재棺材는 일본열도에서만 분포하는 금송金松(고야마키高野真)이다. 금송은 해발 600~1200m의 강수량이 풍부하고 습윤한 곳에서 자생하며 평균 크기는 높이 30~40m, 직경 60~80cm 정도이며, 큰 것은 직경 150cm를 넘는다. 일본열도에서는 주로 수장층의 관재로 사용되었다. 무령왕릉의 관재는 수령 350년 내지 600여 년 된 직경 130cm 이상 되는 금송을 수십 그루 벌채하여 사용한 것으로 추정되고 있다(朴相珍 1996).

일제강점기에 조사된 부여군 능산리고분군과 익산 쌍릉에서 출토된 목관의 재질도 금송이라는 분석 결과가 있어 백제왕실에서는 이 관재를 널리 수입하여 사용하였음을 알 수 있다(梅原末治 1947:77-78).

창녕군 송현동7호분 출토 선박재 전용轉用 목관의 관재棺材는 일본열도에 주로 분포하는 녹나무楠로 분석되었다.

조산고분의 고호우라제 패천貝釧은 아리아케해有明海연안 치쿠고筑後, 히고肥後, 히젠肥前 지역을 중심으로 분포하는 하네기繁根木형 조개팔찌貝釧이다(木下尚子 2001:28~29).

3 6세기世紀 한반도韓半島와 일본열도日本列島의 이주민移住民과 교류交流

1) 이주민移住民

(1) 일본열도日本列島의 이주민移住民

벽주건물은 백제지역을 중심으로 분포하는 특수한 구조의 건물이다. 일본열도에서는 벽주건물과 함께 한식계 토기가 공반되어 이주민의 존재를 시사하고 있다. 벽주건물은 긴키近畿지방을 중심으로 후쿠오카현福岡縣 우메바야시梅林유적, 돗토리현鳥取縣 가와라타니夏谷유적, 아이치愛知縣 야츠치矢迫유적,

나가노현長野縣 우에노죠上の城유적 등에서 확인되어 백제계 이주민이 일본열도 전역에 확산된 것으로 파악된다.

벽주건물이 처음 확인된 곳은 시가현滋賀縣 아노穴太유적이다(4-55).

이 유적은 히에잔比叡山 동록에서 발원하여 동류하는 요츠타니천四ッ谷川과 사도천寺田川의 중류역에 형성된 선상지 동남쪽 사면의 비와호琵琶湖가 조망되는 오츠시大津市 아노穴太, 가라사키唐崎, 야요이彌生에 걸쳐 입지한다. 한반도로부터의 이주민이 남긴 온돌과 벽주건물지가 확인되었다.

야요이彌生지구에서는 온돌이 확인되었는데 그중 SX22유구는 동서 약 8m, 남북 약 6m, 높이 약 30cm로 성토한 토대土臺에 돌로 만든 온돌이다. 연도의 끝부분과 뚜껑돌은 유실되었으나 그 외 부분은 양호한 상태로 남아 있었다. 아궁이는 양쪽에 할석을 세우고 그 위에 횡가한 구조이며 폭 50cm, 높이 15cm이다. 연소실은 폭 80cm, 길이 70cm이며 바닥에는 점토를 깔고 2개의 솥 받침으로 보이는 지석支石을 세웠다. 연도燃道는 연소실의 좌측에 붙어있으며 북쪽으로 2m 정도 직선으로 나아가다가 북동쪽으로 꺾이게 설치되었다. 연도의 폭은 20~30cm, 잔존 높이 30cm이고 벽은 안쪽으로 내경하게 할석을 3단으로 쌓았다. 연도는 점차 높게 설치되어 그 끝부분이 연소실 바닥보다 40cm 정도 높다.

온돌유구에서 북쪽으로 약 1km 떨어진 곳에서 벽주건물을 포함한 특이한 건물지가 확인되었다. 이 취락은 그 외곽에 폭 4~5m의 구溝를 둘러 구획하고 구 안쪽에 이에 연하여 판재를 연결한 벽을 세웠다. 판자벽 내에서는 건물지와 함께, 건물지와 판재벽 사이에 과수목이 심어졌던 것이 확인되었다. 과수목은 대부분 복숭아 나무였으나 1기는 모과 나무인 것으로 밝혀졌다. 이와 함께 확인된 벽주건물지는 폭 1m의 구를 한 변 8m 전후의 정방형으로 두르고, 그 구 바닥에 30~50cm 간격으로 간주間柱를 세워서 둘렀다. 그리고 대칭되는

4-55 시가현滋賀縣 아노穴太유적 백제百濟 이주민移住民 거주지居住地

양쪽의 중앙부를 깊게 파서 큰 동지주棟持柱 2개를 세우고 구를 메워서 고정시킨 후 초본류를 섞은 점토로 벽을 올렸다. 한 변의 중앙부에는 입구를 내고 바닥의 3분의 2는 점토를 깔았으며 나머지는 판재를 깐 것으로 밝혀졌다. 지붕은 초본류로 이었으며 동지주로 볼 때 맞배형으로 추정된다. 이 건물지는 그곳에서 약 2.5m 떨어지게 목책으로 구획한 점에서 특수한 용도로 지어진 것으로 파악된다.

또한 이곳에서는 초석 건물지가 확인되었다. 이 건물지는 한변 약 5m의 정방형으로 초석은 20cm 토대 기단 위에 놓이고 그 위에 건물이 세워졌다. 구조는 초본류로 이은 사모형 지붕의 토벽 건물로 추정된다.

앞에서 언급한 맞배형 지붕의 건물지는 2회에 걸친 개축이 확인되며, 3번째는 초석 건물로 신축되었다. 이 건물은 한 변 11m의 대형 정방형으로 20cm 높이의 기단 위에 조영되었으며 초본류로 이은 우진각형 지붕의 토벽 건물로 추정된다. 기단의 측면에는 판재를 횡방향으로 붙이고 말목을 박아서 고정한 것이 확인되었다. 건물지 내부에서는 토제의 이동식 부뚜막이 있었다.

이 유적에서는 벽주건물과 함께 석조 온돌이 공반되어 주목된다. 아노유적 석조 온돌은 삼국시대 남부지역 특히 백제지역에 그 유례가 많고 벽주건물과 함께 출현하는 점에서 백제계로 파악된다. 나라현奈良縣 시미즈타니清水谷, 간카쿠지観覚寺, 모리카시다니森カシ谷유적에서는 벽주건물 내에서 온돌이 확인되어 원래 양자가 결합되었음을 알 수 있다.

더욱이 이 유적의 취락 내에서 출토된 목간 역시 주목되는데, 이 시기 일본열도에서 문자가 사용된 곳은 궁전, 관청, 사원에 불과하기 때문이다. 그래서 이 유적에는 문자를 일상적으로 사용한 이주민들이 거주한 것으로 추정된다.

나라奈良시대의 문헌과 헤이안平安시대 초기 기나이畿內 지배층의 가계를 정리한 『신찬성씨록新撰姓氏錄』 등에 의하면 아노지역을 포괄하는 오토모고우大

友鄕와 그 남쪽에 인접하는 니시고리고우錦部鄕, 후루이치고우古市鄕에는 아노우노수구리穴太村主氏와 오토모노수구리大友村主, 오토모노오사大友曰佐, 니시고리노수구리錦部村主, 오토모노타니하大友但波 등의 이주민이 다수 거주하였던 것으로 판명된다. 이는 아노지역 주변의 한반도계 문물과 특히 온돌의 구조, 벽주건물지 등으로 볼 때 백제계 이주민이 거주한 것을 알 수 있다.

이 유적의 점유 시기는 출토된 스에키로 볼 때 6세기 후반에서 7세기에 걸친 것으로 추정된다.

나라현奈良縣 간카쿠지観覚寺유적에서 온돌이 설치된 벽주건물지가 확인되었다.

1호 건물지는 주축 방향이 N-45-E로 동서 7.6m, 남북 8.8m의 장방형이다. 벽구의 폭은 40~50cm, 잔존 깊이는 40cm이다. 기둥은 직경 15~20cm이며 밀집하게 세워졌다.

북벽의 중앙에서 약간 동쪽으로 치우친 곳에서 남북 80cm, 동서 50cm인 말각 방형의 수혈 내에 천석과 점토로 만든 온돌의 연소부가 확인되었다. 연도는 연소부의 좌측에 연결되어 남쪽으로 1m 나아가다 꺾여 남동쪽으로 뻗어나가 동벽 밑을 지나 2m 지점까지 연결되었다. 연도 동벽에 접한 곳에서 연도보다 깊고 벽석보다 비교적 큰 돌로 짠 길이 40cm의 타원형 수혈이 확인되었는데 열기熱氣를 일시적으로 보관하는 시설로 보고 있다. 동벽에서 연통에 이르는 연도에는 뚜껑이 덮여 있다. 연도는 연소부와 연통 바닥이 경사지게 설치되었다.

조영 시기는 출토 유물이 없어 잘 알 수 없으나 이제까지의 조사 예로 볼 때 6세기 중엽으로 보고 있다. 또한 벽주건물에 석조 온돌이 설치된 점에서 백제계 이주민에 의해 조영된 것으로 파악된다. 이는 주변의 고분군에서 백제계 문물이 부장된 횡혈식석실이 조영된 점에서 그러하다.

6세기는 백제계 이주민과 함께 영산강유역榮山江流域계의 이주민이 다수 확인되어 주목된다. 이 가운데 6세기 초를 전후하여 영산강유역산 토기가 집중하는 오사카부大阪府 시죠나와테시四条畷市 주변의 시죠나와테쇼각코나이四條畷小學校內유적, 미나미노코메자키南野米崎유적, 구스노키楠유적, 나라이奈良井유적, 혼마이케홋뽀本間池北方유적, 사라이군죠리讚良郡條里유적, 쵸보지長保寺유적, 시토미야키타蔀屋北유적은 마골馬骨이 다수 출토되어 가와치河內의 마사馬飼 집단의 유적으로 파악된다. 또 사라이군죠리유적, 쵸보지유적, 시토미야키타유적에서 출토되는 부뚜막 부속 토제품은 형태가 U자형으로 외연外緣에 돌대를 두른 것으로 광주시 월계동1호분의 주구, 광주시 월전동유적, 나주시 신촌리9호분 등 영산강유역 출토품과 가장 유사한 형식이다. 영산강유역의 토기가 출토된 시가현滋賀縣 가기타柿田유적 주변의 곤고지金剛寺유적에서 말馬의 족적足跡이 발견되어 비와호琵琶湖 연안의 목牧에도 이 지역의 마사馬飼 집단이 관여하였을 가능성이 높다. 이는 긴기近畿지역의 목牧이 영산강유역 이주민移住民에 의해 성립된 것을 시사하는 것이다.

말의 순장殉葬과 후쿠오카현福岡縣 오고리시小郡市 하사코노미야ハサコの宮2호분의 피장자도 인접한 미즈자와三沢 구릉의 마사 집단과 관련된 이주민으로 추정된다.

영산강유역에서는 나주시 복암리2호분 주구의 육교부근 구溝에서 한 마리분의 우골牛骨과 함께 마골이 출토되며, 주구의 넓은 범위에서 마골이 다수 확인되었다. 복암리3호분의 1호석실의 내부와 영암군 자라봉고분의 석실 내부에서도 한 마리분의 마골이 출토되었다. 그 외 무안군 고절고분의 분구에서 마골이 출토되었고 나주시 당가요에서는 토마土馬가 확인되어 영산강유역에서 다수의 목牧이 존재한 것으로 추정된다. 이 지역에서 보이는 말 순장의 성행은 일본열도 출토 영산강유역산 토기와 함께 가와치河內와 규슈九州의 목장이 영산강유역으로부터의 이주민에 의해 성립된 것을 보여주는 것이다.

자라봉고분의 말 순장과 월계동1호분 주구에서 출토된 부뚜막 부속구가 시죠나와테시四条畷市 주변 마사 집단의 생활유적 출토품과 유사한 것은 영산강유역으로부터 이주민이 이입되는 과정을 시사하는 것이다. 즉 이 지역의 마사와 관련된 이주민은 영산강유역 전방후원분 피장자를 매개로 이식移植된 것으로 파악된다. 이는 영산강유역과 일본열도의 독자적인 교섭에 의한 것으로 볼 수 없고 어디까지나 전방후원분 피장자를 매개로 한 백제의 의도에 의한 것이다.

오사카부大阪府 오가타大縣유적은 가시와라시柏原市 이코마生駒산 서록의 남단부에 위치하는 고훈시대 취락유적이다(4-56).

야마토천大和川과 이시천石川의 합류점에서 약 1km 북쪽에 입지한다. 고훈시대의 단야鍛冶공방과 관련된 단야로鍛冶爐, 송풍관, 철재鐵滓, 지석砥石, 한식계 토기가 출토되었다.

3호 단야로는 동서 8.2m, 남북 5.6m의 오각형에 가까운 주구가 돌아가고 그 외측에는 주혈柱穴이 돌아간다. 중앙부에는 북쪽에 단야 모루, 남쪽에는 단야로가 설치되었다. 단야로는 방형으로, 모루는 돌과 철재로 다져 견고하게 만들어졌다. 주구에서는 다량의 송풍관과 철재, 토기가 출토되었다.

주변의 4호수혈주거지에서는 말각장방형으로 한반도산 회청색경질호, 연질 시루, 하지키 고배, 옹, 호, 지석, 철제품 등이 출토되었다.

유적의 점유 시기는 출토된 한반도산 토기와 스에키로 볼 때 6세기 초를 전후한 것으로 본다.

이 유적의 주민은 시루의 형태가 한반도 서남부지역과 유사한 점에서 영산강유역을 포함한 백제지역에서 이주한 단야공인 집단으로 파악된다.

오가타유적의 주변에 위치하는 히라오야마平尾山고분군의 히라노平野, 오가

4-56 오사카부大阪府 오가타大縣유적의 단야鍛冶 유구遺構와 유물遺物

타大縣지군에는 이동식 부뚜막을 부장한 고분이 확인되고, 백제계 횡혈식석실인 다카이다야마高井田山고분이 조영되는 것도 이와 관련된 것으로 본다.

이와 함께 신라계 이주민의 존재도 주목된다. 효고현兵庫縣 미테야마見手山고분은 동해에서 약 15km 떨어진 마루야마천圓山川 서안의 도요오카분지를 조망할 수 있는 곳에 입지한 전방후원분이다. 주변에서 4기의 원분이 확인되어 전방후원분을 중심으로 한 고분군을 형성한 것으로 보인다.

분구는 전체 길이 35m, 후원부 직경 21.5m, 전방부 폭 13m로 비교적 작은 편이다. 외부에는 주구가 둘러져 있으나, 즙석과 하니와는 확인되지 않았다.

매장주체부는 중앙연도식의 세장방형 수혈계 횡구식석실이며 후원부에 단독으로 1기가 축조되었다. 석실 내에서는 스에키를 비롯해 철도, 철모, 석제 방추차, 벽옥제 관옥, 은제 공옥空玉 등이 출토되었다. 2조의 개배蓋杯 내에서 백합 조개가 출토되었다.

스에키의 형식으로 보아 이 고분은 6세기 중엽에 축조되었으며, 도요오카분지를 내려다보는 입지에 축조된 것으로 보아 이 지역의 수장묘이다.

이 고분의 수혈계 횡구식석실은 5세기 후반 창녕군 교동고분군과 상주시 신흥리고분군 등 신라지역에 집중적으로 분포한다. 이 고분의 구조가 신라지역에 보이는 수혈계 횡구식석실이고, 당시 일본열도에서 보기 어려운, 무덤 내에 음식물이 공헌된 점에서 피장자는 신라지역으로부터 정착한 이주민일 가능성이 매우 높다.

다이시야마大師山고분군은 미테야마고분에서 남쪽으로 약 5km 떨어진 마루야마천과 그 지류인 이주시천出石川이 합류하는 배후 구릉상에 100기 이상으로 구성된 대규모 군집분이다. 매장주체부는 횡혈식석실을 주축으로 하나 수혈계 횡구식석실이 10기 이상 확인되어 주목된다. 또한 이 고분군에서는 특히 청색유리에 녹색의 원문을 상감한 유리주가 출토되었는데, 이 유리주는 경주지역의 신라고분에 주로 부장된 것과 동일한 점에서 신라산으로 판단된다. 그래서 이 고분군의 피장자는 석실의 구조와 부장품으로 볼 때 역시 미테야마고분과 같이 신라로부터의 이주민으로 추정된다.

비쿠니びくに고분은 동해에서 약 30km 떨어진 마루야마천 서안의 야부시養父市 요카정八鹿町 슈쿠나미宿南 사야마寺山에 위치하는 해발 91m 구릉 말단부에 독립하여 입지하고 있다.

분구는 동서 16m, 남북 13m, 높이 2.2m의 원분이며, 매장주체부는 중앙연도식 수혈계 횡구식석실이다. 석실 규모는 길이 6.7m, 폭 1.3m, 높이 1.1m로 후벽에서 5.4m의 위치에 폐쇄석을 쌓았다. 상면에는 산인山陰지방의 목관묘에서 많이 보이는 스에키 배를 전용해 놓은 침枕이 확인되어 총 3명의 피장자를 매장한 것으로 추정된다.

부장품은 제1피장자의 옆에서 대도, 제2, 3피장자의 머리 부분에서 옥류가 출토되었다. 고분의 축조 시기는 6세기 중엽으로 추정된다.

이 고분의 구조가 신라지역에 보이는 수혈계 횡구식석실인 점에서 피장자는 신라지역으로부터 정착한 이주민일 가능성이 높다.

효고현兵庫縣 야다천矢田川은 마루야마천의 서쪽에 위치하는 전체 길이 약 30km의 하천으로 남에서 북으로 가미정香美町을 관류하여 동해에 하구를 형성하며, 상류지역에 관련 유적이 확인된다.

하치만야마八幡山고분군은 마루야마천 상류의 미카다군美方郡 가미정의 하치만八幡에 위치하는 고분군이다. 구릉 말단부에 입지하는 6기의 원분으로 구성되어 있다.

3호분의 매장주체부는 수혈계 횡구식석실이다. 5호분도 수혈계 횡구식석실이며, 특히 삼각고임식의 천장이 확인되었으며 6세기에 조영된 것으로 추정된다.

이 고분군에서는 신라지역의 수혈식석실과 고구려에 기원하는 삼각고임식 천장이 확인되어 이주민과의 관련이 주목된다.

쵸자카나루長者ヶ平고분군은 하치만야마八幡山고분군에서 북쪽으로 약 5km 떨어진 미카다군 가미정 오토大糖 야다천의 지류인 유부네천湯船川 동안 구릉상에 입지하는 고분군이다.

1호분은 직경 30.9m의 원분으로 매장주체부는 횡혈식석실로 추정된다. 분구상에는 제사에 사용된 대형의 옹이 출토되었으며, 분구의 북서쪽에서는 소형의 석곽묘가 확인되었다.

2호분은 한 변 25.5m의 방분으로 매장주체부는 중앙연도식 횡혈식석실이다. 석실 내에서 흑색으로 연화문이 그려진 석재가 출토되었다. 석재는 횡혈식석실의 벽석으로 사용된 것으로 추정된다.

이 고분군은 2호분에서 연화문이 확인되므로 불교사상을 인지한 이주민이 조영한 것으로 추정된다.

효고현兵庫縣 이치천市川유역의 미야야마宮山고분에 인접한 미노나가즈카見野長塚고분은 분구는 많이 삭평되었으나, 전체 길이 34m, 폭 3~6m이며 깊이 20~50cm의 주구가 확인되었다. 서쪽의 전방부와 후원부가 이어지는 지점에서 남쪽으로 주구 바깥까지 이어지는 작은 구는 배수구로 보인다.

매장주체부는 후원부와 전방부에 1기씩 횡혈식석실을 축조하였는데, 모두 입구가 남쪽으로 트여 있다. 후원부의 석실은 기저부만 겨우 잔존하고 있으며, 주축은 분구와 직교하며, 우편재식 연도가 달려 있다. 현실은 폭 2.6m, 잔존 길이 4.8m, 연도는 폭 1.2m, 잔존 길이 80cm이다. 상면에는 전면에 천석을 깔았다. 전방부의 석실은 석재마저 전부 유실되어 자세한 상황을 알 수 없다.

후원부 석실에서는 거울, 장신구, 철기, 스에키, 하지키와 함께 인골이 출토되었다. 장신구로는 금제 이식, 벽옥제 관옥, 유리소옥 등이 확인되었고, 그 외

다원형경판비, 심엽형행엽, 철모, 철촉과 함께 개배, 대부호, 고배, 유공광구소호, 장식호, 기대 등 다양한 스에키가 출토되었다. 인골의 경우 치아 2점, 두개골편 3점이 확인되었으며, 장년 남성의 것으로 보인다. 전방부 석실에서도 스에키와 철부, 마구, 유리제 소옥 등이 일부 확인되었다.

후원부 석실의 입구부 정면 주구에는 폭 2m로 설치한 육교와 양옆으로 2기의 작은 수혈이 있고 이곳에서 북쪽으로 약 5m 떨어진 곳에서 장식호와 기대가 남북으로 나란히 출토되었는데, 분구제사와 관련되는 것으로 추정된다.

주구 내에서는 분구에서 떨어진 원통형, 가형, 인물형, 동물형 등의 형상 하니와가 출토되었다.

이 고분은 출토된 스에키와 마구로 볼 때 6세기 전엽에 축조되었다. 대가야산 금제 이식과 철모, 신라산 당초문투조 심엽형행엽뿐만 아니라 다량의 토기를 석실 내에 부장한 점에서 이 고분의 피장자는 이주민 수장으로 추정된다.

미노見野고분군은 미노나가즈카고분군에서 북쪽의 미야야마고분으로 가는 도로의 산기슭에 축조된 후·종말기 군집분이다. 현재 15기가 확인되나 분구는 모두 유실되거나 변형되어 분형과 규모 등은 확실하게 알 수 없다.

3호분은 좌편재식 연도를 갖춘 횡혈식석실로 입구는 남동쪽으로 두었다. 전체 길이 11.18m, 현실 길이 4.35m, 폭 1.63~2.06m, 높이 2.45m이고, 연도 폭은 1.65m이다. 현실 후벽부에 돌을 깔아 단을 만들었고 그 앞에 상식석관을 안치하였다. 전벽은 높이 35cm의 대석 1매로 축조하였고, 입구부에 문주석을 세웠으며 그 위에 2매의 돌을 쌓았다. 현실과 연도 모두 2매의 돌로 덮어 천장을 만들었다. 석실 내에서 개배, 고배, 단경호, 편병, 옹 등의 스에키와 이식, 곡옥, 수정제 옥, 유리제 소옥 등의 장신구, 철기 등이 출토되었다. 스에키의 형식과 석실의 형태로 보아 이 고분은 7세기 전엽에 축조된 것이다.

6호분은 하나의 원분에 2기의 횡혈식석실이 축조된 것이다. 양 석실은 6m 정도 떨어져 있는데, 입구는 모두 남서쪽으로 두었다.

동석실은 중앙연도식으로 전체 길이 8.8m, 현실 폭 1.6m, 높이 1.8m이다. 천석을 깔아 시상을 마련하였고, 현실 전방부 오른쪽에 상식석관을 안치하였다. 측벽은 4, 5단으로 쌓았고, 천장석은 3매가 남아 있다. 석실 내에서 다양한 스에키와 하지키, 금제 소환이식, 관옥, 유리제 소옥 등의 장신구와, 철도, 철촉, 마구 등의 철기가 출토되었다. 스에키의 경우 후벽 쪽에서 출토된 것이 입구 쪽에서 출토된 것보다 오래된 형식의 유물이므로, 추가장이 이루어졌던 것으로 보인다.

서석실은 중앙연도식으로, 전체 길이 8.5m, 폭 1.5m, 높이 2m이다. 측벽은 4, 5단으로 쌓았고, 천장석은 4매가 남아 있다. 현실에는 2기의 소형 상식석관이 배치되었다. 석실 내에서는 스에키와 하지키, 장신구와 철기 등이 출토되었다.

동서 2기의 석실은 후벽의 위치를 동일하게 하고, 규모와 구조, 입구방향 등도 유사하게 만든 쌍실분으로 거의 같은 시기에 축조된 것으로 생각된다. 스에키의 형식도 같은 6세기 후엽에서 7세기 전반으로 편년된다.

10호분의 경우 봉분의 대부분이 유실되어 거석을 사용한 대형의 횡혈식석실이 노출되어 있는데, 마치 나라현奈良縣 이시부다이石舞台고분을 연상시킨다. 남동쪽으로 입구가 트여 있는 중앙연도식이다. 전체 길이는 10.7m, 현실의 길이 4.0m, 폭 2.1~2.3m, 높이 약 2m, 연도 폭은 2.0m이다. 현실의 천장과 각 벽은 1매의 거석으로 축조되었다. 또 연도부의 천장도 현실 천장석에 준하는 거석을 사용하였다. 현실과 연도 천장의 단차는 거의 없고, 현문 양쪽에는 대형의 문주석을 세웠다. 부장품은 출토되지 않았으나, 석재의 사용법으로 보아 고훈시대에서 가장 늦은 시기의 특색을 갖춘 점에서 7세기 후엽에 축조된 것으로 생각된다.

이 고분군이 미노나가즈카고분군에 연속되어 축조된 점과 하나의 원분 내에 2기의 횡혈식석실을 조영한 백제지역의 묘제가 보이는 점, 금제 소환이식이 부장된 점, 인접하여 미노사지見野寺址가 위치하는 점에서 피장자는 한반도로부터의 이주민으로 볼 수 있다.

이코伊興유적은 도쿄도東京都 아다치구足立區 히가시이코정東伊興町 하자마狹間에 위치한다. 이 유적은 오미야大宮대지의 동부 저지를 동서로 흐르는 게나가천毛長川 우안의 자연 제방 위에 입지하고 있다. 고훈시대 유구가 집중하는 곳은 동쪽에 위치한 하자마狹間지구이다. 이 지구에서는 다량의 고식 스에키와 함께 옥류가 출토되고 있어 수변제사와 관련된 것으로 보고 있다.

더욱이 이 유적의 하자마지구에서는 하자마지구의 북쪽의 내만內灣한 저지대에서 한반도산 토기가 출토되어 주목된다. 한반도산 토기는 승석문 호와 병형토기이다. 전자를 5세기 전반 가야토기로 보고 후자를 6세기 후반 백제토기로 보는 견해도 있으나, 전자는 횡치소성한 점, 기벽이 두꺼운 점, 상반부의 타날문을 지운 점 등으로 볼 때 5세기 말 6세기 초의 영산강유역산 토기로 판단된다. 그래서 전자는 후자의 백제토기와 함께 이입된 것으로 파악된다.

이 유적은 영산강유역산 토기 분포의 동쪽 한계선인 점과 백제토기와 함께 공반된 점이 흥미롭다. 또한 이곳에까지 양 지역에서 이주민이 이입된 것을 알 수 있게 한다.

(2) 한반도韓半島의 이주민移住民

영산강유역의 전방후원분은 영암군 시종, 나주시 반남, 고창군 아산지역과 같이 누세대로 고분이 조영된 지역에서는 출현하지 않고, 6세기 전엽까지 재지적인 고분계열과 관계없이 돌연히 성립된다는 점으로 볼 때 재지수장묘로 인정할 수 없다. 이 지역의 전방후원분 피장자는 횡혈식석실의 구조와 전방후원분이라는 수장묘에 채용된 분형, 신덕新徳고분의 부장품으로 볼 때 규슈九州 북부에서 아리아게카이有明海연안지역에 걸쳐 존재한 복수의 유력호족 출신으로 파악된다.

공주시 단지리丹芝里 횡혈묘橫穴墓군은 삼국시대의 묘제 중에서 계통을 찾을 수 없고 규슈九州의 스오나다周防灘연안의 횡혈묘와 유사하며, 스에키須惠器 또는 이를 모방한 토기를 부장한 점에서 피장자는 북부 규슈九州지역의 왜인倭人으로 파악된다. 더욱이 횡혈묘의 피장자는 그 축조 시기가 같고 전방후원분 피장자의 출신지와 같은 스오나다周防灘연안인 점에서 양자가 밀접하게 관련된 것으로 보인다.

가야지역의 왜계고분은 재지의 묘제와 그 계통을 완전히 달리한다. 의령지역의 경산리1호분의 석옥형석관石屋形石棺, 문지방석, 판석폐쇄, 복실複室 구조의 요소와 운곡리1호분의 돌선반石棚과 배부름식胴張式 석실구조는 재지의 옥봉 수정봉식의 횡혈식석실과는 계통을 전혀 달리하는 것이다. 경산리1호분에서는 즙석葺石이 확인되었다. 선진리고분은 대형의 자연석을 사용하고, 문주석과 요석腰石을 갖춘 지상식의 횡혈식석실로서 재지의 석실과 계통이 연결되지 않는 구조이다. 거제시 장목고분도 문주석, 요석腰石과 팔자八字상의 묘도墓道, 분구의 즙석葺石, 그리고 하니와埴輪를 모방한 원통형토기를 수립한 가장 전형적인 북부 규슈형 횡혈식석실분이다. 이 고분에서는 일본열도산 경갑頸甲이 부장되었다.

그리고 무엇보다도 가야지역의 왜계고분의 출현 과정을 살펴볼 때 송학동1호분B호석실을 제외하고는 그 피장자는 영산강유역 전방후원분의 출현 과정과 유사한 것에서 재지수장으로 볼 수 없다.

즉 의령군 경산리1호분은 동남쪽의 낙동강 중류 좌안에 위치하는 5세기대를 중심으로 조영된 유곡리고분군에서 떨어진 지점에 다른 1기의 봉토분과 함께 돌연 출현한다. 유곡리고분군은 직경 10~20m급의 분구을 가진 고분이 구릉 정상부에 열을 이루며 누세대에 걸쳐서 조영된 재지의 수장묘역이다.

의령군 운곡리1호분은 경산리에서 남쪽으로 10km 정도 떨어진 낙동강의 대지류인 남강 하류역의 우안에 위치한다. 이 고분은 동남쪽에 누대에 걸쳐 조영된 재지 수장묘역인 죽전리 산성고분군과 남쪽의 남강을 사이에 두고 위치하는 옥봉 수정봉식의 횡혈식석실을 내부 주체로 하는 재지 수장묘역인 중동리고분군과 같은 의령남부 지역의 중심 고분군에서 떨어진 지점에 돌연 출현한다. 운곡리고분군은 묘역이 시작되는 곳에 위치한 왜계고분인 1호분의 조영을 계기로 형성된 것으로 추정된다.

사천시 선진리고분은 북동쪽에 위치한 재지 수장묘역인 두량리고분군에서 떨어진 사천만 우안에 단독으로 돌연 출현한다.

거제시 장목고분은 재지수장묘인 구영리고분군에서 떨어진 나가사키현長崎縣 쓰시마對馬가 조망되는 항구의 배후 구릉에 단독으로 입지하고 있다.

이는 일본열도로부터의 이주민이 3~4세기 김해 부산지역에만 집중하다가 5세기대 그 존재가 미약했던 것과는 전혀 양상을 달리하는 것으로, 이 시기에 가장 활발한 인적 교류가 이루어진 것으로 파악된다.

2) 교류交流와 역사적歷史的 배경背景

백제가 영산강유역과 가야지역에 본격적으로 진출하는 6세기 전엽이 되면 일본열도에는 종래부터 지속되어온 가야지역으로부터의 문물의 이입이 급격히 줄어들고 백제지역의 문물이 급격하게 유입된다. 예를 들면 구마모토현熊本縣 에타후나야마江田船山고분 부장품은 두 시기로 나누어지는 것으로 파악되어 왔는데, 그 전반기의 마구, 대금구, 철모 등은 대가야계이고 그 후반기의 관, 이식, 식리, 개배蓋杯 등은 백제계이다. 이 고분에서는 다른 형식의 이식이 2조 출토되었는데, 그중에서 보주식과 원추식은 대가야산이고 다른 하나의 심엽식은 무령왕릉 출토의 이식과 계통을 같이 하는 것이다. 이 시기 에타후나야마고분의 백제산 문물과 무령왕릉武寧王陵의 일본열도산 금송제金松製 목관은 선사시대 이래의 전통적인 가야지역과 일본열도의 일상적인 교역관계를 넘어 백제가 대왜 교역의 주도권을 장악하게 된 것을 상징하는 것이다(朴天秀 1998).

이 시기에 이입된 백제 문화는 종래 가야지역에서 도입된 철과 같은 필수물자나 생산 공인과는 달리, 고등종교인 불교, 유학과 같이 왜가 바라던 국가정비에 필요 불가결한 요소를 담고 있었다.

이와 함께 이입된 백제 문화는 고고학 자료로 볼 때 먼저 오사카부 다카이다야마高井田山고분이 상징하는 바와 같이 횡혈식석실을 중심으로 하는 장제葬制를 들 수 있다. 백제계 횡혈식석실에서 음식물이 공헌되고 축소모형 부뚜막과 같은 취사도구가 부장되는 점에서 계세繼世사상이 도입된 것을 엿볼 수 있다. 이와 함께 이전 시기 보이지 않던 부부 합장도 백제의 영향에 의한 것으로 보고 있다. 특히 백제계 횡혈식석실이 긴키지방을 중심으로 전국으로 확산되는 것은, 6세기 전반 백제 문화가 일본열도 내에서 차지하는 위상을 보여주는 것이다.

그리고 백제와 관련된 것은 말을 사육하고 활용하는 문화를 들 수 있다. 말은 군용, 교통, 농업, 운반에 사용된 귀중한 자원이었으나 일본열도에서는 독자적인 말의 사육과 번식 기술을 갖추지 못했으며 5세기가 되어서야 말의 사육, 번식 기술이 한반도로부터 도입되었다.

오사카부 시조나와테시四条畷市 주변에 형성된 가와치河内의 마사馬飼 집단 유적에서는 영산강유역산 토기와 생활용품이 가장 밀도 높게 발견되어 백제에서 이주한 마사 집단이 거주하면서 말을 사육한 것으로 판단된다.

시죠나와테시 나라이奈良井유적에서는 전용의 말 제사장에서 말의 머리를 신에게 바치는 의식도 행해진 점에서, 단순히 말을 사육하는 기술만이 전해진 것이 아니라 제천의례도 전수된 것으로 볼 수 있다.

이는 가야의 물질문화를 대신한 유학, 불교와 같은 백제의 선진문물에 대한 왜인의 동경과 영산강유역 전방후원분 피장자인 왜계백제관인을 매개로 한 백제의 문물 공세에 기인한 것이다. 당시 백제는 남해안 해상 교통의 요충인 이른바 임나사현任那四縣과, 섬진강유역 대외교통로의 결절점인 기문己汶, 교역항인 대사帶沙의 영유를 둘러싸고 대가야와 각축하고 있었으며, 513년(『일본서기日本書紀』 계체繼體 7년) 이래 제박사諸博士의 파견은 이와 같은 상황에서 이루어진 것으로 파악되고 있다. 이 시기 백제의 제박사와 문물은 종래 가야지 역에서 도입된 철과 같은 필수 물자나 생산 공인과는 달리, 고등종교인 불교와 같이 왜가 바라던 국가 정비에 필요 불가결한 것이었다(山尾幸久 1989:315-316).

이와 같은 백제와 왜의 본격적인 교류는 계체조繼體朝 출현 전후에 시작되고 있어 주목된다. 이는 와카야마현和歌山縣 스다하치만신사隅田八幡神社의 인물화상경人物畵像鏡에도 보인다. 이 거울의 명문에는 무령왕武寧王과 즉위 전의 계체繼體가 등장한다(4-57). 그 제작 시기는 문헌사학에서 무령왕 즉위 다음해인 503년으로 비정되고 있는데 경鏡의 형식학적인 연구(車崎正彦 1993:71-72)로 보아도 그 타당성이 인정된다. 계체 일족은 오미近江를 거점으로 비와호琵琶湖 연안의 호상湖上 교통과 교역항인 쓰루가敦賀를 지배하고 광역의 교역 루트를 장악하여 긴키近畿 북부, 에즈젠越前, 오미尾張에 걸친 호족 연합을 배경으로, 전대의 가와치河內세력을 타도한 후 왕위를 찬탈한 것으로 파악되어 왔다(岡田清司 1972). 이와 관련하여 동해에 면한 와카사만若狹灣 주변에서 출토된 한반

4-57 와카야마현和歌山縣 스다하치만신사隅田八幡神社와 인물화상경人物畫像鏡

도산 문물은 와카사가도若狹街道와 비와호琵琶湖 안의 교통로 상에 집중하는데, 이 지역과 가와치지역 사이에 분포의 공백지대가 존재하는 것으로 볼 때 세토나이해瀨戶內海를 통하지 않고 동해東海를 통하여 직접 도입된 것으로 판단되어 주목된다. 즉 이 교통로상의 후쿠이현福井縣 쥬젠노모리十善の森고분, 시가현滋賀縣 가모이나리야마鴨稻荷山고분에서 보는 바와 같이 6세기 전반 이래 백제계 문물이 집중하고, 또 백제계 벽주건물지의 분포밀도가 가장 높다. 이와 같이 계체세력은 종래 가와치세력과 전통적으로 밀접한 교류관계에 있었던 가야세력을 배제하고 백제를 교섭 창구로 하여 선진문물을 도입하여 가와치세력과 차별화를 시도함으로써 기나이畿內에서 우위를 확보한 것으로 파악된다. 고훈시대 중기와 후기 사이의 기나이 중앙정권 내부의 권력교체에도 한반도 세력과의 교섭이 중요한 역할을 한 것으로 추정된다. 이러한 점에서 웅략雄略에서 계체繼体로 변하는 왜倭의 정치적 변동과 동성왕東城王에서 무령왕武寧王으로 바뀌는 정변政變이 상호 연동하였을 가능성이 높다.

6세기 전엽 무령왕릉의 관재棺材로 일본열도산 금송金松이 사용되고 영산강유역에 전방후원분이 조영되며 백제 왕도에도 단지리 횡혈묘의 피장자와 같은 왜인이 거주한 것에서 전대의 대가야와의 교류와 전혀 다른 질적 차이를 보인다.

영산강유역의 전방후원분이 백제 웅진기熊津期의 후반에 한정되어 축조된 점, 의도적으로 분산되어 배치된 점, 백제의 위신재가 부장된 점 등에서 이 지역의 전방후원분 피장자는 독립적으로 할거한 것으로 볼 수 없고, 토착세력의 견제와 일본열도와의 외교 및 대가야 공략을 위해 백제 중앙에서 왕후제王候制와 같은 지배방식의 일환으로 이 지역에 파견한 왜계 백제관인으로 본다. 영산강유역의 전방후원분이 6세기 전반이라는 한정된 시기에만 조영된 것은 웅진기의 정치적인 상황에 의한 것으로, 이는 어디까지나 백제의 정치적인 정세와 관련하여 전방후원분이 출현한 것임을 시사한다. 영산강유역에 왜인이 파견된 것은 한성 함락에 의해 일시적으로 통치 기구가 와해된 백제가 웅진으로 천도한 후 자력으로 남방을 통치할 수 있는 역량과 고구려, 대가야에 대한 군사력이 부족했기 때문이다.

한편 6세기 전엽 이입문물의 박재지舶載地가 대가야大伽耶에서 백제百濟로 전환하는 가운데에서도 대가야와 관련된 가야지역에 왜계 문물이 이입되고 구마모토현熊本縣 모노미야구라物見櫓고분 등에서 대가야양식의 이식耳飾이 부장되는 것에서 대가야와 특정지역과의 교섭이 일정 부분 지속된 것을 알 수 있다. 즉 아직까지 왕권의 교섭과 별개로 지방호족 세력들이 독자적인 교섭 관계를 유지한 것을 보여주는 것이다.

6세기 후반 다시 신라 문물이 일본열도에 집중 이입되어 주목된다. 이 시기 대수장묘인 나라현 후지노키藤ノ木고분과 군마현群馬縣 와다누기칸논야마綿貫觀音山고분, 국가 제사장인 후쿠오카현 오키노시마沖ノ島유적에서 신라계의 마구가 집중 출토된 것은 역시 가야 멸망 전후의 정치적인 동향과 관련된 것으로 판단된다. 이 시기에는 5세기 전반과 같이 신라산 금공품이 조합을 이루어 이입되고 일본열도 전역에 분포한다. 또한 7세기 전반 경주시 황룡사, 분황사 모전탑에서 경옥제 곡옥이 매납되는 것도 그러한 맥락에서 이해된다. 한편 나라현 아스카사 탑지의 사리장엄구는 그 조합이 경주시 황룡사, 분황사 등의 신라지역 출토품과 유사하고, 특히 구슬은 신라에서 제작된 반점문 유리구슬인 점이 주목된다.

이 시기 특히 후쿠오카현福岡縣 오키노시마沖の島8호제사유구에서는 사산조 페르시아산 유리배가 출토되었다. 이 유리배는 신라산 마구가 공반되고 북주北周 이현李賢부부묘 출토품과 유사한 점에서 신라와 북조의 교섭에 의해 이입된 것으로 판단된다.

이 시기 시마네현島根縣 오자니시大座西2호분에서 신라산 동완과 대장식구가 부장된 것에서 영일만-울릉도-오키隱岐-시마네島根를 연결하는 항로가 활발하게 이용되었음을 알 수 있다.

가야 멸망 전후인 『일본서기』 흠명欽明 21년(560)조에 신라와 왜가 처음으로 국교를 열었으며, 이 시기 신라가 왜에 사절을 파견한 것은 562년 대가야 멸망과 관련한 정치적인 의도로 파악된다. 남부 가야제국을 지배하에 넣고 가야 북부지역의 병합을 꾀하던 시기에 신라는 왜와 백제의 군사동맹 관계를 단절시킬 필요가 있었다. 또 6세기 후반은 이전 시기 왜와의 교섭을 주도하였던 백제가 555년 왕자 혜惠의 파견을 마지막으로 더 이상 사절을 보내지 않고 왜도 사절을 파견하지 않아 백제와 왜의 관계가 그 후 20년간 단절되는 시기인 것이다. 따라서 백제로부터 전해지던 문물을 신라가 대신하여 전하겠다는 제의를 하였을 것이다.

6세기 후반 중국의 남조가 멸망하여 정치, 문화의 중심이 화북으로 옮겨짐에 따라 백제와 중국과의 관계가 멀어지고 한강 하류지역을 획득한 신라가 북조와의 관계를 긴밀히 함으로써 왜는 백제에서 도입하던 선진문물을 신라로부터 받아들이게 된 것이다.

參考文獻
참고문헌

[국문國文]

吉井秀夫, 1996, 「금동제 신발의 제작기술」, 『碩晤尹容鎭教授停年退任紀念論叢』, p.248, 大邱, 碩晤尹容鎭教授停年退任紀念論叢刊行委員會.

朴相珍, 1996, 「무녕왕릉 관재의 재질과 연륜구조 해석에 관한 조사 연구」, 『백제논총』 5, 서울, 백제문화개발연구원.

國立慶州博物館, 2001, 『新羅黃金-신비한 황금의 나라』, p. 206, 慶州, 國立慶州博物館.

青柳泰介, 2002, 「大壁建物考」, 『百濟研究』 35, 大田, 忠南大學校百濟研究所.

徐賢珠, 2003, 「三國時代 아궁이틀에 대한 考察」, 『韓國考古學報』 50, pp. 65~96, 大邱, 韓國考古學會.

高田貫太, 2003, 「5, 6世紀 洛東江以東地域과 日本列島의 交涉에 관한 豫察」, 『韓國考古學報』 50, pp. 97-120, 大邱, 한국고고학회.

權五榮·李亨源, 2006, 「삼국시대 壁柱建物 연구」, 『韓國考古學報』 60, p. 188, 서울, 한국고고학회.

이정호, 2009, 「영천리고분(長城 鈴泉里古墳)」, 『韓國考古學專門事典 古墳編』, 대전, 국립문화재연구소.

조근우, 2009, 「월송리조산고분(海南 月松里造山古墳)」, 『韓國考古學專門事典 古墳編』, 대전, 국립문화재연구소.

이병호, 2013, 「백제 사원과 飛鳥寺 삼금당의 원류」, 『百濟研究』 57, 대전, 충남대학교 백제연구소.

國立羅州博物館, 2019, 『韓國의 長鼓墳』, 羅州, 國立羅州博物館.

울산문화재연구원, 2021, 「고속도로 제255호선 강진-광주간 건설공사(제5, 6공구) 구간 내 유적(나주 유곡리 유물산포지2) 시굴조사 전문가 검토회의 자료집」.

[일문日文]

梅原末治, 1947, 『朝鮮古代の墓制』, pp. 77-78, 東京, 座右寶刊行會.

岡田清司, 1972, 「継体天皇の出自とその背景ー近江大王家の成立をめぐって-」, 『日本史研究』 128, 京都, 日本史研究會.

小田富士雄, 1975, 「日本の古墳出土の銅椀について」, 『百済研究』 第6輯, pp. 199-220, 大田, 忠南大學校百濟研究所.

穴沢咊光·馬目順一, 1976, 「竜鳳文環頭大刀試論」, 『百濟研究』 7, 大田, 忠南大學校百濟研究所.

毛利光俊彦, 1978,「古墳出土の銅椀の系譜」,『考古學雜誌』64-1, pp. 1-27, 東京, 日本考古學會.

野上丈助, 1982,「日本出土垂飾付耳飾」,『藤澤一夫先生古稀記念古文化論叢』, 大阪, 藤澤一夫先生古稀記念論叢刊行委員會.

森浩一(編), 1984,『韓國の前方後圓墳-松鶴洞1號墳問題について』, 東京, 社會思想社.

小田富士雄, 1988,「韓國古墳出土の倭鏡」,『考古學叢考』, 東京, 齊藤忠先生頌壽記念論文集刊行會.

山尾幸久, 1989,『古代の日朝關係』, 東京, 塙書房.

馬目順一, 1991,「金銅製飾履」,『古墳時代の研究8古墳Ⅱ副葬品』, pp. 124-131, 東京, 雄山閣.

小田富士雄, 1992,「日本における武寧王陵系遺物の研究動向」,『古文化談叢』28, pp. 164-165, 北九州, 九州古文化研究會.

內山敏行, 1992,「古墳時代後期の朝鮮半島系冑」,『研究紀要』1, 栃木, 財團法人栃木縣文化振興事業團.

穴沢咊光, 1993,「遺物からみた交流と交易」,『古墳時代の研究13-東アジアの中の古墳文化-』, p. 127, 東京, 雄山閣.

定森秀夫, 1993,「日本出土の陶質土器 - 新羅系陶質土器を中心に - 」,『MUSEUM』No. 503, p. 22, 東京, 東京國立博物館.

車崎正彦, 1993,「倭鏡の作者」,『季刊考古學第43號-鏡が語る古代史-』, pp. 71-72, 東京, 雄山閣.

大田博之, 1994,「埼玉将軍山古墳出土馬冑資料の基礎研究」,『日本考古學』1, pp. 103-125, 東京, 日本考古學協會.

毛利光俊彦, 1995,「日本古代の冠」,『文化財論叢』2, pp. 65-129, 奈良, 奈良文化財研究所.

朴天秀, 1998,「考古學から見た古代の韓·日交涉」,『青丘學術論集』第12集, pp. 77-122, 東京, 財団法人韓國文化研究振興財団.

朴天秀, 1999,「裝飾鐵鉾の性格とその地域性」,『國家形成期の考古學』, pp. 457-470, 大阪, 大阪大學文學部考古學研究室.

白井克也, 2000,「日本出土の朝鮮産土器·陶器 - 新石器時代から統一新羅時代まで - 」,『日本出土の舶載陶磁 - 朝鮮·渤海·ベトナム·タイ·イスラム - 』, p. 101, 東京, 東京國立博物館.

武末純一, 2000,「九州の百済系土器 - 4·5世紀を中心に - 」,『日本所在百済文化財調査報告書2 - 九州地方 - 』,(國立公州博物館研究叢書第11冊), p. 100, 公州, 國立公州博物館.

白井克也, 2000,「日本出土の朝鮮産土器·陶器 - 新石器時代から統一新羅時代まで - 」,『日本出土の舶載陶磁 - 朝鮮·渤海·ベトナム·タイ·イスラム - 』, p. 104, 東京, 東京國立博物館.

木下尚子, 2001, 「古代朝鮮·琉球交流試論 - 朝鮮半島における紀元1世紀から7世紀の大型巻貝使用製品の考古學的検討」, 『青丘學術論集』 第18集, pp. 28-29, 東京, 韓國文化研究振興財団.

朴天秀, 2001, 「三國·古墳時代における韓·日交渉」, 『渡来文化の波-5~6世紀の紀伊を探る-』, p. 79, 和歌山, 和歌山市立博物館.

朴天秀, 2001, 「榮山江流域の古墳」, 『東アジアと日本の考古學I』, pp. 3-31, 東京, 同成社.

神谷正弘, 2002, 「藤ノ木古墳出土金銅装鞍について」, 『考古學ジャナル』 NO 482, pp. 11-20, 東京,ニュウサイエンス社.

千賀久, 2003, 「日本出土「新羅系」 馬裝具の系譜」, 『東アジアと日本の考古學Ⅲ-交流と交易-』, pp. 101-127, 東京, 同成社.

고대 한일교류사

V

7세기世紀 한반도韓半島와 일본열도日本列島의 교류交流

V 7세기世紀 한반도韓半島와 일본열도日本列島의 교류交流

1 일본열도日本列島의 한반도韓半島 문물文物

1) 토기土器

(1) 신라新羅

7세기 인화문이 시문된 신라 토기가 백제 토기를 초월하는 수량으로 일본열도 긴키近畿지역을 중심으로 이입된다. 더욱이 신라토기는 오사카부大阪府 나니와노미야難波宮, 나라현奈良縣 이시카미石神유적, 후지와라경藤原京과 같은 궁도宮都와 호류사法隆寺, 도유라사豊浦寺 등 사원에 집중하는 것에서 국가적인 외교사절에 동반한 정치적인 교섭에 의해 이입된 것이 분명하다. 또한 공방지인 아스카이케飛鳥池유적, 니시다치바나西橘유적, 오오이太井유적 등에서 신라 토기가 출토되는 것에서 당시 일본의 금속기 생산에 신라 공인이 관여한 것이 밝혀졌다. 더욱이 신라 토기는 호류가 주된 기종인 점에서 후대의 쇼소인正倉院 소장 약호藥壺와 같이 저장기로서 내용물을 반입하는 기능을 가졌을 가능성이 매우 높은 점이 주목된다(江浦洋 1994).

후쿠오카현福岡縣 가네다케金武고분군에서 다수 출토되었다. 가네다케金武고분군은 26지군 147기의 원분으로 구성된 군집분이다. 이 가운데 요시다케吉武G군은 4기의 횡혈식석실을 매장시설로 하는 고분으로 구성되었으며 G-4호분 주구에서 7세기 전반의 신라 인화문이 시문된 대부장경호가 출토되었다. 또한 이 고분군에서는 주구와 연도에서 철생산과 관련된 철재가 출토되었다. 그리고 인접한 요시다케츠카하라吉武塚原고분군에서도 신라토기가 다수 출토되는 점에서 피장자는 철생산에 종사한 신라계 이주민일 가능성이 크다.

후쿠오카현福岡縣 다마키야마玉城山고분군에서 다수 출토되었다. 다마키야마玉城山고분군은 오노죠시大野城市 오코카네乙金산록에 분포하는 3지군 34기의 원분으로 구성된 고분군이다. 이 가운데 C군은 매장시설을 횡혈식석실로 하며 4기의 고분에서 신라 인화문 토기가 출토되어 주목된다. C5호분에서는 대부장경병, 대부직구호, C9호분에서는 개蓋, C11호분에서는 대부장경병, C15호분에서는 편이 출토되었다. 이 고분의 피장자는 신라토기의 출토 빈도가 매우 높은 점에서 신라계 이주민일 가능성이 크다(5-1).

나가사키현長岐縣 쓰시마시對馬市 미즈시마정美津島町에 위치하는 가네다성金田城의 산정부에서는 스에키와 함께 신라후기양식의 인화문토기가 출토되었다. 이 산성은 『일본서기』 천지天智 6년(667)에 오사카부大阪府 다카야스성高安城, 가가와현香川縣 야시마성屋嶋城과 함께 축성기사가 보인다. 가네다성은 천혜의 요새로서 대 신라 방어의 최전선에 해당한다. 그런데 내부에서 인화문이 시문된 신라토기가 출토되어 주목된다. 더욱이 신라 토기는 호류가 주된 기종인 점에서 후대의 쇼소인正倉院 소장 약호藥壺와 같이 저장기로서 내용물을 반입하는 기능을 가졌을 가능성이 매우 높은 점이 주목되고, 긴키近畿지역에서는 신라 토기 기종 중 병류 역시 다수가 출토되어 일본의 지배층이 선호한 기종이었음을 알 수 있다.

특히 7세기 후엽에는 문무왕 8년(668) 신라와 일본이 사절을 파견한 이후 700년 이전까지 신라에서 26회, 일본에서 9회에 걸쳐 사절을 파견하는 등 활발한 교섭관계가 이루어졌다. 이것이 긴키近畿지역에 다수의 신라 토기가 유

5-1 7세기世紀 일본열도日本列島의 신라新羅 인화문印花文 토기土器
1. 후쿠오카현福岡縣 다마키야마玉城山고분군, **2·3.** 나라현奈良縣 이시카미石神유적

입된 배경이 되었을 것으로 판단되는데, 사절단에는 관료뿐만 아니라 승려들도 포함되어 있어 나라현奈良縣 호류사法隆寺, 도유라사豊浦寺, 오사카부大阪府 시텐노사四天王寺 등과 같은 사원 유적에서 신라 토기가 집중 출토되는 것으로 볼 수 있다.

(2) 백제百濟

오사카부大阪府 나니와難波 우에마치대지上町臺地에서 평저단경호 2점, 평저호 4점, 평저완 1점, 전부완 1점이 대부분 7세기 중엽 전기 나니와궁難波宮의 정지층에서 출토되었다.

나니와難波에는 외교시설이 있어 백제와 신라에서 사절이 오면 나니와대군難波大郡에서 의식을 행했다는 기록이 있어 이와 관련된 것으로 보인다(寺井誠 2017: 216-217).

그 외 일본열도 전역에서 백제의 평저병을 모방한 토기가 다수 제작되나 이입품은 현저하게 줄어든다.

(3)고구려高句麗

후쿠오카현福岡縣 후쿠오카시福岡市 하카다博多유적 제17차조사 토갱土坑 SK175에서는 고구려高句麗토기가 출토되어 주목된다(5-2).

이 토기는 동부胴部가 1/3만이 유존하며, 경부頸部가 결락된 장동호長胴壺이다. 저부底部는 일부 남아 있으며, 잔고殘高 33cm, 추정최대경推定最大径 27cm, 추정저경推定底径 16.6cm. 약간의 소사립小砂粒과 운모雲母를 포함한 정선된 니질태토泥質胎土이다.

저부에서 동부에 걸친 박리면에서 원판권상성형圓板卷上成形한 것이 관찰된다. 내외면은 회전 물손질 정면整面하였으며, 압날흔이 보인다. 동부하단은 회전깍기로 조정하였다. 흡수성이 강하나 경질硬質이다. 동부에 소성 후 선각된 대大자형 도부호가 있다. 이 토기는 서울시 아차산峨嵯山 보루堡壘 출토 토기와 기형, 제작기법, 도부호가 유사하여 고구려토기가 분명하다. 이 토기의 이입시기는 7세기 후반으로 보고 있다.

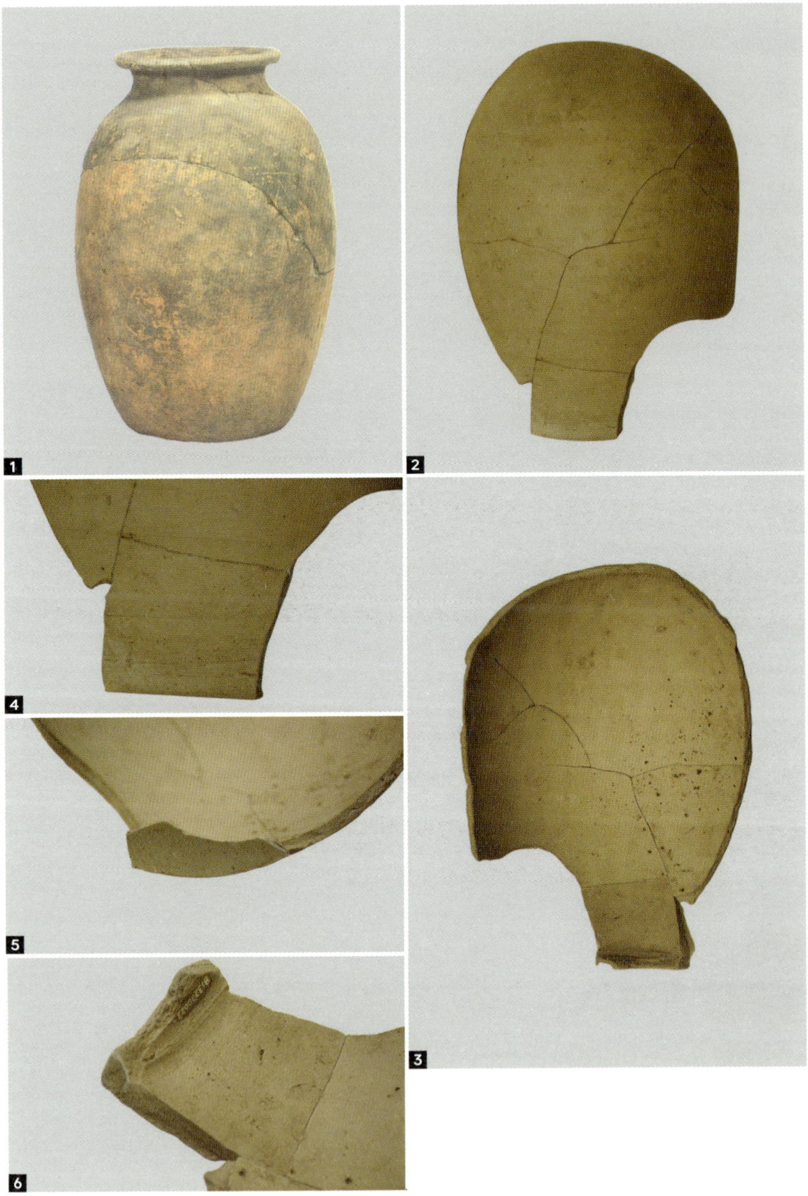

5-2 후쿠오카현福岡縣 하카다博多유적과 서울시 아차산峨嵯山 보루堡壘 출토出土 고구려高句麗 토기土器

1. 아차산峨嵯山 보루堡壘, **2~6.** 하카다博多유적

2) 마구馬具

7세기 초 후쿠오카현福岡縣 후나바루船源고분의 매납갱埋納坑에서 철제 마주馬冑, 사행상철기蛇行狀鉄器, 호등壺鐙, 금동제 안鞍, 경판비鏡板轡, 마령馬鈴, 보요부식금구步揺附飾金具 등이 출토되었다(5-3).

후나바루船源고분 출토품의 계보系譜는 전술한 오키노시마沖ノ島7·8호유적, 쇼로쿠雙六고분·사사즈카笹塚고분 출토품과 같이 신라에 구해진다. 예를 들면 후나바루船原고분 매납갱에서 출토된 금동제 보요부식금구는 육각형 투조 금속판과 그 위에 기하학적으로 배치된 복수의 보요부식금구가 중앙에 있는 주상柱狀의 봉棒과 같은 것으로부터 우산살과 같이 분지되는 구조이다. 이와 같은 화려한 의장은 이제까지 출토예가 없는 일본의 독창적인 마구로 보고 있다.

그러나 6세기 초에 제작된 천마총고분 출토 금동제 보요부 운주雲珠와 식금구도 중앙에 있는 반구형半球形의 발鉢과 다섯 또는 십자상으로 붙은 각脚에 각각 주상柱狀의 봉棒을 세우고 보요로서 장식하고 있어, 그 조형은 신라 마구에 구해진다.

후나바루船源고분의 마구는 마주馬冑에서 호등壺鐙에 이르게 조합으로 구성되어 나가사키현長崎縣 이키도壱岐島 쇼로쿠雙六고분·사사즈카笹塚고분, 후쿠오카현福岡縣 오키노시마沖ノ島7·8호유적, 나라현奈良縣 후지노키藤ノ木고분, 사이타마현埼玉縣 쇼군야마将軍山고분 출토 마구가 신라산임을 웅변한다.

후쿠오카현福岡縣 모토오카元岡6호분 출토 청동제 다각형 마령馬鈴은 의성군 학미리3호분 출토품과 같은 신라산이다. 그런데, 마주는 말의 상면을 덮는 미간판眉間板의 형태가 철판 1매로 된 대가야형 마주이며, 전세된 것으로 보인다.

5-3 7세기世紀 초初 후쿠오카현福岡縣 후나바루고분船源古墳과 출토出土 마구馬具

3) 묘제墓制

아스카센즈카飛鳥千塚고분군은 하비키노시 고마가타니駒ヶ谷에 위치한다. 이 고분군은 가와치아스카河內飛鳥의 하치부세야마鉢伏山로부터 파생하는 구릉단부에 입지하는 군집분이다. 고분은 대부분 원분으로, 매장주체부는 하치

부세야마니시鉢伏山西고분, 간논즈카觀音塚고분, 오우코オウコ8호분 등 종말기 횡구식석곽이 주류를 차지한다. 기리토切戶1·2호분은 직경 12~14m의 원분으로, 후기 횡혈식석실을 매장시설로 한다. 1호분에서는 석실 내에서 목관 2기와 함께 토기, 마구, 금제 소환이식 등이 확인되었고, 2호분은 현실 내에서 축소 모형 취사구가 출토되었다.

하치부세야마니시鉢伏山西고분은 방분으로, 매장주체부는 절석을 이용하여 축조한 횡구식석곽이다. 석곽부와 전실, 연도로 구성되며 전체적으로 간논즈카觀音塚고분과 유사하다. 전실 상면에 응회암제 벽돌형태의 돌이 깔려져 있는 것과 벽면에 회칠된 것이 특징이다. 출토된 토기로 보아 7세기 중엽에 축조된 것으로 추정된다.

간논즈카고분은 직경 13m 전후의 원분이다. 매장주체부는 주변에서 산출되는 안산암의 절석을 조합하여 축조한 횡구식석곽으로, 석곽부, 전실, 연도로 구성되었다. 석곽부는 벽석과 개석의 2매의 절석으로 구축되었고, 천장의 내면은 지붕형으로 도려내었는데 가형석관의 형태와 통한다. 석곽은 길이 1.9m, 폭 92cm, 높이 78cm이며, 남쪽으로 개구하는 입구에는 폭 60cm, 높이 64cm의 횡구부를 설치하고 문짝을 끼워 넣는 단을 만들었다. 전실에는 석곽부 입구에 붙여 석곽부의 바닥과 높이를 맞추어 절석을 두었는데 제사와 관련된 시설로 추정된다. 전실 입구는 계단상의 부석을 설치한 다음, 기둥상의 석재를 양쪽에 세우고 그 위에 미석眉石을 올렸다. 이 전실입구에도 문을 끼웠던 것으로 보인다. 전실의 벽면은 깎아 다듬은 석재를 모자이크상으로 조합하였으며 간극은 거의 없다. 이러한 고도의 석축 기술은 백제에 기술적 계보를 구할 수 있으며 고려척이 사용되었다는 견해도 있다. 이 고분은 석곽의 구조로 보아 7세기 중엽에 백제 사비기 횡혈식석실의 영향에 의해 축조된 것으로 추정된다(5-4).

5-4 7세기世紀 중엽中葉 오사카부大阪府 아스카센즈카고분군飛鳥千塚古墳群과 아스카베신사飛鳥戸神社

아스카센즈카飛鳥千塚고분군의 간논즈카고분에서 약 400m 떨어진 지점에 아스카베신사飛鳥戸神社가 있다. 이 신사는 백제 개로왕의 동생으로, 일본에 이주한 곤지昆支의 후손인 아스카베노미야츠코飛鳥戸造 일족이 건립한 것이다. 아스카베신사飛鳥戸神社는 백제인들에 의해 아스카센즈카고분군이 축조된 것을 전해주고 있다.

7세기에도 백제묘제의 영향이 널리 일본열도에 파급된다. 나라현 이와야岩

屋고분에 보이는 화강암의 벽면을 평탄하게 가공하는 기술은 능산리고분군에서 찾을 수 있다. 특히 나라현 몬쥬인니시文殊院西고분의 석재 가공기법, 쌓는 방법이 부여군 능산리 동구릉1·2호분과 흡사한 점에서 백제계 석공집단에 의해 조영되었을 가능성이 높다. 나라현 기토라キトラ고분과 다카마츠즈카高松塚고분은 곡부에 면한 고분의 입지와 함께, 종래 일본열도의 고분 조영 방식인 선분구형이 아니고 한반도의 고분 조영 방식인 매장시설을 축조하면서 판축공법으로 성토한 점과 석실 구조와 축조 기법은 백제 묘제의 영향을 받은 것으로 파악된다.

겐고시즈카牽牛子塚고분은 나라현奈良縣 아스카무라明日香村 서쪽 구릉상에 입지한다. 분구는 길이 22m, 높이 4.5m 이상의 팔각분이며, 분구를 둘러싼 회랑과 같은 석부石敷시설이 있다. 3단의 분구 전체를 즙석하였으며 가장자리에는 응회암의 절석을 쌓았다.

매장주체부는 길이 2.1m, 폭 1.1m, 높이 1.3m의 규모로 입구를 남쪽으로 튼 횡구식석곽이다. 석곽 내의 중앙에는 동지주와 같은 석주石柱이 있고, 이 기둥을 경계로 두 개의 매장공간으로 나누어진다. 상면에는 길이 1.9m, 폭 80cm, 높이 10cm의 관대가 각각 설치되었고, 천장부는 돔 형태를 띤다. 입구부 내측으로는 응회암제의 문, 외측으로는 석영안산암제의 문이 설치되었다.

포를 겹겹이 쌓고 칠을 칠한 협저관夾紵棺이 안치되었고, 관을 장식하였던 칠보귀갑형 좌금구를 비롯해 금동제 팔화문좌금구, 금동제 육화문환좌금구, 유리제 환옥, 소옥, 철못, 흑색토기, 기와 등이 출토되었다.

이 고분의 피장자는 문헌 기록 등으로 볼 때 661년 몰한 제명齊明여왕으로 추정되고 있다. 또한 이 고분에는 분형, 매장시설의 구조와 축조 기술에 고구려, 백제 묘제의 영향이 엿보여 주목된다. 근래 분구의 복원이 완료되어 공개하고 있다.

기토라キトラ고분은 나라현奈良縣 아스카무라明日香村에 위치한다. 고분은 천무天武·지통릉持統陵과 문무릉文武陵으로 추정되는 나카오야마中尾山고분과 같이 후지와라경藤原京의 남쪽 중심선상에 입지하고 있다.

이 고분은 곤고잔金剛山, 가츠라기야마葛城山 방향으로 펼쳐진 길이 240m의 골짜기 끝부분을 묘역으로 하였으며, 남쪽으로 열린 묘실에서 시야가 트이게 북쪽으로 약간 치우친 구릉 사면에 조영하였다. 고분은 구릉 사면을 정지한 평탄면에 석실을 쌓으면서 판축공법으로 분구를 축조하였다.

석실은 정지면 위에 오사카남부의 니죠잔二上山산 용결응회암을 입방체로 가공한 18점의 석재를 조립하여 조영한 석관식석실石棺式石室이다. 석실에 사용한 석재는 천장과 바닥에 각 4매, 동쪽 장벽에 4매, 서쪽 장벽에 3매, 북쪽 단벽에 2매, 남쪽 단벽에 1매이다. 석재는 접하는 면에 요철을 만들어 결합을 강고히 하였다. 천장석은 0.10m의 깊이로 파서 지붕 모양으로 하였으며 단면 대상을 이룬다. 석실 규모는 길이 2.40m, 폭 1.04m, 높이 1.14m이다. 분구는 석실을 조립하고 그 위에 판축공법으로 2단 축성한 원추대圓錐臺상으로 하단 직경 13.8m, 상단 직경 9.4m, 높이 3.3m이다. 벽화는 분구를 조성한 뒤 석실 전방부를 굴착하여 묘도를 개설한 후 석실 전면의 폐쇄석을 열어 매장이 이루어지기 전에 그려졌다.

벽화는 전면에 석회를 바른 후 바닥을 제외한 벽석 5면에 그려졌는데, 석실 전체를 분할한 기준선에 맞게 그림의 위치를 결정한 규격성이 엿보인다. 천장에는 중앙에 4개의 원을 기준으로 한 천문도를 그렸다. 천문도는 금박과 붉은 선으로 북두칠성을 둘러싼 내규內規, 지평선을 나타내는 외규外規, 양륜의 중간에 하늘의 적도赤道로 원을 그렸다. 적도와 같은 크기의 원으로, 중심에서 우측 상단으로 벗어난 궤도를 가진 황도黃道를 그렸다.

천장석 하단에는 금박과 은박으로 일월日月을 각각 묘사하였다. 네 벽의 상단에는 반시계방향으로 사신, 하단에는 시계방향으로 12지신을 그렸다. 북벽에는 중앙 상단에 현무, 하단에 자(子, 쥐), 우측에 축(丑, 소), 좌측에 해(亥, 돼지)상이 그려졌다. 동벽에는 중앙 상단에 청룡靑龍, 좌측 하단에 인(寅, 호랑이)상이 보이며 청룡의 직하에는 회칠은 남아 있으나 위치로 볼 때 묘(卯, 토끼)상이 있었을 것으로 추정된다. 또 그 우측에는 니토泥土가 부착되어 잘 알 수 없으나 진(辰, 용)상이 있을 것으로 추정된다. 남벽에는 중앙 상단에 주작朱雀, 그 하단에 벽면에서 탈락되었으나 니토泥土에 전사된 오(午, 말)상이 확인되었다. 서벽에는 중앙 상단에 백호白虎가 그려지고 하단에 십이지상十二支像이 그려진 흔적이 있으나 그 위치로 볼 때 술(戌, 개)로 추정될 뿐이다.

출토품은 금동제 인동문장식 환좌금구, 은환부육화형식금구銀環附六花形飾金具 1점, 금동제 육화형식금구, 동제 좌금구 등의 관금구, 은제 초미금구鞘尾金具, 도신刀身, 은제 초구금구鞘口金具, 은장파銀裝把, 철지은장 금상감 대집금구帶執金具 등의 흑칠도은장대도黑漆塗銀裝大刀 편, 호박제 옥, 유리제 옥, 연유리제 옥 등이 있다. 관은 내외면을 수은주로 칠하고 식금구로 장식하였으며 흑칠한 관대 위에 안치되었다.

이 고분의 피장자는 인골로 볼 때 숙년 남성으로 추정되며, 왕릉구에 위치하고 벽화의 주제와 부장품으로 볼 때 유력 왕족으로 생각된다(5-5).

조영 시기는 사신도가 후술하는 다카마츠즈카고분보다 고졸한 점에서 이에 선행하는 7세기 후엽으로 비정된다. 기토라고분은 분구입지, 석실 구조와 축조 기법은 백제 묘제의 영향을 받은 점, 사신도·천문도는 고구려 벽화와 관련되는 점, 십이지상은 신라의 왕릉호석을 연상시키는 점에서 그야말로 한반도 삼국의 문화가 융합되어있는 중요한 유적이라 할 수 있다.

다카마츠즈카高松塚고분은 아스카무라明日香村의 시모히라다下平田에 위치한다. 고분은 나카오야마中尾山고분과 같이 후지와라경藤原京의 남쪽 중심선

5-5 7세기世紀 후엽後葉 나라현奈良縣 기토라고분キトラ古墳 벽화壁畫

상에 입지한다. 기토라고분에서 북쪽으로 1.2km 떨어진 지점에 위치한다. 고분은 가이부기야마貝吹山 방향으로 펼쳐진 길이 200m의 골짜기 끝부분을 묘역으로 하였는데 남쪽으로 열린 묘실에서 시야가 트이게 골짜기에서 약간 북쪽으로 치우친 구릉 사면에 조영하였다.

벽화는 전면에 석회를 바른 후 바닥을 제외한 벽석 5면에 그렸는데, 석실 전체를 분할한 기준선에 맞게 그림의 위치를 결정한 규격성이 엿보인다.

천장에는 중앙에 원형의 금박과 붉은 선으로 북두칠성, 그 사방에 성좌 7개씩을 그려서 하늘의 방위를 보여 주는 28성좌星座를 표현하고 있으나, 천체의 운행과 위치를 표시하고 있지 않아 천문도라기보다는 방위를 표현하기 위한 것으로 해석되고 있다.

고분은 구릉 사면을 성형한 평탄면에 석실을 쌓으면서 판축공법으로 분구를 축조하였다. 매장주체부는 정지면 위에 오사카 남부의 니죠잔二上山산 용결응회암을 입방체로 가공한 16점의 석재를 조립한 석관식석실石棺式石室이다.

동서 양 측벽에는 금박과 은박으로 상부에 일월을 묘사하고 목관 높이에 해당하는 44cm의 위치에 인물, 청룡青龍과 백호白虎를 입구를 향하게 나란히 그렸다. 인물상은 남녀 16인으로 남녀 4인 1조로 구성되었는데 각각 청룡青龍과 백호白虎를 중심으로 2조씩 맞추게 배치되었다. 남성 2조 8인은 피장자의 족부에 해당하는 곳에 위치하며 손에 구장毬杖을 가지고 있는 점에서 당시 귀족들 간에 유행한 타구打毬를 하러 출행하는 모습을 묘사한 것으로 보고 있다. 여성 2조 8인은 피장자의 두부 옆에 해당하는 위치이며 출행하는 모습이다.

양 단벽의 북쪽에는 현무玄武를 그렸고, 남벽에 주작朱雀을 그렸으나 도굴에 의해 소멸되었다.

관은 길이 1.99m, 폭 58cm, 높이 52cm이며 동제 못으로 결합한 후 내면은 주칠, 외면은 흑칠하고 금박을 발랐다. 길이 2.17m, 폭 6.75cm, 높이 17cm의 관대 위에 안치되었다.

부장품은 은제 투조대도 장식금구, 백동제白銅製 해수포도문경海獸葡萄文, 금동제 원형식금구, 은장대도 외장구, 유리제 소옥, 호박제 환옥 등이 출토되었다. 해수포도문경海獸葡萄文鏡은 중심에 사자 8마리와 포도문양, 주변에 포도,

나비, 새 등을 새긴 문양 구성이며 당경唐鏡이다. 금동제 보상화문 투조금구는 관의 측면을 장식하는 장식금구이다.

조영 시기는 분구 하층에서 후지와라경(694~709년) 시기의 토기가 출토되어 7세기 말 전후로 밝혀졌다. 이 고분의 피장자는 40~60세의 장신長身 남성으로 추정되며, 왕릉구에 위치하고 벽화의 주제와 부장품으로 볼 때 유력 왕족로 생각된다.

이 고분의 벽화에 대해 일본학계에서는 중국 벽화의 영향을 강조하고 있다. 그러나 사신도가 고구려 후기벽화의 주류를 이루는 사신도와 유사하고 인물도는 그 복식이 당唐의 벽화와 다르고 평양의 수산리고분 벽화와 유사한 점에서 고구려 고분 벽화의 영향에 의해 성립된 것으로 본다. 더욱이 이 고분에서는 종래 일본열도의 고분 조영 방식인 선분구형이 아니고 한반도의 고분 조영방식인 매장주체부를 축조하면서 성토한 점과 한반도에서 이입된 판축 공법으로 축조된 점이 주목된다.

에조아나蝦夷穴고분은 이시가와현石川縣 노토시마能登島 스소須曽의 바다를 조망할 수 있는 구릉사면에 위치한다(5-6).

한 변 30m, 높이 4.5m의 방분이며, 분구내에 남쪽으로 개구하는 횡혈식석실이 동서로 나란히 2기가 축조되었다.

동쪽 석실은 전체 길이 6.2m, 현실 길이 2m, 폭 3.25m, 높이 2.15m, 연도 길이 4.2m, 폭 1.2m, 높이 1.25m의 연도가 중앙에 있는 평면 T자형 석실이다. 벽은 바닥에는 횡장방형 길이 0.5m의 요석腰石을 놓고 그 위를 편평한 현무암질의 할석으로 쌓았으며 천장은 궁륭상의 고임식으로 1매의 판석으로 덮었다. 현실입구에는 문주석으로 길이 0.7m의 판석을 세웠다. 연도에는 구획석이 보인다.

부장품은 초금구鞘金具, 철촉, 관정, 꺽쇠, 도자, 스에키 개, 하지키 편 등이 있다.

5-6 이시카와현石川縣 에조아나蝦夷穴고분

서쪽 석실은 붕괴되었으나 전체 길이 5.9m, 현실 길이 1.7m, 폭 2.7m, 높이 1.8m, 연도 길이 4.2m, 폭 1.1m의 중앙연도형 석실이다. 벽과 천장은 동쪽석실과 같다.

부장품은 철촉, 철도 편, 은상감원두대도파두, 철제 담부鐔部, 초금구, 철부, 관정, 스에키 배, 개 등이 있다.

피장자는 상감장식대도를 보유한 것으로 볼 때 수장급의 인물로 파악되며, 축조 시기는 출토된 스에키로 볼 대 7세기 중엽으로 볼 수 있다.

이 고분은 『일본서기』 흠명欽明 31년(570)에 고구려사가 이 지역에 표착한 기록이 표이는 점, 동해에 면한 섬에 단독으로 위치한 점, 천장의 구조가 고임식인 점, 상감환두대도를 패용한 점에서 고구려계 이주민의 무덤으로 볼 수 있다.

4) 사원寺院

오사카부 시텐노사四天王寺는 나니와노궁難波宮에서 남쪽으로 약 3.5km 떨어진 덴노지구天王寺區에 위치하는 고대 사원으로 쇼토쿠태자聖德太子에 의해 건립된 7대 사원 가운데 하나이다. 『일본서기』의 기록에 의하면 593년에 조영이 시작되었으며, 소가씨蘇我氏에 의해 건립된 이 시텐노사는 가람배치와 와당의 양식이 백제식인 점에서 문헌사료에 기록된 바와 같이 백제인 공인 집단에 의해 건립된 것으로 볼 수 있다. 이와 함께 7세기 말에서 8세기 초에 걸친 시기의 신라 인화문토기가 출토되어 흥미롭다.

아스카사식 와당은 아스카사를 중심으로 나라현 호류사法隆寺, 오사카부大阪府 시텐노사四天王寺 등 긴키지방의 여러 사원에서 확인되어 6세기 후반~7세기 전반 일본의 불교문화에 끼친 백제 문화의 영향을 웅변한다. 이와 함께 1탑 1금당식의 소위 시텐노사四天王寺식 가람배치는 문, 탑, 금당, 강당이 일직선상으로 나란히 배치된 것이다. 이와 같은 구조는 부여군 군수리사지, 능산리사지, 정림사지에 보이는 백제식 가람배치이다(5-7).

아스카, 나라시대 일본열도에 널리 조영된 목탑은 석탑을 주로 축조한 신라와 달리 멸망기까지 목탑양식을 고수한 백제의 영향에 의한 것이다. 이는 일본열도에 특히 긴키지방에 치석한 석재를 사용한 종말기고분이 다수 조영되는 것에서 알 수 있듯이 석재가 풍부하고 가공 기술이 도입되었음에도 목탑을 조영한 것은 역시 백제의 영향에 의한 것으로 볼 수밖에 없다.

호류사法隆寺는 이카루카정斑鳩町의 산록 미고지에 입지하는 고대 사원이다. 최초의 발굴 조사는 18세기 사원 밖으로 유출되었던 창건기 와카쿠사若草가람의 탑 심초석이 1939년에 호류사로 반환되면서 실시되었다. 그 결과 금당과 탑 흔적이 발견되었고, 와카쿠사 가람이 천지天智조에 화재를 당했던 가람으로 확인되면서, 이전까지 되풀이되던 호류사 재건·비재건 논쟁이 일단락

5-7 7세기世紀 부여군扶餘郡 정림사지定林寺址와 오사카부大阪府 시텐노사四天王寺의 가람배치迦藍配置

되었다.

이후 탑과 금당의 재조사에서는 금당의 조영이 탑보다 선행하는 것을 층위상에서 확인하였다. 가람 중추부를 구획하는 굴립주 담과 대구大溝 등이 출토되었다. 특히 와카쿠사 가람의 서변으로 이어지는 대구를 묻고 서원가람을 조영하였던 것이 밝혀져 양 가람의 선후관계가 증명되었다.

현재 서원 가람의 남쪽에 위치하였던 와카쿠사 가람의 창건은 아스카사飛

鳥寺와 시텐노사四天王寺 수막새의 동범관계 등에서 7세기 초로 추정된다. 1탑 1금당이 남북으로 배치된 시텐노사식 가람배치이며, 서원 가람은 탑과 금당이 동서로 배치된 구조이다.

와카쿠사 가람에서 출토된 벽화 편 중에는 채색이나 문양이 뚜렷한 것도 여러 점 있는데, 이러한 벽화편은 채색한 흙벽이 화재로 인해 고온으로 소성되고 변성되어 수중에서도 녹지 않고 남아 있는 것이다. 이 벽화 편들은 『일본서기』에 기술된 화재로 소실된 금당과 탑의 벽화 편으로 추정되고 있다. 즉 『일본서기』의 와카쿠사 가람 대화재설이 이러한 벽화 편에 의해서 확인된 것이다. 이후 동서로 이어지는 유로가 발견되었고 그 내부에서 불에 탄 아스카 시대의 와편과 약 270점의 벽재 등이 발견되었다.

벽재 가운데 채색 흔적이 남아 있는 벽화 편은 약 80점이며, 크기는 가장 큰 것이 7cm 정도이고 그림의 내용은 불분명하지만, 수목과 같은 문양을 확인할 수 있었다. 이러한 벽화 편은 와카쿠사 가람의 금당 혹은 탑이 벽화로 장식되어 있었음을 보여 준다. 이 벽화는 610년에 파견된 담징에 의해 그려진 것으로 보고 있다.

고구려계 화가로서 담징 못지않게 중요한 인물은 가서일加西溢이다. 가서일은 쇼토쿠 태자가 622년 사망한 후에 그의 비가 그의 극락왕생을 염원하여 제작한 「천수국만다라수장天壽國曼茶羅繡帳」의 밑그림을 다른 이들과 함께 그렸다. 천수국만다라의 명문 끝에 '고려가서일高麗加西溢'이라고 되어 있어 그가 고구려계임을 확인할 수 있다.

「천수국만다라수장」의 등장인물들은 고구려 복식을 하고 있어 가서일을 통한 고구려 회화의 영향을 충분히 짐작할 수 있다.

이 밖에 7세기부터는 고구려계 화가들이 활동하였다. 기부미黃文, 야마시로山背, 고마 화사高麗畵師 등은 고구려계로 기부미 화사와 야마시로 화사는 604

년 9월에 처음으로 정해졌다. 고구려계의 화가들은 백제계보다 약간 늦은 7세기부터는 백제계 화가들 이상으로 주도적인 역할을 한 것으로 보고 있다(임석규 2010: 247-248).

그리고 현재 일본에 전해지고 있는 작품 중에 고구려의 영향이 강하게 보이는 작품으로는 옥충주자玉蟲廚子를 들 수 있다.

옥충주자는 현재 호류사法隆寺 서원가람의 동쪽 끝에 있는 대보장전에 안치되어 있다. 널리 알려진 바와 같이 옥충주자라는 명칭은 주자의 궁전부 가장자리의 금동제 장식금구 아래에 옥충의 아름다운 날개를 붙인 데서 유래했다. 옥충의 날개는 오늘날에는 거의 보이지 않으나 궁전부 정면에는 일부 남아 있다.

옥충주자의 표면에는 회화가 보인다. 옥충주자는 크게 상부의 궁전부, 중앙의 수미좌부, 하부의 대좌부로 구성되어 있는데 궁전부의 정면 문과 측면, 뒷면 및 수미좌의 4면에는 다양한 주제의 그림이 그려져 있다(5-8).

옥충주자는 건축양식이 백제 부여군 외리 산수문전과 유사하고 수미좌의 금동투조장식 벡제 금공품과 유사한 것이 지적되어 왔다.

안휘준은 수미좌의 앞면 공양도에서 비구比丘와 비운飛雲에 주목하였다. 비구比丘 가운데 우측 인물은 적색 반점문斑點文의 가사를 입고 있는데, 이는 쌍영총 현실 동벽의 여주인공 불공도의 승려의 복식과 유사하여 고구려의 승복으로 보았다. 비운문과 연화문이 진파리 1호분과 강서대묘를 비롯한 고구려 후기 고분벽화와 대단히 비슷하다는 점, 비천에 고구려의 영향이 강하게 반영되어 있다는 점 등을 지적하였다. 또한 수미좌 좌측면의 시신문게도施身聞偈圖는 여래가 전생에 바라문婆羅門으로 태어나 설산雪山에 들어가서 수도하는 것을 그림 것으로, 바라문이 입고 있는 좌임의 춤이 긴 저고리, 허리를 띠로 맨 모습, 옷의 반점문斑點文 등을 고구려복식으로 보았다. 그래서 옥충주자는 일

5-8 7세기世紀 나라현奈良縣 호류사法隆寺와 옥충주자玉蟲廚子

본에 정착하고 있었던 고구려계 화가들에 의해 제작되었을 가능성이 농후하다고 판단하였다(안휘준 2000: 156-171).

우에하라 가즈上原和는 옥충주자 수미좌 마루귀틀의 테두리에 그려진 아몬드형 연뢰문이 중국 남조에서 유래하여 고구려 고분벽화에 표현되어 온 고구려 특유의 연화문임을 고찰하고, 옥충주자의 회화가 고구려인에 의해 그려진 것으로 보았다.

이른바 아몬드형 연뢰문은 광개토왕릉 출토 기와를 비롯해 무용총과 장천 1호분 등 고구려의 미술품 곳곳에서 볼 수 있는 상징과도 같은 것이다(上原和 1996:220-225).

7세기 작품들에 보이는 고구려의 지대한 영향과 당시 활약했던 고구려계 화사들의 활약상으로 미루어 볼 때, 와카쿠사 가람의 금당 벽화는 담징이 도일한 610년을 기점으로 고구려계 화사들의 활동이 갑자기 활발해졌다는 점으로 볼 때 담징이 그렸거나 또는 지도하였을 가능성은 매우 크다고 추정하였다.

일본의 사찰 벽화와 관련해서 호류사의 와카쿠사 가람 벽화와 더불어 주목되는 것은 가미요도사지上淀寺址에서 출토된 벽화이다. 가미요도사지上淀寺址는 돗토리현 사이하쿠군 요도에정에 7세기 말에 건립된 사찰이다.

이 지역은 서쪽으로 바다와 접해 있으며, 요도에淀江는 이전 시기부터 천연의 포구로서 각 지역과의 교류 거점이었다.

금당과 탑지, 부속 건물지도 다수 발견되었다. 전체적인 규모는 그리 크지 않지만 금당 동쪽에 남북으로 두 탑을 건립했으며, 1기의 탑심초석이 더 설치되어 있다. 창건 당시에는 세 탑의 건립을 계획했으나 제3탑의 심초에는 기단이 설치되어 있지 않기 때문에, 최종적으로는 중탑과 남탑 두 기의 탑을 조영한 것이다.

창건시기는 출토된 기와와 토기로 미루어 볼 때 하쿠호기(白鳳期, 7세기 말)이며, 북탑지에서는 계미년癸未年 683년명 기와가 출토되었다.

금당지의 규모는 남북 12.4m, 동서 14.8m이고, 2중 기단을 사용하였으며, 남쪽이 정면으로 되어 있었던 것으로 보인다. 금당 내에는 많은 불상이 안치되어 있었으며, 내벽에 채색벽화가 그려져 있었다. 금당은 8세기 중엽에 대규모 보수를 한 것으로 보이는데, 내부에 안치되었던 불상은 소조상이었다. 발굴 당시 상당히 많은 소조불상 편이 발견되었으며, 이 단편들은 창건 시기의 것과 보수 이후의 것으로 보고있다.

탑지는 기단을 기와로 쌓는 와적기단이다. 일본에서 와적기단을 가진 사찰은 대부분 도래계 씨족이 관계된 사찰이며, 교토부京都府 고마사高麗寺는 고구려계 고마씨가 창건한 사찰이다.

가미요도사지上淀寺址에서는 다량의 토기와 기와류, 철제품, 소조상, 벽화 등 귀중한 자료가 많이 출토되었다. 벽체는 금당 기단 북변 외측의 기와 무더기에서 많이 발견되었으며, 벽의 구조는 짚이 섞인 거친 황토로 벽을 만든 후, 그 표면을 부드러운 흙으로 다듬은 뒤, 맨 윗면에는 백토를 바르고, 그 위에 6~8색의 채색화를 그렸다.

신장상은 얼굴을 약간 치켜든 것 같은 자세로, 두부부터 가슴까지 상반신이 묘사되어 있다. 얼굴에는 두발과 이목구비가 보인다. 두발에는 검은색 안료가 녹아내린 흔적이 있고, 가슴의 갑주에는 붉은색으로 안료가 용융·변색되어 남아 있다. 그 주변에는 큰 연잎 모양의 문양이 있고, 본존이라고 생각되는 여래, 보살과 관련된 부분이 보인다.

천부형으로 보이는 단편은 목 이하 가슴 부분이 남아 있다. 채색은 옅은 자색으로 변화되어 있는데, 철단鐵丹으로 보고 있다. 또 금수와 갑주의 정중앙에는 금구 장식이 묘사되어 있다. 흉갑의 내부는 검은 안료가 녹은 것처럼 보이는데, 이는 녹청이나 군청 같은 안료이다.

측면관의 보살두부와 얼굴은 머리에 단순한 형태의 두식이 붙어 있다. 두식은 흰색을 띠고 있는데, 아마 금박이나 등황으로 황색의 금구를 표현한 것 같다. 머리칼은 검게 변색되어 있다.

날아가는 천의로 보이는 벽화가 몇 점 발견되었다. 윤곽선을 사용하지 않고 자유로운 터치로 그리면서 다른 색으로 구분하였다.

가미요도사지上淀寺址에서 출토된 벽화 중 연화문은 고구려와 관련하여 주목된다. 이 현화문에 보이는 아몬드형 연뢰문은 광개토왕릉 출토 기와를 비롯해 무용총과 장천 1호분, 호류사의 옥충주자 등 고구려의 미술품에 있어 가미요도사지의 벽화를 그린 사람들도 고구려와 관련이 깊은 사람들이었을 것으로 보고있다. 이는 이 사찰의 입지조건과도 관계가 깊다고 생각되는데, 사찰이 위치한 구릉에서 서쪽을 바라보면 동해가 넓게 펼쳐져 있다. 그리고 사찰 아래쪽에 자리 잡고 있는 요도에 평야도 과거 포구였던 것으로 미루어 볼 때, 이 지역의 문화는 고구려에서 이주한 집단에 의해 주도된 것으로 보고 있다(임석규 2010:246-255).

야추사野中寺는 오사카부大阪府 하비키노시羽曳野市에 위치하는 사원이다. 남쪽으로는 오사카와 나라를 연결하는 다케토우치竹內가도가 접해 있다. 동쪽에 금당, 서쪽에 탑을 둔 가람 배치로서 탑과 중문이 발굴 조사되었다. 기단은 응회암의 절석을 사용하였다.

탑지는 응회암의 절석을 사용한 기단화장이 되어 있으며 심초는 장축 약 3.4m, 단축 약 2.1m, 높이 약 1.8m에 달하는 거석이다. 주혈은 직경 약 71cm이며 측면에는 사리공舍利孔이 있다.

유물은 소판연화문素瓣蓮花文와당, 전 등이 출토되었는데, 그 가운데 '…之□□□/ 康戌年正月…'로 새겨진 평와가 출토되었다. 경술년康戌年은 650년에 비정되어 야추지의 창건 연대를 알 수 있는 중요한 자료이다.

그런데 이곳에서는 전세된 중요문화재로 지정된 금동제 반가사유상이 소장되어 있어 주목된다. 이 불상은 높이 18.5cm이며 좌대에는 '丙寅年四月…'로 시작되는 명문이 선각되어 있는데 병인년은 666년으로 추정되어 평와의 선각에 보이는 창건 연대와 일치하는 점이 주목된다.

야추사野中寺는 백제계 이주민인 후나씨船氏에 의해 창건된 것으로 추정되고 있다.

고류사廣隆寺의 국보 1호인 목조 반가사유상의 경우 한반도에서 전래되었다는 설과 일본에서 자체 제작하였다는 설이 있으나, 일본열도의 불상에 사용되는 구스노키楠가 아닌 한반도산 적송赤松이 사용된 점에서 한반도에서 제작된 것이 분명하다(5-9).

또한 반가사유상의 제작지에 대해서는 신라산, 백제산으로 나뉘어져 있으나 경북대학교 소장 봉화군 북지리 출토 석조반가사유상이 고류사와 국립중앙박물관소장품과 매우 유사한 점, 적송이 경상북도 북부지역에 자생하는 점 등으로 볼 때 신라에서 제작된 것으로 판단된다. 왜냐하면 국보83호 불상은 고류사 불상과 가장 유사함에도 불구하고, 출토지를 알 수 없기 때문이다. 북지리 불상은 확실한 신라 영역에서 출토되고, 또한 적송의 주요 산지가 봉화군인 점에서 양 불상은 양식뿐만 아니라 매우 깊은 관계에 있다고 본다.

그래서 이 불상은 『일본서기』의 추고推古 11년(603)조에 보이는 쇼토쿠태자聖德太子에게 전해진 것, 또는 추고 31년(623)에 신라로부터 받은 불상으로 비정하고 있다.

5-9 동아시아東亞細亞의 반가사유상半跏思惟像

1. 산동성山東省 용흥사지龍興寺址, **2.** 경상북도慶尙北道 북지리사지北枝里寺址, **3.** 한국韓國 국보83호國寶83號, **4.** 교토부京都府 고류사廣隆寺

5) 토목土木

사야마이케유적狭山池遺蹟은 오사카부大阪府 사야마시狭山市 이와무로巖室에 위치한다. 하비기노시羽曳野구릉과 센보쿠泉北구릉 사이를 북류하는 니시요케천西除川을 막은 댐상의 저수지이다(5-10). 금송金松을 구유형으로 파낸 축조 당시의 통관桶管이 출토되었으며, 사야마이케의 초축 연대가 통관의 연륜연대 측정에 의해 616년으로 밝혀졌다. 그 후 승려인 교기行基에 의해 731년, 그 후 762년 개수한 것이 확인된다. 인접한 5세기 말~6세기 초의 가메이亀井유적에서 부엽공법이 확인되고 또한 관련된 이주민의 묘로 생각되는 시로야마城山유적의 고분에서 백제토기가 출토된 것으로 보아 이 유적을 조성한 이주민은 백제로부터의 공인집단으로 생각된다. 이 유적에서는 부엽敷葉공법과 토낭土嚢으로 둑을 쌓은 것이 확인된다. 부엽공법은 잎이 붙은 나뭇가지를 잘라서 깔고 흙을 쌓아 다시 까는 것을 되풀이하여 토루를 쌓아올리는 것이다. 현재의 토목기술에도 흙 사이에 포를 깔아서 성토가 미끄러지거나 무너지는 것을 방지하는 것이 보이는데, 부엽층은 이와 같은 역할로 상정된다. 토낭공법은 일종의 흙벽돌과 같은 점토덩어리를 쌓아올리는 것으로 가야, 신라지역의 고분 봉토에서 널리 확인된다.

부엽공법은 중국에 기원이 구해지나 서울시 풍납토성, 김제시 벽골제, 부여군 나성, 함안군 성산산성, 상주시 공검지 등 백제, 신라지역에서 널리 보인다. 이 유적을 조성한 이주민은 인접한 5세기 말~6세기 초 부엽공법이 확인되는 가메이龜井유적과 관련된 이주민의 묘로 보이는 시로야마城山고분에서 백제토기가 일괄로 출토된 것에서 백제로부터의 공인집단일 가능성이 크다.

『일본서기』 천지天智 6년(667)에 오사카부大阪府 다카야스성高安城 등, 『속일본기』 문무文武 6년(698) 후쿠오카현福岡縣 오노성大野城 등에 대한 축조 기록이 보인다. 이렇게 서일본 각지에서 확인되는 고대 산성은 백제식이다. 서일본의

5-10 오사카부大阪府 사야마이케유적狭山池遺蹟

성벽 기저부에 사용된 장방형의 이른바 고고이시神龍石가 익산시 왕궁지유적의 담장에서 확인되어, 이러한 구조의 산성이 백제계 산성임이 밝혀졌다.

(1) 가네다성金田城(5-11, 12)

나가사키현長岐縣 쓰시마시對馬市 미즈시마정美津島町 구로세조야마黑瀨城山에 위치한다. 가네다성金田城은 쓰시마의 중부에 있는 아소만淺茅灣의 남안에 돌출한 표고 275m의 만 전체를 조망할 수 있는 산정에 입지한다. 산정부를 중심으로 성벽이 돌려졌으며 그 길이는 약 2.8km이며 동쪽의 구로세만에 면한 3곳의 골짜기에 성문이 열려 있다.

성벽은 일부 구간에 토축이 보이나 대부분 석축이며 높이는 4.5~6.5m이다. 성벽의 일부구간에는 치와 수구가 확인된다. 성문은 제3성문은 초석으로 볼 때 정면 1칸, 측면 2칸의 구조이며 성문의 축혈이 남아 있다. 빙구시ビングシ 산

5-11 나가사키현長岐縣 가네다성金田城의 입지立地

5-12 나가사키현長岐縣 가네다성金田城의 성벽城壁

정부에는 정면 3칸, 측면 1칸의 굴립주건물掘立柱建物, 또한 이산의 북쪽사면에는 정면 2칸, 측면 1칸의 굴립주건물이 발견되었다. 산정부에서는 스에키와 함께 신라후기양식의 인화문토기가 출토되었다.

가네다성은 천혜의 요새로서 대신라 방어의 최전선에 해당한다.

(2) 오노성大野城과 미즈키水城(5-13)

후쿠오카현福岡縣 오노조시大野城市의 시텐노지야마四天王山에 위치한다. 오노大野성은 후쿠오카평야와 하카타만博多灣 전체를 조망할 수 있는 표고 410m의 산정에 입지한다.

산정부를 중심으로 곡부를 포함하여 성벽이 돌려졌으며 그 길이는 약 6.5km이다. 성벽은 대부분 삭토하거나 판축한 토축으로 곡부에는 석축하였으며 북쪽과 남쪽은 각각 이중으로 돌렸다.

5-13 후쿠오카현福岡縣 오노성大野城과 미즈키水城

성벽은 높은 곳은 기저부 폭 9m, 높이 8m에 달하며, 성문은 8곳에서 확인된다.

성내에서는 7개소의 평탄지에서 60여 동의 초석 건물지가 발견되었으며 대부분 정면 5칸 측면 3칸 구조의 고상식 창고이다.

미즈키水城는 평지성으로 오노성의 미즈키구치水城口성문에서 남서로 뻗은 능선을 따라 내려가면 그 동쪽에 달하며, 하카타만에 면한 후쿠오카평야로부터 다자이부를 방어하는 기능을 담당하였다.

성벽은 판축에 의한 토축으로 저면 폭 80m, 높이 9m의 2단으로 1.2km를 쌓았다. 외측은 약 70도의 급경사이나, 외측은 완경사이다. 성벽의 외측에는 폭 60m, 깊이 4m의 해자가 파여 있다. 해자에는 성벽 밑을 통과하는 목통木桶에 의해 물이 채워졌다. 미즈키의 동서양단에는 각각 문이 있다. 오노성은 기이基肄성과 함께 다자이부大宰府 방어를 목적으로 축조되다.

(3) 기쿠치성菊池城

구마모토현熊本縣 아리아케해有明海에 면한 기쿠치천菊池川 하구에서 약 30km 내륙으로 들어간 곳에 위치하며, 아마가시山鹿市와 기쿠치시鞠智市에 걸쳐 축조되었다. 기쿠치鞠智성은 핫포카타케八方ヶ岳 남록 대지상에 입지하며 서쪽은 기노천木野川, 남쪽은 오츠천迫間川으로 둘러싸여 있다.

산정부를 중심으로 곡부를 포함하여 성벽이 돌려졌으며 그 길이는 약 6.5km이다. 성벽은 서쪽과 남쪽에서 잘 확인되며 대부분 삭토하거나 판축으로 토축하였다.

성내에서는 7개소의 평탄지에서 고루鼓樓로 추정되는 팔각형건물지를 비롯한 70여 동의 건물지가 발견되었다. 건물지에서는 스에키와 함께 와당이 출토되었으며 저수지에서는 목간이 출토되었다.

기쿠치성은 백제부흥운동의 실패 후 백제유민을 활용하여 쌓은 산성으로 아리아케해와 오노성을 방어하는 역할을 담당하였다. 그런데 내부에서 백제계의 단판팔엽연화문單瓣八葉蓮花文 와당과 함께 백제유민이 소지한 것으로 추정되는 청동제 보살입상이 출토되어 주목된다.

(4) 기노성鬼ノ城(5-14)

오카야마현岡山縣 쇼자시總社市에 소재한다. 기노鬼ノ성은 소자평야, 오카야마 평야는 물론 세토나이해瀨戶內海를 조망할 수 있는 표고 400m 기시로야마鬼城山의 산정에 입지한다.

산정부를 중심으로 곡부를 포함하여 성벽이 돌려졌으며 그 길이는 약 2.8km이다. 성벽은 대부분 판축한 토축이나 일부 구간은 석축하였다. 성벽 가운데 일부 구간에는 기저부에 치석한 장방형 이른바 고고이시神龍石을 사용한 것이 확인되었다.

성벽은 높이는 기저부 폭 7m, 높이 6m이며, 그 내외 바닥면에서 우수에 의한 침식으로부터 성벽을 보호하기 위한 부석열이 깔려 있다. 성문은 4곳에서 보이며 서문 부근에는 치가 있다.

성내에서는 평탄지에서 7동의 초석 건물지가 발견되었으며 대부분 정면 3칸 측면 3칸의 구조의 고상식 창고이다. 그 외 단야공방지가 12곳에서 발견되었다. 유물은 송풍관을 비롯하여 스에키와 연硯이 출토되었다.

기노성은 백제부흥운동의 실패 후 백제유민을 활용하여 쌓은 산성으로 세토나이해를 방어하는 역할을 담당하였다.

(5) 기노야마성城山城

효고현兵庫縣 다츠노시たつの市 우마다테馬立고분군의 배후에 위치하며, 기

5-14 오카야마현岡山縣 기노성鬼ノ城

노야마城山의 산정부에 입지하는 백제유민에 의해 축조된 산성이다.

산성에서는 세토나이해瀨戶內海의 북안이 바로 조망되고, 아래에는 나라奈良의 도성과 북부 규슈九州의 다자이부大宰府를 연결하는 산요도山陽道가 지나가는 만큼 교통의 요충지에 위치하고 있다.

산성의 외곽선을 따라 서쪽으로는 4개소의 토루와 성문이 확인된다. 성벽은 곡부와 직교하는 곳이 비교적 잘 남아 있다. 성내에는 '凹'자상으로 파낸 방형의 문초석이 있다. 문은 남쪽으로 열리며 폭 2.8m 정도의 규모이다. 성 내부에서는 건물지가 있다.

기노야마성은 세토나이해를 조망할 수 있는 교통의 요충에 입지하는 점에서 663년 백제 부흥군과 왜군이 백강 전투 이후, 나당연합군의 침입에 대비하여 축성한 산성으로 추정된다.

기노야마성 주변에는 오카미사지小神寺址를 비롯한 7세기대의 사원지가 다수 확인되어 주목된다. 산성의 축조와 관련하여 이주민 씨족이 거주한 것으로 추정된다.

⑹ 다카야스성高安城

오사카부大阪府 야오시八尾市에서 나라현奈良縣 이코마시生駒市로 이어지는 해발 488m 다카야스야마高安山에 위치한다. 1978년에 초석 건물지 6동이 발견됨에 따라 오사카부, 나라현 교육위원회가 유적 범위 확인조사를 실시하였으나 뚜렷한 석축 성벽은 찾을 수 없었다. 중세의 산성과 중복되어 범위나 형태 등은 잘 알 수 없다. 다만 성벽이 뚜렷하지 않은 것은 지형상 단애를 이루고 있어 성벽을 쌓을 필요성이 없었다고 본다.

초석건물지의 경우 2기가 발굴 조사되었으며 3×2칸의 형태이고 기둥 사이의 간격은 2.15m로 등 간격이다. 2호 건물에서는 중앙 초석 주변과 건물 북쪽 수혈에서, 그리고 3호 건물에서도 건물 중앙 수혈에서 8세기 전반경의 토기가 다수 출토되었다. 산성 내와 산록에는 다카야스야마高安山고분군이 조영되었다.

다카야스성은 오사카만과 나라지역으로 통하는 교통로인 야마토천大和川이 조망되는 곳에 입지하며 일본의 도성이 위치한 나라지역을 방어하는 매우 중요한 역할을 담당한 것으로 판단된다.

6) 유리기琉璃器

교토부京都府 가미카모신사上賀茂神社는 북쪽 가모천賀茂川변에 위치하며 고대 씨족인 가모賀茂씨의 씨신氏神을 모시는 신사이다.

신사 내 제사장인 금족지 부근에서 절자이중원문배切子二重圓文杯 편이 채집되었다. 반구형의 잔고 6cm의 광구완 편으로 담록색淡綠色이며 투명도가 낮고 두껍다. 문양은 중앙에 원문圓文을 중심으로 그 주위를 원형圓形으로 깊게 절삭切削하여 시문하였다.

쇼소인正倉院의 사산조 페르시아 유리기인 원환문배圓環文杯는 고 10.9cm 구경 86cm이며 낮은 대부에서 완만하게 외반하며 구연부로 연결되는 광구완으로 남색藍色으로 불투명하다. 동부에는 기면과 같은 소재로 만든 직경 2cm 전후 지환상指輪狀의 원환圓環을 3열에 걸쳐 24개를 붙여 장식하였다. 대부臺部는 은제이며 인동당초문忍冬唐草文 등이 조각되어 있으나 정확한 부착시기를 알 수 없다.

절자원문배切子圓文杯는 반구형의 고 8.6cm 구경 12cm인 광구완으로 담록색淡褐色이며 투명도가 높고 기벽이 두껍다. 전면에 걸쳐 마연흔이 보인다. 구연부口緣部는 끝이 반원형半圓形이다. 기면에는 동부胴部에 4단으로 각 22개의 원문을 절삭切削하여 시문하였다. 중앙과 그 하단에 0.5cm 폭으로 수평으로 깎아낸 횡대문橫帶文을 돌려 3단으로 구획하고 그 상하를 횡타원형橫楕圓形의 원문을 마연하여 시문하였다. 저부底部에는 중앙을 큰 원문을 중심으로 7개의 원문을 화판花瓣형으로 연마하여 장식하였다.

2 한반도韓半島의 일본열도日本列島 문물文物

1) 토기土器

이 시기 부여지역에서 백제토기와는 다른 형태, 내박자흔을 가진 토기들이 확인된다.

부여군 정동리유적 출토품은 구연단을 말아서 처리하여 둥근 구연단을 이루고 동최대경은 중위에 있다. 동체 접합부에 가깝게는 호상의 내박자흔, 동체부~저부에 이르기까지는 동심원문이 중복되어 확인된다. 정동리7호건물지 출토품은 구경부와 동체부 형태, 내박자 조합으로 보아 TK43형식이다.

공주시 화지산 출토품은 구연부가 퇴화했으나 단이 잔존하며 구연단을 둥글게 처리하였으며, 구경부 형태, 동체부의 견부형태 등이 TK209형식이다.

부여군 쌍북리유적 가지구 출토품과 현내들유적 출토품은 구연부 형태와 경부 형태, 동체부 견부 형태가 구연부에 단이 없고 역 '八'자형이며 구경부와 견부의 벌어지는 정도로 볼 때 TK217형식이다(이지희 2016).

이 시기 스에키須惠器는 백제지역에서만 확인되며, 기종이 호류이고 취락에 집중되는 것이 주목된다. 이는 스에키須惠器가 소금 등을 운반하는 용기로서 사용되었음을 추정할 수 있다.

2) 옥석제품玉石製品

643년 완공된 경주시 황룡사의 구층목탑 심초석하에서 중국제 백자, 금동제 태환이식, 등과 함께 7점의 경옥제 곡옥이 출토되었다.

634년 창건된 경주시 분황사 모전석탑 내의 석함에서 금동제 식금구, 청자 고둥イモガイ, 금제 바늘, 유리제 곡옥, 유리제 구슬 등과 함께 6점의 경옥제 곡옥이 출토되었다.

7세기 중엽 송림사 전탑의 기단부에 안치된 구갑형 석함 내에서 경옥제 곡옥 1점이 출토되었다. 금제 사리함 내에 사산조 페르시아산 원환문배圓環文杯, 은제 화형관식, 향목 등과 함께 매납되었다. 경옥은 소형으로 연녹색의 불투명한 색조이다.

익산시 미륵사지 석탑의 1층 심주석 사리공에서 금, 은, 옥, 청동, 유리 등의 사리장엄구가 출토되었다. 금제 사리 봉영기의 명문으로 볼 때 왕실 사찰로서 639년 건립된 것으로 밝혀졌다. 경옥제 곡옥은 1점이 출토되었는데 무령왕릉과 출토품과 같이 금모를 씌운 것으로 길이 1.4cm의 녹색으로 투명도가 높은 양질이다.

7세기 이후가 되면 경옥제 곡옥은 고분에 부장되지 않고 신라에서는 경주시 황룡사 목탑지, 서금당지, 분황사 전탑, 대구시 송림사 전탑 등에서 사리장엄구, 또는 진단구로서 애용된다.

더욱이 신라뿐만 아니라 백제에서도 6세기 후반 부여군 왕흥사지와 639년 익산시 미륵사지 석탑에서 사리장엄구로 사용된 것이 확인되었다. 그런데 이 시기 나라현奈良縣 아스카사飛鳥寺 목탑木塔 심초心礎하의 경옥제 곡옥은 백제 또는 신라의 영향에 의해 매납된 것으로 보여 흥미롭다.

3 7세기世紀 한반도韓半島와 일본열도日本列島의 이주민移住民과 교류交流

1) 이주민移住民

오자니시大座西2호분은 시마네현島根縣 오키隱岐제도의 도고島後 오키노시마정隱岐の島町 시모니시下西에 위치한다(5-15). 고분은 항만을 바라볼 수 있는 해변으로 돌출한 해발 21m의 구릉 선단에 입지한다. 고분은 파괴되어 분구 지름 약 10m가 잔존하는 상태였다.

매장주체부는 주축 방향이 남북인 횡혈식석실로서 후벽과 측벽의 최하단 석만이 남아 있었다. 현재 길이 3.6m, 폭 2.8m이며 후벽은 길이 80cm의 장방형 할석 2매, 우벽은 장방형 할석 3매, 좌벽은 1매가 확인된다.

부장품은 동완 1점, 청동제 대장식구 1식, 철모 1점, 철부 4점, 철사 1점, 철도 1점, 철도심부 1점, 도자 5점, 양두兩頭 궁弓금구 1점, 소환이식 5점, 마노제 곡옥 6점, 벽옥제 곡옥 3점, 수정제 곡옥 1점, 수정제 절자옥切子玉 1점, 유리제 환옥 1점, 토제 곡옥 3점, 스에키須惠器 34점, 하지키土師器 6점이 출토되었다.

이 고분의 조영 시기는 출토된 스에키에 근거하여 6세기 후반에서 8세기 전반으로 추정된다. 동완은 형태와 2단에 걸쳐 침선문이 시문된 것으로 볼 때 신라산으로 생각된다. 동제 대장식구도 7세기 신라지역에서 널리 분포하는 형식과 같은 형태인 점에서 철모, 철부와 함께 신라산으로 추정된다.

이 고분은 소형분임에도 불구하고 신라산 대장식구, 동완, 철제품을 부장된 점이 주목된다. 신라산 문물은 고분의 위치와 소형분인 점에서 일본열도에서 이입된 것으로 볼 수 없으며, 또한 고분의 피장자도 동해를 횡단하여 이주한 신라인으로 파악된다.

같은 오키隱岐제도의 도젠島前 진자키珍岐에서 신라토기가 출토된 것으로

5-15 시마네현島根縣 오키도隱岐島 오자니시大座西2호분號墳

볼 때 영일만-울릉도-오키隱岐-시마네島根를 연결하는 항로가 활발하게 이용되었음을 알 수 있다. 그리고 울릉도 천부동1호분에서 발해토기인 흑색마연사이호黑色磨硏四耳壺가 출토된 것에서 발해의 대 일본 견사로로도 이 항로가 이용된 것을 알 수 있다(박천수 2016:85-87).

효고현兵庫縣 마루야마천圓山川은 남에서 북으로 타지마但馬지역을 관류하여 동해에 하구를 형성하는 전체 길이 68km의 하천으로, 크게 상류역과 하류역에 유적이 이주민과 관련된 유적이 집중하고 있다.

미이타니箕谷고분군은 야부시養父市 요카정八鹿町 오야마小山 미이타니箕谷에 위치한 고분군이다. 마루야마천圓山川 중류역의 구릉 자락에 5기가 분포하고 있다.

직경 10m 전후의 원분으로 횡혈식석실을 매장시설로 하는 고분군이다. 특히 2호분은 길이 8.6m, 폭 1.2m, 높이 1.7m의 중앙연도식 석실로, 후벽에 평행한 상태로 철도가 출토되었다. 일본 열도 내에서 유례가 드문 명문이 새겨진 대도가 확인되었는데 대도는 잔존 길이 68.8cm, 폭 2.9cm로, 동상감으로 「무진년오월중戊辰年五月中」라는 명문이 새겨져 있다.

2호분은 7세기를 전후한 시점에 축조된 것으로 보이는데, 7세기 중엽까지 적어도 2회 정도의 추가장이 이루어졌던 것으로 추정된다. 「무진년戊辰年」에 대해서는 대도가 추가장 시 매납된 점, 형태적 특징, 명문 등으로 보아 608년으로 추정되고 있다.

이 고분군에서는 서법과 서체로 볼 때 고대 한반도식 표기법을 사용한 명문대도가 출토되어 주목된다.

이 고분군의 대안 마루야마천圓山川 동안에 접한 구릉상에는 다지마但馬지역 최대급 횡혈식석실이 축조된 대형 군집분인 오야부大藪고분군이 입지하고 있다. 오야부고분군은 7세기대를 중심으로 축조되었다.

5-16 효고현兵庫縣 이주시 出石신사

이 고분군에서는 대형분인 긴리즈카襟裏塚고분 주변에서 제의에 사용된 토마가 출토되었다. 그리고 이 고분군 출토품으로 전하는 청색유리에 녹색의 원문을 상감한 구슬을 비롯한 유리주琉璃珠가 도쿄국립박물관에 소장되어 있다. 이 구슬은 경주지역의 신라고분에 주로 부장된 것과 동일한 점에서 다이시야마고분군 출토품과 같이 신라산으로 판단된다. 이 고분군의 피장자는 제의에 토마를 사용하고 신라산 구슬을 부장한 점 등에서 신라로부터의 이주민이 포함된 것으로 추정된다.

더욱이 아메노히보코天日倉 전승으로 유명한 도요오카시豊岡市 이주시出石 신사와 인접한 하카자袴狹유적에서는 하타씨秦氏와 관련된 묵서 토기와 목간이 출토되어 주목된다. 이 유적은 이주시出石 군아郡衙와 804년 이전 다지마 국부國府의 후보지로 추정되고 있는 곳으로 동인銅印, 대장식금구, 녹유토기, 송풍관, 철재 등이 출토되었다. 이 유적 출토 목간에는 「진부대산 진부제마려 진부산秦部大山 秦部弟麻呂 秦部山」「진진부부秦秦部部」가 적혀 있어 나라시대에도 하타씨가 이 지역에서 중요한 위치를 차지하고 있었음을 알 수 있다.

이주시出石신사는 이주시천出石川의 동안에 위치하며 아메노히보코아메노히보코를 제신으로 하는 신사이다(5-16). 신사의 경내에는 아메노히보코天日倉의 것으로 전승되는 분묘가 있으나, 사실로 보기는 어렵다. 그런데 이 신사에는 6세기 후반의 신라토기 완이 소장되어 있어 흥미롭다.

이주시出石신사는 신라와 다지마但馬지역과의 교류를 상징하는 곳으로 지금도 동해를 왕래했던 신라인의 유구한 전승을 간직하고 있다.

오사카부大阪府 후나씨船氏묘지는 마츠오카마고분松岳山古墳이 있는 구릉에서 에도江戶시대에 발견되었다. 묘지는 길이 29.4cm, 폭 6.6cm의 동판에 86자가 선각된 것으로 내용은 다음과 같다. 「후나씨船氏의 오고王後는 오진니王智仁의 손자로 민달敏達조에 태어나 조정에서 일하였으며 641년에 돌아갔다. 그리고 그의 처가 668년에 돌아가자 마츠오카야마에 개장하여 같이 묻었다.」

후나씨는 한반도에서 건너온 이주민 씨족으로 그 선조를 백제에서 건너온 오진니王辰爾로 보고 있다. 또한 후나씨는 하비키노시의 서부를 본거지로 하였는데, 그래서 인접한 하비키노시에 있는 야추지野中寺를 후나씨의 씨사氏寺

5-17 오사카부大阪府 마츠오카마고분군松岳山古墳群과 후나씨船氏 묘지墓誌

로 보기도 한다.

이 묘지는 마츠오카야마고분이 있는 구릉의 종말기 고분에 부장되었던 것으로, 같은 구릉에 있는 고쿠후신사國分神社에서는 후나씨를 모시고 있다(5-17).

교토부京都府 교토시京都市 사가노嵯峨野지역에는 신라로부터 이주한 하타씨秦氏의 본거지이다. 이곳에는 다음과 같은 하타씨秦氏 관련 유적이 보인다.

헤비즈카蛇塚고분은 교토시 우쿄쿠 우즈마사오모카게정太秦面影町의 대지에 입지하는 전방후원분이다. 전방부는 남서쪽을 향해 있으며 분구는 유실되었다. 전체 길이 75m, 전방부 폭 약 30m이고, 후원부 직경 약 45m로 추정된다.

매장주체부는 후원부에 입구가 남동쪽으로 열려 있는 횡혈식석실이다. 중앙연도식으로 평면형태는 장방형이고 현실 천장석의 대부분과 후벽의 일부가 유실되었다. 석실 전체 길이 17.8m, 현실 길이 6.8m, 폭 3.8m, 높이 5.2m이며, 연도 길이 11m, 폭 2.6m, 높이 3.4m이다. 측벽은 2단으로 쌓았으나 연도의 가장 안쪽의 벽석은 1매로서 길이 2.5m, 높이 3.3.m의 규모의 대형이다. 벽석은 규암질의 거석이고 상부로 갈수록 약간 경사지게 들여쌓았다.

이 고분의 피장자는 고분의 규모가 나라현의 이시부타이石舞臺고분에 필적하는 거석분인 점, 돌연 7세기 초두에 이와 같은 대형고분이 조영되는 점에서 문헌에 보이는 이주민 씨족인 하타秦씨로 추정되고 있다.

다이카쿠지大覺寺고분군은 교토시京都市 우쿄쿠右京區 사가다이카쿠지몬마에노보리정嵯峨大覺寺門前登り町의 평지에 위치하는 고분군이다. 고훈시대 후기의 대형원분과 방분을 포함해 4기가 분포한다.

1호분인 마루야마圓山고분은 직경 50m, 높이 9m 규모의 기타야마시로北山城지역 최대의 원분이다. 매장 시설은 횡혈식석실로서 전체 길이 14.5m이다. 석실은 중앙연도식으로 길이 4.9m, 폭 3.2m, 높이 4.4m로, 연도부가 긴 것이 특징이다. 석실 내에는 가형석관이 2기 이상 매납되었으며 금제 소환이식, 환두대도, 초금구, 철촉, 도자, 십금구, 스에키, 하지키 등이 출토되었다.

2호분인 뉴도즈카入道塚고분은 한 변 28m의 방분으로, 횡혈식석실에서 가형석관편과 장식부 스에키가 출토되었다.

3호분인 미나미덴즈카南天塚고분은 직경 10m 정도의 원분으로, 횡혈식석실에서 가형석관 편, 장식부 스에키, 신라산의 인화문 토기병 등이 출토되었다.

4호분인 기즈네즈카狐塚고분은 직경 28m의 원분으로, 매장주체부는 역시 횡혈식석실이다.

이 고분군의 피장자는 대형 원분이며 헤비즈카蛇塚고분 피장자를 중심으로 한 지역의 씨족인 하타씨로 추정되고 있다. 더욱이 이 고분군에서 인화문 토기병이 출토되어 하타씨와 신라의 관계를 엿볼 수 있다(5-18).

가타기하라사지樫原寺址는 니시쿄쿠西京區 가타기하라樫原에 있는 고대 사원 유적이다. 나가오카長岡구릉의 동쪽 능선에 입지한다. 화강암의 초석과 함께 와적기단을 갖춘 팔각탑이 확인되었다. 팔각탑을 중심으로 남쪽에는 기단을 가진 중문이 있고 그 좌우에는 회랑이 보인다.

사원은 중문, 탑, 금당, 강당 등이 일직선으로 배열된 오사카부 시텐노사四天王寺와 같은 형태의 가람 배치였던 것으로 추정된다.

이후 북쪽에서 회랑, 굴립주건물 3동, 탑의 북쪽에 건물기단이 발견되었다. 그리고 사적공원의 남쪽과 서쪽 구릉사면에서는 이 사원에 사용되었던 기와를 구웠던 가마터가 발견되었다.

이 사원을 건립한 씨족에 대해서는 주변이 하타씨의 세력권이었다는 것에서 하타씨에 의해 건립되었다는 설이 유력하다. 이는 팔각탑과 고구려의 관계를 주목하여 왔으나, 하남시 이성산성과 경주시 나정의 건물지에서 팔각건물지가 확인되어 신라의 영향에 의하여 성립되었을 가능성이 높은 점에서 역시 하타씨와 신라의 관계를 알 수 있게 한다.

고류사廣隆寺는 교토시京都市 우쿄쿠右京區 우즈마사太秦에 있는 사원이다. 일본의 국보 1호인 목조 반가사유상이 소장되어 있는 것으로 유명하다.

고류사는 7세기 전반 기타노사지北野寺址로 추정되는 곳에서 창건된 후 헤

5-18 교토부京都府 사가노嵯峨野의 하타씨秦氏 유적遺蹟과 유물遺物
1. 마츠오대사松尾大社, **2·3.** 헤비즈카蛇塚고분, **4.** 다이카쿠지大覺寺3호분號墳

이안平安 천도 전후한 즈음에 현재 지점으로 이전되었다는 설이 유력하였으나, 최근에는 이곳에서도 아스카시대의 기와가 출토되어 이에 대한 반론도 있다.

국보인 목조 반가사유상은 일본열도의 불상에 사용되는 녹나무인 구스노키楠가 아닌 한반도산 적송이 사용된 점에서 한반도에서 제작된 것이 분명하다. 또한 반가사유상의 제작지는 경북대학교 소장 봉화군 북지리 출토 석조 반가사유상이 고류사와 매우 유사한 점, 적송이 경상북도 북부지역에 자생하는 점 등으로 볼 때 신라에서 제작된 것으로 판단된다. 그래서 고류사는 『일본서기』 등의 기록으로 볼 때 하타씨의 씨사氏寺로 지어진 것은 확실하다. 하타씨는 사가노지역을 중심으로 치수, 양잠, 양조 등에 종사하며 소가씨蘇我氏와 함께 양대 이주민 세력이다.

사가노 일대는 하타씨에 의한 일종의 자치 도시와 같은 신라계 이주민 씨족의 소세계가 형성된 것을 알 수 있다. 이 지역에는 하타씨의 직능을 보여 주는 양조와 관련된 마츠오대사松尾大社, 양잠과 관련된 고노시마木島신사 등이 신라계 이주민의 전승을 간직하고 내려오고 있다(5-19).

에조아나고분蝦夷穴古墳은 이시가와현石川縣 노토시마能登島町 스소須曽의 바다를 조망할 수 있는 구릉사면에 위치한다.

이 고분은 『일본서기』 흠명欽明 31년(570)에 고구려사가 이 지역에 표착한 기록이 보이는 점, 동해에 면한 섬에 단독으로 위치한 점, 천장의 구조가 고임식인 점, 상감환두대도를 패용한 점에서 고구려계 이주민의 무덤으로 볼 수 있다.

2) 교류交流와 역사적歷史的 배경背景

오사카부 사야마이케狹山池유적은 616년에 축조된 댐상의 저수지이다. 이 유적에서는 부엽敷葉공법과 토낭土囊으로 둑을 쌓은 것이 확인된다.

이 유적을 조성한 이주민은 인접한 부엽공법이 확인되는 가메이龜井유적과 관련된 이주민의 묘에서 백제토기가 일괄로 출토된 것에서 백제로부터의 공인집단일 가능성이 매우 높다. 더욱이 이 시기 긴키지방에 널리 벽주건물이 분포하는 점도 역시 이러한 토목기술이 백제인에 의해 전래된 것을 알 수 있게 한다.

5-19 교토부京都府 사가노嵯峨野의 하타씨秦氏 거주지居住地

『일본서기』 천지天智 6년(667)에 오사카부大阪府 다카야스성高安城, 가가와현香川縣 야시마성屋嶋城과 함께 축성기사가 보이고, 『속일본기』 문무文武 6년(698)에도 후쿠오카현福岡縣 오노성大野城, 기즈성基肄城과 함께 기록에 보인다. 이와 함께 나가사키현長岐縣 가네다성金田城, 후쿠오카현福岡縣 오노성大野城, 구마모토현熊本縣 기쿠치성鞠智城, 오카야마현岡山縣 기노성鬼ノ城를 비롯한 서일본 각지에서 확인되는 고대 산성은 백제식이다.

다카야스성을 비롯한 서일본 각지의 고대 산성은 백제부흥운동의 실패 후 백제유민을 활용하여 쌓은 산성으로 세토나이해瀨戶內海를 방어하는 역할을 담당하였다.

7세기 전반 인화문이 시문된 신라 토기가 백제 토기를 초월하는 수량으로 일본열도의 긴키지방을 중심으로 이입되는 것이다. 즉 신라토기가 나니야노궁難波宮, 이시카미石神유적, 후지와라경藤原京과 같은 궁도와 호류사法隆寺, 시텐노사四天王寺, 도유라사豊浦寺 등과 사원에 집중하는 것에서 국가적인 외교사절에 동반한 정치적인 교섭에 의해 이입된 것이 분명하다. 또한 공방지인 나라현奈良縣의 아스카이케飛鳥池유적, 니시다치바나西橘유적, 오사카부大阪府 다이太井유적 등에서 신라 토기가 출토되어 당시 일본의 금속기 생산에 신라 공인이 관여한 것이 밝혀졌다. 더욱이 신라 토기는 호류가 주된 기종인 점에서 쇼소인 약호와 같이 저장기로서 내용물을 반입하는 기능을 가졌을 가능성이 매우 높은 점이 주목된다(江浦洋 1994).

다음은 아스카飛鳥 나라奈良시대의 왕릉에 보이는 풍수 사상의 도입 문제에 대해 살펴보고자 한다. 이 시기의 왕릉의 입지는 아스카시대의 곡오谷奧·측부側部밀착형에서 나라시대가 되면 곡오부돌출형으로 변한다고 보고, 전자는 중국 특히 남조의 풍수 사상에 의한 것으로, 후자도 마찬가지로 중국의 풍수 사상의 영향에 의한 것으로 파악하였다(来村多加史 2004).

그러나 전자의 경우 그 기원은 물론 남조에서 구해지나 직접적으로는 아스카문화에 강한 영향을 미친 백제 공주시 송산리고분군의 곡오부밀착형과 같은 묘제의 영향에 의한 것으로 파악된다.

그런데 문제가 되는 것은 후자의 기원을 어디에 둘 것인가이다. 왜냐하면 백제의 경우 538년 천도 이후 성립하는 부여군 능산리고분군에서 곡오부 돌출형이 등장하나 그 입지로 볼 때 본격적인 풍수 사상이 도입되는 것으로 보기 어렵다.

일본에서는 곡오부돌출형이 등장하는 것은 천지릉天智陵이나 그 후의 천무·지통릉天武·持統陵에는 아스카시대 왕릉 입지의 영향이 잔존하며, 곡오부돌출형이 본격적으로 도입되는 것은 성무릉聖武陵이다. 이 성무릉의 입지는 선덕여왕릉 이래 신라 왕릉의 입지와 유사하며 특히 원성왕릉의 입지와 흡사한 점이 주목된다(5-20).

그런데 7세기 후반 백제의 영향에 의한 1탑 1금당식 가람 배치가 성행하던 일본열도에 돌연 2탑 1금당식의 쌍탑식 가람 배치가 나라현奈良縣 후지와라경藤原京의 국가 사원인 야쿠시사藥師寺에 도입된다. 야쿠시사의 가람 배치는 감은사의 가람 배치와 축척, 구조가 동일한 것으로 지적되어 왔다.

더욱이 8세기 나라시대 일본 문화를 상징하는 도다이사東大寺는 가람 배치가 신라식인 쌍탑식이며 대불의 주조와 건립에 신라인들이 참여한 것으로 기록되어 있다. 한편 일본 연구자들은 도다이사東大寺를 비롯해 다이안사大安寺, 사이다이사西大寺의 탑이 신라와 달리 탑원으로 분리된 점에 주목하여 신라의 영향을 배제하고 있으나 타당한 것으로 볼 수 없다. 왜냐하면 일반적으로 볼 수 없으나 경주시 고선사지에서도 탑원이 확인되고 있기 때문이다.

그리고 종래 당의 직접적인 영향에 의한 것으로 보아 온 일본의 7~8세기 와당의 주류를 형성하는 복판연화문와당도 경주시 방내리36호분에서 확인되듯이 7세기 초를 전후하여 이미 출현한 점에서 신라의 영향에 의해 성립된 것으로 파악된다.

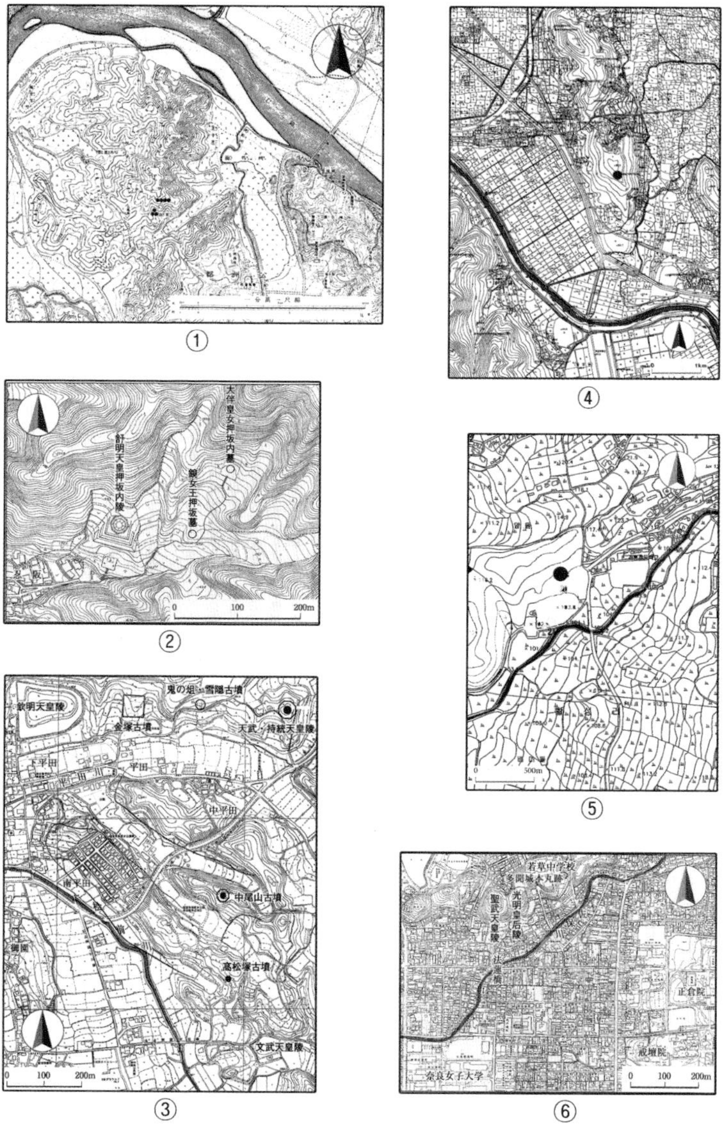

5-20 아스카飛鳥나라奈良 시대時代의 왕릉王陵에 보이는 백제百濟 신라新羅의 영향影響
1. 공주시公州市 송산리고분군宋山里古墳群, **2.** 나라현奈良縣 서명릉舒明陵, **3.** 나라현奈良縣나카오야마고분中尾山古墳, **4.** 경주시慶州市 선덕여왕릉善德女王陵, **5.** 경주시慶州市 원성왕릉元聖王陵, **6.** 나라현奈良縣 성무릉聖武陵

參考文獻
참고문헌

[국문國文]

上原和, 1996, 「고구려회화가 일본에 끼친 영향-연뢰문 표현으로 본 고대 중국 조서 일본의 교섭관계-」, 『高句麗美術의 對外交涉』, 서울, 예경.

안희준, 2000, 「삼국시대 회화의 일본전파」, 『한국 회화사 연구』, 서울, 시공사.

小山田宏一, 2002, 「百済の土木技術」, 『古代東北亜細亜と百済』, 開校50周年記念第11回百済研究國際學術會議, 大田, 忠南大學校百済研究所.

홍보식, 2004, 「日本 出土 新羅토기와 羅日交涉」, 『韓國上古史學報』 46, 춘천, 韓國上古史學會.

임석규, 2010, 「와카쿠사 가람과 가미요도 폐사에서 출토된 벽화편」, 『고대 환동해 교류사 1부 고구려와 왜』, 서울, 동북아역사재단.

이병호, 2012, 「百濟 寺院과 飛鳥寺 三金堂의 原流」, 『한국고대사학회 제127회 정기발표회』, 한국고대사학회.

대한문화유산연구센터(편), 2011, 『고대 동북아시아의 水利와 祭祀』, 서울, 학연문화사.

박천수, 2011, 『일본속의 고대 한국 문화』, 서울, 진인진.

박천수, 2012, 『일본속 고대 한국문화-近畿地方-』, 서울, 동북아역사재단.

양은경, 2014, 「신라의 사원」, 『新羅考古學概論』 上, 과천, 진인진.

朴天秀, 2014, 「新羅와 日本」, 『新羅考古學概論』 上, 과천, 진인진.

이지희, 2016, 『한반도 출토 스에키의 시공적 분포연구』(고고인류학과 석사학위논문), 대구, 경북대학교 대학원.

朴天秀, 2016, 『新羅와 日本』, 과천, 진인진.

[일문日文]

岡本敏行, 1989, 「雙塔式の伽藍の造営とその背景」, 『大阪文化財論集-財団法人大阪文化財センター設立15周年記念論集-』, 大阪, 財団法人大阪文化財センター.

江浦洋, 1994, 「海を渡った新羅土器ー土器からみた古代日羅交流の考古學的な研究」, 『大和王權と交流の諸相』, 東京, 名著出版.

白井克也, 1998, 「博多出土高句麗土器と7世紀の北部九州-筑紫大宰·筑紫遷宮と対外交渉-」, 『考古學雜誌』 83-4, 東京, 日本考古學會.

森郁夫, 2002, 「わが國古代寺院の伽藍配置」, 『學叢』13, 京都, 京都國立博物館.

上原真人, 2002, 「平城京·平安京の文化」, 『列島の古代史-古代史の流れ-』 8, 東京, 岩波書店.

来村多加史, 2004, 『風水と天皇陵』, 東京, 講談社.

고대 한일교류사

VI

8~9세기世紀 한반도韓半島와 일본열도日本列島의 교류交流

VI 8~9세기世紀 한반도韓半島와 일본열도日本列島의 교류交流

1 일본열도日本列島의 한반도韓半島 문물文物

1) 토기土器

(1) 규슈九州 서일본西日本

나가사키현長岐縣 쓰시마시對馬市 가미쓰시마정上對馬町유적에서 병형토기 2점이 출토되었다.

후쿠오카현福岡縣 다자이후시大宰府市 조방지条坊址 115차 SX164 출토 장경호가 있다. 후쿠오카시福岡市 오하시大橋E유적 제2차조사 SX08, SX10 토광土壙에서 인화문이 시문된 토기 편이 출토되었다.

시마네현島根縣 이즈모出雲 이니시에하치만古八幡유적에서 장동의 옹 또는 병으로 추정되는 토기 편이 출토되었다. 모두 지그재그 점열문이 시문되어 있는 것이 특징이다.

(2) 긴키近畿

오사카부大阪府 가와치河內의 노가미野上유적 토기무지 출토품, 미나미가와치군南河內郡 미하라정美原町 다이太井유적 출토 완, 야오시八尾市 도코우東鄕유적 출토 장경호, 하비기노시羽曳野市 노노우에野々上유적 출토 장경호, 오사카성大阪城 산노마루三の丸유적 출토품, 오사카성大阪城유적91년-34차 조사 곡상谷状유구 출토 병이 있다.

나라현奈良縣에서는 아스카무라明日香村 이시가미石神유적 남북대구南北大溝출토 장경호, 덴리시天理市 나가바야시신이케長林新池 채집 호, 가시하라시橿原市 미나미야마고분군南山古墳群 출토 개蓋, 헤이죠경平城京 유쿄핫죠방右京八条坊 SK2073·2084 출토품, 다칸다이사大官大寺 토광 SK121 출토품, 사쿠라이시櫻井市 다카다高田 출토품 등이 있다.

이 시기 긴키近畿지역에서 출토된 토기는 대부분 병형토기와 뚜껑이 주를 이룬다.

(3) 간토關東

도치기현栃木縣 우츠노미야시宇都宮市 니시시모야다유적西下谷田遺蹟 출토품, 미부정壬生町 소우노미야惣宮유적 출토품 등이 있다.

9세기 일본열도에서 출토된 신라토기의 특징은 크게 지그재그 점열문과 문양 단위가 큰 화문의 유행 등으로 설명되고, 장동의 호와 병이 주요 기종이다. 먼저 후쿠오카시福岡市 히가시구東区 다다라코메다多々良込田유적에서 병이 출토되었고, 츠쿠시筑紫 고로간鴻臚館에서 뚜껑, 장동옹 또는 병으로 추정되는 신라토기가 출토되었다.

이 시기 신라토기가 일본의 관문이자 동시에 신라와의 교역 거점인 츠쿠시筑紫 고로칸鴻臚館에서 집중 출토된다.

2) 금속제품金屬製品

1970년대 안압지 발굴에 의해 금동제 가위(6-1), 사하리佐波理 등이 신라산임이 밝혀졌다.

그리고 국내 사원지의 조사에 의해 이와 관련한 중요한 유물이 출토되어 주목된다. 창녕군 말흘리사지末屹里寺址와 군위군 인각사麟角寺 유적 출토 금속공예품은 신라산이 분명한 사하리뿐만 아니라 이제까지 중국산으로 보아 온 쇼소인 금속공예품의 상당수가 신라산임이 판명되었다.

7세기 후엽~8세기 초 오키노시마沖の島 5호 제사 유적에서 금동제 용두龍頭와 함께 당삼채唐三彩의 장경병長頸甁과 같은 초 일급품이 봉헌되어 주목된다. 왜냐하면 오키노시마는 견당사遣唐使의 항로航路로 볼 수 없고 견신라사遣新羅

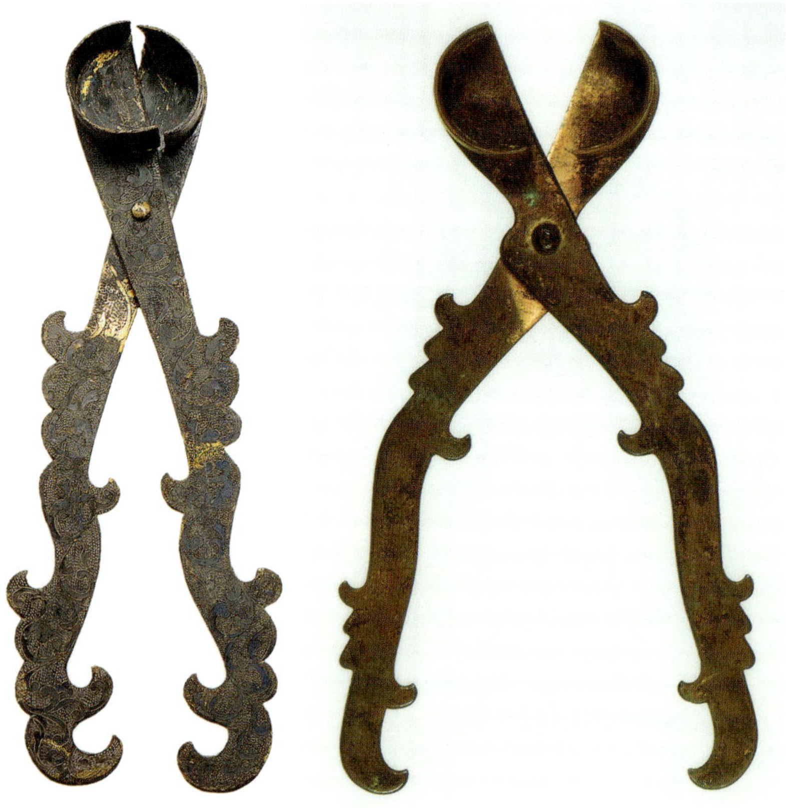

6-1 경주시慶州市 안압지雁鴨池와 나라현奈良縣 쇼소인正倉院 금동제품金銅製品

使의 항로에 속하며 동일 형식의 금동제 용두가 신라지역에서 다수 출토되고, 당삼채도 경주에서 출토 예가 증가하고 있기 때문이다.

3) 묘제墓制

앞에서 언급한 바와 같이 나라현奈陽縣 성무릉聖武陵의 입지는 선덕여왕릉 이래 신라 왕릉의 입지와 유사하며 특히 원성왕릉인 괘릉의 입지와 흡사하다.

더욱이 이와 관련하여 성무릉聖武陵의 배후에 입지하는 나호야마那富山묘 석인상의 존재가 주목된다. 왜냐하면 이 석인상은 신라 왕릉에 보이는 십이지상의 영향에 의해 수립된 것으로 파악되기 때문이다. 그래서 성무의 왕자묘인 나호야마묘의 십이지상은 성무릉에 보이는 풍수 사상의 도입 배경을 암시하는 것으로 생각된다.

왕릉의 풍수 사상과 관련하여 화장의 도입 문제에 대해 살펴보고자 한다. 일본열도의 화장은 『속일본기』 문무文武 4년(700) 승려인 도쇼道昭의 장례 이래, 지통·문무릉 등의 왕릉에 도입되어 나라, 헤이안시대에 널리 행해진다.

화장의 도입 배경에 대하여 도쇼道昭가 당에 유학한 것을 근거로 중국 불교 사상의 수용에 의한 것으로 해석되어 왔다. 한편 신라, 백제 등 한반도와 관련된 것으로 보는 견해도 제시되었으나, 지금도 중국영향설이 유력시되고 있다. 즉 일본 고대의 화장은 율령국가 성립기 지배계층에게 중국 선진문화의 하나로서 율령제도 및 불교와 함께 수용하여 율령국가에 적합한 장법으로 도입한 것이라 보고 있다(大田裕樹 2011).

그러나 중국에서 화장이 승려에 국한되고 더욱이 왕릉에서 행해지지 않은 점에서 그 영향설은 성립하기 어려운 것으로 본다. 더욱이 불교는 아스카시대에 이미 도입되었으므로 불교와 직접 관련된 것으로 보기 어렵다.

경주시 조양동유적의 화장묘는 석제의 외함 내에 당삼채를 장골기로 사용

6-2 와카야마현和歌山縣 이치사토야마묘一里山墓 장골기葬骨器

하는 것에서 알 수 있듯이 신라 지배계층의 경우, 석제 외함 내에 당삼채, 녹유도기, 인화문토기를 장골기로 사용하는 것이 특징이다. 와카야마현和歌山縣 이치사토야마一里山묘의 경우도 석제 외함 내에 나라 삼채의 장골기를 사용하고 있으며 그 외 삼채, 동완을 사용하는 예가 다수 보인다. 신라와 일본의 화장묘에는 이와 같은 공통점 외에, 물론 차이점도 있으나, 삼채, 동완, 활석제와 특수한 용기를 석제 외함 속에 매납하는 공통점이 보이는 것이 흥미롭다.

화장묘의 도입과 관련하여 주목되는 것은 『일본서기』 천무天武 21년(681)조에 신라의 사자가 와서 국왕이 돌아감을 알린 점이다. 즉 신라는 일본에 대하여 국왕의 흉거를 알렸으며 이때 문무왕의 화장 내용을 알린 것으로 추정된다(網干善教 1986).

필자는 7세기 후반 일본의 왕릉에 새로운 풍수 사상이 신라로부터 도입된 것으로 볼 때, 왕릉의 화장은 중국의 영향보다는 신라로부터 풍수 사상과 함께 직접 도입된 것으로 판단한다(6-2).

국가의 가장 중요한 제의의 하나인 왕릉에 신라의 장제가 도입된 것은 당시 신라와 일본의 왕권 간 정치적인 교섭을 상징하는 것으로 본다.

4) 사원寺院

8세기 나라시대 일본 문화를 상징하는 도다이사東大寺는 가람 배치가 신라식인 쌍탑식이며 대불의 주조와 건립에 신라인들이 참여한 것으로 기록되어 있다.

한편 일본 연구자들은 도다이지를 비롯해 다이안사大安寺, 사이다이사西大寺의 탑이 신라와 달리 탑원으로 분리된 점에 주목하여 신라의 영향을 배제하고 있으나 타당한 것으로 볼 수 없다. 왜냐하면 일반적으로 볼 수 없으나 경주시 고선사지에서도 탑원이 확인되고 있기 때문이다. 그리고 종래 당의 직접적인 영향에 의한 것으로 보아 온 일본의 7~8세기 와당의 주류를 형성하는 복판연화문와당도 경주시 방내리36호분에서 확인되듯이 7세기 초를 전후하여 이미 출현한 점에서 신라의 영향에 의해 성립된 것으로 파악된다(6-3).

5) 유리기琉璃器

나라현奈良縣 도쇼타이사唐招提寺 소장 담황색사리병淡黃綠色舍利甁은 고高 9.2cm 구경口徑 5.1cm이며 경부가 가늘고 동부가 횡장한 것이다. 저부는 편평하며 그 중앙이 안쪽으로 올라갔다. 저부에는 폰티 흔적이 보인다.

6-3 나라현奈良縣 도다이사東大寺와 쌍탑지雙塔址

이 시기 나라현奈良縣 쇼소인正倉院에는 3점의 이슬람유리기가 소장되어 있다. 고배高杯는 고高 10cm 구경口徑 29.5cm이며 명皿형의 큰 배신에 팔자형의 각부가 붙은 형태이다. 담황색淡黃色으로 투명도가 높고 기포가 여러 곳에 보인다. 배신과 각부는 따로 만들어 붙였다. 저면에는 폰티 흔적이 보인다.

봉수병鳳首甁은 고高 27.7cm 저경底徑 8cm이며 경부와 동부는 경계가 없이 연결되며 풍만한 동부 아래 넓은 저부가 있다. 담황색淡黃色으로 투명도가 높고 기포가 여러 곳에 보인다. 구연부口緣部는 새부리처럼 오므려서 만들었다. 파수把手는 기신과 같은 소재로 구연부와 몸체 어깨에 걸쳐 따로 만들어 붙였는데, 구연부 쪽에는 e자형의 띠를 먼저 붙이고 파수를 접착시켜 견고하게 만들었다.

후쿠오카현福岡縣 고로칸鴻臚館유적 출토 병과 완이 이슬람 도기, 중국 도자기, 신라 인화문토기와 함께 출토되어 주목된다.

병甁은 구경口徑 4.6cm이며 도쇼타이사唐招提寺 소장품과 같은 경부가 가늘고 동부가 횡장한 형태로 추정된다. 청록색靑綠色이며 반투명하며 기포가 여러 곳에 보인다. 기벽이 두껍다. 완盌은 잔고殘高 7cm이며 기벽이 얇고 백색白色으로 투명하다. 구연부와 전체 형태로 볼 때 완으로 추정된다.

후쿠오카현福岡縣 다다라코미다多々良込田유적에서는 8세기 후반부터 10세기에 걸쳐서 건물지가 확인되었다. 건물지는 규모가 크고 건물의 크기, 방향 등에 규격성이 보인다. 청록색 유리완으로 추정되는 편이 이슬람도기, 신라 인화문토기와 함께 출토되었다.

6) 자연유물自然遺物

나라현奈良縣 호류사法隆寺에는 소그드 문자 등이 새겨진 백단향白檀香이 남아있고, 쇼소인正倉院에는 길이 156cm에 달하는 침향沈香을 비롯하여 유향, 백단향 등이 신라금新羅琴, 신라묵新羅墨과 함께 현존하고 있어, 이러한 물품이 신라를 경유하여 이입된 것을 알 수 있다.

신라가 일본에 판매한 문물의 종류와 수량을 기록한 『매신라물해買新羅物解』에 보이는 물산에 대해 살펴보자. 소방은 약재와 물감으로 사용되며 말레이반도가 원산이다. 가리늑은 인도, 미안마, 말레이시아 등에 서식하는 약재이다. 훈륙은 정향의 본래 이름이다. 정자는 인도네시아 등에서 서식하는 꽃을 말린 것으로 약재로 쓰인다. 침향은 인도, 인도네시아에 서식하는 나무로 만든 향이다. 필발은 인도 등에서 서식하는 넝쿨로서 약재로 사용된다. 안식향은 인도네시아, 베트남인 원산지로서 향약으로 사용된다. 동황은 베트남 등에서 서식하는 식물에서 채집되는 수지이다. 용뇌향은 인도와 인도네시아에 서식하는 갈포라羯布羅나무에서 나오는 진으로 만든 향이다. 백단향은 인도, 인도네시아에 서식하는 나무의 속심으로 만든 향이다.

안식향安息香은 『제번지諸蕃志』에서는 삼불제三佛齊, 즉 수마트라에서 산출된다고 하였으나, 안식국에서 삼불제로 교역된 것이지 삼불제가 원산지는 아니다. 안식향나무는 파사波斯즉 페르시아에서 자라는 나무이다. 나무의 높이는 3장丈이고 껍질색은 황흑색黃黑色이며 잎사귀는 4각형이다. 내한성耐寒性이 있으며 2월에 누런 꽃이 피는데 열매는 없다. 나무껍질을 파면 수지樹脂가 돋아나오는데 6~7월에 응결시키면 그것이 바로 향료, 즉 안식향이 된다.

발해의 사절이 일본에 가져온 물자는 신물信物 혹은 방물方物이라고 칭하였다. 신물 혹은 방물의 첫째는 모피류였다. 둘째는 인삼이나 백부자白附子 등 약초류였다. 셋째는 벌꿀 등 일용품이었다. 한편 일본으로부터 발해에 보내진 물자는 명주나 견직물류가 대부분이었다. 이 외 사절의 소망에 따라 명주나 거친 명주의 추가적인 특별급부가 있었던 적도 있다. 특별급부로 황금黃金, 수은水銀, 금칠金漆, 칠漆, 해석류유海石榴油 등이 일본 측에서 발해로 전해진 적도 있다.

인삼도 발해에 의해 일본에 전해졌다. 일본에서는 자생自生하지 않았던 인삼이 일본 문헌에 나타나는 것은 8세기이다. 일본에 인삼이 들어왔음이 확인되는 최초의 기록은 739년 7월 발해 문왕의 사신 이진몽已珍蒙이 인삼 30근을 가져왔다는 내용이다. 다음에 754년 6월 21일 선제추복先帝追福을 위해 도다이사東大寺에 봉납한 원문願文 물품 가운데 '인삼 324근 2냥'이라는 기록이 있다. 이 인삼은 쇼소인正倉院에 현존한다.

8세기 당시 일본에서도 당나라에서 수입된 의학서 등을 통해 인삼이 높은 효능을 가진 약재로 인식되고 있었다. 도다이사 쇼소인에 바쳐진 『종종약장種種藥帳』에는, "당내堂內에 안치해서 노사나불盧舍那佛에게 공양하고 만약 병 때문에 괴로워하는 사람이 있으면 이(약)를 써라."라는 내용이 있다. 이 기록에 따르면 쇼소인의 인삼이 병을 앓아 괴로워하는 사람들에게 제공되었을 가능성도 있다. 그러나 발해 사절단에 의해 일본 왕에게 전해졌다는 기록을 고려한다면, 왕을 중심으로 한 일부 귀족들에게만 인삼이 제공되었을 가능성이 크다고 보고 있다(윤재운 2010:2010-2011).

또한 발해 사절단이 일본에 가져간 물품 가운데 가장 많았던 것은 담비 가죽을 비롯한 각종 모피였다. 그것도 당시 일본에서는 값이 매우 비싼 담비, 호랑이, 말곰羆 등의 모피였는데, 대량으로 가져와 일본 지배층을 놀라게 하였다. 발해 사절단은 모두 34차례 일본을 방문하였는데, 매번 대량의 모피를 가지고 갔다. 하지만 몇 년에 한 번씩 사절단이 배에 싣고 오는 모피의 양에는 당연히 한도가 있어 궁정 귀족 사회의 수요를 다 충족시킬 수는 없었다. 그렇기 때문에 손에 넣기 어려운 모피를 구해 입는다는 것이 일종의 신분 상징이 되었다.

기록을 보면 일본 귀족들 사이에서 모피의 인기가 높아 그들이 앞다투어 구하려고 했다는 사실을 알 수 있다. 그래서 일본 조정에서도 과도한 모피 경쟁을 방지하기 위해 '모피 금지령'을 내린 것 같다. 『연희식延喜式』에 다음과 같이 모피 사용 기준을 정하여 규제하였다.

5위 이상은 호랑이 가죽 사용을 허락한다. 단, 표범 가죽은 참의參議 이상과 참의가 아닌 3위에 허용한다. 이 밖에는 허용하지 않는다.

담비 가죽 옷은 참의 이상에게 착용을 허락한다. 말곰 가죽으로 만든 말다래障泥는 5위 이상에게 착용을 허용한다.

8~10세기 일본에 모피를 공급한 것은 주로 발해였다. 일본 국내에서도 소·돼지·사슴·곰 등의 모피를 얻을 수 있지만, 일본에는 호랑이와 표범이 서식하지 않았기 때문이다(윤재운 2010:206-209).

7) 직물織物

색전色氈, 화전花氈의 포기布記를 통한 문헌사학의 연구에 의해 모전毛氈제품이 신라에서 생산되거나 경유하였음이 확인되었다. 나아가 색전, 화전뿐만 아니라 불국사 석가탑 출토 사리 장엄구에 동반한 능직물綾織物은 문양이 쇼소인 소장품과 유사한 점에서, 쇼소인 직물 가운데 신라를 경유한 것이 있음을 알 수 있다.

이와 함께 주목되는 것은 국립경주박물관 안압지관 입구에 배치되어 있는 연주사자공작문석連珠獅子孔雀文이다(6-4). 이 석각은 조선총독부박물관의 코이즈미 아키오小泉顯夫에 의하면 1922년, 경주 '서경사西慶寺'라는 일본사찰에서 이 석각을 실견하였으며, 절로 옮겨 오기 전에는 경주읍성의 무너진 석벽의 잔해에 다른 석조물과 뒤섞여 있었다고 한다(小泉顯夫 1986). 한편 사이토 다다시齋藤忠는 이를 경주시 흥륜사에 있었던 것으로 보고 있다(齋藤忠 2007).

고이즈미 아키오小泉顯夫는 이 석각에서 세 개의 원형문양을 확인하고, 이 중 특히 상태가 좋은 가운데 문양의 주문珠文, 화수花樹, 상대相對하는 쌍조雙鳥에 대해 이 문양이 사산조페르시아 계통이라는 견해를 피력하였다.

이 석각은 가로 길이가 3m, 세로 높이가 0.79m인 화강석이다. 석각의 좌우, 상하의 길이나 두께가 균일하지 않고 일부 깨어져 나갔다. 뒷면은 약간의 표면가공만 하고 가운데로 가면서 조금 솟아 있다. 문양이 조각되어 있는 앞면도 문양 부위를 제외하고는 전체적으로 표면이 거친 원석의 상태이다. 총

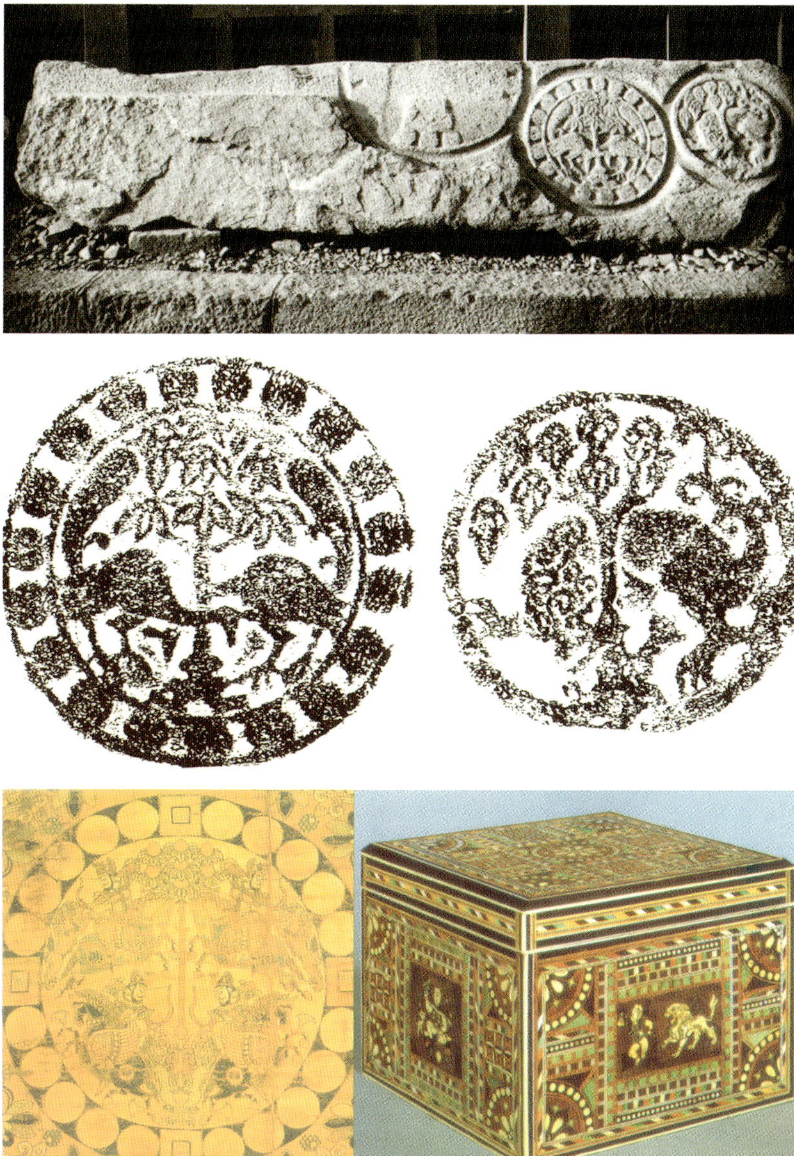

6-4 경주시慶州市 연주사자공작문석連珠獅子孔雀文과 나라현奈良縣 호류사法隆寺 연주문連珠文 직물織物, 나전상자螺鈿箱子

세 개의 원형 문양 중 좌측 대형 환문은 표면이 훼손되었고 상반부를 잃어버렸다. 원문의 크기를 고려하면 위쪽으로 최소 30cm 이상은 더 있어 원래의 높이가 1m였을 것으로 보인다.

원형문양을 거석의 오른쪽으로 치우쳐 배치하고 비교적 깊은 양각새김기법으로 조각하였다. 최좌측 환문은 얼핏 미완성으로 보이나 실제로 문양 표면을 의도적으로 깎아 낸 상태이다.

이들 문양의 주요 주제는 ① 연주문, ② 생명수, ③ 사자와 어린 동물, ④ 대면(對面) 공작 한 쌍, ⑤ 나무를 받치는 좌우삼단 계단식 피라미드형태의 받침대이다. 이들 모티프들은 페르시아와 소그디아를 거점으로 한 페르시아문화의 영향권뿐만 아니라 그 영향하의 기독교문화권, 동아시아의 유물과 유적에서도 나타난다.

사자공작문석의 두 문양에서 공통 요소는 가운데 서 있는 나무로서, 가장 중심이 되는 주제이다. 사자공작문석의 두 문양에 새겨진 나무는 위로 가면서 잎이 무성한 활엽수이다.

따라서 석공이 페르시아계 혹은 페르시아문화권역의 이주민으로 신라에 정착하여 직물 공예나 석조 예술에 종사했던 인물이었을 것으로 추정하고 있다. 그의 활동 시기는 신라에서 연주문의 시작점인 670년경부터 통일신라 조각의 최성기인 8세기 중엽 사이로 보고 있다.

사자공작문석은 페르시아계 인물들의 경주 정착설과 통일신라문화의 국제성을 보여주는 역사적 유물로 보고 있다. 신라제품인 오사카부大阪府 에이후쿠사叡福寺의 신라번新羅幡과 함께, 신라사회에서 연주문 직물이 성행하였음을 방증한다(김홍남 2017).

연주사자공작문석連珠獅子孔雀文石과 오사카부大阪府 에이후쿠사叡福寺의 신라번新羅幡은 나라현奈良縣 호류사法隆寺 연주문連珠文 직물織物, 나전상자螺鈿箱

子와 쇼소인正倉院의 연주문連珠文 직물織物이 신라를 거쳐 이입되었을 가능성을 제기한다.

2 한반도韓半島의 일본열도日本列島 문물文物

• 옥석제품玉石製品

751년 창건된 경주시 불국사 석가탑의 사리공 내에서 금동제 사리기, 유향, 유리제 구슬 등과 함께 1점의 경옥제 곡옥이 출토되었다. 경옥제 곡옥은 녹색으로 두부에 침선을 새겼으며 하단에 돌기가 있는 형태이며 투명도가 높은 양질이다.

경옥제 곡옥은 8세기 경주시 불국사 석가탑에 사리장엄구로서 봉안된 후 한반도에서 자취를 감춘다. 이는 일본열도에서 경옥제 곡옥이 사용되지 않는 시기와 일치하며 그곳에서의 수입이 단절된 것에 기인하는 것으로 추정된다.

즉 8세기 중엽 나라현 도다이사東大寺 산가츠토三月堂의 불공견삭관음不空羂索觀音 보관寶冠에 경옥제 곡옥이 사용된 이후 일본열도에서도 자취를 감춘 것과 관련된 것으로 본다.

3 8~9세기世紀 한반도韓半島와 일본열도日本列島의 이주민移住民과 교류交流

1) 이주민移住民

효고현兵庫縣 이치천市川유역 미노사지見野寺址는 이주민의 무덤이 집중하는 미야야마고분, 오쿠야마고분군과 미노나가즈카고분 사이에 위치하며 절터로 상정되는 일대는 현재 많은 개변으로 인해 가람배치 등을 복원하는 것은 어렵다. 다만 탑의 심초석이 확인되었는데, 현재는 히메지姬路문학관의 정원으로 옮겨져 있다.

기와는 수막새 6종, 암막새 9종, 방형전이 있으며 2기로 대별할 수 있다. 1기의 수막새는 대부분 단판의 연화문이 시문되어 있다. 암막새의 경우 중호문과 소문, 당초문 등 3종류의 문양이 베풀어진 것이다. 이 문양대의 양상으로 보아 8세기 전엽으로 볼 수 있다.

2기의 수막새는 3엽연화문이 많고, 암막새는 전체적인 규격과 당초문의 형태에서 동범 기와가 많이 확인되고 있다. 이 기와들은 전부 하리마국부播磨國府 계통의 것이다.

미노사지는 8세기 전엽에 이주민 씨족의 사원으로 창건되었으며 이후 하리마코우국사播磨國司에 의해 정비된 것으로 추정된다.

이치노코우사지市之鄕寺址는 미야야마고분의 대안에 해당하는 이치천市川 좌안 이치노고에 위치한다.

토담과 구획 구일 가능성이 큰 구, 이 구와 평행하는 주축을 가진 굴립주건물과 기와적재유구, 수혈 등이 확인되었다. 유구 내에서는 7세기 후반에서 헤이안平安시대에 걸치는 유물이 출토되었다. 그리고 이 구에 둘러싸인 범위에서 기와와 포함층에서 치미를 비롯한 대량의 기와가 출토되었으며 이는 3기로 나누어진다.

1기의 수막새는 모두 연화문을 베푼 것으로 소판계와 단판계, 복판계 등으로 분류된다. 소판8엽연화문, 복판8엽연화문, 단판6엽연화문 등이 대표적이다. 이와 함께 치미가 확인되었는데, 복판6엽연화문과 복판8엽연화문 등의 문양이 시문된 것이 특징으로 수막새와 동범인 것도 확인된다. 문양의 형태로 보아 7세기 후엽에서 8세기 전엽으로 생각된다.

2기의 수막새는 소판16엽연화문과 이중권문 등이 시문된 것이 특징이다. 암막새에는 당초문을 시문하였다. 이 기와들은 하리마국부播磨國府 계통의 것으로 8세기 후반에서 9세기 전반에 해당한다.

3기의 수막새는 단판연화문과 당초문이 시문된 것으로 하리마국부의 계통을 포함하여 9세기 중반의 것으로 추정된다.

이상과 같이 이 사원은 이주민 씨족의 사원으로 7세기 후엽에 창건되었으며, 이후 하리마국사播磨國司에 의해 정비된 것으로 추정된다.

시라기신사新羅神社는 오쿠야마고분군과 미노나가즈카고분의 남쪽에 위치한다(6-5). 제신은 중애仲哀, 응신應神, 신공神功이며 신체神體는 거울이다. 유래에 대해서는 잘 알 수 없으나 신공의 소위 신라정벌과 관련하여 창건된 것으로 전해지고 있으나, 이 지역에 거주한 이주민에 의해 건립된 것으로 추정된다.

이치천市川유역에는 5세기 전엽 미야야마고분의 피장자인 이주민이 이입된 후 8세기 전엽까지 지속적으로 이주민의 거주가 확인되고, 더욱이 지금까지도 시라기신사新羅神社가 건재하는 바와 같이 이주민의 전승이 전해져 내려오고 있다.

효고현兵庫縣 가코천加古川유역 고도사지廣度寺址는 오노시小野市 고도정廣度町에 위치한다. 가코천 중류역의 하안단구상에 있다.

사역은 동서 100m, 남북 150m로 금당과 중문 사이에 동서 양탑을 배치하고, 금당의 배후에 강당을 두었으며, 이를 회랑으로 둘러싼 야쿠시사藥師寺식 가람배치가 특징이다.

금당지는 와적기단으로 원래 동서 15m, 남북 12m의 규모이며 나중에 남북쪽을 16m로 확장하였다. 탑지는 방형의 판축기단으로 한 변 10m, 현재 높이 70cm이다. 심초석은 부정형으로 폭 2.3m, 높이 70cm이며 현재 오노시시민

6-5 효고현兵庫縣 미노사지見野寺址와 시라기신사新羅神社

회관 앞에 있다.

고도사지廣度寺址는 동서에 양탑을 배치한 전형적인 신라식 가람배치가 특징이며 나라奈시대 전기에 이주민에 의해 건립된 사원이다.

구다라사百濟寺와 긴야혼마치禁野本町유적은 오사카부 히라가다시枚方市 구다라사는 후지사카텐진정藤阪天神町에 위치한다. 문헌기록에 의하면 8세기 중엽 백제왕족의 후손인 백제 왕씨王氏가 가와치노쿠니河內國를 다스리는 국사國司에 임명되면서 구다라사를 건립했다고 한다.

가람 배치는 중문, 동쪽과 서쪽에 탑, 그리고 그 북쪽으로 금당, 강당을 배치한 구조이다(6-6).

또 강당 북쪽에는 식당지, 회랑 외측의 동쪽에는 건물지, 동문지가 확인되

6-6 오사카부大阪府 구다라사지百濟寺址 출토出土 와당瓦當과 구다라왕사百濟王神社

었다. 서탑은 응회암제의 돌로 기단을 조성하였고, 서방에 계단이 설치되어 있다. 심초석은 직경 약 96cm로 중앙이 돌출되어 있다. 동서에 쌍탑을 배치한 신라에 기원을 둔 야쿠시사藥師寺식 가람 배치인 점이 주목된다.

7세기대까지 거슬러 올라가는 연화문 수막새 등의 기와가 출토되어 문헌기록 이전에 이미 사원이 존재하였을 가능성도 있다.

구다라사百濟寺에 인접한 나카미야니시노정中宮西之町에는 백제 왕씨를 제사지내는 구다라왕신사百濟王神社가 있으며 북쪽에 긴야혼마치유적이 위치한다.

긴야혼마치禁野本町유적은 구다라사의 북쪽에 연하여 위치하는 유적이다. 이곳은 요도천淀川를 조망할 수 있으며 아스飛鳥시대에서 헤이안시대에 해당하는 주거지, 굴립주건물지, 도로, 구, 우물 등의 유구가 대규모로 확인되었다. 이 주거지군에서는 구다라사와 남북으로 중심축이 일치하는 도로 등의 유구와 구로 둘러싸인 특수한 구획 등이 확인되었다. 출토유물은 아스카에서 헤이안 시대의 녹유도기, 기와 등이 있다. 특히 우물에서는 「대령大領」 등이 적혀 있는 목간과 「소가少家」 등의 관직명이 적힌 묵서 토기도 발견되었다.

긴야혼마치유적은 백제 왕씨의 거관을 중심으로 구사사와 유기적으로 결합된 유적으로 백제 유민의 자치 도시와 같은 성격을 띠고 있어 주목된다.

도치기현栃木縣 우츠노미야시宇都宮市 니시시모야타西下谷田 유적에서는 방형구획 시설 내의 대형수혈건물, 방형구획시설 바깥쪽의 수혈주거지에서 신라 토기 병과 완, 시루 등이 출토되었고, 우쓰노미야시宇都宮市 마에다前田유적에서는 굽이 달린 무문의 완과 굽으로 추정되는 녹유도기가 출토되었다.

하가정芳賀町 우사기의우치다이兎の内台유적 SI-014, 306에서는 광구호, 합, 미부정壬生町 소우노미야惣宮유적 SI-40에서는 동체부에 인화문을 시문한 호 등이 출토되었다(板橋正幸 2001).

도치기현栃木縣의 유적은 대부분 생활유구로서 긴키近畿지역의 궁지, 관아, 사찰유적 등과 성격을 달리하고, 출토된 신라 토기의 기종도 차이가 있는 것에서 이곳으로 신라 토기가 이입된 배경은 국가적인 외교사절에 동반한 정치적인 교섭이 아닌 신라인의 직접적인 이주로 보고 있다(홍보식 2004).

그러나 이곳으로의 신라인 이주는 이 지역의 금광金鑛 개발과 관련된 일본 정부에 의한 것으로 보인다.

2) 교류交流와 역사적歷史的 배경背景

7세기 후반~8세기 후반 후쿠오카현 오키노시마沖の島 5호, 20호 제사 유적에서 금동제 용두龍頭와 함께 당삼채唐三彩의 장경병長頸甁과 같은 초 일급품이 봉헌되어 주목된다. 왜냐하면 오키노시마는 견당사의 항로로 볼 수 없고 견신라사의 항로에 속하기 때문이다. 또한 동일 형식의 금동제 용두가 신라에서 다수 출토되고, 당삼채도 경주에서 출토되고 있기 때문이다. 따라서 오키노시마유적 출토 중국문물은 쇼소인 소장품이 신라를 경유하였음을 웅변하는 것으로 평가된다.

7세기 후반 백제, 고구려 멸망 이후 선진문물의 도입지가 소멸되고 당과의 관계 악화로 인하여 견당사를 파견할 수 없었던 일본은 선진문물의 도입을 신라에 의존할 수밖에 없었으며, 한편 당과의 전쟁에 임하였던 신라는 후방의 안전을 도모할 필요가 있었던 것이다.

다음은 쇼소인正倉院 소장품의 제작지와 이입 경로에 대해 논하고자 한다. 쇼소인의 창건 연대는 성무聖武 천평天平 연간(729~749)으로 추정되며 왕실의 보물창고 역할을 하였다. 8세기 나라시대를 중심으로 한 신라·당·페르시아·일본의 고대 문물 9천여 점이 소장되어 있다.

종래 쇼소인 소장품에 대해서는 신라 먹墨, 금琴, 장적帳籍, 화엄경華嚴經과 같은 일부의 확실한 신라제품을 제외하고 대부분은 견당사遣唐使에 의해 장래된 것으로 보아 왔다.

1960년대 대구시 송림사 전탑 내 사리장엄구의 발견에 의해 쇼소인의 원황문 유리완이 신라를 경유하였음이 확인되었다. 1970년대 안압지 발굴에 의해 금동제 가위, 사하리佐波里 등이 신라산임이 밝혀졌고, 색전色氈, 화전花氈의 포기布記를 통한 문헌사학의 연구에 의해 모전毛氈제품이 신라에서 생산되거나 또는 경유하였음이 확인되었다(李成市 1997).

더욱이 국내 사원지의 조사에 의해 이와 관련된 중요한 유물이 출토되어 주목된다.

창녕군 말흘리사지에서는 수혈 내에서 금동제 병향로, 금동제 화사, 금동제 반, 금동제 장식판, 금동제 마구 등이 일괄로 출토되었다. 말흘리 출토 병향로는 조안형 화로, 화형 대좌, 인동문 투창 등이 쇼소인 남창南倉의 것과 유사하고, 삼성미술관 리움 소장의 병향로는 자루 끝 사자형의 진좌 형태까지 쇼소인 소장품과 일치한다. 금동제 화사는 수각이 붙은 것으로 유례가 쇼소인 중창에 보인다. 금동제 대부완의 수각도 쇼소인 소장품과 유사하다. 이곳에서는 신라의 전형적인 심엽형 경판비가 함께 출토되어 이러한 금공품이 6세기 신라의 금공 기술을 계승한 것임을 알 수 있다.

군위군 인각사에서는 청동제 병향로, 청동제 합자, 청동제 병, 청동제 금고 등이 출토되었는데, 병향로는 사자형의 진좌를 가진 것이고 합자는 상륜형의 손잡이를 가진 것으로 9세기의 것이나 쇼소인 소장품과 유사하다.

양 유적에서의 금속공예품은 이제까지 신라산이 분명한 사하리佐波里제품뿐만 아니라 이제까지 중국산으로 보아 온 쇼소인 소장 금속 공예품의 상당수가 신라산임을 알 수 있다.

경주시 불국사 석가탑 출토 사리 장엄구에 동반한 능직물綾織物은 문양이 실크로드상에서 출토된 직물과 쇼소인 소장품이 유사한 점에서 주목된다. 이 능직물의 발견에 의해 쇼소인 소장 직물 가운데 신라를 경유한 것이 존재하는 것으로 추정된다(安寶蓮 2011).

이제까지 쇼소인 소장품에 대해서는 일부의 확실한 신라제품을 제외하고 그 외 대부분은 견당사에 의해 장래된 것으로 보아 왔다. 그러나 주지하듯이 당과 일본 간에는 672년부터 701년까지 교섭이 두절되었으나, 신라와 일본 간에는 668년부터 최후의 신라사가 파견되는 779년까지 양국 간에는 신라에서 47회, 일본에서 25회의 사절이 왕래하였다. 그러나 견당사가 260년간 장안長安에 도달한 것은 13회에 지나지 않으며, 특히 전원이 무사히 귀국한 것은 단지 1회에 불과하다.

8~9세기 신라와 일본과의 관계는 신라와 발해의 대립 가운데 후자의 대일 외교 진출에 대한 신라의 견제를 배경으로 들 수 있다. 한편 일본은 신라 문화의 도입과 신라를 통한 당 문물의 도입을 목적으로 한 것으로 볼 수 있다.

参考文獻
참고문헌

[국문國文]

최재석, 1996,『正倉院 소장품과 統一新羅』, 서울, 一志社.

安寶蓮, 2011,「韓日古代都城의 高級織物 生産과使用-服飾制度成立期을中心に-」,『韓日文化財論集』1, 奈良, 奈良文化財研究所.

박천수, 2011,『일본속의 고대 한국 문화』, 과천, 진인진.

박천수, 2012,『일본속 고대 한국문화-近畿地方-』, 서울, 동북아역사재단.

朴天秀, 2014,「新羅와 日本」,『新羅考古學槪論』上, 과천, 眞仁眞.

[일문日文]

小泉顯夫, 1986,『朝鮮古代遺跡の研究』, 東京, 六興出版.

網干善教, 1986,『古墳と古代史』, 東京, 學生社.

江浦洋, 1988,「日本出土の統一新羅系土器とその背景」,『考古學雜誌』74-2, 東京, 日本考古學會.

東野治之, 1988,『正倉院』, 東京, 岩波書店.

東野治之, 1992,『遣唐使と正倉院』, 東京, 岩波書店.

宮內廳事務所, 1994~1997,『正倉院寶物』I~IV, 東京, 每日新聞社.

李成市, 1997,『東アジアの王権と交易』, 東京, 青木書店.

板橋正幸, 2001,「栃木縣內出土の新羅土器について-西下谷田遺跡出土新羅土器を中心に-」,『研究紀要』9, 宇都宮, 栃木縣埋藏文化財センター.

亀田修一, 2006,『日韓古代瓦の研究』, 東京, 吉川弘文館.

齊藤忠, 2007,『齊藤忠著作集1アジア文化史の研究』, 東京, 雄山閣.

杉本一樹, 2008,『正倉院』, 東京, 中央公論社.

大田裕樹, 2011,「日韓古代火葬墓の比較研究-日本古代の火葬墓の系譜をめぐって-」,『日韓文化財論集』1, 奈良, 奈良文化財研究所.

VII

가야加耶와 왜倭

VII 가야加耶와 왜倭

1 연구사研究史의 검토檢討와 과제課題

가야와 왜에 대해서는 일제강점기 이래 주목되어 왔으며 연구성과가 축적되었다. 이에 대한 연구사는 앞에서 언급한 바와 같다.

가야는 일본열도에 가장 가까운 지역에 위치하고 왜가 원했던 철자원을 가지고 있어 일찍부터 교류가 행해졌다. 김해시 봉황대유적에서는 야요이彌生시대 규슈九州지방의 옹관이 확인되어 일본열도로부터의 이주민이 존재함을 알 수 있다. 초기 철기시대 사천시 늑도유적에서는 다량의 야요이계 토기가 확인되어 철소재를 구입하기 위한 일본열도로부터의 이주민이 거주한 것을 알 수 있다.

원삼국시대 창원시 다호리고분군에서는 철소재로 사용된 것으로 보이는 주조철부, 판상철부와 교역의 내용을 기록하기 위한 목간에 사용한 붓筆과 소환두대도가 확인되고, 야요이彌生토기가 출토되는 것에서 가야와 왜의 교류는 철소재의 교역에서 시작되었다고 본다.

왜냐하면 6세기까지 철을 생산할 수 없었던 왜倭는 철소재를 한반도에 의존할 수밖에 없었다. 이는 4세기 금관가야산 철소재인 철정鐵鋌이 일본열도에서 다수 확인되기 때문이다.

또한 5세기 이전 왜倭에서는 투습성이 없는 경질의 토기를 생산할 수 없었다. 그래서 4세기 말 가야로부터 이주한 공인에 의해 스에키須惠器라는 경질토기를 생산할 수 있었다.

나아가 5세기 후반 이전에는 지배자의 권력과 권위를 과시하기 위한 금공품을 생산할 수 없었다. 5세기 후반 가야로부터 이주한 공인에 의해 비로소 금동제의 장신구, 마구 등을 제작할 수 있었다.

이렇듯 4~5세기 가야로부터 문물과 이주민의 이입은 일본열도의 문명화에 크게 기여한 것을 알 수 있다.

나아가 지금과 달리 고대의 교역은 정치적 행위의 소산으로, 왜와의 교류를 주도한 세력이 어느 가야세력인 것이 매우 중요하다.

4세기 이래 일본열도에 철소재, 토기와 금공품을 제작한 공인이 시기별로 다른 가야 제국諸國에서 이입되었다고 본다. 그래서 이를 통해 가야 제국諸國의 판도와 그 변화에 대해 논하고자 한다. 이는 이제까지 국내의 고고자료와 문헌사료만 의존해 온 연구를 극복하는 방안으로 판단된다.

앞에서 일본열도에 이입된 가야의 문물에 대해 그 시기와 양식에 대해 분석하였다. 이와 함께 가야지역에 이입된 왜의 문물에 대해 살펴보았다. 가야지역 출토 왜의 문물은 일본열도에 이입된 가야의 문물은 그 교류 세력의 주체와 그 변화를 민감하게 반영하고 있기 때문이다.

선사시대 이래 김해지역은 한반도와 일본 열도와의 교류에서 관문 역할을 담당해 왔다. 3~4세기 일본열도에는 금관가야산 철정을 비롯한 철제품이 이입되고 4세기 말에는 금관가야의 공인에 의해 일본열도에서 최초로 회청색경질토기가 제작된다.

한편 3~4세기 가야 전기 중심국인 금관가야의 왕묘역인 대성동고분군에서는 종래 구야국의 왕묘역인 양동리고분군에서 부장되던 북부 규슈九州산 광형동모와 방제경을 대신하여 새롭게 파형동기巴形銅器가 부착된 방패盾, 벽옥제석제품碧玉製石製品, 옥장玉杖, 통형동기筒形銅器 등 기나이畿內계 문물이 부장된다.

이처럼 김해지역의 문물이 일본열도에 이입되고, 이제까지 이입되지 않던 기나이畿內지역의 문물이 대성동고분군에 이입되는 것에 주목하여, 일본열도 속의 금관가야 문화에 대하여 살펴보고 그 이입배경에 대해 살펴보고자 한다.

3~4세기 뚜렷한 토기의 양식적 특징과 분포권을 형성한 정치체가 금관가야와 함께 아라가야인 것은 두 나라가 가야 전기의 중심국임을 나타내는 것이다.

특히 아라가야가 함안양식 토기의 광역 분포권으로 유추되는 관계망으로 볼 때 금관가야와 함께 가야 전기에 양대 세력을 형성한 것으로 보았다. 시코쿠四國지방에서 아라가야 공인에 의한 초기 스에키가 생산되며 더욱이 서일본지역에서 아라가야 양식 토기가 출토된다. 일본열도 출토 아라가야 양식 토기를 통하여 일본열도 속의 아라가야 문화와 그 이입 배경에 대해 접근하고자 한다.

5세기 전반 이전 시기의 아라가야양식 토기를 교체하듯 소가야양식 토기가 동남해안과 황강유역, 남강 중·상류역까지 분포권이 확대된다. 이는 아라가야를 대신하여 남강수계와 남해안 일대에서 소가야가 일시적으로 가야의 중심세력으로 등장하였음을 보여 주는 것이다. 이 시기 소가야양식 토기는 광양시 칠성리유적, 광주시 동림동유적, 서울시 풍납토성 경당지구 등에서도 확인된다. 그런데 칠성리유적과 동림동유적과 풍납토성에 인접한 몽촌토성에서 일본열도산 스에키가 출토되어 소가야세력이 남해안의 제해권을 기반으로 일본열도를 연결하는 중계 교역 활동을 한 것으로 상정된다. 즉 소가야세력은 남강 중류역의 산청군 옥산리·묵곡리유적 출토 백제문물과 서울시 풍납토성의 소가야양식 토기 및 몽촌토성의 스에키로 볼 때, 함안세력을 대신하여 남강수계와 금강수계를 통해 백제지역과 교섭했을 뿐만 아니라 백제와 일본열도를 중계했음을 알 수 있다. 더욱이 규슈九州지방의 후쿠오카현福岡縣 시코쿠四國지방의 아사쿠라요朝倉窯 에히메현愛媛縣 미나미이치바구미요南市場組窯에서 소가야양식 토기가 제작된 것이 확인되는 것에서 일본열도 출토 소가야양식 토기를 통하여 일본열도의 소가야 문화와 그 이입 배경에 대해 살펴볼 것이다.

같은 시기 비화가야양식 토기는 영남지역 전역으로 확산되며 특히 낙동강 대안의 합천 다라국과 낙동강 하류역의 금관가야, 남해안 일대의 소가야권역으로 일정기간 집중적으로 이입된다.

또한 비화가야양식 토기가 현해탄에 면한 나가사키현長崎縣 쓰시마對馬島, 동해에 면한 돗토리현鳥取縣, 시마네현島根縣, 교토부京都府, 니이카타현新潟縣, 세토나이해瀬戸内海에 면한 오카야마현岡山縣 등으로 이입된다.

동시에 비화가야에는 창녕 계성리유적 출토 하지키土師器, 창녕 송현동7호분 출토 녹나무제 목관과 같은 일본열도산 문물이 이입된다.

비화가야는 4세기에 신라에 복속된 것으로 주장되어 왔으나, 5세기 전반 한반도 내뿐만 아니라 일본열도에 다수 이입되고, 더욱이 일본열도산 문물이 이입된다. 비화가야와 왜의 교류를 통하여 비화가야가 5세기 전반 신라에 복속되지 않은 것을 알 수 있다.

5세기 후반 대가야양식 토기가 황강 수계, 남강 중·상류역, 금강상류역, 섬진강 수계, 동남해안, 일본열도에 분포한다. 이는 아라가야와 소가야가 활동하였던 관계망을 새로이 장악함으로써 4세기까지 내륙의 소국에 불과했던 대가야가 가야 후기의 중심국으로 성장하는 과정을 잘 반영하는 것으로 본다. 특히 이 시기 일본열도에는 5세기 전반에 이입되던 신라산 문물을 대신하여 대가야산 금제, 금동제 장신구, 금동제 마구, 철기 등이 이입된다.

이제까지 대가야 발전의 배경에 대해서는 합천 야로지역 철산의 개발을 중심으로 설명되어 왔으나, 필자는 국내의 자료만으로 그 과정과 배경을 밝힐 수 없다고 생각한다. 그 이유는 대가야의 영역 확장 과정이 섬진강수계와 남해안을 지향하는 것과 5세기 중엽 이래 일본열도 각지에 대가야문물이 유입되기 때문이다. 따라서 그간 내륙에 위치하여 후진국으로 파악되어 온 대가야상을 전면적으로 재고할 필요가 있다.

그래서 필자는 대가야의 성장과정을 한반도의 자료뿐만 아니라 가야와 왜의 교류양상을 분석하여 접근하고자 한다. 또한 이제까지 필자가 주목해 온 대가야에 의한 섬진강로의 확보에 따른 일본열도와의 교역과 관련하여, 일본서기의 내용으로 볼 때 대가야영역으로 파악되는 소위 임나사현任那四縣의 여수, 순천, 광양지역의 진출에 의한 남해안의 제해권 장악을 통하여 대가야의 발전 배경에 대해서 살펴볼 것이다.

나아가 한반도의 삼국시대에 해당하는 일본열도의 고훈시대 중기인 5세기 후반에 이입된 대가야문물의 분석을 통하여 대가야와 왜의 관계, 대가야권역의 성립시기와 그 형성배경에 대하여 접근하고자 한다. 이 시기 일본열도의 이입문물 대부분이 대가야산임을 밝히고 이제까지 문헌사료로서 파악하기 어려웠던 대가야와 왜의 관계에 대해 접근할 것이다. 대가야권역의 성립시기에 대해 특히 대가야산 문물이 일본열도에 이입되는 것을 통하여 살펴보고자 한다. 대가야권역의 성립배경에 대해서는 대가야의 섬진강로의 확보에 따른 일본열도와의 교역과 관련하여, 남해안 진출에 따른 제해권의 장악을 통하여 접근한다. 나아가 대가야문화가 일본열도의 문명화에 끼친 영향과 그 역사적 의의에 대해 논한다.

2 금관가야金官加耶와 왜倭

현재 김해지역은 지금 낙동강 하구 동안의 평야로 되어 있지만, 이는 20세기 초 낙동강 제방공사의 결과로 지형이 변한 것이다. 조선후기의 대동여지도에도 지금의 칠산이 섬인 망산도로 표현되어 있고 그 주변이 모두 해수역으로 되어 있는 점에서 이 지역은 삼국시대에는 넓은 만을 이루고 있는 항구로서 좋은 조건을 갖추었다고 할 수 있다.

그래서 금관가야는 서쪽을 제외한 삼면이 바다에 면한 섬과 같은 천혜의 자연조건을 갖추었다. 더욱이 낙동강을 이용한 교통에서 반드시 거쳐야 하는 관문에 해당하였다. 즉 낙동강을 끼고 있어서 내륙과의 교통이 편리하였고, 또 바다를 통하여서는 왜 및 중국 군현과의 교역에도 좋은 위치에 있었다.

이를 전하는 것으로 『삼국지三國志』 동이전 왜조에 "대방군에서 왜에 이르기까지 해안을 따라 물길로 가는데 한국을 거쳐 혹은 남으로 혹은 동으로 가서 그 북쪽 연안이 구야한국에 이르렀는데 7천 리였다. 즉 從郡至倭循海岸水行歷韓國 乍南乍東 到其北岸狗邪韓國七千餘里라는 기록은 구야국이 중국 군현과 한반도와 왜를 연결하는 국제적 교역체계에서 중심적인 역할을 한 것을 보여 주는 것이라 하겠다. 이는 낙랑·대방군으로부터 서, 남해안을 거쳐 왜로 가는 항로상에서 한반도 내 마지막 기착지였다. 말하자면 한반도 서해안과 동해안을 동서로 잇고 영남 내륙과 왜를 남북으로 연결하는 교통, 교역로의 교차점이라 할 수 있겠다.

3~4세기 일본열도에는 다수의 금관가야산 문물이 이입된다. 일본열도에 이입된 금관가야의 문물은 먼저 오사카부大阪府 오바데라大庭寺유적에서 보이는 바와 같은 새로운 토기인 회청색경질토기를 제작하는 제도製陶기술을 들 수 있다. 이는 금관가야 양식 토기를 제작하던 도공이 일본열도에 이주하여 스에키須惠器라는 토기를 창출하였으며, 스에키를 계승한 오늘날 일본의 수주야키珠洲燒와 같은 세계적으로 유명한 도기陶器의 근원도 실은 초기 스에키라 할 수 있다.

그리고 오사카부大阪府 시킨잔紫金山고분 등에서 출토된 종장판혁결판갑縱長板革結板甲은 그 형태가 금관가야와 신라의 판갑과 다른 점에서 일본열도 내에서 금관가야계 공인이 효고현兵庫縣 교자즈카行者塚고분 등의 출토품과 같은 금관가야산 철정을 가공하여 제작된 것으로 파악된다. 그래서 이 시기 일본열도에 금관가야로부터 철기제작 공인이 이주한 것으로 본다. 이는 후쿠오카현福岡縣 니시신마치西新町유적에서는 단야와 관련된 유물이 확인되는 것에서도 방증된다. 그리고 교자즈카行者塚고분에서는 일본열도의 최초의 마구가 부장된다.

그래서 3~4세기 일본열도에는 금관가야의 제도, 철기제작 기술이 이입된 것을 알 수 있다. 4세기 전엽의 복천동38호묘에서는 경옥제 곡옥과 함께 마노제 화살촉, 김해시 대성동18호묘에서는 녹색응회암제 방추차형석제품, 벽옥제 관옥과 같은 일본열도산 문물이 공반되어 곡옥의 산지를 추정할 수 있다. 이러한 점에서 야요이시대 이래 일본열도에서 동·서지역 간의 교역품으로 사용되던 경옥제 곡옥이 삼국시대에 이르러 한반도와의 교역에 사용된 것으로 추정한다. 이는 서일본에서 경옥제 곡옥이 유통되지 않은 시기에 한반도 남부에는 보이지 않고 서일본에서 경옥제 곡옥이 사용된 이후에 이입된다(中村大介 2013). 즉 3세기 후엽 나라현奈良縣 사쿠라이차우스야마櫻井茶臼山고분 이래 긴키近畿지역을 중심으로 한 전기 고분에 경옥제 곡옥이 부장된 이후에 비로소 금관가야에 이입되는 것이다(박천수·임동미 2013).

더욱이 경옥제 곡옥이 출토된 4세기 전엽 대성동88호묘에서는 진晋식 대장식구, 동모銅鉾, 파형동기巴形銅器, 통형동기筒形銅器, 벽옥제석제품碧玉製石製品, 동촉銅鏃이 공반되고, 91호묘에서는 전연前燕의 청동제 용기와 마구, 로마유리기, 류큐열도산 패제품 등이 공반되어 이 시기 금관가야가 한반도 동남부의 원격지 교역을 주도한 사실과 그 위상을 알 수 있다.

그런데 대성동91호묘 출토 유리기편은 병의 파편으로 추정되며 분석 결과 화학 조성이 로마유리기로 판명되었다. 91호묘는 로마유리기, 전연前燕의 마구와 청동용기, 류큐열도산 조개 등의 부장품으로 볼 때 이 시기의 왕묘급 고분으로 평가된다(7-1).

김해시 대성동91호묘 출토 로마유리기가 문제가 되는 것은 전연前燕에서 직접 이입된 것인지, 경유지를 거친 것인지의 여부이다. 이에 대한 직접적인 증거를 제시할 수 없는 현 시점에서 단서를 제공하는 것은 경주시 월성로가13호분 출토 유리기라 본다.

4세기 후엽에 축조된 경주시 월성로가13호분에서 2점의 유리기가 부장된 것은, 그 이전 시기에 이미 유리기가 신라에 이입되었음을 시사한다. 이와 함께 이 고분에서는 대성동91호묘와 같은 삼연三燕계의 마구馬具가 공반된 것에서 이를 통해 유리기가 이입된 것으로 파악된다. 요녕성遼寧省 북표현北票縣 북연北燕의 풍소불묘馮素弗墓에서 5점이 출토된 것으로 볼 때 로마 유리기는 초원로를 통하여 중국 동북지방으로 이입된 것으로 추정된다.

특히 문헌사료로 볼 때 금관가야와 중국의 교섭 기사는 전혀 보이지 않는데 반해 신라는 377년과 382년 전진前秦에 견사遣使하고 그것이 고구려 사신의 안내에 의해 이루어진 것으로 볼 때, 신라가 고구려를 통해 북방 세계와 접한 것을 알 수 있다. 따라서 금관가야에 이입된 유리기는 고구려, 신라를 경유한 것으로 보는 것이 합리적이다.

이로써 그간 4세기 후반 일본열도에 독자적으로 이입된 것으로 파악되어 온 나라현奈良縣 신야마新山고분과 효고현兵庫縣 교자즈카行子塚 출토의 진晋식 대장식구가 금관가야를 경유한 것이 밝혀졌다. 더욱이 후자에는 금관가야산 철정鐵鋌, 철복鐵鍑이 공반되어 이 시기 금관가야와 왜의 교류 양상을 알 수 있다.

앞에서 살펴본 일본열도의 금관가야산 철기와 김해지역 왕묘역인 대성동고분군의 파형동기를 비롯한 기나이畿內산 문물은 이시기 금관가야와 왜왕권의 밀접한 교섭을 상징하는 것이다. 이는 구야국 시기 대왜 교섭의 상대가 선사시대 이

7-1 김해시金海市 대성동大成洞88·91호묘號墓 출토出土 서진西晉·전진前燕·로마Rome 문물文物

래 일본열도측 창구의 역할을 담당해 왔던 규슈九州세력이었으나, 금관가야 시기에는 기나이畿內지역과의 교섭이 본격적으로 개시된 것을 웅변하는 것이다(7-2).

그리고 일본열도의 왕묘를 포함한 유력 수장묘에 부장되는 파형동기가 부착된 방패, 석제품과 통형동기는 이 시기 왕권을 장악한 나라奈良 북부의 사기佐紀세력이 특별히 갖추어서 증여한 것으로 추정된다. 특히 통형동기는 김해시 대성동고분군을 중심으로 양동리고분군, 부산시 복천동고분군에 집중적으로 출토되며, 그 출토 수가 일본열도 전역의 개체 수에 육박하는 점에서 철자원을 구하기 위한 왜 왕권의 절실한 의도가 간취된다.

5세기 초 금관가야와 왜의 관계는 광개토왕비에 다음과 같이 보인다.

영락 9년 기해년(399) 백잔(백제)이 맹세를 어기고 왜와 화통하였다. (이에) 왕이 평양으로 내려가 순시하였다. 그러자 신라가 사신을 보내 왕께 아뢰기를 "왜인이 신라의 국경에 들어차 성지城池를 부수고 노객(내물왕)을 왜의 민民으로 삼으려 하니 왕께 귀의해 구원을 청합니다."라고 하였다.
九年己亥 百殘違誓與倭和通. 王巡下平穰. 而新羅遣使白王云. "倭人滿其國境 潰破城池 以奴客爲民 歸王請命." 太王恩慈 矜其忠誠 □遣使還告以□計.

영락 10년 경자년(400) 왕이 보병과 기병 5만을 보내 신라를 구원하게 했다. 남거성男居城부터 신라성에 이르기까지 곳곳에 왜병이 가득하였다. 관군이 도착하자 왜적이 퇴각하여 그 뒤를 지체없이 쫓아 임나가라의 종발성에 이르니 성이 곧 항복하였다.
十年庚子 敎遣步騎五萬 往救新羅. 從男居城至新羅城 倭滿其中. 官軍方至 倭賊退 □□背急追 至任那加羅從拔城 城卽歸服. 安羅人戍兵.[ ] □新羅城□城 倭寇大潰 城▨▨▨盡□□□安羅人戍兵[ ]新□□□-----□潰□▨▨▨ 安羅人戍兵.[ ] 昔新羅寐錦未有身來論事[ ][ ] □國[岡]上廣開土

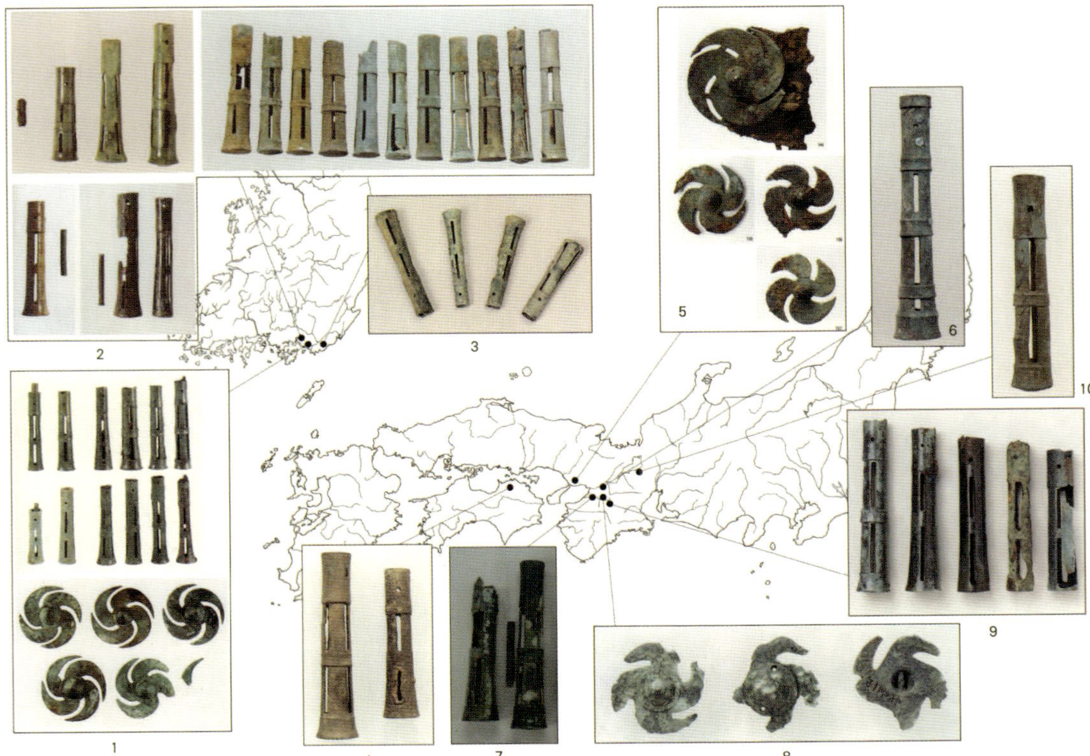

7-2 일본열도산日本列島産 파형동기巴形銅器 및 통형동기筒形銅器의 분포分布로 본 금관가야金官加耶와 왜倭
1. 김해시金海市 대성동고분군大成洞古墳群, **2.** 김해시金海市 양동리고분군良洞里古墳群, **3.** 부산시釜山市 복천동고분군福泉洞古墳群, **4.** 가가와현香川縣 네코즈카고분猫塚古墳, **5.** 효고현兵庫縣 교자즈카行者塚, **6.** 오사카부大阪府 시킨잔고분紫金山古墳, **7.** 오사카부大阪府 니와토리즈카庭鳥塚, **8.** 오사카부大阪府 고카네즈카黃金塚, **9.** 나라현奈良縣 니이자와센즈카500호분新澤千塚500號墳, **10.** 시가현滋賀縣 아즈치효단야마고분安土瓢箪山古墳

境好太王 □□□□ 寐錦□□僕 勾□□□□朝貢.

400년 경자년조庚子年條에는 신라성을 침범한 왜倭가 고구려군에 패한 후 임나가라任那加羅로 도주하였다는 기록이 보여 주목된다. 임나가라는 김해지역으로 비정되어 이러한 고고자료와 문헌사료는 일본의 연구자가 주장하는 왜군의 독자적인 외정外征과 출병出兵이 아니라 그것은 어디까지나 금관가야 나아가 백제와 관련된 것임을 웅변하는 것이다.

왜냐하면 왜의 독자적인 출병이었다면 퇴각한 곳 즉 군선을 정박한 장소가 경주에 가까운 영일만 또는 울산만이어야 하기 때문이다. 그럼에도 왜군이 고 김해만으로 퇴각한 것은 금관가야와 왜의 공동작전임을 웅변하는 것이다(朴天秀, 2007). 이는 『삼국사기』 자비마립간 6년(463)에 왜인이 삽량성歃良城에 침입하였으나 이기지 못하고 되돌아갔으며 국경 부근에 두 성을 쌓았다는 기사가 보이는 것(선석렬 2016)에서도 당시의 왜·가야 연합군의 침입로를 잘 알 수 있다. 즉 왜가 고 김해만을 통하여 삽량성인 양산을 거쳐 경주로 침공한 것이다.

김해 봉황동토성의 남쪽에서 발견된 선박의 부재는 현측재舷側材로서 선 길이는 약 15m로 복원되며, 재질은 일본열도산 녹나무로 확인되었다. 일본열도의 하니와埴輪에 보이는 준구조선으로 왜의 선박이 금관가야에 기항寄港하였음을 알 수 있게 한다. 이는 왕성인 봉황토성이 왜의 기항지이었으며 정치적 교섭과 경제적 교역의 거점임을 보여 준다. 왜가 400년 광개토왕비의 경자년조에 보이며 봉황토성으로 비정되는 임나가라 종발성으로 후퇴한 이유이기도 하다.

한편 이 시기 광개토왕비에 보이는 왜倭에 대해 기나이畿內세력으로 보지 않고 한반도 남부의 세력, 또는 일본열도의 지역세력으로 보는 견해도 있으나, 현해탄의 고도孤島인 후쿠오카현福岡縣 오키노시마沖の島제사유적에서 돌연 출현하는 벽옥제 석제품과 삼각연신수경三角緣神獸鏡을 비롯한 문물과 대성동고분군의 기나이畿內산 문물로 볼 때 나라奈良북부의 왜왕권을 주축으로 하는 세력이 분명하다. 특히 오키노시마沖の島유적 출토 기나이畿內산 문물은 왜의 항해 안전과 전승을 기원하는 제사에 사용된 것으로 보인다.

금관가야는 고구려·신라의 남진정책에 대항하기 위해 왜倭와의 동맹관계를 이용한 것으로 추정된다. 이 시기 왜倭가 동원된 배경은 복합적이지만 그 가운데에는 금관가야의 관계망 속에 포함되어 있던 동래지역 즉 복천동세력에 가해지는 신라의 영향력 증대와 이와 함께 가해지는 압박에 대한 금관가야의 적극적인 대응과 공세가 직접적인 원인이라 생각된다. 그 배후에는 4세기 후엽부터 고구려와 전쟁해 온 백제의 의도가 있었던 것으로 보인다. 한편 왜의 신흥세력으로 등장한 나라奈良 북부세력은 금관가야와의 제휴를 통하여 군사력을 제공하는 대신 위세품과 철 등의 필수물자를 확보함으로써 일본열도 내에서 주도권을 획득한 것으로 생각된다.

3 아라가야阿羅加耶와 왜倭

아라가야의 중심지인 함안지역은 낙동강과 남강이 합류하는 지점의 남쪽에 위치하여 남강, 낙동강과 남해안을 통해 가야 전 지역으로 연결되는 교통의 요충이다. 특히 함안 분지에서 남쪽으로 나 있는 곡간 통로를 따라 내려가면 남해안의 진동만에 접한다.

함안군 우거리요 출토 이 지역산 승석문호는 기벽이 매우 얇고 고화도로 소성한 것이 특징이다. 동부의 함몰된 동부, 다원형의 구연부와 동부 측면의 중첩

소성흔으로 볼 때 옆으로 뉘인 채로 구운 것으로 파악된다. 더욱이 이 승석문호는 같은 시기의 창녕군 여초리요, 대구시 신당동요, 경산시 옥산동요 등에서 보이지 않는 특수한 도부호陶符號가 시문된 경우가 많아 그 식별이 아주 용이하다.

3세기 후반 함안지역에서 생산된 아라가야양식의 공자형고배, 통형고배, 노형기대, 승석문호는 3세기부터 4세기 후반까지 남강과 황강수계, 낙동강상류역을 포함하는 광역분포권을 형성하며 금강수계의 공주시 남산리고분군, 천안시 두정동, 청주시 봉명동 등의 백제지역과 고성군 송학동고분군, 여수시 고락산성, 여수시 장도, 순천시 횡전면 등의 남해안 일대에서 출토된다.

이와 같이 함안지역산 토기가 가야 신라지역의 수장묘와 낙동강수계, 남강수계, 황강수계와 남해안일대의 교통로에 연한 거점 취락에 주로 이입되는 것은 아라가야를 중심으로 한 지역 간 경제적인 관계망뿐만 아니라 수장 간의 정치적인 관계를 분명히 반영하는 것으로 본다. 아라가야를 중심으로 한 관계망의 성립은 4~5세기 이 지역의 고분에서 철정과 이를 가공한 유자이기가 다수 출토되는 것에서 철생산과 지리적인 이점을 살린 유통을 배경으로 하는 것으로 추정된다.

더욱이 승석문양이부타날호를 중심으로 한 아라가야양식 토기가 나가사키현長崎縣 다이쇼군야마大將軍山고분, 하루노츠지原の辻유적, 후쿠오카현福岡縣 미쿠모三雲유적, 히가시시모다東下田유적, 니시신마치西新町유적, 돗토리현鳥取縣 아오기이나바青木稻場유적, 에히메현愛媛縣 사루카다니猿ヶ谷2호분 분구, 후나카다니船ヶ谷유적, 가가와현香川縣 미야야마宮山요, 교토부京都府 시가이市街유적 등에서 확인된다. 이는 금관가야양식 토기가 일본열도에서 주로 기나이畿內와 도카이東海지방에 주로 출토되는 것과 대비되는 것으로, 이 시기 금관가야와 더불어 가야전기의 중심국인 아라가야도 일본열도와의 교류의 중심이었음을 보여 준다. 이와 관련하여 거제시 아주동鵝洲洞 취락유적이 주목된다. 이 유적에서는 호남지역에 보이는 4주식四柱式 주거지 내에서 아라가야양식 승석문호, 고배와 함께 다수의 하지키土師器가 출토되었다. 그래서 아라가야가 교통의 요충인 거제도에 교역 거점 즉 항시港市를 형성하였으며, 이곳에 마한인, 왜인이 거주하였음을 알 수 있다(정선운 2022). 이는 일본열도 출토 아라가야양식 토기의 존재와 함께 아라가야가 가야 전기 금관가야와 함께 왜와의 교류의 중심축이었음을 방증하는 것이다(7-3).

5세기 전엽 일본열도에서 확인된 가장 이른 스에키요인 오사카부大阪府 오바데라大庭寺유적에 이어 시코쿠四國지방에서도 초기 스에키요의 조업이 개시된다. 시코쿠지방의 초기 스에키 가마인 가가와현香川縣 미야야마宮山요, 미타니사부로이케三谷三郎池요에서는 통형 각부에 능형 혹은 원형의 투공을 가진 통형고배가 출토되고 같은 시코쿠四國의 에히메현 사루카다니猿ヶ谷2호분과 후나카다니船ヶ谷유적에서 집중적으로 아라가야양식 토기가 출토되어 이 지역 초기 스에키 생산 공인은 함안지역의 공인일 가능성이 크다. 더욱이 교토부京都府 우지시가이宇治市街유적 출토 389년을 전후한 시기의 초기 스에키는, 발형기대가 소형인 점과 시문된 삼각거치문이 함안군 오곡리3호분, 마갑총 출토품과 유사한 점에서 기나이畿內지역에서 아라가야계의 공인이 제작한 것으로 본다(7-4).

일본열도에 이입된 아라가야 문물은 5세기 전엽 가가와현香川縣 미야야마宮山요, 미타니사부로이케三谷三郎池요에서 보이는 바와 같은 새로운 토기인 회청색경질토기를 제작하는 제도製陶기술을 들 수 있다. 그리고 나라현奈良縣 신토新堂유적에서는 유로에서 화염형투창고배가 송풍관, 노재爐滓, 철재鐵滓, 시루 등의 한식계토기와 함께 출토된 것에서 이 시기 일본열도에 아라가야로부터 철기제작 공인이 이주한 것으로 본다. 이러한 점에서 5세기 전엽 아라가야의 제도, 철기제작 기술이 일본열도에 이입된 것으로 본다.

7-3 아라가야阿羅加耶의 항시港市(거제시巨濟市 아주동鵝洲洞 취락유적聚落遺蹟)

7-4 교토부京都府 시가이市街유적 출토出土 아라가야양식阿羅加耶樣式 토기土器

아라가야양식 토기의 광역분포권은 그 세력이 남강하구에서 수계를 거슬러 올라가 금강상류를 통해 백제지역과 교섭함과 동시에 일본열도와도 활발히 교섭하였음을 보여 준다. 이처럼 아라가야 세력은 내륙교역의 회랑과 같은 남강수계를 통해 금강유역과 남해를 연결, 백제와 왜를 중계하는 역할을 한 것으로 본다.

그러나 4세기 말 오사카에서 개시된 일본 열도의 본격적인 회청색 경질토기 생산이 금관가야계 공인에 의해 주도된 점, 양동리, 대성동고분군 출토 중국·일본열도산 문물로 볼 때 아라가야세력에 의한 대외교섭의 중심적인 역할은 인정되지 않는다.

한편 금관가야양식 토기가 낙동강하류역에 분포가 한정되고 일본열도에서도 주로 오사카大阪을 중심으로 한 긴키近畿지역에 주로 출토되는 것과 아라가야의 독자적인 관계망과 대왜교섭으로 볼 때, 금관가야를 중심으로 한 대왜교섭의 독점과 이를 기반으로 한 단일 연맹체설과 금관가야 절대우위론은 성립될 수 없다. 또한 금관가야와 왜 왕권과의 중심지 간 교섭 외에 각 지역간 교섭이 어느 정도 성행한 것으로 파악된다. 이와 관련하여 4세기 말에서 5세기 초 일본열도에서 초기 스에키의 생산이 다원적으로 개시되었고 더욱이 각 지역마다 가야의 다른 지역으로부터 공인을 초빙하여 각각 생산한 점이 주목된다. 즉 금관가야권역에서 주로 공인을 초빙한 왜왕권과는 달리, 독자적으로 각 지역의 호족, 즉 규슈九州지방의 호족은 소가야, 시코쿠四國 지방의 호족은 아라가야에서 초기 스에키의 공인을 초빙한 것이다. 따라서 4세기대에 이어 5세기 전반까지도 왜왕권이 각 지역의 호족세력들의 독자적인 교섭 활동을 통제하지 못한 것으로 파악된다.

아라가야는『일본서기』의 이른바 임나일본부의 실체로 보이는 안라왜신관安羅倭臣館이 설치되고 임나부흥회의에서도 주도적인 위치를 점하고 있는 것에서 대가야와 함께 여전히 가야 후기의 중심국으로 대왜 교섭에서도 중요한 위치를 차지하는 것으로 파악되어 왔다.

그럼에도 6세기대에는 지역 간 교류를 민감히 반영하는 아라가야양식 토기가 일본열도에 이입되지 않고 또 이전 시기부터 이 지역에 이입된 왜의 문물도 말이산(경)13호묘의 삼각판혁결판갑, 말이산4호분의 직호문녹각제도장구直弧文鹿角製刀裝具, 말이산13호분의 직호문녹각제도장구直弧文鹿角製刀裝具가 출토된 것에 불과하여 고고자료와 문헌사료 간의 큰 차이를 보이고 있다. 이는 당시 가야의 중심국이었던 대가야를 견제하려는 백제의 의도로 한시적으로 아라가야에 안라왜신관이 설치되고 이른바 임나부흥회의가 개최된 것에 기인한다. 또 그 시기가 이미 가야 멸망이 임박한 530년대 이후인 것에 원인이 있을 것이다.

4 소가야小加耶와 왜倭

소가야의 중심지인 고성지역은 남해안 해상교통의 요충지인 반도를 중심으로 북서쪽으로 나아가면 사천을 거쳐서 남강중유역의 진주에 접한다. 동쪽으로 나아가면 당항만을 거쳐 진동만, 마산만, 고 김해만에 달하고, 또 연안항로를 따라 나아가 거제도를 거치면 곧바로 쓰시마對馬에 도달한다. 그래서 이 지역은 김해지역을 거치지 않고 일본열도로 나아갈 수 있는 교통의 요충지라 할 수 있다. 이는 고성에 인접하여 초기철기시대 일본열도 북부 규슈九州의 이주민이 거주한 남해안의 무역 거점인 늑도유적이 위치하는 것에서도 잘 알 수 있다.

5세기 소가야의 성장은 고구려 남정 이후 대왜 교섭의 중심이던 금관가야가 쇠퇴하고 남해안일대와 내륙지역에서의 아라가야를 중심으로 한 관계망이 해체하기 시작한 것을 배경으로 한다. 즉 소가야의 성장은 고성지역을 중심으로 한 광역 관계망이 아라가야를 대신하여 남강상류역, 황강상류역, 섬진강수계, 남해안일대에 형성되는 5세기 초를 전후한 시기로 본다.

소가야권역에 속하는 덕동만에 면한 창원시 현동고분군에서는 4세기대에는 함안 아라가야양식 토기가 부장되다가 5세기 전엽부터 5세기 말까지 고성 소가야양식 토기가 부장된다. 그런데 흥미로운 것은 이 고분군에서 소형묘임에도 불구하고 철정이 탁월하게 부장된 점과 철소재인 철정鐵鋌의 형태가 시기에 따라 달라진다는 것이다.

즉 4세기 전반과 후반 현동76호묘과 35호묘 출토 철정은 4세기 금관가야의 대성동고분군 출토품과 유사한 좌우 대칭형 철정인 데 반해, 5세기 전엽 103호묘, 5세기 중엽 115호묘, 5세기 후엽 6호석곽묘 출토품은 좌우 비대칭형 철정으로 경주형 철정으로 추정된다. 이와 유사한 형태의 철정이 5세기 중엽 창녕군 계남리1호분에서 보여 주목된다. 또 이 고분군을 비롯하여 마산만에 면한 창원지역에는 다수의 비화가야양식 토기가 이입되고 또한 현지에서 모방 제작된다. 비화가야양식 토기는 남해안의 고성에 인접한 통영 남평리고분군에서도 다수 확인된다.

5세기 중엽 현동고분군의 수장묘로 생각되는 (창)64호석곽묘에서는 비화가야양식토기가 다수 부장되었으나, 이와 함께 소가야양식 발형기대가 2점 수평구연호와 조합을 이루어 출토되어 주목된다. 또한 발형기대와 함께 소가야권에 주로 부장되는 철제 장검이 부장되어 피장자의 귀속성을 상징한다. 이 고분에서는 비화가야를 중개로 수입된 철소재인 철정鐵鋌이 10점이 출토되었다.

소가야권에 속하는 (동)현동103호묘에서는 신라산 철정과 비화가야, 소가야양식 토기가 공반되어 출토되었다(7-5). 이런 경향으로 볼 때 소가야와 비화가야의 교역 창구를 담당한 것은 마산만일대의 세력으로 본다. 이는 마산만에서 합성동고분군이 소재하는 팔령산을 지나 북향하면 낙동강을 통하여

7-5 창원시昌原市 현동縣洞103호묘號墓 출토出土 신라산新羅産 철정鐵鋌과 소가야小加耶, 비화가야非火加耶, 아라가야阿羅加耶 토기土器

비화가야와 연결되기 때문이다. 이 통로상의 창원 북면 외감리고분군에서는 창녕양식 발형기대와 고배 개蓋가 확인되는 점도 이를 뒷받침한다. 북면을 지나 올라가면 낙동강과 합류하는 청도천 하구에 달한다. 청도천 수계는 비화가야에 속하는 지역으로 창녕양식 토기가 대량 출토된 청도 성곡리고분군 등이 위치한다. 청도천 수계에는 토기요지가 다수 확인되어 창녕산 토기는 청도천 수계를 통하여 인근 대산만과 같이 만을 형성한 북일면 일대를 통하여 마산만 일대로 이입된 것으로 보인다.

소가야는 4세기대에는 금관가야산 철소재를 수입하였으나, 5세기 이후에는 비화가야를 중계로 신라산 철소재를 수입한 것으로 볼 수 있다. 4세기 금관가야의 철을 수입하여 교역하였으며 그 상대는 남해안과 서해안에 면한 영산강유역에서 좌우 대칭형 철정이 보이는 점에서 구 마한세력이었던 것으로 보인다. 그 후 400년 고구려 남정의 영향으로 금관가야를 중심으로 한 철의 교역 시장이 붕괴되자 비화가야를 매개로 신라의 철소재를 수입하여 영산강유역을 포함한 남해안 일대에 교역하였을 가능성이 크다. 이는 양 지역의 묘제가 선분구형인 점과 영산강유역에서 소가야양식 토기가 다수 이입되는 점에서 그러하다. 또한 비화가야양식 토기가 남해안을 따라 이입되고 해남군 일평리에서는 다수 출토된 점도 이와 관련된 것으로 본다.

5세기 초 소가야가 대두하는 것이 토기양식에서 확인된다. 이 시기 소가야양식 토기가 아라가야양식을 교체하듯이 남강중상류역, 황강중상류역과 남해안에 걸쳐서 유통되고 또한 금강수계의 백제지역으로 통하는 교통로와 남해안에 출현한다.

그런데 일본열도에서 소가야양식토기가 이입되고 제작되어 주목된다. 나가사키현長崎縣 고후노사에コフノサエ유적, 도우토고야마トウトゴ山유적, 미시마箕島고분군, 오이다현大分縣 후나오카야마船岡山유적 출토 삼각형투창고배는 소가야양식으로 경남서부지역에서 이입된 것이다.

5세기 전엽 후쿠오카현福岡縣 고데라古寺고분군, 이케노우에池の上고분군에서는 삼각투창고배와 함께 수평구연호, 발형기대, 유공광구소호가 출토되었

다. 고배의 삼각투창, 호의 수평구연에 가까운 구연부 처리와 동하부의 타날, 유공광구소호의 경부 돌대와 발형기대의 파상문 형태 등으로 보아 소가야양식 토기와 유사하다. 이러한 토기는 형식과 기종의 구성에서 소가야양식으로 파악되나 세부형태가 다른 점에서 후쿠오카현 아사쿠라朝倉요산으로 본다. 그런데 오사카부大阪府 오바데라大庭寺유적과 달리 소가야양식과 세부적인 차이가 보이는 이유는 이러한 토기가 1세대 공인에 의해 생산된 것이 아니라, 오사카부 스에무라TK73형식과 같이 2세대 공인에 의해 제작된 것이기 때문이다. 장차 아사쿠라지역을 포함한 규슈지역에서 오바데라유적과 같은 조업 개시기 가마의 발견이 기대된다.

5세기 전반 시코쿠四國지방의 에히메현愛媛縣에서 소가야의 활동이 확인된다. 이치바미나미구미市場南組유적에서는 후쿠오카현 고쿠마小隈유적 등의 아사쿠라朝倉가마와 같이 소가야계 공인이 이주하여 조업한 것이 확인된다. 이는 인접한 돈다바라土壇原고분군에서 후쿠오카현 이케노우에池の上고분군과 고사古寺고분군과 같이 5세기 일본열도에서 찾아보기 어려운 매장주체부 내에서 토기가 부장되기 때문이다. 즉 이치바미나미구미市場南組유적에서 제작된 초기 스에키가 부장되어 토기가 부장되는 것은 망자에게 음식물을 토기에 넣어 공헌하는 한반도 남부의 묘제를 따른 것으로, 이 고분군의 피장자는 소가야계 토기 공인 집단일 가능성이 크다.

가고시마현鹿兒島縣 진료神領10호분 출토 통형기대와 발형기대는 소가야양식 토기이나 시코쿠四國지방의 이치바미나미구미市場南組가마에서 제작된 것으로 파악된다. 미야자키현宮崎縣 치쿠이케築池횡혈묘 출토 통형기대도 소가야양식으로 같은 가마에서 제작된 것으로 보고 있다. 그 외 오카야마현岡山縣 츠데라津寺유적, 효고현 니시오카모토西岡本유적 등 넓은 범위에서 출토되는 것이 특징이다.

소가야양식 토기는 나가사키현長崎縣 쓰시마對馬에 집중하고, 후쿠오카현福岡縣 아사쿠라朝倉요와 에히메현愛媛縣 이치바미나미쿠미市場南組요의 초기 스에키須惠器요의 공인은 출토 삼각투창고배와 수평구연호, 발형기대, 유공광구소호, 기대가 소가야양식인 점에서 고성지역에서 이주한 공인일 가능성이 크다.

소가야는 아라가야를 대신하여 남강과 금강수계를 통하여 백제지역과의 교섭을 하였을 뿐만 아니라 백제와 일본열도와의 중계교역 활동을 한 것으로 추정된다.

6세기 전엽에 조영된 소가야의 왕묘인 송학동1호분은 종래 전방후원분으로 추정되어왔다. 발굴 결과 3기의 고분이 접합된 것으로 확인되었다. 1호분은 A호분이 가장 먼저 축조된 후 B호분이, 마지막에 C호분이 축조되었다. 그런데 A호분과 C호분은 현지의 소가야식 수혈식석곽과 횡혈식석실을 묘제로 하고 있으나 전방부로 파악되어 온 곳에 조영된 B호고분은 석실 내에 목제선반, 주칠, 문주석, 문지방석, 판석폐쇄의 특징으로 볼 때 일본열도의 횡혈식석실을 매장주체부로 하는 것으로 판단된다(7-6). 더욱이 이 고분에서는 일본열도산 스에키須惠器가 다수 출토되어 그 피장자는 왜와 밀접한 관계에 있었던 것으로 추정된다.

그 외 고성 주변에는 일제강점기에 출토된 진주시 중안동고분군의 육수경六獸鏡, 의령군 천곡리21호분의 스에키須惠器 제병提瓶, 고성군 내산리고분군의 스에키로 추정되는 유공광구소호, 사천시의 선진리고분, 거제군의 장목고분 등에 왜계문물과 고분이 분포한다.

그런데 고성일대의 왜계 문물에 주목하여 가야 후기 소가야를 대왜 교섭의 주체로 파악하려는 견해가 있다(趙榮齊 2004). 이와 같이 경남 서부지역의 왜계 문물에만 주목하여 대가야를 배제하고 소가야를 대왜 교섭의 주체로 파악하려는 주장은 영산강유역에 전방후원분을 비롯한 왜계문물이 집중하는 것에

7-6 고성군固城郡 송학동1호분松鶴洞1號墳과 출토出土 유물遺物

만 주목하여 백제를 배제하고 재지세력을 대왜 교섭의 주체로 파악하는 입장과 근본적으로 동일하다.

그러나 가야후기인 6세기 전엽 소가야의 대왜 교섭에서의 중심적인 역할은 고고자료와 문헌사료에서 인정되지 않는다. 즉 소가야의 대왜 교류의 전성기는 앞에서 살펴본 바와 같이 소가야 양식토기가 경남 서부지역과 전남 해안지역에 분포하고 규슈지역에 반입되는 것은 5세기 전반이다. 한편 6세기 전엽에는 소가야양식 토기의 분포권이 고성과 사천 일대로 국한되고, 문헌에서 소가야로 비정되는 고자국은 이른바 임나부흥회의의 하위 구성국에 불과하기 때문이다. 그리고 이 시기 소가야권에서 출토되는 왜계 문물과 대가야와의 관련이 주목된다.

이 시기 수장묘역인 송학동고분군과 인접한 율대리고분군, 산청군 중촌리고분군, 진주시 옥봉 수정봉고분군에서 대가야양식 토기가 일방적으로 집중 반입되는 공통적인 현상은 이 시기 대가야와 소가야의 상하관계를 추정하게 한다. 그리고 남강 중류역의 교통의 결절점에 위치한 산청군 생초고분군에서는 구릉 사면에 조영된 일반성원묘인 9호묘에서는 대가야양식 토기와 함께 스에키須惠器와 주문경이 출토되었다. 이 고분은 지산동45호분 단계의 대가야양식 토기와 MT15형식과 TK10형식의 스에키가 출토되어 6세기 초 이후로 파악된다. 이와 관련하여 고령군 지산동44호분 단계인 5세기 말 M13호분에서 대가야의 주부곽식 묘제와 대가야양식 토기가 다수 출토되어, 산청 생초지역이 이미 5세기 후반 대가야권에 편입된 것과 그 이후 9호묘의 왜계문물이 대가야와의 관계망을 통하여 반입된 것을 알 수 있게 되었다. 또 의령군 천곡리21호분의 스에키 제병提甁은 천곡리고분군에 인접한 수장묘역인 합천군 삼가고분군에서 대가야양식 토기가 집중 출토되어 생초지역과 같은 맥락에서 스에키가 반입된 것으로 추정된다. 따라서 송학동1호분 B호고분의 부장토기 중 다수가 대가야양식 토기인 점을 고려할 때 그 피장자는 대가야왕권과 연계된 왜인일 가능성이 크다.

이와 같이 대가야와 소가야를 연결하는 남강수계의 산청군 생초고분군과 의령군 천곡리고분군에서 대가야양식 토기와 함께 일본열도산 스에키가 출토되고 일본열도에서 대가야양식 토기와 소가야양식 토기가 공반되어 반입된 것에서 대가야가 일본열도와의 교섭에 소가야의 항구를 이용한 것으로 파악된다. 이는 6세기 전엽 일본서기의 임나사현任那四縣, 대사帶沙, 기문己汶지역 사건에서 알 수 있는 바와 같이 대가야가 대외 교통로로 사용하여 온 섬진강로가 백제에 의해 사용할 수 없게 된 것과 관련된 것으로 파악된다.

5 비화가야比火加耶와 왜倭

창녕지역은 동쪽으로는 비슬산과 연한 화왕산, 관룡산, 영취산과 같은 높은 산지와 면해 있으며 북쪽으로는 나지막한 산지를 경계로 현풍지역, 서북쪽으로는 낙동강과 합류하는 회천하구를 마주보면서 고령지역, 서쪽으로는 황강하구를 마주보면서 합천지역, 서남쪽으로는 남강하구를 마주보면서 의령지역, 남쪽으로는 낙동강을 경계로 함안지역과 접하고 있는 분지상에 위치하고 있다. 창녕지역에서는 낙동강 수계를 따라 남하하면 고 김해만, 창원 북면을 따라 내려가면 마산만, 남강 수계로 나아가 남하하면 사천만에 도달한다.

창녕지역의 낙동강을 통한 수로활동이 활발하였음이 남쪽 낙동강에 면한 신석기시대 남쪽의 비봉리유적에서 환목주丸木舟가 출토된 것에서도 알 수 있다. 비봉리유적에서는 해수성 조개가 출토되어 해수의 영향이 이 지역까지 미친 것으로 판명되었다.

그간 창녕지역은 4세기 후엽 신라에 복속된 것으로 주장되어 왔다. 그러나 지형이 신라와는 높고 험준한 산지를 경계로 하고 있으나 가야와는 낙동강을 마주 보고 열려 있는 점이 주목된다. 이는 신라에 일찍 복속된 포항, 영천, 경산, 대구, 울산의 지형과는 매우 다르다. 즉, 이러한 지역은 경주지역과 낮은 산지 사이의 곡간 통로로 연결되어 있어 신라가 공략하고 영향력을 행사하기 쉬운 곳이지만, 창녕지역은 그와 다른 지형상의 특징을 지니고 있다.

5세기 초 광개토왕비의 경자년(400)에 보이는 남정 이후 금관가야는 쇠퇴하며 아라가야도 일시 쇠퇴한다. 한편 고구려와의 전쟁에서 전화戰禍를 입지 않은 남해안의 소가야와 내륙의 대가야가 대두한다.

그런데 그간 주목하지 못했으나 5세기 초를 전후하여 비화가야가 두각을 나타낸다. 왜냐하면 비화가야산 토기가 이 시기 김해시 대성동고분군의 금관가야 왕묘, 합천군 옥전고분군의 다라국 왕묘, 의령군 유곡리고분군 등의 각 지역 수장묘에 출현하기 때문이다.

4~5세기 전반의 중심지는 창녕 남부의 계성천 일대이다. 이 지구의 중심인 계남리고분군은 봉분 직경 20m 이상 되는 대형분 10여 기를 중심으로 조영되었다.

계성리유적은 계성천을 사이에 두고 계남리고분군의 북서쪽에 위치한다. 이 유적의 주변에는 화왕산에서 발원한 계성천이 구현산(서)과 영취산(동) 사이의 좁은 곡간부를 따라 계성면을 가로질러 낙동강으로 이어진다. 삼국시대 수혈주거지는 25동이 확인되었다.

삼국시대 수혈주거지의 배치양상은 일정 간격을 두고 중복관계 없이 조성되었으며 모두 화재의 흔적이 조사되었다. 평면형태는 모두 방형의 4주식四柱式이다. 내부시설로는 사주식 주혈, 부뚜막, 노지, 벽구, 외부돌출구 등이 조사되었는데 외부돌출구에서는 의례와 관련된 유물매납 행위가 조사되었다. 한편, 주거지와 인접하여 토기가마가 1기 조사되었다. 출토유물은 옹, 완, 주구토기, 시루 등의 연질토기가 주류를 이루며, 고배, 파배, 광구 소호, 소형기대, 발형기대, 단경호, 이중구연호, 대호 등이 출토되었다. 봉화골 I 지구9호수혈주거지에서 2점의 철정이 출토되었다.

이 유적에서는 다음과 같은 점이 주목된다. 주거지의 평면형태가 방형이며 모서리에 지붕 서까래를 받치던 기둥을 하나씩 4개를 박은 4주식四柱式 주거지는 영남지역과는 평면형태와 기둥의 배치가 다르며 주거지 내부를 따라 파여진 배수시설이 외부로 이어지는 호남지역의 마한계인 점이다(유병록 2013:92-93). 그리고 출토된 토기 가운데 취사에 사용된 시루, 주둥이가 튀어나온 주구토기, 바닥이 편녕하고 낮은 완, 격자타날된 장동옹 등은 마한지역양식인 점이다. 더욱이 봉화골 I 지구8호수혈주거지 출토품은 대형복합구연호는 서부 세토우치瀨內海계 또는 기나이畿內계 토기로 파악되고 있는 점이다(井上主稅 2008).

이 유적에서는 호남지역에 보이는 4주식 주거지에서 철정, 마한계 토기와 일본열도계 하지키가 출토되어 주목된다. 이 유적은 철소재의 교역과 관련하여 마한, 왜인이 거주한 국제적인 교역 취락으로 파악된다. 인접한 곳에 계성고분군이 위치하는 점에서 이 고분군 축조집단과 관련된 취락으로 본다. 그리고 이 유적은 거제시 아주동유적과 같은 항시港市로 파악된다(정선운 2022).

계성리유적으로 볼 때 비화가야와 왜는 4세기 후반에 이미 낙동강을 통하여 교류한 것을 알 수 있다.

5세기 전반 창원시 덕동만에 면한 현동고분군에서는 지속적으로 비화가야양식 토기가 이입되며 5세기 전엽 105호묘, 5세기 중엽 115호묘, 5세기 후엽 6호석곽묘에서 좌우 비대칭형인 경주형 철정이 이입된다. 이와 유사한 형태의 철정이 5세기 중엽 창녕군 계남리1·2·3호분에 보이고 있으며, 이 고분군을 비롯하여 마산만에 면한 창원지역에는 다수의 비화가야양식 토기가 이입되고 현지에서 모방 제작된다. 이러한 점에서 비화가야는 신라의 철소재를 수입하여 소가야와 교역한 것을 알 수 있다.

5세기 전엽 통영 남평리고분군에서는 소가야식 다곽분이 축조된다. 10호분은 원형의 주구 내에 4기의 목곽이 조영되었으며 소가야양식 토기와 함께 비화가야양식 토기가 확인되었다. 또한 비화가야양식 토기가 소가야양식 토기와 같이 해남지역에 걸친 남해안 일대 전역에 출토되는 것이 주목된다. 양자는 비화가야양식 토기가 창원시 현동64호묘, 합성동77호묘, 석동고분군, 통영 남평리고분군 등에서 소가야양식 토기와 공반된다. 이는 비화가야가 낙동강중하류역을 중심으로 활동하고 한편 소가야가 남해안을 중심으로 활동하는 것에서 양자는 상호 보완적인 관계로 본다.

더욱이 5세기 전반 일본열도에는 비화가야양식 토기가 다수 이입된다.

먼저 현해탄에 면한 나가사키현長崎縣 쓰시마對馬島에 집중 이입된다. 미시마箕島고분군, 고후노사에コフノサエ고분군, 에비스야마惠比須山고분군에서는 소가야양식 토기와 공반되는 점에서 소가야와 비화가야가 일본열도와의 교역에 공동으로 참여하였음을 알 수 있다.

그런데 비화가야양식 토기가 돗토리현鳥取縣 나가세다카하마長瀨高浜유적, 시마네현島根縣 미다카타니弥陀ヶ谷유적, 이주모코쿠후出雲國府유적, 교토부京都府 나구오카키타奈具岡北1호분, 니이카다현新潟縣 미야노이리宮ノ入유적 등 동해에 연하여 출토되는 점이 주목된다. 이를 통해 비화가야와 왜의 교역에 동해가 주된 교역로였음을 알 수 있다.

5세기 전엽 동해에 면한 교토부京都部 나구오카키타奈具岡北1호분은 분구 길이 60m의 전방후원분이며, 이 고분에서는 고배高杯와 개蓋 이외 발형기대鉢形器臺가 출토되어 주목된다. 이는 전방후원분인 점과 수장묘에 부장되는 발형기대가 이입되었기 때문이다. 비화가야와의 왜의 동해에 연한 교역로의 중요 거점이 교토부 북쪽 동해에 면한 단코丹後지역임을 알 수 있다. 단코丹後지역에서는 같은 시기 나구오카키나奈具岡北1호분에 인접하여 신메이야마神明山

고분이 위치한다. 이 고분은 동해를 조망할 수 있는 석호潟湖에 면한 구릉상에 위치한다(7-7). 이 고분은 길이 190m의 대형 전방후원분으로 하니와埴輪을 돌렸다. 그런데 하니와埴輪는 원통형을 비롯해 가형·방패형·삿갓형 등의 형상하니와가 있으며, 특히 그 가운데에는 배를 탄 인물이 그려져 있는 하니와가 있어 흥미롭다. 이 고분은 동해에 면한 고분 가운데 단고지역의 아미노쵸시야마고분網野銚子山古墳과 함께 초대형분이다. 이 고분은 주형舟形 선각線刻 하니와埴輪와 함께 인접한 나구오카키타奈具岡北1호분 출토품을 통하여 알 수 있듯이 석호潟湖를 항구港口로 동해를 통한 한반도와의 교역을 배경으로 성립했던 것으로 추정된다.

특히 이 고분의 피장자가 석호潟湖를 항구로 동해를 통해 한반도 남부 특히 비화가야와 교류하였을 가능성이 크다. 이는 비화가야의 송현동7호분에서 녹나무제楠製 주형舟形 목관이 확인된 것에서도 알 수 있다. 녹나무제 선재船材를 목관으로 사용한 것으로 낙동강을 이용한 비화가야의 교역활동을 상징하는 것이다. 이 목관은 선재를 목관으로 전용轉用한 점에서 낙동강을 통하여 일본열도로부터 직접 이입되었을 가능성이 크다(7-8).

오사카부大阪府 노나카野中고분 분구 길이 225m의 대형 전방후원분인 하카야마墓山고분의 배총이다. 이 고분에서는 비화가야양식 5점의 토기와 다수의 신라형 철정이 출토되었다. 이 신라형 철정은 남해안 일대에서 비화가야에 의해 유통된 것이다. 이 고분 주분의 위상으로 볼 때 비화가야가 왜 중추부와의 교역에도 참여한 것을 추정할 수 있다.

한편 비화가야에도 일본열도산 문물이 이입되었다. 교동Ⅱ군3호분 출토 삼각판횡장판병용정결판갑三角版橫長版併用丁結板甲은 교토부京都府 우지후다코야마宇治二子山고분 출토품의 사례가 확인되며, 한반도 내에서는 함양군 상백리 출토품과 유사성이 지적되었다(高久健二 1992:259-260).

7-7 교토부京都府 신야야마고분神明山古墳과 출토出土 선형船形 선각線刻 하니와埴輪

7-8 창녕군昌寧郡 송현동7호분松峴洞7號墳 출토出土 일본열도산日本列島産 녹나무제楠製 선재船材 전용목관轉用木棺

비화가야는 철소재인 철정과 토기의 생산 유통으로 볼 때 4세기 후반부터 5세기 전반에 걸쳐 소가야와 연계하여 왜와 교역하였으며 신라와 왜의 교역을 중계하는 역할을 담당한 것을 알 수 있다.

6 대가야大加耶와 왜倭

대가야는 내륙에 위치하고 있으나 5세기 중엽 남강, 섬진강유역으로 진출한다. 5세기 후엽에는 순천시 운평리고분군, 하동군 흥룡리고분군 출토 대가야식 묘제와 토기로 볼 때 대가야는 남강 상류역의 남원 아영지역으로 진출한 후 남하하여 섬진강 하구의 교역항인 하동을 확보함과 동시에 이른바 임나사현에 해당하는 여수, 순천, 광양지역을 확보한 것으로 본다. 즉 하동의 확보만으로는 해상교통의 안전을 보장할 수 없으므로, 대가야는 남해안의 중앙에 위치하고 길게 돌출한 반도상의 지형을 형성한 군사적인 요충인 여수지역을 점유한 것이다. 이로써 하동 즉 대사진과 해상 교통과 군사적 요충인 여수반도를 포함한 임나사현을 확보하고 남해안의 제해권을 장악함으로써, 아라가야와 소가야의 내륙회랑인 남강로뿐만 아니라 양 세력이 활동하던 남해안로를 차단할 수 있게 된 것이다.

479년 대가야에 의한 남제로의 독자적인 견사는 이와 같은 남해안의 해상활동을 기반으로 한 것이다. 게다가 백제와 왜의 교통뿐만 아니라 왜의 중국교통에도 일정한 영향력을 행사할 수 있게 된 것이다.

대가야는 5~6세기 가야 제국 가운데 독자적인 의장의 금공품을 제작한 유일한 국가였다. 특히 고령에서 제작된 금동제 용봉문환두대도, 금제 수식부이식, 금동제 마구는 가야 전역뿐만 아니라 일본열도 전역에 걸쳐 이입되었다.

현재 확인된 대가야산 금공품은 금관 2점, 금동관 5점, 또한 금동제 용봉문환두대도는 49점, 금제 수식부이식은 229점에 달한다. 그 외 금동제 마구도 다수 확인된다. 수백 점에 달하는 화려한 대가야의 금공품은 백제, 신라에 필적하는 독자적인 문화를 상징하는 것이다.

대가야산 금공품의 수량은 신라에는 필적할 수 없으나 백제산 금공품의 수량을 웃돈다. 또한 대가야의 금공품은 신라와 백제와 분명하게 구분되는 독자적인 양식이다. 더욱이 고령에서 성주로 연결되는 금광맥이 존재하고, 현대까지 활발하게 채굴된 점에서 금광의 개발을 통한 금공품 생산과 유통이 대가야 발전의 원동력으로 작용한 것으로 판단된다.

5세기 후반 정치적 지위를 상징하는 위신재인 후쿠이현福井県 니혼마츠야마二本松山고분 출토품을 비롯한 금동관과 일본열도 전역에서 출토되는 금제 수식부이식이 대가야계인 것에서 이 시기 대가야가 왜와의 교섭에서 중심적인 역할을 담당하였다는 것을 알 수 있다. 이 시기 대가야산 이식이 일본열도 전역의 고분에서 출토되었다.

이 시기 일본열도의 유력수장묘인 동일본의 군마현群馬縣 이데후다코야마井出二子山고분, 사이타마현埼玉縣 이나리야마稻荷山고분, 긴키지역의 와카야마현和歌山縣 오타니大谷고분(7-9), 서일본의 구마모토현熊本縣 에타후나야마江田船山고분 등에서 대가야형의 위신재가 부장된다.

그런데 대가야문물이 집중 부장된 구마모토현 에타후나야마고분과 사이타마현埼玉縣 이나리야마고분稻荷山古墳에서는 상감명문대도가 출토되었다. 이와 관련하여 환두環頭 내연內緣에 각목문刻目文이 시문되어 대가야산으로 판단되는 동경박물관 소장의 용문환두대도에도 상감 명문이 시문되어 있어 주목된다. 왜냐하면 이 용문환두대도의 서체書體와 상감기법이 이나리야마고분의 명문철검과 아주 유사하기 때문이다. 또한 창녕군 교동11호분의 명문원두대도도 원두에 시문된 문양이 대가야마구에 보이는 능삼문인 점, 10호분의 용봉문환두대도가 대가야산인 점에서 역시 대가야에서 제작되었을 가능성이 높은 것으로 판단된다. 그리고 상감 명문대도가 출토된 구마모토현 에타후나야마고분에 환두부 내연을 각목문으로 장식한 용문대도를 비롯한 대가야산 문물이 공반되고, 상감 명문대도가 출토된 사이타마현 이나리야마고

7-9 와카야마현和歌山縣 오타니大谷고분

분에서도 마찬가지로 대가야산 문물이 공반되는 점이 주목된다. 이는 대가야에서 문자의 사용이 상당한 수준인 것과, 5세기 후엽의 일본열도 명문대도의 제작에 대가야로부터의 이주 공인工人이 참여한 것을 웅변하는 것으로 본다 (7-10). 그리고 구마모토현熊本縣 에타후나야마江田船山고분 상감대도도 상감기법과 서체가 동경박물관 소장의 용문환두대도와 유사한 점이 지적되었다 (김도영 2022:197).

이와 같이 5세기 후반 일본열도에서는 대가야 공인에 의해 제작된 명문대도가 왜왕권에 의해 각 지역의 호족세력에게 위신재로 분여된 것으로 본다. 그런데 실은 이와 같은 장식대도를 매개로 한 위신재 체계가 금동제 용봉문환두대도와 은장 오각형환두대도와 같은 장식대도를 위신재로 사용하며 다

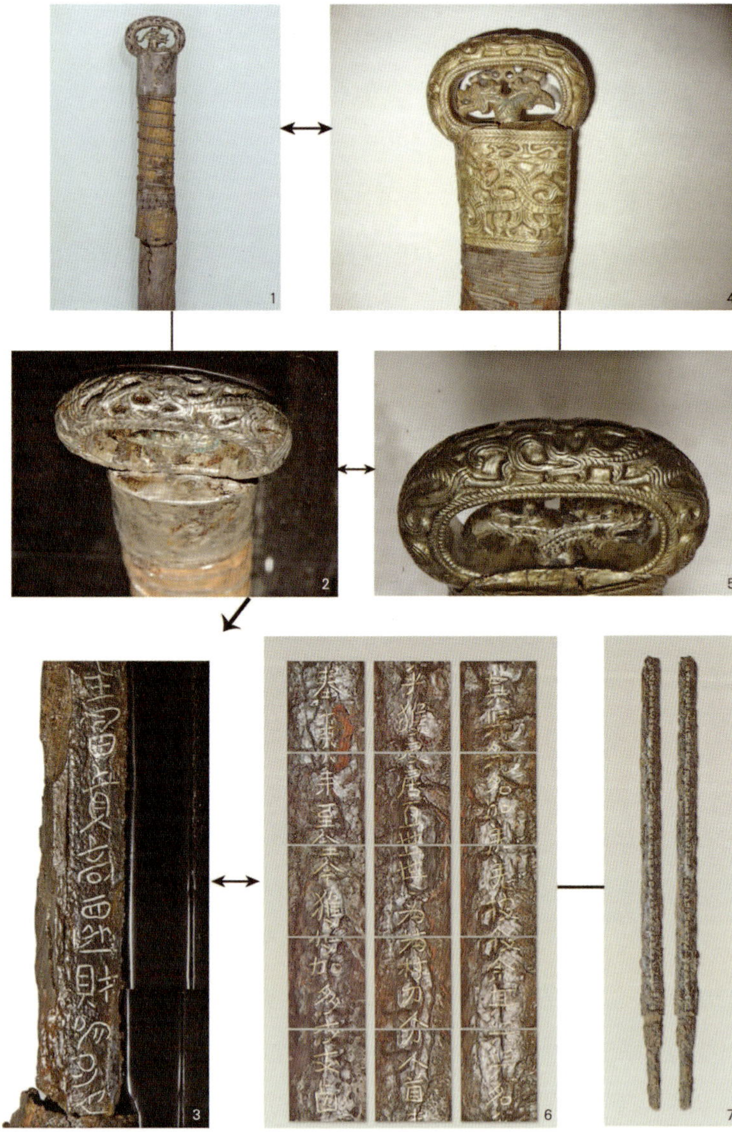

7-10 사이타마현埼玉縣 이나리야마고분稻荷山古墳 출토 철검鐵劍 명문銘文 상감象嵌 공인工人의 계보系譜
1~3. 가야加倻 지역地域 출토품, **4·5.** 합천군陜川郡 옥전玉田M3호분, **6·7**, 사이타마현埼玉縣 이나리야마稻荷山고분古墳

라국을 포함한 그 권역 내를 통제한 대가야의 위신재 체계와 유사한 점이 주목된다. 이는 관冠를 매개로 한 신라와 백제와는 달리 장식대도와 같은 도검을 매개로 한 위신재 체계가 양 지역에 존재하였음을 보여 주며, 왜의 위신재 체계가 대가야와 관련된 점에서 흥미롭다.

이제까지 서일본을 경유하고 그 이입빈도가 낮은 것으로 파악되어 온 동일본에 대가야산 문물이 직접 이입되고 그 빈도가 높은 점이 주목된다. 특히 그 가운데 군마현群馬県 겐자키나가토로니시劍崎長瀞西유적에서는 적석총과 주거지에서 부뚜막, 13호수혈에서는 말의 순장이 확인되고, 주변 10호분에서는 수식부이식과 연질토기가 출토되었다. 수식부이식은 대가야산이며 시루와 옹형토기도 말각 환저의 기형과 격자타날문으로 볼 때 대가야계로 추정된다. 군마현群馬縣 가나이히가시우라金井東裏유적 출토 갑옷을 착장한 1호인골은 이주민의 형질을 갖추고 있으며, 녹각제 자루 도자, 숫돌을 휴대하고 있었다. 1호 인골은 인골의 스트론튬 분석에 의해 나가노현長野縣 이서의 지역에서 유년기를 보낸 것으로 추정되어, 이 인물은 형질적 특징과 녹각제 자루 도자, 휴대용 숫돌로 볼 때 5세기 후반부터 말 사육이 성행한 나가노현長野縣에서 이주한 대가야계 이주민으로 생각된다.

나가노현長野縣 아라이하라新井原12호분의 순장마에 동반한 마구는 합천군 옥전M3호분 출토품과 유사한 대가야산이고, 미야가이토宮垣外유적SM03호분에 부수하는 SK64호수혈의 말과 동반한 f자형경판비와 검릉형행엽, 환형운주도 전형적인 대가야산마구의 조합이다. 나가노현長野縣 아제치畦地1호분에서는 대가야계의 수식부이식이 출토되었다. 치바현千葉縣 오사쿠大作31호분 출토 말에 동반하는 재갈도 전자와 같은 대가야계 마구이다.

이와 같이 동일본에 이입된 한반도 문물의 특징은 대부분 그 계통이 대가야에서 찾을 수 있으며 호쿠리쿠北陸에서 간토關東지역에 걸쳐서 분포한다는 것이다.

특히 대가야 문물이 동해에 면한 호쿠리쿠지방에 연한 교통로에 따라 분포하고 중부지역의 산간 회랑을 통하여 동일본에 유입된다. 또한 대가야계 관이 후쿠이현福井縣 니혼마츠야마二本松山고분 → 도야마현富山縣 아사히나가야마朝日長山고분 → 나가노현長野縣 사쿠라카오카櫻ヶ丘고분 → 도치키현栃木縣 구와桑57호분 등 호쿠리쿠北陸~간토關東지역에 걸쳐서 분포한다. 더욱이 대가야산 수식부이식의 분포권과도 일치하는 것이 주목된다. 수식부이식이 후쿠이현福井縣 니시즈카西塚고분, 무카이야마向山1호분 → 덴진야마天神山7호분 → 이시카와현石川縣 수이사카마루야마吸坂丸山5호분 → 나가노현長野縣 아제치畦地1호분 → 군마현群馬縣 겐자키나가토로니시劒崎長瀞西10호분에서 분포하는 것이다. 이러한 금동제품은 기나이지역이 분포의 중심이 아니고, 또한 기나이에서 동일본으로 가는 교통로상에 분포하지 않는 것에서 일본열도의 중심지인 이를 경유하지 않고 동해를 통해 호쿠리쿠지방을 경유하여 이입되었을 가능성이 높다. 왜냐하면 와카사만若狹灣연안의 후쿠이현福井縣 니혼마츠야마二本松山고분에서는 2점의 관과 덴진야마天神山7호분, 무카이야마向山1호분, 니시즈카西塚고분의 금제 수식부이식, 주젠노모리十善ノ森고분의 마구와 같은 대가야산 금공품이 집중적으로 출토되기 때문이다(7-11).

주젠노모리十善ノ森고분 출토 영부鈴附의 검릉형행엽, 내만다원형 판비 등은 그 형태뿐만 아니라 고령군 지산동44호분 출토 영부 금동제 안교에 부착된 것과 동일한 제작기법의 양이兩耳가 형성된 방울鈴이 부착된 것에서 대가야산이 분명하다(諫早直人·李炫娅 2007:89).

더욱이 마사집단과 관련된 군마현群馬縣 겐자키나가토로니시劒崎長瀞西유적, 나이히가시우라金井東裏유적, 나가노현長野縣의 미조구치노즈카溝口の塚고분, 사쿠라카오카櫻ヶ丘고분에서는 대가야부터 이주한 수장이 존재한 것으로

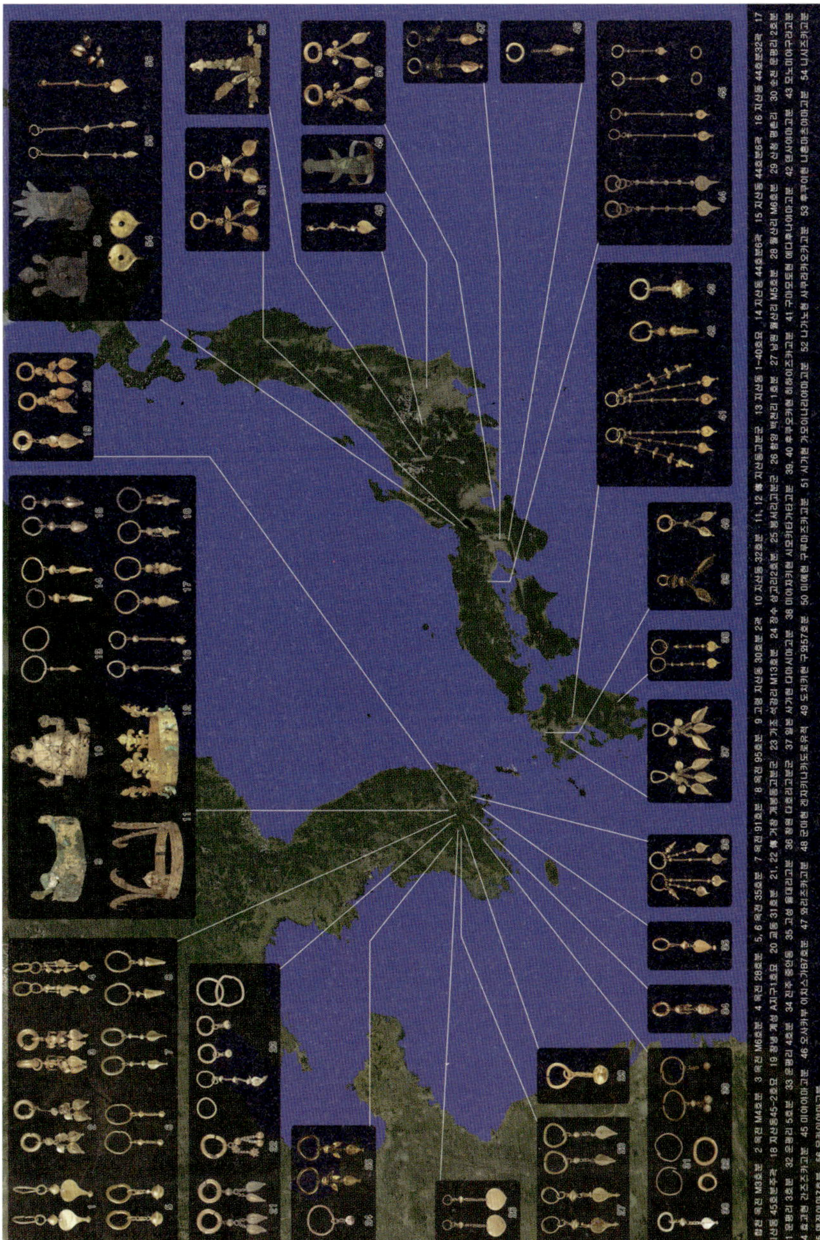

7-11 일본열도日本列島 출토出土 대가야양식大加耶樣式 금공품金工品의 분포分布

파악된다.

그런데 이제까지 호쿠리쿠지방의 한반도계 문물의 이입 배경은 이 지역의 호족세력이 왜 왕권의 한반도 경영에 참가하는 것에 의한 것으로 해석되어 왔다.

이와 관련하여 주목되는 것은 464년 『일본서기』 웅략雄略 8년조 임나왕任那王이 호쿠리쿠지방 와카사若狹의 호족으로 추정되는 가시와테노오미이카루카膳臣斑鳩 등을 보내 고구려를 공격하게 하였다는 기록이다. 즉 여기의 임나왕은 당시의 정황으로 볼 때 대가야 왕이 분명하고 공격의 대상이 고구려라는 점에서, 대가야가 일본열도 호족세력의 군사력을 이용한 것을 보여 준다. 특히 이 지역의 수장묘인 후쿠이현福井縣 니혼마츠야마二本松山고분, 텐진야마天神山7호분, 무카이야마向山1호분, 니시즈카西塚고분, 쥬젠노모리十善ノ森고분 등에서 대가야산 문물이 집중하는 것도 이를 반영하는 것으로 본다.

6세기 전엽 왜계고분은 고령지역에서 남강수계를 거쳐 남해안으로 가는 교통로 상에 집중되는 경향이 뚜렷하다. 선진리고분은 진주에서 가장 근접한 항구인 사천만에 입지하고, 송학동1호분은 남해안 해상교통의 요충인 고성반도의 중심에 위치한다. 경산리1호분이 위치하는 의령 북부지역은 대가야가 낙동강을 따라 남하하는 교통로의 요충이고, 운곡리1호분은 남강하류역의 교통로상에 입지한다.

이 시기 소가야권역의 수장묘역인 송학동고분군과 인접한 율대리고분군, 산청군 중촌리고분군, 진주시 옥봉·수정봉고분군에서 대가야양식 토기와 대가야산 금제 수식부이식이 일방적으로 소가야권역으로 집중 유입되는 것은 이 시기 대가야와 소가야간의 역학관계를 추정하게 한다.

그리고 송학동1호분에서는 1A-6호묘에서 옥전M3호분에 후행하는 5세기말 지산동44호분 단계의 대가야산 검릉형행엽과 f자형판비가 출토되고, 6세기 초의 1A-1호묘에서는 자체적으로 형식 변화한 대형화된 대가야산 검릉형행엽과 f자형판비가 출토되었다. 이와 함께 1-B호석실에 부장된 토기의 다수가 대가야양식 토기인 점을 고려할 때, 그 피장자는 대가야와 관련된 왜인일 가능성이 크다.

6세기 전엽 백제에 의해 임나사현인 여수반도를 상실하고 섬진강 하구의 교역항인 대사帶沙 즉 하동지역을 통한 교통이 어려워진 대가야는 섬진강로를 대신하여 남강로를 선택하고 소가야권역의 각 지역 수장과의 연계를 통하여 진주를 거쳐 남하한 후, 고성만과 사천만과 같은 항구를 확보한 것으로 상정된다.

이 시기 왜계고분인 고성군 송학동1호분B호석실, 의령군 경산리1호분, 의령군 운곡리1호분에서는 대가야양식의 토기와 함께 백제, 신라의 문물이 출토된다. 즉 송학동1호분B호석실에서는 백제와 신라토기, 경산리1호분에서는 신라토기가 부장되고 인접한 2호분에서는 백제 마구, 운곡리1호분에서도 신라토기가 부장되었다. 거제시 장목고분에는 대가야산 팔각형 철모와 함께 대장식구가 부장되었다. 이러한 문물은 영산강유역의 전방후원분에 보이는 대가야계문물과 같이 피장자의 생전 활동을 나타내는 것으로 즉 대가야 왕권하에서 왜, 백제, 신라 교섭에 활약한 왜인의 존재를 상정케 한다. 이와 같은 왜인은 백제가 이식한 영산강유역의 전방후원분 피장자와 같이 대가야와 이에 연계된 소가야에 의해 백제, 일본열도, 신라 외교 및 군사활동을 위해 이식된 것으로 본다.

의령 경산리1호분의 하위 다수의 중·소형 석곽묘에서 대도, 철모, 철촉과 같은 무기의 부장이 탁월하며, 의령 운곡리1호분에서도 대도가 복수 부장되고 거제 장목고분에서는 일본열도산 경갑과 괘갑과 같은 갑주와 대도, 철모, 철촉과 같은 무기가 부장된다. 가야지역의 왜계고분 피장자는 이와 같이 무기와 무구의 부장이 탁월한 점에서 백제 측에서 활동한 영산강유역 전방후원분 피장자의 활동을 견제하기 위한 군사적인 역할을 수행한 것으로 추정된다.

이와 관련하여 주목되는 것은 487년 『일본서기』 현종顯宗 3년조 기노오히하노수쿠네紀生磐宿禰가 임나任那를 근거로 고구려와 통하고, 임나인의 계책을 이용하여 백제를 공격한 기사이다. 필자는 기노오히하노수쿠네를 임나任那에 거주하고 그와 연루된 것에서 임나 즉 대가야와 관련된 왜인으로 본다. 또한 대가야와 관계가 깊은 기紀씨인 점에 착안하여 대가야가 백제를 공략하기 위해 파견한 왜계 대가야관인으로 생각한다. 기紀씨와 대가야의 관계는 금동제 마구와 철제 마주 등의 대가야산 문물을 부장한 와카야마현和歌山縣 오타니大谷고분이 그 본거지에 조영된 점에서도 잘 알 수 있다. 더욱이 이 지역 이와세센즈카岩橋千塚의 횡혈식석실분에는 고구려의 천왕지신총에 보이는 횡가구조물이 보여 이 기사와 관련하여 흥미롭다. 이와 함께 고성군 송학동1호분B호석실의 계통에 대해 목붕木棚을 근거로 와카야마和歌山지역으로 보는 견해가 있다(柳澤一男 2006).

그리고 가야지역의 왜계석실의 계보를 규슈 북부지역과 중서부지역으로 구분하고, 전자의 피장자는 가야 수장층과 정치적인 관계, 후자의 피장자는 대외교류 및 교역 목적에 의한 것으로 본 견해가 있다. 이는 전자가 단독 입지에 단발성 조영으로 끝나는 것에 반해, 후자는 고분군을 형성하면서 가야 멸망 이후에도 존속되고, 석실내부에서 추가장이 빈번하게 이루어지는 것에 착안한 것이다(김준식 2020:183).

그런데 『일본서기』 신공神功 62년조의 왜의 대가야 침공기사를 442년의 사건으로 해석하고 이 시기 왜가 대가야를 공략한 것으로 파악하는 견해가 있다(田中俊明 2008:66-69). 그러나 이는 동의하기 어려운데 왜냐하면 먼저 이 기사는 기년紀年이 불분명하고, 또한 왜가 대가야를 공략하는 배경이 분명하지 않기 때문이다. 5세기 후엽의 고고자료로 볼 때 왜와 대가야의 관계를 적대적인 관계로 보기 어렵기 때문이다.

또한 이를 전후한 시기 왜군의 출병은 독자적인 것으로 볼 수 없고, 대부분 한반도 삼국의 요청에 의한 것으로 파악되기 때문이다. 그래서 필자는 이 기사를 451년 대가야인 가라加羅가 『송서』 왜국전에 돌연 등장하는 시점과 일치하는 것에서 대가야와 왜의 교섭을 보여 주는 것으로 해석한다.

더욱이 마로산성의 동쪽해안에 해당하는 광양시 도월리에서 왜계고분이 확인되어 주목된다. 이 고분은 이 고분은 매장주체부가 분구상에 축조된 구조로서, 분구의 추정 직경 30m, 추정 높이 5m에 달하는 대형분이며, 하니와埴輪를 모방한 원통형 토제품이 수립되었다. 이 고분은 구조뿐만 아니라 광양만에 접하여 단독으로 축조된 입지로 볼 때 왜계고분으로 판단된다. 이 고분의 피장자는 주구에서 출토된 토기는 소가야양식이나 그 위치가 모루牟婁지역인 점, 축조시기가 아직 백제에 복속되기 이전인 6세기 초인 점에서 역시 대가야와 관련된 왜인으로 추정된다.

이와 관련하여 여수시 죽림리고분군의 출현 배경도 흥미롭다. 이 고분군에서는 5세기 중-후엽에 조영된 31기의 가야계 수혈식 석곽묘와 함께 주거지가 확인되었다. 특히 이 고분군에서는 무기와 무구의 부장이 탁월하며, 그 가운데 10호묘에서는 일본열도산 판갑이 출토되어 주목된다. 이 유적은 그 입지가 여수의 서쪽 만에 연하고 백제영역인 고흥반도를 조망하는 점에서, 백제에 대한 방어를 목적으로 조성된 취락의 고분군으로 본다. 이 취락은 소가야양식 토기가 주류를 이루고 있으나, 대가야에 속하는 다리哆唎에 해당하는 지역인 점에서 역시 대가야와 연계된 방어취락으로 파악된다. 다만 이 고분군에 소가야양식 토기가 부장된 것은, 소가야에 인접한 지리적인 특성과 이전 시기의 소가야와의 일상적인 관계망이 지속된 것에 기인하는 것으로 본다.

이와 같이 대가야는 고구려, 신라, 백제의 전쟁에 왜왕권뿐만 아니라 호쿠리쿠지방과 기이紀伊지역, 규슈九州지역과 같은 호족세력의 군사력을 활용하고, 호족세력들은 반대급부로서 대가야의 문물을 도입한 것으로 추정된다.

그동안 대가야의 발전 시기에 대해 문헌사학뿐만 아니라 고고학에서도 479년 남제南齊 견사遣使기록에만 의거하여 5세기 후엽으로 보았다. 그러나 대가야의 발전 시기는 대가야문물이 남강상류역에 출현하고, 일본열도의 대가야 문물과 대가야지역의 일본열도산 문물이 이입되는 5세기 중엽으로 본다. 당시 적대국인 신라가 낙동강하구를 장악하고 경쟁상대인 소가야가 사천만과 고성만에 포진하고 있어, 대가야는 반드시 섬진강로를 확보하여야만 비로소 양자 간 교통이 가능하였기 때문이다. 5세기 중엽 일본열도의 대가야 문물은 섬진강수계의 호남 동부지역이 대가야권역에 포함된 것을 웅변하는 것이다. 이는 451년 대가야인 가라加羅가 『송서宋書』 왜국倭國전에 등장하는 시점과 부합한다.

이제까지 대가야의 발전은 주로 고령과 안림천수계로 연결된 야로지역의 철산 개발에 의한 것으로 파악되어 왔다. 여기에서 나아가 필자는 이를 기반으로 한 섬진강로의 확보, 특히 하동 대사진의 장악을 통한 대 일본열도 교역을 그 원동력으로 보았다.

필자는 대가야가 남강 상류역으로 진출한 후 남원분지로 남하하여 구례를 거쳐 섬진강하구의 교역항인 하동을 확보함과 동시에 이제까지 그다지 주목하지 못했던 여수, 순천, 광양지역을 장악한 것으로 본다. 대가야는 하동의 확보만으로는 남해안의 안전한 교통이 불가능하여 해상 교통과 군사적 요충인 여수반도를 장악한 것으로 본다. 남해안의 제해권을 확보함으로써 아라가야와 소가야의 내륙회랑인 남강로뿐만 아니라 양 세력이 활동하던 남해안로를 차단할 수 있게 된 것이다. 더욱이 백제와 왜의 교통뿐만 아니라 왜의 중국 교통에도 일정한 영향력을 행사할 수 있게 된다.

그러나 영산강유역에서는 일본열도의 상위 묘제인 전방후원분이 다수 조영되나 가야지역에서는 그 하위 묘제인 원분만이 조영되는 것에서, 이는 역시 일본열도로부터의 백제와 대가야의 외교력과 군사력 동원의 상대적인 차를 반영하는 것으로 본다. 이는 결국 호남동부지역을 둘러싼 백제와의 전쟁에서 대가야 패퇴의 한 원인으로 작용한 것으로 본다.

이는 6세기 말 임나사현任那四縣을 넘어 남해군 남치리고분군에 왜계고분이 돌연 출현하는 점에서 그러하다. 왜냐하면 이 고분의 피장자는 백제산 은화관식을 착장한 점에서 『일본서기』에 보이는 왜계백제관료이기 때문이다. 이를 통해 백제가 남해안의 요충인 임나사현任那四縣을 확보한 후 그 이동의 남해안의 교통로를 장악하기 위해 왜계백제관료를 파견한 것과, 제해권을 둘러싼 치열한 각축을 잘 알 수 있다.

参考文獻
참고문헌

[국문國文]

천관우, 1977, 「復元加耶史」, 『文學과 知性』; 1991, 『加耶史研究』, 서울, 一潮閣에 재수록.

趙榮濟, 1990, 「三角透窓高杯에 대한 一考察」, 『嶺南考古學』 7, 嶺南考古學會.

高久健二, 1992, 「綜合考察-鐵製遺物-」, 『昌寧校洞古墳群』, 釜山, 東亞大學校博物館.

山尾幸久, 2001, 「五,六世紀の日朝關係 - 韓國の前方後圓墳の一解釋 - 」, 『朝鮮學報』 179, 朝鮮學會.

이한상, 2004, 「대가야의 장신구」, 『大加耶의 遺蹟과 遺物』, 大加耶博物館.

우병철, 2004, 「영남지방 출토 4~6세기 철촉의 형식분류」, 『영남문화재연구』 17, 영남문화재연구원.

趙榮濟, 2004, 「小加耶(聯盟體)와 倭系文物」, 『嶺南考古學會·九州考古學會 제6회 合同考古學大會-韓日交流의 考古學-』, 嶺南考古學會·九州考古學會.

井上主稅, 2005, 「嶺南地域 출토 土師器風土器의 재검토」, 『韓國上古史學報』 48, 韓國上古史學會.

趙晶植, 2005, 『洛東江 中流域 三國時代 城郭 硏究』(考古人類學科 碩士學位論文), 大邱, 慶北大學校 大學院.

李政根, 2006, 『咸安地域 古式陶質土器의 生産과 流通』, 嶺南大學校 大學院 碩士學位論文 , 慶山, 嶺南大學校 大學院.

이한상, 2006, 「裝飾大刀로 본 百濟와 加耶의 交流」, 『百濟研究』 43, 忠南大學校百濟研究所.

井上主稅, 2006, 『嶺南地域 출토 倭系遺物로 본 한일교섭』(考古人類學科 博士學位論文), 大邱, 慶北大學校 大學院.

朴天秀, 2007, 『새로쓰는 고대한일교섭사』, 서울, 사회평론.

諫早直人·李炫姃, 2007, 「고령 지산동44호분 출토 마구의 재검토」, 『경북대학교박물관 年報』, 慶北大學校博物館.

정주희, 2008, 『咸安樣式 古式陶質土器의 分布定型에 관한 研究』(考古人類學科 碩士學位論文), 大邱, 慶北大學校 大學院.

井上主稅, 2008, 「창녕 계성리유적 출토土師器系 토기」, 『昌寧 桂城里遺蹟』, 우리문화재연구원.

朴天秀, 2009, 「5-6세기 大伽耶의 發展과 그 歷史的 意義」, 『高靈 池山洞44號墳-大伽耶王陵-』, 慶北大學校博物館·考古人類學科·大加耶博物館.

朴天秀, 2010, 『가야토기-가야의 역사와 문화』, 과천, 진인진.

朴天秀, 2011, 『일본 속의 고대 한국문화』, 과천, 진인진.

朴天秀, 2012, 『日本 속 古代 韓國 文化-近畿지방-』, 서울, 동북아역사재단.

朴天秀, 2012,「신라 가야 유물」,『日本所在 嶺南地域 文化財 考古』, 慶北大學校出版部.
朴智惠, 2013,『4~6世紀 嶺南地方 出土 鐵鋌의 變遷과 地域性』(考古人類學科 碩士學位論文), 大邱, 慶北大學校 大學院.
박천수·임동미, 2013,「新羅·加耶의 玉 : 硬玉製 曲玉을 중심으로」,『한국 선사 고대의 옥문화 연구』, 복천박물관.
中村大介, 2013,「韓半島 玉文化의 研究 展望」,『한국 선사 고대의 옥문화 연구』, 복천박물관.
유병록(외), 2013,『창녕 계성리에 찾아온 백제 사람들』, 昌寧, 창녕박물관.
이지희, 2015,『한반도 출토 須惠器의 시공적 분포 연구』(考古人類學科 碩士學位論文), 大邱, 慶北大學校 大學院.
이한상, 2016,「가야의 장신구」,『가야 고고학개론』, 진인진.
조성원, 2016,「영남지역 출토 4-5세기대 土師器系土器의 재검토」,『韓國考古學報』 99, 韓國考古學會.
선석열, 2016,「신라 지방통치과정과 연산동고분군」,『연산동 고총고분과 그 피장자들』, 부산광역시 연제구청.
朴天秀, 2018,『加耶文明史』, 과천, 진인진.
鈴木廣樹, 2019,「對馬출토 須惠器 및 도질토기로 본 한·일교류」,『中央考古研究』 29, 중앙문화재연구원.
朴天秀, 2019,『非火加耶』, 과천, 진인진.
김준식, 2020,「장고봉유형 왜계석실의 재검토와 피장자의 성격」,『장고분의 피장자와 축조배경』, 마한연구원 총서 8, 학연문화사.
정선운, 2022,『加耶 港市의 成立과 展開』(考古人類學科 碩士學位論文), 大邱, 慶北大學校 大學院.
김도영, 2022,『金工品으로 본 古代 동아시아東亞細亞 世界』, 과천, 진인진.

[일문日文]

小田富士雄, 1978,「西日本発見の百済系土器」,『古文化談叢』 5, 北九州, 古文化研究會.
野上丈助, 1982,「日本出土垂飾附耳飾」,『藤澤一夫先生古稀記念古文化論叢』, 大阪, 藤澤一夫先生古稀記念論叢刊行委員會.
定森秀夫, 1982,「韓國慶尚南道釜山金海地域出土陶質土器の検討」,『平安博物館研究紀要』 7, 京都, 平安博物館.
申敬澈, 1983,「伽耶地域における4世紀代の陶質土器と墓制 - 金海礼安里遺跡の發掘調査を中心として」,『古代を考える』 34, 大阪, 古代を考える會.
山尾幸久, 1989,『古代の日朝關係』, 東京, 塙書房.
内山敏行, 1992,「古墳時代後期の朝鮮半島甲冑(1)」,『研究紀要』 1, (財)栃木縣文化振興事業団.

申敬澈, 1993,『伽耶古墳文化の研究』, 筑波, 筑波大學 文學博士論文.
朴天秀, 1993,「韓半島からみた初期須恵器の系譜と編年」,『古墳時代における朝鮮系文物の傳播』(第34回 埋葬文化財研究集會), 奈良, 埋葬文化財研究會.
李永植, 1993,『加耶諸國と任那日本府』, 東京, 吉川弘文館.
米田敏幸, 1993,「古式土師器に伴う韓式系土器について」,『韓式系土器研究』Ⅳ, 大阪, 韓式系土器研究會.
定森秀夫, 1993,「日本出土の陶質土器 - 新羅系陶質土器を中心に - 」,『MUSEUM』503, 東京國立博物館.
定森秀夫, 1994,「陶質土器からみた近畿と朝鮮」,『ヤマト王権と交流の諸相』, 東京, 名著出版.
朴天秀,1995,「渡來系文物からみた加耶と倭における政治的變動」,『待兼山論叢』史學編 29, 大阪, 大阪大學文學部.
朴天秀, 1998,「考古學から見た古代の韓·日交渉」,『青丘學術論集』12, 東京, 財團法人韓國文化研究振興財團.
朴天秀, 1999,「裝飾鐵鉾の性格とその地域性」,『國家形成期の考古學』, 大阪, 大阪大學 文學部 考古學研究室.
橋本達也, 1998,「4~5世紀における韓日交渉の考古學的檢討-竪矧板·方形板革綴短甲の技術と系譜-」,『青丘學術論集』12, 東京, 財團法人韓國文化振興財團.
鈴木敏則, 1999,「静岡縣内における初期須恵器の流通とその背景」,『静岡縣考古學研究』31, 靜岡, 青岡静岡縣考古學會.
白井克也, 2000,「日本出土の朝鮮産土器·陶器 - 新石器時代から統一新羅時代まで - 」,『日本出土の舶載陶磁 - 朝鮮·渤海·ベトナム·タイ·イスラム - 』, 東京, 東京國立博物館.
內山敏行, 2001,「古墳時代後期の朝鮮半島系冑(2)」,『研究紀要』9, 宇都宮, (財)栃木縣文化振興事業団.
朴天秀, 2004,「大加耶と倭」,『國立歷史民俗博物館研究報告』110, 佐倉, 國立歷史民俗博物館.
朴天秀, 2007,『加耶と倭』, 東京, 講談社.
田中俊明, 2008,『古代日本と加耶』, 東京, 山川出版社.
橋本達也, 2015,「甲冑からみた蓮山洞古墳群と倭王権の交渉」,『友情의 考古學』, 과천, 진인진.
金宇大, 2017,『金工品から読む古代朝鮮と倭』, 京都, 京都大學學術出版會.
金跳咏, 2018,『三國古墳時代の金工品をめぐる日韓交渉に関する考古學的研究』, 總合大學院大學博士學位論文, 佐倉, 總合大學院大學.

고대 한일교류사

VIII

백제百濟와 왜倭

VIII 백제百濟와 왜倭

1 연구사研究史의 검토檢討와 과제課題

백제와 왜는 문헌에 보이는 활발한 교섭기사에도 불구하고 4~5세기 일본열도에서 칠지도七支刀 이외의 백제산 문물을 찾아 볼 수 없을 뿐만 아니라 백제지역에도 일본열도산 문물이 이입되지 않아 백제와 왜에 대한 고고학적 연구는 전반적으로 활발하지 않았다.

그런데 1980년대 이래 영산강유역에 전방후원분이 발견되고 더욱이 2000년대 남해안 일대의 백제지역에서 왜계고분이 확인되어 백제와 왜의 관계에 대한 고고학적 연구가 활발하게 진행되었다.

여기에서는 영산강유역 전방후원분을 중심으로 연구사를 검토하고자 한다.

1983년 고성군 송학동1호분이 전방후원분일 가능성이 제기된 후 해남군 용두리고분과 장고산고분이 측량조사에 의해 그 분형이 전방후원분인 것으로 판명되어 한반도에서 그 존재가 처음으로 확인되었다. 그 후 함평군 신덕고분이 발굴 조사되어 매장주체부가 규슈九州계의 석실인 것이 밝혀졌으며, 광주시 명화동고분, 월계동고분에서 하니와埴輪가 출토되어 영산강유역에서 분구, 매장주체부, 외표시설을 구비한 전방후원분의 존재가 분명해졌다.

종래 일본열도에만 분포하는 독특한 묘제로 생각되어 온 전방후원분은 한반도 남부의 영산강유역을 중심으로 발견되어 현재 모두 16기가 확인되었다.

처음으로 그 존재를 지적한 강인구姜仁求(1983)는 고훈시대 다른 문물과 같이 일본열도의 전방후원분도 한반도에 그 기원을 둔 것으로 보았으나, 전방후원분은 야요이彌生시대 분구묘에서 자체 진화하여 3세기 중엽에 일본열도에서 출현한 것이 분명하다는 점에서 타당성이 결여된다. 또 영산강유역의 전방후원분은 그 조영 시기가 6세기 전엽에 한정되고 있어 그 묘제의 기원이 일본열도에 있음은 재고의 여지가 없다.

그런데 전방후원분이 집중하는 영산강유역은 종래 일본의 고대사 연구자에 의해 4세기 후반 이래 한반도 남부를 지배하였다고 하는 이른바 임나일본부任那日本府의 예하에 있었던 지역으로 인식되어 왔기 때문에, 특히 일본 연구자들에게 지대한 관심을 불러일으켰다. 한편 한국 측 일부에서는 임나일본부와 관련을 우려하여 전방후원분의 존재를 의도적으로 회피하거나 또는 부정하려는 현상도 보인다.

그러나 영산강유역의 전방후원분은 분명히 왜인과 관련된 유적으로 이를 정면에서 논의하지 않고 5~6세기 한일관계사와 아직도 일본학계에 완전히 불식되지 않고 내재된 임나일본부에 대한 문제를 규명하는 것은 불가능하다.

필자는 전방후원분이야말로 5~6세기 한일관계사와 임나일본부의 존부와 성격을 파악할 수 있는 유력한 단서를 내포하고 있는 것으로 본다.

고대 한일관계사의 쟁점으로 부상된 영산강유역 전방후원분 피장자의 성격에 대해서는 한·일 양국에서 활발한 논의가 이루어져 왔으며, 크게 재지수장설과 왜인설로 양분된다.

재지수장설은 백제에 복속되지 않은 영산강유역 수장으로 보는 설과 백제에 복속된 수장으로 보는 설로 구분된다.

백제에 복속되지 않은 영산강유역 수장으로 보는 설은 다음과 같다.

하브타 쥰지土生田純之(1996, 2000)는 5세기 후반~6세기 전반 아직 백제에 복속되지 않고 독자성을 유지하였던 영산강유역의 재지 세력이 규슈九州지역과의 교류를 통하여 묘제를 도입한 것으로 보았다. 이후 왜인과 밀접한 관계를 가진 재지수장 또는 왜인도 포함된 것으로 보고 있다(土生田純之, 2008).

오카우치 미츠자네岡内三真(1996)는 6세기까지 백제영역에 편입되지 않고 백제, 왜, 가야와 균등한 관계를 유지하고 있었던 영산강유역의 재지 수장이 왜와 교류하는 가운데 전방후원분을 조영한 것으로 보았다.

오구리 아키히코小栗明彦(2000)는 영산강유역의 재지 세력이 이미 4세기 후반부터 규슈九州지역과 교류하면서 성장하여 그 후 전방후원분을 묘제로 도입하였다고 주장하였다.

박순발朴淳発(1998, 2000)은 5세기 후반~6세기 전반 영산강유역을 한성기 백제와의 동맹적인 관계에서 웅진기 백제와의 직접지배관계에 이르는 과도기적인 단계로 상정하였다. 그리고 오구리 아케히코(2000)의 견해를 하나의 근거로써 신촌리9호분 축조 집단이 이전부터 일본열도와의 관계를 유지하면서 동시에 백제와 교섭한 지배적 동맹 관계를 맺어 온 것으로 상정하였다. 또 옹관을 사용한 재지 수장묘인 복암리3호분 96년석실에 왜계의 석실이 채용된 것을 근거로 영산강유역의 전방후원분 피장자를 재지 수장으로 파악하였다. 또한 영산강유역의 전방후원분에 대해서는 「백제 - 영산강유역 - 규슈九州세력 - 왜왕권」과 연결되는 대외관계망이 「백제 - 야마토大和왕권」이라고 하는 쌍방향적인 구도로 재편되기까지 영산강유역의 재지수장층에 의한 일시적인 활동의 산물로 파악하였다.

다나카 토시아키田中俊明(2000)는 영산강유역을 『송서宋書』 왜국전에 보이는 모한慕韓지역으로 비정하고 이 지역을 백제에 복속되지 않은 세력으로 상정하였다. 또한 영산강유역의 전방후원분은 이 지역 세력이 백제의 진출에 따른 영유화에 대항하는 가운데 왜와의 관계를 보여 주는 정치적인 입장에서 왜의 묘제를 채용한 정치적인 표상으로 생각하였다.

야나기사와 카즈오柳沢一男(2001)는 5세기 후반 규슈九州계석실이 일본열도 내의 도카이東海지방 이서以西의 여러 지역에 전파된 사례를 근거로 하며 박순발의 지배적 동맹관계의 개념을 빌려 영산강유역의 전방후원분 피장자를 재지 수장으로 상정하였다.

이정호李正鎬(2001)는 영산강유역의 전방후원분에 대해 기존 옹관묘의 계승적인 관계로 파악하며 백제와 왜의 묘제가 복합적으로 나타난 것으로 보았다. 즉 전방후원분은 횡혈식석실과 함께 영산강유역의 토착세력이 묘제 전통을 바탕으로 외래요소를 수용한 것으로 파악하였다.

최성락崔盛洛(2004)은 영산강유역 전방후원분 피장자를 재지수장으로 파악하고 이 지역 수장층이 백제의 영향력에서 벗어나 독자적인 세력임을 나타내기 위하여 규슈九州지역 전방후원분을 묘제로 채택하였으며, 이는 토착세력들이 당시의 사회적인 변화에 적극적으로 대처하기 위한 노력의 결과로 보았다. 이와 함께 최성락은 이전에 제기한 필자의 논지(朴天秀 2002, 2003)에 대하여 다음과 같은 비판을 제기하였다.

첫째, 영산강유역의 고분의 편년에 대해 필자가 나주시 신촌리9호분의 연대를 6세기 초로 설정하여 전방후원분 등장 이후의 고분으로 인식하고 있는 것을 문제로 제기하였다. 그는 신촌리9호분은 5세기 중엽과 후반으로 편년되며 석실분 등장 이전에 축조된 것으로 보고, 전남지역 편년을 설정하면서 가야지역과 일본지역의 편년을 이용하는 것을 잘못된 것으로 비판하였다.

그러나 필자가 편년을 행하기 이전 전남지역에서 전방후원분과 옹관묘의 관계에 대해 분명한 근거를 제시한 상대 편년을 찾아보기 어려웠으며, 특히 역연대에 대한 근거가 명확하게 제시되지 않았다. 오히려 신촌리9호분이 5세기 중엽과 후반으로 편년되는 근거가 부족하다. 또한 전남지역 고분만으로 역연대의 비정이 가능한 자료가 있는가를 반문하고자 한다.

둘째, 전방후원분 피장자를 왜계 백제 관련 집단으로 보는 문헌적인 근거가 빈약하다는 것이다. 왜계백제관료가 집중적으로 활동한 시기는 6세기 중반이며 동성왕東城王을 호위하고 귀국했던 츠쿠시筑紫國 군사가 전남지역에서 활동하였다는 근거가 전혀 없는 것으로 주장하였다.

그러나 왜계백제관료는 이미 6세기 전엽 계체繼體기에도 보이므로, 필자는 돌연 왜계백제관료가 6세기 중엽에 출현하였다고 보지 않으며 영산강유역 전방후원분 피장자야말로 그 조형으로 본다. 츠쿠시筑紫國 군사가 전남지역에서 활동하였다는 근거가 없다 하였으나 문헌에 모든 사건이 기록될 수 없는 것은 자명하며 역으로 그들이 활동하지 않았다고 볼 근거도 전혀 없다. 오히려 츠쿠시筑紫國 군사 관련 기록은 5세기 전반 남해안에서 확인된 규슈九州계 고분의 존재와 영산강유역 전방후원분의 석실石室 구조가 관련되는 점에서 문헌사료와 고고학자료가 일치하는 것이 중요하다고 본다.

셋째, 전방후원분의 피장자가 왜계 인물이라는 주장이 단정적이라는 것이다. 일본의 학자들조차도 재지세력으로 보거나 일본 고분의 영향이 아닐까 조심스럽게 접근하고 있는 점을 들고 있다.

그러나 이러한 비판은 실은 일부 일본 연구자들의 인식에는 6세기 전엽까지 이 지역이 소위 임나사현任那四縣의 배하配下에 있었던 것을 전제前提로 하고 있는 것을 간과한 것으로 본다. 영산강유역의 독립성이 강하다는 것은 역으로 외부세력의 진출이 용이하였다는 것을 의미하기 때문이다.

넷째, 필자의 주장이 확대 해석되어 임나일본부와 연계될 수 있다고 보고 이에 대한 신중하고 치밀한 분석이 필요하다고 주장하였다.

그러나 필자가 일본연구자들이 소위 임나일본부가 호남지역에서 존재하지 않는 것으로 보는 시기에 영산강유역 전방후원분이 출현하고, 그 피장자가 백제에서 파견된 지방관임을 밝힘으로써 전방후원분이야말로 임나일본부의 존재를 부정하는 것임을 분명히 하였다. 필자는 재지수장이 백제와는 관계없이 독립적으로 왜와 연계하여 전방후원분을 축조한 것으로 보는 관점이 오히려 왜의 강력한 영향력이 미친 것으로 해석될 수 있다고 판단한다. 그래서 영산강유역이 백제와의 관계에서 과연 독립적인지 이에 대한 논의가 신중하고 치밀하게 이루어져야할 것으로 본다.

츠지 히데토辻秀人(2006)는 일본열도 주연지역에서 전방후원분의 출현과정을 모델화하여 사람의 이동에 의한 대규모 사회 변동, 지역사회에 서로 다른 문화를 가지는 집단 출현, 재지사회의 정치적 판단에 의한 것으로 구분하고 영산강유역의 경우 재지집단의 선택으로 인해 전방후원분이 도입된 것으로 보았다.

김낙중金洛中(2009)은 백제의 영향력이 한성 함락으로 약화되면서 전통적으로 누려 온 문화적, 경제적 독립성에 더하여 정치적으로도 새로운 세력으로 등장한 영산강유역 집단이 백제, 가야, 왜의 정세 변화에 따라 얻게 된 기회를 활용하며 새로운 세력화하는 가운데 전방후원분이 출현한 것으로 보았다. 즉 영산강유역 집단은 왜와의 교류에 따른 이익을 담보하기 위하여 일본열도 내 특정집단과의 상호 연계의 강력함을 상징적으로 표현하기 위해 전방후원분을 도입하였다는 것이다. 이와 같이 전방후원분 피장자를 재지수장으로 보는 이유는 전방후원분의 장제, 묘제, 부장품이 영산강유역 현지의 집단에 의해 도입되었다고 보는 것에 기인한다.

정기진(2014)은 전남 서부지역세력들이 백제, 왜 그리고 가야와의 교류 등으로 얻은 정보와 당시의 독자성 증대, 고분의 고대화의 경향 등으로 전방후원분을 조영하게 된 것으로 판단하였다. 재지수장세력이 경제적 기반을 바탕으로 5세기 말 6세기 초의 정치적 혼란기에 전방후원분을 축조하여 세력을 과시한 것으로 보았다.

다카타 간타高田貫太(2019)는 그간 본인의 영산강유역 전방후원분에 대한 연구를 종합하여 다음과 같은 논의를 제기하였다. 영산강유역 전방후원분의 피장자를 함평군 마산리고분군, 장고산 전방후원분과 금산리 방분과 같이 단독으로 조영되지 않고 현지수장묘와 공존하는 예가 있어 재지수장으로 보았다. 영산강유역의 전방후원분은 현지 세력이 남서해안의 항로를 매개로 한 지역 네트워크의 성립을 바탕으로 백제의 영유하에 대항하기 위해 백제의 동맹관계인 왜와의 연대를 과시하기 위하여 축조하였다고 보았다.

그러나 영산강유역 전방후원분은 대부분 재지 수장묘와 격리되어 조영되었고 함평의 마산리고분군도 전방후원분 축조를 계기로 형성된 것으로 밝혀졌다. 또한 금산리 방분도 즙석과 일본열도에서 이주한 공인에 의해 형상形像하니와埴輪가 제작된 점에서 재지 수장묘로 보기 어렵다. 그리고 백제의 영유하에 대항하기 위해 백제의 동맹관계인 왜와의 연대를 과시하려고 전방후원분을 조영하였다는 것은 당시의 백제와 왜 간의 왕족까지 파견되는 외교로 볼 때 가능할지 의문이다.

필자가 밝힌 바와 같이 재지수장설은 영산강유역의 전방후원분이 종래 수장묘가 조영되지 않던 지역에 재지적인 기반을 가지지 않고 돌연 출현하는 과정을 볼 때 받아들이기 어렵다. 이 점은 전방후원분에 인접한 곳에 이와 병행하여 재지의 전통적인 묘제인 옹관을 내부 주체로 하는 수장묘가 누세대적으로 조영된 점에서도 그러하다. 재지의 묘제는 대수장묘인 나주시 신촌리9호분과 같이 옹관을 매장주체로 하는 고분뿐만 아니라 횡혈식석실을 매장주체로 하는 나주시 복암리3호분에서도 하나의 분구에 복수의 매장주체를 조영하고, 96년 석실에는 옹관을 안치한다. 같은 시기의 전방후원분은 기본적으로 후원부에 하나의 매장주체 즉 횡혈식석실을 축조하고 목관을 안치한 점에서 양 묘제는 가족묘와 개인묘로서 그 매장원리에 있어 근본적인 차가 뚜렷하다.

그리고 일본열도에서 확인되고 있는 한반도로부터 이주민의 묘에 보이는 묘제의 변용과 스에키須惠器와 갑주를 비롯한 일본열도산 문물을 부장하는 것에 비하면 보다 원향의 장, 묘제를 고수하는 것으로 파악된다.

영산강유역 전방후원분의 규슈九州계석실 고립적인 성립과 일본열도의 산인山陰, 호쿠리쿠北陸, 세토나이해瀨戶內海양안에서 계열적으로 조영된 유력수장묘에 규슈九州계석실이 채용되는 것과는 배경을 전혀 달리한다.

또한 백제의 진출에 따른 영유화에 대항했다는 재지 세력 즉 신덕고분 등의 전방후원분 피장자가 어떠한 이유로 백제중앙의 위신재를 사여받은 것에 대한 설명이 필요할 것이다.

더욱이 5세기 전반 호남지역 남해안 일대 왜계고분의 피장자에 대해서는 왜인으로 보면서 원향의 묘제에 더욱더 가까운 6세기 초의 영산강유역 전방후원분에 대해서는 그 피장자를 왜인으로 보지 않는 것은 모순이다.

더구나 전방후원분이라는 묘제를 영산강유역 옹관묘 집단의 결속에 의해 백제의 영유하에 대항하는 가운데 수용하였다는 주장은, 노령산맥을 넘어 묘제와 토기 양식으로 볼 때 그 정치권역이 다른 전라북도 남부의 중심지인 고창지역과 인접한 영광지역에 출현하는 것에서 타당성이 결여된다.

그런데 다나카 토시아키田中俊明를 비롯한 일부 일본 연구자들의 재지수장설은 의식 또는 무의식적으로 『일본서기』에 보이는 이른바 임나사현任那四縣이 영산강유역에 위치하고 6세기 전엽까지 이 지역에 잔존한 것을 전제로 하는 점이 특징이다. 그러나 이 설의 전제가 된 임나사현任那四縣은 문헌사의 지명고증뿐만 아니라 근래의 고고학적 연구에 의해 여수, 순천, 광양임이 분명한 점에서 타당한 것으로 볼 수 없다.

영산강유역의 재지 세력이 5세기 후반까지 백제의 배후에서 왜와 연계하며 독립적으로 할거하였다는 해석과 왜인이 독자적으로 이주하였다는 주장은, 오히려 일본학계 일부에서 아직까지 내재되어 있는 이른바 임나일본부설과 결부될 가능성이 있어 주의가 요망된다.

백제와 관련된 재지수장으로 보는 설은 신대곤申大坤과 우재병禹在柄의 견해를 들 수 있다.

신대곤申大坤(2001)은 백제의 지배하에 있는 가운데 왜와의 교역에 종사하였던 중간자인 영산강유역의 수장이 우월성과 집단 내의 차별성을 강조하기 위해 이 지역 분구묘의 전통을 바탕으로 일본열도의 전방후원분을 묘제로 도입한 것으로 보았다.

우재병禹在柄(2004)은 무령왕릉의 묘제를 대외적으로 중국 남조와 긴밀한 관계를 과시하기 위한 것으로 보고, 백제에 복속하고 있었던 영산강유역 일부 수장들에게 왜와의 동맹관계를 과시하기 위하여 백제 중앙이 이들에게 전방후원분이라는 묘제를 채택하게 한 것으로 파악하였다.

백제와 관련된 재지수장설은 호남지역의 양대 중심세력인 고창군 봉덕리 세력과 나주시 반남세력이 어떠한 이유로 전방후원분이라는 묘제를 선택하지 않았는지에 대한 설명이 필요하다. 우재병의 설은 선진지역인 중국의 묘제 채택을 왜의 묘제와 동일하게 보는 점에서 수긍하기 어렵고, 그것이 어떻게 1세대에서 끝나는지에 대한 설명이 필요하다.

연민수(2011:146)는 영산강유역이 백제로부터 압박받기 시작하는 웅진천도기 이후 지역사회의 수장들은 지역사회의 결속, 자립을 모색하기 위해 교류해 온 서일본 일대의 전방후원분이라는 묘제를 도입한 것으로 보고 피장자를 재지수장으로 보았다.

왜인설은 왜로부터의 이주자설과 왜계백제관료설로 분류된다.

먼저 왜로부터의 이주자설은 영산강유역을 원향으로 하는 마한인들의 귀향설, 독자적인 이주설, 왜의 영향력에 의한 이주설로 구분된다.

마한인들의 귀향설은 규슈九州지역으로부터 귀향하였다는 임영진의 설과 긴키近畿지역으로부터 귀향하였다는 서현주의 설을 들 수 있다.

임영진林永珍(1994, 2000)은 함평군 만가촌고분을 장고분으로 명명하고 그 연대를 3세기로 보고 전방후원분의 조형으로 상정했다. 또한 영산강유역에는 장고분을 축조한 집단과 대형옹관묘를 조영한 세력이 병존하였으나, 그 가운데 전자가 일본열도에 이주하고 그 후 그들의 귀향 또는 혼인과 같은 인적교류가 지속되는 가운데 전방후원분이 등장한 것으로 상정하였다. 이후 백제영역 확장 과정에서 북부 규슈九州지역으로 이주한 마한세력들이 다시 영산강유역으로 망명하는 것에 의해 조영된 것으로 파악하였다(林永珍, 2005).

이 견해는 영산강유역 집단이 일본열도에 이주한 후 귀향, 혼인 또는 망명을 계기로 이 지역에서 전방후원분이 성립하였다고 보고 있으나, 그러한 과정을 확인할 수 있는 근거 즉 그들이 구체적으로 어느 지역으로 이주하여 200년에 가까운 기간 동안 현지에서 어떻게 거주하고 왜 귀향하였는지에 대한 설명이 필요할 것이다. 그리고 규슈九州지역에 이주한 마한인이 전방후원분을 묘제로 채택한 것을 찾아 볼 수 없는 점에서, 어떻게 이들이 귀향하여 일본열도에서 선택하지 않았던 묘제를 도입한 것인지에 대한 논의가 필요할 것이다.

서현주徐賢珠(2007)는 광주시 월계동고분에 보이는 목제 수립물과 긴키近畿지역에 보이는 영산강유역산 문물의 존재에 의거하여 긴키近畿지역에 이주한 마한인들이 동성왕 귀국에 동반하여 귀향하여 배치됨으로써 이 지역에 전방후원분이 출현한 것으로 보았다.

그러나 이 설 역시 마한인들이 긴키近畿지역에 이주하여 100년에 가까운 기간 동안 현지에서 어떻게 거주하고 왜 귀향하였는지에 대한 설명이 필요한 것으로 본다. 이와 함께 긴키近畿지역에 이주한 마한인이 전방후원분을 묘제로 채택한 것을 찾아보기 어려운 점에서, 어떻게 이들이 귀향하여 일본열도에서 선택하지 않았던 묘제를 어떠한 이유로 도입한 것인지에 대한 논의가 필요할 것이다. 그리고 전방후원분뿐만 아니라 가야지역의 왜계고분의 매장주체부가 모두 규슈九州계석실이고 동성왕을 수행한 집단이 규슈九州지역 출신이라는 문헌기록으로 볼 때 그 피장자를 긴키近畿지역으로 보기 어렵다.

박중환(2020:54)은 전방후원분 축조세력을 영산강유역 토착세력의 요청으로 백제의 지배 압력에 공동 대응하기 위해 일본에서 이주한 옹관고분 축조세력의 친연 집단으로 보았다. 이를 한일 양 지역의 마한세력이 구축한 반백제 동맹의 유산으로 규정하였다.

독자적인 이주설은 아즈마 우시오東潮와 홍보식洪潽植의 설을 들 수 있다.

아즈마 우시오東潮(1995, 2000)는 영산강유역을 『송서宋書』 왜국전에 보이는 모한慕韓지역으로 상정하고 5세기 후반 일본열도 내외의 정치적·경제적 변혁에 따른 규슈九州의 제세력이 영산강유역에 대거 이주하는 국제적 환경 가운데 전방후원분이 조영한 것으로 보았다.

그러나 영산강유역에 왜인 집단이 대거 이주한 흔적이 보이지 않고, 이주의 역사적인 배경에 대한 설명이 명확하지 않다. 또 전방후원분에 백제 중앙에서 사여된 위신재가 부장되고, 같은 시기에 신라가 낙동강 이동지역을 대가야가 섬진강유역까지 영유한 주변 제국諸國의 상황에서 왜인 집단이 그때까지 백제의 배후에서 독립적으로 할거하였다고는 도저히 생각되지 않는다.

홍보식洪潽植(2005)은 영산강유역 전방후원분의 피장자에 대해 횡혈식석실, 입지, 분형, 분구제사, 후장, 연도와 묘도의 유물부장 등이 규슈九州지역의 매장습속과 유사한 것으로 보고 이 지역에 정주한 왜인으로 보았다. 이주의 배경은 부안군 죽막동제사유적, 공주시 단지리횡혈묘, 남해안 일대의 왜계고분과 연동한 것으로 보고 정치적 목적, 선진문물의 입수 등 다양한 배경이 있었던 것으로 파악하였다. 다만 부장된 백제산 위신재의 존재에 의거하여 정주 후에는 백제 중앙의 지배를 받았던 것으로 보았다. 그리고 영산강유역 전방후원분에 대한 정치적인 해석을 비판하고 그 출현 배경을 집단 간의 교역, 또는 재지집단에 의한 새로운 문화의 수용, 외부로부터의 이주에 의한 새로운 문화의 소개에 의한 것을 강조하였다.

그러나 이 설은 영산강유역의 전방후원분 피장자를 포함한 왜인이 독자적으로 이주한 것으로 보는 점이 문제로 지적된다. 이 지역이 독자적으로 왜인이 이주할 수 있는 정치적으로 매우 불안정한 곳으로 간주되기 때문이다. 또한 필자는 교류와 교역에 의해 정치적 기념물인 전방후원분이 축조된 것으로 보지 않는다.

왜의 영향력에 의한 이주설은 기무라 마코토木村誠과 고바야시 토시오小林敏男의 견해를 들 수 있다.

기무라 마코토木村誠(2005:90~91)는 영산강유역을 그때까지도 백제에 복속되지 않은 모한慕韓으로 보고, 이 지역에 전방후원분이 집중되는 현상을 왜의 영향력이 한반도 남부에 미친 것으로 해석하였다.

고바야시 토시오小林敏男(2004:104-105)는 임나사현任那四縣을 호남지역에 비정하는 관례에 따라 이곳에서 발견되고 있는 전방후원분을 임나일본부와 관련하여 해석하였다.

이러한 시각은 영산강유역을 『송서』 왜국전에만 보이는 모한慕韓지역으로 비정하고 이 지역의 전방후원분과 관련시켜 해석하는 것에 기인한다. 그런데 실은 모한慕韓론이 「임나일본부」설의 유력한 근거의 하나로 제시되어 온 『송서』 왜국전에 보이는 왜의 주장을 실재한 것으로 보는 점에서 우려된다. 특히 고바야시 토시오小林敏男는 『송서』 왜국전에 보이는 왜왕의 군부軍部로 영산강유역 전방후원분 피장자를 상정하고 있어 문제로 지적된다.

그러나 영산강유역의 전방후원분과 『송서』 왜국전에 보이는 왜왕의 군부軍部와는 50년 이상 연대 차가 나서 같은 시기로 보기 어렵다. 더욱이 6세기 초에 돌연 출현하여 정치적 중심지인 고분군을 형성하지 못하며 1세대에 한해 조영되고, 백제왕권과 관련된 위신재를 보유한 고고학적 맥락을 전혀 이해하지 못한 것에 기인하며 전혀 그 타당성을 인정할 수 없다.

왜계백제관료倭系百濟官僚설은 다음과 같다. 주보돈朱甫暾(2000)은 전방후원분 피장자의 출자와 성격에 대해 왜계백제관료로 상정하였다. 4세기 후반 이래 영산강유역이 백제에 복속된 것으로 상정하고 이 지역의 전방후원분 피장자는 독립적으로 할거한 것으로 볼 수 없으며 영산강유역 토착세력을 견제하기 위해 백제왕권에 의해 각지로 파견된 왜계백제관료로 파악하였다.

이 설은 『일본서기』 신공 49년조(369)의 가라加羅7국 평정기사의 주체를 백제로 바꾸고 4세기 후반 이래 영산강유역을 백제가 영유하였다는 것을 전제로 한다. 그러나 5세기 중엽까지 영산강유역과 백제와의 사이에는 금강유역에서 확인되는 위신재 분여 관계에서 추정되는 간접 지배 관계가 보이지 않는 것에서 그 전제에 의문의 여지가 있다. 백제와 영산강유역 사이에는 백제의 위신재를 보유한 신촌리9호분과 대안리9호분의 피장자가 활동한 시기인 5세기 중엽에 재지 수장을 매개로 한 간접 지배 관계가 성립된 것으로 추정된다. 다만 고흥군 안동고분 예를 본다면 5세기 전엽까지 소급될 가능성은 엿보인다.

야마오 유키히사山尾幸久(2001)는 영산강유역 전방후원분의 특징을 편재성, 산재성, 비계속성, 단기성으로 보고, 그 피장자를 웅진기에 왜국으로부터 이주하여 백제왕의 신하로서 백제 영산강유역에 대한 영유화정책에 수반하여 현지에 파견된 왜국 유력자 즉 왜계백제관료로 상정하였다.

필자(2002, 2007, 2021, 2020)는 이제까지 인식하지 못했던 영산강유역 전방후원분이 주변의 재지수장 계열과 전혀 관계없이 돌연하게 출현하는 과정을 밝히고, 재지수장으로 볼 수 없음을 분명히 하였다. 영산강유역 전방후원분 피장자의 출자에 대하여 북부 규슈九州에 분포하는 석실 유형과 패貝제품, 일본열도의 영산강유역산 토기와 백제 문물의 이입 양태, 전방후원분이라는 분형뿐만 아니라 40m~70m에 달하는 분구 규모, 구마모토현熊本縣 에타후나야마江田船山고분급에 달하는 신덕고분의 부장품의 분석을 통하여 북부 규슈九州에서 아리아케해有明海 연안지역에 걸친 복수의 유력호족으로 파악하였다.

그리고 이 지역의 전방후원분이 백제 웅진기의 후반에 한정되어 축조된 점, 의도적으로 분산되어 배치된 점, 백제의 위신재가 부장된 점에서 영산강유역의 전방후원분 피장자는 독립적으로 할거한 것으로 볼 수 없고, 토착세력의 견제와 대왜對倭 외교 및 대가야공략을 위해 백제 중앙에서 일시적으로 이 지역에 파견된 왜계 백제관인으로 보았다. 영산강유역 전방후원분을 조영한 북부 규슈九州에서 아리아케해有明海 연안지역에 걸친 복수의 유력호족은 에타후나야마江田船山고분의 백제 장신구와 명문대도, 흠명欽明기에 보이는 왜계백제관료의 양태로 볼 때 왜왕권과 함께 백제왕권에 신속臣屬한 것으로 추정하였다.

김규운(2020:152)은 한반도의 전방후원분과 왜계석실을 백제 중앙과 야마토大和정권에서 역할을 한 규슈九州지역 집단에 의해 축조된 것으로 보고, 백제 중앙-기나이-규슈-영산강유역으로 이어지는 다자간 관계를 설정하였다.

본서에서는 영산강유역 전방후원분 문제는 먼저 어느 시기에 이 지역이 백제 영역에 포함되는지에 대한 논의가 출발점으로 본다. 이른바 마한론에 의한다면 백제 영역은 금강중하류역에만 국한된다. 이 시기는 대가야가 소위 임나사현任那四縣인 순천, 광양, 여수지역까지 진출하고 있어 백제 영역을 이렇게 좁게 볼 수 없다고 생각된다.

옹관묘의 특수성은 인정되나 이는 신라 중앙의 묘제가 적석목곽묘이고 지방 수장묘가 수혈식석곽묘인 차이와 근본적으로 크게 다르지 않다고 본다. 그래서 필자는 고흥군 안동고분으로 볼 때 백제가 이미 5세기 전반 이래 호남지역을 간접 지배한 것으로 판단한다.

그리고 전방후원분 피장자와 성격을 논의에서 『일본서기』에 보이는 왜계백제관료 문제는 피할 수 없는 것으로 파악한다. 왜냐하면 이미 왜계백제관료가 6세기 전엽에도 보이고 6세기 중엽에 집중적으로 활동하는 것에서 전방후원분의 축조시기와 큰 시차를 보이지 않기 때문이다.

이와 함께 479년 『일본서기』 웅략雄略 23년 동성왕의 귀국을 츠쿠시국筑紫國 군사 500인이 호위하였다는 기록, 498년 『삼국사기』 동성왕東城王이 탐라耽羅를 정복하기 위해 무진주武珍州 즉 광주에 이르렀다는 기록, 490년, 495년 『남제서南齊書』에 보이는 면중후面中候 기록은 전방후원분 피장자의 출자와 성격을 논하는 데 있어 매우 중요한 문헌사료로 판단한다.

필자는 역사시대 고고학에서 문헌사료가 제시하는 윤곽의 설정 없이 고고자료 단독으로 해석하는 것은 전혀 불가능하다고 본다.

그리고 이제까지의 영산강유역의 전방후원분에 대한 고고학적인 연구는 주로 한반도의 자료만을 대상으로 진행되어 그 출현의 역사적 배경에 대한 입체적인 접근이 부족한 것으로 볼 수 있다. 영산강유역의 전방후원분은 당연히 그 묘제의 성격상 이 지역만의 자료로는 그 내용을 파악할 수 없으며, 이와 깊은 관련이 깊은 일본열도 특히 규슈九州지역 전방후원분과의 종합적인 검토가 반드시 필요하다. 또 당시 백제, 가야, 왜를 둘러싼 국제정세를 조망하는 가운데 그 출현의 역사적 배경에 대한 해석이 비로소 가능하다.

그러한 점에서 이 지역의 전방후원분은 지역사뿐만 아니라 한일관계사와 일본열도의 정치사에도 중요한 단서를 제공할 수 있다. 즉 영산강유역에서 전방후원분을 조영한 규슈九州세력과 왜왕권 그리고 백제왕권과의 관계를 통하여 일본열도의 정치사에도 접근이 이루어질 수 있다.

여기에서는 먼저 영산강유역의 전방후원분 출현과 소멸의 시기, 재지 묘제인 옹관묘과의 병행관계를 정확하게 파악하기 위해 그 부장품인 토기와 철촉을 형식학적으로 분석하여 상대편년을 행하고, 영남지역과 일본열도와의 병행관계를 파악하여 그 역曆년대에 대하여 접근한다.

필자가 착안한 영산강유역 고분의 출현과 소멸을 권역별로 구체적인 분석을 통하여 전방후원분이 출현하는 과정을 밝히고 피장자의 출자에 대해 검토하고자 한다. 즉 영산강유역 전방후원분이 6세기 초를 전후한 한정된 시기에 재지적인 고분 계열을 가지지 않고 돌연 출현하는 과정을 밝힌다. 나아가 전방후원분이 축조된 지역과 주변 지역의 재지 수장묘의 축조 과정의 분석을 통하여 영암군 시종, 나주시 반남, 고창군 아산과 같은 재지 묘제인 옹관묘가 계기적으로 조영된 지역에서는 축조되지 않은 것을 분명히 한다.

그리고 일본열도의 한반도계 이주민의 묘제와 영산강유역 전방후원분과의 비교 검토를 통하여 후자의 출자에 대해 논의하고자 한다. 본 연구에서는 일본열도에서 확인되고 있는 이주민의 묘제가 전방후원분에 비해 얼마나 변형된 것인지를 밝힘으로써 영산강유역 전방후원분을 재지수장묘로 볼 수 없음을 분명히 하고자 한다.

영산강유역 전방후원분 피장자의 일본열도 내 출자出自에 대하여 출신지역으로 추정되는 북부 규슈九州에서 아리아케해有明海연안의 각 지역에 걸친 전방후원분의 석실 유형과, 부장품 및 주변 유적의 분석을 통하여 구체적으로 어느 지역 집단인가를 살펴본다. 특히 부장품 가운데 영산강유역산 토기의 규슈九州지역과 일본열도에서의 분포 양태를 통하여 접근한다.

영산강유역 전방후원분의 피장자의 성격과 역할에 대해 먼저 이 지역 전방후원분의 부장품과 분포 양태의 분석을 통하여 백제 왕권과의 관계를 살펴보고자 한다. 특히 해군남 용두리고분과 함평군 마산리1호분에서 출토된 중국도자기에 대해 주목하고자 한다. 그리고 백제 왕권하에서 재지 세력을 견제하고 대가야 공략 등에 종사한 그들의 내적 역할을 살펴보고자 한다. 또 그들의 외적 역할에 대하여 이제까지 설명되지 못했던 이시기 규슈九州세력의 돌연한 흥기의 배경과 관련하여 영산강유역 전방후원분의 피장자와 그 출신 집단인 유력호족의 동향을 통하여 살펴보고자 한다.

영산강유역 전방후원분 출현의 역사적 배경에 대해 웅진기 한반도 남부의 정치적 상황 및 그 축조 세력과 왜왕권, 백제왕권과의 관계를 통하여 접근한다. 특히 백제의 남진에 따른 가야 지역을 둘러싼 정치적 상황과 영산강유역에서 전방후원분을 조영한 규슈九州세력의 동향을 중심으로 논의한다.

필자는 논의의 전개에 『삼국사기』 동성왕의 무진주武珍州 순행기사, 『일본서기』의 왜계백제관료, 『수서隋書』 백제전 왜인의 존재 기록을 중시하고자 한다. 이는 역사시대 고고학에서 문헌 기록이야말로 역사 해석의 틀을 제공한다고 보기 때문이다.

그리고 4세기 후반 이래 교섭을 계속해 온 백제의 문물이 6세기 초가 되어서야 일본열도에 지리적으로 가까운 가야지역의 문물을 대신하여 본격적으로 이입되는 것과 관련하여 이 지역 전방후원분의 피장자와 그 출신 집단인 규슈九州지역 호족의 역할을 통하여 그 배경에 대해 접근하고자한다.

영산강유역 전방후원분이 이른바 임나일본부가 성립하고 발전하였다는 4세기~5세기에는 조영되지 않고 철퇴하였다는 시기와 지역에서 출현하고, 또 출현 배경이 백제 왕권과 관련된 것을 명확히 하여 양자간 어떠한 관련도 상정되지 않고 역으로 그 존재를 부정하는 것임을 분명히 한다.

2 4세기世紀 후반後半~5세기世紀 전반前半 백제百濟와 왜倭

백제와 왜의 교류는 다음과 같은 사료로 볼 때 가야를 매개로 시작되었다. 즉 『일본서기』 신공神功 46년(366) 시마노스쿠네斯麻宿禰를 탁순국卓淳國에 보냈다. 이때 탁순왕卓淳王 말금한기末錦旱岐를 만나 백제에 대한 정보를 듣고 시마노스쿠네斯麻宿禰는 종자從者 이파이爾波移와 탁순인卓淳人 과고過古 두 사람을 백제로 보냈다. 백제 근초고왕은 이들을 맞이하여 오색 채견綵絹, 각궁전角弓箭 및 철정鐵鋌 40매를 이파이爾波移에게 주었다.

367년 근초고왕은 구저久氐 등 3인을 왜국에 보내자 왜는 크게 환영하였다. 이러한 기사로 볼 때 백제와 왜는 탁순을 매개로 교섭한 것을 알 수 있다.

372년 근초고왕은 왜에 칠지도七支刀와 칠자경七子鏡을 보냈다. 이는 나라현奈良縣 덴리시天理市에 위치하는 이소노카미신궁石上神宮에서는 칠지도七支刀가 출토되어 증명되었다(8-1).

이 신사는 원래 모노노베씨物部氏에 의해 창건되었으나 이후 왜 왕권의 무기고로서의 역할을 하게 된다. 다량의 무기와 함께 호족들이 봉헌한 신보神寶류가 소장되어 있었으나, 중세의 약탈과 도난에 의해 유실되었다. 1874년 대궁사인 스가 마사토모管政友에 의해 신궁의 본전 후방에 금족지로 칭하는 제사유적이 발굴되어 대도, 철모, 벽옥제 석제품, 곡옥, 관옥 등이 출토되었다. 전세품인 칠지도는 에도江戶시대에 존재가 알려졌으나 1891년 태화泰和 4년의 연호를 비롯한 금상감 명문이 새겨진 것이 학계에 알려졌다.

칠지도는 명문에 의해 도刀로 불리고 있으나 전체 길이는 74.9cm인 유자식有刺式 철검이다. 칠지도는 도신을 중심으로 좌우 각 3개의 가지가 일정한 간격으로 뻗어 나온 형태이다. 명문은 전면에 34자, 후면에서 27자 확인되었다.

8-1 나라현奈良縣 이소노카미신궁石上神宮과 칠지도七支刀

전면前面: 태화 4년 5월 16일 병오 이날 한낮에 백번 단련한 강철로 칠지도를 만들었다. 이 칼은 온갖 적병을 물리칠 수 있으니, 제후국의 왕에게 나누어 줄 만하다. □□□가 만들었다.
泰和四年五月十六日丙午正陽造百練鋏七支刀(帶)辟百兵宜供供侯王□□□作.

후면後面: 지금까지 이러한 칼은 없었는데, 백제 왕세자 기생성음이 왜왕지(旨)를 위해 만들었으니 후세에 전하여 보게 하라.
先世以來未有此刀百濟王世子奇生聖音故爲倭王旨造傳示後世.

칠지도의 제작 시기에 대해서는 태화太和라는 연호가 동진東晋 또는 북위北魏인가로 보는 것에 따라 구분된다. 369년설은 『일본서기』 신공 49년조(369) 백제와 왜의 관계 기록, 신공기 52년조(372) 칠지도 전래 기록와 관련하여 태화太和를 동진의 태화泰和로 보는 것을 근거로 한다. 한편 480년설은 북위의 연호인 태화太和와 일치하는 점, 이 시기 백제의 북위 견사 기록과 백제에서 후왕제의 실시 등을 근거로 하고 있다.

백제가 372년 동진東晋에 견사遣使한 것과 372년 전래 기록으로 볼 때 369년설이 유력하다. 이는 이소노카미신궁石上神宮에 소장된 2점의 철제 대형방패와 주변에 위치한 후루布留유적 출토 가야와 백제토기의 연대가 5세기 초인 점에서도 그러하다.

대형방패는 칠지도에 관심이 기울어져 이 방패에 대해서는 여태껏 그다지 주목하지 않았으나 철제 갑주와 같이 횡장판 지판을 정결釘結한 것으로, 그 기법으로 볼 때 5세기 초 신라 공인에 의해 일본열도에서 제작된 것으로 파악된다.

이소노카미신궁에 접하는 고훈시대의 대규모 취락인 후루布留유적은 나라분지 중앙부를 관류하는 후류천布留川를 사이에 두고 형성되었으며 덴리교天理教 본부를 중심으로 동서남북 약 3km의 범위에 걸쳐있다. 수장의 거관, 공방, 제사장 등이 확인되었다.

이곳에서는 가야토기와 백제토기가 출토되었다. 가야토기는 5세기 전반의 화염형 투공이 뚫린 함안지역산 토기이고, 백제토기는 횡치소성한 조족문타날호이며 모두 영산강유역산으로 판단된다. 또한 이와 함께 한식계토기가 다수 출토되어 이곳에 이주민이 거주한 것을 알 수 있다. 양 유적은 모노노베씨物部氏의 대외 활동을 반영하는 것으로 볼 수 있다. 전래 배경에 대해서는 논의가 되고 있으나, 백제와 왜의 교섭 기념물로 보는 것이 타당할 것이다.

4세기 말 백제와 왜의 교섭은 광개토왕비에 다음과 같이 기록되어 있다.

> 영락 9년 기해년(399) 백잔(백제)이 맹세를 어기고 왜와 화통하였다.
> 九年己亥 百殘違誓與倭和通.

이는 『삼국사기』 아신왕阿莘王 6년 즉 397년 백제 아신왕이 광개토왕비의 영락 6년조에 보이는 396년의 패배를 만회하고 왜와의 동맹관계를 구축하기 위해 태자 전지腆支를 왜에 파견하는 것과 관련된다.

> 영락 14년 갑진년(404), 왜가 법도를 어기고 대방계를 침입하였다. (왜는) [백잔군과 연합하여] 석성石城을 [공격하고] 연선連船을 [동원하였다]. 왕이 몸소 군사를 이끌고 나가 평양을 거쳐 □□에서 선봉이 서로 맞서게 되었다. 왕의 군대가 적의 길을 끊고 막아 좌우에서 공격하니 왜구가 궤멸되었고, 참살한 것이 무수히 많았다.
> 十四年甲辰 而倭不軌侵入帶方界. [和通殘兵]□石城□連船□□□. 王躬率□□ 從平穰□□□鋒相遇. 王幢要截盪刺 倭寇潰敗 斬殺無數.

광개토왕비의 영락 9년 즉 399년에 백제와 왜가 화통하고 404년 대방계에 백제와 함께 왜가 침공한 것으로 볼 때, 백제의 용병으로 왜가 동원된 것을 알 수 있다.

『삼국사기』 전지왕腆支王 원년조 405년에 다음과 같은 기록이 보인다. 아신왕이 죽자 둘째 동생 훈해訓解가 섭정을 하면서 전지의 환국還國을 기다렸는데, 막내 동생인 설례碟禮가 형을 죽이고 스스로 왕이 되었다. 전지腆支는 부왕의 부음을 듣고 귀국을 청하자 왜왕이 100명의 왜군을 호위하여 보냈다. 국경에 이르자 한성漢城 사람 해충解忠이 정변을 고하자, 전지腆支는 왜인을 머물러 호위하게 하고 해도海島에 머물렀다.

이는 『일본서기』 응신應神 16년에 직지왕直支王(전지왕)이 왜에서 귀국하는 것에서도 보인다.

태자 전지는 아신왕 3년(394)에 태자로 책봉되었고 397년 왜에 파견되었으며, 체류한 기간이 9년에 달한다. 그의 파견 목적은 왜국과 동맹 관계를 구축하고 고구려와의 전쟁으로 인한 백제의 위급한 상황을 타개하기 위함이었다(양기석 2013:230).

그런데 남해안의 해도海島에 5세기 전엽 돌연 갑주를 부장한 왜계고분이 출현하여 주목된다. 이 시기에 축조된 고흥군 길두리 안동고분, 고흥군 야막, 고분, 신안군 배널리고분이다(8-2).

고흥군 길두리안동고분은 고흥군 동쪽 해창만에 면하여 돌연 단독으로 출현하는 점, 일본열도산 갑주를 부장한 점, 직경 34m, 높이 6m의 분구를 가지면서 매장주체가 단수이다. 더욱이 이 고분에서는 백제산 금동제 관모, 금동제 식리가 부장된 점이 주목된다.

왜냐하면 5세기 전반 백제는 원주, 천안, 공주, 서산 등의 각 지역 수장에게 금동제 관모와 식리를 사여하는 위신재 체계를 확립하였기 때문이다(8-3).

8-2 5세기世紀 전엽前葉 고흥군高興郡 안동고분雁洞古墳과 출토出土 유물遺物

8-3 백제百濟 금동제金銅製 관모冠帽와 식리飾履의 분포分布

1. 공주시公州市 수촌리Ⅱ-1호분水村里Ⅱ-1號墳, **2.** 수촌리Ⅱ-3호분水村里Ⅱ-3號墳, **3.** 수촌리Ⅱ-4호분水村里Ⅱ-4號墳, **4.** 공주시公州市 무령왕릉武寧王陵, **5.** 익산시益山市 입점리1호분笠店里1號墳, **6.** 서산시瑞山市 부장리5호분1호묘副長里5號墳1號墓, **7.** 화성리華城市 요리1호묘料里1號墓, **8.** 천안시天安市 용원리9호분龍院里9號墳, **9.** 연기군燕岐郡 나성리KM004호묘羅城里KM004號墓, **11.** 남원시南原市 두락리32호분斗落里32號墳, **12.** 합천군陝川郡 옥전23호분玉田23號墳, **13.** 나주시羅州市 복암리3호분96호석실伏岩里3號墳96號石室, **14.** 나주시 정촌고분丁村古墳, **15.** 나주시 신촌리9호분新村里9號墳, **16.** 고흥군高興郡 안동고분雁洞古墳, **17.** 구마모토현熊本縣 에타후나야마고분江前船山古墳

신안군 배널리고분은 신안군의 동쪽 수로에 면하여 단독으로 돌연 출현하고 일본열도산 갑주를 부장하고 있다.

고흥군 야막리 야막고분은 서쪽의 득량만에 면하여 단독으로 돌연 출현한다. 일본열도산 갑주를 부장하고 있다. 직경 22m, 높이3m의 분구에 매장주체부가 단수이다.

이러한 고분은 주변의 재지수장계열과는 관계없이 돌연 출현하여 1세대에 한해 축조되고 일본열도산 갑주와 무기를 부장한 점에서 피장자는 왜인으로 본다. 또한 모두 백제의 영역인 남해안에 위치하고 길두리 안동고분에는 백제가 지방의 수장에게 하사하는 전형적인 위신재인 백제산 금동제 관모와 식리가 부장된 점을 감안하면 그 피장자는 백제에 의해 배치된 무장일 가능성이 매우 크다.

야막고분의 매장주체부는 후쿠오카현福岡縣 다나바타이케七夕池고분 등과 유사하여 그 피장자가 규슈九州에 출자를 가진 왜인으로 상정된다. 이들은 405년 전후 백제에 온 왜의 군사가 귀국하지 않고 남해안 일대에 배치되어 백제왕권에 종사한 후 매장된 것으로 추정된다.

이 시기 왜계고분의 피장자는 광개토왕비 영락 14년(404), 백제와 왜의 연합군이 대방계를 공격하였다는 기록에서 고구려전에 참가한 왜의 수군水軍으로 보인다.

5세기 전반 남해안의 항로상에 규슈九州계의 무장을 일시적으로 배치한 백제의 의도가 웅진기 영산강유역의 전방후원분 출현의 계기가 되었다고 생각된다.

그런데 『일본서기』 응신應神 15년 즉 405년에 백제왕이 마사馬飼와 경전經典에 능한 아직기阿直岐를 파견하고, 다음 해에는 왕인王仁이 파견되어 태자의 스승이 되었다는 기록이 주목된다. 이는 응신應神 16년 전지왕이 즉위하고 왜군이 파견된 것에 대한 백제의 답례로 보이기 때문이다.

이 시기 백제에 의해 마사馬飼 기술이 이입되고 유학이 전래된 것을 알 수 있다. 그러나 일상적인 교류는 영산강유역에 전방후원분이 조영되는 6세기 전엽이 되어야 이루어진다.

3 5세기世紀 후반後半~6세기世紀 전반前半 백제百濟와 왜倭

1) 영산강유역榮山江流域 전방후원분前方後圓墳의 조영造營 시기時期

여기에서는 먼저 영산강유역 전방후원분이 출현하는 시기를 편년하고 재지의 고분과의 병행 관계를 살펴보고자 한다.

(1) 고분古墳 편년編年과 병행竝行 관계關係

필자는 영산강유역의 옹관 형식과 토기의 형식 변화와 그 공반 관계를 참고로 양자의 병행 관계를 검토하여 고분을 8단계로 편년하였다(朴天秀 2001). 여기에서는 전방후원분의 출현 전후의 고분을 중심으로 토기와 철촉의 형식 변화를 근거로 상대 편년하며, 특히 전방후원분의 출현 시기와 나주시 신촌리9호분 등의 재지 고분의 조영 시기에 대하여 검토한다.

편년의 기준 자료인 개배蓋杯, 유공광구소호, 타날문호, 철촉의 형식 변화의 방향성은 다음과 같다.

개배는 개蓋의 천정과 배杯의 저부가 높고 평평한 것에서 낮아지고 둥글게 변한다. 유공광구소호는 구경부가 길어지며 커지고 호부가 상대적으로 축소된다. 이러한 변화는 일본열도 스에키須惠器의 TK47형식에서 TK10형식으로의 변천과 유사하여 그 형식 분류가 참고된다. 타날문호는 견부가 형성되고 경부가 축약되며, 그 가운데 승석문호는 동부의 나선형 침선이 줄어들다가

사라지는 변화를 보인다.

철촉은 도신형刀身形에서 삼각형三角形으로 촉두鏃頭의 형태가 변화한다. 이 변화는 나주시 신촌리9호분의 하층에 먼저 조영된 경관庚棺에서 도신刀身형이 출토하고, 후에 매납된 상층의 을관乙棺에서는 삼각三角형이 출토하는 층위학적 증거에서도 방증된다. 또 이와 같은 변화가 백제, 신라, 가야지역의 철촉의 형식 변화와 일치하는 것도 참고로 하였다.

영산강유역 고분 편년(朴天秀 2001)의 6단계 고분은 영광군 학정리3호분과 복암리3호분 96년석실의 1호옹관이다. 양자는 도신형 철촉을 같이 부장하고 있으나 학정리3호분은 배의 저부가 높고 평평한 비교적 고식 개배가 존재하는 것에서 이 단계의 전반(6a단계)에 위치된다. 또 같은 형식의 철촉을 가진 복암리3호분 96년석실의 1호옹관과 신촌리9호분의 경관은 고식 개배가 부장되지 않는 것에서 이 단계의 후반(6b단계)에 편년된다.

그런데 오구리 아케히코小栗明彦(2000)는 신촌리9호분 경관庚棺의 연대에 대해 나주시 신촌리9호분의 1차매장 시에 수립된 하니와埴輪와 개배의 형식학적 분석을 통하여 5세기 초로 파악하였다. 그러나 오구리가 가장 이른 시기로 편년한 신촌리9호분 1차매장의 경관庚棺은 그 옹관 자체의 형식이 5세기 전엽 이전의 와우리식으로 볼 수 없고, 5세기 후엽 캡슐형의 만수리식 또는 5세기 말의 일곱메식옹관이다. 또 신촌리9호분 경관과 영암군 만수리2호분 4호옹관의 부장 토기 병행관계 설정에도 의문이 있다. 만수리2호분 4호의 개배는 형식학적으로 5세기 중엽의 TK216형식 단계까지 소급되는 것으로 보기 어렵다. 만수리2호분의 중심 매장 주체인 1호옹관은 형식학적으로 볼 때 필자가 설정한 영산강유역 편년(朴天秀 2001)의 5세기 후엽의 캡슐형인 만수리식에 해당하는 것이다. 또 신촌리9호분의 신관辛棺과 병관丙棺 출토품은 형식학적으로 볼 때 그가 편년한 TK208형식 단계로 볼 수 없고 5세기 말의 TK47형식 단계이다.

7단계의 고분은 삼각형 철촉이 출토한 나주시 신촌리9호분의 을관乙棺과 함평군 신덕고분, 광주시 명화동고분을 들 수 있다.

신촌리9호분 을관乙棺은 배의 저부가 평평한 개배가 잔존하는 것에서 이 단계의 전반(7a단계)이다.

전방부가 짧아 4세기대로 편년된 영암군 자라봉고분은 후대의 지형 개변에 의해 전방부가 절단된 점, 도신형이 아닌 삼각형에 유사한 장경촉이 부장된 점, 견부가 형성되고 경부가 축약된 신촌리9호분 을관乙棺 출토품과 유사한 타날문호가 출토된 점에서 을관과 같은 단계로 편년된다.

해남군 장고봉고분은 후원부 주변에서 채집된 호의 경부가 축약되고 견부가 형성된 무문호와 승석문호가 신촌리9호분의 을관 출토품과 유사한 것에서 7a단계이다. 이는 최근 조사에 의해 출토된 개배의 형식에서도 알 수 있다.

해남군 용두리고분은 장고봉고분과 같이 횡혈식석실의 요석腰石이 함평군 신덕고분에 비해 소형인 점에서 후자에 선행하는 것으로 본다. 이 고분에서는 MT15형식의 스에키須恵器가 다수 출토되었다.

함평군 신덕고분은 삼각형철촉이 부장되었으나 명화동고분과 같이 개배와 고배의 형식이 신촌리9호분의 을관乙棺 출토품보다 늦은 형식인 점과 승석문호 가운데 구연부가 축약되고 나선형 침선이 일부만 잔존한 가장 늦은 형식이 부장되어 7b단계이다.

담양군 성월리고분은 후원부와 전방부에서 광주시 명화동고분과 출토품과 유사한 토기가 출토되어 7b단계이다.

8단계는 구경부가 가장 길어지고 커지며 구경이 동부의 최대경보다 커진 유공광구소호와 백제의 삼족기가 출토된 광주시 월계동1호분은 이 단계의 전반(8a단계)에 편년된다. 그리고 이 고분에서는 TK10형식의 스에키須恵器를 모방한 제병堤瓶이 출토된 것도 참고가 된다.

6段階	6a段階	靈光郡鶴丁里3號墳
	6b段階	羅州市伏岩里3號墳96年石室1號甕棺, 海南郡造山古墳1次埋葬, 羅州市新村里9號墳庚棺, 羅州市大安里9號墳庚棺
7段階	7a段階	新村里9號墳乙棺, 靈岩郡자라봉古墳, 大安里9號墳戊棺, 造山古墳2次埋葬, 海南郡方山里長鼓峰古墳, 海南郡 龍頭里古墳
	7b段階	咸平郡新德古墳, 伏岩里3號墳96年石室4號甕棺, 長城郡鈴泉里古墳, 光州市明花洞古墳
8段階	8a段階	光州市月桂洞1號墳

(2) 역연대曆年代

6단계는 5세기 말로 편년된다.

복암리3호분 96년석실의 1호옹관은 출토된 심엽형 경판비와 행엽이 5세기 말로 편년되는 대가야권의 합천군 옥전M4호분(朴天秀 1998)출토품과 유사한 것에서 양자는 병행하는 시기로 파악된다. 또 조산고분은 검릉형행엽이 5세기 후엽으로 비정되는 옥전M3호분 출토품(朴天秀 1998)보다 대형화된 점에서 형식학적으로 후행하는 것으로 파악되어 5세기 말 후반 또는 6세기 초로 비정된다.

6단계의 복암리3호분 96년석실의 1호옹관에서는 공반한 유공광구소호가 TK47형식의 스에키須恵器이고 오카야마현岡山縣 덴구야마天狗山고분(松木武彦 2001)에서 6단계의 영산강유역산 개배와 TK47형식의 스에키須恵器가 함께 출토되어 양 지역간 교차 편년의 설정이 가능하다. 또 TK47형식의 스에키須恵器가 공반한 후쿠오카현福岡縣 반즈카番塚고분의 조족문호가 조산고분의 호와 유사한 형식인 점과 후쿠오카福岡縣 우메바야시梅林고분에서도 영산강유역산 6단계의 조족문호가 TK47형식의 스에키須恵器가 공반되어 출토된 점도 이를 방증하는 것이다. TK47형식 스에키須惠器의 역연대는 대체로 일본학계에서 5세기 말로 편년되어 왔다. 이와 관련하여 서울 몽촌토성 3호저장갱에서 출토된 개배 1점이 전 단계인 TK23형식의 스에키須惠器(酒井淸治 1993, 木下亘 2002)는 백제토기와 공반된 점, 이 시기 고구려와 왜의 적대적인 관계로 볼 때, 한성 함락 이전 시기에 반입된 것으로 TK23형식의 출현 연대가 475년 이전으로 확정되어 한일 간 역연대 설정의 기준 자료로 평가된다. 더욱이 나라현奈良縣 히가시시모타東下田2호분에서는 방형주구묘의 주구에서 금송金松제의 목관이 출토되어 주목된다. 목재는 변재형으로 연륜연대가 449+α년으로 측정되어 10년 전후의 연륜을 더한다면 460년대에 해당하며 공반된 스에키須惠器는 TK23형식(和田晴吾 2009)이기 때문이다.

7단계는 6세기 초로 편년된다. 신촌리9호분의 을관乙棺은 식리飾履가 무령왕릉 출토품에 보이는 귀갑문에 비해 고식인 능형문이 시문된 것에서 6세기 초 전반에 위치 지어진다. 이는 을관 출토 단봉문환두대도單鳳文還頭大刀의 편년에서도 방증된다. 이 환두대도는 별주別鑄하여 환내장식을 삽입한 점, 도은鍍銀하지 않고 은장銀張한 점, 환두내연을 각목문으로 장식한 점으로 볼 때 백제산으로 볼 수 없고 대가야산으로 판단되며, 환두부의 용문과 환내장식이 퇴화형인 점에서 5세기 말로 편년되는 합천군 옥전M4호분과 6세기 초로 편년되는 M6호분 출토품과 유사한 것에서 6세기 초로 편년된다.

광주시 명화동고분은 석실에서 대가야권 토기 편년(朴天秀 1998) 7기의 고령군 지산동45호분과 8기의 합천군 삼가1호분 A호석곽의 출토품의 사이에 들어가는 대가야 양식의 개蓋가 출토되어 6세기 초로 본다.

해남군 장고봉고분은 인접한 용일리2호분에서 출토된 스에키須惠器인 제병堤甁이 MT15형식인 점, 해남군 용두리고분은 개배가 MT15형식인 점에서 이 시기로 편년된다.

복암리3호분 96년석실의 4호옹관의 연대는 출토된 식리飾履의 형식이 신촌리9호분과 무령왕릉과의 사이에 설정(金洛中 2001 : 215)되는 것에서 6세기 초 후반으로 편년된다. 이 연대는 4호옹관에 부장된 유공광구소호가 MT15형식에 병행하는 스에키須恵器인 점에서도 방증된다.

8단계는 6세기 전엽으로 편년된다.

광주시 월계동1호분은 출토된 삼족기가 무령왕릉의 빈전殯殿으로 추정되는 공주시 정지산유적 출토품과 같은 형식인 점과 유공광구소호와 제병堤瓶이 TK10형식의 스에키須恵器와 유사한 점에서 이 시기로 편년한다.

2) 영산강유역榮山江流域 전방후원분前方後圓墳의 출현과정出現過程

영산강유역 고분의 출현과 소멸을 권역별로 구체적인 분석을 통하여 전방후원분의 출현 과정을 검토한다.

(1) 노령산맥蘆嶺山脈 이북以北

최북단의 고창군 칠암리 전방후원분의 출현 과정에 대해 살펴보자. 칠암리 전방후원분은 줄포만에 하구를 형성하는 주진천 수계에 위치한 아산지역의 봉덕리고분군과 산지를 넘어 수계를 달리하여 영광군 법성포에 인접한 곳에서 출현한다. 봉덕리고분군은 현재 장변 50m 전후의 분구를 가진 직방형의 초대형분 4기로 구성되어 있으나 주변에서 분구가 유실되고 주구만이 잔존한 추정방형분이 확인되어 원래 다수의 고분으로 구성된 장대한 고분군이다. 이 아산지역의 남측에는 3~4세기대의 성남리주구묘군과 5세기대의 덕림리고분이 분포하며, 봉덕리고분군의 바로 남측에는 3~4세기대의 예지리주구묘군과 5세기대의 장두리고분이 위치한다. 봉덕리고분군의 북측에는 횡혈식석실을 내부주체로 하는 6세기대의 죽림리고분군이 입지한다. 이와 같이 아산지역은 3~6세기대 고분이 계열적으로 조영된 봉덕리고분군을 비롯한 다수의 고분이 존재하고, 또 그 분구의 규모로 볼 때 영산강유역의 중심지인 나주시 반남지역과 같은 5세기대 전라북도 남부 재지 세력의 중심지이다. 봉덕리고분군에서는 부안군 죽막동유적에서 출토품과 유사한 토기가 확인되어 5세기대 죽막동유적의 제사 주체가 봉덕리 세력일 가능성이 높으며, 이 집단은 줄포만을 무대로 활약한 해상 세력이다.

봉덕리고분군에서는 북동쪽에 추정방형분이 5세기 중엽에 조영되고 5세기 후엽에 조영된 1호분의 4호석실에서는 중국산 도자陶瓷, 백제산 금동제 식리飾履와 함께 장식 스에키須恵器인 자지유공광구호子持有孔廣口壺와 무개고배가 출토되어 주목된다. 특히 유공광구호의 위신재적인 성격으로 볼 때 봉덕리세력과 왜와의 교섭을 알 수 있게 한다. 이는 추정방형분에서도 스에키須恵器와 그 모방품이 부장된 것에서도 짐작할 수 있다.

그럼에도 고창군 칠암리 전방후원분은 재지세력의 중심지인 아산지역 즉 봉덕리고분군에서 떨어진 교통의 요충인 법성포에 면한 구암천수계에서 돌연 출현하여 주목된다. 칠암리에는 주변에서 그 외 1기의 전방후원분이 확인되었다. 칠암리 전방후원분은 구암천 하구 남안의 5~6세기대에 비정되는 영광군 삼당리고분군과 용덕리고분 및 북안의 단덕리고분군 등 재지의 고분이 밀집하는 법성포에서 약간 벗어난 내륙으로 들어온 지점에 위치한다. 또 이 전방후원분은 법성포의 북측에 위치하는 고이포에 면한 만의 북안에 분포하는 직경 20m 전후의 원분으로 구성된 고창군 장산리고분군과 내부 주체가 옹관과 횡혈식석실인 직경 30m 전후의 고분으로 구성된 고창군 석남리고분군과도 떨어진 곳에 입지한다.

이와 같이 고창지역에서 전방후원분이 일찍부터 왜와의 교섭하였던 아산지역의 봉덕리고분군에서 출현하지 않고 법성포에 면한 구암천수계에서 단독으로 돌연 출현하는 것은 전방후원분 피장자가 재지수장이 아님을 웅변하는 것이다.

영광군 월계 전방후원분은 칠암리 전방후원분과 직선거리로 4km 정도 떨어져 있으나 분지와 수계를 달리하여 대산천유역에 위치하고 또 입지로 볼 때 그 피장자가 법성포의 남쪽항을 이용한 것으로 파악되어 양자는 활동 영역이 달랐을 가능성이 높다. 월계 전방후원분은 재지의 고분이 집중하는 와탄천수계의 본류와 불갑천수계와는 떨어져 독립하여 위치한다. 즉 이 전방후원분은 와탄천수계의 북측 대산천에 면하며 돌연 출현하며, 그 남방의 불갑천수계에는 백제계 횡혈식석실을 내부 주체로 하며 일정기간 누세대적으로 조영된 영광군 학정리고분군이 위치한다. 또 그 동측의 와탄천수계에는 3~4세기대의 옹관을 내부주체로 하는 영광군 중흥고분군과 횡혈식석실을 내부주체로 하는 평금고분군이 분포하고, 같은 수계에는 3~4세기대의 영광군 군동주구묘군와 횡혈식석실을 내부주체로 하는 옥녀봉고분군이 입지한다. 남동측의 무량천수계에는 영광군 화평리주구묘군과 영당고분군이 위치한다. 이와 같이 월계 전방후원분은 유력한 재지세력이 거주하는 곳을 의도적으로 피하여 조영된다.

(2) 함평일대咸平一帶

함평군 신덕 전방후원분은 주변에 대규모로 조영된 만가촌고분군과 인접하고 있으나 이 고분군의 축조 시기가 3~4세기에 한정되고 5세기대에는 고분이 조영되지 않은 점에서 양자의 계보는 연속적인 것으로 볼 수 없다. 즉 신덕 전방후원분은 5세기대의 수장계열이 단절된 이 지역에 돌연 출현하기 때문이다.

함평군 장년리 장고산고분이 입지하는 함평만 일대에는 다른 지역과 달리 인접한 금산리에 하니와埴輪가 출토된 대형의 방분이 입지한다. 금산리 방분은 일본열도의 분구에서 보이는 즙석이 확인되는 점, 인물형人物形, 마형馬形, 조형鳥形 하니와埴輪가 출토된 점에서 장고산고분의 조영을 계기로 그 주변에 축조된 것으로 추정된다.

함평군 마산리1호분은 이를 중심으로 13기로 구성된 고분군을 형성하고 있다. 그런데 주변의 원분들은 전방후원분을 중심으로 배치되어 있고 6호분과는 주구를 공유共有하고 있어 배총과 같은 성격의 고분으로 추정된다. 또 채집되는 조족문호가 6세기 이후로 편년되는 것에서 대부분의 고분이 전방후원분의 출현을 계기로 조영된 것으로 파악된다(朴天秀 2007). 이는 2022년 발굴조사에서 인접한 4, 5, 6호분이 모두 전방후원분의 축조 이후에 조영된 것이 확인되었다. 또한 각 고분의 피장자는 4호분의 경우 주구에서 중국제 전문도가 확인되어 1호분 피장자와 친연관계의 인물로 보인다.

(3) 영산강유역榮山江流域

영산강상류역의 광주시 명화동고분·월계동고분, 장성군 영천리고분, 담양군 성월리고분은 종래 고분이 조영되지 않던 지역에서 돌연 출현한다. 이 가운데 월계동고분이 2호분과 함께 쌍암동 원분을 포함하여 고분군을 형성하고 있다. 그 외 고분은 모두 단독분으로 돌연 출현한다. 그런데 월계동고분군은 3기 모두 축조 시기가 1세대 내이고 쌍암동 원분도 요석을 갖춘 북부 규슈九州계 석실이고 왜경이 부장된 점에서 상호 유기적인 관계하에 조영된 것으로 보인다. 담양군 고성리고분은 주변에 원분 1기가 위치하고 있으나 상관관계는 알 수 없다.

영산강하류역의 영암군 자라봉고분은 구지형도를 살펴보면 영산강유역의 중심지인 (고)남해만에 하구를 형성하는 삼포강수계의 반남지역과 떨어져 남방의 (고)도포만연안에서 단독으로 돌연 출현한다. 자라봉고분 서북쪽의

(고)남해만연안에는 4~5세기에 걸쳐서 20기 전후하여 누세대적으로 형성된 영암군 옥야리고분군과 신연리고분군이 위치한다. 또 5~6세기에 걸쳐서 누세대적으로 형성된 내동천수계의 만수리고분군과 내동리고분군 및 일곱메고분군과는 거리를 두고 (고)도포만연안에서 단독으로 돌연 출현한다. 특히 자라봉고분은 인접한 옹관을 내부주체로 하는 일곱메고분군과 가까운 거리에 위치하나 실제는 낮은 고개를 경계로 지형상 서로 분리되고 수계를 달리하는 점에서 양자는 동일 집단의 고분군으로 볼 수 없다. 더욱이 내동천수계에 면한 전자의 집단은 서측의 (고)남해만을, 후자는 남측의 (고)도포만을 항으로 이용한 것으로 추정되어 양자는 활동 영역을 달리하였을 가능성이 높다.

(4) 해남반도海南半島

해남반도는 지형과 고분군의 배치로 볼 때 4개의 지역군으로 구분된다(朴天秀 2002). 동북방에는 3기 이상으로 원분으로 구성된 수혈식석곽묘와 횡구식석실묘를 내부주체로 하는 재지 수장묘인 옥천면 성산리 만의총고분군이 있으나 그 외 지역에 왜계의 고분이 분포한다.

서북방의 용두리고분은 삼산천 하구의 우안 옹관을 매장주체로 하는 원진리 농암고분군과 좌안의 봉학리 신금고분이 밀집하는 해창만에서 떨어져 상당히 내륙으로 들어온 지점에 돌연 단독으로 출현한다. 용두리고분은 농암고분군과 신금고분군이 옹관 형식으로 볼 때 양자는 4~5세기대를 중심으로 한 시기에 조영되고 철정鐵鋌을 부장한 점과 주변에 3~4세기의 대규모 취락이 존재한 것에서, 재지의 해창만 주변의 거점 취락을 벗어난 곳을 선택하여 조영된다(朴天秀 2002).

서남방의 조산고분은 초기철기시대의 거점 취락과 고분군이 존재하는 백포만 주변의 군곡리일대와 일평리토성 등 거점 취락이 밀집하고 가야지역산 토기가 대량으로 반입된 원삼국시대 이래 5세기 전반까지 이 지역의 중심지였던 현산천유역에서 떨어진 이제까지 고분이 조영되지 않던 구산천유역에서 돌연 출현한다.

동남방의 방산리 장고봉고분이 위치하는 북일면 일대는 다수의 유적이 확인되어 원삼국시대 이래 존재한 재지의 유력세력이 전방후원분이라는 분형을 채용한 것으로 추정되어 왔다. 그러나 필자의 현지 조사 결과, 이러한 유적은 장고봉고분 출현 이후에 형성된 것과 장고봉고분과 관련된 유적임을 확인하였다(朴天秀 2002).

즉 종래 전방후원분의 출현 이전에 형성된 것으로 파악되어 온 인접한 거칠마토성과 성마산성은 출토유물과 구조로 볼 때 전자는 장고봉고분과 같은 시기의 토성으로, 후자는 통일신라시대의 산성으로 파악된다. 특히 거칠마토성은 채집되는 토기가 모두 6세기 전반에 국한되고 구 지형도에서 확인되는 바다에 면한 그 입지에서 볼 때 장고봉고분 피장자의 거관으로 추정된다. 또 주변의 용일리 즙석원분은 그 구조와 출토 토기로 볼 때 장고봉고분과 관련된 같은 시기의 고분으로 판단된다. 용일리 즙석원분이 위치한 고분군에서는 MT15형식의 스에키須惠器인 제병提瓶과 심부鐔部를 갖춘 왜도倭刀가 출토되어 주목된다.

따라서 장고봉고분은 종래 고분 특히 수장묘가 조영되지 않았던 북일면 일대에 돌연 출현하며, 이를 계기로 고분군이 형성되었으며, 그 가운데 왜계의 묘제인 용일리 즙석원분은 장고봉고분과 유기적으로 관련된 것으로 판단된다.

3) 일본열도日本列島의 한반도계韓半島系 이주민移住民의 묘墓와 영산강유역榮山江流域 전방후원분前方後圓墳의 비교比較 검토檢討

여기에서는 한일학계에서 이주민의 고분으로 인정하고 있는 일본열도 내

고분의 묘제를 통하여 영산강유역 전방후원분과 비교 검토하고자 한다.

(1) 후쿠오카현福岡縣 이케노우에池の上, 고데라古寺고분군

후쿠오카현福岡縣 아마키시甘木市 이케노우에池の上에 소재하던 고분군이다. 이 고분군은 해발 70~75m의 S자상으로 사행하는 구릉 능선상에 위치하며 북쪽으로 연결되는 능선상에 입지하는 고데라古寺고분군과 같은 유적이다. 고분은 저분구 또는 방형, 원형 주구를 돌린 것이 9기, 토광묘 28기, 석관계 석곽 1기 및 횡혈식석실을 매장주체부로 하는 원분 1기로 구성된다.

6호분은 암반을 굴착하여 축조한 토광묘이다. 상부는 목개를 이용한 것으로 추정되며 바닥에는 판석을 깔았다. 부장품은 관내에서 금제 소환이식 2점, 철제 집게 1점, 철제 망치 1점, 철도 1점, 철도자 1점, 교구 1점, 안금구 편 등이 출토되었다. 관외에서는 철제 재갈 2점, 안금구, 교구 1점과 같은 마구가 출토되었다. 분구 주변에서는 개 3점, 고배 2점, 파수부배 1점, 광구소호 3점, 직구호 2점, 광구호 1점, 고배형기대 1점 등의 초기 스에키須惠器가 출토되었다.

고데라古寺고분군은 작은 계곡에 의해 두 군으로 구분되며, 한 군은 석개토광묘 8기, 토광묘 3기이고, 다른 한 군은 원분 2기, 횡구식석실분 6기, 석개토광묘 23기로 구성된다. 10호는 암반을 굴착하여 축조한 석개 토광묘이다. 관내에서는 북쪽 두부에서 파수부배 1점, 족부에서 광구호 1점, 파수부배 1점이 출토되었다.

이 고분군에서는 고데라古寺고분군과 같이 5세기 일본열도에서 찾아보기 어려운 매장주체부 내에서 토기와 함께 방추차가 부장되어 주목된다. 토기가 부장되는 것은 피장자에게 음식물을 공헌하는 한반도 남부의 묘제를 따른 것으로, 또한 한반도 출토품과 형태가 동일한 단면 6각형 방추차를 부장한

점도 묘제를 따른 것으로 파악된다.

이 고분군의 피장자는 단야구 등이 부장되고 인근에 초기 스에키須惠器 가마가 위치하는 것에서 한반도 남부, 특히 소가야지역에서 이주한 공인집단으로 추정된다.

⑵ 효고현兵庫縣 미야야마宮山고분

5세기 중엽을 전후하여 조영된 직경 30m의 원분으로 해발 35m 구릉 선단에 단독으로 위치한다. 분구 정상 부근에 평행하게 조영된 제1호와 제2호 수혈식석곽과 그 밑인 분정하 1.9m 지점에서 또 하나의 수혈식석곽인 3호 석곽이 확인되었다.

이 고분에서는 3기의 수혈식석곽에서 금제 수식부이식, 은제 지륜, 금동제 대장식금구, 금은장 환두대도, 곡옥과 유리구슬을 조합한 경식을 비롯한 화려한 가야산 장신구와 철정, 철모를 비롯한 무기·무구류와 마구, 농공구류가 출토되었다. 이 가운데 금제 수식부이식은 사슬, 중간식인 공구체, 수식의 외연에 시문된 각목문 장식과 그 단부의 금립金粒으로 볼 때 대가야산이다. 대장식구는 문양이 당초문인 점에서, 철정, 철모와 함께 신라산으로 본다. 환두대도와 마구는 백제산일 가능성이 높다.

이 고분군에서는 길이에 비해 폭이 넓은 수혈식석곽에 꺽쇠와 못으로 결합한 목관이 사용된 점, 순장이 이루어진 점, 한반도산 문물이 다수 부장된 점, 토기가 석곽 내에 출토된 점이 주목된다. 특히 토기가 매장주체 내에서 부장된 것은 음식물이 피장자에게 공헌된 것으로 파악되어 수혈식석곽과 꺽쇠와 못으로 결합한 목관과 함께 한반도 남부지역의 묘제가 도입된 것으로 볼 수 있다. 그래서 이 고분군의 피장자는 한반도남부 특히 낙동강하류역에서 이주한 이주민으로 파악된다.

⑶ 오사카부大阪府 다카이다야마高井田山고분

야마토천大和川변의 구릉상에 단독으로 위치하는 직경 22m의 원분이다. 매장주체부는 현실에 우편재 연도가 붙은 횡혈식석실이다. 석실의 상부는 유실되었으나 궁륭상의 구조를 한 것으로 추정된다.

이 고분의 석실 내에서 많은 부장품이 출토되었다. 출토상황으로 볼 때 현실내에는 주축과 평행하게 철정을 사용한 2기의 목관이 나란히 안치된 것으로 보인다. 서관은 도굴되어 상세한 내용을 알 수 없으나 동관에서는 화상경 1점, 울두 1점, 금제 소환이식 2점, 금층 유리옥 1점을 포함한 장신구류, 철도 1점, 은장도자 2점 등이 출토되었다. 관외에서는 갑주, 철모, 철촉 등의 무기류와 마구, 유개고배를 비롯한 스에키須恵器가 출토되었다.

부장품 가운데 울두는 무령왕릉 출토품과 유사하다. 금층유리주도 무령왕릉을 비롯한 백제고분에 유례가 다수 보인다. 또 관못을 사용한 목관은 당시 일본열도에서는 찾아 볼 수 없는 구조의 것으로 역시 백제 목관의 영향을 직접적으로 받은 것이다. 그리고 목관을 주축에 평행하게 안치하는 매장방식도 백제지역의 횡혈식석실분에서 주로 보이고, 석실 내에 토기를 부장하는 것 또한 한반도 장송의례의 영향을 받은 것이다.

이 고분은 5세기후엽에 조영되었으며 피장자는 긴키近畿지역에서 최초로 조영된 횡혈식석실의 구조와 소형분임에도 불구하고 당시 희소한 한반도산 문물을 다수 부장한 점에서 인근 오가타大縣지역에 거주한 이주민 기술자를 통괄한 백제의 왕족급 인물로 보고 있다.

⑷ 나라현奈良縣 고죠네코즈카五条猫塚고분

와카야마현和歌山縣을 관류하는 기노천紀の川 상류역의 곡간지대에 입지한다. 한 변 30.3m의 방분으로 주구, 즙석과 하니와埴輪가 확인되었다. 매장주체

부는 수혈식석곽이다. 부장품은 금동장 복발부주형차양주 1점, 금동제 용문투조 대장식구 7점, 금동제 삼엽문투조 대장식구 3점, 철모 4점, 녹각장도자, 철상鐵床 1점, 철추 3점, 철겸 4점, 철착 8점, 철사 4점, 지석 6점, 철부 5점, 철지금동장경갑, 철지금동장종장판차양주 1점, 철지금동장 소찰차양주 1점, 괘갑, 철촉 467점 등이 있다.

금동제 용문투조 대장식구와 삼엽문투조 대장식구는 용문이 경산시 임당동7B호분과 강릉시 초당동1호분 출토 대장식구와 동일한 점에서 신라산이다. 복발부주형 차양주는 투구 형태가 신라의 복발부주와 흡사하고 신라산 대장식구가 공반되는 것에서 금동장 경갑과 함께 신라계 공인에 의해 제작된 것으로 판단된다. 조영 시기는 용문투조 대장식구가 경주시 황남대총 남분 출토품에 선행하는 형식인 점에서 5세기 전엽으로 편년된다.

이 고분은 소형분에도 불구하고 신라산 금동제 대장식구와 철기 생산과 관련된 단야구 일식을 부장하며 한반도계 연질토기가 출토되는 취락이 인접하는 점에서 피장자는 신라계 공인집단의 수장으로 볼 수 있다.

⑸ 나라현奈良縣 니이자와센즈카新沢千塚126호분

나라현奈良縣 가시하라시橿原市에 위치하는 해발 150m의 구릉 위에 동서 약 2km, 남북 약 2km의 범위에 10~15m급의 원분을 중심으로 600여기가 분포하는 니이자와센즈카新沢千塚고분군 가운데 위치한다.

126호분은 5세기 중엽에 조영된 고분으로 북쪽 일군의 중앙에서 약간 동쪽에 위치하는 동서 약 22m, 남북 약 16m의 장방형분이다. 매장주체는 할죽형목관을 직접 안치한 것으로 관내와 관외에서 많은 유물이 출토되었다. 126호분에서는 동경 1면, 직도 3점, 청동제 울두 1점, 칠반 3점, 유리제 완 1점, 유리제 명皿 1점, 금제 용문투조 방형관식1점·금제 나선상수식 2점, 유리봉 2점,

금제 수식부이식 2점, 보요 382점, 금제 천 1점, 은제 천 2점, 금제 나선상지륜 3점, 은제 나선상지륜 2점, 금제 지륜 2점, 은제 지륜 1점, 유리제 금층주 1점, 원통형 하니와埴輪 등 고분군 가운데 가장 다양하고 풍부한 부장품이 출토되었다.

금제 수식부이식과 금제 지륜은 같은 형식이 경주의 황남대총 북분과 남분에서 각각 출토되고 유리완도 금령총 등의 경주 고분에서 다수 확인된다. 또 청동제 울두도 경주시 황오동4호분 등에서 출토되고, 금동제 대장식구도 신라계의 쌍엽문으로 장식된 것이다. 실크로드를 거쳐 전래된 유리기도 경주고분에서 주로 부장되는 것에서 신라를 거쳐 이입된 것으로 본다.

126호분의 피장자는 당시 소형묘에 이러한 화려한 문물이 부장된 예를 찾아 볼 수 없고, 부장된 한반도산 문물이 대부분 경주고분 출토품과 유사한 점에서 신라로부터의 이주민으로 파악된다.

⑹ 군마현群馬縣 시모시모야츠下芝谷ツ고분

군마현群馬縣 시모시모下芝에 위치한다. 분구는 2단 축성의 방분으로 하단은 한 변 길이 20m, 높이 4m이다. 즙석을 전면에 덮고 1단 평탄면에 원통 하니와埴輪열을 수립하였으며 폭 8m의 주구를 돌렸다.

매장주체부는 주위를 강돌로 쌓은 수혈식석곽이다. 석곽은 동쪽 대부분이 파괴되어 있으나, 서쪽 부분에서 금동장 식리飾履, 철지금동장 f자형경판비, 삼환령, 검릉형행엽, 목심철장판 등자, 차양주, 괘갑 소찰, 관옥, 금제 식금구 등이 출토되었다.

조영 시기는 식리와 마구로 볼 때 6세기 초로 편년된다. 식리飾履는 후쿠이현福井縣 쥬젠노모리十善の森고분 출토품과 같이 유리제 옥을 감입한 점이 특징이다.

이 고분의 피장자는 석곽주위를 적석한 점, 소형분임에도 불구하고 금동제 식리飾履와 같은 금공품을 보유한 점에서 한반도 남부에서 이주한 특히 마구와 같은 부장품으로 볼 때 대가야로부터의 이주민으로 추정된다.

(7) 한반도계韓半島系 이주민移住民의 묘墓와 영산강유역榮山江流域 전방후원분前方後圓墳의 묘제墓制 비교比較 검토檢討

이상의 6기의 고분에 대해서는 한국과 일본의 연구자들이 이주민의 고분으로 인정하고 있다. 이는 이케노우에池の上, 고데라古寺고분군과 니이자와新沢千塚126호분 이외에는 돌연 출현하며 단독분으로 조영된 점이 영산강유역의 전방후원분과 유사한 점에서도 그러하다.

그런데 주목되는 것은 이주민의 고분으로 인정되고 있는 6기의 고분이 묘제와 부장품에서 영산강유역 전방후원분과 비교할 때 매우 복합적인 요소를 보이고 있는 점이다.

왜냐하면 후쿠오카현福岡縣 이케노우에池の上, 고데라古寺고분군, 나라현奈良縣 니이자와센즈카新沢千塚126호분, 나라현奈良縣 고죠네코즈카五条猫塚고분, 군마현群馬縣 시모시바야츠下芝谷ッ고분의 묘제가 원향의 묘제와는 완전히 이질적인 것이기 때문이다.

이케노우에池の上, 고데라古寺고분군의 피장자는 소가야지역에서 이주한 이주민임에도 불구하고 석곽묘를 매장주체부로 하지 않고 원향과는 전혀 다른 암광식 토광묘를 채용한 것이다.

미야야마宮山고분은 분정하 1.9m 지점에 조영된 수혈식석곽인 3호 석곽분구 정상 부근에 상하로 중첩되게 제1호와 제2호 수혈식석곽을 조영한 점과 하니와埴輪를 수립하고 초기 스에키須恵器, 거울鏡, 왜도倭刀, 갑주甲冑를 부장한 점은 원향의 고분과 차이를 보이고 있다.

다카이다야마高井田山고분의 피장자는 일본열도산 갑주가 부장되고 토기는 스에키須恵器만이 다수 부장되어 출토 유물만으로는 피장자의 출자를 알기 어렵다.

고죠네코즈카五条猫塚고분은 분형이 방분일 뿐만 아니라 일본열도식 수혈식석곽이 매장주체부로 채용되고 즙석과 하니와埴輪가 확인되는 점에서 묘제로만 본다면 신라로부터 이주민의 고분으로 볼 수 없다.

니이지와센즈카新沢千塚126호분은 분형이 방분이고 특히 매장부체부가 일본열도의 할죽형목관이며, 또한 하니와埴輪가 수립되어 역시 묘제상으로만 본다면 신라로부터 이주민의 고분으로 볼 수 없다.

시모시모야츠下芝谷ッ고분 역시 분형이 방분이고 즙석한 점, 하나와를 수립한 점 등 묘제로만 본다면 대가야로부터 이주민의 고분으로 볼 수 없다.

이와 같이 일본열도 이주민의 고분에서는 이주 정착과정에서 묘제의 변용이 크게 이루어진 것을 유의할 필요가 있다.

한편 영산강유역 전방후원분에서는 분형, 분구수립물, 석실과 같은 묘제를 구성하는 중요 요소가 일본열도의 한반도계 이주민의 묘제 변용과는 비교가 되지 않을 정도로 완벽하게 일치하는 점이 주목된다.

해남군 용두리고분에 10점 이상의 스에키須恵器가 부장되고 광주시 월계동고분, 담양군 월전리고분에 스에키須恵器 모방토기가 다수 부장되는 것에 비하면 백제인의 고분인 다카이다야마高井田山고분의 토기가 모두 스에키須恵器인 것은 얼마나 전자가 후자에 비해 묘제를 고수하고 있는지를 알 수 있게 한다.

함평군 신덕고분의 협갑脇甲과 대도大刀, 단면삼각형 철모鐵鉾는 전형적인 일본열도의 무구와 무기로서 마치 고죠네코즈카五条猫塚고분의 단야도구와 같은 피장자의 출자와 성격을 보여 주는 것으로 판단한다.

4) 영산강유역榮山江流域의 전방후원분前方後圓墳의 피장자被葬者의 출자出自

(1) 전방후원분前方後圓墳의 피장자被葬者의 출자出自

영산강유역의 전방후원분이 종래 수장묘가 조영되지 않던 지역에 재지적인 기반을 가지지 않고 돌연 출현하는 것이 특징이다. 이는 전방후원분에 인접한 곳에 이와 병행하여 재지의 전통적인 묘제인 옹관을 내부 주체로 하는 수장묘가 고분 계열을 유지하면서 조영된 것과 아주 대조적이다.

이는 앞에서 살펴본 바와 같이 가야지역의 왜계고분에서도 동일한 양상이 관찰되어 그 피장자가 재지수장이 아님을 보여 주는 것이다.

또한 재지의 묘제는 대수장묘인 나주시 신촌리9호분과 같이 옹관을 매장주체로 하는 고분뿐만 아니라 횡혈식석실을 매장주체로 하는 나주시 복암리 3호분에서도 하나의 분구에 복수의 매장주체를 조영하고, 96년석실에는 옹관을 안치한다. 같은 시기의 전방후원분은 기본적으로 후원부에 하나의 매장주체 즉 횡혈식석실을 축조하고 목관을 안치한 점에서 양 묘제는 가족묘와 개인묘로서 그 매장원리에 있어 근본적인 차가 뚜렷하다.

특히 이와 관련하여 전방후원분인 함평군 신덕고분과 그 후속 고분인 2호분이 주목된다. 신덕고분에서는 후원부에 매장주체부가 횡혈식석실 1기만이 축조되었다. 이와 관련하여 흥미로운 것은 신덕2호분이다. 2호분은 1호분의 전방부 바로 앞 주구에 접하여 계획적으로 같은 묘역 내에 조영되고 연도방향이 백제식의 남향南向이 아닌 같은 동향東向인 점, 직경 20m 전후의 원분인 점, 그 입지, 분구의 규모, 능산리식 횡혈식석실을 매장주체부로 하는 것에서 1호분인 전방후원분을 이은 2세대의 수장묘로 판단된다.

그런데 전방후원분과의 친족관계인 2호분의 피장자가 매장주체부가 축조될 수 있는 충분한 공간이 있는 전방부가 있음에도 불구하고 이를 선택하지 않고 별도의 분구를 만들어 고분을 조영한 것은 같은 시기의 옹관을 매장주체부로 하는 재지수장묘인 나주시 신촌리9호분에서 옹관이 상하 중첩하며 복수로 조영되고, 더욱이 횡혈식석실을 매장주체부로 하는 복암리3호분의 경우에도 한 분구 내에 복수의 매장주체부가 축조된 것과는 매우 대조적이다(8-4).

이는 전방후원분을 신흥 재지 수장으로 보는 견해와도 모순되는 중요한 사실이다. 왜냐하면 영산강유역의 재지수장묘는 매장주체부를 복수로 축조하는 다인장을 묘제로 하기 때문이다.

더욱이 일본열도에서 확인되고 있는 한반도로부터 이주한 이주민의 묘제가 변용되고 스에키須恵器와 갑주를 비롯한 일본열도산 문물을 부장하는 것에 비하면 영산강유역 전방후원분에서는 분형墳形, 분구수립물, 석실과 같은 묘제를 구성하는 중요 요소가 일본열도의 한반도계 이주민 묘제 변용과는 비교가 되지 않을 정도의 완벽하게 일치하는 점이 주목된다.

특히 함평군 금산리 방분에서는 분구에 인물형人物形, 마형馬形, 조형鳥形 하니와埴輪가 출토되었으며, 이 고분 출토 하니와埴輪는 목판木版으로 정면된 것으로 모두 일본열도에서 이주한 공인에 의해 제작된 것이다(8-5).

그래서 영산강유역의 전방후원분에 보이는 복합적인 요소를 강조하고 이를 재지수장설의 근거로 삼는 논리가 일본열도의 한반도계 이주민 묘제 변용에 비한다면 전혀 논거가 되지 못한다는 것을 새삼 강조하고자 한다.

필자는 재지의 수장계열과 연결되지 않고 돌연 출현하여 소멸되는 점, 복수의 매장주체부가 축조되는 재지수장묘와는 달리 매장주체부가 단수로 조영되는 점, 일본열도의 한반도계 이주민에 비해 묘제가 보다 원향을 따르고 있는 점을 근거로 하여, 영산강유역 전방후원분 피장자는 일본열도로부터 이주한 왜인이 분명하다고 판단한다.

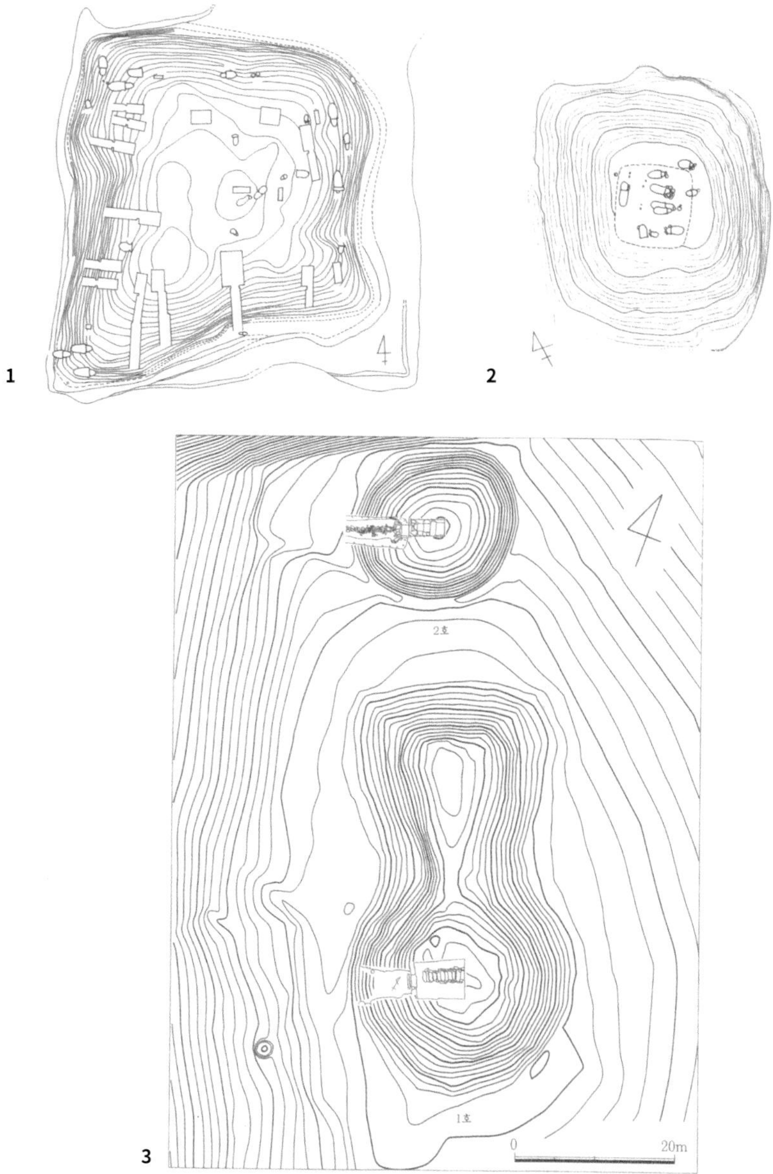

8-4 6세기世紀 전엽前葉 영산강유역榮山江流域 옹관묘甕棺墓와 전방후원분前方後圓墳의 장제葬制의 차이差異

1. 나주시羅州市 복암리伏岩里3호분, **2.** 나주시 신촌리新村里9호분, **3.** 함평군咸平郡 신덕新德고분

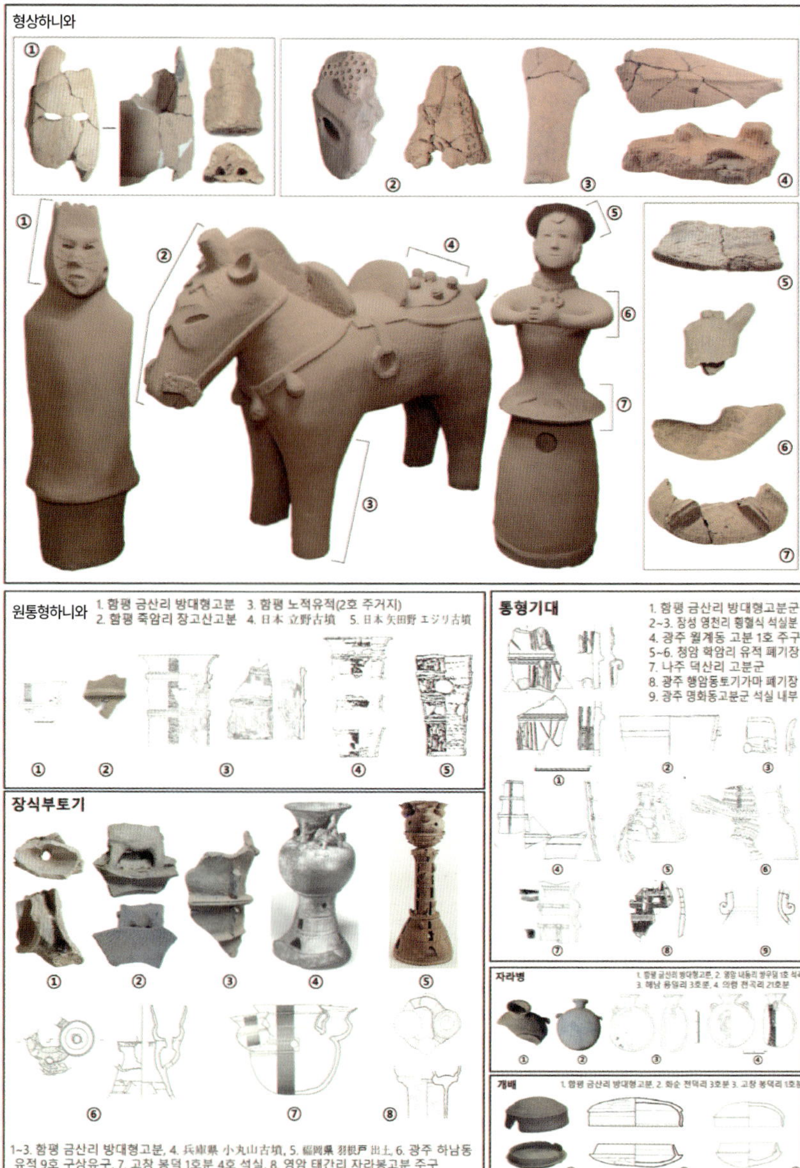

8-5 함평군咸平郡 금산리金山里 방분方墳 출토出土 유물遺物

(2) 영산강유역榮山江流域과 규슈九州의 전방후원분前方後圓墳과의 관계關係

영산강유역 전방후원분의 매장주체부인 횡혈식석실은 평면 방형에 궁륭상천장穹窿形天障을 가지는 백제의 송산리형宋山里形석실과는 달리, 평면 장방형의 평천장平天障에 문주석門柱石과 요석腰石을 세우고 석실을 적색안료赤色顔料로 채색하는 특징을 가진 것으로 규슈九州지역에서 그 계통을 찾을 수 있다.

영산강유역의 왜계 횡혈식석실의 계통은 신덕고분과 후쿠오카현福岡県 오즈카王塚고분, 조산고분과 후쿠오카현福岡県 반즈카番塚고분, 사가켄佐賀県 세키교마루関行丸고분, 장성군 영천리고분과 구마모토현熊本県 우스즈카臼塚고분의 관계로 설정된다(柳沢一男 2001).

신덕고분의 단축과 즙석은 분구의 외형뿐만 아니라 전방후원분의 구축 기법에 의해 분구가 형성된 것을 알 수 있게 하였으며, 영암군 자라봉고분에서는 월계동고분에서도 방패형 주구와 함께 삿갓형 목제품이 확인되었다.

광주시의 명화동고분에서는 원통형 하니와埴輪, 월계동고분에서는 이와 함께 나팔꽃형 하니와埴輪, 방패형과 삿갓형 목제품이 확인되었다. 고창군 칠암리고분, 함평군 장년리 장고산고분에서는 하니와埴輪의 존재가 출토되었다. 함평군 장년리 장고산고분의 주변 취락에서 같은 시기의 하니와埴輪가 확인되었다.

방패형과 삿갓형 목제품은 종래 긴키近畿지역 주변에만 존재하는 것으로 알려져 왔으나 구마모토현熊本県 노즈野津고분군에서는 석제품이, 후쿠오카현福岡県 가마즈카釜塚고분에서는 목제품이 출토됨으로써 반드시 긴키지역과 관련된 것으로 볼 수 없다. 영산강유역의 전방후원분 출토품은 북부 규슈지역 온가천遠賀川유역의 가호嘉穂형(岸本圭 1996)으로 불리는 2조돌대의 기저부가 높은 하니와埴輪가 영산강유역의 전방후원분 출토품과 관련(鐘方正樹 1999)된 것으로 본다.

해남군 조산고분에서는 규슈九州지역에 분포하는 고호우라コホウラ라는 류

구열도산 조개를 특수하게 가공한 하네키繁根木형의 패천貝釧(木下尚子, 2001)과 방제경倣製鏡이 출토되었다.

영산강유역의 왜계 횡혈식석실은 대부분 북부 규슈형이지만 장성군 영천리고분은 구마모토현熊本県에 집중 분포하는 히고肥後형 석실이고, 이 지역에 백제산 문물이 집중 분포하는 점은 주목된다. 왜냐하면 아리아케해有明海연안에 위치하는 구마모토현熊本県에는 히고형 석실을 내부주체로 하는 하네키繁根木고분에서 고호우라제 조개 팔찌가 출토되고, 다이보大坊고분에 백제산 이식耳飾이 부장되며, 일본열도에서 백제산 문물이 가장 많이 부장된 것으로 유명한 에타후나야마江田船山고분이 존재하기 때문이다.

영산강유역 전방후원분의 피장자는 석실의 유형, 조산고분의 하네키형 조개팔찌의 분포, 에타후나야마고분의 부장품과 같은 백제산 문물의 분포, 단독으로 돌연히 출현하는 과정 등으로 보아 북부 규슈에서 아리아케해연안에 걸친 지역에 출자出自를 둔 왜인으로 판단된다(朴天秀, 2002).

여기에서는 영산강유역의 왜계고분이 출현하는 6세기 초를 전후하는 시기의 북부 규슈九州에서 아리아케해有明海연안에 걸친 지역 유력수장묘의 석실 유형과 부장품 및 주변 유적의 분석을 통하여 구체적으로 그 피장자가 어느 지역 집단인가에 대해 접근하고자한다. 먼저 인적 물적 교류를 가장 잘 반영하는 규슈九州지역 출토 영산강유역산 토기의 분포를 통하여 그 피장자의 출자에 대해 살펴보고자한다.

이제까지 일본열도 출토 영산강유역산 토기는 주로 조족문토기가 주목되어 왔다. 그런데 이제까지 가야토기로 인식되어 온 승석문토기가 실제로는 영산강유역산 토기이고 이 토기가 조족문토기을 상회하는 수량으로 6세기 초를 전후하여 일본열도에 돌연히 다수가 이입된다.

이 시기 일본열도의 승석문토기는 제작수법에서 대부분이 영산강유역산으로 판단된다. 필자는 다케스에 쥰이치武末純一(2000)가 영산강유역산 토기의 특징으로 지적한 동부의 함몰이 실은 가마 내 횡치 소성에 의한 것으로 확인하였다. 즉 영암군 신연리9호분의 4호목곽묘와 나주시 덕산리3호분갑관 출토 호의 전자에는 토기의 파편이, 후자에는 옹관의 파편이 부착되고, 후쿠오카현福岡縣 구와바라이시카모토桑原井石ヶ元9호분의 호의 동부의 함몰부 주위에 부착된 원좌圓座상의 짚흔은 각각 이상재離床재인 초본류로 판단되기 때문이다. 횡치소성橫置燒成은 이 시기 백제, 신라, 가야, 왜의 토기에는 일반적으로 행해지지 않은 수법으로 영산강유역산 토기의 인식에 가장 중요한 기준이다.

또 영산강유역산의 호는 동부 외면 상반의 타날을 물손질로 지워서 정면整面하는데, 이는 이 지역의 옹관의 정면에 주로 나타나는 기법으로 다른 지역의 토기에 보이지 않은 또 하나의 특징이다. 이러한 특징에 의거하여 조사를 행한 결과 이제까지 가야토기 또는 스에키須惠器로 인식되어 온 다음과 같은 다수의 영산강유역산 토기를 확인할 수 있었다(朴天秀 2007).

영산강유역산 토기는 나가사키현長崎縣의 아사히야마朝日山유적, 치고노하나チゴノハナ유적, 에비스야마惠比須山3·7·11호분, 사호우라아카사키佐保浦赤崎3호묘, 가네카케자키鐘掛崎유적, 시마야마아카자키島山赤崎2호묘, 다마시라베고지로玉調五次郎3地点3호묘, 간노사키神ノ崎유적을 비롯하여 후쿠오카현福岡縣의 미토코마츠바라御床松原47호주거지, 이노우라井ノ浦고분, 구와바라이카모토桑原石ヶ元7·9호분, 나마노마츠바라生ノ松原유적, 우메바야시梅林고분, 아라지在自유적, 하사코미야ハサコ宮2호분, 우루자키潤崎유적, 데라타寺田유적, 반즈카番塚고분, 오니쿠마鬼熊8호주거지, 사가현佐賀縣의 오우가相賀고분, 도츠케藤附KST001고분, 우라타浦田SB021주거지 등 츠시마対馬와 북부 규슈九州 그리고 아리아케해有明海연안에 집중하는 경향이 뚜렷하다. 그런데 규슈九州지역 출토 토기의 다수를 차지하는 동부가 함몰된 횡치소성에 의한 승석문호가 함평군

신덕고분과 해남군 방산리 장고봉고분에서 부장된 점에서, 이러한 토기가 영산강유역 전방후원분의 피장자를 매개로 이입된 것을 알 수 있다.

이러한 영산강유역산 토기의 분포는 해남군 조산고분에서 출토한 하네키형 패천貝釧의 분포와 규슈九州계석실의 분포(柳沢一男 2001)와 밀접한 상관성을 가진 것으로, 영산강유역의 전방후원분 피장자의 모집단 파악에 결정적인 단서를 제공한다.

5) 규슈九州의 전방후원분前方後圓墳을 통해 본 영산강유역榮山江流域의 전방후원분前方後圓墳 피장자被葬者의 출자出自

(1) 스오나타연안周防灘沿岸

후쿠오카현福岡縣 스오나타周防灘연안의 전방후원분인 반즈카番塚고분은 석실 형식이 유사할 뿐 아니라 조족문이 시문된 영산강유역산의 호가 석실에서 출토되었다(8-6).

이 고분에서는 두꺼비모양 관식금구와 못과 꺽쇠를 사용한 목관이 출토되었다. 당시 못과 꺽쇠를 사용한 목관은 일본열도에서는 희소하며 주로 백제와 가야지역에서 확인되고, 두꺼비모양 관식금구는 어형 장식이 시문된 장식대도와 함께 백제계의 문물이다(高久健二 1993 : 265~274). 또 이 고분에서는 철지금동장 검릉형행엽과 f자형경판비가 조합을 이루어 출토되었는데, 그 조합으로 볼 때 대가야지역에서 이입된 것으로 보인다. 또 반즈카番塚고분의 남쪽에 위치하는 오니쿠마鬼熊유적의 8호주거에서 부뚜막과 함께 승석문이 시문된 영산강유역산의 호가 출토되었다. 또 그 북서측 전방후원분이 집중하는 쇼네曽根평야의 취락인 우루자키潤崎유적과 데라다寺田유적에서도 승석문과 평행타날문이 시문된 영산강유역계의 호가 출토되었다.

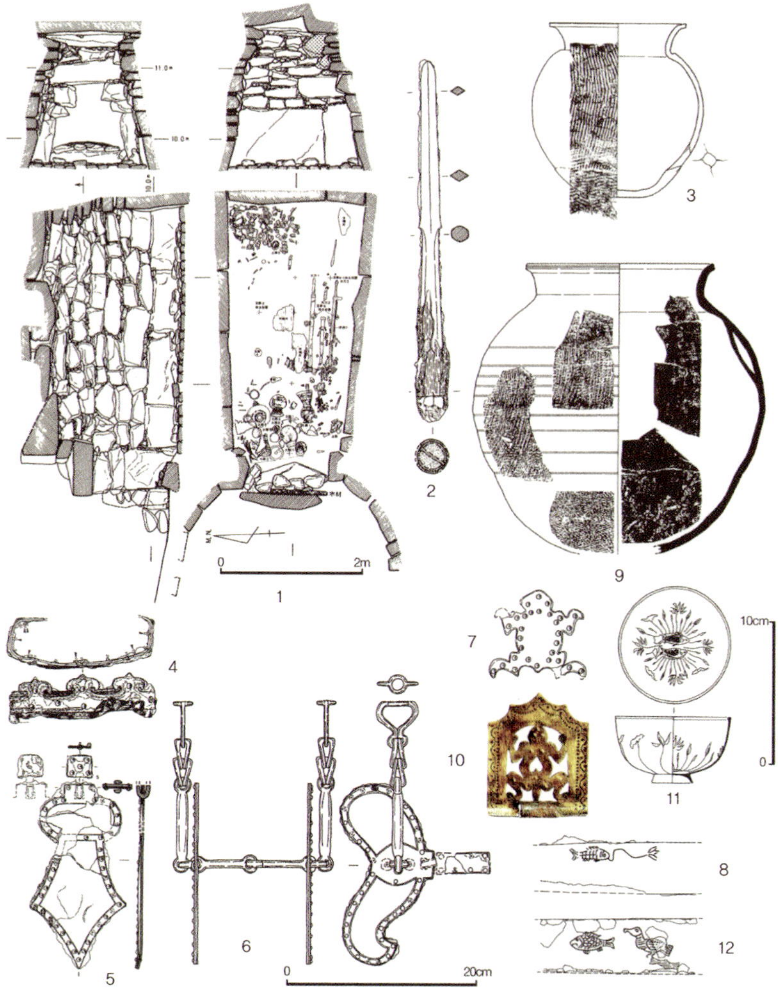

8-6 6세기世紀 전엽前葉 후쿠오카현福岡縣 반즈카고분番塚古墳과 周邊 유적遺蹟 출토出土 유물遺物

1. 반즈카番塚석실, **2~8.** 반즈카番塚고분, **9.** 오니쿠마鬼熊유적 8호주거지, **10·11.** 무령왕릉武寧王陵, **12.** 에다후나야마江田船山고분

⑵ 온가천유역遠賀川流域

후쿠오카현福岡縣 온가천遠賀川유역의 전방후원분으로 함평군 신덕고분과 같은 대형의 요석을 갖춘 유력 수장묘인 오즈카王塚고분 주변에는 특히 한반도의 문물을 가진 고분이 집중한다. 예를 들면 하제야마櫨山고분에서는 신라산 금동제 대장식금구, 대가야산의 철지금동장 검릉형행엽과 해남군 조산고분에서 확인된 하네키형의 고호우라제 패천貝釧이 출토되었다. 또 오바사니시小正西고분은 장방형의 요석을 가진 석실의 구조가 조산고분과 유사하고 도신형의 철모와 목심등자가 출토되었다. 이 형식의 철모는 부안군 죽막동유적 출토 예로 볼 때 백제계이고 등자는 철대와 병부의 정의 배열 형태로 볼 때 신라산으로 판단된다. 이 지역의 데라야마寺山고분 등에서는 영산강유역의 전방후원분 출토품과 관련되는 가호嘉穗형으로 불리는 2조돌대의 기저부가 높은 하니와埴輪가 분포한다. 또 6세기 중엽 게이센정桂川町의 가게즈카히가시影塚東25호주거에서는 점토로 피복한 온돌 유구가 확인되고 가와사키정川崎町의 묘가즈카冥加塚유적에서도 온돌이 설치된 주거가 검출되었다(小田和利 1994 : 328).

⑶ 무로미천유역室見川流域

후쿠오카현福岡縣 무로미천室見川유역의 전방후원분인 우메바야시梅林고분은 비교적 소형의 요석을 사용한 구조가 명화동고분과 유사하며 조족문타날이 시문된 영산강유역산의 호가 석실 내에서 출토되고 그 주변에서 다수의 한반도계 문물이 확인된다. 예를 들면 인접한 구에죠노クエゾノ5호분과 나나쿠마七隈C-1호분에서도 석실 내에서 토기의 부장이 확인된다. 특히 구에죠노 5호분에서는 단야구가 부장되고 토기 내에 당시 일본열도에서는 일반적이지 않은 식물의 공헌이 확인된다. 또 인접한 히로이시廣石1호분에서는 6세기 전

엽에 제작된 백제 토기가 출토되고 요시타케吉武유적에서도 다수의 가야토기가 확인되었다. 그리고 우메바야시梅林고분에서 서방으로 500m에 근접한 우메바야시梅林 취락 유적에서는 6세기대의 벽주壁柱건물과 점토를 터널상으로 피복한 온돌이 설치된 주거가 존재한다.

⑷ 사가평야佐賀平野

사가佐賀평야의 전방후원분인 세키쿄마루関行丸고분은 석실의 형식 유사뿐만 아니라 하네키繁根木형 고호우라コホウラ제 패천貝釧이 출토되어 주목된다. 이 고분에서는 복암리3호분 96년도 석실에서 출토한 식리의 어형장식과 유사한 장식을 가진 금동제 반원통형금구가 부장되었다. 이와 같은 어형장식은 무령왕릉 출토의 금속용기에 보이는 것으로 세키쿄마루関行丸고분의 금동제 반원통형금구의 계보는 백제에 구해진다. 또 주변의 노다野田취락 유적에서 백제의 삼족기, 도츠케藤附K ST001고분과 우라다浦田SB021주거에서는 영산강유역산의 평행타날호와 격자타날호가 출토되었다. 이러한 토기는 유적의 위치 관계와 5세기 후엽을 전후한 시기로 볼 때 세키쿄마루関行丸고분의 피장자의 활동과 관련된 것으로 추정된다.

⑸ 기쿠치천유역菊池川下流域

구마모토현熊本縣 아리아케해有明海연안의 저명한 유력 수장묘인 에타후나야마江田船山고분이 위치하는 기쿠치천菊池川하류역에는 장성군 영천리고분에서 확인된 우스즈카臼塚고분 등 구마모토熊本지역에 집중하는 히고형肥後型석실이 분포한다. 즉 하네키繁根木고분 즉 덴사야마傳佐山고분에서는 고호우라コホウラ제 패천貝釧과 대가야산의 수식부이식, 다이보大坊고분에서는 대가야와 백제산의 수식부이식이 출토되었다. 이 고분 출토 패천貝釧의 형식을 하네

키繁根木라 부른다. 또 에타후나야마江田船山고분의 부장품은 전반기의 장쇄長鎖식 수식부이식과 대금구, 마구는 대가야산이고, 그 후반기의 관冠, 단쇄短鎖식 수식부이식, 식리飾履, 마구, 개배蓋杯는 모두 백제산이다(朴天秀 1996).

해남군 조산고분에서 확인된 고호우라제コホウラ제 하네키繁根木형 패천貝釧은 세키쿄마루関行丸고분, 오즈카王塚고분의 주변에 위치하는 하제야마櫨山고분과 에타후나야마江田船山고분에 인접하는 덴사야마傳佐山고분에서 출토된 점에서 이러한 복수의 지역 집단에 의해 이입되었을 가능성이 극히 높다.

영산강유역 왜계고분 횡혈식석실의 계보와 연결되는 반즈카番塚고분, 우메바야시梅林고분에서 영산강유역산의 토기가 석실 내에서 부장된 것은 흥미롭다. 일본열도의 전방후원분에서 영산강유역산의 토기가 부장된 것은 이 두 예에 불과하고 양 고분에서는 토기를 부장하는 매장의례, 반즈카番塚고분에서는 목관의 사용이 확인된다. 이와 같은 영산강유역산의 토기의 입수와 당시 일본열도에서 일반적으로 볼 수 없는 토기와 목관을 사용하는 매장의례의 도입은 이 지역 피장자들의 영산강유역에서 활동을 암시하는 것이다.

이러한 지역에서는 우메바야시梅林고분의 주변에서 보는 바와 같이 다수의 이주민이 수용되어 주목된다. 그 전형적인 예로 사와라早良평야를 살펴보면 이 지역의 구에죠노고분에서는 단야구와 함께 석실 내에 부장된 토기 속에 식물의 공헌이 행해지고, 근접한 취락에서 6세기대의 벽주壁柱건물과 온돌 유구가 확인된 점에서 다수의 이주민이 존재하였음을 알게 한다. 온가천遠賀川유역에서도 가게즈카히가시影塚東유적과 묘가즈카冥加塚유적의 온돌 유구도 이와 관련되는 자료이다.

이상에서 검토한 바와 같이 영산강유역 전방후원분의 피장자는 스오나타周防灘연안, 사가佐賀평야동부, 온가천遠賀川유역, 무로미천室見川유역, 기쿠지천菊池川하류역에 출자를 둔 복수의 유력호족으로 상정된다. 그 외 영산강유역산 토기와 온돌 주거지가 확인된 아라지在自유적의 취락을 산하에 두고 유력 수장묘가 집중하는 후쿠오카현福岡県 무나카타宗像의 츠야자키津屋崎지역도 그 후보지로 볼 수 있다. 또 미토코마츠바라御床松原47호주거지, 이노우라井ノ浦고분, 구와바라이시카모토桑原石ヶ元7·9호분 등에서 출토된 영산강유역산 토기, 고가사키古賀崎고분과 구와바라이시카모토桑原石ヶ元고분 등에서 출토된 백제계의 장식대도裝飾大刀로 볼 때 후쿠오카현福岡県 이토시마糸島지역 주변도 그 후보지로 들 수 있다.

6) 영산강유역榮山江流域 전방후원분前方後圓墳 피장자被葬者의 성격性格과 역할役割

(1) 전방후원분前方後圓墳 피장자被葬者의 성격性格

해남군 용두리고분에서는 10점 전후의 스에키須恵器와 함께 중국 남조南朝산 대형 전문도錢文陶가 출토되어 주목된다. 전문도錢文陶는 서울 풍납토성과 몽촌토성에서 다수 출토되고 백제 지방의 수장들에게 중국제 도자陶瓷가 분여된 것으로 볼 때 전방후원분 피장자가 백제의 위신재 체계 내에 속한 것을 알 수 있게 한다.

함평군 신덕新德고분의 반구형장식부半球形裝飾附 환두대도環頭大刀, 단면삼각형斷面三角形 은장철모銀裝鉄鉾, 협갑脇甲 등 왜계 부장품과 함께 출토된 금층유리주金層琉璃珠, 조옥棗玉, 연관옥鍊管玉 등으로 구성된 경식頸飾은 무령왕릉武寧王陵, 은피철정銀被鉄釘과 환좌금구鐶座金具가 사용된 장식목관裝飾木棺과 이산식二山式 관冠은 익산시 입점리笠店里고분과 같은 백제지역의 수장묘에서 주로 부장되는 것이다. 또 신덕고분의 삼연식三連式 비轡와 조합된 반구형화판장식운주半球形花瓣裝飾雲珠 등 마구도 백제에서 제작된 것이다. 이러한 위신재는 백제 중앙과의 관계없이는 도저히 입수할 수 없는 것으로 장식목관을 포함한 문물은 백제 왕실에서 하사된 것으로 판단된다.

이와 관련하여 신덕2호분은 앞에서 언급한 바와 같이 1호분의 전방부 바로 앞 주구에 접하여 계획적으로 같은 묘역 내에 조영된 직경 20m 전후의 원분으로, 그 입지, 분구의 규모, 능산리식의 횡혈식석실을 매장 주체부로 하는 것에서 1호분인 전방후원분을 이은 2세대 수장묘로 파악된다. 이주 2세대의 수장묘인 신덕2호분에서 능산리식의 횡혈식석실이 채용된 것은, 그 전 단계의 전방후원분인 1호분에서의 백제산 위신재의 의미와 피장자상을 시사하는 것이다.

월계동고분에서도 신덕고분과 같은 백제계의 은피철정과 환좌금구가 사용된 장식목관이 확인되며, 명화동고분과 같이 고사리 모양의 장식이 붙은 백제계의 통형기대가 출토하였다. 장송의례의 중요한 도구인 목관을 하사받아 공유하고, 수장묘의 매장의례에 사용되는 제기인 통형기대를 같이하는 점에서 백제왕권과의 상호관계를 짐작케 한다. 이는 재지 수장묘인 신촌리9호분과 복암리3호분에서 옹관을 사용하는 것과 아주 대조적인 것이다.

공주시 단지리 횡형묘橫穴墓군은 삼국시대의 묘제 가운데 계보가 구해지지 않고 규슈九州의 스오나타周防灘연안과 온가천遠賀川의 횡혈묘와 유사성이 지적되며 스에키須恵器 또는 이를 모방한 토기를 부장한 점에서 그 피장자는 북부 규슈九州지역의 왜인으로 파악된다. 이러한 횡혈묘의 피장자는 그 조영 시기와 출자가 영산강유역의 전방후원분과 같고 북부 규슈九州인 점, 그 주변에 산성이 존재하는 것에서 백제의 왕도의 방어와 관련된 집단으로 생각된다. 공주시 단지리와 안영리 새터유적, 부여군 능산리동구릉고분군, 오수리고분군의 횡혈묘는 백제 왕도에도 왜인이 거주했음을 시사하며, 이는 일본열도의 긴키近畿지역을 비롯한 전역에 한반도로부터의 수많은 이주민이 정착한 것을 고려한다면 자연스러운 현상이라 할 수 있다. 백제영역에 신라, 고구려, 왜, 중국인이 혼재한다는『수서隋書』동이전 백제조의 기록은 이를 방증하는 것이다.

특히 공주시 단지리 횡혈묘군은 영산강유역의 전방후원분 피장자가 왜계 백제인이라면 왜 백제 중심부에 왜인의 존재를 찾아 볼 수 없는 가라는 의문(林永珍 2004:27)에 대한 해답을 제공한다. 그리고 단지리 횡혈묘군 피장자는 그 출자, 출현 시기, 성격이 영산강유역의 전방후원분 피장자와 강한 상관관계를 보이는 점에서 이 지역의 전방후원분 피장자의 출자와 백제왕권과의 상관 관계를 웅변하는 중요한 자료이다.

479년『일본서기』웅략雄略 23년 삼근왕이 사거한 후 동성왕의 귀국을 츠쿠시국筑紫國 군사 500인이 호위한다. 이 기록은 영산강유역 전방후원분의 석실구조가 북부 규슈九州계인 것과 이 지역에 백제산의 위신재와 영산강유역산의 토기가 집중하는 고고자료의 내용과 부합한다. 백제에 의해 영산강유역에 파견된 왜인은 신덕고분에 보이는 복수의 대도大刀와 갑주甲冑, 용일리 즙석원분의 대도大刀, 장성군 영천리고분과 관련이 추정되는 만무리고분의 횡장판정결판갑橫長板釘結板甲 등 왜계고분에 무기, 무구의 부장이 탁월한 것에서 전사戰士 집단일 가능성이 크다. 대금계帶金系의 왜계倭系 갑주甲冑뿐만 아니라 복수의 대도大刀가 부장되는 것은 당시 한반도 삼국의 주력 무기가 장병長柄 철모鐵鉾인데 비해 일본열도의 주력 무기가 대도大刀인 점에서도 그러하다.

이 지역에 파견된 왜인은 전방후원분의 조영시기가 웅진기에 한정된 것에서 5세기 후엽에 백제에 파견된 규슈九州의 수장과 전사戰士 집단이 귀국하지 않고 신덕고분의 피장자와 같이 전남지역 일대에 배치되어 백제왕권에 종사한 후 영산강유역에 매장된 것으로 추정된다.

⑵ 전방후원분前方後圓墳 피장자被葬者의 역할役割

영산강유역 전방후원분의 출현 과정과 함께 여기에서 주목하는 것은 분포 양태이다. 즉 이 지역의 전방후원분은 고분군을 형성하지 않고 광주시 월계동고분과 고창군 칠암리고분 이외에는 하나의 분지와 수계에 1기씩 분포하며 계기적으로 축조되지 않은 것에 의미가 있다.

그런데 전방후원분의 분포를 보면 크게 영산강하류역, 영산강상류역 노령산맥이북, 해남반도의 4지구로 구분된다. 그 가운데 가장 주목되는 것은 영산강유역의 최대 중심지인 나주시 반남집단 및 전라북도 남부의 재지 세력의 최대 중심지인 고창군 아산집단과 그 주변의 전방후원분 피장자와의 관계이다.

반남지역의 서쪽에는 영암군 옥야리 방대형고분이 영산강의 삼포강 입구의 (고)남해만의 해역에 위치한다. 나주시 가흥리 신흥고분은 반남지역의 북쪽 영산강 북안의 섬에 입지하였다. 영암군 자라봉 전방후원분은 반남지역의 남쪽 (고)도포만의 해역에 접하며 입지한다. 더욱이 주목되는 것은 2021년 확인된 나주시 유곡리 전방후원분은 반남지역의 북동쪽에 입지하는 것이다. 이와 같이 왜계 고분이 반남지역을 사면으로 둘러싸듯이 배치되어 있다.

노령산맥을 넘은 최북단의 고창군 칠암리 전방후원분과 영광군 월계전방후원분은 5세기대의 전라북도 남부 재지세력의 최대 중심지인 아산지역을 서방에서 제압하고 영산강유역과 이 지역과의 교통을 차단하듯이 배치되어 있다. 아산지역의 봉덕리고분군에서는 스에키須恵器와 가야토기를 모방한 토기가 제작되고 또 인접한 죽막동 제사유적에서 이 지역 양식의 토기가 다수 확인된다. 따라서 아산지역 집단은 5세기까지 줄포만을 무대로 활동하면서 죽막동유적에서 제사를 주재한 전라북도 남부의 최대의 해상세력으로 판단된다.

해남반도의 용두리고분, 조산고분, 방산리 장고산고분의 피장자는 서해와 남해를 연결하는 해상 교통의 요충의 확보와 함께 남해안의 가야 세력을 압박하고 가야와 반남세력과의 해로 교통을 차단한 역할을 담당한 것으로 추정된다. 한편 해남반도의 동북방에는 3기 이상의 원분으로 구성된 수혈식석곽묘와 횡구식석실묘를 내부주체로 하는 재지 수장묘인 옥천면 성산리 만의총고분군이 조영되고 왜계고분의 매장주체부가 다른 것은 재지수장과 각각 출자가 다른 왜인을 배치하여 상호 견제를 도모한 것으로 추정된다.

영산강상류역의 광주시 월계동1, 2호분, 광주시 명화동고분, 담양군 성월리고분, 담양군 고성리고분, 최근 확인된 담양군 외추리고분은 섬진강수계로 향하는 교통로상에 입지한다. 여기에서는 대가야와 영산강하류역의 반남세력과의 육로 교통을 차단하면서 주로 대가야을 압박하려는 백제의 전략이 엿보인다.

대가야권역의 섬진강수계에 향하는 교통로상의 영산강상류역 광주지역과 담양지역에 가장 많은 전방후원분이 집중하고 담양지역에 일본열도산 방제경이 출토한 제월리고분이 위치한다. 이는 담양군 금성면 외추리고분이 대가야권역인 순창에 인접하여 축조된 것에서도 알 수 있다. 또 영산강유역에서 명화동고분의 토기, 조산고분의 f자형경판비와 검릉형행엽, 신덕고분의 복발부주와 같은 대가야계로 파악되는 문물의 존재가 흥미롭다.

이러한 점에서 볼 때 이 지역의 왜인은 영산강유역뿐만 아니라 6세기 전반 백제와 대가야가 왜와의 교역과 금강상류역·섬진강중상류역의 기문지역과 섬진강 하류역의 항인 대사의 영유를 둘러싼 전쟁과 같은 백제의 대가야 공략에 관여한 것으로 추정된다. 한편 이 지역은 야마오 유키히사山尾幸久가 지적한 바와 같이 고구려전에 대한 전략적인 거점(山尾幸久 2001:33)이었을 가능성도 있다.

이러한 전방후원분의 출현과 배치에는 백제의 왕후제와 같은 지방지배와의 관련이 상정된다. 왕후제는 주지하는 바와 같이 웅진 천도 후 동성왕東城王

대에 백제가 각 지방에 왕후를 분봉하여 직접지배를 행하는 제도이다. 495년 『남제서南齊書』에 보이는 동성왕東城王에 의한 왕후제의 일환으로 봉해진 면중후面中候의 면중이 광주인 점과 498년 『삼국사기』 동성왕東城王 20년 탐라耽羅를 정복하기 위해 무진주武珍州 즉 광주에 이르렀다는 기록도 이와 관련된 것으로 파악되어 매우 주목된다. 그 이유는 양 사료에 나타나는 광주지역에 전방후원분이 집중하기 때문이다. 이는 영산강유역이 이미 백제에 복속된 것과 이 시기 광주지역에서 활동한 전방후원분 피장자가 백제 왕권과 밀접한 관계에 있었음을 반영하는 것으로 본다. 이와 같이 문헌에서도 영산강유역의 전방후원분 피장자는 독립적으로 할거한 세력으로 볼 수 없고 백제왕권에 예속된 것으로 나타난다.

필자는 전방후원분 피장자가 활동한 같은 시기에 대한 이러한 문헌사료를 논외로 하고 고고자료만으로는 영산강유역 전방후원분을 해석하는 것이 불가능하다고 판단한다.

웅진기 영산강유역을 중심으로 왜인이 파견된 것은 재지 기반이 없는 외부세력을 사민徙民시켜 기존의 질서를 무너뜨리는 방식으로 고구려의 낙랑 대방에 대한 지배방식과 유사하며, 백제의 간접지배에서 직접지배로 가는 과도기적인 지배방식으로 본 견해가 있다(朱甫暾 2000). 즉 백제는 이 지역 최대의 토착세력 거점인 나주시 반남지역은 재지수장을 통하여 간접적으로 지배하고, 그 주변을 외곽에서 포위하듯이 전방후원분 피장자와 같은 왜계의 백제세력을 이식하여 재지 호족세력을 견제하는 양면적인 정책을 취하였다.

한편 함평군 장고산고분이 입지하는 함평천상류와 신덕고분이 입지하는 고막원천 상류에서 노령산맥을 넘어 전라북도로 가는 간선 교통로상의 영광군 학정리고분군에는 백제계석실이 조영된다. 이와 같이 교통의 요소에는 백제와 직접적인 관계를 가진 재지인 또는 백제인을 통하여 재지세력과 왜계 양방兩方의 견제牽制를 의도한 것으로 추정된다.

더욱이 전방후원분 등 왜계 고분의 매장주체부인 횡혈식석실의 계통이 다르고 분산된 점이 흥미롭다. 즉 영산강지류인 고막원천 수계 상류역의 분지에 위치하는 신덕고분과 황룡천하류역 좌안의 명화동고분, 또 인접한 황룡천 상류역 분지의 장성군 영천리고분, 영산강상류역 좌안의 월계동고분, 같은 해남반도의 장고봉고분 조산고분 용두리고분은 야나기 사와柳沢一男 분류(2001)의 북부 규슈계九州系, 히고계肥後系, 발전계로서 각각 계통을 달리한다. 이와 같이 인접한 전방후원분에서 상호 계통을 달리하는 석실이 분포하는 것은, 백제가 파견된 왜인이 상호 연계하는 것을 막기 위해 의도적으로 출자를 달리하는 집단을 분산 고립적으로 배치하였을 가능성이 높다.

그런데 영산강유역의 대수장묘인 나주시 신촌리9호분에서는 원통형과 호형의 하니와埴輪형 토제품이 분정부에서 확인되었다. 이러한 하니와埴輪형 토제품은 전방후원분의 출토품과 달리 상당히 재지화된 것이나, 신촌리9호분의 조영 집단과 당시 영산강유역에서 거주한 왜인과의 일정한 관계를 나타내는 것이다. 또 재지의 수장묘인 나주시 복암리3호분 96년석실묘에서는 북부 규슈九州계의 석실이 채용된 것도 흥미롭다. 이 양 수장묘에 왜의 묘제가 채용된 것에 대하여 영산강유역과 일본열도와의 직접적인 교섭으로 보는 견해가 많다. 예를 들면 앞에서 언급한 바와 같이 박순발朴淳発(2001)의 재지수장설이 그러하나, 그 전제로 된 오구리 아키히코小栗明彦(2000)의 연대관과 복암리3호분과 영산강유역의 전방후원분은 매장원리가 전혀 다른 묘제인 점에서 수긍하기 어렵다. 필자는 당시 이미 영산강유역에 왜인이 파견되었기 때문에 현지에서의 양자간 교류에 의해 재지 호족세력이 일본열도의 묘제를 수용하였다고 본다. 이는 이 지역의 재지 호족세력을 견제하고 통치하기 위해 파견한 본래 백제의 의도와는 달리 왜인이 재지의 유력세력과 일정 부분

결탁한 것을 시사하며, 웅진기 백제의 지방지배가 완결되지 못했음을 보여 주는 것이다.

영산강유역 전방후원분 등의 분포를 보면 고창군 칠암리고분, 영광군 월산리 월계고분, 함평군 장년리 장고산고분, 영암군 자라봉고분, 해남군 용두리고분, 해남군 조산고분, 해남군 방산리 장고봉고분은 임해성이 강한 곳에 입지하고 있다. 또 내륙의 함평군 예덕리 신덕고분, 광주시 월계동1, 2호분, 담양군 성월리고분, 함평군 마산리표산고분, 광주시 명화동고분도 내륙 수로에 면하여 바다에 접근이 용이한 곳에 입지한다. 이러한 고분의 입지는 교통의 요소인 면도 고려된 것이나, 역시 본국의 출신 집단과 왕래가 용이한 곳을 선택한 결과로 파악된다. 해남군 방산리 장고봉고분의 거관으로 추정되는 거칠마토성은 바다에 바로 면한 왜성과 같은 입지에 축조된 것도 그러하다.

영산강유역산 토기가 쓰시마對馬, 북부 규슈九州, 사가佐賀평야에 집중하는 것은 이 지역의 전방후원분 피장자가 원향의 집단과의 왕래가 빈번하게 행해졌던 것을 보여 주는 것이다. 일본열도 출토 영산강유역산 토기는 전방후원분 피장자에 의한 선진문물과 필요물자의 이입뿐만 아니라 그에 동반한 이주민의 도입이 상정된다. 즉 후쿠오카현福岡縣 아라지在自유적의 온돌 그 외 후쿠오카현福岡縣 오니쿠마鬼熊8號주거지, 사가현佐賀縣 우라타浦田SB021주거지에서 영산강유역산 토기와 부뚜막이 함께 나타나고 있어 역시 이주민의 존재가 추정된다. 또 조족문토기와 말의 순장갱이 확인된 후쿠오카현福岡縣 하사코미야ハサコ宮2호분의 피장자는 인접한 미츠자와三沢지역의 마사집단에 속하는 이주민으로 파악된다. 영산강유역산의 토기가 출토된 후쿠오카현福岡縣 구와바라이카모토桑原石ヶ元고분군의 2호분 피장자는 백제산의 마구와 단야구 일습을 부장하고 있어 아마도 인근의 제철유적과 관련된 영산강유역 출신의 이주 공인으로 상정된다.

영산강유역의 전방후원분인 신덕고분과 월계동1호분 등뿐만 아니라 그 모집단에도 일본열도의 다른 지역에 비해 백제산 문물의 부장이 탁월한 것이 흥미롭다. 즉 세키쿄마루関行丸고분의 금동제 반원통형금구, 반즈카番塚고분의 두꺼비모양 관식금구와 어형장식이 시문된 장식대도, 왕묘급의 부장품이 출토되어 저명한 에타후나야마江田船山고분의 관, 이식, 식리飾履같은 백제산 금동제품의 존재가 탁월하고, 이 고분의 개배, 세키쿄마루関行丸고분 주변의 노타野田유적 출토 삼족기, 우메바야시梅林고분 주변 히로이시廣石고분 출토 백제토기가 존재한다. 이는 영산강유역의 전방후원분 피장자의 활동이 백제와의 긴밀한 관계하에 이루어졌음을 시사하는 것이다.

그런데 남해안에서 영산강유역 전방후원분 피장자가 왜계백제관료임을 방증하는 남치리南峙里1호분이 확인되어 주목된다. 이 고분은 남해군 남치리의 북쪽 곡간 분지의 배후 중앙 능선 정상부에 해역을 조망하던 곳에 입지한다.

남치리1호분은 남북 8.2m, 동서 6m의 규모이다. 묘제는 지하식의 횡혈식석실이며 세 벽의 하단 벽석에는 요석腰石, 현문에는 문지방석, 문주석, 문미석이 있다. 부장품은 은화관식과 관모 테 각 1점, 청동제 대장식구 1세트, 관고리 11점, 관정 40여점이 출토되었다.

은화관식은 전체 길이 15.2cm이며 정화頂花를 포함하여 다섯 개의 꽃봉오리로 주간부, 좌우 각 2단의 가삽부로 구성되어 있다. 남치리 1호 석실 은화관식을 제외하면 출토된 12점은 사비기 부여지역과 나주와 남원, 익산 등 백제 지방에서 확인되었으며, 특히 익산 미륵사지 서탑 출토품과 형태적으로 매우 유사하다. 대장식구는 은화관식과 더불어 익산 미륵사지 서탑 출토품과 유사하다. 이 고분은 석실의 구조와 은화관식으로 볼 때 6세기 말 또는 7세기 초로 편년된다.

석실은 관정과 관고리로 구성된 목관을 사용하였으며 현문부에 문지방석·

문주석·문비석 등의 시설을 설치한 점, 동장胴張형의 평면구조 등은 신라 횡혈식석실의 특징인 반지하 또는 지상식의 구조와 고대한 분구와 그 가장자리에 호석을 설치하고 주구를 돌린 점과 차이를 보인다. 이 고분을 남원시 초촌리고분군에 보이는 백제 횡혈식석실로 보는 견해도 있으나, 이 시기 백제고분에 문지방석·문주석·문비석과 동장胴張형의 평면구조를 찾아 볼 수 없다. 그리고 동장胴張형의 평면구조로 볼 때 아리아케해有明海연안의 규슈九州 중서부계 횡혈식석실임을 알 수 있다. 왜계고분에 백제의 나솔奈率 이상이 사용하는 은화 관식과 대장식구를 장착하고 매장된 피장자는 왜계백제관료로 추정된다(8-7, 8).

더욱이 흥미로운 것은『일본서기』흠명欽明 17년 즉 556년에 보이는 왜에 파견되었던 백제 왕자 혜가 귀국할 때 츠쿠시국築紫國 수군을 호위하여 보냈으며, 별도로 츠쿠시노히노키미築紫火君와 군사 1000명으로 미테(저)彌弖(氐)까지 호위하고 항로航路의 요충要衝을 지키게 하였다는 기록이다. 이는 6세기 중엽에도 왜의 수군이 백제와 함께 남해안에서 활동하며 주둔하였음을 보여준다. 특히 왜의 수군이 상륙한 미저彌氐라는 지명이 남해군 미조리彌助里와 유사한 점(坂本太郎(外) 1965:216, 217 연민수(외) 2014:390)과 미조리가 남해도의 항구인 점, 남치리1호분의 석실이 츠쿠시노히노키미築紫火君의 원향인 아리아케해有明海연안의 규슈九州 중서부계인 점이 주목된다.

왜냐하면 562년 가야 멸망 이후에도 규슈九州 중서부계 석실이 남해안 일대에 지속적으로 조영된다는 지적(김준식 2020:183)과 상통하기 때문이다.

남치리1호분의 피장자는 6세기 후엽 대가야 멸망 이후 남해안 일대에 구임나사현 일대를 장악한 백제에 의해 파견된 왜계백제관료이다. 이로써 영산강유역 전방후원분의 피장자가 왜계백제관료임이 증명되었다고 판단한다.

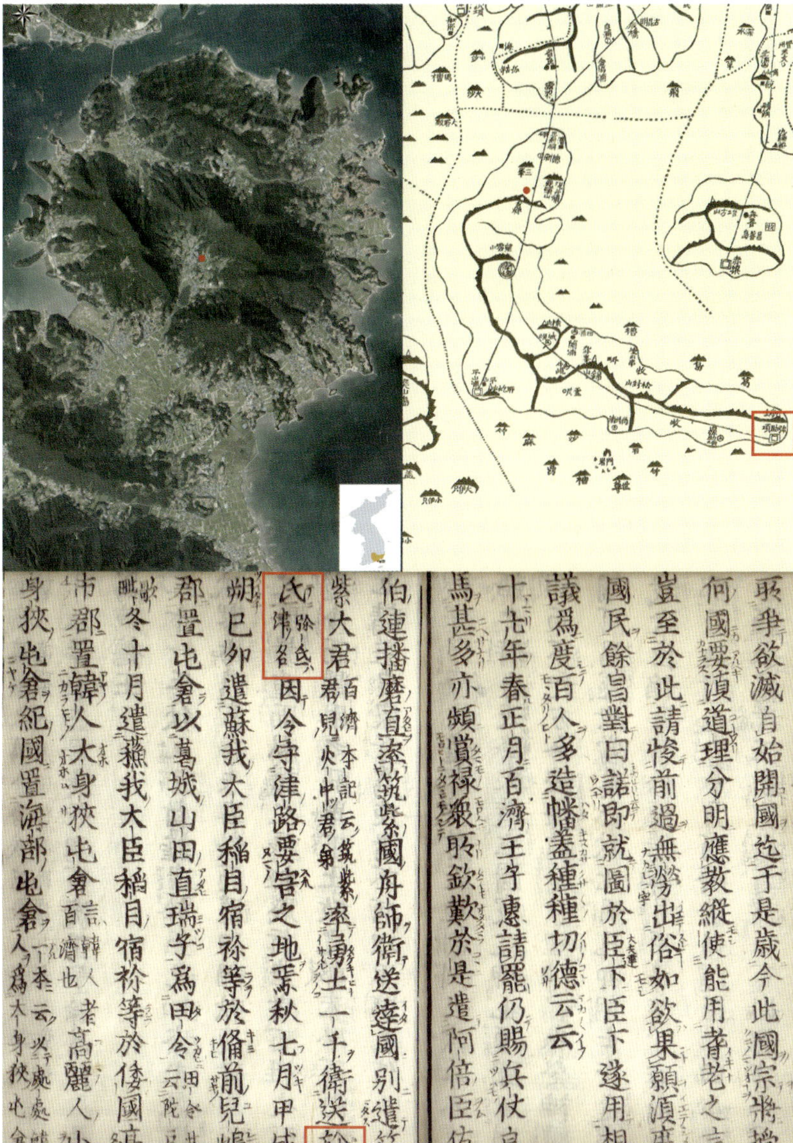

取爭欲滅自始開國迄于是歲今此國宗將授
何國要須道理分明應教縱使能用耆老之言
豈至於此請悛前過無勞出俗如欲果願須度
國民餘昌對曰諾即就圖於臣下臣下遂用相
議爲度百人多造幡蓋種種功德云云
十七年春正月百濟王子惠請罷仍賜兵仗良
馬甚多亦頻賞祿衆所欽歎於是遣阿倍臣佐
伯連播磨直率筑紫國舟師衛送達國別遣筑
紫火君百濟本記云筑紫君兒火中君弟率勇士一千衛送於
彌氐津因令守津路要害之地焉秋七月甲戌
朔己卯遣蘇我大臣稻目宿禰等於備前兒嶋
郡置屯倉以葛城山田直瑞子爲田令田令此云陀豆歌
毗冬十月遣蘇我大臣稻目宿禰等於倭國高
市郡置韓人大身狹屯倉言韓人者百濟也高麗人小
身狹屯倉紀國置海部屯倉一本云以處處韓人爲大身狹屯倉

8-7 남해군南海郡 남치리3호분南峙里3號墳 입지立地와 『일본서기日本書紀』 흠명 17년欽明 17年(556) 기사記事

8-8 남해군南海郡 남치리3호분南峙里3號墳 구조構造와 출토出土 유물遺物

7) 영산강유역榮山江流域 전방후원분前方後圓墳 출현出現의 역사적歷史的 배경背景

(1) 6세기世紀 전반前半 백제왕권百濟王權과 왜왕권倭王權

영산강유역 전방후원분이 웅진기에 한하여 조영된 것은 역시 한성 함락에 의해 일시적으로 통치 기구가 와해된 백제가 웅진 천도 후 곧바로 자력으로 남방을 통치할 수 있는 역량이 부족하여 일시적으로 왜인을 파견하였기 때문이다. 이 지역에 특히 규슈九州지역의 왜인이 파견된 것은 후쿠오카현福岡縣 니시신마치西新町유적에서 마한의 토기가 출토되는 점으로 볼 때, 3세기 후반 이래 교통의 요충에 위치한 영산강유역이 백제지역보다 전통적으로 왜와 밀접한 관계에 있었던 점과, 규슈九州지역의 왜인이 지역의 사정을 숙지하고 있었던 때문이다.

백제가 영산강유역과 가야지역에 본격적으로 진출하는 6세기 전엽이 되면 일본열도에는 종래부터 지속되어 온 가야지역부터의 문물 이입이 급격히 줄어들고 백제지역의 문물이 본격적으로 유입된다. 이 시기 에타후나야마江田船山고분의 백제산 문물과 무령왕릉의 금송제 목관은 선사시대 이래의 전통적인 가야지역과 왜와의 일상적인 교역 관계를 넘어서 백제가 대왜 교역의 주도권을 장악한 것을 보여주는 것이다(朴天秀 1998). 바로 이 시기인 웅진기 영산강유역에서 전방후원분이 돌연 출현하는 것에서 이와 같은 변화와 양자 간의 강한 친연관계가 상정된다.

와카야마현和歌山縣 스타하치만隅田八幡신사의 인물화상경에는 무령왕과 즉위전의 계체繼體가 등장하며, 그 제작 시기는 문헌사학에서 무령왕 즉위 다음 해인 503년으로 비정되고 있는데 거울의 형식학적인 연구에서도 타당성이 인정된다. 이 거울은 500년 전후의 백제와 계체繼體세력과의 밀접한 관계를 나타낸다.

무령왕은 513년 『일본서기』 계체繼體 7년 이래 제박사諸博士를 빈번하게 왜에 파견하고 있다. 이 시기 백제는 섬진강유역의 대외교통로의 결절점인 기문과 교역항인 대사帯沙의 영유를 둘러싸고 대가야와 각축하고 있어, 제박사諸博士의 파견은 이와 같은 상황 하에 이루어진 것으로 파악되고 있다. 백제의 제박사諸博士와 문물은 종래 가야지역에서 도입된 철과 같은 필수 물자와 생산공인과 다른 고등종교인 불교와 같은 당시 왜가 바라던 국가 정비에 필요 불가결한 것이었다(山尾幸久 1989).

이와 같은 백제와 왜의 본격적인 교류는 계체繼體조 출현 전후에 시작되고 있어 계체繼體조 출현에는 백제와의 관계가 주목된다. 계체繼體 일족은 오미近江를 거점으로 비파호琵琶湖의 호상교통과 교역항인 스루가敦賀를 지배하고 광역의 교역 루트를 장악하고 긴키近畿 북부, 에츠젠越前, 오미尾張에 걸친 호족 연합을 배경으로, 전대의 가와치河內세력을 타도한 후 왕위를 찬탈한 것으로 파악되어 왔다. 이와 관련하여 동해에 면한 와카사若狭만 주변에서 출토된 한반도산 문물은 와카사若狭 가도街道와 비파호琵琶湖 연안의 교통로상에 집중하고 이 지역과 가와치河內 지역 사이에 분포의 공백지대가 존재하는 것으로 볼 때 세토나이해瀬戸内海를 통하지 않고 동해를 통하여 직접 도입된 것으로 판단되어 주목된다(朴天秀 1998). 즉 이 교통로상의 후쿠이현福井縣 쥬젠노모리十善の森고분, 시가현滋賀縣 가모이나리야마鴨稻荷山고분에서 보는 바와 같이 6세기 전반 이래 백제계 문물이 집중하고, 또 백제계 벽주건물의 분포 밀도가 가장 높다.

이와 같이 계체繼體세력은 종래 가와치河內세력과 전통적으로 밀접한 교류관계에 있었던 가야세력을 배제하고 백제를 교섭 창구로 하여 선진문물을 도입하여 가와치河內세력과 차별화를 시도함으로써 기나이畿內에서 우위를 확보한 것으로 파악된다. 고훈시대 중기와 후기 사이의 왜왕권 내부의 권력교체에도 한반도 남부의 세력과의 교섭이 중요한 역할을 하였다고 추정된다.

⑵ 6세기世紀 전반前半 규슈세력九州勢力의 동향動向

6세기 전엽 일본열도에 지리적으로 가까운 가야지역의 문물을 대신하여 백제지역 문물이 돌연 이입(朴天秀 2002)되는 배경에 대하여 이제까지 백제와 왜의 활발한 교섭에 의한 것으로 설명되어 왔다. 그러나 양자 간 정치적 교섭은 이미 4세기 후반부터 이루어진 점에서 왜 어떠한 이유로 이 시기 돌연 양자 간 교류가 증대된 것인가에 대한 설명이 될 수 없다. 필자는 그 배경의 하나로서 백제가 상대적인 교통의 불리를 구마모토현熊本縣 남부의 석관이 해로를 통하여 수백 km 떨어진 긴키近畿지역에 반입되는 것에서 알 수 있듯이 능숙한 원양 항해자인 북부 규슈九州 출신의 호족세력 즉 영산강유역의 전방후원분 피장자들을 매개로 극복한 결과로 본다.

이러한 점에서 한성기의 일시적인 멸망에서 웅진기의 동성왕, 무령왕, 성왕대에 걸친 정국 안정, 이른바 임나사현任那四縣과 기문己汶 대사帶沙의 영유領有에서 확인되는 대가야전의 승리, 고구려전에의 복귀와 같은 부흥은 당시의 복잡한 국제 관계를 잘 활용한 백제 외교의 승리라 할 수 있다. 백제의 왜왕권과 북부 규슈九州의 호족 세력에 대한 양면적인 외교 전략에 의한 양자의 결합은 백제의 한반도 내와 일본열도 내에서의 영향력 강화와 함께 북부 규슈九州세력의 일본열도 내에서의 영향력 강화라는 상호 목적에 부합하였기 때문에 가능했다. 이러한 점에서 영산강유역 전방후원분의 피장자는 백제왕권에 신속하면서 백제왕권과 왜왕권 간의 외교에 활약한 『일본서기』 흠명欽明기에 보이는 왜계백제관료(朱甫暾 2000; 山尾幸久 2001)의 원형으로 파악된다. 에타후나야마江田船山고분의 백제산 장신구와 명문대도, 그 후의 흠명欽明기에 보이는 왜계백제관료의 양태로 볼 때 영산강유역의 전방후원분 피장자인 북부 규슈九州에서 아리아케해有明海연안지역에 걸친 지역 복수의 유력호족이 왜왕권과 함께 백제왕권에 신속臣屬하였음을 시사하는 것이다.

영산강유역의 전방후원분 피장자는 신덕고분 등의 고분뿐만 아니라 일본열도의 다른 지역에 비해 그 출신 집단에서도 백제산 문물의 부장이 탁월한 것에서, 그 선진 문물을 규슈九州 지역의 모집단에 보내고 그 대가로 일족의 군사력을 제공받는 창구의 역할을 한 것으로 추정된다.

더욱이 영산강유역산의 토기가 규슈九州지역과 같이 긴키近畿지역에서 넓은 분포역을 형성하여 주목된다. 특히 영산강유역산의 토기가 집중적으로 출토하는 시죠나와테四条畷市 주변의 시죠나테쇼각코나이四條畷小學校內유적, 미나미노코메자키南野米崎유적, 구스노키楠유적, 나라이奈良井유적, 고마이케홋뽀木間池北方유적, 사라군죠리讃良郡條里유적, 죠호지長保寺유적, 시토미야키타蔀屋北유적에서는 말을 사육하기 위한 제염토기와 말뼈가 다수 출토되어 가와치河內의 마사馬飼 집단의 유적으로 파악된다. 또 사라군죠리讃良郡条里유적, 죠호지長保寺유적, 시토미야키타蔀屋北유적에서 출토된 부뚜막 부속구는 전체적인 형태가 U자형으로 외연에 돌대를 돌린 것으로 광주시 월계동1호분주구, 광주시 월전동유적, 나주시 신촌리9호분 등 영산강유역의 출토품과 가장 유사한 형식이다(徐賢珠 2003).

영산강유역산의 토기가 출토된 시가현滋賀縣 가키타柿田유적 주변의 곤코지金剛寺유적에서 말의 족적이 발견되어 비파호琵琶湖 연안의 말사육에도 이 지역의 마사馬飼 집단이 관여하였을 가능성이 높다. 이는 긴키近畿지역의 말사육이 영산강유역부터의 이주민에 의해 성립된 것을 시사하는 것이다. 말의 순장이 확인된 후쿠오카현福岡縣 오고리시小野市 하사코미야ハサコ宮2호분 피장자도 인접한 미즈자와三澤구릉의 말 사육 집단과 관련된 이주민으로 추정된다. 영산강유역에서는 나주시 복암리2호분 육교 부근의 구에서 소뼈와 함께 말뼈가 출토되며, 주구의 넓은 범위에서 말뼈가 다수 확인되었다. 복암리3호분의 1호석실의 내부와 영암군 자라봉고분의 석실 내부에서도 말뼈가 출토되었다.

그 외 무안군 고절고분에서도 분구에서 마골이 출토되었고 나주시 당가요에서는 토마土馬가 확인되어 영산강유역에서 말의 사육이 이루어진 것으로 추정된다. 영산강유역의 말의 순장은 토기뿐만 아니라 가와치河內와 규슈九州의 말 사육이 이 지역으로부터의 이주민에 의해 성립된 것을 방증하는 것이다.

영암군 자라봉고분에서 말의 순장의 존재와 광주시 월계동1호분 주구에서 출토한 부뚜막 부속구가 시죠나와테시 주변 마사집단의 생활유적 출토품과 유사한 것은 영산강유역부터의 이주민의 이입 과정을 시사하는 것이다. 즉 이 지역의 마사馬飼와 관련된 이주민은 영산강유역의 전방후원분 피장자를 매개로 이식된 것으로 파악된다. 영산강유역 출신 마사 집단과 관련하여 『일본서기』 계체繼體기와 흠명欽明기에 보이는 군병, 선, 화살과 함께 말이 백제로 보내지는 기사가 흥미롭다. 왜냐하면 이제까지 일방적으로 왜가 백제에 말을 공급하는 것으로 해석되어 왔으나, 백제에 의해 조성된 일본열도의 목장으로부터 말이 제공되었을 가능성이 높기 때문이다.

영산강유역산 토기가 출토된 오사카부大阪府 나가하라長原유적, 나라현奈良縣 난코오히가시南郷大東유적, 교토부京都府 모리가이토森垣外유적은 백제계의 벽주건물지壁周建物址가 인접하고, 후쿠오카현福岡縣 구와바라이시카모토桑原石ヶ元고분군에서는 백제산의 마구, 나라현奈良縣 호시즈카星塚1호분에 접한 2호분에서는 백제 수식부이식垂飾附耳飾, 후쿠오카현福岡縣 오고리시小郡市 하사코노미야ハサコの宮2호분과 도쿄도東京都 이코伊興유적에서는 백제토기가 공반된다. 이러한 문물은 백제왕권과 규슈북부의 수장, 그리고 배후의 왜왕권과의 교섭에 의해 영산강유역에서 이입된 것이다. 영산강유역산 토기가 5세기 후엽 기비吉備의 유력수장묘인 오카야마현岡山縣 덴구야마天狗山고분과 도쿄도東京都 이코伊興유적에서 출토되는 것에서 영산강유역의 전방후원분 피장자는 그 지역 내의 활동을 기반으로 하여 규슈북부의 씨족집단뿐만 아니라 동일본을 포함한 일본열도에서 백제의 선진 문물을 도입하는 창구 역할을 한 것으로 추정된다.

백제왕권이 규슈九州지역 호족세력을 선택한 배경은 단지 규슈九州가 한반도에 지리적으로 근접하다는 이유뿐만 아니라 그들이 5세기 후반 이래 세토내해瀨戶內海 연안과 산인山陰 호쿠리쿠北陸 도카이東海 연안에 넓은 관계망을 형성하고 있었던 것을 들 수 있다. 또한 기나이畿內의 호족이 아닌 그들이 선택된 것은 역시 백제 왕권의 의향에 의한 것으로 추정된다.

장식벽화와 6세기 전엽 석실의 확산으로 상정되는 북부 규슈九州 세력의 흥기한 역사적인 배경에 대해서는 이제까지 설명되지 못했으나, 역시 영산강유역의 전방후원분 피장자와 그 모 집단인 북부 규슈九州 호족 세력의 백제 선진 문물 도입 창구 역할에 기인하는 것으로 판단된다. 한편 영산강유역산의 토기가 긴키近畿지역에서 넓은 분포역을 형성한 것은 규슈九州세력의 활동이 일정 부분 왜 왕권과의 관련 속에 행해진 것을 시사한다. 그리고 우토宇土산 아소阿蘇핑크석제의 석관이 계체릉繼體陵인 오사카부大阪府 이마시로즈카今城塚고분 등의 긴키近畿 지역에 반입되는 것과 기쿠치천菊池川하류역에 입지하는 에타후나야마江田船山고분의 명문대도는 이와 같은 규슈九州세력의 활동과 관련되는 것으로 파악된다.

계체繼體 왕조의 옹립에는 5세기 후반부터 넓은 관계망을 형성했던 규슈九州세력이 백제왕권과의 중계 등의 역할을 한 것으로 추정된다. 이는 계체繼體와 관련된 후쿠이현福井縣 쥬젠노모리十善の森고분 등 호쿠리쿠北陸지방의 유력수장묘의 매장주체부가 규슈九州식석실인 점에서도 방증된다.

(3) 영산강유역榮山江流域 전방후원분前方後圓墳을 통해본 임나일본부任那日本府

앞에서 언급한 바와 같이 근래 일본의 유사사학자들이 영산강유역 전방후원분을 임나일본부의 증거로서 논하고 있다(室谷克実 2010; 大平裕 2013).

그러나 본서에서 밝힌 바와 같이 6세기 초를 중심으로 1세대에 한정된 시기에 축조되며 고분군을 형성하며 중심 세력화되지 않고 월계동고분과 칠암리고분 예 외에는 기본적으로 하나의 분지에 1기씩 분산되어 분포하는 것이 특징이다. 양자의 경우도 1세대 즉 형제와 같은 관계로 추정된다. 영산강유역의 전방후원분은 6세기 초라는 한정된 시기에 1세대에 조영된 점, 중심지를 형성하지 못한 점으로 볼 때 4세기 후반 이래 한반도 남부를 지배하였다고 하는 『일본서기』의 이른바 임나일본부와는 어떠한 관련도 상정되지 않는다. 왜냐하면 임나일본부가 성립하고 전개하였다는 4~5세기에는 영산강유역에 전방후원분이 조영되지 않고, 그것이 철퇴하였다는 시기와 지역에서 돌연 출현하기 때문이다. 또 이 지역의 전방후원분이 백제왕권에 의해 1세대라는 한정된 기간에 분산적으로 배치되어 임나일본부라는 정치적인 중심지의 존재를 나타내는 고분군을 형성하지 못했기 때문이다(8-9).

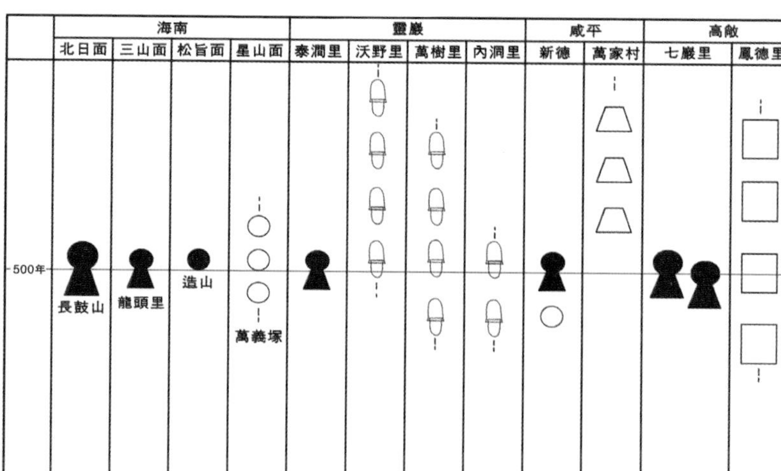

8-9 영산강유역榮山江流域 전방후원분前方後圓墳의 출현出現과 존속存續 시기時期

8-10 함평군咸平郡 전방후원분前方後圓墳인 1호분1號墳의 조영造營을 계기契機로 형성形成된 마산리고분군馬山里古墳群

더욱이 고분군을 형성하고 있어 재지수장묘의 논거로 보아 온 마산리고분군이 1호분인 전방후원분의 축조를 계기로 형성된 것이 확인되었다. 즉 1호분분과 주구를 접하여 4, 5, 6호분이 이후에 축조된 것이 밝혀졌다. 이는 백제에 의해 파견된 왜인이 현지화된 것을 보여 준다. 따라서 재지수장설은 성립하기 어렵다(8-10).

512년『일본서기』계체繼體 6년의 이른바 임나사현任那四縣과 계체繼體 7년의 기문己汶 대사帶沙 사건이 발생한다. 기문己汶은 금강상류역·섬진강중상류역, 대사帶沙는 섬진강하구의 항인 하동지역, 그리고 이른바 임나사현任那四縣의 위치도 섬진강하구 좌안의 순천, 광양, 여수 일대인 것으로 최근 이들 지역의 고고학적인 조사에 의해 확인되었다. 또 이 사건은 왜가 영토를 백제에 할양한 것으로 기록되어있으나, 실제는 본래 이 지역이 왜의 영토가 아니라 대가야의 영역을 백제가 점령한 것으로 판단된다. 따라서 스에마스 야스카즈末松保和(1949)에 의해 비정되어 온 임나사현任那四縣은 영산강유역을 포함한 광범위한 지역으로 볼 수 없고, 섬진강 하구의 서안에 해당한 점에서도 영산강유역 전방후원분과 임나일본부의 상관관계를 전혀 찾을 수 없다.

그 후 영산강유역의 전방후원분은 백제의 538년 사비천도에 따른 이 지역의 직접지배와 6세기 전엽 이른바 임나사현任那四縣과 기문己汶·대사帶沙의 영유領有와 같은 대가야 공략이 일단락된 정황 가운데에서 소멸된다. 영산강유역의 왜인 가운데에는 문헌에 보이는 귀국 또는 백제의 중앙관료로 된 인물과 신덕2호분의 피장자같이 재지에 잔류한 사람의 존재도 상정된다.

그런데『일본서기』흠명欽明기에 보이는 왜계백제관료의 출신 지역이 기나이畿內 주변에 집중하는 것은 역시 이와이磐井의 난乱이후 대對 백제 교섭에서의 규슈九州세력의 쇠퇴를 반영하는 것으로 추정된다.

8) 영산강유역榮山江流域 전방후원분前方後圓墳으로 본 백제百濟와 왜倭

영산강유역의 전방후원분 피장자는 전방후원분이 주변의 재지 수장 계열과 전혀 관계없이 돌연하게 출현하는 과정과 분형墳形, 하니와제식埴輪祭式, 석실 유형, 부장품 등 왜인 고유의 묘제로 볼 때 재지 수장으로 볼 수 없고 일본열도의 왜인으로 본다.

특히 고창지역에서 전방후원분이 일찍부터 왜와 교섭하였던 봉덕리고분군에서 출현하지 않고 법성포에 면한 구암천수계에서 단독으로 돌연 출현하고 또한 영산강유역의 최대 호족세력인 나주시 반남지역에서 전방후원분이 출현하지 않은 것은 그 피장자가 재지호족이 아님을 웅변하는 것이다. 그리고 영산강유역뿐만 아니라 가야지역의 왜계고분에서도 동일한 양상이 관찰되는 것은 전방후원분 피장자의 출자를 방증하는 것으로 본다.

영산강유역의 전방후원분 피장자의 출자는 북부北部 규슈九州에 분포하는 그 석실 유형과 해남군 조산고분에서 확인된 고호우라라는 일본열도산 조개를 특수하게 가공한 하네기형 패천貝釧의 분포, 일본열도에의 영산강유역산 토기와 백제 문물의 이입 양태로 볼 때, 스오나타周防灘연안, 사가평야佐賀平野, 온가천유역遠賀川流域, 무로미천室見川유역, 기쿠치菊池川하류역 등 북부 규슈九州에서 아리아케해有明海연안에 걸친 지역에 출자를 가진 왜인으로 상정된다.

영산강유역의 전방후원분 피장자는 전방후원분인 분형墳形과 40m~70m 전후하는 분구의 규모, 모母집단고분의 부장품 즉 구마모토현熊本縣 에타후나야마江田船山고분과 같은 백제 문물과 동급에 달하는 신덕고분의 부장품으로 볼 때 이 지역의 유력호족으로 파악한다.

이 지역의 전방후원분이 백제 웅진기의 후반에 한정되어 축조된 점, 의도적으로 분산되어 배치된 점, 백제의 위신재가 부장된 점에서 영산강유역의 전방후원분 피장자는 독립적으로 할거한 것으로 볼 수 없고, 토착세력의 견제와 대왜對倭 외교 및 대가야 공략을 위해 백제 중앙에서 왕후제와 같은 지배방식의 일환으로 이 지역에 파견된 왜계백제관인으로 판단된다.

해남군 용두리고분과 함평군 마산리1호분 출토 중국산 전문도錢文陶는 전방후원분 피장자가 백제의 위신재 체계 내에 속한 것을 알 수 있게 한다. 498년 『삼국사기』 동성왕東城王 20년 무진주武珍州 순행 기록과 490년, 495년 『남제서』에 보이는 면중후面中候 기록은 영산강유역이 이미 백제에 복속된 것과 전방후원분 피장자가 백제 왕권과 밀접한 관계에 있었음을 알 수 있게 한다.

영산강유역의 전방후원분이 웅진기에 조영된 것은 어디까지나 백제의 정치적인 정세와 관련하여 전방후원분이 출현한 것임을 시사하는 것이다. 백제에 의해 영산강유역에 왜인이 파견된 것은 한성 함락에 의해 일시적으로 통치기구가 와해된 백제가 웅진 천도 후 자력으로 남방을 통치할 수 있는 역량이 부족했기 때문이다.

나아가 왜인은 신라와 고구려전에 동원된 것을 알 수 있다. 『일본서기』 흠명欽明 15년 즉 554년의 관산성 전투에서 왜계백제관료인 동방령東方領인 모노노베노마카루노무라지아物部莫哥武連와 규슈九州의 수장인 츠쿠시노쿠니노미야츠토筑紫國造가 백제군으로 활약하고 있기 때문이다.

영산강유역 전방후원분뿐만 아니라 그 모집단에 있어서도 백제 문물의 부장이 탁월한 것은 피장자의 영산강유역에서의 활동이 백제와의 긴밀한 관계하에서 행해진 것을 보여주는 것이다.

영산강유역의 전방후원분 피장자는 아리아케해有明海에 연한 에타후나야마江田船山고분 백제계 장신구와 명문대도가 상징하듯이 북부 규슈九州에서 아리아케해有明海 연안에 걸친 복수의 유력 호족이 『일본서기』 흠명欽明기에 보이는 왜계 백제관료와 같이 왜왕권과 백제 왕권에 신속臣屬한 것으로 추정된다. 그들은 백제 왕권에 신속하면서 백제와 왜의 외교에 활약하며, 그 선진 문물을 출신 집단에 제공하고 그 대가로 일족의 군사력을 지원받는 창구의 역할을 수행한 것으로 파악된다.

더욱이 영산강유역의 전방후원분 피장자는 출신 집단뿐만 아니라 일본열도로의 백제의 선진 문물을 받아들이는 창구 역할을 한 것으로 추정된다. 이제까지 설명되지 못했던 5세기 후엽에서 6세기 전엽에 걸친 규슈九州세력의 흥기는 이와 같은 배경에 의한 것으로 판단된다.

6세기 전엽 일본열도에 지리적으로 가까운 가야지역의 문물 대신에 백제지역 문물의 급작한 유입의 배경에 대하여 이제까지 잘 설명되지 못했으나, 필자는 백제가 이제까지 독자적으로 극복하지 못했던 상대적인 교통의 불리를 장거리 석관 수송으로 잘 알려진 원양 항해자인 겐카이나타玄海灘 연안, 아리아케헤有明海 연안과 같은 북부 규슈九州 출신의 호족 세력 즉 영산강유역의 전방후원분 피장자를 매개로 극복한 결과로 본다.

백제의 왜왕권과 북부 규슈九州의 호족 세력에 대한 양면적인 외교 전략에 의한 양자의 결합은 백제의 한반도 내와 일본열도 내에서의 영향력 강화와 함께 북부 규슈九州 세력의 일본열도 내에서의 영향력 강화라는 상호 목적에 부합하였기 때문에 가능하였던 것이다.

한편 527년『일본서기』계체繼體 21년에 발생한 이와이磐井의 난亂으로 상징되는 북부 九州의 호족세력과 왜왕권의 전쟁은 이제까지 주로 신라와의 결탁에 의한 것으로만 해석되어 왔다. 필자는 그와 함께 영산강유역 전방후원분의 피장자를 포함한 북부 규슈九州에서 아리아케해有明海 연안에 걸친 복수의 유력호족의 대외적 활동과 이를 기반으로 한 일본열도 내의 영향력이 왜왕권을 위협할 정점에 달하였기 때문에 발생한 것으로 보고자 한다.

영산강유역의 전방후원분은 백제의 538년 사비 천도에 의한 이 지역의 직접 지배와 6세기 전반 백제의 대가야공략이 일단락되는 가운데 소멸한다. 영산강유역의 전방후원분 피장자 가운데 일부는 왜계백제관료로 전환한 것으로 파악된다.

더욱이 주목되는 것은 앞에서 언급한 바와 같이 6세기 중엽 왜계백제관료에는 기나이機內의 호족이 다수 보이는 점이다. 이는 이와이磐井 난亂 이후 규슈九州 세력의 쇠퇴를 반영하는 것으로 이해된다.

영산강유역의 전방후원분은 임나일본부가 성립하고 발전하였다는 4~5세기대에는 조영되지 않고 철퇴하였다는 6세기 전엽 백제 왕권과 관련하여 출현한 것에서 이른바 임나일본부와는 어떠한 관련도 상정되지 않고 역으로 그 존재를 부정하는 것이 분명하다.

4 6세기世紀 후반後半~7세기世紀 전반前半 백제百濟와 왜倭

한성기의 일시적인 멸망에서 웅진기의 동성왕, 무령왕, 성왕대에 걸친 정국 안정, 이른바 임나사현任那四縣과 기문己汶 대사帶沙의 영유領有에서 확인되는 대가야전의 승리, 고구려전에의 복귀와 같은 부흥은 당시의 복잡한 국제 관계를 잘 활용한 백제 외교가 큰 역할을 하였다.

538년 성왕은 무령왕때의 발전을 바탕으로 사비로 천도하였다. 천도를 계기로 성왕은 국가체제를 재정비하고 중흥을 이루었다. 이 토대 위에 성왕은 한강유역을 되찾기 위해 신라, 대가야와 연합군을 조직하여 551년 고구려를 공격하였다. 백제는 한강의 하류역을 신라는 상류역을 차지하였으며, 553년 신라 진흥왕은 백제와의 동맹을 파기하고 한강 하류역까지 차지하였다.

위기에 처한 백제는 『일본서기』 흠명欽明 14년 즉 553년에 상부 덕솔德率과 야차주科野次酒, 간솔杆率 예색돈禮塞敦을 왜로 보내어 군병을 청한다. 이에 왜왕은 말, 군선, 병장기와 함께 군병을 보내며, 의박사醫博士, 역박사易博士, 역박사曆博士의 교대를 요청한다. 이는 백제와 왜가 상호 필요한 물자와 문물을 교환한 것을 보여 준다.

558년 위덕왕은 불교와 관련된 혜총惠聰, 영근令斤 등의 승려와 사공寺工, 노반박사露盤博士, 와박사瓦博士, 화공畫工 등을 파견하였다. 이 기술자들에 의해 아스카사飛鳥寺, 시텐노사四天王寺, 호류사法隆寺가 조성되었다. 중문-탑-금당-강당을 일직선으로 두는 시텐노사四天王寺식은 부여 정림사지에 보이는 백제식 가람배치이다.

더욱이 사비기 백제에서는 사리를 봉안하는 신앙이 성행하였다. 위덕왕은 567년에 능사 목탑에, 577년에는 왕흥사지 5층 목탑에 사리를 봉안하였다. 그리고 588년에는 두 번에 걸쳐 왜에 불사리를 보냈다. 왜는 이 불사리를 아스카사飛鳥寺 목탑 심초 사리공에 안치하였으며, 사리를 숭배하였다(노중국 2017:12).

616년에 축조된 오사카부大阪府 사야마이케狹山池유적은 하비키노시羽曳野市구릉과 센보쿠泉北구릉 사이를 북류하는 니시요케천西除川을 막은 댐상의 저수지이다. 이 유적에서는 부엽敷葉공법과 토낭土囊으로 둑을 쌓은 것이 확인된다.

부엽공법은 중국에 기원이 구해지나 서울시 풍납토성, 김제시 벽골제, 부여군 나성, 함안군 성산산성, 상주시 공검지 등 백제, 신라지역에서 널리 보인다. 더욱이 이 유적을 조성한 이주민은 인접한 5세기 말~6세기 초 부엽공법이 확인되는 가메이龜井유적과 관련된 이주민의 묘로 보이는 시로야마城山고분에서 백제토기가 일괄로 출토된 것에서 백제로부터의 공인집단일 가능성이 크다. 더욱이 이 시기 긴키지방에 널리 벽주건물이 분포하는 점도 역시 이러한 토목기술이 백제인에 의해 전래된 것을 알 수 있게 한다.

660년 7월 백제는 나당연합군에 의해 멸망하였다. 그해 8월 26일 임존성의 복신과 도침은 흑치상지, 사타상여 등과 함께 소정방의 군대를 물리쳤다. 661년 3월 복신과 도침은 두량윤성 전투에서 신라군을 크게 물리쳤다. 그리고 부흥군의 중심지를 주류성으로 옮겼다. 661년 9월 복신과 도침은 왜에 가있던 의자왕의 아들 부여풍을 왕으로 옹립함으로써 부흥백제국이 성립하였다.

부흥백제국은 나당연합군에 대한 공격을 강화하고 신라군이 웅진성으로 군량을 공급하는 길을 끊어 당군을 곤궁에 빠뜨리기도 하였다. 그러나 얼마 후 지휘부의 내분을 틈타 663년 9월 나당군은 육로와 수로로 총 공세를 가하였다. 이에 풍왕은 왜와 고구려에 구원군을 요청하였다.

백제의 요청에 의해 왜는 1,000척의 전함에 27,000명의 원군을 파견하였다. 왜군은 백강 입구에서 당 수군과 조우하여 네 번에 걸친 공방전을 벌였지만 400척이 침몰되었다. 이어 주류성이 함락되어 부흥백제국은 멸망하였다.

7세기 후반 백강전투는 당, 신라, 백제, 왜가 참여한 대규모 국제전이었다. 왜는 백제를 멸망시킨 나당연합군이 일본열도를 공격할지도 모른다는 두려

움을 갖고 있었으며, 원군을 파견한 것도 이를 사전에 방지하고자 함이었다(노중국 2017:10).

백제부흥운동이 실패하자 『일본서기』에는 다음과 같은 경로를 통하여 유민이 왜국으로 이주하였다. "천지天智 2년(663) 9월 7일 마침내 백제 주유성이 당에 항복하였다. 이때 국인國人들이 사태가 어찌할 수 없게 되었다. 백제의 이름은 오늘로 끊어졌다. 이제 조상의 분묘가 있는 곳을 어떻게 갈 수 있겠는가. 테례성弖禮城에 가서 일본 장군과 만나 무엇을 어떻게 할지 의논하자. 그리고 먼저 침복기성枕服岐城에 가 있던 처와 아이들에게 나라를 떠나가야 한다는 마음을 알렸다. 신유辛酉(11일)에 모테牟弖를 출발하였다. 계해癸亥(13일)에 테례弖禮에 이르렀다. 갑술甲戌(24일)에 일본의 수군 및 좌평佐平 여자신呂自新, 달솔達率 목소귀자木素貴子, 곡나진수谷那晉首, 억례복류憶禮福留와 국민들이 테례성弖禮城에 이르렀다. 이튿날에 비로소 배가 출항하여 일본으로 향했다"(연민수 외 2013:342, 343). 그런데 침복기성枕服岐城은 강진으로 보고 있다. 테례성弖禮城은 보성 또는 남해도로 보고 있으나, 모테牟弖는 미테彌弖로 앞에서 언급한 남해군 미조리彌助里로 비정(연민수 외 2013:342)되어 모테牟弖에서 다시 2일을 항해해야 하는 곳으로 파악된다. 그래서 테례성弖禮城은 쓰시마對馬에서 오는 첫 번째 기항지인 거제도 일대에 있었던 성城으로 볼 수 있다.

백제 유민이 탄 배는 규슈九州를 경유하여 세토내해瀨戶內海를 통해 나니와진難波津에 상륙하였다. 664년 왜국 조정은 부여풍扶餘豐과 같이 왜국으로 건너간 뒤 20년 넘게 거주하고 있었던 의자왕의 왕자인 선광왕善光을 유민을 통솔하기 위해 오사카부大阪府 나니와難波에 거주시켰다(박재용 2022:255, 256).

백제유민의 활동은 다음과 같은 산성의 축성 기사에서 알 수 있다. 『일본서기』 천지天智 3년(664)에 쓰시마對馬島, 이키壹岐, 츠쿠시築紫에 방책防과 봉화烽를 설치하고 츠쿠시국築紫國에 미즈키水城를 축조하였다. 천지天智 4년(665) 663년 이주한 백제 유민인 답발춘초答炑春初가 나가토국長門國에 축성하고, 달솔達率 억례복류憶禮福와 사비복부四比福夫가 츠쿠시국築紫國의 오노성大野城, 기즈성基肄城을 쌓았다는 기록이 보인다. 천지天智6년(667)에는 오사카부大阪府 다카야스성高安城, 가가와현香川縣 야시마성屋嶋城, 나가사키현長岐縣 가네다성金田城의 축성기사가 보인다. 그 외 구마모토熊本縣 기쿠치성鞠智城, 오카야마현岡山縣 기노성鬼ノ城을 비롯한 서일본 각지에서 확인되는 고대 산성은 백제식이다(8-11).

서일본의 성벽 기저부에 사용된 장방형의 이른바 고고이시神龍石가 익산시 왕궁지유적의 담장 등에서 확인되어, 이러한 구조의 산성이 백제계 산성임이 밝혀졌다.

다카야스성高安城을 비롯한 서일본 각지의 고대 산성은 백제 부흥운동의 실패 후 백제 유민을 활용하여 쌓은 산성으로 세토나이해를 방어하는 역할을 담당하였다.

그 후 백제 유민은 일본열도 각지에 정착하였다. 오사카부大阪府 오사카시 덴노지쿠天王寺區 사이쿠다니細工谷유적은 나니와궁難波宮 유적의 남쪽으로 약 2km 정도 떨어진 주작대로 동쪽에 바로 접한 곳에 입지하고 있다.

주조품으로 6매의 동전이 나뭇가지상으로 붙어 있는 와도가이진和同開珍의 지전枝錢이 출토되었다. 이 지전이 발견된 구에서는 동전을 비롯하여 다량의 동제품, 철제품과 함께 동판, 동괴, 철판 등의 금속기 소재와 동재銅滓 등 금속 가공에 관한 유물이 다량으로 확인되었다. 또한 그 외 와도가이진에 선행하는 일본에서 가장 오래된 동전인 후혼센富本錢이 발견되었다.

그리고 「백제니百濟尼」, 「백니사百尼寺」 등의 묵서가 적힌 토기와 인명, 천자문 등의 목간이 출토되어 '구다라아마사百濟尼寺'라고 하는 고대 사원의 존재가 확인되어, 백제 왕씨의 씨사인 백제사의 존재가 증명되었다. 더욱이 백제계의 씨족이 사원 내에서 동전을 비롯한 금속제품의 주조에 관여하였음을 알

8-11 구마모토현熊本縣 기쿠치성鞠智城과 출토出土 유물遺物

수 있다(朴天秀 2012:98, 99).

665년 2월에 백제인 400여인이 오미국近江國 가무사키군神前郡에 거주하게 되었고, 666년에는 2,000여인이 동국東國에 이주하였다.

그 후 669년에 좌평佐平 여자신呂自新, 좌평 귀실집사鬼室集斯 등 700여명이 시가현滋賀縣 오미국近江國 가모군浦生郡에 이주하였다. 백제유민의 이주는 667년 3월의 오미近江 천도와 관련된 것으로 망명 백제인들을 중심으로 국내 체제 정비에 힘썼던 천지天智 정권의 성격을 잘 말해 준다고 할 수 있다. 이는 과거 백제와 왜국의 밀접한 관계 속에서 왜국에 파견되었거나, 왜국으로 가서 살게 된 백제인들의 집단 거주지가 가와치河内와 야마토大和에 형성되었던 것과 마찬가지였다. 오미국近江國에 많이 남아있는 백제계 벽주건물지는 망명 백제인들의 거주를 말해 주는 유적이라고 할 수 있다(김은숙 2017).

더욱이 좌평佐平 귀실집사鬼室集斯와 관련된 유적이 확인되어 주목된다(8-12).

시가현滋賀縣 히노천日野川유역의 노다미치野田道유적 단구상의 평지에 입지하며, 발굴 조사에 의해 8세기에 조영된 6동의 수혈건물지와 3×2칸의 굴립주 건물지 1동이 확인되었다.

수혈건물지에는 부뚜막이 설치되었으며 석조 온돌상의 유구도 확인되었다. 다른 수혈건물지 내에서는 이동식 부뚜막이 출토되었다. 이곳에서 북으로 약 300m 떨어진 지점에서는 다량의 철재鐵滓와 풀무 등의 단야와 관련된 유물이 출토되고 있어, 이 지역에서 철제품을 생산하였던 것으로 추정된다.

기시츠신사鬼室神社는 가모군蒲生郡 히노정日野町에 있는 고대 신사이다. 귀실복신鬼室福信의 아들이며 688년에 죽은 이주민 씨족인 귀실집사鬼室集斯의 묘비를 본전 뒤의 사당에서 제사 지내고 있다.

세키토사石塔寺는 오미시近江市 이시토정石塔町에 소재한 고대 사원유적이다. 삼층탑을 중심으로 수만기의 오륜탑과 불상이 있다. 삼층석탑은 나라奈良

8-12 시가현滋賀縣 기시츠신사鬼室神社와 세키토사石塔寺

시대 또는 그 이후로 보고 있다. 가장 아래 기단은 2매의 판석으로 세웠고, 탑신은 종장형이며 옥개석은 지붕형태이다. 석탑이 드문 일본에서는 특이한 존재로 일찍부터 주목되었으며 백제유민에 의해 축조된 것으로 보고 있다.

히노천유역에는 백제 유민이 상당 기간 동안 지역사회에서 주도적인 역할을 수행한 것으로 추정된다(朴天秀 2012:287, 288).

백제계 사람들이 긴키지역에 모여 살았던 것은 『신찬성씨록新撰姓氏錄』(815)을 통해서도 확인된다. 이 책에는 헤이안경平安京의 좌경, 우경과 야마시로山城,

야마토大和, 셋츠攝津, 가와치河内, 이즈미和泉 등 기나이畿內 5개국을 본관으로 하는 1,182씨의 계보가 수록되었는데, 제번으로 분류된 326씨는 중국 163씨, 백제 104씨, 고구려 41씨, 신라 9씨, 가야 9씨이며 한반도의 이주민 가운데 가장 많은 숫자이다. 백제계 이주민은 일본의 정치, 경제, 문화의 중심지에 거주하였음을 알 수 있다(김은숙 2017).

왜국에서 백제인을 긴키 이외 지역에 이주한 것은 7세기 후반이다. 672년 천무天武는 684년 백제인 승속 23인을 무사시국武藏國으로 옮겨 살게 했으며, 지통持統은 687년에 백제 경수덕나리敬須德那利를 가이국甲斐國에 옮겨 살게 했다.

도호쿠東北지역에는 의자왕의 왕자인 선광善光의 후예인 백제왕씨가 지방관으로 파견되었다. 백제왕씨는 9세기 후반까지 계속 중·상급관인을 배출하면서 귀족으로 대우받았다. 백제왕씨가 무관으로 활약하고 있는 점이 주목되어, 이는 백제왕씨가 군사 관련 선진기술을 보유하고, 풍부한 경제력을 배경으로 사적 병력을 소유하였기 때문이다. 또한 변경지역인 무츠陸奥지역에서 에미시蝦夷와 싸우면서 황금을 생산한 것은 백제계 유민 기술자집단을 백제왕씨가 통제하고 있었기 때문이었을 것으로 보았다.

백제왕씨는 변경이었던 데와出羽, 무츠陸奥지역의 장관과 정이부사征夷副使, 정이부장군征夷副將軍으로 지방관과 파견군의 장군으로 임명되어 임무를 수행하였다(송완범 2017).

參考文獻

참고문헌

[국문國文]

姜仁求, 1983, 「咸安·固城地方에서의 前方後圓墳 발견의 의의」, 『영남대학교신문』 1048, 영남대학교.

姜仁求, 1984, 『三國時代墳丘墓研究』, 慶山, 嶺南大學校出版部.

成洛俊, 1993, 「전남지방 장고분의 축조기획에 대하여」, 『역사학연구』 12, 전남대학교사학회.

林永珍, 1994, 「광주 월계동 장고분 2기」, 『한국고고학보』 31, 한국고고학회.

李正鎬, 1996, 「전방후원형 고분의 연구사 검토」, 『호남고고학보』 4, 호남고고학회.

岸本圭, 1996, 「北部九州における圓筒埴輪の規格性」, 『九州考古學』 71, 福岡, 九州考古學會.

林永珍, 1997, 「호남지역 석실분과 백제의 관계」, 『호남고고학의 제문제』 제21회 한국고고학회 발표요지.

朴淳發, 1998, 「4~6世紀 榮山江流域의 動向」, 『百濟史上의 戰爭』, 第9回 百濟研究 國際學術大會, 大田, 忠南大學校百濟研究所.

朴天秀, 1998, 「大伽耶圈墳墓의 編年」, 『韓國考古學報』 39집, pp. 89~124, 大邱, 韓國考古學會.

崔盛洛, 1999, 「전방후원형 고분의 연구현황과 과제」, 『박물관 연보』 8, 목포대학교박물관.

土生田純之, 2000, 「韓·日前方後圓墳의 比較検討 - 石室構造와 葬送儀礼를 中心으로 - 」, 『韓國의前方後圓墳』, 白馬學術叢書 11, 大田, 忠南大學校出版部.

申敬澈·朱甫暾·朴淳発·土生田純之·北條芳隆, 2000, 『韓國의 前方後圓墳』, 白馬學術叢書 11, 大田, 忠南大學校出版部.

朱甫暾, 2000, 「百濟의 榮山江流域支配方式과 前方後圓墳被葬者의 性格」, 『韓國의前方後圓墳』, 白馬學術叢書 11, 大田, 忠南大學校出版部.

朴淳發, 2000, 「백제의 남천과 영산강유역 정치체의 재편」, 『韓國의 前方後圓墳』, 白馬學術叢書 11, 大田, 忠南大學校出版部.

林永珍, 2000, 「영산강유역 석실봉토분의 성격」, 『영산강 유역 고대사회의 새로운 조명』, 木浦, 역사문화학회·전라남도.

田中俊明, 2000, 「榮山江流域 前方後圓形古墳의 性格」, 『榮山江流域 古代社會의 새로운 照明』, 木浦, 歷史文化學會·木浦大學校博物館.

姜仁求, 2001, 『韓半島의前方後圓墳論集』, 서울, 동방미디어.

木下亘, 2003, 「韓半島 出土 須惠器(系)土器에 대하여」, 『百済研究』 37, pp. 21~36, 大田, 忠南大學校百濟研究所.

林永珍, 2004, 「영산강유역 삼국시대 고분문화의 성격과 추이에 대한 토론요지」, 『밖에서 본

湖南考古學의 성과와 쟁점』, 全州, 第12回 湖南考古學會発表文.
禹在柄, 2004, 「榮山江流域 前方後圓墳의 出現과 그 背景」, 『湖西考古學』 10, 湖西考古學會.
洪潽植, 2004, 「영산강유역 삼국시대 고분문화의 성격과 추이」, 『밖에서 본 湖南考古學의 성과와 쟁점』, 木浦, 第12回 湖南考古學會発表文.
崔盛洛, 2004, 「전방후원형 성격에 대한 재고」, 『한국상고사학보』 44, 한국상고사학회.
朴天秀, 2006, 「榮山江流域 前方後圓形古墳을 통해 본 5-6세기 韓半島와 日本列島」, 『百濟研究』 43, 大田, 忠南大學校 百濟研究所.
辻秀人, 2006, 「榮山江流域의 前方後圓墳과 倭國 周緣地域의 前方後圓墳」, 『百濟研究』 44, 大田, 忠南大學校 百濟研究所.
서현주, 2007, 「영산강유역 장고분의 특징과 출현 배경」, 『한국고대사연구』 47, 한국고대사학회.
朴天秀, 2011, 「榮山江流域의 前方後圓墳에 대한 研究史 檢討와 새로운 照明」, 『韓半島의 前方後圓墳』(東北亞細亞 古代交流關係史1), 서울, 學研文化社.
延敏洙, 2011, 「榮山江流域의 前方後圓墳 被葬者와 性格」, 『韓半島의 前方後圓墳』(東北亞細亞 古代交流關係史1), 서울, 學研文化社.
朴天秀, 2012, 『日本속 古代 韓國文化-近畿地方-』, 서울, 東北亞歷史財團.
梁起錫, 2013, 『百濟의 國際關係』, 서울, 서경문화사.
연민수·김은숙·이근우·정효운·나행주·서보경·박재용, 2014, 『역주 일본서기 2』, 서울, 동북아역사재단.
정기진, 2014, 「전남 서부지역 전방후원형분 축조세력 검토」, 『야외고고학』, 대전, 한국문화유산협회.
노중국, 2017, 「백제와 왜국의 관계」, 『일본속의 백제百濟 긴키近畿지역 I 』(해외 백제문화재 자료집 2), 충청남도·충청남도역사문화연구원.
이병호, 2017, 「사찰유적」, 『일본속의 백제百濟 긴키近畿지역 I 』(해외 백제문화재 자료집 2), 충청남도·충청남도역사문화연구원.
김은숙, 2017, 「왜왕권내 백제계 이주민의 역할」, 『일본속의 백제百濟 긴혼슈本州 시코쿠四國지역』(해외 백제문화재 자료집 4), 충청남도·충청남도역사문화연구원.
송완범, 2017, 「東國의 백제계 씨족」, 『일본속의 백제百濟 긴혼슈本州 시코쿠四國지역』(해외 백제문화재 자료집 4), 충청남도·충청남도역사문화연구원.
박중환, 2020, 「장고형고분의 분포와 출현배경」, 『장고분의 피장자와 축조 배경』(마한연구원 총서 8), 학연문화사.
김준식, 2020, 「장고봉유형 왜계석실의 재검토와 피장자의 성격」, 『장고분의 피장자와 축조 배경』(마한연구원 총서 8), 학연문화사.
김규운, 2020, 「한반도 왜계석실과 전방후원분의 성격」, 『장고분의 피장자와 축조 배경』(마한

연구원 총서 8), 학연문화사.
朴宰用, 2022,「百濟遺民의 活動」,『泗沘百濟史』 3, 논형.

[일문日文]

坂本太郎(外), 1965,『日本書紀』 下, 東京, 岩波書店.
山尾幸久, 1989,『古代の日朝關係』, 東京, 塙書房.
高久健二, 1993,「考察-木棺·蟾蜍形飾金具-」,『番塚古墳』,p.265~274, 福岡, 九州大學文學部考古學研究室·感苅田町教育委員會.
酒井清治, 1993,「韓國出土の須恵器類似品」,『古文化談叢』 第30集(中), pp. 899~913, 北九州, 九州古文化研究會.
小田和利, 1994,「北部九州のカマドについて」,『文化財學論集』, p. 328, 奈良,奈良大學文化財論集刊行會 .
東潮, 1995,「榮山江流域の慕韓」,『考古學研究會40周年記念論文集-展望考古學-』, 岡山, 考古學研究會.
土生田純之, 1996,「朝鮮半島の前方後圓墳」,『人文科學年報』 26, 專修大學人文科學研究所.
岡內三眞(編), 1996,『韓國の前方後圓形墳』, 東京, 雄山閣.
小田富士雄, 1997,「韓國の前方後圓形墳」,『福岡大學人文論叢』 28-4, 福岡, 福岡大學.
朴天秀, 1998,「考古學から見た古代の韓·日交渉」,『青丘學術論集』第12集, 東京, 財団法人韓國文化研究振興財団.
鐘方正樹, 1999,「2條突帶の圓筒埴輪」,『埴輪論叢』1, 埴輪検討會.
武末純一, 2000,「九州の百済系土器-4·5世紀を中心に-」,『日本所在百済文化財調査報告書2-九州地方-』, (國立公州博物館研究叢書第11冊), p. 100, 公州, 國立公州博物館.
土生田純之, 2000,「日韓前方後圓墳の比較検討-石室の構造と葬送儀礼を中心として-」,『專修考古學』 8, 專修大學考古學會.
近藤義郎, 2001,「韓國の前方後圓形古墳」,『前方後圓墳に學ぶ』, 東京, 山川出版社.
橋本博文, 2001,「韓國の前方後圓墳」,『アシアンレター』 8, 本庄,「東アジアの歴史と文化」, 懇話會.
東潮, 2001,「倭と榮山江流域-倭韓の前方後圓墳をめぐって-」,『朝鮮學報』 179, 天理, 朝鮮學會.
柳澤一男, 2001,「全南地方の榮山江型横穴式石室の系譜と前方後圓墳」,『朝鮮學報』 179, 天理, 朝鮮學會.
吉井秀夫, 2001,「榮山江流域の三國時代墓制とその解釈をめぐって」,『朝鮮史研究會論文集』 39, 朝鮮史研究會.
西谷正, 2001,「韓國の前方後圓墳をめぐる諸問題」,『朝鮮學報』 179, 天理, 朝鮮學會.
西谷正, 2001,「韓國の前方後圓墳と古代の日本」,『東アジアの古代文化』 109, 東京, 大和書房.

申大坤, 2001,「榮山江流域の前方後圓墳」,『飛鳥の王権と加賀の渡来人』, 金澤, 石川県立歷史博物館.
松木武彦, 2001,「天狗山古墳·天狗山西古墳の発掘調査」,『吉備地域における(雄略朝)期の考古學的研究』, (科學研究費補助金基盤研究(B)研究成果報告書), 岡山大學文學部.
朴天秀, 2001,「榮山江流域の古墳」『東アジアと日本の考古學I』, pp. 3~31, 東京, 同成社.
金洛中, 2001,「五-六世紀の榮山江流域における古墳の性格-羅州新村里九号墳·伏岩里三号墳を中心に-」『朝鮮學報』179, p. 215, 天理, 朝鮮學會.
木下尚子, 2001,「古代朝鮮·琉球交流試論-朝鮮半島における紀元1世紀から7世紀の大型巻貝使用製品の考古學的検討」,『青丘學術論集』第18集, pp. 7~53, 東京, 韓國文化研究振興財团.
諫早直人, 2002,「榮山江流域における前方後圓墳の被葬者像」, 東京, 早稲田大學教育學部卒業論文.
朴天秀, 2002,「榮山江流域における前方後圓墳の被葬者の出自とその性格」,『考古學研究』49-2, 岡山, 考古學研究會.
朴天秀, 2002,「榮山江流域と加耶地域における倭系古墳の出現過程とその背景」,『古墳時代の日韓交流 - 熊本の古墳文化を探る - 』, 熊本, 肥後考古學會·熊本古墳研究會.
朝鮮學會(編), 2002,『前方後圓墳と古代の日朝関係』, 東京, 同成社.
朴天秀, 2003,「榮山江流域と加耶地域における倭系古墳の出現過程とその背景」,『熊本古墳研究』1, 熊本古墳研究會.
朴天秀, 2003,「韓國全羅道前方後圓墳地域の歷史的な性格と倭」,『國學院大學(21世紀COEプログラム),熊本シンポジウム-古代九州の古墳文化と韓國の前方後圓墳』, 東京, 國學院大學.
朴天秀, 2003,「榮山江流域における前方後圓墳の出現の歷史的背景」,『東アジアの古代文化』117, 東京, 大和書房.
朴天秀, 2003,「榮山江流域における前方後圓墳からみた古代の韓半島と日本列島」,『古代東アジアの異文化間交流と文化形成(東アジア異文化間交流史研究會第2回國際研究會議資料集)』, 東京, 國學院大學21世紀COEプログラム.
土生田純之, 2003,「前方後圓墳をめぐる韓と倭」,『古代東アジアの異文化間交流と文化形成(東アジア異文化間交流史研究會第2回國際研究會議資料集)』, 東京, 國學院大學21世紀COEプログラム.
柳沢一男, 2003,「韓國の前方後圓墳と中·北部」,『古代東アジアの異文化間交流と文化形成(東アジア異文化間交流史研究會第2回國際研究會議資料集)』, 東京, 國學院大學21世紀COEプログラム.
千賀久, 2003,「日本出土「新羅系」馬裝具の系譜」,『東アジアと日本の考古學Ⅲ-交流と交易-』,

東京, 同成社.
國學院大學21世紀COEプログラム, 2003,『國學院大學(21世紀COEプログラム)熊本シンポジウム-古代九州の古墳文化と韓國の前方後圓墳』, 東京, 國學院大學.
國學院大學21世紀COEプログラム, 2003,『古代東アジアの異文化間交流と文化形成(東アジア異文化間交流史研究會第2回國際研究會議資料集)』, 東京, 國學院大學21世紀COEプログラム.
朴天秀, 2004,「榮山江流域における前方後圓墳が提起する諸問題」,『歴史と地理』577, 東京, 山川出版社.
朴天秀, 2005,「榮山江流域における前方後圓墳からみた古代の韓半島と日本列島」,『日韓交流展-海を渡った日本文化 바다를 건넌 일본문화-』, 西都原, 西都原考古博物館.
室谷克実, 2010,『日韓がタブーにする半島の歴史』(新潮新書), 東京, 新潮社.
大平裕, 2013,『知っているか任那日本府』, 東京, PHP研究所.
高田貫太,2019,『異形の古墳-朝鮮半島の前方後圓形墳-』, 角川選書.
朴天秀, 2020,「古代の朝鮮半島と日本列島」,『渡來系移住民』, 東京, 岩波書店.

IX

신라新羅와 일본日本

IX 신라新羅와 일본日本

1 연구사研究史의 검토檢討와 과제課題

신라와 일본은 가장 가까운 거리에 위치하며 4세기 후반 이래 500년간 동아시아에서 유례를 찾아보기 어려울 정도로 오랜 기간 전쟁과 외교를 통한 치열한 공방전을 벌려온 경쟁국이었다.

양국 간 관계를 먼저 떠오르게 하는 것은 『일본서기』 신공神功 9년조 신라 관련 기사라 할 수 있다. 왜냐하면 이 기사가 허구임에도 불구하고 신라와 일본의 적대적인 관계를 상징하는 것으로 인식되어 왔기 때문이다. 또한 신라와 일본의 관계는 『일본서기』 이외에도 『광개토왕비』, 『삼국사기』에도 매우 적대적으로 기술되어 있다.

그래서 양국 간 관계는 항상 적대적으로 인식되어 가야와 일본, 백제와 일본의 관계에 비해 상대적으로 경시되어 왔으며, 이에 대한 연구는 다른 분야에 비해 비교할 수 없을 정도로 부진하다.

신라와 왜에 관계에 대한 고고학 연구도 문헌사료에 의해 해석에 많은 영향을 받아왔으며 그 연구도 그다지 활발하지 못하다.

오다 후지오小田富士雄(1987)는 일본열도에서 출토된 신라문물에 대한 정리를 행하였다. 사다모리 히데오定森秀夫(1993)는 5~7세기에 걸쳐서 신라계 토기가 일본열도 전역에 이입되는 것을 밝혔다. 시라이 카츠야白井克也(2003)도 일본열도의 신라토기의 분포 양상과 그 유입경로에 대해 검토하였다. 기노시다 나오코木下尚子(2001)는 일본열도 남도산 패류를 사용한 마구를 통하여 신라와 류큐琉球제도, 북부 규슈九州와의 교섭에 대하여 논하였다.

치가 히사시千賀久(2003)는 안금구鞍金具의 구조 차이에 착목하여 안鞍의 중앙에 있는 주빈洲浜과 그 좌우의 기금구磯金具를 함께 만든 일체안一體鞍과 따로 나누어서 만든 분리안分離鞍으로 분류하고 전자는 신라계, 후자는 비신라계로 파악하였다. 그의 연구에 의해 종래 막연하게 가야, 백제계로 파악되어 온 일본열도의 마구 가운데 상당수가 신라계임이 밝혀졌다.

다카다 칸다高田貫太(2003)는 7·8세기대 신라와 일본의 활발한 교섭을 고려할 때 그 전 단계인 5·6세기대의 한일 간의 교섭은 가야와 왜, 백제와 왜의 교섭만으로는 충분히 설명되기 어렵다고 보았다. 그 후 다카다 칸다高田貫太는 종래 고구려계로 인식되어 온 유릉단판연화문와당有稜單瓣蓮花文瓦當이 신라계임을 밝히고 그 역사적 배경에 대해 논하였다(高田貫太 2003, 2011).

박천수(2012, 2014)는 신라와 당, 백제와 일본의 외교관계로 파악되어 온 7세기 전반뿐만 아니라 신라와 일본이 적대적인 관계에 직면하는 것으로 파악되어온 663년 백제 멸망 이후인 7세기 후반과 8세기 전반에도 신라 문화가 노도와 같이 일본열도에 이입되는 것을 밝히고, 신라토기, 화장묘, 왕릉의 풍수사상, 쇼소인正倉院 소장품의 도입과정을 살펴보면서 신라와 일본과의 관계에 대해 접근하였다.

이와 같은 문제 제기가 행해졌음에도 불구하고 아직까지 일본열도 한반도 문물의 계보에 대해서는 가야 또는 백제로만 보는 시각이 의연하게 남아 있다. 그 이유로는 먼저 이제까지 개별 문물의 제작지에 대한 연구에 혼란이 있었음을 지적하고자 한다. 그 실례로 특히 5세기 전반의 일본열도에 이입된 철소재인 철정과, 마구, 금공품의 계보를 가야지역에 구해 온 것을 들 수 있다. 이는 일본열도 출토품과 유사한 부산시 복천동고분군 출토품을 신라산으로 인식하지 못하고 금관가야산으로 파악한 것에 기인한다. 또한 이 시기 일본열도에 도입된 금공, 갑주 제작기술의 공인의 계통도 이와 마찬가지로 금관가야계로 파악되어 왔으나 그 출자는 신라로 보아야 할 것이다.

그리고 본서에서는 일본열도에 이입된 문물 가운데 신라를 경유한 것으로 판단되는 특히 로마, 사산조 페르시아, 이슬람유리기에 대해서도 주목하고자 한다.

나아가 일본열도에서 신라로 이입된 경옥제 곡옥과 류큐열도琉球列島산 패제품이 제기하는 역사적 의의에 대해 논하고자 한다. 즉 이제까지 신라와 일본 관계는 주로 신라에서 이입된 문물을 중심으로 논의되었으나, 신라에 이입된 수천 점에 달하는 일본열도산 문물의 존재는 종래 일본 연구자들이 주장한바와 같이 신라산 문물이 약탈에 의해 이입된 것이 아니라 교역에 의한 것임을 방증하기 때문이다.

그래서 고고자료를 중심으로 갈등과 일방적인 관점에서 묘사되어 왔던 신라와 일본의 관계에 대해 교류를 통한 상호적인 관점에서 접근하고자 한다. 특히 신라와 일본의 문물이 상호 이입되는 시기가 5세기 전반, 6세기 후반, 7세기 전반, 7세기 후반, 8세기 전반, 9세기 전반인 점에 주목하여 그 역사적 배경과 관련하여 논의하고자 한다.

5세기 전반 일본열도의 철 소재인 철정鐵鋌과 그 계통에 대해 논의되어 온 금동제 장신구와 마구 등이 신라산인 점을 분명히 한다. 그리고 이 시기 황남대총 북분, 금관총, 천마총과 같은 신라의 왕릉급 무덤에 부장된 금관과 대장식구에 부착된 경옥제硬玉製 곡옥曲玉이 일본열도산인 점을 밝히고자 한다. 『광개토왕비』 경자년更子年조 400년 기사에 보이는 바와 같이 적대적인 관계였던 신라와 왜가 교섭하는 배경에 대해 논의하고, 이를 통하여 신라와 일본의 관계가 반드시 적대적인 것으로 볼 수 없음을 논증하고자 한다.

6세기 후반 동아시아에서 가장 화려한 마구인 나라현奈良縣 후지노키藤ノ木 고분 출토품의 경우 종래 중국산, 또는 일본산으로 파악되어 왔으나 신라산일 가능성이 매우 크다. 더욱이 종래 백제와 관련된 것으로만 파악되어 온 나라현 아스카사飛鳥寺 목탑 출토 사리 장엄구가 신라산인 점을 밝히고자 한다. 이와 함께 이 시기 일본열도에 이입된 중국산 문물의 이입 배경에 대해 살펴보고자 한다. 이 시기는 신라가 한강유역을 차지하고 대가야를 멸망시킨 직후인 점과 20년간 백제와 일본의 교섭이 단절되는 것에 주목하여 신라와 일본의 교섭 배경에 대해 밝히고자 한다.

7세기 전반 신라의 인화문토기가 광범위하게 이입되고 특히 외교사절이 출입하는 오사카부大阪府 나니야노궁難波宮, 나라현 이시카미石神유적에서 집중 출토되는 점에 주목하고자 한다. 신라 문물이 이입되는 시기가 백제, 고구려와의 전쟁을 대비한 김춘추의 견사遣使기록에서 알 수 있듯이 신라의 대 일본외교가 활발한 시기인 것에 주목하고자 한다. 7세기 후반 특히 신라식의 쌍탑식雙塔式 가람 배치가 나라현 후지와라경藤原京의 국가 사원인 야쿠시사藥師寺에 도입되고 종래 당의 영향에 의한 것으로 보아 온 와당의 복판연화문複辦蓮花文이 실은 신라와당의 영향에 의해 성립된 것을 밝히고자 한다. 이 시기는 백제, 고구려 멸망 이후 선진 문물의 도입지가 소멸되고 당唐과의 관계 악화로 인한 견당사遣唐使를 파견하지 못한 일본 측의 사정에 주목하고자 한다.

8세기 전반 일본의 왕릉에 돌연 화장과 함께 풍수 사상이 도입된다. 종래 양자는 당의 영향에 의한 것으로 파악되어 왔으나 당시 중국에서는 황제의 화장이 이루어지지 않은 점, 풍수 사상이 직접 도입된 것으로 볼 수 없는 점에서 신라에 의해 성립된 것을 분명히 하고자 한다. 이와 함께 나라奈良시대 일본 문화를 상징하는 도다이사東大寺는 가람 배치가 신라식인 쌍탑식이며 대불大佛의 주조와 건립에 신라인들이 참여한 점에서 신라 문화의 영향을 배제하기 어렵다. 그리고 이시기 덴표天平문화를 상징하는 것은 나라현 쇼소인正倉院의 소장품이다. 쇼소인 소장품은 화려한 실크로드 문화의 산물로서 세계적으로 주목되어 왔다. 종래 쇼소인 소장품은 견당사를 통해 직접 이입되었으며, 일본이야말로 실크로드의 종착역으로 주장되어 왔다.

그러나 경주시 안압지의 발굴에 의해 쇼소인 소장품 가운데 신라산 문물이 다수 존재함이 밝혀졌음에도 불구하고, 아직도 그 대부분은 견당사를 통하여 도입된 것으로 보고 있다. 필자는 쇼소인 소장품의 도입 이전 즉 5~7세기에 이입된 서역西域 문물이 신라를 경유한 것을 밝히고, 쇼소인 소장품이 신라를 경유한 것임을 논증하고자 한다. 그래서 8세기 쇼소인에 보이는 일본의 서역 문물에 대한 동경이 실은 5세기 이래 신라의 영향에 의해 형성되었음을 논하고자 한다.

9세기는 주지하듯이 신라와의 교역이 공무역에서 사무역으로 전환되는 시기이다. 교역의 장소가 8세기대에는 헤이안경平安京이었으나 이 시기에는 다자이부大宰府로 바뀐다. 이 시기 일본열도에 이입된 이슬람유리기, 이슬람도기가 인화문 토기와 함께 출토된 것에 주목하여 서역문물이 신라를 통해 이입되었음을 살펴보고자 한다.

2 5세기世紀 전반前半 신라新羅와 왜倭

광개토왕비에 경자년 400년 신라성을 침범한 왜를 고구려군이 격퇴하였다는 기록이 보인다. 이는 5세기 초를 전후한 시기의 신라와 왜의 관계를 상징하는 사건이다.

400년 전쟁을 계기로 김해시 대성동고분군에서 왕릉이 더 이상 조영되지 않는 것에서 알 수 있듯이 금관가야는 쇠퇴하며, 이로서 『삼국지 三國志』 위서 魏書 변진조弁辰條에 보이는 이 지역을 중심으로 한 국제적인 철鐵 시장이 붕괴된다.

그런데 5세기 전반 종래 금관가야지역에서 이입되던 철정과 형태와 규격이 다른 철정이 일본열도에 이입되어 주목된다. 나라현奈良縣 야마토大和6호분 출토 철정은 이제까지 복천동21·22호분 출토품과 유사한 것에서 금관가야산 철정으로 인식되어 왔다.

종래 금관가야의 철정으로 파악되어온 복천동21·22호분의 철정은 앞에서 언급한 바와 같이 신라산 철정으로 판단되며, 따라서 야마토6호분 출토 대형 철정 가운데 대부분은 신라산으로 볼 수 있다.

복천동고분군 출토 철정의 성분 분석 결과, 신라산으로 파악되는 39호분 출토품 등에서 창녕지역 출토품, 야마토6호분 출토품과 같이 동銅 성분이 높은 분석치가 나온 것으로 보아, 이러한 철정은 동일한 산지, 즉 신라지역의 철광석을 사용하여 제작된 것이다. 특히 야마토6호분의 소형 철정은 양단이 호상弧狀을 이루고 양 측면의 요철이 심한 비대칭적인 형태와 규격이 경주지역에서 제작된 철정과 흡사한 것에서 신라에서 공급된 것으로 판단된다.

더욱이 이 시기 일본열도의 오카야마현岡山縣 구보기야쿠시窪木藥師유적, 오사카부大阪府 노나카野中고분, 아이치현愛知縣 이세야마주각코우伊勢山中學校유적 출토 중소형 철정도 종래 부산지역 출토품과 유사하여 가야지역산으로 파악되어 왔으나, 실은 경주지역 출토품과 규격과 형태가 같고, 5세기 초를 전후한 시기의 부산지역 철정이 신라에서 공급된 점에서 신라산으로 본다.

고훈시대 중기 일본열도에 돌연 출현하는 막대한 양의 철제 갑주와 무기의 철소재는 이제까지 막연하게 가야산으로 파악되어 왔으나 실은 이제까지 적대적인 관계로만 파악해 온 신라산 철소재를 가공한 것으로 판단된다.

이와 함께 고훈시대 전기의 주술적인 벽옥제 석제품을 대신하여 화려한 금공품이 출현한다. 종래 일본열도 출토 금공품에 대해서는 이 시기 한반도 남부에서 가장 화려한 금공품이 대량으로 제작되는 곳이 신라임에도 불구하고 신라와 왜의 관계에 대한 선입관 때문에, 그 제작지는 백제 또는 가야로 파악되어 왔다. 또한 부산시 복천동고분군 출토품을 근거로 이제까지 가야지역산으로 파악되어 왔던 5세기 전반의 일본열도산 금공품이 실은 신라산인 것으로 밝혀졌다.

신라는 고구려를 통하여 유라시아의 황금 문화를 수용하여 독자적인 화려한 황금 문화를 꽃피웠다(9-1). 그런데 왜인의 신라 금공품金工品에 대한 동경憧憬은 『일본서기』 중애기仲哀記에 신라를 '안염지금은채색眼炎之金銀彩色(눈부신 금은의 나라)'의 나라로 부른 것에서도 알 수 있다.

이 시기의 표지적인 신라 금공품은 나라현 니이자와센즈카新澤千塚126호분 출토 금제 관식冠飾, 경식頸飾, 수식부이식垂飾附耳飾, 발식髮飾, 지륜指輪의 조합을 들 수 있으며 공반된 서역산 유리용기도 신라를 경유하여 이입된 것이 틀림없다. 또한 나라현 고죠네코즈카五條猫塚고분의 금동제 대장식구, 금동제 경갑頸甲, 미비부주眉庇附冑, 후쿠오카현福岡縣 츠기노오카月の岡고분의 금동제 대장식구, 경갑, 시통矢筒, 안鞍, 금동제 차양주, 오사카부大阪府 시치칸七觀고분의 금동제 용문대장식구, 시가현滋賀縣 신카이新開1호분의 금동제 마구를 들 수 있다.

특히 왕릉인 오사카부 곤다고뵤야마(전 응신릉應神陵)고분의 배총인 마루야마丸山고분 출토 금동제 용문투조안장龍文透彫鞍裝은 안장의 구조와 투조 용문, 공반된 마구로 볼 때 신라산일 가능성이 가장 높다. 더욱이 이 시기 마구,

1.러시아 호흐라치 고분(Russia Khokhlach) 2.아프가니스탄 틸리아 테페 6호묘(Afghanistan Tilla Tepe) 3.카자흐스탄 이식 고분(Kazakhstan Issyk)
4.중국 내몽고 포두 서하자(China, 中國 內蒙古 包頭市 西河子) 5.중국 조양 첨초구 1호분(China, 中國 朝陽 甜草溝) 6. 평안북도 운산 용호동(Korea) 7.경주 교동 68번지 고분(Korea)
8.경주 금관총(Korea) 9.경주 서봉총(Korea) 10.경주 황남대총 북분(Korea) 11.고령 지산동 고분군(Korea) 12. 함안 말이산 45호(Korea)

9-1 신라新羅와 유라시아Eurasia 황금문화黃金文化

금동제 장신구, 철정, 철제 농공구, 공인과 같은 이입 문물의 계보가 신라인 점은 이를 방증하는 것이다. 또한 일본열도 최대규모의 왕릉인 오사카부 다이센大仙고분(전 인덕릉仁德陵) 전방부에서는 금장갑주金裝甲冑와 함께 유리용기가 출토되었다. 다이센고분 출토 금장갑주는 신라산 금공품에 보이는 보요步搖가 부착된 점, 신라를 경유한 로마유리기가 공반하는 점으로 볼 때 신라계 공인에 의해 제작되었을 가능성이 높다.

다음은 일본 출토 로마유리기의 이입 경로와 역사적 배경에 대해 살펴보고자 한다.

신라 적석목곽분에는 5세기 중국 남북조를 포함한 동아세아에서는 유례를 찾기 어려울 정도로 유리기가 집중 부장되어 주목된다. 특히 왕릉과 왕족묘를 중심으로 구성된 대릉원고분군에서는 월성로가13호분을 제외하면 황남대총 남분의 8점을 비롯하여 5세기 중엽~6세기 전엽이라는 짧은 기간 동안 수기의 고분에서 수십 점에 달하는 유리기가 부장된다. 발굴되지 않은 왕릉과 왕족릉의 부장품을 추가한다면 100점을 상회하는 것으로 추정된다(9-2). 5세기 중엽에 조영된 나라현奈良縣 니이자와센즈카新澤千塚126호분에서는 절자문완切子文盌과 감색명紺色皿이 금제 장신구와 함께 출토되었다. 소형분에 금제관식冠飾을 비롯한 화려한 문물이 부장된 예를 찾아 볼 수 없고, 유리기를 2점 부장한 점에서 이 고분의 피장자는 신라로부터의 왕족급 이주민으로 파악된다(9-3). 수식부이식垂飾附耳飾, 지륜指輪은 같은 형식이 경주의 황남대총 북분과 남분에서 각각 출토되었다.

더욱이 같은 시기의 오사카부大阪府 윤공릉允恭陵으로 파악되는 다이센고분大仙古墳 전방부에서는 금장갑주와 함께 백색명白色皿, 감색호紺色壺가 출토되어 주목된다. 이 고분 출토 유리기는 신라를 경유한 것으로 추정된다. 그 이유는 신라산 장신구가 공반된 니이자와센즈카126호분 출토품과 색조는 다르나

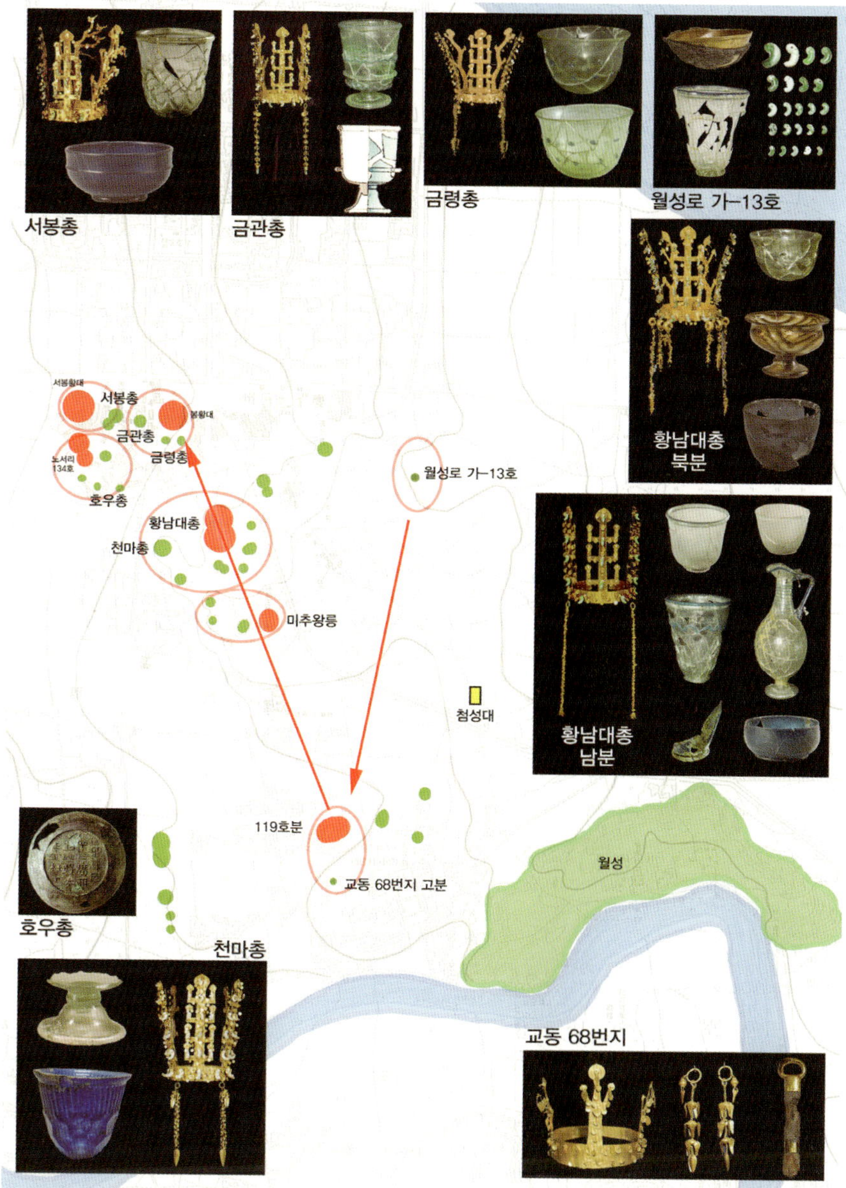

9-2 신라新羅 대릉원大陵苑 고분군古墳群의 황금黃金 장신구裝身具와 유리기琉璃器

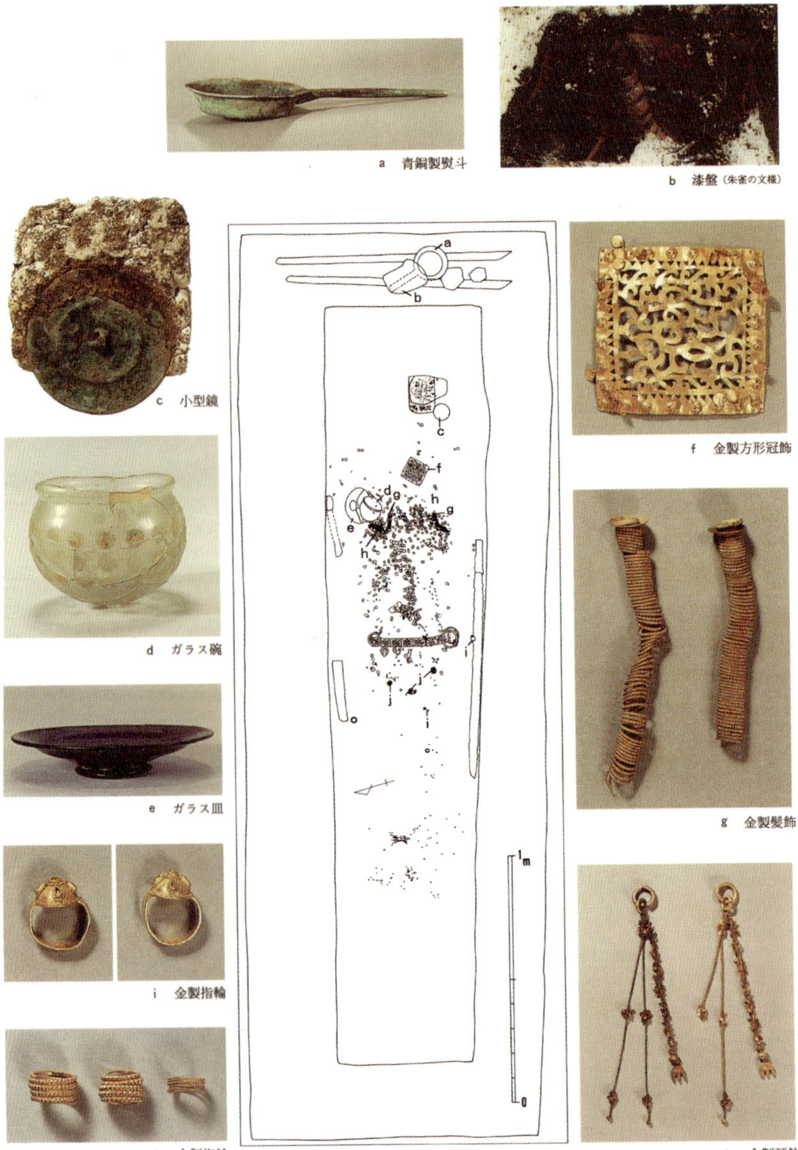

9-3 나라현奈良縣 니이자와센즈카新澤千塚126호분號墳의 신라新羅 황금黃金 장신구裝身具와 유리기琉璃器

기종구성이 동일하고 이 시기 왜와 같이 남조南朝에 견사遣使한 백제에서는 유리기를 찾아볼 수 없으나, 신라에서는 4세기 후엽 경주시 월성로가13호분에서 이미 출현하고, 같은 시기에 해당하는 경주시 황남대총 남분에서는 다수의 유리기가 부장되기 때문이다.

더욱이 흥미로운 것은 유리가 발견된 전방부는 후원부의 주피장자와 관련된 배총인 점에서 후원부에는 다수의 유리기가 부장되었을 가능성이 크다. 즉 대릉원고분군에서 왕릉인 황남대총남분에서는 8점이 부장되고 배총에서는 2점 전후가 부장되기 때문이다. 나아가 후루이치古市고분군의 안한릉安閑陵고분에서 절자문切子文완이 출토된 점에서 5세기 일본의 왕릉인 모즈百舌鳥, 후루이치古市고분군에 다수의 신라를 경유한 유리기가 부장된 것을 추정할 수 있다.

5세기 초 일본열도의 갑주에는 정결기법釘結技法과 철포복륜기법鐵包覆輪技法이 도입된다. 정결기법에 대해서는 일본열도 갑주제작의 획기적인 기술 발전으로 평가되어 한반도 남부 특히 가야지역으로부터의 기술 도입에 의한 것으로 인식되어 왔다. 즉 철제 안장에 보이는 정釘의 형태와 병류기법이 동일하고 철포복륜기법도 철제 안장의 복륜기법과 동일한 점에서 이주공인에 의해 도입된 것으로 파악되어 왔으나 그 계보는 분명하게 밝혀지지 않았다.

필자는 이러한 정결기법과 철포복륜기법이 오사카부 구라즈카鞍塚고분, 시가현滋賀縣 신카이新開1호분, 기후현岐阜縣 나카야와타中八幡고분 출토품과 같은 신라산 마구와 경주시 황남동109호분3·4곽, 상주시 신흥리나39호분에 보이는 점에서 일본열도 갑주제작의 획기적인 변화로 인식되고 있는 이 기술이 실은 금동제 갑주의 제작기술과 같이 신라에서 이입된 것으로 판단한다.

더욱이 이 시기 일본열도에서 신라로부터 이주민이 확인된다. 즉 소형분임에도 불구하고 신라계 금동제품과 단야도구를 부장한 나라현 고죠네코즈카고분, 신라산 금공품, 철제품과 함께 낙동강하류역 계통의 석곽묘가 매장주체부인 효고현兵庫縣 미야야마宮山고분, 신라산 금공품과 신라를 경유한 유리제품을 다수 부장한 나라현 니이자와센즈카126호분의 피장자가 이에 해당하며, 이는 신라와 왜의 인적교류가 매우 활발하였음을 보여 준다.

한편 신라에는 다량의 일본열도산 경옥제硬玉製 곡옥曲玉이 이입되어 주목된다. 신라지역에 경옥제 곡옥이 본격적으로 이입된 것은 4세기 후엽의 경주시 월성로가13호분과 경산시 임당G6호분 단계이며, 이후 경옥제 곡옥은 신라고분에 다수 부장된다. 즉 신라의 왕릉급 무덤인 황남대총 북분, 천마총, 금관총, 서봉총 출토 금관에는 수십점에 달하는 최상급 일본열도산 경옥제 곡옥이 부착 장식되었다. 또 황남대총 남분, 북분, 천마총, 금관총, 금령총 출토 금제 대장식구와 경식頸飾에도 수하식垂下飾으로 이용되었다. 그리고 경주의 왕릉급 무덤을 중심으로 신라 지방의 대수장묘인 대구시 달서55호분, 창녕군 교동7호분, 부산시 복천동1호분, 양산시 부부총 등에서도 수백 점이 부장된다.

5세기 중엽 일본열도의 경옥제 곡옥은 투명하고 선명한 녹색부분이 포함된 것에서 불투명하고 흰색 재질로 변한다. 그런데 이와 같은 변화가 한반도 내에서 특히 5세기 후엽 1단계 늦게 신라지역에서 확인되어 흥미롭다. 즉 황남대총 북분 출토 금관에서 보는 바와 같이 이 시기까지는 투명도가 높은 녹색의 경옥이 사용되다가, 금관총, 서봉총 출토 금관과 같이 그 이후에는 투명도가 낮은 것으로 바뀐다. 가장 늦은 시기인 천마총 출토 금관에는 투명도가 낮은 흰색의 경옥이 주로 사용된다.

황남대총 북분, 금관총, 천마총에서 금동제 외연금구가 부착된 야광패夜光貝(Lunatica marmorata) 국자가 확인되어 주목된다. 이 조개는 일본 아마미오시마奄美大島 이남의 열대 인도양과 태평양에 분포하는 암초에 서식하며, 나전 등의 세공에 사용된다. 야광패제 용기는 아마미군도奄美群島에서 집중적으로 출토되는 것에서 일본열도를 경유하여 반입되었다 판단된다.

9-4 오사카부大阪府 다이센고분大仙古墳 출토出土 금장金裝 갑주甲冑와 유리기琉璃器

신라에 이입된 수천 점에 달하는 최상급의 경옥제 곡옥과 함께 야광패제 국자를 비롯한 류큐열도산 패제품은 신라와 왜의 우호적인 관계를 상징하는 것이며, 왜측이 오히려 적극적으로 신라와의 교류한 것을 웅변하는 것이다.

신라와 왜의 교섭은 철의 유통을 담당하였던 금관가야의 쇠퇴 이후 필수품인 철과 함께 특히 신라의 금공품과 신라를 경유한 로마유리기와 같은 위신재를 확보하기 위해 새로운 교섭 상대가 절대적으로 필요하였던 왜의 의도와 금관가야 쇠퇴 이후 일본열도와의 교역 장악과 함께 종래의 적대적인 관계를 타개하려는 신라의 이해관계가 합치하여 이루어졌던 것이다.

5세기 전반 왜가 가장 필요했던 금제품, 철제품과 로마유리기를 포함한 서역문물을 보유한 가장 근거리에 위치한 나라는 신라였다. 특히 일본의 왕릉인 다이센고분에서 신라를 경유한 유리기가 출토된 것은 신라와 왜 왕권 간의 직접적인 정치적 교섭을 상징하는 것이다(9-4, 5).

필자는 오사카부 곤다고뵤야마譽田御廟山(전 응신릉應神陵)고분의 배총인 마루야마고분 출토 신라산 용문 금동제 안장과, 황남대총 북분, 금관총, 천마총 등 신라 왕릉급 무덤에 부장된 금관과 금제 대장식구에 부착된 경옥제 곡옥이 일본열도 니이카타현新潟縣 이토이가와산인 점은 왕권 간의 교섭을 상징하는 것으로 본다. 또한 신라산 금동제 대장식구와 일본열도산 경옥은 착장형 위신재인 것과 양자가 왕권과 지방과의 관계를 상징하는 정치적 장신구로 각각 활용된 것은 이와 같은 교섭을 시사한다.

특히 신라산 철모, 갑주와 같은 무기, 무구가 일본열도에 이입되고 신라의 공인에 의해 금장갑주金裝甲冑와 정결기법에 의한 갑주가 제작된 것은 양자간 교섭의 성격을 보여 주는 것이다. 이와 같은 위신재적인 성격을 지닌 무기, 무구를 적대적인 관계에서는 공유하기 어렵기 때문이다. 특히 왕릉인 다이센고분 전방부 출토의 신라계 공인에 의해 제작된 금장갑주는 이를 웅변하는 것이다.

9-5 4~5세기世紀 유라시아Eurasia의 로마Rome유리기琉璃器

『삼국사기』에는 신라와 왜의 교전 기록이 빈번하게 보이고 있으나, 『삼국사기』 실성왕實聖王 원년(402)조 미사흔未斯欣 파견을 통한 통교 기사와, 특히 『일본서기』 응신應神 31년(420)조, 인덕仁德 11년(443)조 등의 신라 공인 파견기사 등은 신라와 왜의 활발한 정치적 교섭을 시사한다.

특히 『일본서기』 윤공允恭기에는 가야, 백제와의 교섭기사가 전혀 보이지 않고 신라와의 교섭기사만이 보여 매우 주목된다. 즉 『일본서기』 윤공允恭 3년조 신라로의 견사遣使, 신라로부터의 의사醫師 파견, 윤공允恭 42년조 신라로부터 조문단弔問團의 파견 기사로 볼 때 신라와 왜의 관계가 이 시기에는 상당히 우호적이었음을 알 수 있다. 더욱이 윤공릉으로 추정되는 다이센고분에 신라에서 이입된 로마 유리기가 부장된 것은 이를 방증하는 것이다. 그럼에도 왜의 침공기록이 5세기 전반 이후에도 보이는 것은 신라가 통교한 기나이畿內의 왜왕권 이외의 규슈九州, 산인山陰, 호쿠리쿠北陸지역 세력에 의한 침공이었을 가능성이 크다.

신라의 왜에 대한 적극적인 외교는 백제, 가야뿐만 아니라 신라를 압박하고 있던 고구려에 대한 견제 의도가 그 배경에 있다고 할 수 있다. 신라는 동맹국이었던 고구려의 속박으로부터 벗어나기 위해 이제까지 적대국이었던 왜를 통하여 견제하려는 일종의 이이제이以夷制夷와 같은 방식을 취하였을 가능성도 상정된다. 왜냐하면 5세기 중엽 신라를 압박하던 고구려군이 철퇴撤退하는 시점이 신라와 왜의 교류가 돌연 소원해지는 것과 상호 연동되는 것에서도 방증되기 때문이다. 신라가 낙동강 이동지역과 동해안일대를 확보하고 고구려의 압박에서 벗어나 더 이상 왜가 필요하지 않게 된 것을 반영하는 것으로 본다.

5세기 전반 신라의 낙동강이동지역으로 진출을 통한 발전은 주로 국내적 요인만을 그 배경으로 보아 왔으나, 필자는 왜와의 철과 금공품의 교역을 통한 부의 축적과 후방의 안전의 확보가 그 융성의 주요한 요인 중 하나로 본다.

5세기 초 일본열도에서는 나라奈良분지에 조영되던 초대형 전방후원분이 오사카남부로 이동하여 출현한다. 그런데 5세기 초를 전후하는 시기에 신라산 문물이 오사카남부에 이입되고, 신라지역에 일본열도산 문물이 이입되는 것이 주목된다. 왜냐하면 초대형 전방후원분이 나라북부에서 오사카남부로 이동하는 것에 대해 일본학계에서는 단순히 나라분지에서 묘역을 이동하였다는 묘역이동설과 새로운 왕조가 성립되었다는 왕조교체론으로 나뉘어져 논의할 뿐, 그 이동의 외부적인 요인을 고려하고 있지 않기 때문이다.

필자는 일본열도의 금관가야산 문물, 대성동고분군의 기나이畿內계 문물과 같은 고고자료와 함께 왜가 임나가라로 퇴각하였다는 문헌사료에 의거하여, 400년 고구려와의 전쟁의 주체는 나라 북부의 사기佐紀세력으로 본다.

4세기 말~5세기 초에 조영된 후루이치古市고분군의 나카츠야마仲ツ山고분(전傳 나카츠히메노미코토릉仲津媛陵, 286m)에 인접한 구라즈카鞍塚고분, 슈킨즈카珠金塚고분과 모즈百舌鳥고분군의 가미이시미산자이上石津ミサンザイ고분(전 이중릉履中陵, 365m)배총인 시치칸七觀고분에 신라산 마구, 철정, 철모 등이 부장되어 주목된다. 양 고분의 마구는 종래 부산시 복천동고분군 출토 마구와 유사한 것에서 금관가야산으로 인식되어 왔으나, 그 형식으로 볼 때 경주시 황남동109호3·4곽 출토 마구와 병행하는 시기의 신라산이 분명하다. 더욱이 같은 시기 경주시 월성로가13호분과 경산시 임당동G6호분 출토품과 같은 양질의 경옥제 곡옥이 돌연히 출현한다.

이와 같이 4세기 말 이미 오사카남부에 신라산 마구가 이입되고 신라에 일본열도산 경옥제 곡옥이 본격적으로 이입되는 것이 주목된다. 왜냐하면 이 시기 경옥제 곡옥이 오사카부 고카네즈카黃金塚고분, 슈킨즈카珠金塚고분 등 오사카남부고분에서 주로 부장되는 점에서 신라에 이입된 곡옥은 오사카남부

세력을 통해 입수된 것으로 파악되기 때문이다.

이는 금관가야와 왕권을 장악한 나라 분지 북부의 사기세력이 교섭하는 시기에 새롭게 대두한 오사카남부 세력이 이미 신라와의 교섭을 개시한 것으로 볼 수 있게 한다. 즉 초대형 전방후원분이 나라 북부에서 오사카남부로 옮겨지며, 특히 왕릉인 곤다고뵤야마고분, 다이센고분이 조영되는 시기에 왜 왕권의 교섭 대상이 금관가야에서 신라로 바뀐 것이다. 그래서 고분의 배총인 마루야마고분의 금동제 마구가 신라산인 것과 다이센고분 출토 금장갑주가 신라 공인工人에 의해 제작된 점에서 즉 신라와의 교섭을 계기로 오사카남부의 신흥세력인 후루이치, 모즈고분군 축조 집단이 왕권을 장악한 것으로 본다.

이러한 교섭의 양상으로 볼 때 4세기 말 왜왕권의 중추부를 구성하는 양대 세력인 나라 북부와 오사카남부의 대외교섭 상대가 각각 금관가야와 신라임을 알 수 있다. 그래서 각각 다른 교섭 상대의 성쇠가 양대 세력의 흥망에 결정적인 영향을 미친 것으로 생각된다. 즉 400년 고구려 남정의 결과 금관가야와 동맹관계였던 나라 북부의 사기佐紀 세력이 패퇴하고 신라와 동맹한 신흥세력인 오사카남부세력이 왕권을 쟁탈한 것이다.

그래서 필자는 초대형 전방후원분의 나라 북부에서 오사카남부로의 이동을 단순히 묘역이동으로 보지 않고 왕조가 교체된 결과로 파악한다. 더욱이 초대형 전방후원분을 축조한 가와치왕조의 융성은 신라와의 교섭을 통한 필수물자인 철, 위신재인 금공품, 서역 문물과 첨단기술을 가진 공인의 도입이 중요한 배경으로 작용한 것으로 볼 수 있다(9-6).

한편 신라는 왜와의 교섭을 통하여 철을 수출하고 왜와의 동맹관계를 통하여 신라를 압박하던 고구려를 견제하고 후방의 안전을 도모한 것으로 추정된다.

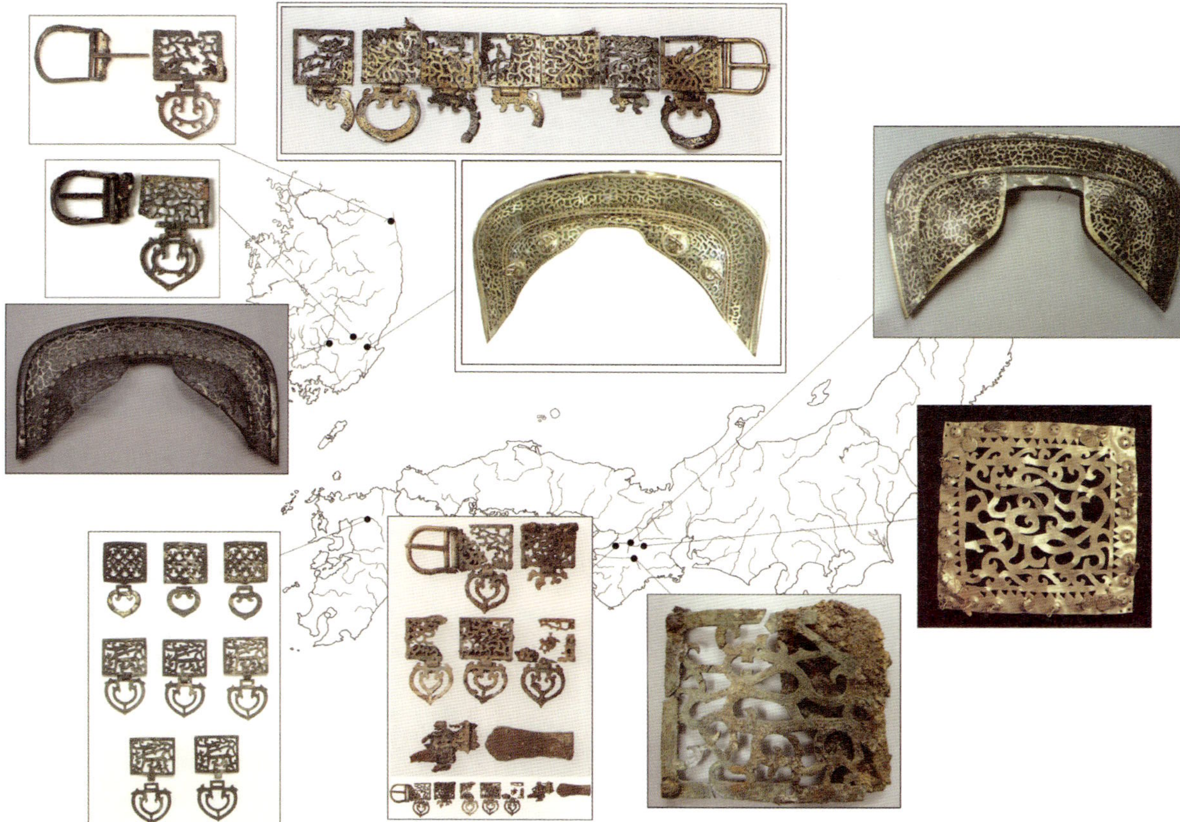

9-6 5세기世紀 전반前半 일본열도日本列島에 이입移入된 신라산新羅産 금공품金工品
1. 경주시慶州市 황남대총남분皇南大塚南墳, **2.** 경산시慶山市 임당동7B호분林堂洞7B號墳, **3.** 대구시大邱市 현풍면玄風面 양리고분군陽里古墳群, **4.** 강릉시江陵市 초당동A-1호분草堂洞A-1號墳, **5.** 후쿠오카현福岡縣 츠키노오카고분月岡古墳, **6.** 오사카부大阪府 시치칸고분七觀古墳, **7.** 오사카부大阪府 마루야마고분丸山古墳, **8.** 나라현奈良縣 네코즈카고분猫塚古墳, **9.** 나라현奈良縣 니이자와센즈카126호분新澤千塚126號墳

3 6세기世紀 후반後半 신라新羅와 왜倭

6세기 후반이 되면 약 1세기 간 두절되었던 신라 문물의 돌연 이입되어 주목된다. 이 시기의 유명한 나라현奈良縣 후지노키藤ノ木고분의 마구 제작지에 대해서는 아직도 논의가 계속되고 있지만, 이 후지노키고분 출토 안장鞍裝은 그 구조적 특징과 공반 마구로 볼 때 신라산일 가능성이 높다. 더욱이 후지노키고분 출토 안장의 삼각형三脚形 파수把手와 유사한 파수가 부착된 안장이 경주시 황남대총 북분, 경주시 황오동37호분, 경산시 임당동5A호분, 성주군 성산동38호분 등 5세기 후반의 신라권역에 집중 분포하는 점이 밝혀져 신라산일 가능성이 높아졌다(이현정 2007). 또한 이 고분에서는 반점문 장식구슬을 비롯한 신라산 유리구슬이 다수 출토되었다. 후지노키고분의 마구는 그 위신재적인 성격으로 볼 때 신라왕권과 왜왕권 간의 교섭 없이는 도입이 불가능한 것이다.

그리고 이 시기 신라산 마구가 규슈九州지방에 집중 이입된다. 후쿠오카현福岡縣 오키노시마沖ノ島7·8호유적의 마구는 금동제 인동투조자엽형행엽忍冬透彫刺葉形杏葉, 조인당초문투조심엽형행엽鳥人唐草文透彫心葉形杏葉, 보요부식금구步搖附飾金具, 청자고둥장식운주イモガイ裝飾雲珠·식금구飾金具 등으로 구성된 것이다. 이러한 마구는 경주시慶州市 천마총天馬塚, 계림로鷄林路14호묘출토품과 유사하고 신라산 금제 지륜指輪이 동반한 것에서 신라산으로 본다.

나가사키현長崎縣 이키壱岐 사사즈카笹塚고분에서는 금동제 인동당초문투조심엽형경판비忍冬唐草文透彫心葉形鏡板轡, 인동당초문투조심엽형행엽忍冬唐草文透彫心葉形杏葉, 귀형식금구龜形飾金具龜, 청자고둥イモガイ裝飾雲珠·식금구飾金具가 출토되었다. 이러한 마구는 신라산으로 상정되며, 같은 구조의 경판비鏡板轡가 창녕군昌寧郡 송현동松峴洞7호분과 대구시大邱市 죽곡리竹谷里2호분 등 신라의 심엽형경판비心葉形鏡板轡 등에 보인다(諫早直人 2012:102 - 103). 또 쇼로쿠雙六고분에서는 금동제 인동당초문안忍冬唐草文鞍, 인동십자문경판비忍冬十字文鏡板轡, 보요부십금구步搖附飾金具, 청자고둥장식운주イモガイ裝飾雲珠·식금구, 청동제靑銅製 방울鈴 등이 출토되었다. 두 고분에서는 신라 인화문토기가 각각 출토되어 이들 마구가 신라산임을 방증한다.

588년 창건된 나라현 아스카사飛鳥寺는 문헌사료에 의거하여 종래 백제의 영향에 의해 건립된 것으로 파악되어 왔으며 목탑 출토 사리 장엄구도 백제산으로 보아 왔다. 그러나 직전에 건립된 부여군 왕흥사 출토 사리 장엄구와는 조합과 형식을 달리하는 점에서 백제산으로 보기 어렵다. 왜냐하면 아스카사 사리장엄구에는 마구인 사행상철기, 단야도구인 지석, 갑주가 공반되고, 신라산인 반점문 장식유리구슬이 출토되어 주목된다. 그래서 아스카사의 건립을 백제인들이 주도한 점은 인정되나, 신라의 영향도 유의해야 할 것으로 사료된다.

시마네현島根縣 오자니시大座西2호분에서 신라산 동완과 대장식구가 부장된 것에서 영일만-울릉도-오키隱岐-시마네島根를 연결하는 항로가 활발하게 이용되었음을 알 수 있다.

가야 멸망 직후인 『일본서기』 흠명欽明 21년(560)조에 신라와 일본이 처음으로 국교를 열었으며, 이 시기 신라가 일본에 사절을 파견한 것은 562년 대가야 멸망과 관련한 정치적인 배려로 보고 있다. 남부 가야제국을 지배하에 넣고 가야 북부지역의 병합을 꾀하던 시기에 신라는 일본과 백제와의 군사동맹 관계를 단절시킬 필요가 있었다. 또 6세기 후반은 이제까지 일본과의 교섭을 주도하였던 백제가 555년 왕자 혜惠의 파견을 마지막으로 더 이상 사절을 보내지 않고 일본도 사절을 파견하지 않아 백제와 일본의 관계가 그 후 20년간 단절되는 시기이다. 따라서 백제로부터 전해지던 문물을 신라가 대신하여 전하겠다는 제의를 한 것으로 보고 있다.

6세기 후반 중국의 남조가 멸망하여 정치, 문화의 중심이 화북으로 옮겨짐에 따라 백제와 중국과의 관계가 멀어지고 한강 하류역을 획득한 신라가 북조와의 관계를 긴밀히 함으로써 왜가 백제에서 도입하던 선진문물을 신라로부터 받아들이게 된 것으로 파악되고 있다(김은숙 1994).

이와 관련하여 주목되는 것은 나가사키현長崎縣 이기壹岐 소로쿠雙六고분 출토 북제北齊산 백유연채원문완白釉綠彩圓文盌이다. 백유연채원문완은 경주시 안압지에서 같은 기종이 출토(弓場紀知 2006)되고, 이 고분에서는 신라후기양식 토기와 신라 마구가 공반된 것에서 신라를 경유하여 이입된 것으로 파악된다.

더욱이 창원시 석동유적에서 백유연채원문완이 출토된 것도 이를 방증한다.

그리고 군마현群馬縣 간논야마觀音山고분 출토 동제수병銅製水甁은 북제北齊의 고적회락묘庫狄廻洛墓 부장품과 유사하다. 종래 이 수병水甁은 중국에서 직접 이입되거나 공반된 거울 가운데 무령왕릉武寧王陵 출토경과 동범경이 존재하는 점에서 백제를 경유한 것으로 파악되어 왔다. 그러나 이 고분에서는 다른 중국제 문물이 보이지 않고, 이 시기 한반도 정세와 신라산 마구가 공반된 점에서 수병은 그곳에서 직접 전래된 것이 아니고 북제北齊와 통교한 신라를 경유하여 들어온 것으로 보는 것이 합리적이다. 더욱이 이 시기 후쿠오카현 오키노시마沖の島 7, 8호유구에서는 금동제 신라산 마구가 다수 확인된다.

6세기 후반 후쿠오카현福岡縣 오키노시마沖の島7·8호 제사유구祭祀遺構에서는 금동제金銅製의 신라산新羅産 마구馬具, 옥충상감투조玉蟲象嵌透彫 대장식구帶裝飾具, 금제金製 지륜指輪이 출토되었다. 특히 8호유구에서는 사산조 페르시아산 절자문유리기가 출토되었다(9-7).

이 유리기에 대하여 종래 일본 연구자들은 중국과의 직접 교섭에 이입된 것

9-7 6세기世紀 후엽後葉 후쿠오카현福岡縣 오키노시마沖の島7,8호 제사유구祭祀遺構 출토出土 유물遺物

으로 보았다. 그러나 오키노시마沖の島는 신라新羅와 왜倭 간의 항로航路에 위치하고, 공반된 유물이 이 유리기 외에는 모두 신라산인 점에서 신라를 경유한 것으로 판단된다. 이 유리기가 북주北周 이현묘李賢墓 출토품과 유사한 점, 이 시기 왜는 중국에 가지 못하였으나 신라新羅가 북조北朝에 견사遣使한 점으로 볼 때 신라新羅와 북조北朝의 직접교섭直接交涉에 의해 이입된 것으로 본다. 이는 신라가 한강 하류역을 차지함으로써 신라가 대 중국교섭에서 유리한 입지를 차지하고 옛 가야지역에 해당하는 남해안의 동반부를 확보함으로써 백제와 왜의 교통이 어려워진 것에 기인한다. 즉 왜가 백제로부터 전수받았던 중국의 선진문물을 신라로부터 받아들일 수밖에 없는 상황이 조성된 것이다.

4 7세기世紀 신라新羅와 일본日本

신라·당과 백제·일본의 외교 관계로 파악되어 온 7세기 전반뿐만 아니라 신라와 일본이 적대적인 관계에 직면하는 것으로 파악되어 온 7세기 후반에도 신라문화가 노도와 같이 일본열도에 이입되어 주목된다.

여기에서는 신라토기, 화장묘, 왕릉의 풍수사상, 쇼소인正倉院 소장품의 도입과정을 살펴보면서 신라와 일본과의 관계에 대해 접근하고자 한다. 먼저 주목되는 것은 7세기 인화문이 시문된 신라 토기가 백제 토기를 초월하는 수량으로 일본열도 긴키近畿지역을 중심으로 이입되는 것이다. 더욱이 신라토기는 나니와노미야難波宮, 이시카미石神유적, 후지와라경藤原京와 같은 궁도宮都와 호류사法隆寺, 시텐노사四天王寺, 도유라사豊浦寺 등과 사원에 집중하는 것에서 국가적인 외교사절에 동반한 정치적인 교섭에 의해 이입된 것이 분명하다. 또한 공방지인 아스카이케飛鳥池유적, 니시다치바나西橘유적, 오오이太井유적 등에서 신라 토기가 출토되어 당시 일본의 금속기 생산에 신라 공인이 관여한 것이 밝혀졌다. 더욱이 신라 토기는 호류가 주된 기종인 점에서 후대의 쇼소인 소장 약호藥壺와 같이 저장기로써 내용물을 반입하는 기능을 가졌을 가능성이 매우 높은 점이 주목된다(江浦洋 1988).

그리고 주목되는 것은 교토부京都府 가미카모신사上賀茂神社출토품은 사산조 페르시아산 유리용기이다. 일본열도로의 이입시기는 후쿠오카현福岡縣 오키노시마沖ノ島8호유적으로 볼 때 6세기 후반 이래로 추정된다. 가미카모신사는 가모賀茂씨氏의 씨신氏神을 제사 지내는 신사로서 문헌에는 문무文武 2년(698) 이래에 보인다. 그런데 흥미로운 것은 가모씨와 신라로부터의 이주민으로 추정되고 있는 하타씨秦氏가 혼인관계를 맺고 있는 점이다(朴天秀 2013). 하타씨는 교토부 고류사廣隆寺가 조영된 우즈마사太秦지역을 거점으로 활동하였으며, 『일본서기』 추고推古 31년(623) 신라로부터 이입된 불상을 고류사廣隆寺에 안치한 이주민 씨족이다. 불상은 목조 반가사유상半跏思惟像으로 추정되고 있으며, 앞에서 언급한 바와 같이 이 반가사유상은 봉화군 북지리 출토 석조 반가사유상으로 볼 때 신라불이 분명하다. 그래서 가미가모신사 출토 사산조 페르시아산 유리기는 7세기 전반 하타씨秦氏와 신라와의 교섭을 통하여 도입되었으며, 이후 가모씨에게 전해진 것으로 추정된다.

따라서 쇼소인 소장 유리제 원환문배圓環文杯는 사산조 페르시아산으로 기형과 원환문圓環文의 형태가 칠곡군 송림사 전탑 출토품과 흡사하여 일찍부터 주목되어 왔다. 그럼에도 중국 서안시西安市 하가촌何家村 출토 원환문圓環文와 일본의 동전인 와도카이친和同開珎이 공반되는 것을 근거로 당으로부터 직접 이입된 것으로 보는 견해(古寺智津子 2012)가 있으나 수긍하기 어렵다. 왜냐하면 하가촌何家村 출토품과 정창원 원환문배는 형태가 전혀 다르기 때문이다.

쇼소인 원환문배는 7세기에도 지속적으로 서역계 유리용기가 신라를 경유

9-8 5~6세기世紀 유라시아Eurasia의 사산조페르시아Sassanid Persian Empire 유리기琉璃器와 은화銀貨

하여 이입된 것을 방증하며, 이시기 신라와 일본과의 관계를 상징하는 문물로 볼 수 있다(9-8).

호류사 전래 사기사자수문금四騎獅子狩文錦은 종래 견당사에 의해 직접 이입된 것으로 파악되어 왔다. 그러나 호류사法隆寺와 인접한 곳에 신라 문물을 부장한 후지노키藤ノ木고분이 6세기 후엽에 조영되고, 또한 신라산 연硯이 출토되어 주목된다. 더욱이 주지하는 바와 같이 호류사에는 신라인들이 마구에 사용한 옥충으로 장식한 옥충주자가 전래되고 있는 점에서 신라와의 관계를 엿볼 수 있다. 그리고 이와 함께 시가현滋賀縣 스후쿠사崇福寺 출토 사리구, 나라현 아마사尼寺 등 사지 출토 사리장엄구에 보이는 신라적인 요소도 고려할 필요가 있다.

종래 일본의 기와는 니라현 아스카사 출토 단판연화문와당單瓣蓮花文瓦當은 백제계, 나라현 도유라사豊浦寺 출토 유릉단판연화문와당有稜單瓣蓮花文瓦當은 고구려계로 파악되어 왔다. 그러나 후자는 경주시 월성해자 출토품 등으로 볼 때 고구려의 영향으로 볼 수 없고 신라의 영향에 의한 것으로 밝혀졌다. 또한 도유라사 출토 와당을 생산한 7세기 전반 교토부 하야아가리隼上り와요지 출토 단판연화문와당도 백제계로 파악되어 왔으나, 신라계로 보는 견해가 제기되었다(高田貫太 2011). 더욱이 종래 당의 직접적인 영향에 의한 것으로 보아 온 일본의 7~8세기 와당의 주류를 형성하는 복판연화문와당複瓣蓮花文瓦當도 경주시 방내리36호분 등에서 확인되듯이 7세기 전반에 이미 출현한 점에서 신라의 영향에 의해 성립되었을 가능성이 지적된다.

그리고 이 시기 신라와 규슈九州와의 관계를 알 수 있는 자료가 확인되어 주목된다. 7세기초 후쿠오카현福岡縣 후나바루船源고분의 매납갱埋納坑에서 철제 마주馬冑, 사행상철기蛇行狀鉄器, 호등壺鐙, 금동제 안鞍, 경판비鏡板轡, 마령馬鈴, 보요부식금구步揺附飾金具 등이 출토되었다.

9-9 후쿠오카현福岡縣 가와라타케香春岳와 덴타이사天臺寺 출토出土 기와瓦

후나바루船源고분 출토품의 계보系譜는 전술한 오키노시마沖ノ島7·8호유적, 쇼로쿠雙六고분·사사즈카笹塚고분 출토품과 같이 신라에 구해진다. 예를 들면 후나바루船原고분 매납갱에서 출토된 금동제 보요부식금구는 육각형 투조 금속판과 그 위에 기하학적으로 배치된 복수의 보요부식금구가 중앙에 있는 주상柱狀의 봉棒과 같은 것으로부터 우산살과 같이 분지되는 구조이다.

이와 같은 화려한 의장은 이제까지 출토예가 없는 일본의 독창적인 마구로 보있으나, 앞에서 언급한 바와 같이 그 조형은 신라 마구에 구해진다.

이 시기의 일본 범종사梵鐘史의 명종名鐘으로 불리는 교토부京都府 묘젠사妙心寺 종鐘은 내면內面의 명문銘文에 의해 문무文武 2년(698) 치쿠젠국筑前國 가스야노코오리糟屋評에서 제작된 것으로 밝혀졌다. 이 종鐘은 후쿠오카현福岡縣 간제온사觀世音寺 종鐘과 함께 정제된 모습과 우아한 문양으로 유명하며, 양자는 같은 시기 동일 공방에서 제작된 것이다.

두 종의 제작공인은 상하대上下帯의 당초문唐草文과 당좌撞座의 연화문蓮華文

이 그 제작지인 가스야노코오리糟屋評와 인접한 후쿠오카현福岡縣 덴다이사天臺寺의 와瓦 문양과 문헌사료로 볼 때 신라계의 이주민임이 판명되었다(9-9, 10).

후쿠오카현福岡縣의 덴다이사天臺寺와 인접한 오이타사지大分寺址 출토 당초문연복판연화문唐草文緣複瓣蓮華文수막새와 보상화당초문寶相華唐草文암막새는 일본을 대표하는 신라계 와당이다. 그 당초문연복판연화문수막새는 중방中房 외측의 예대蘂帶, 외연의 보상화당초문寶相華唐草文, 악면鄂面의 보상화당초문 등의 특징으로 볼 때 경주시 사천왕사 출토 통일신라 암막새의 문양과 유사하다. 보상화당초문암막새는 앞에서 언급한 당초문복판연화문수막새와 조합을 이룬다. 주문양은 오른쪽에서 왼쪽으로 향하는 보상화당초문이며, 외구

9-10 후쿠오카현福岡縣 간세온사観世音寺와 교토부京都府 묘젠사妙心寺의 신라계新羅系 동종銅鐘

外區와 협구脇區는 계선界線으로 둘러싸인 주문珠文이다. 이 보상화당초문은 앞에서 언급한 수막새 외연外緣의 문양과 같다(亀田修一 2006:362-365).

덴다이사天臺寺가 있는 다가와군田河郡 관련 문헌사료로는 『풍전국풍토기豊前國風土記』를 들 수 있다.

> 田河郡 鹿春 (중략) 新羅國神 自度到來 住此河原 便即 名曰鹿春神 鄉北有峰 (중략) 第二峰有銅 黃幷楊龍骨等 (중략)

이 기사에서 신라국신新羅國神이 이주한 점, 가와라다케香春岳의 제2봉에 동銅이 산출된 것을 알 수 있다. 이 신라국신新羅國神은 『연희식延喜式』에 보이는 가라쿠니오기나가오히메신사辛國息長大姬目命神社에 해당하며, 덴다이사天臺寺의 신라계 기와를 해석하는 데 유효한 자료이다(龜田修一 2006 : 291).

이제까지 7세기 전반 663년 백제 멸망 이전 한반도와 일본열도의 관계는 백제를 중심으로 파악되어 왔으며, 그 후 신라와 일본은 적대적인 국면으로 돌입한 것으로 상정되어 왔다. 그러나 실제로는 7세기 전반뿐만 아니라 663년 백제 멸망직후에도 양국 간 긴밀한 교섭이 행해진 것이 문헌사료에 보인다. 특히 『일본서기』 천지天智 7년(668)조에는 신라사가 내일來日하고, 나카토미노카마다리中臣鎌足가 김유신金庾信에게 선船을 보내며 또한 천지天智가 문무왕文武王에게 선船을 보낸 것이 보여 주목된다. 왜냐하면 이는 왕권 간의 긴밀한 교섭으로 볼 수 있기 때문이다.

7세기 후반 백제가 멸망하고 당唐과 외교 관계가 단절된 일본은 선진문물의 도입을 신라에 의존할 수밖에 없었으며, 한편 당과의 전쟁에 임하였던 신라는 후방의 안전을 도모할 필요가 있었던 것이다. 또한 양자는 당으로부터 침공을 막고자 하는 공통의 목적이 있었던 것으로 볼 수 있다.

5 8세기世紀 신라新羅와 일본日本

8세기 일본 문화를 대표하는 것은 서역을 통하여 이입된 쇼소인正倉院의 화려한 문물이다. 종래 쇼소인 소장품에 대해서는 신라묵墨, 신라금琴, 신라장적新羅帳籍, 화엄경華嚴經과 같이 일부의 확실한 신라제품을 제외하고 대부분은 견당사遣唐使에 의해 전래된 것으로 인식되었다.

1959년 대구시 송림사 전탑 내 사리장엄구舍利莊嚴具 발견에 의해 쇼소인의 유리제품이 신라를 경유하였음이 확인되었다. 1970년대 안압지 발굴에 의해 금동제 가위, 사하리佐波理 등이 신라산임이 밝혀졌다. 또한 색전色氈, 화전花氈의 포기布記를 통한 문헌사학의 연구에 의해 모전毛氈제품이 신라에서 생산되거나 경유하였음이 확인되었다.

그리고 국내 사원지의 조사에 의해 이와 관련한 중요한 유물이 출토되어 주목된다. 창녕군 말흘리사지末屹里寺址와 군위군 인각사麟角寺 유적 출토 금속공예품은 신라산이 분명한 사하리뿐만 아니라 이제까지 중국산으로 보아온 쇼소인 금속공예품의 상당수가 신라산임이 판명되었다.

나아가 색전色氈, 화전花氈뿐만 아니라 불국사 석가탑 출토 사리 장엄구에 동반한 능직물綾織物은 문양이 서역에서 출토한 직물과 쇼소인 소장품과 유사한 점에서 쇼소인 직물 가운데 신라를 경유한 것이 확인되었다.

이제까지 쇼소인 소장품에 대해서는 일부의 확실한 신라제품을 제외하고 그 외 대부분은 견당사에 의해 장래된 것으로 보아 왔다. 그러나 주지하듯이 당과 일본 간에는 672년부터 701년까지 교섭이 단절되었으나, 한편 신라와 일본 간에는 668년부터 최후의 신라사新羅使가 파견된 779년까지 양국 간 신라에서 47회, 일본에서 25회의 사절이 왕래하였다. 한편 견당사가 260년간 장안長安에 도달한 것은 13회에 불과하였다. 전원이 무사히 귀국한 것은 단지 1

회에 지나지 않는다.

7세기 후엽~8세기 초 오키노시마沖の島 5호 제사 유적에서 금동제 용두龍頭와 함께 당삼채唐三彩의 장경병長頸甁과 같은 초일급품이 봉헌되어 주목된다. 왜냐하면 오키노시마는 견당사의 항로로 볼 수 없고 견신라사遣新羅使의 항로에 속하며 동일 형식의 금동제 용두가 신라지역에서 다수 출토되고, 당삼채도 경주에서 출토 예가 증가하고 있기 때문이다. 그래서 오키노시마유적 출토 중국문물은 쇼소인 소장품이 신라를 경유하였음을 웅변하는 자료로 평가된다. 종래 금동제 용두도 중국산으로 파악되어 왔으나 영남지역에서 다수 출토된 점에서 신라산일 가능성이 크다.

7세기 후반 백제의 영향에 의한 1탑 1금당식 가람배치가 성행하던 일본열도에 돌연 2탑 1금당식의 쌍탑식 가람 배치가 나라현 후지와라경藤原京의 국가 사원인 혼야쿠사本藥師寺에 도입된다. 혼야쿠사의 가람배치는 감은사의 가람배치와 축척, 구조가 동일한 것으로 지적되어 왔다. 이 시기는 백제, 고구려 멸망 이후 선진 문물의 도입지가 소멸되고 당과의 관계 악화로 인해 견당사를 파견하지 못한 일본 측의 사정에 주목하고자 한다.

더욱이 8세기 나라시대 일본 문화를 상징하는 도다이사東大寺는 가람 배치가 신라식인 쌍탑식이며 대불의 주조와 건립에 신라인들이 참여한 것으로 기록되어 있다. 한편 일본 연구자들은 도다이사, 다이안사大安寺, 사이다이사西大寺의 탑이 신라와 달리 탑원으로 분리된 점에 주목하여 신라의 영향을 배제하고 있으나 타당한 것으로 볼 수 없다. 왜냐하면 일반적인 것은 아니지만 고선사지에서도 탑원이 확인되고 있기 때문이다.

다음은 쇼소인 소장품의 제작지와 이입 경로에 대해 논하고자 한다. 쇼소인의 창건 연대는 덴표天平 연간(729~749)이다. 이곳에는 8세기 나라시대를 중심으로 한 신라·당·페르시아·일본의 고대 문물 9천여 점이 소장되어 있다.

그런데 국내 사원지의 조사에 의해 이와 관련된 중요한 유물이 출토되어 주목된다. 창녕군 말흘리사지의 수혈 내에서 금동제의 병향로, 화사, 반, 장식판, 마구 등이 일괄로 출토되었다. 말흘리 사지 출토 병향로는 조안형 화로, 화형 대좌, 인동문 투창 등이 쇼소인 남창南倉의 것과 유사하다. 더욱이 삼성미술관 리움 소장의 병향로는 자루 끝의 사자형 진좌 형태까지 쇼소인 소장품과 일치한다. 금동제 화사는 수각이 붙은 것으로 유례가 쇼소인 중창中倉에 보인다. 금동제 대부완의 수각獸脚도 쇼소인 소장품과 유사하다. 이곳에서는 신라의 전형적인 심엽형 경판비가 함께 출토되어 이러한 금공품이 6세기 신라의 금공 기술을 계승한 것임을 알 수 있게 한다.

군위군 인각사에서는 청동제 병향로, 합자, 병, 금고 등이 출토되었으며, 병향로는 사자형의 진좌를 가졌고 합자는 상륜형의 손잡이를 가진 것으로 9세기의 것이나 쇼소인 소장품과 유사하다.

두 유적 출토 금속공예품은 신라산임이 분명한 사하리뿐만 아니라 이제까지 중국산으로 보아 온 쇼소인 금속공예품의 상당수가 신라산임을 알 수 있게 한다.

경주시 불국사 석가탑 출토 사리 장엄구에 동반한 능직물綾織物은 문양이 서역에서 출토한 직물과 쇼소인 소장품과 유사한 점에서 주목된다. 이 능직물의 발견에 의해 쇼소인 직물 가운데 신라를 경유한 것이 존재함을 알 수 있다. 이는 경주의 연주사자공작문석에서 알 수 있듯이 신라에서 연주문이 성행한 것에서도 그러하다.

7세기 이래 경옥제 곡옥은 고분에 부장되지 않고 경주시 황룡사목탑지, 서금당지, 분황사 전탑, 대구시 송림사 전탑 등에서 사리장엄구, 또는 진단구로서 애용된다. 그 후 경옥제 곡옥은 8세기 경주시 불국사 석가탑에 사리장엄구로서 봉안된 후 한반도에서 자취를 감춘다. 이는 일본열도에서 경옥제 곡옥이 사용되지 않는 시기와 일치하여 그곳에서의 수입이 단절된 것에 기인하는 것으로 추정된다. 8세기 신라와 일본과의 관계는 신라와 발해의 대립 가운데 후자의 대일對日외교 진출에 대한 신라의 견제를 배경으로 들 수 있다. 한편 일본은 신라 문화의 도입과 신라를 통한 당 문물의 도입을 목적으로 한 것으로 볼 수 있다.

6 9세기世紀 신라新羅와 일본日本

신라의 삼국 통일과 발전은 해상 활동을 배경으로 하며, 신라는 해양실크로드와 연결된 황해를 적극적으로 개척하고 활용하였다.

신라가 황해를 개척·활용하기에는 수 세기가 소요되었으며, 6세기 중엽 황해 진출로 이어졌다.

한강 하구를 통한 황해 진출은 신라가 국제무대에 적극적으로 참여할 수 있는 계기가 되었다. 또한 황해를 통한 활발한 대중교섭 과정에서 종래의 연안 항해에서 벗어나 황해 중부를 가로지르는 횡단橫斷항로와 황해 남부를 가로지르는 사단斜斷항로를 개척하여 원양항해시대를 열었다.

신라는 그 거주지인 신라방 등의 분포로 볼 때, 중국 동해안 산동반도의 등주登州에서 타이완에 가까운 천주泉州에 걸친 광범위한 지역에 걸친 동아시아 해역을 장악하게 되었다. 신라인 거주지인 신라방이 광역 관계망을 형성하게 된 것은 해상 실크로드를 통한 교역 활동을 배경으로 한다.

경주시 안압지雁鴨池에서는 이슬람유리기가 출토되었다. 안압지는 궁성인 월성의 남쪽에 위치하는 신라 왕실의 원지園池로, 담녹색배淡綠色杯가 1점 출토되었다. 안압지에서 완형에 가까운 1점만이 수습된 것은 당시 이슬람유리기에 대한 인식이 부족했던 당시의 사정에 기인하는 것으로 보인다. 특히 이슬람

유리기는 무색 투명한 것이 많아 근현대 유리기를 구분하기 어렵기 때문이다. 앞으로 경주 왕경유적에서 발견이 기대된다.

경주시 사천왕사지四天王寺址는 낭산 산록의 선덕여왕릉하에 위치하며, 문무왕 때 건립되었다. 이곳에서는 금당지에서 병의 견부 또는 파수 등에 붙였던 장식으로 추정되는 남색파수편藍色把手片 등이 출토되었다.

합천군 백암리사지伯巖里寺址에서 병의 견부 또는 파수 등에 붙였던 장식으로 추정되는 남색파수편藍色把手片과 경부가 짧은 남색병藍色甁 편片이 출토되었다.

후쿠오카현福岡縣 고로칸鴻臚館유적은 하카다만博多灣에 접하여 위치하는 외교 시설이다. 고로칸鴻臚館은 7세기 후반 설립된 치쿠시관筑紫館을 계승하는 것으로 11세기 중엽까지 존속하였다. 이곳에서는 청녹색병靑綠色甁과 백색완白色盌이 이슬람 도기, 중국 도자기, 신라 인화문토기와 함께 출토되었다.

후쿠오카시福岡市 다노츠多の津에 소재하는 다다라코미다多々良込田유적에서는 8세기 후반부터 10세기에 걸쳐서 건물지가 확인되었다. 청녹색완靑綠色盌으로 추정되는 편이 이슬람도기, 신라 인화문토기와 함께 출토되었다.

나라현奈良縣 쇼소인正倉院 소장 담황색고배淡黃色高杯, 봉수병鳳首甁은 전형적인 이슬람 유리기이다. 제작 시기가 문제가 되었던 청색십이곡장배靑色十二曲長杯도 그 문양이 이탈리아 베네치아의 산마르코성당에 소장된 성배와 중국 강소성江蘇省 남경시南京市 대보은사大報恩寺 탑기지궁塔基地宮 출토 이슬람유리기인 절자문병切子文甁과 팔곡장배八曲長杯의 문양과 동일해 이슬람유리기로 판명되었다(吉澤悟 2017:127-129).

그런데 앞에서 언급한 바와 같이 쇼소인正倉院의 6~7세기 페르시아유리기인 절자문완, 원환문배는 신라를 경유하여 이입된 것이 전세되어 8세기에 납입納入되었다. 8~9세기의 일본열도 출토 이슬람유리기도 고로칸鴻臚館유적과 다다라코미다多々良込田유적에서 신라인화문토기가 공반된 점과 쇼소인正倉院의 신라산 묵墨, 금琴, 사파리佐波理, 장적帳籍, 화엄경華嚴經 등으로 볼 때 신라를 경유한 것으로 판단된다(9-11).

쇼소인正倉院과 관련된 도다이사東大寺의 화엄경華厳経 교주教主인 노사나대불盧舍那大佛 조불造佛의 사상적思想的 계기契機는 덴표天平 2년(740)부터 도다이사東大寺의 전신사원前身寺院인 곤슈사金鍾寺에서 개시된 화엄경강설華厳経講說로 보고 있다. 그 강사講師인 심상審祥은 7세기 원효元曉와 의상義湘을 배출할 만큼 화엄교학華嚴教學이 성행했던 신라新羅에 유학留學하였으며 다수의 불전佛典을 가지고 갔다(樋笠逸人 2018). 『속일본기續日本記』 752년 도다이사東大寺 노사나대불盧舍那大佛 개안공양開眼供養 시 신라에서 왕자 김태렴金泰廉 이하 700여 명이 7척의 배로 일본에 왔다는 기록이 보인다.

김태렴金泰廉이 일본에 가져간 교역물품은 30건의 품목이 「매신라물해買新羅物解」에서 확인된다. 그 내용은 향약香藥, 약재藥材, 색료色料, 기물器物, 직물織物 등으로 쇼소인正倉院 소장품과 일치한다(朴南守 2011:179-213). 더욱이 유향乳香, 침향沈香, 정향丁香, 서각犀角 등 동남아시아를 경유한 것들이 포함되어 있어 주목된다.

다음은 신라와 일본 출토 당의 도자기를 통하여 논하고자 한다. 신라에서는 다음과 같은 출토 예가 있다.

월주요 청자는 다른 자기에 비해 수량도 많고 기종도 다양하다. 그 중에서도 완碗과 발鉢이 절대적으로 가장 많은 수량을 차지하고 있다.

형주요 백자는 청자에 비하면 수량도 많지 않고 경주를 중심으로 영월군 흥녕선원지와 이천시 설봉산성, 울산시 반구동유적, 보령시 성주사지, 익산 시 미륵사지, 이천시 설봉산성, 남원시 실상사, 광양시 마로산성, 완도군 청해진 등 한정된 지역에서만 출토되고 있다. 경주시 황룡사와 완도군 청해진에서 출

1-3 Italia Venice San Marco Cathedral 4,5 Egypt Fuustat 6,7 Egypt 8 Syria Raqqa 9-11 Syria 12-15 Saudi Arabia al Rabadha 16,17 Iraq Samarra 18 Iran Nishapur 19-23 Iran 24 Afkanistan Mazr-i Sharif 25 Afkanistan Herat 26 Afkanistan Maimana 27,28 Malaysia Bujang Valley 29 Indonesia Belitung 30,31 Veitnam Cu Lao Cham 32-37 中國 陝西省 寶鷄市 法門寺 38 湖南省 常德市 南平鄉 七里橋 39,40 江蘇省 揚州市 揚州城 41 廣東省 廣州市 南漢康陵 42 廣東省 廣州市 南越宮署址 43,44 韓國 慶州市 四天王寺址 45 慶州市 雁鴨池 46 慶州市 金丈臺 47,48 陝川郡 伯岩里寺址 49,50 日本 福岡縣 鴻臚館 51 奈良縣 唐招提寺 52,53 奈良縣 正倉院

9-11 8~9세기世紀 유라시아歐亞의 이슬람Islam 유리기琉璃器

토된 호가 있으나 다완으로 사용하기 위한 완과 발이 절대적으로 많은 수량을 차지하고 있어 특정 기종만을 수입하였을 가능성이 있다.

장사요 청자는 첩화기법貼花技法을 이용하여 문양을 시문한 청자갈반첩화문주자靑瓷褐斑貼花文注子, 청자갈녹채비조문주자靑瓷褐綠彩飛鳥文注子와 청자쌍이호靑瓷雙耳壺, 청자완이 출토되었다. 소량이지만 기종이 주자와 완·호로 매우 한정되어 있음을 알 수 있다. 출토지는 광양시 마로산성에서 출토된 청자갈녹채비조문주자를 제외하면 모두 경주지역에서 출토되고 있다. 경주지역에서 출토된 장사요 청자는 왕경 유적을 비롯하여 분황사와 추정 인용사지, 골호로 사용된 배동 출토품과 경주 출토품으로 전하는 청자갈반첩화인물문주자靑瓷褐斑貼花人物文注子 등이 있다. 그런데 장사요 청자는 대외 교역을 목적으로 대량 생산하여 중국뿐만 아니라 일본과 동남아 등에서도 많은 수량이 확인되고 있는 데 비해 신라에서는 소량만 확인되고 있어 신라인들이 장사요 도자기를 선호하지 않았던 것으로 보고 있다. 이와 관련하여 주목되는 것은 일본열도에서도 같은 경향이 보이는 점이다. 왜냐하면 신라를 통해 당의 도자기를 수입한 것을 방증하기 때문이다. 일본에서는 수도인 나라현奈良縣 헤이죠경平城京, 교토부京都府 헤이안경平安京과 지방의 치소인 후쿠오카현福岡縣의 다자이부大宰府, 고로칸鴻臚館 등에서 출토되었으며, 신라의 수량을 능가한다. 그러나 신라의 경우 헤이죠경平城京과 같은 전면 조사와 헤이안경平安京과 다자이부大宰府, 고로칸鴻臚館과 같은 조밀한 조사가 이루어지지 않은 상태에서 수적인 비교는 무의미하다.

다만 신라의 경우 앞에서 언급한 바와 같이 지방의 치소와 사원에도 당 도자기가 일상적으로 사용된 점이 주목된다. 다자이부大宰府, 고로칸鴻臚館에서 신라 인화문토기가 다수 확인된 것은 신라를 경유하여 일본열도에 이입되었음을 유추할 수 있다.

그리고 신라가 일본에 판매한 문물의 종류와 수량을 기록한 「매신라물해買新羅物解」를 통하여 동남아시아를 통하여 입수한 물자를 일본열도에 공급한 것을 알 수 있다. 일본 쇼소인正倉院에는 30점에 가까운 「매신라물해買新羅物解」라는 문서가 수장되어 있다. 이 문서는 관품 5위 이상의 일본귀족들이 신라로부터 들여올 상품舶來品을 구입하기에 앞서 그들이 필요로 하는 물건의 품목 수량 가격 등을 기록하여 대장성大藏省 또는 내장료內藏寮에 제출한 구입허가 신청서다. 여기에는 향료香料, 약물藥物, 염료染料 기물器物, 조도調度, 서적書籍 등 매우 다양한 물품명이 기록되어 있다. 「매신라물해買新羅物解」가 제출된 날짜를 보면 752년의 15~26일이다. 이는 신라 왕자 김태렴金泰廉 등 사절단 일행이 헤이죠경平城京에 머무르던 기간과 일치한다. 신라 정부는 나라 도다이사東大寺 대불의 개안법회開眼法會를 계기로 7백여 명이나 되는 대사절단을 파견한 것이다.

「매신라물해買新羅物解」에는 소방蘇芳, 가리늑呵莉勒, 훈륙薰陸, 정자丁字, 침향沈香, 필발蓽撥, 안식향安息香, 동황同黃, 용뇌향龍腦香, 백단향白檀香 등이 보인다.

『삼국사기』의 색복色服, 거기車騎조의 슬슬瑟瑟, 대모玳瑁, 공작미孔雀尾, 비취모翡翠毛, 자단紫檀, 구수, 탑등, 침향沈香 등을 통하여 동남아시아, 아라비아해 주변 산물이 이입된 것을 알 수 있다. 또한 호류사法隆寺에는 소그드문자 등이 새겨진 백단향白檀香과, 소쇼인에는 길이 156cm에 달하는 침향沈香을 비롯하여 유향乳香, 백단향 등이 신라금新羅琴, 신라묵新羅墨과 함께 현존하고 있어, 이러한 물품이 신라를 경유하여 이입된 것을 알 수 있다.

그리고 이븐 쿠르다지마(Ibn kuhrdadhibah, 820~912)의 『제도로諸道路 및 제왕국지諸王國誌』와 조여괄趙汝适이 편찬한 『제번지諸蕃誌』에 보이는 이슬람 상인들과 교역에 사용된 신라 물산에 대해 살펴보자.

확인된 물품은 조단(調段, 비단), 검劍, 키민카우kimiinkhau, 사향麝香, 침향沈香,

마안馬鞍, 초피(貂皮, 담비 가죽), 도기, 범포帆布, 육계肉桂, 쿠란잔Khulanjan, 인삼人蔘, 수은水銀, 송자松子, 진자榛子, 석결명石決明, 송탑자宋塔子, 방풍防風, 백부자白附子, 복령茯笭, 대소포大小布, 모시포毛施布, 동경(銅磬, 종), 자기磁器, 초석草蓆, 서모필鼠毛筆이다.

여기에서 먼저 주목되는 것은 인삼人蔘이다. 인삼은 소쇼인正倉院에 전세된 것이 현존하고, 천주泉州 침몰선沈沒에서 출수된 점에서 신라가 중국을 포함한 해상 실크로드를 통하여 동서로 널리 유통시킨 주력 상품임을 알 수 있다. 인삼의 주산지가 영주시 풍기읍과 같이 경상북도에 소재하는 것도 삼국시대로부터의 전통에 기인한다.

동경銅磬은 스님들이 쓰는 작은 종이다. 신라 종의 우수성은 성덕대왕종이 당시 당, 일본 종과 비교할 수 없는 조형미와 음을 가지고 있는 것을 보았을 때 잘 알 수 있다. 신라종은 일본에 직접 이입되었으며 그 기술도 전파되어 헤이안平安시대 뵤도인平等院의 종에서도 그 영향이 보인다.

마안馬鞍은 안장으로 신라 안장의 우수성은 나라현奈良縣 후지노키藤ノ木고분 출토품에서 알 수 있으며, 8, 9세기에는 널리 일본에 수출된 것으로 보인다.

검劍은 845년 엔닌圓仁의 『입당구법순례행기入唐求法巡禮行記』에 초주楚州에서 신라도新羅刀를 선물 받았다는 기록으로 볼 때 당唐에도 널리 유통되었음을 알 수 있다.

사향麝香은 『신동국여지승람』에 전국에서 산출된다고 하므로 신라산으로 볼 수 있다.

초피貂皮는 담비 가죽으로 부여, 발해, 고구려, 발해의 특산물이나 신라가 발해로부터 구입하여 유통시킨 것으로 보인다.

특히 이븐 쿠르다지마가 기술한 내용은 홍해 연안까지 신라문물 즉 인삼, 동경, 안장, 검, 사향 등이 이입되었을 가능성이 크다는 것을 알 수 있다.

9세기는 신라와의 교역이 공무역에서 사무역으로 전환되는 시기이다. 교역의 장소가 8세기에는 헤이안경平安京이었으나 이 시기에는 규슈九州의 다자이부大宰府로 바뀐다. 이를 상징하는 것이 후쿠오카현福岡縣 고로칸鴻臚館유적이다. 이 유적에서는 신라 인화문토기가 이슬람유리기, 도기와 공반되는 것에서 신라인의 활동으로 실크로드를 경유한 문물이 일본열도에 이입된 것임을 알 수 있다.

이 시기는 신라 하대에 해당하며 종래 왕권 간의 교섭에 의한 교역이 쇠퇴하고 장보고로 대표되는 한, 중, 일 삼각무역에 종사한 신라의 해상세력을 통해 일본열도에 서역 문물이 이입된다.

장보고는 주지하는 바와 같이 9세기 전반 신라인의 해외 진출과 국제 무역 활동을 대표하는 인물이다. 그는 흥덕왕 3년 완도에 청해진을 열고 이를 본영으로 한반도 서남해안에서 동아시아 해상으로 진출하여 당과의 국제 무역을 주도하고 일본과의 해상 무역을 장악하여 당, 신라, 일본을 연결하는 해상 무역망을 형성하였다.

장보고 선단의 이러한 활동은 일본의 구법승인 엔닌圓仁의 『입당구법순례행기入唐求法巡禮行記』와 『속일본후기續日本後記』 등을 통해 알 수 있다. 『입당구법순례행기』 권2 개성開成 4년(839) 6월 27일에 의하면 장대사張大使의 교관선交關船 2척이 적산포赤山浦에 이르렀다는 기록이 있다. 28일조에는 장보고張保皐가 보낸 대당大唐 매물사賣物使인 최병마사崔兵馬使에 관한 기록도 보인다. 대당 매물사인 최병마사가 교관선 즉 무역선을 타고 당으로 들어온 것이다.

청해진에 거점을 형성한 장보고는 휘하의 매물사를 당에 파견하여 신라에서 가지고 간 물품을 판매하는 한편 현지의 재당 신라상인들의 무역망을 이용하여 아라비아, 동남아시아산 희귀 사치품과 중국산 선진 문물을 구입하여 이를 신라와 일본에 판매하는 중개 무역을 실시하였다.

장보고張保皐 선단船團은 일본과도 활발한 무역활동을 전개하였다. 회역사

廻易使라는 이름으로 파견된 장보고의 무역 사절들이 가지고 간 당물唐物은 인기가 있었다.

장보고 선단의 무역 활동은 『속일본후기』 승화承和 7년(840) 12월조에 다자이부大宰府에 장보고가 방물을 가져오고, 승화承和 8년(841) 2월 무진戊辰조에는 태정관太政官이 장보고 선단이 가져온 화물을 민간인들과 무역하는 것을 허락하였다는 기록이 보인다.

동아시아 해상에서 행해진 장보고 선단의 국제 무역을 잘 알 수 있는 것은 『속일본후기』 승화承和 9년(842) 정월 을사乙巳조를 보면 장보고 선단의 국제 무역 형태를 알 수 있는데 그 선단은 일본과의 국제 무역을 위해 공식 문서인 문부를 가지고 무역에 종사하고 있었다. 이는 곧 일본과의 무역에 종사하는 신라 상인이 장보고 선단의 일원임을 증명하는 것이다. 또한 장보고 선단은 공식적인 서신을 가지고 국제 무역을 행하고 있었다.

장보고의 교관선에 의해 운반된 교관물은 다자이부를 통하여 교역되었는데 다자이부는 외국 상인과의 무역을 조사 감독하였다. 신라 상인들은 다자이부의 허가하에 민간과의 무역에 종사하였으며 다자이부의 고로칸鴻臚館에 머물렀던 것이다.

장보고는 완도의 청해진을 거점으로 교관선을 이용하여 당에는 대당 매물사賣物使를 파견하고 일본에는 회역사廻易使를 파견하여 동아시아 국제무역을 주도하였다(이유진 2015:30-33).

그런데 이 시기 신라인의 무역은 종래 왕경에 거주하였던 소그드인, 위구르인과 같은 서역인의 활동으로부터 일정 부분 영향을 받은 것으로 추정된다. 왜냐하면 중국 동해안에 연한 신라인 거주지가 소그드인의 무역 중계지에 보이는 집단 거주지를 방불케 하기 때문이다(9-12).

그리고 엔닌圓仁의 『입당구법순례행기』에는 많은 신라인 거주지가 기록되어 있다. 엔닌은 신라 거주민의 도움을 받아 구법활동을 하였으며 귀국 후 천태종 3대 좌주로서 적산赤山 법화원에서 수행 중 불법연구의 수호신으로 자신의 주명신呪命神으로 받아들인 적산 신라명신을 모시기 위해 시가현滋賀縣 엔랴쿠사延曆寺에 적산궁赤山宮을 건립하였다(9-13).

신라인이 주로 거주한 곳은 산동山東반도, 항주만杭州灣 등이 꼽힌다. 신라인 거주지가 형성될 수 있었던 원인으로는 당의 개방적인 이민족 정책, 신라와 당의 지속적인 교류와 우호적 관계, 두 나라 사이의 지리적 접근성 등을 들 수 있다.

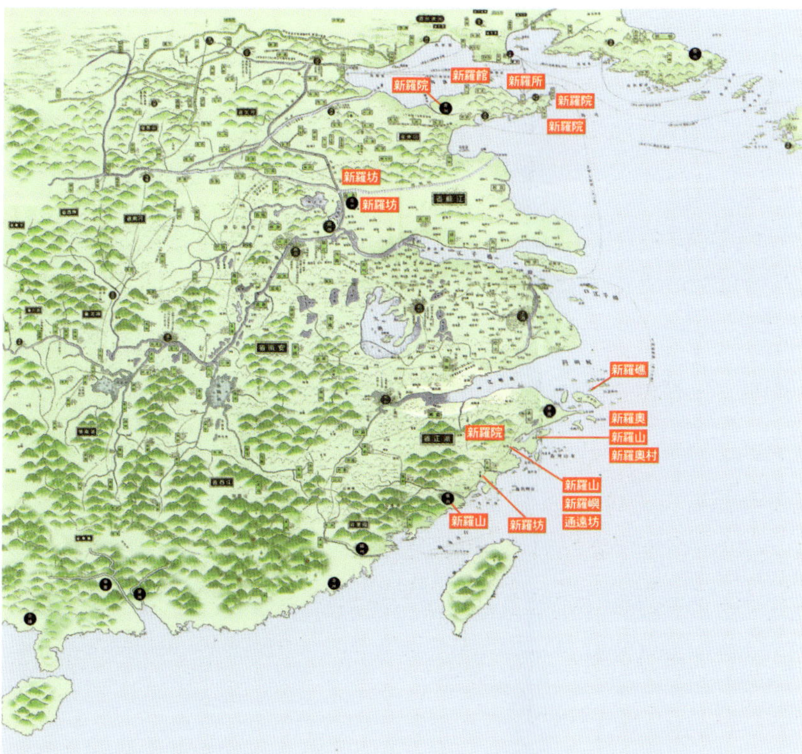

9-12 9세기世紀 중국中國 동해안東海岸 신라인新羅人 거주지居住地

9-13 산동성山東省 적산포赤山浦와 법화원法華院, 시가현滋賀현 엔랴쿠사延曆寺 적산궁赤山宮의 장보고張保皐 관련유적關聯遺蹟

대표적인 것이 신라방新羅坊이다. 다양한 신라인들이 중국 대륙으로 건너갔으며, 그곳에서 거주하였다. 견당사遣唐使, 유학생留學生, 구법승求法僧, 상인商人들이었다. 한편, 성 바깥에 형성된 신라인의 집단 거주지역은 흔히 신라촌新羅村으로 불리었다. 신라촌의 책임자도 신라인으로 흔히 촌장村長으로 불리었으며, 산재한 신라촌을 묶어 신라소新羅所 등의 관청에서 통제했다고 한다.

신라방은 주로 바다 근처 도시에 설치되었기 때문에 그곳에 거주하는 신라인들은 주로 상업과 해운업을 생업으로 삼았다. 신라인의 해상활동이 활발해지면서 조선업과 선박수리업 등이 발달했으며, 당에 왕래하는 외국인을 대상으로 교통 편의를 제공하고 현지 사정을 알려주는 역어譯語와 통사通事가 있었다. 당의 관리가 된 신라인도 다수 확인된다.

신라방은 양주揚洲 북쪽의 연수현漣水縣에서 초주楚州, 온주溫州 북쪽의 황엄현黃嚴縣에 걸쳐 형성되었으며, 장강長江 하류의 국제 무역도시였던 명주明洲, 산동반도의 등주登州와 내주來州의 성내에도 존재한 것으로 보고 있다(권덕영 2005:61).

절강성浙江省 영파寧波 천봉탑天封塔 출토 통일신라시대 불상은 영파에 거주한 신라인들이 봉헌한 것으로 추정되어 상당수의 신라인이 거주한 것을 알 수 있다.

신라인 거주지인 신라방이 등주登州에서 천주泉州에 이르는 광역 관계망을 형성하게 된 것은 해상 실크로드를 통한 무역 활동에 따른 것이다. 이와 같은 광역 관계망이 형성된 것은 좁은 신라만을 대상으로 것이 아니라 배후의 넓은 일본 시장을 배경으로 하였기 때문이다.

9세기 후반 청해진의 폐절 이후 500년간의 신라와 일본과의 직접적인 교류는 종언終焉을 맞이한다.

참고문헌

[국문國文]

金恩淑, 1994, 「6世紀 後半 新羅와 倭國의 國交成立過程」, 『新羅文化財學術發表會論文集』 15, 慶州, 新羅文化宣揚會.

해상왕장보고기념사업회, 2004, 『해상왕 장보고 유적 유물 도록』, 서울, 해상왕장보고기념사업회.

權悳永, 2005, 『재당 신라인사회 연구』, 서울, 일조각.

이현정, 2007, 「신라고분 출토 안교 손잡이 시론」, 『영남고고학』 41, 영남고고학회.

朴南守, 2011, 『한국 고대의 동아시아 교역사』, 서울, 주류성.

朴天秀, 2016, 『新羅와 日本』, 과천, 진인진.

朴天秀, 2021, 『실크로드 文明交流史 序說 Ⅰ.草原路』, 과천, 진인진.

朴天秀, 2021, 『실크로드 文明交流史 序說 Ⅱ.沙漠路』, 과천, 진인진.

朴天秀, 2021, 『실크로드 文明交流史 序說 Ⅲ.海路』, 과천, 진인진.

[일문日文]

大西修也, 2002, 『日韓古代彫刻史論』, 福岡, 中國書店.

弓場紀知, 2006, 「壹岐雙六古墳出土の白釉綠彩圓文碗-その年代と中國陶瓷史上の位置づけ-」, 『雙六古墳』 1, 長崎, 長崎縣壹岐市教育委員會.

亀田修一, 2006, 『日韓古代瓦の研究』, 東京, 吉川弘文館.

高田貫太, 2011, 「瓦からみた7世紀の日羅関係」, 『慶北大學校考古人類學科30周年紀念考古學論叢』 50, pp. 1229~1257, 大邱,紀念論叢刊行委員會.

古寺智津子, 2012, 『ガラスが語る古代東アジア』, 東京, 同成社.

吉澤悟, 2017, 「綠琉璃十二曲長杯は乾隆ガラスか」, 『第69會 正倉院展』, 奈良國立博物館.

樋笠逸人, 2018, 「東大寺·正倉院と新羅からの將來經典」, 『正倉院寶物と新羅』, 奈良國立博物館.

고대 한일교류사

X

고구려高句麗, 발해渤海와 일본日本

X 고구려高句麗, 발해渤海와 일본日本

1 연구사研究史의 검토檢討와 과제課題

고구려와 일본에 대한 연구는 문헌사학에 의해 주도되어 왔다. 이는 양국간의 관계를 보여 주는 고고자료가 매우 적은 데 기인한다.

1953년 조사된 시카와현石川縣 나나오만七尾湾에 면한 고도孤島인 노도지마能登島의 구릉에 위치하는 에조아나蝦夷穴고분은 말각조정의 천장을 가진 것에서 일찍부터 고구려와 관계가 주목되어 왔다.

1990년 고지마 요시타카小嶋芳孝는 고구려와 일본의 교류에 대하여 고구려사가 570년 이래 호쿠리루北陸지방에 도착한 것에 주목하여 7세기 이시카와현石川縣 고마츠시小松市 고타야마河田山고분과 에조아나蝦夷穴고분의 출현 배경에 대해 논하였다. 전자의 고분 3기는 모두 절석응화암으로 석실을 축조하였으며 그 가운데 12호분은 석재를 내경하게 가공하여 궁륭상으로 쌓아 올린 구조인 점에서 그 가공 기술이 고구려에서 전해진 것으로 보았다.

1998년 시라이 가츠야白井克也는 후쿠오카현福岡縣 후쿠오카시福岡市 하카다博多유적 출토품 가운데 고구려高句麗 토기를 동정同定하여 일본열도에서 처음으로 그 존재를 밝혔다. 7세기 후반 고구려 토기가 이입된 것은 660년 이래 츠쿠시築紫가 고구려사의 사행 경로였던 것과 관련된다고 보았다(白井克也 1998).

2010년 『환동해교류사 1부 고구려와 일본』이 출간되었다. 종래 고구려와 일본은 적대적인 관계로만 인식되어 왔으며 문헌사에 의해 6세기 후엽 7세기 전반에 대한 외교 관계의 수립과 그 배경에 대한 논의가 있었을 뿐이다.

이 책에서는 문헌사, 미술사에 의한 종합적인 검토와 함께 종래 주목하지 못했던 나라현奈良縣 호류사法隆寺 와카쿠사若草 가람 출토 채색벽화 편, 돗토리현鳥取縣 가미요도사지上淀寺址의 금당 출토 채색벽화 편과 고구려 벽화와의 관련에 대한 논의가 이루어졌다.

다만 후쿠오카현福岡縣 하카다博多유적 출토 고구려토기와 이시가와현石川縣 노토시마能登島 에조아나고분蝦夷穴고분과 같은 고구려식 묘제와 같은 고고 자료를 통한 교류에 대한 논의가 없는 것이 아쉽다.

같은 시기에 출간된 『환동해교류사 2부 발해와 일본』도 종래 문헌사를 중심으로 한 연구를 넘어 학제적인 연구가 실시되었다.

특히 고고학 분야의 연구가 주목되며, 그 연구 성과로는 항로의 출발지인 러시아 크라스키노성과 종착지인 일본의 이시가와현石川縣의 동해에 면한 기항지 유적에 대한 조사 성과를 바탕으로 발해사의 경로와 왕래의 과정이 밝혀졌다.

본서에서는 고고자료를 중심으로 고구려, 발해와 일본의 교류에 대해 논하고자 한다.

2 고구려高句麗와 일본日本

4~5세기 고구려와 왜의 관계는 앞에서 언급한 바와 같이 영락 9년 기해년(399) 신라왕이 왜의 침략에 대해 구원을 요청하는 것과 영락 10년 경자년(400) 왕이 보병과 기병 5만을 보내 왜군을 물리치고 임나가라의 종발성까지 추격

한 것에서 잘 알 수 있다.

더욱이 영락 14년 갑진년(404), 왜가 백제와 연합하여 대방계를 침공한 것으로 볼 때, 왜가 고구려전에 용병으로 동원된 것을 알 수 있다. 앞에서 언급한 바와 같이 5세기 전엽 남해안 일대에는 백제의 금동제 장신구를 부장한 왜계 고분이 돌연 출현한다.

영락 9년 기해년(399) 백제가 맹세를 어기고 왜와 화통하였다는 기사와 영락 10년 경자년(400) 왜의 신라 침공은 연동되는 사건이다.

그래서 광개토왕비와 오키노시마沖の島 제사유적, 남해안 일대의 왜계고분으로 볼 때 4~5세기 고구려와 왜는 매우 적대적인 관계였음을 알 수 있다. 이는 일본열도에서 고구려 문물이 이 시기에 이입되지 않는 것에서도 알 수 있다.

5세기 고구려와 왜의 관계는 동아시아의 북위를 주축으로 하는 고구려, 신라와 남조를 주축으로 하는 백제, 가야, 왜의 동맹과 대립 가운데 형성된 것이다.

고구려와의 전쟁에 참패한 이후 왜는 백제와 함께 남조에 견사를 통한 책봉 외교전을 추진한다. 책봉 외교는 중국왕조로부터 인정받은 유일한 왕권임을 국내외적으로 과시하기 위함이었다.

421년 왜왕 찬讃이 송宋에 견사遣使하여 안동대장군安東大將軍의 칭호를 받는다. 이는 4세기 말~5세기 초 고구려 광개토왕에 의한 남정의 결과로 보인다. 즉 전후 남하의 움직임을 강화하는 고구려에 대한 방어 전략의 일환이었으며, 이전의 군사적 참패를 외교적으로 만회해 보려는 노력이었다. 고구려는 신라 구원전을 통해 가야제국까지 진출하였고, 신라지역에 고구려군을 주둔시키면서 남하의 압력을 가중시키고 있었다. 신라 변경에서 가야와의 합동전과 대방군계에서의 해전을 통해 강력한 고구려의 군사력을 절감했던 왜는 고구려의 위협에 대한 대책의 하나로 중국 남조와의 외교를 시작하였다.

이러한 왜의 책봉외교는 372년부터 이미 남조에 견사한 백제의 의도와 관련된 것이다. 한편 이 시기의 야마토왕권大和王權은 다른 호족과 지역 세력과 확실히 구분되면서 대표성의 과시가 필요하였다. 5세기 전반 왜 왕권이 필요로 했던 이러한 기회와 장치가 바로 중국 남조와의 외교교섭이었으며, 남조로부터 수여되는 책봉칭호였다.

478년 왜왕 무武가 견사한 것은 고구려의 침공에 의한 475년 한성 함락과 관련되며, 이는 동이東夷 중에서 고구려왕만 인정받고 있었던 개부의동삼사開府儀同三司의 칭호를 요구한 점에서도 알 수 있다. 더욱이 왜왕 무武의 상표문에는 다음과 같은 고구려에 대한 적대감이 보인다.

"왜국은 중국왕조에 대대로 충실하게 신속臣屬해 왔는데 무도한 고구려가 송宋으로 가는 조공로를 차단하고 사절단을 노략질하여 뜻대로 통할 수 없게 되었기 때문에 고구려 공격을 계획하였으나 부父인 제濟와 형兄인 흥興이 죽어 계획이 중단되었다. 이에 왜왕 무武는 부형父兄의 뜻을 잇기 위해 고구려를 치려고 하니, 개부의동삼사開府儀同三司와 백제百濟를 포함하는 군사호의 허락을 요청한다"(이영식 2006:178-193).

그런데 6세기 후반 고구려와 왜의 관계에 큰 변화가 도래한다. 『일본서기』 흠명기欽明紀·민달기敏達紀에는 흥미로운 기사가 전해진다. 흠명 31년(570) 고구려가 보낸 사자使者가 동해를 건너 왜국倭의 서해안에 상륙하였고, 민달敏達 원년(572)에는 왜국 조정에 국서를 전달하고 귀국하였다는 것이다. 흠명 31년은 고구려 평원왕平原王 12년에 해당한다. 평원왕대에 이르러 고구려는 왜국과의 외교관계를 열고자 했던 것이다. 이러한 고구려의 왜에 대한 접근은 고구려의 대외전략에 변화가 나타났음을 뜻한다. 고구려는 이후 573년, 574년 사절을 파견하였다.

551년 고구려의 한강 유역 상실로부터 554년 관산성官山城 전투, 그리고 562년 신라의 대가야 병합, 568년 황경남도의 공략에 의한 황초령비黃草嶺碑와 마운령비磨雲嶺碑의 건립은 고구려가 왜국에 사절을 보내기 불과 2년 전의 일이다.

고구려의 대왜對倭 외교는 백제를 격파하고 대가야마저 병합한 신라가 고구려 영역까지 침식해 오고 있었고 중국 남북조를 상대로 한 외교를 전개한 것을 배경으로 한다. 즉 고구려는 남북조와의 우호적 관계를 안정적으로 유지해 왔으나, 신라가 북조의 북제北齊와 책봉·조공 관계를 맺고, 남조의 진陳에 사절을 보냄으로써 위협을 받게 되었다.

564년 신라가 북제北齊에 조공하자, 565년 북제 무성제武成帝는 신라 진흥왕을 '사지절 동이교위 낙랑군공 신라왕使持節 東夷校尉 樂浪郡公 新羅王'에 책봉하였다. 즉 신라와 북제는 책봉·조공 관계를 맺었다. 이는 565년에 이르기까지 동방세계와의 관계에서 고구려 외에는 어느 국가와도 외교를 맺은 적이 없었으나, 북제의 신라왕 책봉으로 북제가 고구려왕의 책봉호에 포함되던 동이교위의 관官을 신라왕의 책봉호에 포함시켰던 것이다. 동이교위직의 책봉에는 중국 왕조가 고구려를 동방의 패자覇者로 인식하고 그것을 공인한다는 의미가 담겨 있었다. 고구려의 입장에서 보면 신라라는 적대 세력이 중국 세력과 연계하려 했다는 점에서 매우 우려되는 일이었다.

고구려는 남조의 진陳에도 566, 570, 571, 574년에 사절을 보냈다. 특히 570년의 사절 파견은 왜국에의 파견에 후속한 것이어서 양자의 연관성을 짐작해 볼 수 있다. 고구려의 대외전략은 대왜 외교뿐만 아니라 진과의 외교까지 포함하는 것이었다. 고구려는 왜와 진이 신라와 북제의 배후에 있기 때문에 양국과의 우호 관계를 구축하여 대외 관계를 다원화를 시도한 것으로 보고 있다(이성재 2010).

570년대 고구려의 대왜 외교가 세 차례(570, 573, 574년) 사절을 보낸 뒤 중단되고, 그 후 약 20년이 지나 본격적으로 재개된다.

고구려의 대왜 외교가 일시적으로 중단된 배경은 다름 아닌 중국 정세에 있었다. 고구려가 책봉을 받고 있던 북제의 멸망, 북주의 멸망, 수의 성립이다. 고구려는 수의 성립 이래, 거의 매년 사자를 파견했다. 진이 멸망하고 수가 중국을 통일한 것은 남북 분극 체제를 유리하게 전개해 온 고구려의 외교전략을 뒤집는 새로운 위협의 탄생이었다.

중국의 남북 분극에서 통일로의 변화가 삼국에 왜의 전략적 중요성을 필연적으로 높였기 때문이다. 중국 왕조가 하나라는 점은 통교 대상이 한정된다는 것을 의미한다. 남북조 시대에 전개되었을 법한 외교상의 술수는 제약되었고, 이 때문에 삼국에서 왜가 차지하는 전략상 위치가 상대적으로 올라간 것이다.

이러한 상황에서 고구려의 왜에 대한 외교는 특출난 것이었다. 고구려 영양왕대(590~617년)의 많은 인적·물적 교류는 『일본서기』 추고기推古紀에 잘 나타나는데, 그것을 상징하는 인물은 595년 파견된 고승高僧 혜자惠慈였다. 혜자惠慈는 왜의 최고 실력자인 쇼토쿠聖德 태자의 스승으로 수를 상대로 한 왜국의 외교에 관여한 것으로 보고 있다(李成市 2010).

나라현奈良縣 주구사中宮寺 소장 '천수국만다라수장天壽國曼茶羅繡帳'은 622년 사망한 일본 쇼토쿠聖德 태자의 극락왕생을 염원하며 제작한 직물이다. 원래 이 수장에는 상궁성덕법왕제설上宮聖德法王帝說의 내용을 4자씩 담은 100개의 거북이 표현되어 있었으나 현재는 모두 6개의 거북만이 남아있다(10-1).

현재 남아 있는 잔편들에는 보살菩薩, 비구比丘, 속인俗人 등의 인물, 궁전宮殿, 종루鐘樓 등의 건물, 그리고 월상月象, 화조花鳥, 초목草木, 비운飛雲, 연화蓮花 등이 백白, 적赤, 황黃, 청靑, 녹綠, 자紫 등의 다양한 색채로 표현되어 있다. 수를 놓은 바탕은 명주실로 바탕을 좀 거칠게 짠 비단으로 자라紫羅, 자릉紫綾, 백평견白平絹의 세 종류이다. 거북을 바탕으로 수를 놓은 것은 아스카시대飛鳥時代 추고조推古朝의 고수장古繡帳이다. 고구려의 고분벽화에서 보듯이 상부에는 일월성신日月星辰, 신수神獸, 서조瑞鳥, 영초靈草, 비운飛雲 등 천상의 세계를 상징

10-1 오사카부大阪府 에이후쿠사叡福寺와 주구사中宮寺 천수국만다라수장天壽國曼茶羅繡帳

하는 것들이, 하부에는 궁전 및 사찰과 그곳을 오가는 인물들이 표현되었던 것 같다(김홍남 2017).

이 수장에 표현된 인물들은 고구려식 춤이 긴 저고리와 주름 잡힌 치마를 입은 여성과 바지저고리를 입은 남성들이 보여 고구려 문화의 직접적인 영향을 엿보게 한다.

이와 관련하여 왜에 이주한 고구려인 가운데 화사畫師로 활동한 인물이 다수 보여 주목된다. 『일본서기日本書紀』와 『신찬성씨록新撰姓氏録』 등에 기록된 황서화사黃書畫師로 불리는 인물들은 고구려 구사나왕久斯那王의 후예이다. '천수국만다라수장天壽國曼荼羅繡帳'에는 화자畫者의 1인으로 고려가서일高麗加西溢이 보인다. 이들은 왜에서 불교사원의 건설과 불화의 제작에 큰 역할을 담당하였다.

나라현奈良縣 호류사法隆寺 와카쿠사若草 가람에서는 7세기 초의 채색벽화편이 출토되었다. 이러한 벽화편은 와카쿠사 가람의 금당 혹은 탑이 벽화로 장식되어 있었음을 보여 준다. 이 벽화의 화사畫師는 610년에 파견된 담징으로 추정된다.

와카쿠사 가람 벽화 화사畫師의 출자와 관련하여 옥충주자玉蟲廚子가 주목된다. 옥충주자는 궁전부 가장자리의 금동제 장식금구 아래에 옥충의 아름다운 날개를 붙인 데서 유래했다. 옥충의 날개는 오늘날에는 거의 남아있지 않지만, 궁전부 정면에는 당초의 날개가 일부 남아 있어 아직도 아름다운 빛을 발하고 있다. 옥충의 신라 마구에 주로 사용되었으나 그 원류는 평양 진파리 1호분에서 출토된 금동제 투조 두침 장식에 옥충이 사용된 것으로 볼 때 고구려에서 기원한 것으로 보인다.

옥충주자는 크게 상부인 궁전부, 중앙부인 수미좌부, 하부인 대좌부로 구성되어 있는데 궁전부의 정면 문과 측면, 뒷면 및 수미좌의 4면에는 다양한 주제의 그림이 그려져 있다.

옥충주자의 수미좌부의 공양도에서 비구의 가사가 쌍영총 형실 동벽의 여주인공 불공도의 승려의 복식과 유사하다는 점, 비운문과 연화문이 진파리1호분과 강서대묘를 비롯한 고구려 후기 고분벽화와 대단히 비슷하다는 점, 옥충주자 수미좌 마루귀틀의 테두리에 그려진 아몬드형 연뢰문이 중국 남조에서 유래하여 고구려 고분벽화에 표현되어 온 고구려 특유의 연화문인 점에서 고구려 화사畵師에 의해 그려진 것으로 보고 있다. 그래서 와카쿠사 가람 벽화 화사畵師도 역시 고구려인일 가능성이 크다(임석규 2010:251).

또한 돗토리현鳥取縣 가미요도사지上淀寺址의 금당 벽화에는 신장상, 보살상, 천의, 연화문 등이 보인다. 벽화의 연화문에도 아몬드형이 보여 호류사와 옥충주자와 같은 고구려계 화사에 의해 그려졌음을 짐작할 수 있다(임석규 2010:254). 이는 가미요도사지上淀寺址가 동해를 사이에 두고 그 대안에 위치하는 것에서도 알 수 있다(10-2).

나라현奈良縣 다카마츠즈카高松塚고분의 벽화에 대해 일본학계에서는 중국 벽화의 영향을 강조하고 있으나 고구려 후기 벽화의 주류를 이루는 사신도가 그려지고 인물도는 평양의 수산리고분 벽화와 유사한 점에서 고구려 고분 벽화의 영향에 의해 성립된 것으로 본다. 더욱이 이 고분에서는 종래 일본열도의 고분 조영방식인 선분구형이 아니고 한반도의 고분 조영방식인 매장주체부를 축조하면서 성토한 점과 한반도에서 이입된 판축공법으로 축조된 점이 주목된다(10-3).

에조아나蝦夷穴고분은 이시가와현石川縣 노토시마能登島 스소須曽의 바다를 조망할 수 있는 구릉사면에 위치한다. 이 고분은 『일본서기』 흠명欽明 31년(570)에 고구려사가 이 지역에 표착한 기록이 보이는 점, 동해에 면한 섬에 단독으로 위치한 점, 천장의 구조가 고임식인 점, 상감환두대도를 패용한 점에서 고구려계 이주민의 무덤으로 볼 수 있다.

10-2 돗토리현鳥取縣 가미요도사지上淀寺址와 벽화壁畫 주구사中宮寺 천수국만다라수장天壽國曼茶羅繡帳

10-3 나라현奈良縣 다카마츠즈카高松塚 벽화壁畫

왜는 고구려에 601년 사신을 파견했고, 고구려는 605, 610, 618, 625년에 일본에 사신을 보냈다. 『일본서기』에 의하면, 고려의 사신은 황극皇極 원년(642) 2월 임진(6일)에 나니와진難波津에 도착했다. 기록상으로 볼 때 고구려가 왜로 사신 파견을 재개한 것이다. 『일본서기』에 보이는 고구려에서 왜로 사신을 파견한 것은 645, 646, 647년, 그 이후는 650년대가 된다. 더구나 645년 7월 병자 '고려·백제·신라, 병견사진조竝遣使進調', 646년 2월 '고려·백제·임나·신라, 병견사공헌조부竝遣使貢獻調賦', 647년 정월 임인 '시일是日, 고려·신라, 병견사공헌조부'처럼, 모두 다른 나라와 병기되어 있다. 중국 사서에는 견사에 관한 기사의 경우, 따로 온 사신을 같이 묶어서 기록한 예가 있지만, 『일본서기』에는 도착한 때와 장소부터 시작해서 수도에 온 상황 등을 상세히 기록한 예가 적지 않다. 이 점에 대해 이들 기사에서는 645년의 예를 제외하면 구체적인 내용은 거의 알려지지 않고 있어 실제로 사신이 파견되었는지에 대해 의문이 제기되었다.

656년조 "가을 8월 계사 초하루 경자庚子에 고려가 달사達沙 등을 파견하여 조를 보내 왔다", 분주分註에 "대사大使 달사達沙·부사副使 이리지伊利之를 비롯하여 모두 82명이다"라는 구체적인 기록이 보인다. 이 견사의 기록은 사실로 보고 있다.

당 태종은 647년과 648년에 고구려를 공격했지만 모두 실패했으며, 그 후 다시 공격 계획을 세워 실행에 옮기려 했으나 649년 사망하였다. 태종의 뒤를 이은 고종은 한동안 자국의 내실을 다진 후에 655년 고구려 침공에 나섰다. 이 시점에 당은 앞에 기술한 것처럼, 신라와는 종속 관계를 명확하게 하고, 백제와는 대결 구도를 분명하게 했기 때문에 양극의 대립 구도가 확실하게 되었다. 이런 상황에서, 백제와 고구려가 신라의 북쪽 국경 지역을 침공하여 약 30곳의 성을 약탈하자, 신라의 태종무열왕은 당에 견사를 파견하여 구원을 요청했다. 이에 당唐은 곧바로 정명진程名振과 소정방蘇定方 등을 보내 고구려를 공격했다. 이는 고구려에 대한 당唐의 침공이 재개된 것을 의미한다. 656년 고구려가 왜국에 견사遣使한 것은 이것과 관련된 것으로 보고 있다(田中俊明 2010).

668년 고구려 멸망 이후 일본에 이주한 유민遺民들은 관토関東지방에 거주하였으며, 716년에는 무사시국武蔵國에 이주하여 고마군高麗郡에 안치되었다. 고여군대령高麗郡大領인 고려약광高麗若光은 666년에 이주한 기록이 있는 현무약광玄武若光과 동일 인물이며 703년에는 고구려의 왕계을 계승하는 고려왕高麗王의 성이 하사되었다. 고려군高麗郡 고려향高麗郷 사이타마현埼玉縣 히다카시日高市에는 고려왕약광高麗王若光을 모시는 고려신사高麗神社가 오늘날에도 남아 있다.

3 발해渤海와 일본日本

『신당서新唐書』에 따르면 698년 고구려 유민이 건국한 발해에는 5도五道가 있었다. 동경용원부의 동남쪽 바다와 인접한 곳은 일본도日本道이다.

일본도를 통해 771년이래 발해와 일본은 229년간 47회 사신이 왕래를 하였다. 일본도로 발해는 초기에는 일본을 통한 신라를 견제하기 위한 정치적 목적에 따라 교섭을 하였다(10-4).

이후에는 경제적인 목적을 중심으로 일본도를 통한 교류가 있었다. 727년 발해사의 일본 파견 물품 목록에 담비가죽 300장이 보인다. 이는 일본귀족들이 발해 특산물인 담비가죽과 학문적 교류에 대한 관심이 높았고 발해의 지방수령들도 경제적 욕구를 충족시키는 데 적극적으로 일본과 교류를 하였다는 것을 보여 준다. 발해에서는 담비, 표범, 곰 등의 가죽, 인삼과 꿀 등의 약재 등을 보냈고, 일본으로부터는 비단, 면포, 실 등의 옷감, 황금, 수은, 칠漆, 부채 등을 들여왔다.

발해의 수도인 상경성上京城은 흑룡강성黑龍江省 영안시寧安市에 위치한다.

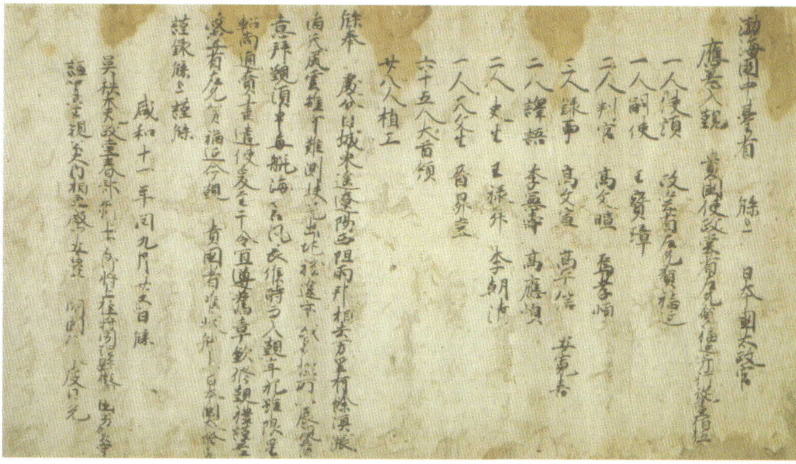

10-4 발해渤海 국서國書

성은 주위가 수백 리나 달하는 평탄한 분지에 위치한다. 남쪽에는 홀한해忽汗海, 즉 경박호鏡泊湖가 있다. 이곳에서 흘러내리는 홀한하忽汗河, 즉 목단강牧丹江은 성의 남쪽과 동쪽 및 북쪽의 성벽 밖으로 흐른다.

상경성은 가장 오랫동안 사용된 발해 도읍지로서, 당시에는 '홀한성忽汗城'이라고도 불렸다. 문왕이 756년 초에 이곳으로 도읍을 옮겼고, 780년대 후반부터 793년경까지 동경東京으로 일시 천도했던 것을 제외하고는 멸망 때까지 계속 발해 수도가 되었다. 926년에 발해가 멸망하고 928년에 유민들이 요동 지방으로 강제 이주된 뒤에는 폐허가 되었다.

상경성은 1909년 시라토리 쿠라기치白鳥庫吉가 이 성을 답사하였고, 1931년에는 하얼빈박물관哈爾濱博物館에 있던 러시아의 포노소프B.B. Ponosov가 조사하였다. 1933년과 그 이듬해에는 일본의 동아고고학회東亞考古學會에서 최초로 발굴하였다.

1934년 제2회 조사가 종료되기 직전 제5궁전지(현재 제4호 궁궐지로 추정) 서실西室 북변의 온돌 유구에서 와도카이친和同開珍 1점이 출토되었다. 이 동전은

『속일본기續日本紀』에 의하면 와도和銅 원년(708) 5월과 8월에 각각 은전銀錢·동전銅錢이 처음으로 발행되었다.

『일본삼대실록日本三代實錄』 정관貞觀 14년(872) 5월 22일 신묘조에는 "是日, 官錢卌卌…萬賜渤海國使等. 乃喚集市廛人, 賣與客徒此間土物"이라고 되어 있다. 천황이 발해사에게 물품 매입을 위해 관전官錢을 하사했다는 것이다.

발해의 수도인 상경성上京城 출토 와도카이친和同開珍은 양국 간의 교류 흔적을 직접적으로 시사하는 것이다. 와도카이친和同開珍은 발굴 후 도쿄로 옮겨졌다가 만주국 국립박물관 봉천분관天分館에 소장되었으나 1945년 8월 러시아의 침공에 의해 봉천奉天 일대가 혼란에 휩싸인 뒤 와도카이친和同開珍의 행방을 알 수 없게 되었다(赤羽目匡由 2010:179-181).

발해渤海에서 일본日本으로 가는 일본도日本道는 상경성上京城에서 출발하여 지금의 혼춘琿春인 동경東京을 경유経由하여 영주塩州에 도착하여 동해東海로 나아가는 길, 지금의 함경남도咸鏡南道 북청北青인 남경南京에서 동해東海를 통하여 신라新羅와 일본日本으로 가는 방법이 있다.

근래 동경용원부東京龍原府가 함경북도咸鏡北道 청진시清津市 부거리富居里라는 설이 제기되었다. 이는 포시에트만Posyet Bay이 겨울이 되면 동결되어 12~2월에 일본日本으로 가는 항해航海에서는 이용하기 어렵다는 이유이다.

발해는 초기 정치적 목적에 따라 일본을 통해 신라를 견제하기 위해 먼저 사신을 보냈으나, 이후 발해 특산물인 담비가죽의 교역과 학문적 교류가 주류를 이루었다.

7~10세기 일본日本과 신라新羅사이의 사절使節인 발해사渤海使와 견발해사遣渤海使가 왕래하는 해륙교통海陸交通의 중심성곽中心城郭인 크라스키노Kraskino성城이 있다. 이 성은 러시아 연해주沿海州 하산Khasan지구 크라스키노마을

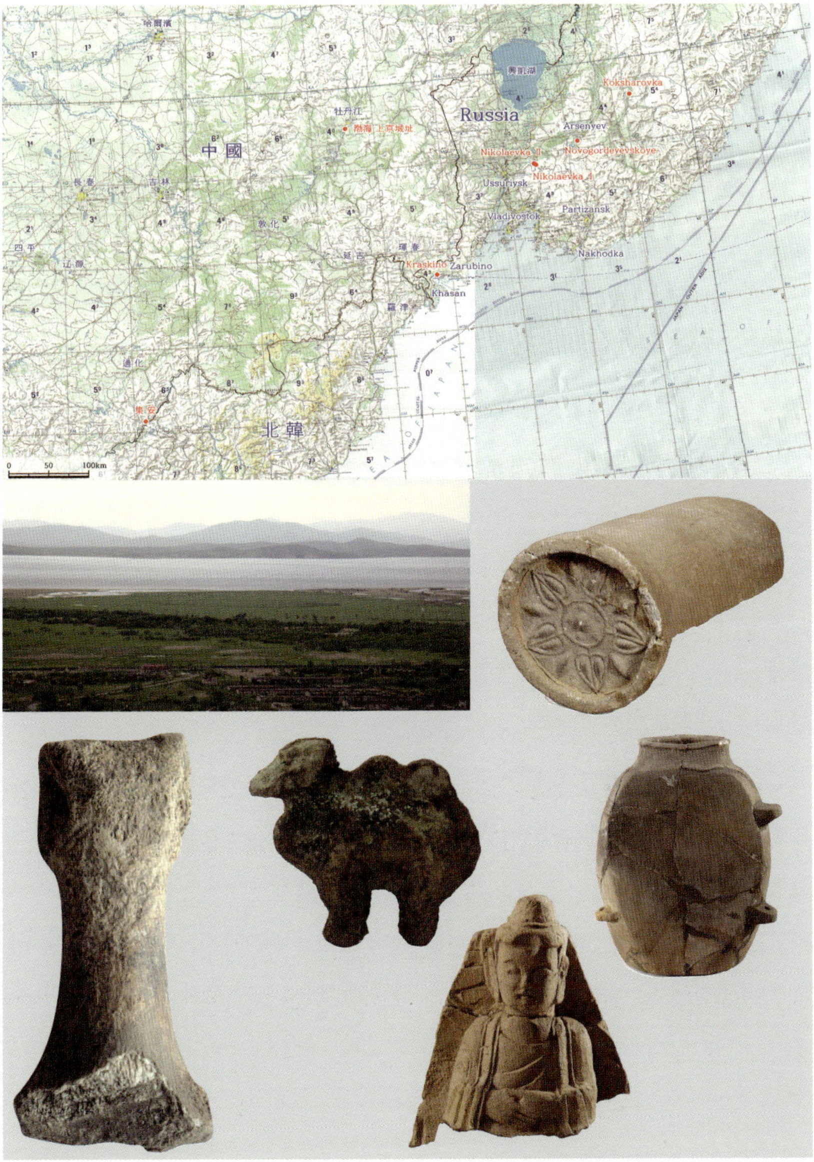

10-5 러시아Russia 크라스키노Kraskino 발해성渤海城

에서 남서쪽으로 2km 지점인 포시에트만Posyet Bay의 북안北岸 츄카노프카Tsukanovka강이 합류하는 해변海邊에 입지한다(10-5).

크라스키노성은 발해渤海 수도인 상경용천부上京龍泉府에서 크라스키노성까지 일본도日本道가 정비되었다.

크라스키노성은 발해 동경용원부 염주의 치소가 있었던 염주성塩州城으로 비정되고 있다. 츄카노프카강의 옛 이름은 얀치헤강으로 이는 염주하塩州河에서 음차한 것으로 보고 있다. 염주塩州는 발해渤海 62주州의 하나로 동경용원부東京龍原府에 속하는 4주州 중 하나이며 소금 생산과 관련된 지명이다.

크라스키노성에는 동, 서, 남쪽에 성문城門이 있으며, 성벽城壁에는 보조 방어시설인 옹성甕城과 치雉가 설치되었다. 성내에서 두 방향의 도로가 존재한다.

성내에서 사지, 와요지, 우물, 쪽구들을 시설한 지상 주거지 등이 조사되었고, 동쪽에서는 성벽과 문지가 확인되었다.

사지의 금당지에서는 양손을 교차하며 대좌 위에 앉아 있는 금동불상과 입자가 고운 회황색 사암에 조각한 광배가 달려 있는 좌불상, 불상을 조각한 판석도 출토되었다.

발해 사절이 주로 도착한 곳은 도호쿠東北·호쿠리쿠北陸·산인山陰지방이다. 호쿠리쿠에는 8~10세기 전 기간에 걸쳐 도래하였고, 도호쿠에는 8세기, 산인에는 9세기에 집중되었다. 지역별로 도호쿠에 6회, 호쿠리쿠에 12회, 산인에 10회로 호쿠리쿠에 가장 많이 집중되었다. 호쿠리쿠 내에서는 가가加賀가 5회이다. 8세기 에츠젠국越前國 가가군加賀郡 시대에 2회, 823년 가가국加賀國 이후 3회로 가장 많고, 노토能登와 에치젠越前이 각 3회, 와카사若狹가 1회이다. 이를 통해 발해선이 동해를 횡단해 가가加賀에 내착한 사례가 가장 많았다는 것을 알 수 있다. 이곳에는 8세기와 9세기 모두 발해선의 도래가 많았다. 여기에는 가가加賀가 고구려선의 중요한 도래지였다는 역사적 배경이 작용했다. 제1차 발해사의 귀국길에 동행한 일본 견발해사는 730년 가가加賀로 귀국하였다. 이는 왕래 초기부터 이미 가가를 내착지로 하는 항로가 존재했다는 것을 보여 준다.

가가加賀는 발해 선박의 주요 내착지이다. 이 지역은 823년 이전에는 에치젠국越前國에 속했으나, 823년 이후에는 새롭게 건국한 가가국加賀國의 가가군加賀郡으로되었다. 가가군加賀郡은 지금의 이시카와현石川縣 가나자와시金澤市를 포함한 지역이다.

가나자와시金澤市 해안에서는 7세기에서 10세기 전반에 해당하는 항만 관계 유적이 다수 발굴되었고, 고대 항만과 그 배후지로서의 모습이 다음과 같이 조금씩 밝혀졌다(小島芳孝 2010).

가나이와혼마치金石本町유적은 가나자와시 서부에 흐르는 사이천犀川의 자연제방에 입지한 유적으로 7~9세기에 해당하는 건물 유적 50동이 발굴되었다. 8세기 중엽의 것으로는 대형 건물이 있고, 9세기의 것으로는 소형 건물과 작은 하천을 따라 배치된 창고군이 발굴되었다. 또한 '牧大', '稻麻呂' 등의 묵서가 있는 토기가 약 250점 출토되었다. 이는 가나자와 해안부에서 지금까지 발굴된 유적 중 고대 항만과 관련된 가장 오래된 유적이다.

우네다지츄畝田東유적은 가나이와혼마치金石本町유적에서 남서쪽으로 약 1km 떨어진 지점에 위치하며, 8세기를 중심으로 한 폭이 약 20m인 자연 하천을 이용한 운하 유적건물군이다. 운하 오른쪽 언덕에서는 8동의 창고군이, 왼쪽 언덕에서는 대형 건물이 각각 발굴되었다. 창고군 뒤로 도로가 정비되어 있어 보관 물자를 수로나 육로로 운반했음을 짐작할 수 있다. 또 '津司', '津', '天平二年' 등의 묵서가 있는 토기가 출토되었는데, 이 중 '진津'은 이 유적이 항만과 관계 있다는 것을 보여 준다. 이들과 함께 11점의 목간이 출토되었으며, 이 중에는 군역소郡役所의 명령문을 기록한 군부郡符 목간 2점이 있다. 이와 같이 '진津'이라는 묵서가 있는 토기와 군부 목간의 출토로 볼 때 이 유적은 가가군의 역소를 관리한 군진郡津이었을 것으로 보고 있다. 또 묵서 토기에 있는 '진사津司'는 당시 가가에 '진사'라는 직함을 가진 인물이 살고 있었다는 것을 의미한다. 이에 관한 사료로는 『속일본기』 720년조에 나오는 "와다리시마쓰가루渡嶋津輕의 진사津司 모로노기미구라오諸君鞍를 비롯한 6명을 말갈국에 보내 그 풍속을 살피게 하다"라는 기록이 있다. 이 유적의 '진사'도 단순한 항만 관리자가 아니라 발해나 다른 지역과의 교역을 관리하는 직분이었을 것으로 보인다. '덴표天平 2년天平二年'의 묵서는 730년을 가리킨다. 제1차 견발해사의 히케다무시마로引田蟲麻呂 등이 가가군에 도착한 해가 덴표天平 2년인 것과 관련된다.

우네다나베다畝田ナベタ유적은 우네다지츄畝田東유적에서 동쪽으로 약 1km 떨어진 지점에 있는 9세기 유적으로 동서 50m, 남북 100m 규모의 건물군이 밀집해 있다. 남쪽에는 동서 주축의 건물과 남북 주축의 총주總柱 구조의 대형 건물이 L자형으로 배치되어 있으며 대형 우물과 접해 있다. 동쪽에는 여러 동이 남북으로 처마를 접하듯이 배치되어 있는데 창고 기능을 했던 시설로 추정된다. 이곳에서 한변이 약 2cm인 동銅에 칠漆로 금박을 붙인 화문花文 대장식구가 출토되었다. 팔메트문양 좌우로 당초문이 배치되어 있고 바탕은 흑칠이 되어 있다. 대장식구는 당의 의복제도에 기원을 두고 율령의 도입과 함께 일본과 신라, 발해 등에 전해졌다.

우네다나베다畝田ナベタ유적에서 출토된 화문 대장식금구는 중국의 화북 이남에서는 보이지 않지만, 내몽골 오한기敖漢旗와 길림성 영길현永吉縣의 8세기 고분에서는 보인다. 또 러시아 연해주 남부의 크라스키노성에서도 9~10세기 초의 것으로 보이는 같은 계열의 대장식구가 출토되었다. 이 유적의 대장식구는 9세기 중반의 토기와 함께 출토된 점에 비추어볼 때 가가加賀에 머문 발해 사절이 지녔던 것으로 보인다. 이와 같이 대형 건물이나 창고군이 조

영되었고, 발해에서 제작된 것이라고 추측되는 대장식구가 출토된 이 유적은 가가군에 도래한 발해 사절이 머문 시설이었을 가능성이 크다. 또한 『일본후기日本後記』 등에 가가군에 도래한 발해 사절을 '편처便處'에서 머물게 했다는 기록이 있으므로 이 유적을 '편처'로 보고있다.

도미즈戶水C 유적은 가나자와시 동북부에 있는 가호쿠가타河北潟에서 동해로 흐르는 오노천大野川 하구 부근에 조영된 9세기 중엽의 항만유적이다. 이 유적은 지금의 해안으로부터 약 2km를 거슬러 올라간 오노천의 왼쪽 언덕에 있으며, 가가에 국國이 설치된 9세기 전반의 대형 건물이 다수 조영된 흔적이 있다. 굴립주掘立柱 건물이 약 50동 발견됐으며 대형 우물과 창고, 칠 공방으로 추정되는 건물도 발굴되었다. '진津'이라는 묵서가 있는 9세기 말 토기의 출토로 볼 때 항만 관계유적이었던 것을 알 수 있다. 대형 건물군 주변에서는 여러 점의 녹유도기를 비롯해 당唐의 월주요, 장사요 도자기, 화지비조경花枝飛鳥鏡 등이 출토되었다. 이들은 아마도 항구에 체재하는 빈객을 대접할 때 사용되었던 것으로 보인다. 따라서 도미즈C유적은 가가국에 의해 설치된 국부진國府津으로 9세기 발해선의 도착지였을 것으로 추정된다.

8세기에는 사이천犀川 하구 주변에 항만 시설이 설치되었고, 9세기 전후로는 오노천大野川 하구 주변에 새로운 항만과 대규모의 배후시설군이 정비되었다. 8세기 우네다지츄畝田東유적은 사이천犀川을 따라 위치한 가나이와혼마치金石本町유적과 함께 군진郡津의 기능을 담당했던 것으로 생각된다. 고대의 사이천 하구 주변에는 지류가 다수 흐르는 충적 평야가 형성되었으므로, 우네다지츄유적은 지류 사이에 형성된 자연 제방에 입지하였던 것으로 보인다. 아마도 이러한 지류는 사이천 하구에서 물자를 실은 작은 배가 거슬러 올라갈 수 있도록 하는 운하 역할을 했을 것이다.

일본에서 발해로 향하는 항로는 수도首都에서 가가加賀를 지나 노토국能登

國 후쿠라진福良津에서 출항해 발해에 이르는 것이 공식 경로였을 것이다. 8세기에는 가가군진이 발해선의 주요한 도래지가 되면서 발해로 도항하는 사람들이 일시적으로 머무는 국제적인 장소가 되었다. 발해 사절의 접대는 도착지 국부國府의 업무였으므로 8세기에 가가군에 도착한 발해 사절의 접대는 현재의 후쿠이현福井縣 다케후시武生市에 있던 에치젠의 국부가 담당했을 것이다. 이 국부에서 가가군까지는 약 150km이다. 그 결과 후에 기노스에나리紀末成가 에치젠국을 나누어 가가를 건국할 것을 상주한 문서에 쓰여 있는 '군사郡司와 향장鄕長이 마음대로 침탈'(『유취삼대격 類聚三代格』)하는 일이 많았을 것으로 보이며, 가가군진에 위치한 '진사津司'는 국사國司의 대리로서 도착한 외국선을 관리하는 일을 담당하였던 것으로 보고 있다.

9세기에는 사이천犀川 하구 주변 유적의 규모가 작아지는 대신 오노천 하구 변 유적의 규모가 커졌다. 이것은 823년 에치젠에서 가가가 분국된 것과 깊은 관계가 있는 것으로 보고 있다. 가가 건국에는 율령제도의 재건 등 당시의 사회적인 배경도 크게 작용했지만 발해와 왕래하는 요충지였던 가가군의 교역 관리도 건국의 중요한 목적이었던 것으로 생각된다. 이는 가가 건국에 수반해 국부가 가가군 내 위치하고 오노천大野川 왼쪽 언덕에 국부진(도미즈C 유적)이 정비되었기 때문일지도 모른다. 도미즈C 유적 서쪽으로 약 2km 지점에 있는 도미즈오니시戶水大西 유적에서 '宿家', '大市'라는 묵서가 있는 토기가 출토되고 있는 것으로 미루어 볼 때 국부진에 수반하는 숙박 시설이나 교역의 장이 있었음을 알 수 있다.

882년 가가국에 발해 사절이 도래하자 국사國司는 11월 27일 수도에 발해사의 도착을 보고하고 다음날 사절을 편처로 안치했다. 이와 함께 사교역 금지령이 내려졌으나 철저하게 지켜지지 않았다. 이는 도미즈오니시戶水大西유적에서 출토된 교역장의 존재를 보여주는 '市'라는 묵서 토기로 짐작할 수 있다. 828년 다지마但馬에 도래한 발해 사절의 접대를 담당한 태정관부太政官符에는 왕신가王臣家나 국사, 백성이 발해 사절과 교역하는 것을 금한다는 명령이 내려졌지만, 교역이 성행했다는 것을 추측할 수 있다. 우네다지츄畝田東유적에서 출토된 목간을 보면, 이미 8세기에 중앙관인 우다이벤右大弁이 '전가田家'를 이 곳에 두었고, 『만엽집萬葉集』의 시인인 오토모야카모치大伴家持가 '가령家領'을 가가군에 두었다. 전가田家와 가령家領을 가가군에 둔 목적은 분명 이곳에 도래한 발해선과의 교역이었을 것이다. 또한 9세기의 오토모니시大友西유적과 사쿠라다세메노나카櫻田示野中유적, 사이넨미나미신보西念南新保유적 등이 있는 사이천과 오노천 하류에 분포한 유적에서 '庄'이라는 묵서가 있는 토기가 출토되었다. 이러한 묵서 토기는 왕신가나 중앙 관인이 교역 거점으로 삼은 임항형臨港型 장원莊園의 존재를 시사한다.

일본에 도래한 발해 사절이 귀국시 출항지는 사절의 도성 입성 여부에 따라 달랐다. 입경한 사절의 입국 경로와 귀국 경로가 같은 경우는 4개 정도이다. 771년 데와국出羽國 노시로미나토野代湊에 도래한 일만복壹萬福을 대사로 한 사절은 귀국에 즈음하여 이시카와현石川縣 노토能登반도의 앞바다에서 조난하여, 노토국 하쿠히군羽咋郡 후쿠라진福良津에 반년 정도 체재하였다(『속일본기續日本紀』). 이들은 후쿠라진 남쪽에 있는 항구나 후쿠라진에서 출항한 뒤 조난한 것으로 생각된다. 어쨌든 일만복壹萬福 사건은 데와에 도착한 사절이 귀국할 때 노토반도 서해안을 경유했다는 사실을 알려 준다. 즉 입경한 사절이 모두 도착지에서 귀국하지는 않았다. 일만복의 귀국이 늦어지자 773년에 오수불烏須弗을 대사로 한 발해 사절이 노토국에 도착하였다(小島芳孝 2010:166-173).

후쿠라항福良港은 도기정富來町에 위치하며 에도江戶시대에는 홋카이도北海道를 왕래往來하는 기다마에부네北前船의 기항지로서 번영하였다(10-6).

10-6 이시카와현石川縣 후쿠라항福良港

『일본삼대실록日本三代實錄』 원경元慶 7년(883) 10월조 "발해사가 돌아갈 때의 조선造船에 사용하기 위해, 후쿠라도마리福良泊의 나무를 베지 못하게 하였다"고 기록되어 있다. 이러한 점에서, 후쿠라는 일본에서 발해로 가는 도항지渡航地이고, 발해로 건너갈 배를 건조하던 장소라고 생각되고 있다. 후쿠라 항은 서북西北으로 열린 크고 작은 2개의 만입灣入으로 이루어져 태풍을 피할 수 있는 천연의 항이어서, 중세·근세를 통하여 태풍과 조난을 피하는 항구로서 동해 항로에서 중요한 위치를 점하였다(김은국 2010:121).

발해渤海는 무왕武王부터 말왕末王까지 34회 일본日本에 견사遣使하였으며, 일본은 13회 발해渤海에 사절使節을 파견하였다.

그런데 크라스키노성Kraskino castle에서는 성의 제48구역에서 쌍봉낙타의 제1지골肢骨이 출토되어 주목된다. 연해주는 기후 조건에 의해 낙타를 사육하기 어려워 내륙지역에서 이입된 것으로 보이며, 또한 2015년 제47구역에서 청동제 쌍봉낙타상이 출토되었다(정석배 2017:69, 70). 낙타는 아르세니예브스카강 유역에서 발견된 소그드 은화, 니꼴라예브까성Nikolaevka castle에서 출토된 사산조 페르시아계 청동거울로 볼 때 소그드인과 모피毛皮 교역의 과정에서 이입된 것으로 보인다. 나아가 일본도의 교역항인 크라스키노성에서 낙타가 확인된 것은 모피 교역로인 초피로貂皮路가 일본도와 연결되었음을 보여 준다.

그런데 크라스키노성에서 출토된 발해渤海 사이부호四耳偏壺와 동일한 형식의 발해산 토기가 울릉도鬱陵島 천부동天府洞1호석실묘에서 출토되어 주목된다. 양자는 발해의 일본도 가운데 울릉도鬱陵島를 경유하는 항로가 있었음을 시사한다. 이는 발해사가 799년, 826년, 861년에 발해사가 울릉도鬱陵島에 근접한 오키도隱崎島에 도착한 것에서도 알 수 있다.

『신당서新唐書』「발해전渤海傳」에는 大曆中 二十五來 以日本舞女十一獻諸朝로 기록되어 있어 당唐 대력大曆연간(766~779년)에 발해가 일본의 무녀舞女 11인을 당唐에 헌상하였다는 것이다. 이는 발해가 당과 일본을 중계하는 역할을 한 것을 암시한다.

엔닌圓仁의 『입당구법순례행기入唐求法巡禮行記』등에는 발해승 정소貞素가 당과 발해, 발해와 일본을 왕래한 기록이 보인다. 신라와 함께 발해는 동아시아 실크로드의 간선에 위치하였으며 초원로와 연결된 모피로毛皮路를 통하여 소그드인들로부터 받아들인 물자를 일본으로 교역하였다.

参考文献
참고문헌

[국문國文]

이영식, 2006, 「5-6세기 고구려와 왜의 관계」, 『동북아역사논총』 6, 동북아역사재단.

이성제, 2010, 「고구려의 대왜 외교 개시와 그 배경」, 『고대 환동해 교류사1부 고구려와 왜』, 동북아역사재단.

이성제, 2010, 「고구려의 대왜 외교와 양국관계의 추이」, 『고대 환동해 교류사 1부 고구려와 왜』, 동북아역사재단.

임석규, 2010, 「와카쿠사 가람과 가미요도 폐사에서 출토된 벽화편」, 『고대 환동해 교류사 1부 고구려와 왜』, 동북아역사재단.

김은국, 2010, 「크라스키노성과 후쿠라 항」, 『고대 환동해 교류사 2부 발해와 왜』, 동북아역사재단.

윤재운, 2010, 「인삼」, 『고대 환동해 교류사 2부 발해와 왜』, 동북아역사재단.

윤재운, 2010, 「모피」, 『고대 환동해 교류사 2부 발해와 왜』, 동북아역사재단.

李成市, 2010, 「고구려 승려 혜자와 쇼토쿠 태자」, 『고대 환동해 교류사 1부 고구려와 왜』, 동북아역사재단.

田中俊明, 2010, 「고구려와 당의 대립과 왜」, 『고대 환동해 교류사 1부 고구려와 왜』, 동북아역사재단.

赤羽目匡由, 2010, 「상경성 출토 일본 동전」, 『고대 환동해 교류사 2부 발해와 왜』, 동북아역사재단.

小島芳孝, 2010, 「발해선박의 도래」, 『고대 환동해 교류사 2부 발해와 왜』, 동북아역사재단.

정석배, 2017, 「유물로 본 발해와 중부-중앙아시아지역 간의 문화교류에 대해」, 『고구려발해연구』 57, 고구려발해학회.

정석배, 2019, 「발해의 북방-서역루트 담비길 연구」, 『고구려발해연구』 63, 고구려발해학회.

朴天秀, 2021, 『실크로드 文明交流史 序說 Ⅰ.草原路』, 진인진.

[일문日文]

小嶋芳孝, 1990, 「高句麗渤海との交流」, 『海と列島文化日本海と北國文化』, 小學館.

白井克也, 1998, 「博多出土高句麗土器と7世紀の北部九州-筑紫大宰·筑紫遷宮と対外交渉-」, 『考古學雜誌』 83-4, 東京, 日本考古學會.

金澤市教育委員會, 1996, 『金石本町遺蹟 I~III』.

小嶋芳孝, 1996, 「蝦夷とユーラシア大陸の交流」, 『古代蝦夷の世界と交流』, 名著出版.

小嶋芳孝, 1997, 「日本海の島々と靺鞨·渤海の交流」, 『境界の日本史』, 山川出版社.

金沢市教育委員會, 1986,『金沢市文化財紀要 62:金沢市畝田ナベタ遺跡』, 金沢市教育委員會.
金澤市教育委員會, 2000,『戶水大西遺蹟 I』.
白井克也, 2000,「日本出土の朝鮮産土器·陶器 - 新石器時代から統一新羅時代まで -」,『日本出土の舶載陶磁 - 朝鮮·渤海·ベトナム·タイ·イスラム -』, 東京, 東京國立博物館.
石川縣教育委員會·(財)石川縣埋藏文化財センター, 2005·2006,『金澤市畝田東遺蹟群 I~VI』(畝田寺中遺蹟).
石川縣教育委員會·(財)石川縣埋藏文化財センター, 2005~2006,『金澤市畝田西遺蹟群 I~IV』(畝田ナベタ遺蹟他).
石川縣教育委員會·(財)石川縣埋藏文化財センター, 2003,『戶水C遺蹟·戶水C古墳群(第11·12次)』.

XI

고대古代 한일교류韓日交流의 변천變遷과 역사적歷史的 의의意義

XI 고대古代 한일교류韓日交流의 변천變遷과 역사적歷史的 의의意義

1 한일교류韓日交流의 변천變遷

3~4세기 금관가야의 왕묘역인 대성동고분군에서는 종래 구야국의 왕묘역인 양동리고분군에 이입되던 북부北部 규슈九州산 문물을 대신하여 새롭게 기나이畿內계 문물이 이입된다. 이는 구야국이 철을 매개로 선사시대 이래 오랫동안 일본열도 측 창구의 역할을 담당한 규슈九州지역과 교섭하여 왔으나, 그 후 금관가야가 일본열도 중심부인 기나이畿內지역과의 교섭을 본격적으로 개시한 것을 상징하는 것이다.

이 시기 이입된 금관가야의 문물은 철 소재, 철기와 토기의 제작 기술이다. 또한 금관가야는 신라, 백제와의 교섭을 통하여 입수한 중국 문물을 일본열도로 전해주는 역할을 담당하였다.

가야 전기의 또 하나의 중심국인 아라가야도 철 소재, 철기와 토기의 제작 기술을 전해 주었다. 다만 아라가야의 왕묘역인 말이산고분군에 대성동고분군에 보이는 일본열도산 위신재가 보이지 않는 점에서 아라가야가 이 시기에는 왜와의 교섭에 주도적인 역할을 담당한 것으로 보기 어렵다.

5세기 전반에 축조된 고흥군 안동고분과 야막고분, 신안군 배널리고분, 천안시 구도리고분은 왜계고분으로 4세기 후반 칠지도 전래 이후 잘 알 수 없었던 백제와 왜의 관계를 보여 준다.

이러한 고분은 주변의 재지 수장계열과는 관계없이 돌연 출현하여 1세대에 한해 축조되고 일본열도산 갑주와 무기를 부장한 점에서 피장자는 왜인의 전사로 파악된다. 또한 모두 백제의 영역인 남해안에 위치하고 안동고분에서 백제산 금동관, 금동식리가 부장된 점을 감안하면 그 피장자는 백제에 의해 남해안 교통의 요충인 이 지역에 배치된 것으로 판단된다.

이와 관련하여 『삼국사기』 전지왕 1년(405), 왜에 체재하던 전지왕이 귀국하여 즉위할 때 군사 100인이 호위한 기록이 주목된다. 이 기록은 『일본서기』 응신應神 16년(405)에도 보여 신빙성이 크다. 더욱이 『일본서기』 웅략雄略 23년(479) 동성왕의 즉위기록과 유사한 점을 감안하면 이들은 405년 전후 백제에 온 왜의 군사가 귀국하지 않고 남해안 일대에 배치되어 백제왕권에 종사한 후 매장된 것으로 판단된다.

이 시기 왜계고분의 피장자는 광개토왕비 영락 14년(404) 백제와 왜의 연합군이 대방계를 공격하였다는 기록으로 볼 때 고구려전에 참가하였을 가능성이 크다. 또한 백제의 남해안 항로의 확보에 동원된 것으로 판단된다. 그런데 이 시기 왜계고분의 피장자는 전방후원분이 아닌 원분인 점에서, 수군 위주의 중소 수장급 전사 집단으로 보인다. 이는 6세기 전반의 왜계고분이 전방후원분인 점과는 차이를 보인다.

한편 5세기 전반 이전 적대세력이었던 신라의 철정, 금동제 장신구, 마구 등이 일본열도로 이입되고 이와 함께 나라현奈良縣 니이자와센즈카新澤千塚126호분과 오사카부大阪府 전傳 다이센大仙(전 인덕릉仁德陵)고분 출토 로마유리기가 신라를 경유하여 이입된다. 이와 같이 신라 문물이 활발하게 이입되는 시기가 광개토왕비에 보이는 400년 전쟁 직후 종래 일본에 철 소재를 공급해 온 금관가야의 국제적인 철시장이 쇠퇴하는 상황이 적대적이었던 양국의 교섭이 본격화하는 계기가 형성된다. 당시 왜가 필요로 하였던 철, 금 그리고 특히 서역 문물을 가진 가장 가까운 나라는 신라였다. 왜는 이러한 문물을 신라를 통하여 도입하였다. 이 시기 신라와 가와치河內왕조의 비약적인 발전은 양자의 교류가 가져온 산물이라고 하여도 과언이 아니다. 그리고 신라는 왜와의 교섭을 통하여 당시 신라를 압박하고 있던 고구려를 견제하려고 하였다. 왜냐하면 5세기 중엽 신라를 압박하던 고구려군이 철퇴撤退하는 시점이 신라와 왜의 교류가 돌연 소원疎遠해지는 것과 상호 연동되는 것으로 파악되기 때문이다.

5세기 후반 대가야는 고령을 거점으로 성장하여 황강수계, 남강중상류역, 섬진강수계, 남해안, 금강상류역에 걸친 넓은 권역을 형성하여 가야사상 획기적인 발전을 이루었다. 이 시기 정치적 지위를 상징하는 위신재인 후쿠이현福井縣 니혼마츠야마二本松山고분 출토품을 비롯한 금동관과 일본열도 전역에서 출토되는 금제 수식부이식이 대가야산인 것은 5세기 후반 대가야가 왜와의 교섭에서 중심적인 역할을 담당한 것을 시사한다.

5세기 후반 일본열도의 대가야 문화는 4세기에 금관가야가 전해 준 철제품과는 비교할 수 없는 화려한 금제, 금동제 장신구, 금동제 마구를 포함하고 있어 양자 간 국가 경쟁력의 질적 차이를 나타난다. 또한 당시 왜가 원했던 말과 그 사육방법을 전해 준 점, 더욱이 국가체제의 정비에 절대적으로 필요했던 문자의 사용을 본격화시킨 점으로 볼 때, 대가야는 일본열도의 문명화에 기여한 것으로 판단된다.

6세기 초를 전후하여 일본열도에는 종래부터 지속된 가야지역으로부터 문물의 이입이 급격히 줄어들고 백제지역의 문물이 급격하게 이입된다. 예를 들면 구마모토현熊本縣 에타후나야마江田船山고분 부장품은 두 시기로 나누어지며, 전반기의 마구, 대장식구, 철모 등은 대가야산, 후반기의 관, 식리, 개배蓋杯 등은 백제산이다. 특히 이 고분에서는 다른 형식의 이식이 2조 출토되었는데,

그 중에서 보주식과 원추식은 대가야산이고 다른 하나인 심엽식은 무령왕릉 출토의 이식과 계통을 같이하는 것이다. 이 시기 에타후나야마江田船山고분의 백제산 문물과 무령왕릉의 일본열도산 금송제金松製 목관은 선사시대 이래의 전통적인 가야지역과 일본열도의 일상적인 교역관계를 넘어 백제가 대왜 교역의 주도권을 장악하게 된 것을 상징하는 것이다.

이 시기 왜계고분이 5세기 전반과는 달리 남해안을 벗어나고 전방후원분이 중심인 점이 주목된다. 이는 5세기 전반에 고구려와 싸우기 위한 수군 위주의 중소 수장급 전사 집단이 이주한 것과 달리 이 시기에는 규슈九州지역의 수장급 인물이 이주한 것이다. 이는 전자가 고구려와의 전투와 남해안의 교통로의 확보에 있었으나, 이 시기에는 멸망에 처했던 백제가 고구려, 신라, 가야와의 전쟁과 영산강유역의 통치에 에타후나야마江田船山고분 피장자와 같은 다수의 수장급 인물을 동원한 것을 알 수 있다.

나아가 5세기 후엽 이래 성행하는 규슈九州의 화려한 장식 고분과 기나이畿內의 대왕묘에 필적하는 구마모토현熊本縣 에타후나야마江田船山고분의 부장품은 규슈九州세력의 흥기興起를 상징하는 것이다. 고훈시대 전기 이래 쇠퇴하였던 이 지역이 재흥再興하는 원인에 대해서는 이제까지 잘 설명할 수 없었다. 이는 단순한 교역에 의한 것이 아니고 이 지역 집단이 직접 영산강유역에서 활동하면서 축적한 부富를 기반으로 한다.

6세기 후반에는 유명한 나라현 후지노키藤ノ木고분출토품을 비롯한 신라산 금동제마구金銅製馬具가 집중 이입되고, 경주시 황룡사목탑지 출토품과 같은 일본열도산 경옥제 곡옥이 이입된다. 이 시기 백제와 왜의 관계가 555년 이래 일시적으로 단절되는 한편, 신라와 왜는 정식으로 국교를 맺는다. 이는 신라가 옛 가야지역인 남해안의 동반부를 차지하면서 백제와 왜의 교통이 어려워지고, 신라가 한강 하류역을 차지함으로써 왜와의 교섭에서 유리한 입지를 차지한 것에 기인한다. 그래서 왜가 백제로부터 전수받았던 선진문물을 신라로부터 받아들일 수밖에 없는 상황이 조성된 것이다. 또한 이 시기 일본열도에 돌연 이입되는 중국 북조北朝문물이 신라를 경유한 것은 이러한 변화를 반영하는 것으로 볼 수 있다. 이와 함께 후쿠오카현福岡縣 오키노시마沖の島 출토 사산조 페르시아유리기는 신라 마구, 장신구와 함께 봉헌된 점에서 이 시기의 서역 문물이 신라를 경유한 것을 알 수 있다.

7세기 전반 고구려와 일본의 교섭은 중국의 통일과 침공에 대한 왜의 지원을 얻기 위한 고구려의 의도에 의한 것이다. 한편 일본은 고구려로부터 불교와 선진 문물을 전수받고자 하였다.

7세기 후반 쇼소인正倉院 소장 사산조 페르시아유리기인 원환문배圓環文杯는 대구시 송림사 전탑 출토품과 흡사한 점으로 볼 때, 이 시기 서역 문물은 신라를 경유하여 일본열도에 이입되었다. 특히 668년 고구려 멸망부터 당唐과의 외교가 재개되는 701년까지 일본은 선진문물의 입수를 신라에 의존할 수밖에 없었다. 한편 신라는 당과의 전쟁 가운데 후방의 안전을 도모할 필요가 있었다.

8세기 쇼소인正倉院의 화려한 실크로드를 경유한 서역 문물은 대다수가 신라를 경유한 것으로 판단된다. 당시 신라와 일본의 관계는 신라와 발해가 대립하는 가운데 후자의 대일對日외교 진출에 대한 신라의 견제를 배경으로 들 수 있다. 한편 일본은 신라문화의 도입과 신라를 통한 당唐 문물의 도입을 목적으로 한 것으로 볼 수 있다.

9세기 전반 후쿠오카현 고로칸鴻臚館유적 출토 이슬람유리기, 이슬람도기는 경주에서 이슬람유리기가 출토되고 이 유적에서 신라 인화문토기가 공반하는 것으로 볼 때 이 시기 서역 문물이 신라를 경유한 것을 알 수 있다. 이 시기 신라와 일본 간의 교역은 공무역에서 사무역으로 전환되며, 신라인에 의한 활발한 한, 중, 일 삼각무역의 형태로 진행된다.

771년 이래 발해와 일본은 229년간 일본도를 통해 사신이 47회 왕래하였다. 발해는 초기에는 일본을 통해 신라를 견제하기 위한 정치적 목적에 따라 교섭을 하였으며, 이후 모피 등을 교역하기 위한 경제적인 목적으로 교류하였다. 초원로와 연결된 모피로毛皮路를 통하여 소그드인들과 교역한 발해는 신라와 함께 동아시아 실크로드의 간선에 위치하였으며, 이를 통해 이입된 물자를 일본으로 공급하였다.

2 한일교류韓日交流의 역사적歷史的 의의意義

일제강점기 고대 한일관계사 연구는 일본 제국주의의 조선에 대한 침략, 통치, 활용을 정당화하는 수단으로 이용되었다. 한편 고대 한일관계사에 대한 일본학계의 이러한 연구 관점이 패전 이후에도 전혀 변하지 않고 그대로 지속된 것은, 특히 일본 고고학이 제국주의와 결탁하여 어용 학문으로 전락했던 명백한 사실에 대한 인식과 이에 대한 자아 성찰이 결여된 것에 기인한다. 일본 고고학계에서는 이제까지 왜왕권이 일방적으로 한반도 진출 또는 군사적 개입을 통하여 선진문물과 필수물자를 도입한 것으로 판단하였다. 왜왕권의 군사적 활동은 광개토왕비 등으로 볼 때 그 자체를 부정할 수는 없으나, 그와 관련된 한반도 정세에 대한 설명 없이, 막연히 이를 진출, 또는 침략으로 볼 수 없다. 왜냐하면 광개토왕비에 보이는 400년을 전후한 시기의 왜의 군사 활동은 당시 일본열도의 금관가야 문물과 금관가야 왕묘인 대성동고분군의 기나이畿內산 문물로 볼 때, 어디까지나 양 지역 왕권 간의 정치적인 교섭에 의한 것으로 파악되기 때문이다. 또 5세기 말 왜군의 파견도 이 시기 일본열도에 가야문물 대신에 백제문물이 유입되고 백제권역인 영산강유역에 전방후원분이 출현하는 것으로 볼 때 고구려의 남진에 의해 위기에 처한 백제의 지원 요청에 의한 것으로 판단한다(박천수 2007). 이는 전지왕과 동성왕대의 백제가 처한 대외적인 위기에 따른 것임이 앞에서 언급한 사료에서 확인되어, 왜의 침략설은 재론의 여지가 없다.

그래서 영산강유역 전방후원분과 일본열도 이주민의 존재에 의거한 임나일본부설과 분국설은 역사적 사실에 기반하지 않은 날조된 것으로 당연히 철폐되어야 한다.

본서에서 확인한 바와 같이 한반도의 정치적 변화와 동맹관계의 변천에 따라 일본열도에 이입되는 문물의 박재지가 크게 보면 금관가야에서 대가야로 그리고 백제로 변하는 점이 주목된다. 또 왜계문물도 4세기까지 대성동고분군에서 나타나듯이 남동해안의 금관가야권에 집중된다. 5세기에는 고령군 지산동고분군을 비롯한 동남내륙의 대가야권에 나타나고, 6세기에는 백제와 관계하여 서남부의 영산강유역에 전방후원분이 출현한다. 일본열도의 5세기 중엽 이입 문물의 계통이 금관가야에서 대가야로 전환하고 동시에 왜계 문물이 금관가야권에서 대가야권으로 이동하는 것은 가야지역을 대표하여 왜와의 교역과 교섭을 장악한 중심지가 김해에서 고령으로 이동하는 정치적 변화와 연동하는 것으로 판단한다. 6세기 초를 전후해서 일본열도에 도입된 문물의 박재지가 대가야에서 백제로 전환되고 왜계문물이 낙동강유역에서 백제와 관계가 깊은 영산강유역에 집중하게 되는 것은 이 시기 백제가 대가야를 대신하여 대 일본열도 교역의 주체로 부상하는 것을 시사한다.

또한 일본 고고학계는 왜 왕권이 한반도로부터 선진문물과 필수물자의 도입 루트를 독점적으로 장악하고 각지에 패권을 확립함으로써 일본열도에서 고대국가가 출현하는 것으로 보아 왔다. 그러나 왜 왕권이 항상 한반도로부터의 선진문물과 필수물자를 독점한 것으로 볼 수 없다. 왜냐하면 5세기 후반까지도 일본열도 규슈九州, 시코쿠四國, 기비吉備, 호쿠리쿠北陸지역의 한반도산 문물은 기나이畿內지역을 경유하지 않고 각지 호족 세력의 독자적인 교섭을 통해 이입되기 때문이다.

더욱이 6세기 전엽에는 영산강유역의 전방후원분과 가야지역의 왜계고분을 축조한 규슈九州지역 호족세력이 백제와 가야의 문물을 일본열도에 도입하는 창구 역할을 수행한다. 이는 이 시기에도 왜 왕권이 선진문물과 필수물자의 도입 루트를 독점적으로 장악하지 못하였음을 보여 준다. 따라서 3세기 이래 왜 왕권이 북부 규슈를 포함한 통일국가 체제를 갖추고 4세기 후반 한반도를 침략하였다는 일본열도 고대국가 형성사의 전제에 대한 근본적인 검토가 필요하다.

이제까지 문헌사료에 의거하여 4세기 후반 이후 한일관계는 시종일관 백제가 왜와의 교섭을 주도하고 가야는 그에 부용적인 역할로, 신라와 왜는 항상 적대적인 관계로만 인식되어 왔다. 그러나 백제와 왜의 교섭기사가 보이고 칠지도七支刀가 일본열도에 전래되는 4세기 후반에도 금관가야산 문물이 일본열도에 유입되고 금관가야의 왕묘인 대성동고분군에 일본열도산 위신재가 다수 부장된다. 마찬가지로 5세기 후반에도 대가야산 문물이 일본열도에 유입되고, 일본열도산 문물이 대가야권에 이입되는 것에서 여전히 그 교류의 중심이 4세기 후반 금관가야인 것과 같이 대가야임을 시사한다.

일본열도의 한반도산 문물과 한반도의 일본열도산 문물로 볼 때, 4세기 후반 이래 백제와 왜의 정치적 교섭은 인정되나 백제산문물이 일본열도에 유입되고 영산강유역에 전방후원분이 출현하는 6세기 이전까지 양자간 교류의 주역은 어디까지나 가야로 본다. 더욱이 문헌사료에 의거하여 적대적인 관계로만 파악되어 온 신라와 왜의 관계는 고고자료로 볼 때 삼국시대에 걸쳐서 교류가 지속되었을 뿐만 아니라 특히 5세기 전반과 6세기 후반에는 그 교섭의 중심으로까지 부상한 점에서 문헌사료에만 의거한 한일관계사 연구의 한계를 지적할 수 있겠다.

이는 일본열도에서 지배자의 상징이었던 금동제 장식 마구가 5세기 전반 신라산, 5세기 후반~6세기 전반 대가야산, 6세기 후반 다시 신라산이 이입되는 것에서도 알 수 있다. 즉 5세기 전반 오사카부大阪府 마루야마고분丸山古墳의 신라산 금동제 용문투조안장, 5세기 후반 오사카부 나가모치야마고분長持山古墳의 대가야산 금동제 안장, 6세기 후반 나라현奈良縣 후지노키고분藤ノ木古墳의 화려한 신라산 금동제 귀갑문투조안장이 이입된다(11-1).

그런데 5세기 후반의 대가야산 마구는 5세기 전반의 신라산 마구에 비해 장식성이 떨어지는 것에도 불구하고 일본열도 전역에 이입되는 것에서 일본열도에서 국산화가 이루어지지 못하고 신라와의 교류가 단절되는 것에 의해 대가야산을 선택할 수 밖에 없었던 왜의 사정을 반영한다.

이를 통해 일본열도에서 국산화가 이루어지지 않고 200년간 지속적으로 지역을 달리하는 수입품이 이입되어 사용되는 것에서 한반도와의 교류를 통하여 금동제 위신재를 입수하기 위해 왜왕권과 각 지역의 수장이 얼마나 노력을 기울인 것인가를 알 수 있다.

그간 백제가 4세기 이래 대왜교섭을 시종일관 주도하였고 신라와 왜는 항상 적대관계였던 것으로 인식되었다. 이처럼 고대 한일관계사에서 가야를 배제하고 백제와 왜의 교섭 일변도로 기술된 것과 신라와 왜의 관계가 적대적으로 묘사된 것은 가야가 독자적인 역사 기록을 남기지 못하고 『일본서기』의 편찬에 백제 측 사료가 바탕이 되었기 때문이다. 또한 가야를 부용국으로 주장하고 신라에 적대적이었던 백제유민들이 그 편찬에 관여하였기 때문이다. 이제부터 일방적으로 문헌사료에만 의거해 온 해석을 지양하고 풍부한 한일 양국 간의 고고자료와 문헌사료의 결합을 통한 고대 한일관계사의 새로운

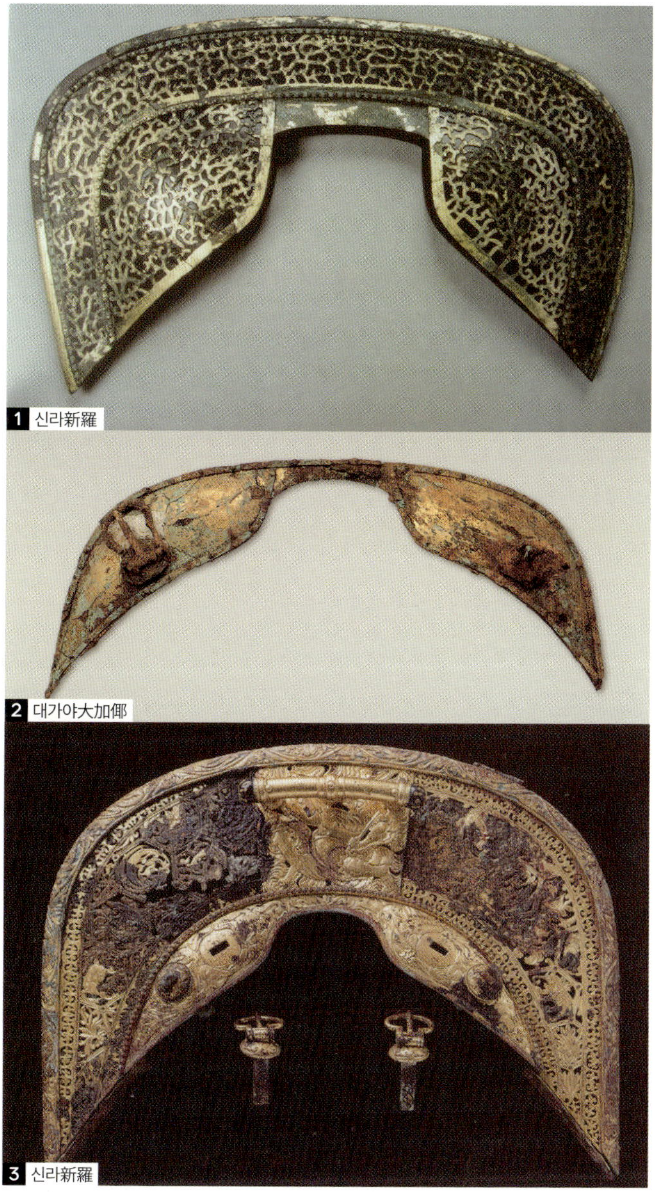

11-1 5~6세기世期 일본열도日本列島에 이입移入된 마구馬具의 계통변화系統變化
1. 5세기 전엽: 오사카부大阪府 마루야마고분丸山古墳. **2.** 5세기 후엽: 오사카부 나가모치야마고분長持山古墳. **3.** 6세기 후엽: 나라현奈良縣 후지노키고분藤ノ木古墳

조명이 기대된다.

해방 이후 북한학계의 고대 한일관계사 연구는 일본연구자들의 연구에 대한 근본적인 문제를 제기한 점에서 높게 평가되나, 그 방법론이 실은 그들이 비판해 온 일본제국주의에 의한 일선동조론日鮮同祖論과 유사하고 고고자료와 문헌사료 해석도 작위적인 점에서 많은 문제점을 안고 있다. 또한 남북한 학계에서는 한반도에서 일본열도로 전해 준 것만을 강조할 뿐, 어떠한 이유로 가야, 백제, 신라, 심지어 고구려까지도 선진문물을 제공하였는지 혹은 제공할 수밖에 없었는지에 대한 논의가 부족하였다.

그리고 양 지역 간 문물과 사람의 이동을 한반도에서 일본열도로의 일방적인 흐름만으로 파악할 수 없다. 김해시 대성동고분군의 일본열도산 문물과 영산강유역의 전방후원분, 가야지역 왜계고분의 존재는 문물과 사람의 이동이 일방통행이 아닌 상호적인 것이기 때문이다.

특히 적대세력이었던 신라의 철정鐵梃, 금동제장신구金銅製裝身具, 마구馬具 등이 가야와 백제지역과의 교섭이 어렵거나 단절된 시기와 양자兩者 간 정치적인 교섭이 이루어지는 5세기 전반과 6세기 후반 이래 일본열도에 집중 이입되며, 이 시기 일본열도산 경옥제硬玉製 곡옥曲玉이 신라에 이입된 점에 주목하였다. 특히 경옥硬玉제 곡옥曲玉이 이입되어 신라왕과 왕족의 신분의 상징인 금관에 착장되기 때문이다. 일본열도산 경옥제 곡옥이 수천 점 이상 신라에 이입된 것은 일본 연구자들이 주장하는 바와 같이 신라산 문물이 약탈과 침략에 의한 것이 아니라 양 지역 간 정치적인 교섭과 교역에 의해 이입된 것임을 웅변한다. 그것은 일정한 기간 동안 지속적으로 신라산 철정과 금동제 장신구, 마구와 함께 신라를 경유한 로마유리기가 일본열도 왕릉급 고분에 부장되고, 일본열도산 경옥제 곡옥이 신라 왕권의 표상인 금관에 장식되는 것에서도 알 수 있다(11-2).

11-2 경주시慶州市 황남대총북분皇南大塚北墳 금관金冠을 장식裝飾한 일본열도산日本列島産 경옥제硬玉製 곡옥曲玉

종래 일본에서는 고대 한반도가 중국 대륙의 문화를 그대로 일본열도에 전달하는 중계자 역할을 한 것에 지나지 않는다고 보는 견해가 있었다. 그러나 앞에서 살펴본 바와 같이 특히 5세기 이후 한반도에서 일본열도에 전해진 장신구, 마구, 철제품, 토기 등은 모두 한반도화 된 문물이었다. 일본의 국보 제1호로 지정된 고류사廣隆寺 반가사유상半跏思惟像은 인도에서 출현하여 중국과 한반도를 거쳐 일본열도에 이입된 것이다. 한반도 반가사유상의 이입은 신라가 한강유역을 확보하고 6세기 후반 북제北齊에 견사遣使한 것을 계기로 한다. 그런데 북제에서는 산동성山東省 청주시淸州市 용흥사지龍興寺址와 하북성河北省 한단시邯鄲市 북오장北吳莊유적에서 출토되었으나 단독의 예가 소수이며 협시불脇侍佛 또는 광배光背의 배면背面에 종속되어 조성된다. 한편 한반도에서는 고류사廣隆寺 불상과 동일한 양식인 국보83호와 봉화군 북지리상은 단독으로 조성된 것이 주목된다. 후자는 인도에서 전래된 반가사유상의 가장 완성된 양식으로 신라화되어 일본열도에 전해진 것을 알 수 있다. 고류사廣隆寺 반가사유상半跏思惟像은 한반도화 된 문화가 고대 일본열도에 전해진 것을 상징한다(11-3).

나아가 이제까지 쇼소인正倉院 소장품과 고로칸鴻臚館 출토품을 통하여 당唐과 서역西域의 선진 문물은 견당사遣唐使 또는 당唐과의 무역에 의해 장래된 것으로 보아 왔다. 그러나 주지하듯이 당唐과 일본 간에는 672년부터 701년까지 교섭이 단절되었으나, 신라와 일본 간에는 668년부터 최후의 신라사가 파견되는 779년까지 양국 간에는 신라에서 47회, 일본에서 25회의 사절이 왕래하였다. 한편 견당사遣唐使가 260년간 장안長安에 도달到達한 것은 13회에 불과하였다. 더욱이 전원이 무사히 귀국한 것은 단지 1회에 불과하다. 그리고 고로칸鴻臚館 출토 서역 및 당唐 문물에는 반드시 신라 문물이 동반하는 것에서 신라를 경유한 것을 알 수 있다.

11-3 신라新羅를 통한 반가사유상半跏思惟像의 일본日本 전래傳來

본서는 오키노시마沖の島 제사유적과 고로칸鴻臚館유적 등으로 볼 때 일본 연구자의 견당사遣唐使론에 대한 비판과 함께 신라 문화가 단순히 당의 문화를 전해 준 중계자에 지나지 않는다는 일본 연구자들의 사관을 논박하는 계기가 된 것으로 판단된다.

이제까지 고대 일본의 문명화를 견당사遣唐使 편중사관으로 해석한 것은 근대 일본의 문명화가 서양문화와의 접촉에 의한 것을 고대에 투영한 것에 지나지 않는다(李成市 1997).

더욱이 이전 시기 적대적인 관계였던 고구려와 일본이 6세기 후반 이래 교섭한 것은 국제 정세에 따라 국가 간 관계가 변한다는 것을 여실히 보여 주는 것이다.

나아가 종래 적대적이고 지배·종속적 관계로 본 고대 한일관계에서 가장 적대적인 관계로 알려진 신라와 일본과의 관계가 역사적 사실이 아닌 것을 분명히 함으로써, 고대 한반도와 일본열도의 관계를 재정립하고자 한다.

현재 한반도와 일본열도는 대한해협을 사이에 두고 명확한 국경을 형성하고 있다. 고대의 경계는 지금처럼 뚜렷한 것으로 볼 수 없으나 문헌 기록뿐만 아니라 장제와 생활양식으로 볼 때 해협을 사이에 두고 하나의 경계가 있었음은 분명하다. 그와 함께 당시 한반도 내의 고구려, 백제, 신라, 가야, 발해 사이에도 국경이 있었으며, 오히려 한반도와 일본열도 간의 경계가 고구려, 백제, 신라, 가야, 발해 사이의 국경보다 넘기 어렵지 않았다는 점을 인식할 필요가 있다. 즉 국가 간의 관계에 따라 한반도 내 국가의 경계보다 해협이 더 열려 있고, 오히려 한반도 내의 국경이 닫혀 있었다는 것이다.

일본열도의 왜 왕권을 비롯한 여러 지역의 호족세력은 가장 중요한 필수물자인 철을 한반도 남부에 의존할 수밖에 없었고, 또 권력을 유지하기 위한 통치 기구와 위신재인 선진 문물을 한반도로부터 반드시 도입해야만 했다. 한편 백제, 신라, 가야, 고구려, 발해는 국가 간 항쟁에서 승리하기 위하여 일본열도와의 외교 군사적 동맹관계가 필요하였다.

이는 왜倭를 적대시하며 동북아의 중심을 자처하였던 고구려가 동해를 횡단하며 일본과 교섭을 개시한 것에서도 알 수 있다. 그래서 고대의 한일관계는 항상 고정된 것이 아니라 양 지역 간 정치적 정세에 따라 매우 착종錯綜적이고 역동적이었음을 알 수 있다.

본서에서는 고대 한반도와 일본열도의 상호 관계는 어느 한쪽의 일방적인 관계가 아닌 양자 모두 절대적으로 필요한 상호적 관계였으며, 더욱이 그 관계가 단지 문물의 이동이 아닌 상호 간 인간의 이동을 동반한 것임을 분명히 하였다. 그 인간의 이동은 한반도로부터의 일방적인 거대한 흐름뿐만 아니라, 이에 상응하는 일본열도로부터의 흐름이 있었다는 것을 알 수 있었다. 영산강유역의 전방후원분을 비롯한 공주, 부여지역의 횡혈묘橫穴墓는 영산강유역뿐만 아니라 백제 왕도에도 왜인이 거주했음을 시사하며, 이는 긴키近畿지역을 비롯한 일본열도 전역에 한반도로부터 수많은 이주민이 정착한 것을 고려한다면 지극히 자연스러운 현상이라 할 수 있다.

더욱이 6세기 영산강유역에서는 재지 수장묘인 영암군靈巖郡 내동리內洞里 쌍분雙墳 출토 형상形像 하니와埴輪 모방품模倣品에서 보듯이 왜의 문화가 도입된 것이 주목된다. 이는 함평군 금산리 방분 출토 형상形像 하니와埴輪를 모방한 것으로 나주시 신촌리9호분에서 원통 하니와埴輪 단순 모방품이 수립된 것과 의미를 달리한다. 즉 내동리 쌍분 출토 형상形像 하니와埴輪는 인물人物, 사슴鹿, 돼지豚를 본뜬 것으로, 일본열도에서 형상 하니와는 수장의 생전에 행해진 의례의 장면과 수장의 권력을 표현하는 기물이다.

이렇게 왜인의 의례를 상징하는 형상形像 하니와埴輪를 모방하여 왜인이 아닌 재지 수장의 장례에 이를 수립한 것은 일본열도의 문화가 이 지역에 도입된 것을 의미한다(11-4). 이는 문화의 흐름이 일방적인 것이 아님을 보여준다.

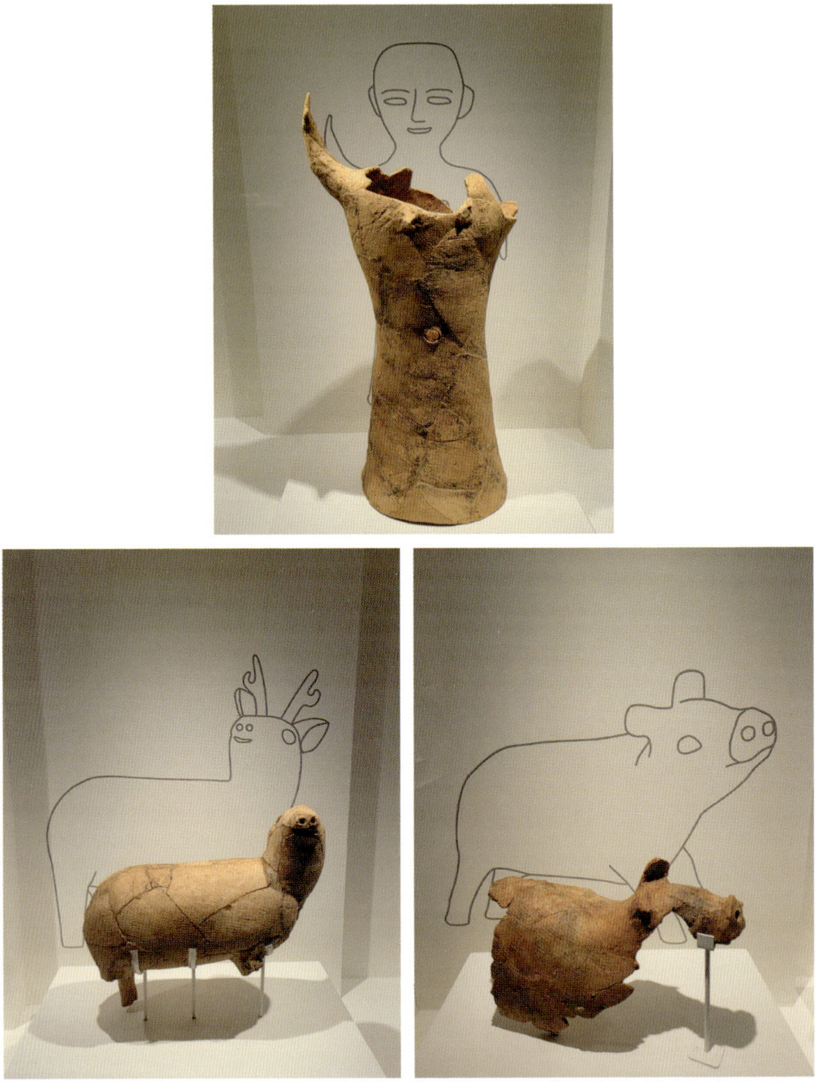

11-4 영암군靈巖郡 내동리內洞里 쌍분雙墳 출토出土 형상形像 하니와埴輪 모방품模倣品

마지막으로 본서는 고대 한반도 남부를 식민지화하였다는 일본의 인식뿐만 아니라, 일방적으로 일본열도에 문화적 은전을 베풀었다는 국내의 인식을 역사적 사실로 볼 수 없음을 분명히 하고자 한다.

이상에서 살펴본 바와 같이 한일 양국은 적대적인 관계보다는 교류를 통하여 상호 발전하여 왔다. 교류는 상호 이해와 발전의 토대가 되었던 것이다. 그래서 고대의 한일 관계를 객관적으로 정확하게 이해하는 것이야말로 현재와 미래의 한일관계 설정에 기여함을 환기시키고 싶다.

參考文獻

참고문헌

李成市, 1997,『東アジアの王権と交易』, 東京, 青木書店.
朴天秀, 2021,『실크로드 文明交流史 序說 Ⅰ.草原路』, 果川, 眞仁眞.

圖 出處

도 출처

1-1. 朝鮮総督府, 1915,『朝鮮古蹟圖譜』第二册, 京城. 朝鮮総督府

1-2. 上: 山尾幸久, 1989,『古代の日朝關係』, 東京, 塙書房 下:『일본서기日本書紀』(朴天秀所藏本)

1-3. 上: 國立中央博物館 下: 朴天秀所藏葉書

1-4. 上: 國立中央博物館 下: 朴天秀所藏葉書

1-4. 末松保和, 1965,『任那興亡史』, 東京, 吉川弘文館.

1-5. 김석형, 1966,『초기조일관계연구』, 평양, 사회 과학원 출판사(朴天秀 所藏本)

2-1. 大阪府埋蔵文化財協会, 1993,『須恵器の始まりをさぐる』, 大阪, 大阪府埋蔵文化財協会

2-2. 上: 大將軍山古墳(朴天秀 撮影) 下: 東京國立博物館所藏品

2-3. 兵庫縣立博物館, 1996,『大王の世紀』, 兵庫縣立博物館.

2-4. 朴天秀 作成

2-5. 上: 國立中央博物館, 2019,『가야 동아시아 교류와 네트워크의 중심지들』, 서울, 國立中央博物館. p. 320 下: 福島縣立博物館, 1994,『會津大塚山古墳の時代-激動の三·四世紀-』, 會津若松, 福島縣立博物館.

2-6. 山梨縣考古博物館, 1994,『古墳時代の甲冑』, 山梨, 山梨縣考古博物館. 표지

2-7. 上: 朴天秀撮影 下: 諫早直人, 2018,『古墳時代東北アジアにおける金工品生産·流通構造に関する考古學的研究』, 奈良, 奈良文化財研究所.

2-8. 上: 國立慶州博物館, 1996,『신라인의 무덤 新羅陵墓의 形成과 展開』, 國立慶州博物館. 下: 우리文化財硏究院, 2012,『巨濟 鵝州洞 1485番地 遺蹟』, 昌原, 우리文化財硏究院.

2-9. 大成洞古墳博物館, 2013,『동아시아 교역의 가교! 대성동 고분군』, 金海, 大成洞古墳博物館. p. 72

2-10. 左: 國立中央博物館, 2019,『가야 동아시아 교류와 네트워크의 중심지들』, 서울, 國立中央博物館. p. 412 右: 大成洞古墳博物館, 2013,『동아시아 교역의 가교! 대성동 고분군』, 金海, 大成洞古墳博物館. p. 71

2-11. 左: 大成洞古墳博物館, 2013,『동아시아 교역의 가교! 대성동 고분군』, 金海, 大成洞古墳博物館. p. 69 右: 朴天秀 撮影

2-12. 朴天秀 撮影

2-13. 大成洞古墳博物館, 2013,『동아시아 교역의 가교! 대성동 고분군』, 金海, 大成洞古墳博物館. p. 23

2-14. 1: 國立加耶文化財研究所, 2019,『日本 內 加耶 資料編 I』, (加耶資料叢書8)昌原, 國立加耶文化財研究所. p. 233. 提供 2-7: 朴天秀 撮影 8: 福岡市教育委員會

2-15. 1-3: 유병록 외, 2013, 『창녕 계성리에 찾아온 백제사람들』, 昌寧, 昌寧博物館. 4: 朴天秀 撮影

3-1. 朴天秀 作成

3-2. 1: 高尾和生(編), 2003, 『船ヶ谷遺蹟4次調査Ⅱ福音小學校構内遺蹟Ⅲ』, (松山市文化財調査報告書95), 松山, 松山市教育委員會·財團法人松山市生學習振興財團埋蔵文化財調査センター. 2: 多田仁·和田賢·岡本芳明, 1998, 「猿ヶ谷2號墳」, 『四國縦貫自動車道埋蔵文化財発掘調査報告書XII-伊予編Ⅱ-』, 松山, 財團法人愛媛縣埋蔵文化財調査センター. 3, 4: 朴天秀 撮影

3-3. 1-4: 朴天秀 撮影 5: 橋口達也(編), 1982, 『古寺墳墓群』(甘木市文化財調査報告第14集), 甘木, 甘木市教育委員會.

3-4. 朴天秀 撮影

3-5. 朴天秀 撮影

3-6. 1, 2: 東京國立博物館 3, 4: 朴天秀 撮影

3-7. 奈良縣立橿原考古學研究所附屬博物館, 1992, 『1500年前のシルクロード-新沢千塚の遺寶とその源流-』, 橿原, 奈良縣立橿原考古學研究所附屬博物館.

3-8. 朴天秀 作成

3-9. 奈良縣立橿原考古學研究所附屬博物館, 1992, 『1500年前のシルクロード-新沢千塚の遺寶とその源流-』, 橿原, 奈良縣立橿原考古學研究所附屬博物館.

3-10. 1, 2: 이한상 제공 3: 金宇大, 2017, 『金工品から読む古代朝鮮と倭』, 京都, 京都大學學術出版會.

3-11. 京都大學總合博物館, 1997, 『王者の武装-5世紀の金銅技術-』, 京都, 京都大學總合博物館.

3-12. 1-3: 朴天秀撮影 4: 菊水町史編纂委員會, 2007, 『菊水町史 江田船山古墳』, 和水, 和水町.

3-13. 1: 福泉博物館 2: 児玉真一(編), 1989, 『若宮古墳群Ⅰ-月岡古墳·塚堂古墳·日岡古墳』, (吉井町埋蔵文化財発掘調査報告書 第4集), 吉井, 吉井町教育委員會.

3-14. 1: 陜川博物館·慶尙大學校博物館, 2020, 『加耶의 寶庫 玉田』, 陜川, 陜川博物館·慶尙大學校博物館. p. 131 2: 和歌山市立博物館, 2000, 『大谷古墳とその遺物』, 和歌山, 和歌山市立博物館. p. 4

3-15. 1, 2: 國立加耶文化財研究所, 2019, 『日本 內 加耶 資料編Ⅰ』(加耶資料叢書8)昌原, 國立加耶文化財研究所. p. 221 3-5: 朴天秀撮影 6-8: 『日本 內 加耶 資料編Ⅰ』 p. 392

3-16. 上: 奈良縣立橿原考古學研究所附屬博物館, 2000, 『大古墳展-大和王権と古墳の鏡-』, 東京, 東京新聞. 中, 下: 大阪府立近つ飛鳥博物館, 2006, 『應神大王の時代-河內政権の幕開け-』, 大阪,大阪府立近つ飛鳥博物館.

3-17. 上: 朴天秀撮影 下: 京都大學總合博物館, 1997, 『王者の武装-5世紀の金銅技術-』, 京都, 京都大學總合博物館.

3-18. 朴天秀 作成

3-19. 左: 福岡縣教育委員會提供 右: 福本寛, 2004, 『猫追1號墳』(田川市文化財調査報告書第11

集), 田川, 田川市教育委員會.

3-20. 1, 3-5: 安村俊史·桑野一幸, 1996, 『高井田山古墳』, 柏原, 柏原市教育委員會 2: 朴天秀撮影

3-21. 1, 2, 5: 福泉博物館, 2002, 『古代 동아시아의 文物交流』, 釜山, 福泉博物館. 3: 朴天秀 撮影 4: 文化財廳

3-22. 國立金海博物館, 2015, 『갑주 전사의 상징』, 金海, 國立金海博物館.

3-23. 國立慶州博物館, 2001, 『新羅黃金-신비한 황금의 나라』, 慶州, 國立慶州博物館.

3-24. 朴天秀·林童美 作成

3-25. 1: 안상호촬영 2, 3: 國立中央博物館, 2010, 『皇南大塚』, 서울, 國立中央博物館. 4: 朴天秀 撮影

3-26. 1, 5, 6: 國立加耶文化財研究所, 2019, 『日本 內 加耶 資料編 I 』, (加耶資料叢書8)昌原, 國立加耶文化財研究所. p. 218, 219. 2-4: 朴天秀撮影

3-27. 上, 中: 島崎東(編), 1993, 『窪木薬師遺蹟』, 岡山, 岡山縣文化財保護協會. 下: 朴天秀 撮影

3-28. 奈良縣立橿原考古學研究所附屬博物館, 2006, 『葛城氏の實像』, 橿原, 奈良縣立橿原考古學研究所附屬博物館.

3-29. 奈良縣立橿原考古學研究所附屬博物館, 2006, 『葛城氏の實像』, 橿原, 奈良縣立橿原考古學研究所附屬博物館.

3-30. 1-3: 小林正春(編), 2001, 『溝口の塚古墳』, 飯田, 長野縣飯田市教育委員會. 4: 朴天秀 撮影

3-31. 1-4: 高崎市教育委員會, 2001, 『劔崎長瀞西遺蹟 1 -浄水場建設に伴う発掘調査報告書第 1 集』, (高崎市文化財調査報告書第179集), 高崎, 高崎市教育委員會. 5: 朴天秀 撮影

3-32. 1: 朴天秀 撮影 2-9: 國立羅州文化財研究所, 2021, 『고흥 야막고분 출토 갑옷 제작기술의 복원』 國立羅州文化財研究所. p. 120, 203, 206

3-33. 1-5: 朴天秀撮影 6: 國立羅州文化財研究所, 2021, 『고흥 야막고분 출토 갑옷 제작기술의 복원』 國立羅州文化財研究所. p. 202

3-34. 1: 朴天秀撮影 2, 3: 이정호·이수진·기진화·윤호남, 2015, 『신안 안좌면 읍동 배널리고분군』, 羅州, 동신대학교문화박물관.

3-35. 朴天秀 塚本敬夫

3-36. 1, 3: 朴天秀 作成 撮影. 2, 4: 國立羅州博物館·西都原考古博物館, 2021, 『韓·日古代橫穴式石室墓와 橫穴墓1古代 韓半島 橫穴式石室墓와 橫穴墓』, 羅州, 國立羅州博物館·西都原考古博物館. p. 173, 180

3-37. 朴天秀 撮影

3-38. 1, 2, 5: 朴天秀 撮影 3: 西田和浩(編), 2015, 『千足古墳-第1-第4次發掘調査報告書-』, 岡山, 岡山市教育委員會.

4-1. 朴天秀 撮影

4-2. 朴天秀 撮影

4-3. 朴天秀 撮影

4-4. 左: 國立慶州博物館, 2001, 『新羅黃金-신비한 황금의 나라』, 慶州, 國立慶州博物館. 右: 朴

天秀 撮影

4-5. 朴天秀 作成

4-6. 左: 國立慶州博物館, 2001,『新羅黃金-신비한 황금의 나라』, 慶州, 國立慶州博物館. 右: 菊水町史編纂委員會, 2007,『菊水町史 江田船山古墳』, 和水, 和水町.

4-7. 國立中央博物館, 1999,『特別展 百済』, 서울, 通川文化社. p. 114

4-8. 朴天秀 撮影

4-9. 左: 國立中央博物館, 2019,『가야 동아시아 교류와 네트워크의 중심지들』, 서울, 國立中央博物館. p. 121. 右: 朴天秀 撮影

4-10. 1, 2: 四条畷市立歴史民俗資料館, 2004,『開館20周年記念特別展-馬と生きる-』, 四条畷,四条畷市立歴史民俗資料館. 3-8: 朴天秀 撮影

4-11. 奈良縣立橿原考古學研究所附屬博物館, 1998,『大和まほろば』, 橿原, 奈良縣立橿原考古學研究所附屬博物館.

4-12. 朴天秀 撮影

4-13. 江浦洋(編), 1998,『藏塚古墳』, (財大阪府文化財調查研究センター報告書第24集), 大阪, (財)大阪府文化財調查研究センター.

4-14. 朴天秀 撮影

4-15. 朴天秀, 裵魯燦 作成

4-16. 1, 3, 4: 國立羅州博物館, 2019,『韓國의 長鼓墳』, 羅州, 國立羅州博物館. p. 14, 24 2: 朴天秀 撮影.

4-17. 上: 朴天秀 撮影. 下: 國立羅州博物館, 2019,『韓國의 長鼓墳』, 羅州, 國立羅州博物館. p. 18, 19, 20

4-18. 朴天秀 撮影

4-19. 上, 中: 朴天秀 撮影. 下: 國立羅州博物館, 2019,『韓國의 長鼓墳』, 羅州, 國立羅州博物館. p. 134

4-20. 1, 3-7: 國立光州博物館, 2021,『咸平禮德里新德古墳』, (國立光州博物館學術叢書 第70輯) 國立光州博物館·全羅南道·咸平郡. 2: 朴天秀 撮影.

4-21. 國立光州博物館, 2021,『咸平禮德里新德古墳』, (國立光州博物館學術叢書 第70輯)國立光州博物館·全羅南道·咸平郡.

4-22. 1, 2, 4-8: 國立羅州博物館, 2019,『韓國의 長鼓墳』, 羅州, 國立羅州博物館. p. 107, 114, 115, 118, 122. 3: 國立羅州博物館·西都原考古博物館, 2021,『韓·日古代横穴式石室墓와 横穴墓 1古代 韓半島 横穴式石室墓와 横穴墓』, 羅州, 國立羅州博物館·西都原考古博物館. p. 84, 85

4-23. 國立羅州博物館, 2019,『韓國의 長鼓墳』, 羅州, 國立羅州博物館. p. 123, 124, 125, 118, 122

4-24. 1, 2, 4: 朴天秀 撮影. 3, 5-7: 國立羅州博物館, 2019,『韓國의 長鼓墳』, 羅州, 國立羅州博物館. p. 138, 139

4-25. 1, 4, 5: 朴天秀 撮影. 2, 3: 國立羅州博物館, 2019,『韓國의 長鼓墳』, 羅州, 國立羅州博物館.

p. 48, 56

4-26. 國立羅州博物館, 2019,『韓國의 長鼓墳』, 羅州, 國立羅州博物館. p. 58, 72-77

4-27. 1, 3-5: 國立光州博物館. 2: 國立羅州博物館, 2019,『韓國의 長鼓墳』, 羅州, 國立羅州博物館. p. 87 2: 朴天秀 撮影.

4-28. 國立羅州博物館, 2019,『韓國의 長鼓墳』, 羅州, 國立羅州博物館. p. 41, 43, 90, 91, 92, 93, 97

4-29. 1: 國立羅州博物館, 2019,『韓國의 長鼓墳』, 羅州, 國立羅州博物館. p. 31. 2, 3: 朴天秀 撮影.

4-30. 1-3: 朴天秀 撮影. 4-10: 國立羅州博物館, 2019,『韓國의 長鼓墳』. p. 43, 46, 47, 49, 50.

4-31. 朴天秀 撮影

4-32. 朴天秀 撮影

4-33. 1: 大韓文化財研究院. 2-8: 國立羅州博物館, 2019,『韓國의 長鼓墳』. p. 150, 152, 154, 161, 165.

4-34. 上, 中: 國立羅州博物館, 2019,『韓國의 長鼓墳』 p. 167. 2: 國立光州博物館. 下: 朴天秀 撮影

4-35. 1, 2: 國立光州博物館. 3-6: 國立羅州博物館, 2019,『韓國의 長鼓墳』, 羅州, 國立羅州博物館. p. 175, 177.

4-36. 上: 國立光州博物館. 中: 朴天秀 撮影. 下: 馬韓文化財研究院 提供

4-37. 馬韓文化財研究院 提供

4-38. 馬韓文化財研究院 提供

4-39. 上: 전남문화재연구소, 2015,『함평 금산리 방대형고분 시굴조사보고서』. 國立光州博物館. 中: 전남문화재연구소, 2022,『함평 금산리 방대형고분 발굴조사 중간보고서』. 下: 朴天秀 撮影.

4-40. 朴天秀 撮影

4-41. 1, 3: 國立羅州博物館·西都原考古博物館, 2021,『韓·日古代橫穴式石室墓와 橫穴墓1古代 韓半島 橫穴式石室墓와 橫穴墓』 p. 24. 2, 4, 5: 朴天秀 撮影.

4-42. 上, 中: 大韓文化財研究院. 下: 國立羅州博物館·西都原考古博物館, 2021,『韓·日古代橫穴式石室墓와 橫穴墓1古代 韓半島 橫穴式石室墓와 橫穴墓』 p. 192, 192, 196, 208, 230, 238.

4-43. 1: 朴天秀 撮影. 2-3: 國立光州博物館. 4-8: 國立羅州博物館·西都原考古博物館, 2021,『韓·日古代橫穴式石室墓와 橫穴墓1古代 韓半島 橫穴式石室墓와 橫穴墓』 p. 162, 165

4-44. 1, 3: 朴天秀 撮影. 2: 朴大淳·池珉周, 2006,『公州丹芝里遺蹟』, (財)忠清埋藏文化財研究院文化遺蹟調查報告第54輯), 公州, 忠清埋藏文化財研究院.

4-45. 朴大淳·池珉周, 2006,『公州丹芝里遺蹟』, (財)忠清埋藏文化財研究院文化遺蹟調查報告第54輯), 公州, 忠清埋藏文化財研究院.

4-46. 上, 中: 朴天秀 撮影. 下: 國立羅州博物館·西都原考古博物館, 2021,『韓·日古代橫穴式石室墓와 橫穴墓1古代 韓半島 橫穴式石室墓와 橫穴墓』 p. 276

4-47. 慶尙大學校博物館. 國立羅州博物館·西都原考古博物館, 2021,『韓·日古代橫穴式石室墓와 橫穴墓1古代韓半島 橫穴式石室墓와 橫穴墓』 p. 218, 221, 222

4-48. 1-4: 朴天秀 撮影. 5: 金奎運 金俊植, 2010,「泗川 船津리 石室墳」,『嶺南考古學』 48

4-49. 우리문화재연구원. 國立羅州博物館·西都原考古博物館, 2021,『韓·日古代橫穴式石室墓와 橫穴墓1古代韓半島 橫穴式石室墓와 橫穴墓』 p. 235, 236

4-50. 1, 2, 4: 경남연구원 역사문화센터 3, 5-8: 박천수·정선운·신동호, 2021,『加耶, 嶺湖南을 넘다』, p. 137, 138

4-51. 朴天秀 撮影

4-52. 朴天秀 撮影

4-53. 김동균 촬영

4-54. 1: 高橋浩二 撮影 2: 國立公州博物館, 2021,『武寧王陵發掘50年』p. 199 3: 朴天秀 撮影

4-55. 1, 3: 朴天秀 撮影 4-7: 大阪府立近つ飛鳥博物館, 2004,『今来才伎-古墳·飛鳥の渡来人-』, 大阪, 大阪府立近つ飛鳥博物館.

4-56. 上: 충청남도·충청남도역사문화연구원, 2017,『일본속의 백제: 긴키지역Ⅰ유적 유물 개관편』, p. 76. 中, 下: 朴天秀 撮影

4-57. 上: 朴天秀 撮影, 下: 인터넷자료

5-1. 朴天秀 撮影

5-2. 1: 京畿道博物館, 2005,『우리 고구려』p. 96. 2-6: 福岡市教育委員會 提供

5-3. 1-4, 7-9: 古賀市教育委員會 提供. 5, 6: 甲斐孝司·岩橋由李, 2019,『豪華な馬具と朝鮮半島との交流 船原古墳』, (シリーズ遺跡を學ぶ141) p. 60, 61.

5-4. 朴天秀 撮影

5-5. 1: 朴天秀 撮影 2-4: 奈良文化財研究所, 2008,『特別史蹟 キトラ古墳發掘調査報告書』, 奈良, 奈良國立文化財研究所.

5-6. 1, 2: 朴天秀 撮影 3: 富田和氣·夫荒井仁, 1997,『史蹟須曽蝦夷穴古墳Ⅰ-保存修理作業報告書-』, 富田和氣(外), 2001,『史蹟須曽蝦夷穴古墳Ⅱ-發掘調査報告書-』

5-7. 1, 2: 扶餘郡 3: 朴天秀 撮影

5-8. 上, 中: 朴天秀 撮影. 下: 奈良國立博物館, 1994,『國寶法隆寺展』.

5-9. 1, 3, 4: 인터넷 자료. 2: 朴天秀 撮影.

5-10. 朴天秀 撮影

5-11. 朴天秀 撮影

5-12. 朴天秀 撮影

5-13. 朴天秀 撮影

5-14. 朴天秀 撮影

5-15. 1, 4: 朴天秀 撮影 2, 3: 横田登·野津研吾(編), 2006,『大座西遺蹟掘調査報告書』, 隠岐, 隠岐の町教育委員會.

5-16. 朴天秀 撮影

5-17. 1, 2: 朴天秀 撮影. 3: 奈良國立文化財研究所飛鳥資料館, 1979,『日本古代の墓誌』

5-18. 朴天秀 撮影

5-19. 朴天秀 撮影

5-20. 朴天秀 作成

6-1. 奈良國立博物館,『正倉院展』

6-2. 1: 朴天秀 撮影 2, 3: 五島美術館, 1998,『日本三彩綠釉』, 東京, 五島美術館.

6-3. 1-3: 朴天秀 撮影 4: 奈良國立博物館, 2002,『大佛開眼1250年紀念-東大寺のすべて-』, 奈良, 奈良國立博物館.

6-4. 上: 國立中央博物館. 中: 朴天秀 撮影 4: 齊藤忠, 2007,『齊藤忠著作選集1アジア文化史の研究』下: 東京國立博物館, 1996,『法隆寺金獻納寶物』.

6-5. 朴天秀 撮影

6-6. 朴天秀 撮影

7-1. 大成洞古墳博物館, 2013,『동아시아 교역의 가교! 대성동 고분군』, 金海, 大成洞古墳博物館. 朴天秀 作成

7-2. 朴天秀 作成

7-3. 우리문화재연구원. 박천수·정선운·신동호, 2021,『加耶, 嶺湖南을 넘다』. p. 86, 87

7-4. 上: 宇治市敎育委員會 提供. 下: 朴天秀 撮影

7-5. 동서문물연구원. 朴天秀 作成

7-6. 朴天秀 撮影

7-7. 朴天秀 撮影

7-8. 국립가야문화재연구소

7-9. 和歌山市 敎育委員會 提供

7-10. 朴天秀 作成

7-11. 朴天秀 金桐均 作成

8-1. 朴天秀 撮影

8-2. 上, 中: 朴天秀 撮影. 下: 林永珍·吳東墠·姜銀珠, 2015,『高興 吉頭里 雁洞古墳』.

8-3. 李漢相 제공 도판을 朴天秀, 金桐均 수정 작성

표 朴天秀 作成

8-4. 朴天秀 作成

8-5. 이범기·곽명숙·이경민, 2021,『咸平金山里方臺形古墳-發掘中間報告書(2018·2009)-』, (學術叢書第13冊), 務安, 全南文化財研究所.

8-6. 朴天秀 作成

8-7. 朴天秀 作成

8-8. 경남연구원 역사문화센터

8-9. 朴天秀 作成

8-10. 국립나주문화재연구소 제공

8-11. 1, 3-7: 熊本縣 敎育委員會 提供. 2: 朴天秀 撮影

8-12. 朴天秀 撮影

9-1. 朴天秀 裵魯燦 作成
9-2. 朴天秀 張柱卓 作成
9-3. 奈良縣立橿原考古學研究所附屬博物館, 1992,『1500年前のシルクロード-新沢千塚の遺寶とその源流-』, 橿原,奈良縣立橿原考古學研究所附屬博物館.
9-4. 界市 教育委員會 提供
9-5. 朴天秀 張柱卓 作成
9-6. 朴天秀 張柱卓 作成
9-7. 朴天秀 作成
9-8. 朴天秀 丁眞 鄭升復 作成
9-9. 朴天秀 撮影
9-10. 朴天秀 撮影
9-11. 朴天秀 裵魯燦 作成
9-12. 朴天秀 張柱卓 作成
9-13. 上, 下: 朴天秀 撮影 中: 田中俊明 撮影

10-1. 1: 朴天秀 撮影 2: 김홍남, 2017,「國立慶州博物館 所藏 獅子孔雀文石 硏究」,『新羅文化硏究』 10.
10-2. 淀江町教育委員會, 1995,『上淀廃寺』(淀江町埋蔵文化財調査報告書35), 淀江, 淀江町教育委員會.
10-3. 1: 朴天秀 撮影 2-4: 奈良縣立橿原考古學研究所, 1972,『壁画古墳高松塚』, 橿原, 奈良縣立橿原考古學研究所.
10-4. 동북아역사재단,『고대 환동해 교류사1부 고구려와 왜』, 동북아역사재단.
10-5. 1: 裵魯燦 作成 2-5: 釜山博物館·漢城百濟博物館, 2014,『러시아연해주문물전-프리모리에-』. 6, 7: 정석배 제공
10-6. 동북아역사재단,『고대 환동해 교류사1부 고구려와 왜』, 동북아역사재단.

11-1. 朴天秀 作成
11-2. 國立慶州博物館, 2001,『新羅黃金-신비한 황금의 나라』, 慶州, 國立慶州博物館.
11-3. 朴天秀 裵魯燦 作成
11-4. 朴天秀 撮影

I. 논저論著

한일관계사韓日關係史 문헌목록文獻目錄과 사전事典

韓日關係史研究會(編), 1993, 『韓日關係史論著目錄』, 서울, 玄巖社.

東潮(編), 1994, 「伽耶関係文献目錄」, 『伽耶および日本の古墳出土遺物の比較研究』, 佐倉, 國立歷史民俗博物館.

朝鮮史研究會(編), 1994, 『前後日本における朝鮮史文献目録1945~1991』, 東京, 綠蔭書房.

日韓交涉考古學研究會(編), 1997, 「(共同研究)古墳時代日韓交渉の考古學的研究(上)」, 『古文化談叢』 第39集, 北九州, 九州古文化研究會.

日韓交涉考古學研究會(編), 1998, 「(共同研究)古墳時代日韓交渉の考古學的研究(下)」, 『古文化談叢』 第40集, 北九州, 九州古文化研究會.

國立加耶文化財研究所(編), 2018, 『加耶 論著目錄編』(加耶資料叢書7), 昌原, 國立加耶文化財研究所.

國立加耶文化財研究所(編), 2019, 『日本 內 加耶 論著目錄編』(加耶資料叢書10), 昌原, 國立加耶文化財研究所.

西谷正(編), 2007, 『東アジア考古學辭典』, 東京, 東京堂出版.

田中健夫·石井正敏(編), 2008, 『對外關係史辭典』, 東京, 吉川弘文館.

鈴木靖民(監修), 高久健二·田中史生·浜田久美子(編), 2021, 『古代日本交流史事典』, 東京, 八木書店.

1. 고대 한일관계사 총론古代韓日關係史總論

末松保和, 1949, 『任那興亡史』, 東京, 吉川弘文館.

김석형, 1966, 『초기 조일 관계 연구』, 평양, 사회과학원출판사.

金廷鶴(編), 1972, 『韓國の考古學』, 東京, 河出書房新社.

上田正昭·井上秀雄(編), 1974, 『古代の日本と朝鮮』, 東京, 學生社.

李進熙, 1977, 『好太王碑と任那日本府』, 東京, 學生社.

坂元義種, 1978, 『古代東アジアの日本と朝鮮』, 東京, 吉川弘文館.

金鉉球, 1985, 『大和政權の對外關係研究』, 東京, 吉川弘文館.

鈴木靖民, 1985, 『古代對外關係史の研究』, 東京, 吉川弘文館.

國史編纂委員會(編), 1986, 『韓國史論16-古代韓日關係史-』, 果川, 國史編纂委員會.

大林太郎(編), 1986, 『日本の古代3海をこえての交流』, 東京, 中央公論社.

森浩一, 1986, 「潟と港を発掘する」, 『日本の古代3海をこえての交流』, 東京, 中央公論社.

上田正昭, 1986, 『古代の日本と朝鮮』, 東京, 岩波書店.

山尾幸久, 1989, 『古代の日朝關係』, 東京, 塙書房.

韓國精神文化研究院, 1990,『古代韓日文化交流研究』, 城南, 韓國精神文化研究院.
歷史學研究會(編)山里澄江·손승철(옮김), 1992,『한일관계사의 재조명』, 서울, 이론과 실천.
趙恒來·河宇鳳·孫承喆(編), 1994,『講座-韓日關係史』, 서울, 玄音社.
鄭孝雲, 1995,『古代韓日政治交涉史』, 서울, 學研文化社.
鈴木英夫, 1996,『古代の倭國と朝鮮諸國』, 東京, 青木書店.
李成市, 1997,『東アジアの王権と交易』, 東京, 青木書店.
高寬敏, 1997,『古代朝鮮諸國と倭國』, 東京, 雄山閣.
延敏洙, 1998,『古代韓日關係史』, 서울, 혜안.
이진희·강재언(저), 김익한·김동명(옮김), 1998,『한일교류사-새로운 이웃나라관계를 구축하기 위하여』, 서울, 학고재.
森公章, 1998,『白村江以後-國家危機と東アジア外交』, 東京, 講談社.
熊谷公男, 2001,『日本の歷史3-大王から天皇へ』, 東京, 講談社.
鈴木靖民(編), 2002,『日本の時代史2倭國と東アジア』, 東京, 吉川弘文館.
한국고대사학회(編), 2002,『韓國古代史研究-고대 한일 관계사의 새로운 조명-』 27, 서울, 서경문화사.
延敏洙, 2003,『古代韓日交流史』, 서울, 혜안.
木村誠, 2004,『古代朝鮮の國家と社會』, 東京, 吉川弘文館.
武田幸男, 2005,『古代を考える-日本と朝鮮-』, 東京, 吉川弘文館.
한일관계사연구논집편찬위원회, 2005,『한일관계사연구논집1-광개토대왕비와 한일관계-』, 서울, 景仁文化社.
한일관계사연구논집편찬위원회, 2005,『한일관계사연구논집2-왜5왕 문제와 한일관계-』, 서울, 景仁文化社.
한일관계사연구논집편찬위원회, 2005,『한일관계사연구논집1-임나 문제와 한일관계-』, 서울, 景仁文化社.
木村誠, 2005,「朝鮮三國と倭」,『古代を考える - 日本と朝鮮 - 』, 東京, 吉川弘文館.
한일관계사학회(편), 2006,『한일관계 2천년 보이는 역사, 보이지 않는 역사』, 고중세, 서울, 景仁文化社.
朴天秀, 2007,『加耶と倭』, 東京, 講談社.
朴天秀, 2007,『새로쓰는 고대한일교섭사』, 서울, 사회평론.
東北亞歷史財團, 2010,『韓日歷史爭點論集前近代編』(2010內部資料), 서울, 東北亞歷史財團.
朴天秀, 2011,『日本속의 古代 韓國文化』, 果川, 眞仁眞.
吉井秀夫, 2011,「朝鮮半島と交涉」,『古墳時代上』(講座日本の考古學7), 東京, 青木書店.
荒野泰典·石井正敏·村井章介(編), 2011,『日本の対外関係 1』, 東京, 吉川弘文館.
荒野泰典·石井正敏·村井章介(編), 2011,『日本の対外関係 2』, 東京, 吉川弘文館.
鈴木靖民, 2012,『倭國史の展開と東アジア』, 東京, 岩波書店.
朴天秀, 2012,『日本속 古代 韓國文化-近畿地方-』, 서울, 東北亞歷史財團.

金泰植, 2014,『四國時代 韓日關係史 硏究』, 서울, 서경문화사.
高田貫太, 2014,『古墳時代日朝關係-新羅·百濟·大加耶と倭の交涉史』, 東京, 吉川弘文館.
井上主税, 2014,『朝鮮半島の倭系遺物からみた日朝関係』, 東京, 學生社.
金奎運, 2014,『古墳からみた日本列島と韓半島』, 京都, 京都大學大學院.
金宇大, 2017,『金工品から読む古代朝鮮と倭』, 京都, 京都大學學術出版會.
土屋隆史, 2018,『古墳時代の日朝交流と金工品』, 東京, 雄山閣.
山本孝文, 2018,『古代韓半島と倭國』, 東京, 中央公論新社.
鈴木靖民·金子修一·田中史生·李成市(編), 2019,『日本古代交流史入門』, 東京, 勉誠出版.
朴天秀, 2020,「古代の朝鮮半島と日本列島」,『渡來系移住民』, 東京, 岩波書店.
金跳咏, 2022,『金工品으로 본 古代 東아시아 世界』, 果川, 眞仁眞.

2. 가야사加耶史

末松保和, 1956,『任那興亡史』, 東京, 吉川弘文館.
이병도, 1976,『韓國史-古代編-』, 서울, 을유문화사.
金廷鶴, 1977,『任那と日本』, 東京, 小學館.
윤석효, 1990,『가야사』, 서울, 민족문화사.
田中俊明, 1992,『大加耶連盟の興亡と任那』, 東京, 吉川弘文館.
金泰植, 1993,『加耶聯盟史』, 서울, 一朝閣.
李永植, 1993『加耶諸國と任那日本府』, 東京, 吉川弘文館.
한국고대사연구회, 1996,『加耶史의 새로운 이해』, 대구, 한국고대사연구회.
仁済大學校加耶文化硏究, 1997,『加耶諸國의王權』, 서울, 圖書出版新書苑.
김세기·노중국·박천수·이명식·이희준·주보돈, 1998,『가야문화도록』, 대구, 경상북도.
이성주·홍보식·박천수·박승규·곽장근, 2000,『고고학을 통해 본 가야』(한국고고학회 학술총서1), 부산, 한국고고학회.
釜山大學校韓國民族文化硏究所(編), 2000,『加耶各國史의 再構成』, 서울, 혜안.
정중환, 2000,『加羅史硏究』, 서울, 혜안.
조희승, 2001,『가야사』, 평양, 과학백과사전종합출판사.
釜山大學校韓國民族文化硏究所(編), 2001,『韓國 古代史 속의 加耶』 서울, 혜안.
高靈郡·韓國上古史學會(編), 2002,『大加耶와 周辺諸國』, 서울, 學術文化社.
김태식, 2002,『미완의문명 7백년 가야사』 1, 2, 3, 서울, 푸른역사.
朴天秀·洪潽植·李柱憲·柳昌煥, 2003,『加耶의 遺蹟과 遺物』, 서울, 學硏文化社.
釜山大學校韓國民族文化硏究所(編), 2003,『加耶考古學의 새로운 照明』, 서울, 혜안.
白承玉, 2003,『加耶 各國史 硏究』, 서울, 혜안.
남재우, 2003,『安羅國史』, 서울, 혜안.
권학수, 2005,『가야고고학연구』, 서울, 小花.
李東熙, 2005,『全南東部地域 複合社會 形成過程의 考古學的 硏究』(史學科博士學位論文), 서

울, 成均館大學校大學院.
이용현, 2007, 『가야제국과 동아시아』, 서울, 통천문화사.
박천수, 2007, 「가야」, 『한국고고학 강의』, 서울, 사회평론.
田中俊明, 2008, 『古代日本と加耶』, 東京, 山川出版社.
金英敏, 2008, 『金官加耶의 考古學的 硏究』(考古學科博士學位論文), 釜山, 釜山大學校大學院.
이형기, 2009, 『大加耶의 形成과 發展 硏究』, 서울, 경인문화사.
권주현, 2009, 『가야인의 삶과 문화』, 서울, 혜안.
朴天秀, 2010, 『加耶土器-加耶의 歷史와 文化』, 果川, 眞仁眞.
河承哲, 2015, 『小加耶의 考古學的 硏究』(史學科博士學位論文), 晉州, 慶尙大學校大學院.
주보돈, 2017, 『가야사 새로 읽기』, 서울, 주류성.
이영식, 2017, 『가야제국사 연구』, 서울, 생각과 종이.
이영식, 2018, 「가야사의 시기구분과 공간적 범위」, 『가야사 총론』, 창원, 가야고분군 세계유산등재 추진단.
朴天秀, 2018, 『加耶文明史』, 果川, 眞仁眞.
朴天秀, 2019, 『加耶各國史1-非火加耶-』, 果川, 眞仁眞.
李春仙, 2020, 『加耶 南部 勢力의 形成과 展開』(考古人類學科博士學位論文), 慶北大學校大學院.
백승옥(외), 2020, 『가야 역사 문화 연구 총서1-연구사-』, 창원, 국립가야문화재연구소.
朴天秀·鄭仙雲·申東浩, 2021, 『加耶, 嶺湖南을 넘다』(國立金海博物館·慶北大學校博物館企劃), 大邱, 慶北大學校博物館.

3. 신라사新羅史

朴普鉉, 1995, 『威勢品으로 본 古新羅社會의 構造』(史學科博士學位論文), 大邱, 慶北大學校大學院.
서영일, 1999, 『新羅 陸上交通路 硏究』, 서울, 학연문화사.
浜田耕策, 2000, 『新羅史の硏究』, 東京, 吉川弘文館.
신형식(외), 2003, 『한국사9-통일신라』, 과천, 국사편찬위원회.
李漢祥, 2004, 『黃金의 나라 新羅』, 서울, 김영사.
李熙濬, 2007, 『新羅 考古學硏究』, 서울, 사회평론.
김용성, 2009, 『新羅王都의 高塚과 그 周邊』, 서울, 학연문화사.
노중국(외), 2017, 『新羅史 總論』(신라천년의 역사와 문화1), 안동, 경상북도.
이희준(외), 2017, 『신라의 유적과 유물』(신라천년의 역사와 문화20), 안동, 경상북도.
최병현, 2021, 『新羅 6部의 古墳硏究』, 서울, 사회평론.
李漢祥, 2022, 『新羅의 成長過程과 服飾賜與體制』, 서울, 서경문화사.

4. 백제사百濟史

盧重國, 1988, 『百濟政治史硏究』, 서울, 一朝閣.

李道學, 1995,『百濟古代國家硏究』, 서울, 一志社.
이기동, 1996,『百濟史硏究』, 서울, 일조각.
金英心, 1997,『百濟 地方統治體制 硏究 - 5~7세기를 중심으로』(國史學科博士學位論文), 서울, 大學校大學院.
박현숙, 1966,『百濟 地方統治體制 硏究』(史學科博士學位論文), 서울, 高麗大學校大學院.
忠南大學校 百濟硏究所(編), 1997,『百濟의 中央과 地方』, 百濟硏究論叢第5輯, 大田, 忠南大學校 百濟硏究所.
成正鏞, 2000,『中西部 馬韓地域의 百濟領域化過程 硏究』(考古美術史學科博士學位論文), 서울, 서울大學校大學院.
김기섭, 2000,『백제와 근초고왕』, 서울, 학연문화사.
朴淳発, 2001,『漢城百済의 誕生』, 서울, 書景文化社.
姜鍾元, 2002,『4世紀百済史研究』, 서울, 書景文化社.
노중국(외), 2003,『한국사6-삼국의 정치와 사회2 백제』, 과천, 국사편찬위원회.
김영관, 2005,『백제부흥운동연구』, 서울, 서경.
문안식, 2006,『백제의 흥망과 전쟁』, 서울, 혜안.
노중국, 2010,『백제 사회사상사』, 서울, 지식산업사.
박순발, 2010,『백제의 도성』, 대전, 충남대학교출판부.
양기석, 2013,『백제 정치사의 전개과정』, 서울, 서경문화사.
정동준, 2013,『동아시아 속의 백제 정치제도』, 서울, 일지사.
이재준, 2017,『백제멸망과 부흥전쟁사』, 서울, 경인문화사.
노중국, 2018,『백제 정치사』, 서울, 일조각.
김낙중, 2021,『고고학으로 백제문화 이해하기』, 과천, 진인진.
성정용(외), 2022,『泗沘百濟史』1, 서울, 논형.
장인성(외), 2022,『泗沘百濟史』2, 서울, 논형.
최재영(외), 2022,『泗沘百濟史』3, 서울, 논형.

5. 고구려사高句麗史

武田幸男, 1989,『高句麗史と東アジア-「廣開土王碑」研究序説-』, 東京, 岩波書店.
공석구, 1998,『高句麗 領土擴張史 硏究』, 서울, 서경문화사.
노태돈, 1999,『高句麗史 硏究』, 서울, 사계절.
전호태, 2000,『高句麗 古墳 壁畫 硏究 』, 서울, 사계절.
노태돈(외), 2003,『한국사5-삼국의 정치와 사회1 고구려』, 과천, 국사편찬위원회.
권오영(외), 2006,『고고자료에서 찾은 고구려인의 삶과 문화』, 서울, 고구려연구재단.
백종오, 2006,『고구려 남진 정책 연구』, 서울, 서경문화사.
이도학, 2006,『고구려 광개토왕릉 비문 연구』, 서울, 서경문화사.
강현숙, 2013,『고구려 고분 연구』, 과천, 진인진.

안휘준, 2013, 『한국 고분벽화 연구』, 서울, 사회평론.
이성제·양시은·강현숙·전호태·최종택, 2021, 『고구려 고고-유적편』(고구려통사8), 서울, 동북아역사재단.
강현숙·양시은·최종택, 2022, 『고구려 고고학』(중앙문화재연구원 학술총서 45), 과천, 진인진.

6. 발해사渤海史

鳥山喜一(著)·船木勝馬(編), 1968, 『渤海史上の諸問題』, 東京, 風間書房.
新妻利久, 1969, 『渤海國史及び日本との國交史の研究』, 東京, 東京電氣大學出版局.
日野開三郎, 1984, 『小高句麗國の研究』, 東京, 三一書房.
三上次男, 1990, 『高句麗と渤海』, 東京, 吉川弘文館.
中西進·安田喜憲(編), 1992, 『謎の王國·渤海』, 東京, 角川選書.
在日本朝鮮社會科學者協會歷史部會(編), 1993, 『高句麗·渤海と古代日本』, 東京, 雄山閣.
송기호, 1995, 『발해의 정치사 연구』, 서울, 일조각.
浜田耕策, 2000, 『渤海國興亡史』, 東京, 吉川弘文館.
上田雄, 2002, 『渤海使の研究』, 東京, 明石書店.
노태돈(외), 2003, 『한국사10-발해』, 과천, 국사편찬위원회.
田村晃一(編), 2005, 『東アジアの都城と渤海』, 東京, 財團法人東洋文庫.
한규철(외), 2007, 『발해의 역사와 문화』, 서울, 동북아역사재단.
한규철(외), 2007, 『발해의 5경과 영역 변천』, 서울, 동북아역사재단.
김종복, 2009, 『발해정치외교사』, 서울, 일지사.
赤羽目匡由, 2011, 『渤海の政治と社會』, 東京, 吉川弘文館.
노태돈, 2020, 『고구려 발해사 연구』, 서울, 지식산업사.
강현숙(외), 2021, 『발해 고고학』(중앙문화재연구원 학술총서 46), 과천, 진인진.

7. 왜국사倭國史

近藤義郎, 1983, 『前方後円墳の時代』, 東京, 岩波書店.
小野山節(編), 1975, 『古代史発掘6-古墳と國家の成立ち-』, 東京, 講談社.
都出比呂志, 1988, 「古墳時代首長系譜の継続と断絶」, 『待兼山論叢』 史學篇22, 大阪, 大阪大學文學部.
白石太一郎, 1989, 「古墳の造られた時代」, 『日本のあけぼの』 5, 東京, 毎日新聞社.
都出比呂志(編), 1989, 『古代史復元6 - 古墳時代の王と民衆』, 東京, 講談社.
右島和夫, 1994, 『東國古墳時代の研究』, 東京, 學生社.
白石太一郎, 2000, 『古墳と古墳群の研究』, 東京, 塙書房.
寺沢薫, 2000, 『日本の歴史02-王権誕生-』, 東京, 講談社.
都出比呂志, 2005, 『前方後円墳と社會』, 東京, 塙書房.
福永伸哉, 2005, 『三角縁神獸鏡の研究』, 大阪, 大阪大學出版會.

土生田純之, 2006,『古墳時代政治と社會』, 東京, 吉川弘文館.
廣瀨和雄, 2007,『古墳時代政治構造の硏究』, 東京, 塙書房.
菱田哲郎, 2007,『古代日本國家形成の考古學』(學術選書諸文明の起源14), 京都, 京都大學出版會.
土生田純之·龜田修一(編), 2008,『日本古墳時代硏究の現狀と課題』, 上下, 東京, 同成社.
廣瀨和雄·和田晴吾(編), 2011,『古墳時代上』(講座日本の考古學7), 東京, 靑木書店.
廣瀨和雄·和田晴吾(編), 2011,『古墳時代下』(講座日本の考古學8), 東京, 靑木書店.
下垣仁志, 2011,『古墳時代の王権構造』, 東京, 吉川弘文館.
森下章司, 2016,『古墳の古代史』, 東京, ちくま新書.
土生田純之·龜田修一(編), 朴天秀(譯), 2016,『일본日本 코훈시대古墳時代 연구硏究의 현상現狀과 과제課題』 상하(大韓文化財硏究院 學術叢書8), 果川, 眞仁眞.
澤田秀實, 2017,『前方後圓墳秩序の成立と展開』, 東京, 同成社.
中久保辰夫, 2017,『日本古代國家の形成過程と対外交流』, 大阪, 大阪大學出版會.
古谷毅(監修), 2017,『別冊太陽246古墳時代美術圖鑑』, 東京, 平凡社.
和田晴吾, 2018,『古墳時代の王權と集團關係』, 東京, 吉川弘文館.
坂靖, 2021,『倭國の古代學』, 東京, 新泉社.
蒲原宏行, 2021,『彌生·古墳時代論叢』, 東京, 六一書店.

8. 가야加耶와 왜倭

末松保和, 1949,『任那興亡史』, 東京, 吉川弘文館.
金廷鶴, 1977,『任那と日本』, 東京, 小學館.
西島定生(外), 1992,『巨大古墳と伽耶文化-空白の四世紀五世紀を探る-』, 東京, 角川書店.
李永植, 1993,『加耶諸國と任那日本府』, 東京, 吉川弘文館.
朴天秀, 1995,「渡來系文物からみた加耶と倭における政治的變動」,『待兼山論叢』 史學編29, 大阪, 大阪大學文學部.
鈴木靖民, 1995,「伽耶の鉄と倭王権について歴史的パースペクテイーヴ」,『日本古代國家の展開』上, 京都, 思文閣.
朴天秀, 1996,「일본 속의 가야문화」,『가야사의 새로운 이해』, 대구, 한국고대사연구회.
白石太一郎, 1999,「日本列島における國家形成と加耶」,『加耶の対外交渉』(第5回加耶史學術會議), 金海, 金海市.
조희승, 2001,『가야사』, 평양, 과학백과사전종합출판사.
白石太一郎, 2002,「倭と加耶の交流の歴史的意味」,『第5回國立歴史民俗博物館國際シンポジウム2002古代東アジアにおける倭と加耶の交流』, 佐倉, 國立歴史民俗博物館.
武末純一, 2004,「加耶と倭の交流 古墳時代前·中期の土器と集落」,『國立歴史民俗博物館硏究報告』 第110集, 佐倉, 國立歴史民俗博物館.
白承忠, 2004,「「廣開土王陵碑文」からみた加耶と倭」,『國立歴史民俗博物館硏究報告』 第110集, 佐倉, 國立歴史民俗博物館.

宣石悦, 2004, 「加耶の鉄と倭の南北市糴」, 『國立歷史民俗博物館硏究報告』 第110集, 佐倉, 國立歷史民俗博物館.
李永植, 2004, 「加耶諸國の対外関係史の論点と視点」, 『國立歷史民俗博物館硏究報告』 第110集, 佐倉, 國立歷史民俗博物館.
定森秀夫, 2005, 「考古學からみた伽耶」, 『古代を考える - 日本と朝鮮 - 』, 東京, 吉川弘文館.
東潮, 2006, 『倭と加耶の國際環境』, 東京, 吉川弘文館.
田中俊明, 2008, 『古代日本と加耶』, 東京, 山川出版社.
朴天秀, 2009, 『일본열도 속의 대가야 문화』, 대구, 경북대학교·고령군.
朴天秀, 2010, 『가야토기-가야의 역사와 문화-』, 과천, 진인진.
朴天秀, 2016, 『新羅와 日本』, 과천, 진인진.
朴天秀, 2018, 『加耶文明史』, 과천, 진인진.
井上主税(著), 李知香(譯), 2020, 「4~5世紀 大和王權과 加耶의 對外交流-王權내 動向에 着目하여-」, 『慶北大學校考古人類學科40周年記念論叢유라시아歐亞 고고考古와 문화文化』, 大邱, 慶北大學校考古人類學科40周年記念論叢刊行委員會.
柳本照男, 2022, 「4·5世紀東アジアと倭政權」, 『5世紀の倭と東アジア』, 界, 堺市博物館.
東潮, 2022, 『倭と加耶』, 東京, 朝日選書.

9. 신라新羅와 왜倭

旗田巍, 1973, 「三國史記新羅本紀にあらわれた倭」, 『日本の中の朝鮮文化』 19, 京都, 朝鮮文化社.
小田富士雄, 1987, 「日本出土品から見た日羅交涉」, 『朝鮮學報』 122, 天理, 朝鮮學會.
申瀅植, 1990, 「新羅의 對日國關係史 硏究」, 『古代韓日文化交流硏究』, 城南, 韓國精神文化硏究院.
有光教一·斎藤忠·鈴木靖民·西谷正, 1990, 『古代新羅と日本』, 東京, 學生社.
金鉉球, 1994, 「新羅와 日本-大化改新과 新羅·日本·唐 三國간의 협력체제의 성립-」, 『講座-韓日關係史』, 서울, 玄音社.
金恩淑, 1994, 「6世紀 後半 新羅와 倭國의 國交成立過程」, 『新羅文化財學術發表會論文集』 第15輯, 慶州, 新羅文化宣揚會.
高田貫太, 2003, 「5, 6世紀 洛東江以東地域과 日本列島의 交涉에 관한 豫察」, 『考古學報』 50, 大邱, 한국고고학회.
高田貫太, 2004, 「5, 6世紀日本列島と洛東江以東地域の地域間交涉」, 『文化の多様性と比較考古學(考古學硏究會50周年記念論文集)』, 岡山, 考古學硏究會.
東潮, 2005, 「三國新羅の考古學と倭」, 『古代を考える - 日本と朝鮮 - 』, 東京, 吉川弘文館.
朴天秀, 2009, 「考古學을 통해 본 新羅와 倭」, 『湖西考古學』, 조치원, 호서고고학회.
高田貫太, 2012, 「日本出土の朝鮮半島系資料からみた新羅と倭」, 『신라와 왜의 교류』, 대구, 경북대학교박물관·日本國立歷史民俗博物館.
上野祥史, 2012, 「東アジアからみた新羅と倭」, 『신라와 왜의 교류』, 대구, 경북대학교박물관·日本國立歷史民俗博物館.

仁藤敦史, 2012,「五六世紀の倭と新羅の交渉」,『신라와 왜의 교류』, 대구, 경북대학교박물관·日本國立歷史民俗博物館.
朴天秀, 2014,「新羅와 日本」,『新羅考古學槪論』, 果川, 眞仁眞.
권덕영(외), 2017,『신라의 대외관계와 국제교류』(신라천년의 역사와 문화12), 안동, 경상북도.
朴天秀, 2016,『新羅와 日本』, 果川, 眞仁眞.
朴天秀, 2022,「2-6世紀における加耶, 新羅と倭」,『5世紀の倭と東アジア』, 界, 堺市博物館.

10. 백제百濟와 왜倭

岡田清司, 1972,「継体天皇の出自とその背景ー近江大王家の成立をめぐって-」,『日本史研究』128, 京都, 日本史研究會.
金廷鶴, 1981,『百済と倭國』, 東京, 六興出版.
坂元義種, 1989,『百済史の研究』, 東京, 塙書房.
李基東, 1990,「百濟의 勃興과 對倭國關係의 成立-近肖古王代에 있어서 百濟와 倭國과의 交涉-」,『古代韓日文化交流研究』, 城南, 韓國精神文化研究院.
小田富士雄, 1992,「日本における武寧王陵系遺物の研究動向」,『古文化談叢』28, 北九州, 九州古文化研究會.
朴天秀, 1998,「考古學から見た古代の韓·日交渉」,『青丘學術論集』第12集, 東京, 財團法人韓國文化研究振興財團.
吉井秀夫, 1999,「일본속의 백제」,『특별전 백제』, 서울, 국립중앙박물관.
猪熊兼勝, 2000,「百済移民による飛鳥文化の形成」,『百済史上の戦争』(百済研究叢書第7輯), 大田, 忠南大學校百済研究所.
李在碩, 2000,「소위 倭系百済官僚와 야마토 王權」,『韓國古代史研究』20, 서울, 서경문화사.
이재석, 2001,「5세기 말의 백제와 왜국」,『本歷史研究』14, 서울, 일본사학회.
山尾幸久, 2002,「五, 六世紀の日朝関係-韓國の前方後圓墳の一解釈-」,『前方後圓墳と古代の日朝関係』, 東京, 同成社.
森浩一(外), 2002,『古代日本と百済』, 千葉, 大巧社.
田中俊明, 2002,「百済と倭の関係」,『古代日本と百済』, 千葉, 大巧社.
서보경, 2003,「5세기말~6세기초 한반도제국과 倭國과의 관계」,『先史와 古代』18, 청주, 한국고대학회.
吉井秀夫, 2004,「土器資料를 통해서 본 3~5세기 百濟와 倭의 交涉關係」,『漢城期 百濟의 物流시스템과 對外交涉』, 서울, 학연문화사.
亀田修一, 2005,「百済の考古學と倭」,『古代を考える-日本と朝鮮-』, 東京, 吉川弘文館.
권오영, 2005,『고대 동아시아 문명 교류사의 빛 무령왕릉』, 서울, 돌베개.
朴天秀, 2006,「榮山江流域 前方後圓形古墳을 통해 본 5-6세기 韓半島와 日本列島」,『百濟研究』43, 대전, 忠南大學校 百濟研究所.
박윤선, 2006,「5세기 중반~7세기 백제의 대외관계」(사학과박사학위논문), 서울, 숙명여자대학교대학원.

충청남도역사문화연구원, 2007, 『百濟의 對外交涉』(百濟文化史大系研究叢書9), 공주, 충청남도역사문화연구원.
충청남도역사문화연구원, 2007, 『百濟의 文物交流』(百濟文化史大系研究叢書10), 공주, 충청남도역사문화연구원.
대한문화재연구원(편), 2011, 『한반도의 전방후원분』(동북아시아 고대교류관계사1), 학연문화사.
노중국, 2012, 『백제의 대외교섭과 교류』, 서울, 지식산업사.
양기석, 2013, 『백제의 국제관계』, 서울, 서경문화사.
박민경, 2016, 「백제 성왕대의 대왜관계-임나부흥회의를 중심으로-」, 『사림』 55, 서울, 수선사학회.
노중국, 2017, 「백제와 왜국의 관계」, 『일본속의 百濟 긴키近畿지역』(해외 백제문화재 자료집2), 충청남도 역사문화연구원.
마한연구원(편), 2020, 『장고분의 피장자와 축조 배경』(마한연구원 총서8), 학연문화사.
오동선, 2022, 『영산강유역의 백제 편입 과정에 대한 고고학적 연구』(문화인류고고학과 박사학위논문), 광주, 전남대학교 대학원.
정재윤, 2022, 「성왕대 백제의 대외교류」, 『泗沘百濟史』 1, 서울, 논형.
權五榮, 2022, 「4·5世紀における百濟と倭の交流」, 『5世紀の倭と東アジア』, 界, 堺市博物館.

11. 고구려高句麗와 왜倭

李進熙, 1972, 『廣開土王陵碑の研究』, 東京, 吉川弘文館.
小嶋芳孝, 1990, 「高句麗渤海との交流」, 『海と列島文化日本海と北國文化』, 東京, 小學館.
白井克也, 1998, 「博多出土高句麗土器と7世紀の北部九州-筑紫大宰·筑紫遷宮と対外交涉-」, 『考古學雜誌』83-4, 東京, 日本考古學會.
白井克也, 2000, 「日本出土の朝鮮産土器·陶器 - 新石器時代から統一新羅時代まで - 」, 『日本出土の船載陶磁 - 朝鮮·渤海·ベトナム·タイ·イスラム - 』, 東京, 東京國立博物館.
이영식, 2006, 「5-6세기 고구려와 왜의 관계」, 『동북아역사논총』 6, 서울, 동북아역사재단.
이성제, 2010, 「고구려의 대왜 외교 개시와 그 배경」, 『고대 환동해 교류사1부 고구려와 왜』, 서울, 동북아역사재단.
이성제, 2010, 「고구려의 대왜 외교와 양국관계의 추이」, 『고대 환동해 교류사1부 고구려와 왜』, 서울, 동북아역사재단.
임석규, 2010, 「와카쿠사 가람과 가미요도 폐사에서 출토된 벽화편」, 『고대 환동해 교류사1부 고구려와 왜』, 서울, 동북아역사재단.
李成市, 2010, 「고구려 승려 혜자와 쇼토쿠 태자」, 『고대 환동해 교류사1부 고구려와 왜』, 서울, 동북아역사재단.
田中俊明, 2010, 「고구려와 당의 대립과 왜」, 『고대 환동해 교류사1부 고구려와 왜』, 서울, 동북아역사재단.
노태돈, 2020, 『고구려 발해사 연구』, 서울, 지식산업사.
井上直樹, 2021, 『高句麗の史的展開と東アジア』, 東京, 塙書房.

12. 통일신라統一新羅와 일본日本

鈴木靖民, 1997,「平城京の新羅文化と新羅人」,『朝鮮社會の史的展開と東アジア』, 東京, 山川出版社.

濱田耕策, 2002,『新羅國史の研究』, 東京, 吉川弘文館.

李成市, 2005,「統一新羅と日本」,『古代を考える - 日本と朝鮮 - 』, 東京, 吉川弘文館.

亀田修一, 2005,「統一新羅の考古學と倭」,『古代を考える - 日本と朝鮮 - 』, 東京, 吉川弘文館.

윤재윤, 2006,『한국 고대무역사 연구』, 서울, 景仁文化社.

연민수, 2010,「統一新羅의 對日關係」,『한일 역사쟁점 논집-전근대편-』, 서울, 동북아역사재단.

송완범, 2010,「덴표(天平)문화와 신라」,『한일 역사쟁점 논집-전근대편-』, 서울, 동북아역사재단.

朴天秀, 2011,「海を渡った古代のもの、人、文化-3-8世紀における韓日交流の変遷とその歴史的な意義-」,『海の古墳を考えるⅠ-群集墳と海人集團-』, 北九州, 海の古墳を考える會.

朴天秀, 2012,「신라와 일본-교류와 갈등의 500년-」,『신라와 왜의 교류』, 대구, 경북대학교박물관·日本國立歷史民俗博物館.

浜田久美子, 2014,「遣新羅使再考」,『續日本記研究』408, 大阪, 續日本記研究會.

이유진, 2015,「동아시아 해양 실크로드와 장보고선단」,『향토와 문화73-문명의 교류2 동아시아 해상 실크로드-』, 대구, 대구은행.

鄭淳一, 2015,『九世紀の來航新羅人と日本列島』, 東京, 勉誠出版.

朴天秀, 2016,『新羅와 日本』, 과천, 진인진.

13. 발해渤海와 일본日本

鳥山喜一(著)·船木勝馬(編), 1968,『渤海史上の諸問題』, 東京, 風間書房.

新妻利久, 1969,『渤海國史及び日本との國交史の研究』, 東京, 東京電氣大學出版局.

日野開三郎, 1984,『小高句麗國の研究』, 三一書房.

東野治之, 1984,「日唐間における渤海の中繼貿易」,『日本歷史』438, 東京, 吉川弘文館.

三上次男, 1990,『高句麗と渤海』, 東京, 吉川弘文館.

上田雄·孫榮健, 1990,『日本渤海交涉史』, 東京, 六興書房.

小嶋芳孝, 1990,「高句麗渤海との交流」,『海と列島文化日本海と北國文化』, 東京, 小學館.

小嶋芳孝, 1990,「高句麗渤海との交流」,『海と列島文化日本海と北國文化』, 東京, 小學館.

中西進·安田喜憲(編), 1992,『謎の王國·渤海』, 東京, 角川選書.

在日本朝鮮社會科學者協會歷史部會(編), 1993,『高句麗·渤海と古代日本』, 東京, 雄山閣.

한규철, 1994,『발해의 대외관계사-남북국의 형성과 전개』, 서울, 신서원.

송기호, 1995,『발해의 정치사 연구』, 서울, 일조각.

小嶋芳孝, 1996,「蝦夷とユーラシア大陸の交流」,『古代蝦夷の世界と交流』, 東京, 名著出版.

小嶋芳孝, 1997,「日本海の島々と靺鞨·渤海の交流」,『境界の日本史』, 東京, 山川出版社.

浜田耕策, 2000,『渤海國興亡史』, 東京, 吉川弘文館.

酒寄雅志, 2001,『渤海と古代の日本』, 東京, 校倉書房.

石井正敏, 2001,『日本渤海關係史の硏究』, 東京, 吉川弘文館.
上田雄, 2002,『渤海使の硏究』, 東京, 明石書店.
佐藤信(編), 2003,『日本と渤海の古代史』, 東京, 山川出版社.
김성호, 2004,『발해의 대외관계연구』, 평양, 사회과학출판사.
田村晃一(編), 2005,『東アジアの都城と渤海』, 東京, 財團法人東洋文庫.
上田正昭(監修), 2005,『古代日本と渤海-能登からみた東アジア-』, 千葉, 大巧社.
한규철(외), 2007,『발해의 역사와 문화』, 서울, 동북아역사재단.
한규철(외), 2007,『발해의 5경과 영역 변천』, 서울, 동북아역사재단.
방학봉, 2007,『발해와 일본의 교류사에 대한 연구』, 연변, 연변인민출판사.
김종복, 2009,『발해정치외교사』, 서울, 일지사.
浜田久美子, 2011,『日本古代の外交儀禮と渤海』, 東京, 同成社.
赤羽目匡由, 2011,『渤海の政治と社會』, 東京, 吉川弘文館.
김은국, 2010,「크라스키노성과 후쿠라 항」,『고대 환동해 교류사-2부 발해와 왜』, 서울, 동북아역사재단.
윤재운, 2010,「인삼」,『고대 환동해 교류사-2부 발해와 왜』, 서울, 서울, 동북아역사재단.
윤재운, 2010,「모피」,『고대 환동해 교류사-2부 발해와 왜』, 서울, 동북아역사재단.
李成市, 2010,「고구려 승려 혜자와 쇼토쿠 태자」,『고대 환동해 교류사-1부 고구려와 왜』, 서울, 동북아역사재단.
赤羽目匡由, 2010,「상경성 출토 일본 동전」,『고대 환동해 교류사-2부 발해와 왜』, 서울, 동북아역사재단.
小島芳孝, 2010,「발해선박의 도래」,『고대 환동해 교류사-2부 발해와 왜』, 서울, 동북아역사재단.
송기호, 2011,『발해 사회문화사 연구』, 서울, 서울대학교출판문화원.
정석배, 2017,「유물로 본 발해와 중부 - 중앙아시아지역 간의 문화교류에 대해」,『고구려발해연구』57, 서울, 고구려발해학회.
정석배, 2019,「발해의 북방-서역루트 담비길연구」,『고구려발해연구』63, 서울, 고구려발해학회.
구난희, 2017,『발해와 일본의 교류』(AKS 인문총서19), 과천, 한국학중앙연구원출판부.
清水信行·鈴木靖民(編), 2021,『渤海の古城と國際交流』, 東京, 勉城出版.

14. 이주민移住民

平野邦雄, 1969,「今來漢人」『大化前代社會組織の硏究』, 東京, 吉川弘文館.
水野正好, 1969,「滋賀郡所在の韓人系歸化氏族とその墓制」,『滋賀縣文化財調査報告書』4, 滋賀縣.
井上滿郎, 1987,『渡来人-日本古代と朝鮮-』, 東京, リブロポート.
花田勝廣, 1989,『古代鐵生産と渡来人』, 東京, 雄山閣.
和田萃, 1991,「渡來人と日本文化」,『岩波講座日本通史』第3卷, 東京, 岩波書店.
龜田修一, 1993,「考古學から見た渡来人」,『古文化談叢』30(中), 北九州, 九州古文化硏究會.
花田勝廣, 1993,「渡来人の集落と墓域」,『考古學硏究』第39號第4號, 岡山, 考古學硏究會.
森浩一·門脇禎二(編), 1997,『渡来人~尾張美濃と渡来文化』, 千葉, 大巧社.
田中史生, 1997,『日本古代國家と渡来人』, 東京, 校倉書房.

田邊征夫, 1997, 「瓦積基壇と渡來系氏族」, 『季刊 考古學』 60, 東京, 雄山閣.
田中俊明, 1999, 「백제인의 일본이주사 개요」, 『일본소재 백제문화재 조사보고서Ⅰ -近畿地方-』, 공주, 국립공주박물관.
花田勝廣, 1999, 「手工業生産の展開と渡來人-鉄器生産工房を中心に-」, 『第46回埋葬文化財研究集會-渡来文化の受容と展開-』, 大阪, 埋葬文化財研究會.
門田誠一, 1999, 「古墳時代の鉄製模型農工具と渡来系集團」, 『史學論集 - 佛教大學文學部史學科創設三十周年記念 - 』, 京都, 佛教大學文學部史學科.
亀田修一, 2000, 「鉄と渡来人 - 古墳時代の吉備を対象として - 」, 『福岡大學総合研究所報』 第240號, 福岡, 福岡大學総合研究所.
이근우, 2001, 「日本列島의 百濟 遺民에 대하여」, 『韓國古代史研究』 23, 韓國古代史學會.
大和岩雄, 2002, 『秦氏の研究』, 東京, 大和書房.
武末純一, 2002, 「考古學から見た渡来人 - 彌生·古墳時代」, 『東アジアから見た日本古代國家の起源 - 倭人のクニから日本へ』, 東京, 東アジアの古代文化を考える會.
田中史生, 2002, 「古代の渡来人と戦後「日本」論 - 1970年代までの歴史學界をめぐって - 」, 『経済経営研究所年報』 第24集, 東京, 関東學院大學.
亀田修一, 2003, 「渡来人の考古學」, 『七隈史學』 第4號, 福岡, 七隈史學會.
田中史生, 2003, 「古代史からみた渡来人」, 『日本考古學協會2003年度大會研究発表要旨』, 東京, 日本考古學協會.
植野浩三, 2003, 「陶邑と渡来人」, 『日本考古學協會2003年度大會研究発表要旨』, 東京, 日本考古學協會.
亀田修一, 2004, 「古墳時代の渡来人」, 『下関市立考古博物館研究紀要』 第8號, 下関, 下関市立考古博物館.
亀田修一, 2004, 「渡来人と金属器生産」, 『鉄器文化の多角的探求』, 松山, 鉄器文化研究會.
花田勝廣, 2004, 「韓鍛冶と渡来工人集團」, 『國立歴史民俗博物館研究報告』 第110集, 佐倉, 國立歴史民俗博物館.
大橋信彌, 2004, 『古代豪族と渡来人』, 東京, 吉川弘文館.
朴天秀, 2005, 「三國·古墳時代の日本列島と韓半島における渡来人」, 『九州における渡来人の受容と展開』(第8回九州前方後圓墳研究會), 久留米, 九州前方後圓墳研究會.
田中史生, 2005, 『倭國と渡来人』, 東京, 吉川弘文館.
송완범, 2006, 「동아시아 세계 속의 百濟王氏의 성립과 전개」, 『百濟研究』 44, 대전, 충남대학교 백제연구소.
김은숙, 2007, 「일본 율령국가의 백제왕씨」, 『百濟 遺民들의 活動』(백제문화사대계연구총서7), 공주, 충청남도역사문화연구원.
연민수, 2007, 「왜로 이주한 백제인과 그 활동」, 『百濟 遺民들의 活動』(백제문화사대계연구총서7), 공주, 충청남도역사문화연구원.
龜田修一, 2009, 「考古學から見た渡來人」, 『古文化談叢』30(中), 北九州, 九州古文化研究會.

龜田修一, 2009, 「考古學からみた渡來人-研究の現象と課題」, 『季刊考古學』 106, 東京, 雄山閣.
이병호, 2013, 「일본의 도래계 사원과 백제 유민의 동향1」, 『한국사학보』 53, 서울, 고려사학회.
崔恩永, 2015, 「7·8世紀の百濟系渡來人と日本」, 『백제문화』 52, 공주, 공주대학교백제문화연구소.
土生田純之·龜田修一, 2016, 『季刊考古學137古墳時代·渡來人の考古學』, 東京, 雄山閣.
崔恩永, 2017, 「百濟王氏の成立と動向に關する硏究」(博士學位論文), 滋賀縣立大學大學院.
김기섭, 2020, 「일본 고대국가의 발전에 기여한 백제유민」, 『스러져간 백제의 함성』, 서울, 주류성.
吉村武彦(外), 2020, 『渡來系移住民』, 東京, 岩波書店.

1) 긴키近畿

水野正好, 1970, 「滋賀郡所在の漢人系歸化氏族とその墓制」, 『滋賀縣文化財調査報告』 第4冊, 滋賀, 滋賀縣教育委員會.
関川尚功, 1988, 「古墳時代の渡来人-大和, 河内の渡来人」, 『橿原考古學硏究論集』, 第9, 橿原, 橿原考古學硏究所.
田中清美, 1989, 「5世紀における摂津·河内の開発と渡来人」, 『ヒストリア』 125, 大阪, 大阪歴史學會.
龜田博, 1997, 「葛城の渡來系氏族」, 『渡來系氏族と古代寺院』, 奈良, 帝塚山大學考古學硏究所.
加藤謙吉, 2002, 『大和の豪族の渡来人-葛城·蘇我氏と大伴·物部氏-』(歴史文化ライブラリー144), 東京, 吉川弘文館.
花田勝廣, 2002, 「河内·大和·近江の渡来人 - 集住と移動 - 」, 『究班』Ⅱ - 埋蔵文化財硏究會25周年記念論文集 - 』, 小郡, 埋蔵文化財硏究會.
吉水眞彦, 2003, 「近江の渡来人」, 『日本考古學協會2003年度大會硏究発表要旨』, 彦根, 日本考古學協會.
吉水眞彦, 2003, 「近江の渡来人」, 『日本考古學協會2003年滋賀大會資料集』, 彦根, 日本考古學協會2003年滋賀大會実行委員會.
富山直人, 2003, 「播磨における大陸からの移住者」, 『日本考古學協會2003年度大會硏究発表要旨』, 彦根, 日本考古學協會.
富山直人, 2003, 「播磨における大陸からの移住者」, 『日本考古學協會2003年滋賀大會資料集』, 彦根, 日本考古學協會2003年滋賀大會実行委員會.
田中清美, 2003, 「摂津·河内地域の韓式系土器」, 『日本考古學協會2003年度大會硏究発表要旨』, 彦根, 日本考古學協會.
田中清美, 2003, 「摂津·河内地域の韓式系土器」, 『日本考古學協會2003年滋賀大會資料集』, 彦根, 日本考古學協會2003年滋賀大會実行委員會.
花田勝廣, 2003, 「古墳時代の畿内渡来人 - 解明への模索 - 」, 『日本考古學協會2003年滋賀大會資料集』, 彦根, 日本考古學協會2003年滋賀大會実行委員會.
田中清美, 2003, 「河内湖周辺の韓式系土器と渡来人」, 『初期古墳と大和の考古學』, 東京, 學生社.
小笠原好彦, 2003, 「近江の渡来系氏族と古代寺院」, 『日本考古學協會2003年滋賀大會資料集』, 彦根, 日本考古學協會2003年滋賀大會実行委員會.

青柳秦介, 2003, 「大和」, 『日本考古學協會2003年度大會研究発表要旨』, 彦根, 日本考古學協會.
青柳秦介, 2003, 「大和」, 『日本考古學協會2003年滋賀大會資料集』, 彦根, 日本考古學協會2003年滋賀大會実行委員會.
丸川義廣, 2003, 「山城の渡来人」, 『日本考古學協會2003年度大會研究発表要旨』, 彦根, 日本考古學協會.
丸川義廣, 2003, 「山城の渡来人」, 『日本考古學協會2003年滋賀大會資料集』, 彦根, 日本考古學協會2003年滋賀大會実行委員會.
黒石哲夫, 2003, 「紀伊の渡来人 - 横穴式石室からみた渡来人の動向 - 」, 『日本考古學協會2003年度大會研究発表要旨』, 彦根, 日本考古學協會.
黒石哲夫, 2003, 「紀伊の渡来人 - 横穴式石室からみた渡来人の動向 - 」, 『日本考古學協會2003年滋賀大會資料集』, 彦根, 日本考古學協會2003年滋賀大會実行委員會.
上林史郎, 2004, 「古墳·飛鳥の渡来人」, 『今来才伎古墳·飛鳥の渡来人』, 大阪, 大阪府近つ飛鳥博物館.
田中清美, 2004, 「摂津·河内の渡来人」, 『今来才伎古墳·飛鳥の渡来人』, 大阪, 大阪府近つ飛鳥博物館.

2) 규슈九州

宮田浩之, 2002, 「筑紫平野北部の渡来人」, 『『究班』II - 埋蔵文化財研究會25周年記念論文集 - 』, 小郡, 埋蔵文化財研究會.
久住猛雄, 2004, 「古墳時代初頭前後の博多湾岸遺蹟群の歴史的意義」, 『大和王権と渡来人 三·四世紀の倭人社會』, 大阪, 大阪府立彌生文化博物館.
九州前方後圓墳研究會, 2005, 『九州における渡来人の受容と展開』, 小郡, 九州前方後圓墳研究會.

3) 쥬코쿠中國

亀田修一, 2003, 「吉備の渡来人と鉄生産」, 『日本考古學協會2003年度大會研究発表要旨』, 東京, 日本考古學協會.
亀田修一, 2003, 「吉備の渡来人と鉄生産」, 『日本考古學協會2003年滋賀大會資料集』, 彦根, 日本考古學協會2003年滋賀大會実行委員會.
亀田修一, 2004, 「五世紀の吉備と朝鮮半島 - 造山古墳·作山古墳の周辺を中心に - 」, 『就実大學吉備地方文化研究』 第14號, 岡山, 就実大學吉備地方文化研究所.

4) 동일본東日本

桐原健, 1989, 『積石塚と渡来人』(UP考古學選書10), 東京, 東京大學出版會.
酒井清治, 2003, 「日本の軟質土器と渡来人」, 『アシアンレター』 第12號, 埼玉, 東アジアの歴史と文化懇話會.
酒井清治, 2003, 「日本の軟質土器と渡来人」, 『古墳時代東國における渡来系文化の受容と展開』, 神奈川, 專修大學文學部.

亀田修一, 2003,「陸奥の渡来人(予察)」,『古墳時代東國における渡来系文化の受容と展開』, 神奈川, 専修大學文學部.

15. 토기土器

1) 가야토기加耶土器

新谷武夫, 1993,「台付把手壺考」,『考古文集―潮見浩先生退官記念論文集―』, 廣島, 潮見浩先生退官記念事業會.

三辻利一·虎間英樹, 1994,「久米田古墳群出土の初期須恵器3」,『韓式土器研究』 V, 大阪, 韓式土器研究會.

武末純一(全玉年譯), 1998,「土器에서 본 加耶와 古代日本」,『加耶史論集1-加耶와 古代日本-』, 金海, 金海市.

定森秀夫, 1989,「日本出土の"高霊タイプ"系陶質土器(1) - 日本列島における朝鮮半島系遺物の研究 - 」,『京都文化博物館研究紀要朱雀』 第2集, 京都, 京都府京都文化博物館.

中原幹彦·今田治代, 2001,「熊本縣竜北町物見櫓古墳出土の陶質土器」,『久保和士君追悼考古論文集』, 松山, 久保和士君追悼考古論文集刊行會.

白井克也, 2003,「日本における高霊地域加耶土器の出土傾向 - 日韓古墳編年の並行関係と暦年代 - 」,『熊本古墳研究』 創刊號, 熊本, 熊本古墳研究會.

白井克也, 2003,「朝倉高等學校所蔵加耶土器高杯 - 甘木市·鬼の枕古墳からの出土経緯と出土の意義 - 」,『福岡考古』 第21號, 福岡, 福岡考古談話會.

朴天秀, 2010,『加耶土器-加耶의 歷史와 文化-』, 果川, 眞仁眞.

남익희, 2015,「오사카부 도야마1호분 출토 스에키의 계보와 제작배경」,『한국고고학보』 96, 한국고고학회.

定森秀夫, 2015,『韓國三國時代陶質土器の研究』, 東京, 六一書房.

2) 신라토기新羅土器

石井則孝, 1977,「千葉縣富津市出土の新羅焼土器」,『史館』 第8號, 市川, 市川ジャーナル社.

小田富士雄, 1978,「対馬·北部九州発見の新羅系陶質土器」,『古文化談叢』 第5集, 北九州, 九州古文化研究會.

大谷女子大學資料館(編), 1989,『陶質土器の國際交流』, 東京, 柏書房.

定森秀夫, 1993,「日本出土の陶質土器 - 新羅系陶質土器を中心に - 」,『MUSEUM』 503, 東京, 東京國立博物館.

定森秀夫, 1994,「陶質土器からみた近畿と朝鮮」,『ヤマト王権と交流の諸相』, 東京, 名著出版.

小田富士雄, 1988,「対馬·北部九州発見の新羅土器」,『古文化談叢』 第19集, 北九州, 九州古文化研究會.

松下彰, 1994,「岩橋千塚古墳群における船載陶質土器について」,『韓式土器研究』 V, 大阪, 韓式土器研究會.

白井克也, 2000,「日本出土の朝鮮産土器·陶器 - 新石器時代から統一新羅時代まで - 」,『日本出土の船載陶磁 - 朝鮮·渤海·ベトナム·タイ·イスラム - 』, 東京, 東京國立博物館.
酒井清治, 2002,『古代関東の須恵器と瓦』, 東京, 同成社.
白井克也, 2002,「福岡市·金武古墳群吉武L群出土新羅土器の再検討 - 古墳時代早良平野における朝鮮産土器とその背景 - 」,『福岡考古』第20號, 福岡, 福岡考古懇話會.
白井克也, 2003,「新羅土器の型式·分布変化と年代観 - 日韓古墳編年の並行関係と暦年代 - 」,『朝鮮古代研究』第4號, 彦根, 朝鮮古代研究刊行會.
酒井清治·工藤朱里, 2003,「市川市出土の新羅土器」,『駒沢考古』29, 東京, 駒澤大學考古學研究室.
남익희, 2019,『新羅土器研究』(考古人類學科 博士學位論文) 大邱, 慶北大學校大學院.

3) 백제토기百済土器

小田富士雄, 1960,「九州古式須恵器集成(二) - 佐賀縣唐津市相賀の古墳 - 」,『九州考古學』9, 福岡, 九州考古學會.
小田富士雄, 1978,「西日本発見の百済系土器」,『古文化談叢』第5集, 北九州, 九州古文化研究會.
酒井清治, 1985,「千葉縣大森第2遺蹟出土の百済土器」,『古文化談叢』第15集, 北九州, 九州古文化研究會.
田中清美, 1989,「鳥足文タタキと百済系土器」,『韓式土器研究』V, 大阪, 韓式土器研究會.
田中秀和, 1993,「三重縣における百済系土器の検討 - いわゆる徳利形平底壺について - 」,『Mie History』Vol.5, 三重歴史文化研究會.
竹谷俊夫, 1995,「日本と朝鮮半島出土の鳥足形タタキ文土器の諸例 - その分布と系譜 - 」,『西谷眞治先生古稀記念論文集』, 勉誠社.
櫻井久之, 1998,「鳥足文タタキメのある土器の一群」,『大阪市文化財協會研究紀要』創刊號, 大阪, 財團法人大阪市文化財協會.
武末純一, 2000,「北部九州の百済系土器 - 4·5世紀を中心に - 」,『福岡大學総合研究所報』第240號, 福岡, 福岡大學総合研究所.
武末純一, 2000,「九州の百済系土器 - 4·5世紀を中心に - 」,『日本所在百済文化財調査報告書2 - 九州地方 - 』(國立公州博物館研究叢書第11冊), 公州, 國立公州博物館.
和田晴吾·吉井秀夫, 2000,「日本出土「百済」系土器をめぐる一予察」,『福岡大學総合研究所報』第240號, 福岡, 福岡大學総合研究所.
酒井清治, 2002,「長野縣飯田市新屋敷遺蹟出土の百済系土器」,『駒沢大學考古學研究』第28號, 東京, 駒沢大學考古學研究室.
寺井誠, 2002,「韓國全羅南道に系譜が求められる土器について」,『大坂城跡V』, 大阪, 財團法人大阪市文化財協會.
木下亘, 2002,「鬼虎川遺蹟出土の坏付き瓶について」,『鬼虎川遺蹟第22次調査概要報告 - 東大阪市西石切町所在 - 』, 大阪, 大阪府教育委員會·財團法人東大阪市文化財協會.
朴天秀, 2005,「日本列島出土における6世紀代の栄山江流域の土器が提起する諸問題」,『待兼山

考古學論集-都出比呂志先生退任記念-』, 大阪, 大阪大學考古學研究室.
定森秀夫, 2015, 『韓國三國時代陶質土器の研究』, 東京, 六一書店.

4) 고구려토기高句麗土器

白井克也, 1998, 「博多出土高句麗土器と7世紀の北部九州—筑紫大宰·筑紫遷宮と対外交涉—」, 『考古學雑誌』 83-4, 東京, 日本考古學會.
白井克也, 2000, 「日本出土の朝鮮産土器·陶器 - 新石器時代から統一新羅時代まで - 」, 『日本出土の舶載陶磁 - 朝鮮·渤海·ベトナム·タイ·イスラム - 』, 東京, 東京國立博物館.

5) 인화문 토기

江浦洋, 1987, 「日本出土の統一新羅系土器とその諸問題1」, 『太井遺跡(その2)調査の概要』, 大阪, 財團法人大阪文化財センター.
江浦洋, 1988, 「日本出土の統一新羅系土器とその背景」, 『考古學雑誌』 第74巻第2號, 東京, 日本考古學會.
宮崎光明·江浦洋, 1989, 「日本出土の統一新羅系土器「盒」」, 『韓式土器研究』 II, 大阪, 韓式土器研究會.
伊藤純, 1991, 「スタンプのある土器三例」, 『葦火』 第34號, 大阪, 大阪市文化財協會.
村瀬勝樹, 1991, 「天理市櫟本町長林新池表採の統一新羅系陶質土器」, 『韓式土器研究』 III, 大阪, 韓式土器研究會.
江浦洋, 1994, 「海を渡った新羅土器ー土器からみた古代日羅交流の考古學的な研究」, 『大和王權と交流の諸相』, 東京, 名著出版.
定森秀夫, 1999, 「陶質土器からみた東日本と朝鮮」, 『青丘學術論集』15, 東京, 財團法人韓國文化振興財團.
千田剛道, 2003, 「日本出土の百済·新羅緑釉」, 『奈良文化財研究所紀要2003』, 奈良, 奈良文化財研究所.
重見泰, 2005, 「7-世紀新羅土器研究の課題と大和出土資料の検討」, 『研究紀要』 第10集, 奈良, 由良大和古代文化研究會.
홍보식, 2004, 「日本 出土 新羅土器와 羅日交涉」, 『韓國上古史學報』 제46호, 춘천, 韓國上古史學會.
江浦洋, 2007, 「難波津と新羅土器」, 『発掘された大阪2007-水都大阪の國際交流史-』, 大阪, 大阪府立近つ飛鳥博物館.
重見泰, 2007, 「奈良縣における百済土器と新羅土器」, 『発掘された大阪2007-水都大阪の國際交流史-』, 大阪, 大阪府立近つ飛鳥博物館.
重見泰, 2012, 『新羅土器からみた日本古代の國家形成』, 東京, 學生社.
尹相德, 2014, 「印花文 土器」, 『新羅考古學槪論』 下, 果川, 眞仁眞.
朴成南, 2020, 「日本 關西地域 機關 所藏 印花文 土器」, 『慶北大學校考古人類學科40周年記念論叢유라시아歐亞 고고考古와 문화文化』, 大邱, 慶北大學校考古人類學科40周年記念論叢

刊行委員會.
朴成南, 2022,『統一新羅様式土器の研究』, 東京, 雄山閣.

6) 발해토기渤海土器

디애꼬바 O.V.(정석배 역), 2006,「연해주 발해문화의 토기: 지리 형식분류, 기원」,『고구려연구』25, 고구려학회.
국립문화재연구소, 2014,『발해토기 자료집』, 대전, 국립문화재연구소.
중앙문화재연구원(편), 2021,『발해 고고학』, 과천, 진인진.

16. 하지키土師器와 스에키須恵器

1) 하지키土師器

武末純一, 1988,「朝鮮半島の布留系の甕」,『永井昌文教授定年記念論文集-日本民族文化の生成』, 東京, 六興出版.
米田敏幸, 1991,「土師器の編年 - 近畿」,『古墳時代の研究6 - 土師器と須恵器』, 東京, 雄山閣.
米田敏幸, 1993,「古式土師器に伴う韓式系土器について」,『韓式系土器研究』Ⅳ, 大阪, 韓式系土器研究會.
安在皓, 1993,「土師器系軟質土器考」,『加耶と古代東アジア』, 東京, 新人物往來社.
申敬澈, 2001,「嶺南出土의土師器系土器」,『3·4世紀日韓土器의諸問題』, 釜山, 釜山考古學研究會·庄内式土器研究會·古代學研究會.
安在皓, 2005,「韓半島에서 출토된 倭 관련 文物」,『한일관계사연구논집2-왜5왕 문제와 한일관계-』, 서울, 景仁文化社.
井上主税, 2005,「영남지역 출토 土師器系土器의 재검토」,『韓國上古史學報』48, 韓國上古史學會.
井上主税, 2014,『朝鮮半島の倭系遺物からみた日朝関係』, 東京, 學生社.
조성원, 2016,「영남지역 출토 4-5세기대 土師器系土器의 재검토」,『韓國考古學報』99, 韓國考古學會.

2) 스에키須恵器

(1) 초기初期 스에키須恵器

小野忍, 1980,「山形縣における古式須恵器の様相」,『庄内考古學』第17號, 鶴岡, 庄内考古學研究會.
田辺昭三, 1981,『須恵器大成』, 東京, 角川書店.
崔鍾圭, 1990,「美術上으로 본 韓日關係-陶質土器와 須恵器-」,『古代韓日文化交流研究』, 城南, 韓國精神文化研究院.
竹谷俊夫·日野宏, 1993,「布留遺蹟杣之内地區出土の初期須恵器と韓式系土師器 - 土壙(L.N.120)出土の遺物をめぐって -」,『韓式土器研究』Ⅳ, 大阪, 韓式土器研究會.
朴天秀, 1993,「韓半島からみた初期須恵器の系譜と編年」,『古墳時代における朝鮮系文物の傳播』(第34回埋葬文化財研究集會), 奈良, 埋葬文化財研究會.

酒井清治, 1994, 「わが國における須惠器生産の開始について」, 『國立歷史民俗博物館研究報告』 57, 佐倉, 國立歷史民俗博物館.
申敬澈, 1997, 「日本初期 須惠器의 發現」, 『동아시아 속의 韓·日關係』, 부산, 釜山大學校韓國民族文化研究所.
酒井清治, 1999, 「陶邑ＴＫ87號窯出土の樽形土器の再検討 - 樽形ハソウの可能性を求めて - 」, 『人類史研究』 11, 鹿児島, 人類史研究會.
酒井清治, 2001, 「倭における初期須恵器の系譜と渡来人」, 『4-5世紀 東亞細亞 社會와 加耶-』(第7回 加耶史國際學術會議), 金海, 金海市.
酒井清治, 2002, 『古代関東の須恵器と瓦』, 東京, 同成社.
酒井清治, 2004, 「須恵器生産の受容と変遷」, 『今来才伎古墳·飛鳥の渡来人』, 大阪, 大阪府近つ飛鳥博物館.
酒井清治, 2004, 「須恵器生産のはじまり」, 『國立歷史民俗博物館研究報告』 第110集, 佐倉, 國立歷史民俗博物館.

(2) 스에키須惠器

田辺昭三, 1981, 『須惠器大成』, 東京, 角川書店.
酒井清治, 1993, 「韓國出土の須恵器類似品」, 『古文化談叢』 第30集(中), 北九州, 九州古文化研究會.
木下亘, 2003, 「韓半島 出土 須惠器(系)土器에 대하여」, 『百済研究』 37, 大田, 忠南大學校百濟研究所.
李知姬, 2016, 『韓半島 出土 須惠器의 時空的 分布研究』(考古人類學科碩士學位論文), 대구, 慶北大學校大學院.
李知姬, 2020, 「湖南圈 出土 須惠器의 分布와 意味」, 『慶北大學校考古人類學科40周年記念論叢유라시아歐亞 고고考古와 문화文化』, 大邱, 慶北大學校考古人類學科40周年記念論叢刊行委員會.
鈴木廣樹, 2022, 「가야 권역에서 출토된 스에키계토기의 역사적인 배경」, 『문화재』 55-2, 국립문화재연구원.

17. 장신구裝身具

1) 개관槪觀

윤세영, 1988, 『고분 출토 부장품 연구』, 서울, 고려대학교민족문화연구소.
이인숙, 1988, 「가야시대 장신구양식고-관류와 이식·경식」, 『한국학논집』 14, 서울, 한양대학교한국학연구소.
早乙女雅博, 1990, 「政治的な装身具」, 『古墳時代の工芸』 古代史復元7, 講談社.
최종규, 1992, 「濟羅耶의 문물교류-백제금공Ⅱ-」, 『백제연구』 23, 대전, 충남대학교백제연구소.
宇野眞敏, 1996, 「日本出土装身具から見た日韓交流」, 『4, 5世紀の日韓考古學』, 九州考古學會·

嶺南考古學會.
李漢相, 2000, 「대가야권 장신구의 편년과 분포」, 『한국고대사연구』 18, 한국고대사연구회.
李漢相, 2003, 「加耶의 威勢品 生産과 流通」, 『가야 고고학의 새로운 조명』, 서울, 혜안.
李漢相, 2003, 「대가야의 장신구」, 『大加耶의 遺蹟과 遺物』, 고령, 大加耶博物館.
朴天秀, 2007, 『5-6世紀金工品の系譜と移入の背景』, 『王者の裝い』, 西都原, 西都原考古博物館.
李漢相, 2011, 『동아시아 고대 금속제 장신구 문화』, 晉州, 圖書出版 考古.
李漢相, 2012, 「대가야 위세품에 대한 연구현황과 과제」, 『대가야 연구의 현황과 과제』, 고령, 대가야박물관·계명대학교한국학연구원.
李漢相, 2013, 「대가야양식 유물의 분포양상과 의미」, 『신라문화』 41, 경주, 동국대학교 신라문화연구소.
李漢相, 2016, 「가야의 장신구」, 『가야고고학개론』(중앙문화재연구원학술총서29), 서울, 진인진.
金宇大, 2017, 『金工品から読む古代朝鮮と倭』, 京都, 京都大學學術出版會.
土屋隆史, 2018, 『古墳時代の日朝交流と金工品』, 東京, 雄山閣.
이한상, 2018, 「가야 금공품의 전개양상」, 『가야고분군Ⅱ』, 창원, 가야고분군 세계유산등재추진단.
諫早直人, 2018, 『古墳時代東北アジアにおける金工品生産·流通構造に関する考古學的研究』, 奈良, 奈良文化財研究所.
高田貫太, 2021, 『アクセサリの考古學-倭と古代朝鮮の交渉史-』, 東京, 吉川弘文館.
金跳咏, 2022, 『金工品으로 본 古代 동아시아 世界』, 果川, 眞仁眞.
金載熱, 2022, 「貴金屬 裝身具 技術의 考古學」, 『제46회 한국고고학전국대회 기술의고고학』, 춘천, 한국고고학회.
金載熱, 2022, 「新羅 貴金屬 裝身具 研究史 檢討」, 『嶺南大學校 文化人類學科 開設50周年 紀念論叢』, 慶山, 嶺南大學校 文化人類學科 開設50周年 紀念論叢 刊行委員會.

2) 관冠

早乙女雅博, 1982, 「新羅·伽耶の冠」, 『MUSEUM』 372, 東京國立博物館.
毛利光俊彦, 1997, 「朝鮮古代の冠-伽耶-」, 『堅田直先生古希記念論文集』, 京都, 堅田直先生古稀記念論文集刊行會·眞陽社.
박보현, 1997, 「가야관의 속성과 양식」, 『고대연구』 5, 진주, 고대연구회.
함순섭, 2001, 「고대 관의 분류체계에 대한 고찰」, 『고대연구』 8, 진주, 고대연구회.
金載熱, 2020, 「加耶와 新羅 冠의 比較」, 『三國時代 金銅冠 比較 研究』, 國立金海博物館·福泉博物館.

3) 이식耳飾

野上丈助, 1982, 「日本出土垂飾付耳飾」, 『藤澤一夫先生古稀記念古文化論叢』, 大阪, 藤澤一夫先生古稀記念論叢刊行委員會.
石本淳子, 1990, 「日韓の垂飾付耳飾についての一考察—古墳時代の日韓關係考察のために—」,

『播磨考古學論叢』, 精文舍.
谷畑美帆, 1992,「日本及び朝鮮半島出土の垂飾附耳飾について」,『考古學硏究』 40, 岡山, 考古學硏究會.
李漢祥, 1995,「大加耶系耳飾의 分類와 編年」,『古代硏究』 4, 진주, 古代硏究會.
三木ますみ, 1996,「朝鮮半島出土の垂飾附耳飾」,『筑波大學先史學·考古學硏究調査報告』7, 筑波, 筑波大學考古學硏究室.
高田貫太, 1998,「垂飾付耳飾をめぐる地域間交渉」,『古文化談叢』 41, 北九州, 九州古文化硏究會.
李瓊子, 1998,『大伽耶系古墳出土耳飾의 副葬樣相에 対한 一考察』(史學科碩士學位論文), 晋州, 慶尚大學校大學院.
高田貫太, 1998,「垂飾附耳飾をめぐる地域間交渉」,『古文化談叢』 4, 北九州, 九州古文化硏究會.
宇野愼敏, 1999,「初期垂飾付耳飾の製作技法とその系譜」,『日本考古學』 第7號, 東京, 日本考古學協會.
이경자, 1999,「대가야계고분 출토 이식의 부장양상에 대한 일고찰」,『영남고고학』 24, 영남고고학회.
三木ますみ, 1999,「物見櫓古墳出土の垂飾附耳飾について」,『野津古墳群Ⅱ』, 熊本, 熊本縣龍北町教育委員會.
西山めぐみ, 2002,「金工技術からみた日韓交渉 - 古墳出土の耳環の材質·製作技法を中心に - 」,『人類史硏究』 Vol.13, 鹿児島, 人類史硏究會.
高田貫太, 2002,「垂飾付耳飾をめぐる地域間交渉 - 九州地域を中心に - 」,『古墳時代の日韓交流 - 熊本の古墳文化を探る - 』, 熊本, 肥後考古學會·熊本古墳硏究會.
有井宏子, 2002,「日本出土垂飾付耳飾の系譜」,『『究班』Ⅱ - 埋蔵文化財硏究會25周年記念論文集 - 』, 小郡, 埋蔵文化財硏究會.
宇野愼敏, 2004,「山梔子形垂飾附耳飾とその背景」,『福岡大學考古學論集-小田富士雄先生退職記念-』, 小田富士雄先生退職記念論叢刊行委員會.
이한상, 2006,「이식으로 본 대가야와 왜의 교류」,『석헌 정징원교수 정년퇴임기념논총』, 부산, 부산고고학연구회.
高田貫太, 2007,「5, 6世紀の日朝交渉と渡來集團」,『シンポジウム ユ-ラシアと日本 境界の形成と認識-報告書』(ユ-ラシアと日本 : 交流と表象, 硏究プロジェクト), 佐倉, 國立歴史民俗博物館·國立民族學博物館.
이은영, 2011,「다라국의 귀걸이 연구-국제교류를 통한 양식변화를 중심으로-」,『신라사학보』 21, 서울, 신라사학회.
이현정·류진아, 2011,「마구와 이식을 통해 본 창녕지역의 금공품 제작 가능성」,『경북대학교 고고인류학과 30주년기념 고고학논총』, 대구, 경북대학교출판부.
조민아, 2016,『가야 이식 연구』(고고미술사학과석사논문), 부산, 동아대학교대학원.
이은혜, 2017,『陜川玉田古墳群 出土 加耶耳飾 硏究』(고고미술사학과석사논문), 경주, 동국대학교대학원.
金宇大, 2020,「大加耶 垂飾附耳飾 製作의 展開過程」,『慶北大學校考古人類學科40周年記念論

叢유라시아歐亞 고고考古와 문화文化』, 大邱, 慶北大學校考古人類學科40周年記念論叢刊行委員會.
丁眞, 2020, 「大加耶 山梔子形耳飾 製作方法硏究-高靈 池山洞518號墳 出土 耳飾을 中心으로」, 『慶北大學校考古人類學科40周年記念論叢유라시아歐亞 고고考古와 문화文化』, 大邱, 慶北大學校考古人類學科40周年記念論叢刊行委員會.

4) 대장식구帶裝飾具

町田章, 1970, 「古代帯金具考」, 『考古學雑誌』 56-1, 東京, 日本考古學會.
町田章, 1980, 「埼玉稲荷山古墳の帯金具」, 『埼玉稲荷山古墳』, 埼玉縣教育委員會.
町田章, 1987, 「古代帯金具考」, 『東アジアの装飾墓』, 京都, 同朋舍出版.
小浜成, 1993, 「日本出土帯金具の変遷と製作―龍文系帯金具の國内製作について―」, 『古墳時代における朝鮮文物の伝播』, 第34回埋蔵文化財研究集會.
小浜成, 1998, 「金·銀·金銅製品生産の展開―帯金具にみる5世紀の技術革新の実態―」, 『中期古墳の展開と変容―5世紀における政治的·社會的変化の具体相(1)―』, 第44回埋蔵文化財研究集會実行委員會.
奈良文化財研究所, 2002, 『銙帯をめぐる諸問題』, 奈良, 奈良文化財研究所.
藤井康隆, 2014, 『中國江南六朝の考古學研究』, 東京, 六一書房.
朴普鉉, 2016, 「燕岐 羅城里4號 木槨墓 출토 龍文透彫帶裝飾具의 年代」, 『百濟文化』 55, 공주, 공주대학교백제문화연구소.
金跳咏, 2019, 「三國古墳時代 金工品의 生産과 流通-韓日古墳 出土 龍文透彫帶裝飾具를 中心으로-」, 『韓國考古學報』 110, 韓國考古學會.
金跳咏, 2020, 「東아시아 中原式 帶裝飾具의 展開와 義意」, 『韓國考古學報』 117, 韓國考古學會.
崔正凡, 2022, 『東亞細亞 唐式帶裝飾具 硏究』(考古人類學科博士學位論文), 大邱, 慶北大學校大學院.

18. 철鐵

1) 개관槪觀

千賀久·村上恭通, 2003, 『考古資料大観7-彌生·古墳時代鉄·金銅製品-』, 東京, 小學館.
東潮, 1999, 『古代東アジアの鉄と倭』, 廣島, 渓水社.
村上恭通, 1999, 『倭人と鉄の考古學』, 東京, 青木書店.
孫明助, 2012, 『韓國 古代 鐵器文化 硏究』, 과천, 진인진.

2) 철과 철기 생산

盧泰天, 1990, 「韓半島 初期鉄器時代 鋳造鉄斧類에 関한 一考察」(碩士學位論文), 城南, 韓國精神文化研究院.
東潮, 1991, 「鉄素材論」, 『古墳時代の研究』 5, 東京, 雄山閣.

古瀨清秀, 1991, 「鉄器の生産」, 『古墳時代の研究』 5, 東京, 雄山閣.

梁勝弼, 1994, 「新羅初期製鉄業研究」(經濟學科博士學位論文), 慶山, 嶺南大學校大學院.

宋桂鉉, 1995, 「洛東江下流域의 古代 鐵生産」, 『加耶諸國의 鐵』, 서울, 신서원.

宋桂鉉, 1997, 「삼국의 철기문화」, 『鐵의 歷史』, 청주, 국립청주박물관.

尹鍾均, 1998, 「古代鉄生産에 対한 一考察 - 中南部地域의 考古學的成果를 中心으로 - 」(史學科碩士學位論文), 光州, 全南大學校大學院.

盧泰天, 2000, 『加耶古代冶金技術史研究』, 서울, 學研文化社.

村上恭通, 2001, 「古墳時代成立期における鉄製武器の國内生産」, 『季刊考古學』 76, 東京, 雄山閣.

武末純一, 2002, 「三韓の鉄器生産体制 - 隍城洞遺蹟を中心に - 」, 『韓半島考古學論叢』, つくば , すずさわ書店.

손명조, 2003, 「加耶의 鐵生産과 流通」, 『가야 고고학의 새로운 조명』, 서울, 혜안.

孫明助, 2003, 「加耶の鉄」, 『東アジアの古代文化』 114, 東京, 大和書房.

東潮, 2003, 「古代日朝の鉄の交易と技術移転」, 『東アジアの古代文化』 114, 東京, 大和書房.

村上恭通, 2003, 「黄海をめぐる鉄技術文化の展開 - 戦國時代の燕, 朝鮮半島の三韓·三國時代を中心に - 」, 『東アジアと日本の考古學』Ⅲ(交流と交易), 東京, 雄山閣.

塚本敏夫, 2003, 「古代の日韓鉄器製作技術の交流」, 『海峡をこえる技術の交流』(第2回大手前大學·蔚山科學大學提携學術シンポジウム), 西宮, 大手前大學.

박장식, 2003, 「김해 대성동고분군 출토 철제유물의 제작기술에 관한 연구(금속조직 분석을 통하여)」, 『金海 大成洞 古墳群』Ⅲ, 釜山, 慶星大學校博物館.

穴澤義功, 2004, 「日本古代の鉄生産」, 『國立歷史民俗博物館研究報告』 第110集, 佐倉, 國立歷史民俗博物館.

東潮, 2004, 「弁辰と加耶の鉄」, 『國立歷史民俗博物館研究報告』 第110集, 佐倉, 國立歷史民俗博物館.

大澤正己, 2004, 「金属組織學からみた日本列島と朝鮮半島の鉄」, 『國立歷史民俗博物館研究報告』 第110集, 佐倉, 國立歷史民俗博物館.

村上恭通, 2004, 「日韓の鉄技術比較 - 3·4世紀を中心として - 」, 『大和王権と渡来人 三·四世紀の倭人社會』, 大阪, 大阪府立彌生文化博物館.

孫明助, 2005, 「고대 제철유적의 조사」, 『한국 매장문화재 조사연구 방법론 1』, 대전, 국립문화재연구소.

김일규, 2007, 「한국 고대 제철 유적의 조사 현황과 특징」, 『선사·고대 수공업 생산유적』, 韓國考古學會.

이남규, 2008, 「철기 생산 프로세스의 이해」, 『한국매장문화재 조사연구 방법론 4』, 대전, 국립문화재연구소.

박장식, 2009, 「김해 여래리유적 출토 철재 및 철광석 편의금속학적 조직분석」, 『金海 餘來里遺蹟』, 창원, 우리文化財研究院.

신경환·이남규·장경숙·남수진, 2009,「김해 여래리유적 출토 제철관련 유물의 분석 고찰」,『金海餘來里遺蹟』, 창원, 우리文化財硏究院.

이영훈·손명조, 2000,「고대의 철·철기생산과 그 전개에 대한 고찰」,『韓國古代史論集』9, 韓國古代社會硏究所.

金想民, 2010,「韓半島における鐵生産硏究の動向-初期鐵器時代から三國時代までを中心として-」,『季刊考古學』113, 東京, 雄山閣.

신경환·이남규·장경숙, 2011,「김해 하계리 제철유적 출토 제철관련 유물의 금속학적 분석고찰」,『金海 荷溪里 製鐵遺蹟』, 馬山, 東亞細亞文化財硏究院.

신경환·이남규·장경숙, 2011,「창원 봉림 국민임대주택단지 사업부지내 昌原 鳳林洞遺蹟 출토 제철관련 유물의 금속학적 분석고찰」,『昌原 鳳林洞遺蹟(Ⅰ)』, 부산, 한국문물연구원.

金權一, 2012,「1. 한반도 고대 제철문화의 검토」,『한반도의 제철유적』, 대전, 한국문화재조사기관협회.

한국문화재조사기관협회, 2012,『한반도의 제철유적』, 대전, 한국문화재조사기관협회.

신동조, 2014,「신라의 철생산」,『신라고고학개론』, 과천, 진인진.

김권일, 2015,「대가야 철의 생산과 유통 추론」,『대가야 문물의 생산과 유통』(제10회대가야사 학술회의), 고령, 대가야박물관·영남문화재연구원.

신동조·장기명, 2016,「가야의 철생산과 철기문화」,『가야고고학개론』(중앙문화재연구원 학술총서 29), 과천, 진인진.

성정용, 2018,「가야 철 생산」,『가야고분군Ⅱ』, 창원, 가야고분군 세계유산등재추진단.

金跳咏, 2020,「古代의 製鋼法에 대하여」,『慶北大學校考古人類學科40周年記念論叢유라시아 歐亞 고고考古와 문화文化』, 大邱, 慶北大學校考古人類學科40周年記念論叢刊行委員會.

김권일, 2020,『고대 영남지역 제철기술의 고고학적 연구』(국사학과박사학위논문), 오산, 한신대학교대학원.

3) 철기鐵器

三木弘, 1986,『古墳出土の鐵製雛型農工具について』,『史學硏究集錄』11, 東京, 國學院大學史學大學院會.

千末仙, 1994,『鉄製農具에 対한 考察 - 原三國·三國時代墳墓出土品을 中心으로 - 』(대학원 고고인류학과 석사학위논문), 大邱, 慶北大學校大學院.

천말선, 1994,「철제농구에 대한 고찰-원삼국·삼국시대 분묘출토품을 중심으로」,『영남고고학』15, 嶺南考古學會.

安順天, 1996,「小形鐵製模型農工具 副葬의 意義 大伽耶古墳의 埋葬儀禮와 관련하여」,『嶺南考古學』18, 嶺南考古學會.

安順天, 1997,『大加耶圈域의 縮小模型 鉄製農工具 硏究』(고고학과석사학위논문), 釜山, 釜山大學校大學院.

이남규, 1997,「전기가야의 철제 농공구 -낙동강 하류역을 중심으로」,『국사관논총』74, 과천, 국사편찬위원회.

김재홍, 1997, 「살포와 철서를 통해서 본 4~6세기 농업기술의 변화」, 『과기고고연구』 2, 수원, 아주대학교박물관.
김도헌, 2001, 『고대의 철제농구에 대한 연구 -김해·부산지역을 중심으로-』(대학원 고고학과 석사학위논문), 부산, 부산대학교대학원.
김재홍, 2003, 「大加耶地域 鐵製 農工具의 부장양상과 그 의의」, 『대가야와 주변제국』, 韓國上古史學會.
村上恭通, 2003, 「中國·朝鮮半島における鉄器の普及と彌生時代の実年代」, 『月刊考古學ジャーナル』 No.510, 東京, ニュー·サイエンス社.
村上恭通, 2004, 「日韓の鉄技術比較 - 3·4世紀を中心として - 」, 『大和王権と渡来人 三·四世紀の倭人社會』, 大阪, 大阪府立彌生文化博物館.
김재홍, 2004, 「대가야지역의 철제농기구-소형철제농기구와 살포를 중심으로」, 『대가야의 성장과 발전』, 고령, 고령군대가야박물관·계명대한국학연구원.
김상민, 2009, 「한반도 주조철부의 전개양상에 대한 고찰」, 『호서고고학』 20, 호서고고학회.
金銀珠, 2006, 『三國時代 鍛冶具 硏究 -嶺南地方을 中心으로」, (문화인류학과석사학위논문), 경산, 영남대학교대학원.
신동조, 2007, 『영남지방 원삼국시대 철부와 철모의 분포정형 연구』(고고인류학과석사학위논문), 대구, 경북대학교대학원.
류위남, 2009, 「삼한시대 영남지역 출토 주조철부와 판상철부 연구」, 『영남고고학』 51, 영남고고학회.
강석범, 2011, 「고령 지산동고분군 출토 철제농구에 대한 연구」, 『文物硏究』 19, 부산, 동아시아문물연구학술재단.
김재홍, 2011, 『한국 고대 농업기술사 연구 -철제 농구의 고고학-』, 진주, 圖書出版 考古.
김재홍, 2013, 「한국 중·근세의 농구(農具)」, 『농업의 고고학』, 한국고고학회.
김민범, 2015, 『3-5세기 김해지역 철기부장 양상 연구』(고고인류학과석사학위논문), 대구, 경북대학교대학원.
阿部大誠(著), 金桐均(譯), 2020, 「한일 출토 구부러진 철기에 대하여」, 『慶北大學校考古人類學科40周年記念論叢유라시아歐亞 고고考古와 문화文化』, 大邱, 慶北大學校考古人類學科40周年記念論叢刊行委員會.
李春仙, 2020, 「鐵器 生産과 流通으로 본 昌原 縣洞遺蹟 築造 集團의 性格」, 『慶北大學校考古人類學科40周年記念論叢유라시아歐亞 고고考古와 문화文化』, 大邱, 慶北大學校考古人類學科40周年記念論叢刊行委員會.

4) 철정鐵鋌

松本正信, 1975, 「鐵鋌に関する一考察」, 『考古學硏究』 86, 岡山, 考古學硏究會.
村上英之介, 1977, 「鐵鋌の本質とその編年序説」, 『考古學硏究』 95, 岡山, 考古學硏究會.
임효택, 1985, 「副葬鐵鋌考」, 『동의사학』 2호, 부산, 동의대학교사학과.
東潮, 1987, 「鐵鋌の基礎的硏究」, 『考古學論攷』 第12册, 橿原, 橿原考古學硏究所.

安在晧, 1990, 「鐵鋌에 대해서」, 『東萊福泉洞古墳群Ⅱ』(釜山大學校博物館遺蹟調査報告第14輯), 釜山, 釜山大學校博物館.
古瀨清秀, 1991, 「4農工具」, 『古墳時代の研究8古墳Ⅱ副葬品』, 東京, 雄山閣.
村上英之介, 1993, 「韓國福泉洞古墳鐵鋌の微量成分分析と若干の考察」, 『古代學評論』 3, 大阪, 古代を考える會.
大澤正己, 1994, 「出作遺蹟出土鉄器の金属學的な調査」, 『出作遺蹟とそのマツリ-古墳時代における祭祀と政治-』, 松山, 愛媛縣松前町教育委員會.
村上英之助, 1994, 「鉄鋌の遠近 -日本·朝鮮半島両地域の鉄鋌の源流-」, 『考古學研究』 160, 岡山, 考古學研究會.
송계현, 1995, 「洛東江下流域의 古代 鐵生産」, 『加耶諸國의 鐵』, 서울, 신서원.
이현혜, 1995, 「鐵器普及과 政治權力의 성장」, 『加耶諸國의 鐵』, 서울, 신서원.
東潮, 1995, 「弁辰과 加耶의 鐵」, 『加耶諸國의 鐵』, 서울, 신서원.
西谷正, 1995, 「加耶の鐵-鐵鋌」, 『加耶諸國의 鐵』, 서울, 신서원.
이현혜, 1998, 『한국 고대의 생산과 교역』, 서울, 일조각.
東潮, 1999, 『古代東アジアの鉄と倭』, 廣島, 渓水社.
김정완, 2000, 「忠淸 全羅地域 出土 鐵鋌에 대하여」, 『고고학지』 11, 서울, 한국고고미술연구소.
손명조, 2003, 「加耶의 鐵生産과 流通」, 『가야 고고학의 새로운 조명』, 서울, 혜안.
이영훈·손명조, 2000, 「고대의 철·철기생산과 그 전개에 대한 고찰」, 『한국고대사논총』 9, 서울, 가락국사적개발연구원.
송계현, 2003, 「철기의 부장양상으로 본 아라가야의 발전」, 『加耶文化』 16호, 서울, 가야문화연구원.
千賀久·村上恭通, 2003, 『考古資料大観7-彌生·古墳時代鉄·金銅製品-』, 東京, 小學館.
성정용·성수일, 2012, 「5. 鐵鋌을 통해 본 古代 鐵의 生産과 流通」, 『한반도의 제철유적』, 한국문화재조사기관협회.
朴智惠, 2013, 「4~6世紀 嶺南地方 出土 鐵鋌의 變遷과 地域性」(考古人類學科碩士學位論文), 大邱, 慶北大學校大學院.
朴智惠, 2020, 「4~6世紀 嶺南地方 出土 鐵鋌의 變遷과 地域性」, 『慶北大學校考古人類學科40周年記念論叢유라시아歐亞 고고考古와 문화文化』, 大邱, 慶北大學校考古人類學科40周年記念論叢刊行委員會.

19. 무기武器

1) 개관槪觀

新納泉, 1991, 「1武器」, 『古墳時代の研究8古墳Ⅱ-副葬品-』, 東京, 雄山閣.
金宰佑, 1994, 「3·4世紀代 加耶武器에 關한 一考察 - 洛東江下流域을 中心으로 - 」, (史學科碩士學位論文), 釜山, 慶星大學校大學院.
村上恭通, 1999, 「鉄製武器形副葬品の成立とその背景 - 三韓·三國時代と前方後圓墳成立期を対象として - 」, 『白木原和美先生古希記念献呈論文集先史學·考古學論究Ⅲ』, 熊本, 龍田考古會.

大竹弘之, 2000, 「朝鮮半島の鉄製武器研究について」, 『古代武器研究』 Vol.1, 彦根, 古代武器研究會·滋賀縣立大學考古學研究室.
高久健二, 2003, 「嶺南地域の武器組成 - 紀元前2世紀前葉~起元後4世紀を中心に - 」, 『古代武器研究』 Vol.4, 滋賀, 古代武器研究會·滋賀縣立大學考古學研究室.
김두철, 2003, 「무기 무구 및 마구를 통해 본 가야의 전쟁」, 『가야 고고학의 새로운 조명』, 서울, 혜안.
田中晋作, 2004, 「古墳時代における軍事組織について」, 『國立歴史民俗博物館研究報告』 第110集, 佐倉, 國立歴史民俗博物館.
김두철, 2005, 「4세기 후반~5세기 초 고구려·가야·왜의 무기·무장체계 비교」, 『광개토대왕비와 한일관계』(한일관계사연구논집1) , 서울, 京仁文化社.
이현주, 2006, 「삼국시대 철제대도에 관한 고찰」, 『박물관연구논집』 12, 부산, 부산광역시립박물관.
禹炳喆, 2006, 「新羅 및 加耶式鐵鏃의 成立과 擴散」, 『韓國考古學報』 58, 韓國考古學會.
禹炳喆, 2008, 「鐵鏃과 鐵鉾 본 新羅, 加耶 그리고 倭」, 『嶺南考古學』 47, 嶺南考古學會.
이현주, 2010, 「4~5세기 부산·김해지역 무장체제와 지역성」, 『嶺南考古學』 54, 嶺南考古學會.
장상갑, 2010, 「후기가야의 무기와 군사조직」, 『영남고고학회 학술발표회 19회』, 嶺南考古學會.
豊島直博, 2010, 『鉄製武器の流通と初期國家形成』, 奈良, 奈良文化財研究所.
우병철, 2012, 「한반도 동남부지역 철기문화의 성격과 전개양상」, 『동아시아 고대철기문화연구』, 대전, 국립문화재연구소.
김두철, 2014, 「다라국의 무장-무기와 마구」, 『多羅國 그 위상과 역할』, 합천, 합천군·경상대학교박물관.
李賢珠, 2014, 「三國時代 武裝體系의 變化와 地域性-韓半島 東南部 地域을 中心으로」, 『武器·武具와 農工具·漁具』, 釜山, 釜山大學校博物館.
우병철, 2015, 「대가야 철제무기의 특성과 확산」, 『대가야 문물의 생산과 유통』, 고령, 대가야박물관·영남문화재연구원.
김도영, 2016, 「가야의 무기」, 『가야고고학개론』(중앙문화재연구원 학술총서29), 과천, 진인진.
장상갑, 2018, 「가야 무기」, 『가야고분군 II』, 창원, 가야고분군 세계유산등재추진단.
禹炳喆, 2019, 『新羅· 加耶 武器 研究』(考古人類學科 博士學位論文), 大邱, 慶北大學校大學院.

2) 철모鐵鉾

高久健二, 1992, 「韓國出土 鐵鉾의 傳播過程에 대한 研究」, 『考古歷史學志』 8, 釜山, 東亞大學校博物館.
金吉植, 1994, 「三國時代鐵鉾의 變遷—百濟系鐵鉾의 認識—」, 『百濟研究』 24, 大田, 忠南大學校百濟研究所.
高田貫太, 1994, 「古墳副葬鐵鉾の性格」, 『考古學研究』 第45券第1號, 岡山, 考古學研究會.
朴天秀, 1999, 「裝飾鐵鉾の性格とその地域性」, 『國家形成期の考古學』, 大阪, 大阪大學文學部考古學研究室.
高田貫太, 2002, 「朝鮮半島南部地域の三國時代古墳副葬鉄鉾についての豫察」, 『古代武器研究』

Vol.3, 彦根, 古代武器研究會·滋賀縣立大學考古學研究室.
禹炳喆, 2005,「南韓出土 鋻部多角形鐵鏃에 대한 一考察」,『嶺南文化財研究』18, 칠곡, 嶺南文化財研究院.
齊藤大輔, 2014,「古代東アジアにおける装飾鉄鏃の系譜」,『第11回 古代武器研究會発表資料集』, 山口, 古代武器研究會·山口大學考古室研究室.
富山直人, 2017,「近畿地方出土鉄鏃の基礎的研究 - 古墳時代中期を中心として - 」,『考古學研究』64-1, 岡山, 考古學研究會.

3)환두대도環頭大刀

町田章, 1976,「環頭の系譜」,『奈良文化財研究所學報』28, 奈良, 奈良文化財研究所.
穴沢咊光·馬目順一, 1976,「竜鳳文環頭大刀試論」,『百濟研究』7, 大田, 忠南大學校百濟研究所.
穴澤咊光·馬目順一, 1979,「獅噛環刀試考」,『信濃』31-4, 長野, 信濃史學會.
新納泉, 1982,「單竜·單鳳環頭大刀の編年」,『史林』65-4, 京都, 史學研究會.
穴澤咊光·馬目順一, 1984,「三國時代の環頭大刀」,『考古學ジャ-ナル』236, 東京, ニュ·サイエンス社.
瀧瀨芳之, 1986,「圓頭大刀·圭頭大刀の編年と佩用者の性格」,『考古學ジャ-ナル』266, 東京, ニュ·サイエンス社.
趙榮濟, 1992,「新羅와 加耶의 武器·武具-龍鳳文大刀와 三累環頭大刀」,『韓國古代史論叢』3, 韓國古代社會研究所.
穴沢咊光·馬目順一, 1993,「陜川玉田出土の環頭大刀群の諸問題」,『古文化談叢』30(上), 北九州, 九州古文化研究會.
李柱憲, 1994,「三國時代 嶺南地方 大刀副葬相에 対한 研究」(考古人類學科碩士學位論文), 大邱, 慶北大學校大學院.
具滋奉, 1995,「環頭大刀의 分類와 名稱에 대한 考察」,『嶺南考古學』17, 嶺南考古學會.
一瀬和夫, 1996,「大刀と装飾」,『金の大刀と銀の大刀-古墳·飛鳥の貴人と階層』, 大阪, 大阪府立近つ飛鳥博物館.
高島徹, 1996,「装飾付大刀を出土した古墳」,『金の大刀と銀の大刀-古墳·飛鳥の貴人と階層』, 大阪, 大阪府立近つ飛鳥博物館.
町田章, 1997,「加耶의 環頭大刀와 王權」,『加耶諸國의 王權』, 서울, 신서원.
具滋奉, 1998,「環頭大刀의 圖像에 대하여」,『韓國上古史學報』27, 韓國上古史學會.
小谷地肇, 2000,「獅噛式環頭大刀の分類」,『青森縣考古學』12, 青森, 青森縣考古學會.
小谷地肇, 2002,「伏岩里3號墳第7號石室出土獅噛式環頭大刀をめぐって」,『海と考古學とロマン - 市川金丸先生古稀記念献呈論文集 - 』, 青森, 市川金丸先生古稀を祝う會.
穴沢咊光·馬目順一, 2002,「出羽出土の韓半島系環頭大刀」,『悠山姜仁求教授停年紀念東北亜古文化論叢』, 果川, 悠山姜仁求教授停年紀念論叢編纂委員會.
李漢祥, 2004,「三國時代 環頭大刀의 製作과 所有方式」,『韓國古代史研究』36, 韓國古代史學會.
大谷晃二, 2005,「日韓の龍鳳文環頭大刀の展開」,『古墳出土金工製品の日韓比較研究』, 大阪,大阪府文化財センター.
持田大輔, 2005,「韓半島と倭國における裝飾環頭大刀の展開」,『瓮子天王塚古墳の時代』, 東京, 早稲田大學會津八一記念博物館.
이한상, 2006,「裝飾大刀로 본 百濟와 加耶의 交流」,『百濟硏究』 第43輯, 大田, 忠南大學校百濟硏究所.
持田大輔, 2007,『裝飾大刀の導入と展開』, 東京, 早稲田大學博士學位論文.
持田大輔, 2010,「含玉系単龍鳳文環頭大刀の検討—日本列島および朝鮮半島出土例より—」,『比較考古學の新地平』, 東京, 同成社.
이한상, 2010,「大加耶의 성장과 龍鳳紋大刀文化」,『新羅史學報』 18, 서울, 新羅史學會.
김도영, 2011,「대가야 용봉문환두대도 외환의 제작방법과 복원실험」,『慶北大學校 考古人類學科 30周年 紀念 考古學論叢』, 大邱, 慶北大學校考古人類學科30周年紀念考古學論叢刊行委員會.
김우대, 2011,「製作技法을 中心으로 본 百濟·가야의 裝飾大刀」,『嶺南考古學』 59, 嶺南考古學會.
金宇大, 2011,「裝飾付環頭大刀の技術系譜と傳播 -朝鮮半島東南部出土資料を中心に-」,『古文化談叢』 66, 九州古文化硏究會.
金跳咏, 2012,『三國時代 龍鳳文環頭大刀의 製作技術論的 接近』(考古人類學科 碩士學位論文), 大邱, 慶北大學校大學院.
李漢祥, 2013,「陜川 玉田35號墳 龍鳳紋大刀의 金工技法과 文様」,『考古學探究』 13號, 晋州, 考古學探究會.
李漢祥, 2013,「陜川 玉田M3號墳 龍鳳紋大刀의 還部 製作工程」,『考古學探究』 14, 晋州, 考古學探究會.
김도영, 2014,「三國時代 龍鳳文環頭大刀의 系譜와 技術傳播」,『中央考古硏究』 14, 大田, 中央文化財硏究院.
김낙중, 2014,「가야계 환두대도와 백제」,『百濟文化』 50, 公州, 公州大學校百濟文化硏究所.
우병철, 2015,「三國時代 裝飾大刀의 製作技術과 地域性」,『한국고고학보』 제96집, 한국고고학회.
金宇大, 2015,「単龍·単鳳環頭大刀製作の展開」,『古代武器硏究』 Vol.11, 古代武器硏究會.
李漢祥, 2016,『三國時代 裝飾大刀의 文化 硏究』, 서울, 서경문화사.
金宇大, 2017,『金工品から読む古代朝鮮と倭』, 京都, 京都大學學術出版會.

4) 철촉鐵鏃

杉山秀宏, 1988,「古墳時代の鉄鏃について」,『橿原考古學硏究所論集』 第8, 東京, 吉川弘文館.
松木武彦, 1991,「前期副葬鐵鏃の成立と展開」,『考古學硏究』 第37券第4號, 岡山, 考古學硏究會.
조영제, 1992,「玉田고분출토 鐵鏃에 대한 소고」,『가야문화』 5, 가야문화연구원.
이현주, 1993,「3~4세기대 鐵鏃에 대하여-嶺南地方 出土品을 中心으로-」,『博物館硏究論集』 2, 釜山, 釜山直轄市立博物館.
金吉植, 1993,『三國時代鉄鏃의 硏究-嶺南地方資料를 中心으로-』(慶北大學校碩士學位論文),

大邱, 慶北大學校大學院.
松木武彦, 1996, 「前期古墳副葬鏃群の成立過程と構成」, 『雪野山古墳の研究』, 大阪, 雪野山古墳発掘調査團.
鈴木一有, 2000, 「交易された鉄鏃」, 『表象としての鉄器副葬』, 鉄器文化研究會.
鈴木一有, 2003, 「中期古墳における副葬鏃の特質」, 『帝京大學山梨文化財研究所研究報告第11集-特集古墳時代中期の諸様相-』, 山梨, 帝京大學山梨文化財研究所.
水野敏典, 2003, 「古墳時代中期における日韓鉄鏃の一様相」, 『帝京大學山梨文化財研究所研究報告第11集-特集古墳時代中期の諸様相-』, 山梨, 帝京大學山梨文化財研究所.
水野敏典, 2003, 「日韓鉄鏃にみる相対年代観 - 古墳時代中期を中心として - 」, 『新世紀の考古學 - 大塚初重先生喜寿記念論文集 - 』, 東京, 大塚初重先生喜寿記念論文集刊行會.
우병철, 2004, 「영남지방 출토 4-6세기 철촉의 형식분류」, 『영남문화재연구』 第17集, 칠곡, 영남문화재연구원.
禹炳喆, 2005, 『嶺南地方 출토 3-6세기 鉄鏃의 地域性 研究』(慶北大學校碩士學位論文), 大邱, 慶北大學校大學院.
金斗喆, 2006, 「三國時代 鐵鏃의 研究」, 『百濟研究』 43, 大田, 忠南大學校百濟研究所.
張相甲, 2009, 『後期加耶 實戰用鐵鏃의 所有樣相에 대한 一考察』(史學科碩士學位論文), 慶尙大學校大學院.

5) 통형동기筒形銅器

山田良三, 1969, 「筒形銅器考(附筒形銅器集成)」, 『古代學研究』 55, 大阪, 古代學協會.
田中晋作, 1990, 「百舌鳥·古市古墳群の被葬者の性格について」, 『古代學研究』 122, 大阪, 古代學協會.
福永伸哉, 1998, 「4~5世紀における韓日交渉の考古學的檢討-對半島交渉からみた古墳時代倭政權の性格-」, 『青丘學術論集』 12, 東京, 韓國文化研究振興財團.
山田良三, 1999, 「筒形銅器の再考察」, 『考古學論攷』 第23册, 橿原, 橿原考古學研究所.
鄭澄元·洪潽植, 2000, 「筒形銅器」, 『福岡大學綜合研究所報』 240, 福岡, 福岡大學.
原久仁子, 2001, 「韓·日出土筒形銅器に対する比較検討」, 『三國時代研究1』(清溪古代學研究會學術叢書1), 서울, 學研文化社.
原久仁子, 2002, 「筒形銅器の用途推定論に対する再検討」, 『悠山姜仁求教授停年紀念東北亜古文化論叢』, 果川, 悠山姜仁求教授停年紀念論叢編纂委員會.
申敬澈, 2004, 「筒形銅器論」, 『福岡大學考古學論集-小田富士雄先生退職記念-』, 福岡, 小田富士雄先生退職記念事業會.
細川晋太郎, 2010, 「한반도 출토 통형동기와 자루의 접속방법」, 『고고광장』 6, 부산, 부산고고학연구회.
細川晋太郎, 2010, 「한반도 출토 통형동기의 제작기술 복원」, 『과기고고연구』 16, 수원, 아주대학교 박물관.

細川晋太郎, 2012, 「한반도 출토 筒形銅器의 제작지와 부장배경」, 『韓國考古學報』 85, 韓國考古學會.

20. 무구武具

1) 개관槪觀

野上丈助, 1991, 『論集武具』, 東京, 學生社.

田中晋作, 1991, 「2武具」, 『古墳時代の研究8古墳Ⅱ-副葬品-』, 東京, 雄山閣.

內山敏行, 1992, 「古墳時代後期の朝鮮半島甲冑」, 『研究紀要』 1, 宇都宮, 栃木縣文化振興事業団.

內山敏行, 1994, 「古墳時代後期 朝鮮半島系冑」, 『研究紀要』 1, 宇都宮, (財)とちぎ生涯學習文化材団埋藏文化財センター.

김영민, 2000, 「영남지방 판갑에 대한 재고」, 『울산사학』 9, 울산, 울산대학교사학회.

송계현, 2001, 「4~5세기 동아시아의 갑주」, 『4~5世紀 東亞細亞 社會와 加耶』(第2回加耶史國際學術大會), 金海, 金海市.

內山敏行, 2001, 「古墳時代後期 朝鮮半島系冑(2)」, 『研究紀要』 9, 宇都宮, (財)とちぎ生涯學習文化材団埋藏文化財センター.

橋本達也, 2005, 「古墳時代甲冑系譜論-日韓の帶金式甲冑の問題」, 『マロ塚古墳出土品を中心にした古墳時代中期武器·武具研究』, 佐倉, 國立歷史民俗博物館.

內山敏行, 2008, 「小札甲の變遷と交流」, 『王權と武器と信仰』, 東京, 同成社.

內山敏行, 2008, 「古墳時代の武具生産―古墳時代中期甲冑の二系統を中心に―」, 『地域と文化の考古學 Ⅱ』, 東京, 六一書房.

송정식, 2009, 「삼국시대 판갑의 특징과 성격」, 『학예지』 제16집, 육군사관학교 육군박물관.

임지영·이유진·이현주, 2010, 「삼국시대 종장판갑 부착 유기질 연구」, 『한국고고학보』 75, 한국고고학회.

이현주, 2010, 「영남지역 4~5세기 무장체제의 지역성」, 『영남지역의 무기와 무구』(제19회영남고고학회학술발표회), 영남고고학회.

初村武寬, 2010, 『古墳時代中期における小札式付屬具の基礎的檢討』, 『洛北史學』 12, 京都, 京都府立大學洛北史學會.

黃秀鎭, 2011, 「三國時代 嶺南 出土 札甲의 研究」, 『韓國考古學報』 78, 한국고고학회.

김혁중, 2015, 「중국 중원·동북지방 갑주로 본 영남지방 갑주문화의 전개과정과 특징」, 『영남고고학』72, 영남고고학회.

2) 시통矢筒

早乙女雅博, 1987, 「古代東アジアの盛矢具」, 『東京國立博物館紀要』 23, 東京, 東京國立博物館.

田中新史, 1988, 「古墳出土の胡籙·靫金具」, 『井上コレクション彌生·古墳時代時代資料圖錄』, 東京, 言叢社.

全玉年, 1992, 「加耶의 金工品에 대하여-盛矢具研究」, 『加耶考古學論叢』 1, 서울, 가락국사적개발연구원.

西岡千繪, 2007, 「韓半島의 胡籙 -금구의 분류와 구성-」, 『고고학탐구』 2, 서울, 고고학탐구회.

土屋隆史, 2012,「日本における胡籙金具の展開」,『考古學研究』59-1, 岡山, 考古學研究會.
土屋隆史, 2018,『古墳時代の日朝交流と金工品』, 東京, 雄山閣.
오동선, 2018,「삼국시대 화살통의 등장과 전개과정 — 걸이금구 분석을 중심으로」,『한국고고학보』109, 한국고고학회.
土屋隆史, 2019,「삼국시대 화살통 금구의 분류·편년·지역성」,『백제연구』69, 대전, 충남대학교 백제연구소.
이건용, 2022,「삼국시대 화살집[화살통]의 유형과 변화과정」,『문화재』55-3, 대전, 국립문화재연구원.

3) 갑주甲冑

藤田和尊, 1985,「日韓出土の短甲について - 福泉洞10號墳·池山洞32號墳出土例に関連して - 」,『末永雅雄先生米寿記念献呈記念論文集』, 大阪, 末永雅雄先生米寿記念會.
宋桂鉉, 1988,「三國時代鉄製甲冑의 硏究 - 嶺南地域出土品을 中心으로 - 」(考古人類學科碩士學位論文), 大邱, 慶北大學校大學院.
内山敏行, 1992,「古墳時代後期の朝鮮半島系冑」,『研究紀要』1, 宇都宮, 財團法人栃木縣文化振興事業團.
鈴木一有, 1996,「三角板系短甲について-千人塚古墳の研究」,『浜松市博物館舘報』8, 浜松, 浜松市博物館.
橋本達也, 1998,「4~5世紀における韓日交渉の考古學的檢討-竪矧板·方形板革綴短甲の技術と系譜-」,『青丘學術論集』12, 東京, 財團法人韓國文化振興財團.
清水和明, 2000,「古代の甲冑製作技術について」,『古代武器研究』Vol.1, 彦根, 古代武器研究會·滋賀縣立大學考古學研究室.
内山敏行, 2001,「古墳時代後期の朝鮮半島系冑(2)」,『研究紀要』第9號 - 埋蔵文化財センター創立10周年記念論集 - , 宇都宮, 財團法人とちぎ生涯學習文化財團埋蔵文化財センター.
田中晋作, 2001,「古墳時代における鉄製甲冑の出現」,『季刊考古學』第76號, 東京, 雄山閣.
宋桂鉉, 2001,「朝鮮半島の甲冑」,『季刊考古學』第76號, 東京, 雄山閣.
宋楨植, 2003,『加耶·新羅의 縦長板甲研究 - 構造復元을 中心으로 - 』(考古學科碩士學位論文), 釜山, 釜山大學校大學院.
宋桂鉉, 2004,「加耶古墳の甲冑の変化と韓日関係」,『國立歴史民俗博物館研究報告』第110集, 佐倉, 國立歴史民俗博物館.
楊泓, 2004,「6世紀以前の東アジアの鉄製甲冑」,『國立歴史民俗博物館研究報告』第110集, 佐倉, 國立歴史民俗博物館.
오광섭, 2004,「縦長板甲의 鳥裝」,『영혼의 전달자』, 김해, 국립김해박물관.
김혁중, 2006,「구조로 본 종장판갑」,『慶州 九政洞 古墳』(國立慶州博物館 學術調査報告 第18冊), 경주, 國立慶州博物館.
송정식, 2008,「종장판갑의 제작공정과 기술변화 연구」,『한국고고학보』, 한국고고학회.
김혁중, 2009,「영남지방 출토 종장판갑의 분포와 의미」,『영남고고학』49, 영남고고학회.

김재우, 2010, 「금관가야의 갑주」, 『대성동고분군과 동아세아』(제16회가야사국제학술회의), 김해, 김해시.
송정식, 2010, 「동북아시아 찰갑(札甲)의 기술계통 연구-4세기대 영남지역 찰갑고찰을 위한 시론-」, 『야외고고학』 9, 대전, 한국매장문화재협회.
김혁중, 2011, 「한반도 출토 왜계갑주의 분포와 의미」, 『중앙고고연구』 제8호, 대전, 중앙문화재연구원.
송정식, 2012, 「가야 종장판갑의 장식적 요소와 상징적 의미」, 『양동리, 가야를 보다』, 김해, 국립김해박물관.
이성훈, 2013, 「영남지역 출토 종장판주의 제작공정과 기능변화」, 『영남고고학』 65, 영남고고학회.
김혁중, 2016, 「가야의 갑주」, 『가야고고학개론』(중앙문화재연구원 학술총서29), 과천, 진인진.
김영민, 2018, 「가야 갑주」, 『가야고분군Ⅱ』, 창원, 가야고분군 세계유산등재추진단.
김혁중, 2019, 『新羅·加耶 甲胄의 考古學的 硏究』(考古人類學科博士學位論文), 大邱, 慶北大學校大學院.
김성호, 2019, 『三國時代 馬甲硏究』(고고학과석사학위논문), 부산, 부산대학교대학원.
楊聖民, 2020, 「4-6世紀 歐亞 胄의 種類와 地域性」, 『慶北大學校考古人類學科40周年記念論叢 유라시아歐亞 고고考古와 문화文化』, 大邱, 慶北大學校考古人類學科40周年記念論叢刊行委員會.
김성호, 2022, 「4-5세기 삼연 고구려 갑주의 구조와 기술계통」, 『古文化』 100, 한국대학박물관협회.

21. 마馬와 마구馬具

1) 마馬

森浩一(編), 1974, 『馬』, 東京, 社會思想史.
松井章, 1991, 「家畜と牧 - 馬の生産」, 『古墳時代の研究4 - 生産と流通』, 東京, 雄山閣.
桃崎祐輔, 1993, 「古墳に伴う牛馬供儀の検討 - 日本列島朝鮮半島中國東北地方の事例を比較して - 」, 『古文化談叢』 第31集, 北九州, 九州古文化研究會.
末崎眞澄(編), 1996, 『馬と人間の歴史』, 東京, 馬事文化財團.
寝屋川市教育委員會, 1998, 『歴史シンポジウム-わか國最古の牧-』, 寝屋川, 寝屋川市教育委員會.
西原雄大, 2002, 「湖北の馬事文化について」, 『古代武器研究』 Vol.3, 彦根, 古代武器研究會.
東大阪郷土博物館, 2002, 『うまかいのさと』, 東大阪, 東大阪郷土博物館.
右島和夫, 2003, 「上野地域における方墳の系譜と馬 - 岩下清水古墳群をめぐって - 」, 『古墳時代東國における渡来系文化の受容と展開』, 神奈川, 専修大學文學部.
山上弘, 2004, 「馬飼の里が見つかった？」, 『今来才伎古墳·飛鳥の渡来人』, 大阪, 大阪府近つ飛鳥博物館.
이준정·고은별, 2007, 「사천 방지리 패총 출토 동물자료」, 『사천 방지리 유적Ⅲ』, 창원, 경남발전연구원역사문화센터.
黑澤一男, 2009, 「가평 대성리유적 원49호 수혈 출토 동물유존체 분석」, 『加平 大成里遺蹟』, 수원, 京畿文化財研究院.

이준정·고은별, 2012, 「高靈 池山洞 第73號墳 出土 馬 頭蓋骨에 대하여」, 『高靈 池山洞 第73~75號墳』(대동문화재연구원학술조사보고제36집), 대구, 대동문화재연구원.
이준정, 2013, 「한반도 선사, 고대 동물사육의 역사와 그 의미」, 『농업의 고고학』(한국고고학회학술총서5), 한국고고학회.
諫早直人, 2017, 「日本列島における馬匹生産のはじまり」, 『古代武器研究』 Vol.13, 山口, 古代武器研究會.

2) 마구馬具

小野山節, 1966, 「日本発見の初期の馬具」, 『考古學雜誌』 第52巻第1號, 東京, 日本考古學會.
申敬澈, 1985, 「古式鐙子考」, 『釜大史學』 9, 釜山, 釜山大學校史學會.
岡安光彦, 1988, 「心葉形鏡板付轡·杏葉の編年」, 『考古學研究』 35-3, 岡山, 考古學研究會.
千賀久, 1988, 「古墳時代壺鐙の系譜と變遷-杓子形壺鐙を中心に」, 『考古學と技術』(同志社大學考古學シリ-ズⅣ), 京都, 同志社大學.
千賀久, 1988, 「日本出土初期馬具の系譜」, 『橿原考古學研究所論集』 9, 東京, 吉川弘文館.
中村潤子, 1991, 「騎馬民族說の考古學」, 『考古學その見方と解釋』, 東京, 筑摩書房.
千賀久, 1991, 「3馬具」, 『古墳時代の研究8古墳Ⅱ-副葬品-』, 東京, 雄山閣.
金斗喆, 1991, 『三國時代轡의 研究 - 轡의 系統研究를 中心으로 - 』(考古人類學科碩士學位論文), 大邱, 慶北大學校大學院.
柳昌煥, 1992, 「伽耶古墳 出土 鐙子에 대한 研究」, 『韓國考古學報』 33, 韓國考古學會.
金斗喆, 1992, 「新羅와 加耶의 馬具-馬裝을 中心으로」, 『韓國加耶史論叢』 3, 서울, 가락국사적개발연구원.
金斗喆, 1993, 「三國時代 轡의 研究」, 『嶺南考古學』 13, 釜山, 嶺南考古學會.
李尙律, 1993, 『嶺南地方 三國時代 杏葉의 研究』(考古人類學科碩士學位論文), 大邱, 慶北大學校大學院.
李尙律, 1993, 「三國時代 杏葉 小考」, 『嶺南考古學』 13, 釜山, 嶺南考古學會.
宮代榮一, 1993, 「中央部に鉢を持つ雲珠·辻金具について」, 『埼玉考古』 30, 埼玉考古學會.
柳昌煥, 1994, 「伽耶古墳 出土 鐙子에 対한 研究 - 木心鉄板被輪鐙를 中心으로 - 」(史學科碩士學位論文), 釜山, 東義大學校大學院.
千賀久, 1994, 「日本出土初期馬具の系譜」, 『橿原考古學研究論集』 12, 東京, 吉川弘文館.
金斗喆, 1995, 「嶺南地方의 騎乘文化 受容과 發展」, 『伽耶古墳의 編年研究Ⅲ—甲冑와 馬具—』(제4회영남고고학회 학술발표회), 嶺南考古學會.
姜裕信, 1997, 『新羅·加耶의 馬具 研究』(文化人類學科博士學位論文), 慶山, 嶺南大學校大學院.
李尙律, 1998, 「新羅, 伽倻文化圈에서 본 百濟의 馬具」, 『百濟文化』 27, 公州, 公州大學校 百濟文化研究所.
李蘭暎·金斗喆, 1999, 『韓國의 馬具(馬文化研究叢書Ⅲ)』, 果川, 韓國馬事會馬事博物館.
姜裕信, 1999, 『韓國古代의 馬具와 社會』, 서울, 學研文化社.

桃崎祐輔, 1999,「日本列島における騎馬文化の受容と拡散-殺馬儀礼と初期馬具の拡散にみる慕容鮮卑·朝鮮三國伽耶の影響」,『渡来文化の受容と展開-5世紀における政治的社會的変化の具体相(2)-』(第46回埋蔵文化財研究集會), 大阪, 埋蔵文化財研究會.
中村潤子, 1999,「日本の初期馬具文化の源流について - 遼西発見の馬具特に鞍金具に関連して - 」,『文化學年報』第48輯, 京都, 同志社大學文化學會.
金斗喆, 2000,「韓國古代馬具의 硏究」(史學科博士學位論文), 釜山, 東義大學校大學院.
李尙律, 2003,「加耶, 百済の初期馬具-その源流と特徴を中心に-」,『東アジアと日本の考古學Ⅲ-交流と交易-』, 東京, 同成社.
中條英樹, 2003,「鐵製f字形鏡板轡の編年と性格」,『帝京大學山梨文化財研究所研究報告第11集-特集古墳時代中期の諸様相-』, 山梨, 帝京大學山梨文化財研究所.
岡安光彦, 2003,「馬具生産と流通の諸画期」,『七世紀研究會シンポジウム-武器生産と流通の諸画期』, 七世紀研究會.
張允禎, 2003,「韓半島における馬具研究の流れ」,『考古學研究』50-2, 岡山, 考古學研究會.
千賀久, 2003,「日本列島の初期の騎馬文化」,『가야와 광개토대왕』(제9회가야사국제학술회의), 김해, 김해시.
千賀久, 2003,「馬具」,『考古資料大観第7巻, 彌生·古墳時代鉄·金銅製品』, 東京, 小學館.
千賀久, 2004,「日本出土の「非新羅系」馬裝具の系譜」,『國立歴史民俗博物館研究報告』第110集, 佐倉, 國立歴史民俗博物館.
張允禎, 2005,「삼국시대 등자의 展開와 地域色」,『馬事博物館誌』, 馬事博物館.
桃崎祐輔, 2004,「倭の出土馬具からみた國際環境 - 朝鮮三國伽耶·慕容鮮卑三燕との交渉関係 - 」,『加耶, 그리고 倭와 北方』, 金海, 金海市.
岡安光彦, 2004,「古墳時代中期の馬具と馬匹ー 生産と流通 ー 」,『日本考古學協會第70回総會発表要旨』, 日本考古學協會.
李尙律, 2005,「三國時代 馬具의 硏究」(考古學科博士學位論文), 釜山, 釜山大學校大學院.
李尙律, 2005,「三國時代 圓環轡考」,『古文化』65, 韓國大學博物館協會.
張允禎, 2005,「韓半島における馬具研究の流れ」,『馬具研究の研究史と方法論』, 古代武器研究會·鐵器文化研究會聯合研究集會實行委員會.
諫早直人, 2005,「朝鮮半島南部三國時代における轡製作技術の展開」,『古文化談叢』第54集, 北九州, 九州古文化研究會.
神谷正弘, 2006,「中國·韓國·日本出土の馬冑と馬甲」,『東アジア考古學論叢』, 奈良, 日本奈良文化研究所·中國遼寧省文物考古研究所.
李尙律, 2007,「三國時代 壺鐙의 出現과 展開」,『韓國考古學報』65, 韓國考古學會.
李炫姃, 2007,「신라고분 출토 안교손잡이 시론」,『嶺南考古學』41, 嶺南考古學會.
李炫姃, 2009,『嶺南地方 三國時代 三繫裝飾具 硏究』(考古人類學科碩士學位論文), 大邱, 慶北大學校大學院.
李尙律, 2009,「新羅, 大加耶 新式板轡의 成立」,『古文化』74, 韓國大學博物館協會.

李尙律, 2010, 「扁圓魚尾形杏葉의 發生」, 『釜山大學校考古學科創設20周年 記念論文集』, 釜山大學校考古學科.
諫早直人, 2012, 『東北アジアにおける騎馬文化の考古學的研究』, 東京, 雄山閣.
諫早直人, 2012, 「3.九州出土の馬具と朝鮮半島」, 『沖の島祭祀と九州諸勢力の對外交渉』, 第15回九州前方後圓墳研究會北九州大會發表要旨資料集.
諫早直人, 2012, 「馬具」, 『古墳時代研究の現状と課題』 下, 東京, 同成社.
李鉉宇, 2012, 『三國時代 鞍裝의 構造 研究』(考古學科碩士學位論文), 釜山, 釜山大學校大學院.
李炫姃, 2012, 「馬具를 통해 본 新羅와 倭의 交流-'新羅 馬具'란 무엇인가?-」, 『新羅와 倭의 交流』, 대구, 경북대학교박물관·일본국립역사민속박물관.
李尙律, 2013, 「新羅·加耶馬具가 提起하는 問題와 日本馬具」, 『日韓交渉の考古學-古墳時代』, 日韓交渉の考古學-古墳時代-研究會.
柳昌煥, 2013, 「三燕·高句麗 馬具와 三國時代 馬具」, 『日韓交渉の考古學-古墳時代』, 日韓交渉の考古學-古墳時代-研究會.
朴天秀·李炫姃, 2015, 「三國時代 日本列島 南島産 貝製品을 둘러싼 諸問題」, 『해양 교류의 고고학』(제11회嶺南·九州合同學術大會), 嶺南考古學會·九州考古學會.
유영춘, 2015, 「雲峰高原出土馬具研究-재갈·사행상철기·등자를 중심으로」(사학과 석사학위논문), 군산, 군산대학교대학원.
甲斐孝司·岩橋由李, 2019, 『豪華な馬具と朝鮮半島との交流 船原古墳』(シリーズ遺跡を學ぶ141), 東京, 新泉社.
諫早直人(著), 李正姬(譯), 2020, 「東아시아 裝飾馬具의 製作地論의 現狀과 課題」, 『慶北大學校考古人類學科40周年記念論叢유라시아歐亞 고고考古와 문화文化』, 大邱, 慶北大學校考古人類學科40周年記念論叢刊行委員會.
李正姬, 2022, 『韓半島 南部地域 三燕系 馬具 研究』(考古人類學科碩士學位論文), 大邱, 慶北大學校大學院.

22. 금속제품金屬製品

1) 울두熨斗

滝瀬芳之, 1994, 「熨斗(ひのし)について」, 『和光市花ノ木·向原·柿ノ木坂·丸山臺』, 埼玉, (財)埼玉縣埋蔵文化財調査事業團.
江介也, 1999, 「古代東アジアの熨斗」, 『文化學年報』 第48輯, 京都, 同志社大學文化學會.
김민주, 2015, 「신라고분 출토 청동용기 연구」, 『고고광장』 17, 부산, 부산고고학회.

2) 동완銅椀

小田富士雄, 1975, 「日本の古墳出土の銅椀について」, 『百済研究』 第6輯, 大田, 忠南大學校百濟研究所.
毛利光俊彦, 1978, 「古墳出土の銅椀の系譜」, 『考古學雜誌』 64-1, 東京, 日本考古學會.

毛利光俊彦, 1991, 「10青銅製容器·ガラス容器」, 『古墳時代の研究8古墳Ⅱ-副葬品-』, 東京, 雄山閣.
이한상, 1994, 「武寧王陵 出土品 追報(2)-銅製 容器類-」, 『考古學誌』 6, 서울, 한국고고미술연구소.
桃崎祐輔, 2000, 「風返稲荷山古墳出土銅椀の検討」, 『風返稲荷山古墳』, 霞ヶ浦, 霞ヶ浦教育委員會·日本大學考古學會.
毛利光俊彦, 2004, 『古代東アジアの金属容器Ⅰ(中國)』(奈良文化財研究所史料第68册), 奈良, 奈良文化財研究所.
毛利光俊彦, 2005, 『古代東アジアの金属容器Ⅱ(朝鮮·日本』(奈良文化財研究所史料第71册), 奈良, 奈良文化財研究所.
桃崎祐輔, 2006, 「동아시아 銅碗의 전개와 그 의의」, 『東亞考古論壇』 2, 공주, 충청문화재연구원.
김현희, 2016, 「金冠塚 出土 金屬容器類 檢討」, 『慶州 金冠塚(遺物篇)』, 경주, 국립경주박물관.
김준식, 2019, 「가야고분 출토 청동완의 분포와 의미」, 『한국고대사탐구』 33, 서울, 한국고대사탐구학회.
諫早直人, 2020, 「신라의 동완(銅鋺)-사하리완(佐波理鋺) 출현에 관한 예찰-」, 『한일문화재논집』4, 대전, 국립문화재연구소.

3) 동경銅鏡

小田富士雄, 1988, 「韓國古墳出土の倭鏡」, 『考古學叢考』, 東京, 齊藤忠先生頌壽記念論文集刊行會.
高倉洋彰, 1989, 「韓國原三國時代の銅鏡」, 『九州歷史資料館研究論集』 14, 福岡, 九州歷史資料館.
高倉洋彰, 1993, 「倭鏡の製作」, 『季刊考古學第43號-鏡が語る古代史-』, 東京, 雄山閣.
車崎正彦, 1993, 「倭鏡の作者」, 『季刊考古學第43號-鏡が語る古代史-』, 東京, 雄山閣.
岡村秀典, 1993, 「考察-銅鏡-」, 『番塚古墳』, 福岡, 九州大學文學部考古學研究室·感苅田町教育委員會.
門田誠一, 2000, 「新羅·皇南大塚北墳出土の鉄鏡についての覚書」, 『朝鮮古代研究』 第2號, 京都, 朝鮮古代研究刊行會,
高倉洋彰, 2002, 「弁韓·辰韓の銅鏡」, 『韓半島考古學論叢』, 東京, すずさわ書店.
松浦宥一郎, 2003, 「方格T字鏡の國外出土資料 - 韓國金海市良洞里遺蹟出土鏡について - 」, 『新世紀の考古學 - 大塚初重先生喜寿記念論文集 - 』, 東京, 大塚初重先生喜寿記念論文集刊行會.
上野祥史, 2004, 「韓半島南部出土鏡について」, 『國立歷史民俗博物館研究報告110—古代東アジアにおける倭と加耶の交流』, 佐倉, 國立歷史民俗博物館.
岡村秀典, 2017,『鏡が語る古代史』(岩波新書), 東京, 岩波書店.
辻田淳一郎, 2018, 『同型鏡と倭の五王の時代』, 東京, 同成社.
辻田淳一郎, 2019, 『鏡の古代史』(角川選書), 東京, 角川書店.

23. 기와瓦

綱伸也, 1997, 「四天王寺出土瓦の編年的考察」, 『堅田直先生古稀記念論文集』, 京都, 堅田直先

生古稀記念論文集刊行會·眞陽社.
이다운, 1998, 「聖住寺址 출토 백제 기와와 일본 烏含寺址 출토 기와 비교 고찰」, 『聖住寺』, 대전, 충남대박물관.
清水昭博, 2003, 「백제 대통사식수막새의 성립과 전개」, 『百濟研究』 38, 대전, 충남대학교백제연구소.
이다운, 2004, 「백제 와박사고」 『호남고고학보』 20, 호남고고학회.
綱伸也, 2005, 「日本における瓦積基壇の成立と展開」, 『日本考古學』 20, 日本考古學協會.
上田睦, 2005, 「飛鳥時代の河內國出土軒瓦」, 『河內古寺巡禮』, 大阪, 近つ飛鳥博物館.
亀田修一, 2006, 『日韓古代瓦の研究』, 東京, 吉川弘文館.
山崎信二, 2007, 「7세기 후반의 기와로 본 朝鮮三國과 日本의 관계」, 『韓日文化財論集』 Ⅰ, 문화재연구소.
高田貫太, 2011, 「瓦からみた7世紀の日羅関係」, 『慶北大學校考古人類學科30周年紀念考古學論叢』 50, 紀念論叢刊行委員會.
山崎信二, 2011, 『古代造瓦史-東アジアと日本-』, 東京, 雄山閣.
清水昭博, 2012, 『古代日韓造瓦技術の交流史』, 大阪, 清文堂出版.
이병호, 2013, 「飛鳥寺에 파견된 백제 와박사의 성격」, 『한국상고사학보』 81, 한국상고사학회.
이인숙·전은희, 2014, 「신라의 기와」, 『新羅考古學概論』下, 果川, 眞仁眞.
鄭升復, 2020, 『統一新羅 수막새의 編年과 受給』(考古人類學科碩士學位論文), 大邱, 慶北大學校大學院.

24. 유리瑠璃

後藤修一, 1929, 「上古時代のガラス」, 『考古學雜誌』 27-12, 東京, 日本考古學會.
毛利光俊彦, 1991, 「10青銅製容器·ガラス容器」, 『古墳時代の研究8古墳Ⅱ副葬品』, 東京, 雄山閣.
由水常雄(編), 1992, 『世界ガラス美術全集 第1巻 古代·中世』, 東京, 求龍堂.
由水常雄(編), 1992, 『世界ガラス美術全集 第4巻 中國·朝鮮』, 東京, 求龍堂.
由水常雄(編), 1992, 『世界ガラス美術全集 第5巻 日本』, 東京, 求龍堂.
李仁淑, 1993, 『한국의 古代유리』, 서울, 創文.
谷一尚, 1999, 『ものが語る歴史シリーズ2ガラスの考古學』, 東京, 同成社.
眞道洋子, 2000, 「9-10世紀におけるガラスの東西交流ーベトナム, クーラオチャム出土イスラーム·ガラスー」, 『考古學ジャーナルー考古學から見た海のシルクロードとベトナムー』 464, 東京, ニュ·サイエンス社.
由水常雄, 2001, 『ローマ文化王國 - 新羅』, 東京, 新潮社.
管谷文則, 2008, 「新羅慶州出土のガラス容器小考」, 『古代學研究』 180, 古代學研究會.
安永周平, 2008, 『装飾付ガラス玉研究序論』, 『橿原考古學研究所論集』 第15, 奈良, 橿原考古學研究所.
古寺智津子, 2012, 『ガラスが語る古代東アジア』, 東京, 同成社.
박천수, 2013, 「일본열도 출토 서역계 문물로 본 신라와 일본」, 『新羅史學報』28, 과천, 新羅史學會.

이인숙, 2014, 「신라의 서역 문물」, 『新羅考古學概論』上, 果川, 眞仁眞.
加藤九祚·由水常雄·朴天秀(外), 2014, 『실크로드와 신라-新羅 琉璃의 길-』上, 대구, 경북대학교박물관·경주세계문화엑스포.
古寺智津子, 2016, 『古代東アジアとガラスの考古学』, 東京, 同成社.
田村朋美, 2017, 「飛鳥寺塔心礎出土の眞珠製小玉」, 『奈良文化財研究所紀要 2016』, 奈良, 奈良文化財研究所.
요시미즈 츠네오(지음), 이영식(옮김), 2019, 『신라가 꽃피운 로마문화』, 서울, 미세움.
朴天秀, 2021, 『실크로드 文明交流史 序說 Ⅰ. 草原路』, 果川, 眞仁眞.
朴天秀, 2021, 『실크로드 文明交流史 序說 Ⅱ. 沙漠路』, 果川, 眞仁眞.
朴天秀, 2021, 『실크로드 文明交流史 序說 Ⅲ. 海路』, 果川, 眞仁眞.
古寺智津子, 2022, 『ガラスの来た道-古代ユーラシアをつなぐ輝き-』, 東京, 吉川弘文館.

25. 중국도자기中國陶磁器

亀井明徳, 1986, 『日本貿易陶磁史の研究』, 京都, 同朋舍.
三上次男, 1986, 『日本貿易陶磁史の研究』, 東京, 中央公論出版.
亀井明徳, 1991, 「鴻臚館貿易」, 『新版古代の日本3九州·沖縄』, 東京, 角川書店.
亀井明徳, 1992, 「唐代陶磁貿易の展開と商人」, 『アジアのなかの日本史Ⅲ海上の道』, 東京, 東京大學出版會.
橿原考古學研究所附屬博物館(編), 1993, 『貿易陶磁-奈良·平安中國陶磁-』, 京都, 臨川書店.
山本信夫, 2000, 「陶磁器分類」, 『大宰府条坊跡ＸＶ』, 大宰府, 大宰府市教育委員會.
弓場紀知, 2006, 「壹岐雙六古墳出土の白釉緣彩圓文碗-その年代と中國陶瓷史上の位置づけ-」, 『雙六古墳』1, 長崎, 長崎縣壹岐市教育委員會.
신준, 2011, 「중국 장사요의 편년과 한국 출토 장사요 자기 연구」, 『야외고고학』 12, 한국문화재조사연구기관협회.
出川哲朗·弓場紀知·中ノ堂一信(編), 2012, 『アジア陶芸史』, 東京, 昭和堂.
방병선, 2012, 『중국 도자사 연구』, 서울, 경인문화사.
이희관, 2013, 「경주지역 출토 越窯青瓷」, 『한국고대사탐구』 15, 한국고대사탐구학회.
한성욱, 2014, 「신라의 자기 문화」, 『新羅考古學概論』上, 과천, 眞仁眞.
亀井明徳, 2014, 『中國陶磁史の研究』, 東京, 六一書房.
王磊璞, 2016, 『統一新羅時代 韓半島南部 出土 中國瓷器의 研究』(考古學科碩士 學位論文), 부산, 釜山大學校大學院.
임혜빈, 2018, 「삼국시대 중국제 도자기 연구 : 鷄首壺와 盤口壺를 중심으로」(문화인류학과석사학위논문), 경산, 영남대학교대학원.
谢明良, 2019, 『贸易陶瓷与文化史』, 三联书店.
葉喆民(著), 出川哲朗(監訳), 徳留大輔·新井崇之(訳), 2019, 『中國陶磁史』, 東京, 科學出版社東京.

26. 직물織物

안보연, 2007, 「동전 연주문의 변천과정 비교연구: 5세기-10세기 벽화복식 및 출토 직물을 중심으로」, 『문화재』 40, 국립문화재연구소.

齊藤忠, 2007, 『齊藤忠著作選集1アジア文化史の研究』, 東京, 雄山閣.

安寶蓮, 2011, 「韓日における古代都城の高級織物の生産と使用ー服飾制度成立期を中心にー」, 『日韓文化財論集』 1, 奈良, 奈良文化財研究所.

坂本和子, 2012, 『織物にみるシルクロードの文化交流-トゥルファン出土染織資料-錦綾を中心に-』, 同時代社.

赵丰·尚刚·龙博, 2014, 『中國古代物质文化史纺织(上, 下)』, 开明出版社.

김홍남, 2017, 「國立慶州博物館 所藏 獅子孔雀文石 硏究」, 『新羅文化研究』 10, 慶州, 國立慶州博物館.

27. 쇼소인正倉院

旗田巍, 1972, 「新羅の村落-正倉院にある新羅村落文書の研究-」, 『朝鮮中世社會史の研究』, 東京, 法政大學出版局.

東野治之, 1977, 「鳥毛立女屛風下貼文書の研究:買新羅物解の基礎的研究」, 『正倉院文書と木簡の研究』, 東京, 塙書房.

鈴木靖民, 1985, 「正倉院佐波理文書の解讀」, 『古代對外關係史研究』, 東京, 吉川弘文館.

東野治之, 1988, 『正倉院』, 東京, 岩波書店.

東野治之, 1992, 『遣唐使と正倉院』, 東京, 岩波書店.

宮內廳事務所, 1994-1997, 『正倉院寶物』 1-Ⅳ, 東京, 每日新聞社.

최재석, 1996, 『正倉院 소장품과 統一新羅』, 서울, 一志社.

東野治之, 2002, 「新羅交易と正倉院寶物」, 『日本古代史料學』, 東京, 岩波書店.

米田雄介, 2002, 『すぐわかる正倉院の美術』, 東京, 東京美術.

宋浣範, 2003, 「正倉院華嚴經論帙內貼文書」, 『東京大學日本史研究室紀要』, 東京, 東京大學日本史研究室.

鳥越泰義, 2005, 『正倉院薬物の世界-日本の薬の源流を探る-』, 東京, 中央公論社.

杉本一樹, 2008, 『正倉院』, 東京, 中央公論社.

山本忠尙, 2008, 『日中美術考古學研究』, 東京, 吉川弘文館.

平川南, 2010, 「正倉院佐波理加盤付屬文書の再檢討-韓國木簡調査から-」, 『日本歷史』 750, 東京, 吉川弘文館.

山本忠尙, 2022, 『正倉院寶物10倍楽しむ』, 東京, 吉川弘文館.

28. 토목기술土木技術

小山田宏一, 2002, 「百済の土木技術」, 『古代東北亜細亜と百済』(開校50周年記念第11回百済研究國際學術會議), 大田, 忠南大學校百済研究所.

河上邦彦(編), 2008,『季刊考古學102-土木考古學の現状と課題-』, 東京, 雄山閣.
山田隆一 2008,「中河内地域における古墳時代の敷葉工法」,『狭山池博物館研究報告』5, 狭山池博物館.
대한문화유산연구센터(編), 2011,『고대동북아시아의 水利와 祭祀』, 서울, 학연문화사.
박순발, 2010,「益山 王宮里 遺蹟 宮墻과 神籠石 山城의 起源」,『백제연구』52, 大田, 忠南大學校百済研究所.
서보경 2012,「고대 일본의 치수사업과 韓人-茨田堤 축조 문제를 중심으로-」,『한일관계사연구』43, 한일관계사학회.
곽종철(외), 2014,「신라의 토목」,『新羅考古學概論』上, 果川, 眞仁眞.
小田富士雄(編), 2016,『季刊考古學136西日本の天智紀山城』, 東京, 雄山閣.
青木敬 2017,『土木技術の古代史』, 東京, 吉川弘文館.
李東奎, 2021,『築造方法からみた横穴式古墳の研究-畿内地域を中心に-』(文學研究科博士學位論文), 神奈川, 專修大學大學院.

29. 건물지建物址

1) 조竈

이홍종, 1993,「부뚜막 施設의 登場과 地域相」,『嶺南考古學』12, 嶺南考古學會.
小田和利, 1994,「北部九州のカマドについて」,『文化財學論集』, 奈良, 奈良大學文化財論集刊行會.
武末純一, 1996,「西新町の竈-その歴史的意義-」,『碩晤尹容鎭教授停年退任記念論叢』, 大邱, 碩晤尹容鎭教授停年退任記念論叢刊行委員會.
杉井健, 1998,「4~5世紀における韓日交渉の考古學的檢討-朝鮮半島における竈の特質および日本列島との相互関係-」,『青丘學術論集』12, 東京, 韓國文化研究振興財團.
杉井健, 2003,『朝鮮半島系渡来文化の伝播·普及と首長系譜変動の比較研究』(平成12年度~平成14年度科學研究費補助金(基盤研究C2)研究成果報告書), 熊本, 熊本大學文學部.
高久健二, 2003,「埼玉縣における竈の導入·定着過程と器種組成変化に関する一考察 - 本庄台地を中心にして - 」,『古墳時代東國における渡来系文化の受容と展開』, 神奈川, 專修大學文學部.
田中清美, 2003,「造付け竈の附屬具」,『續文化財學論集』, 奈良, 文化財學論集刊行會.
李民錫, 2003,『韓國上古時代의 爐施設 研究 - 湖南地域を中心으로 - 』(碩士學位論文), 全州, 全北大學校大學院.
徐賢珠, 2003,「三國時代 아궁이틀에 대한 考察」,『韓國考古學報』50, 大邱, 韓國考古學會.
濱田延, 2004,「U字形板状土製品考」,『古代學研究』167, 大阪, 古代學研究會.

2) 벽주건물壁周建物

大橋信彌, 1995,「近江における渡來氏族の研究 志賀漢人を中心にして」,『青丘學術論集』第6集, 東京, 財團法人韓國文化研究振興財團.

定森秀夫, 1996, 「考古資料からみた日韓交流」, 『いにしえの渡りびと近江·河內·大和の渡来人-』(財團法人滋賀縣文化財保護協會25周年記念代7回埋蔵文化財調査研究會シンポジウム), 大津, (財)滋賀縣文化財保護協會·滋賀縣立安土城考古博物館.
花田勝廣, 1993, 「渡來人の集落と墓域」, 『考古學研究』 39-4, 岡山, 考古學研究會.
花田勝廣, 2000, 「大壁建物と渡來人集落(上)(下)」, 『古代文化』 52-5, 7, 京都, 古代學協會.
青柳泰介, 2002, 「大壁建物考」, 『百濟研究』 35, 大田, 忠南大學校百濟研究所.
青柳泰介, 2003, 「「大壁建物」再考」, 『橿原考古學研究所論集第十四創立六十五周年記念』, 東京, 八木書店.
權五榮·李亨源, 2006, 「三國時代 壁柱建物 硏究」, 『韓國考古學報』 60, 서울, 韓國考古學會.
심상육 2015, 「부여지역 벽주(대벽)건물」, 『건물지로 본 사비고고학』, 서울, 서경문화사.
조원창, 2018, 「百濟 泗沘期 木塔 築造技術의 對外傳播」, 『先史와 古代』 55, 한국고대학회.

30. 사원寺院과 불상佛像

1) 사원寺院

藤澤一夫, 1961, 「新堂廢寺の性格」, 『河內新堂·烏含寺の調査』(大阪府文化財調査報告12), 大阪府.
藤澤一夫, 1969, 「攝津國百濟寺考」, 『日本のなかの朝鮮文化』 2, 京都, 朝鮮文化社.
藤井寺市教育委員會, 1987, 『藤井寺市及びその周邊の古代寺院(上·下)』, 藤井寺市教育委員會.
岩本正二, 1981, 「明日香村檜隈寺の調査」, 『佛教藝術』 136, 佛教藝術學會.
山崎信二, 1983, 「後期古墳と飛鳥白鳳寺院」, 『文化財論叢』, 奈良, 奈良文化財研究所.
村田治郎, 1988, 「中國伽藍配置の源流」, 『中國建築史叢考』, 東京, 中央公論美術出版.
정선종, 1986, 「百濟系석탑에 관한 一考察 -건립배경과 시기를 중심으로-」, 『사학지』 20, 서울, 단국대학교사학회.
岡本敏行, 1989, 「雙塔式の伽藍の造営とその背景」, 『大阪文化財論集-財團法人大阪文化財センター設立15周年記念論集-』, 財團法人大阪文化財センター.
정영호, 1991, 「百濟의 石塔과 그 傳播」, 『百濟의 彫刻과 美術』, 공주대학교박물관.
大脇潔, 1994, 「飛鳥の渡來系氏族と古代寺院」, 『渡來系氏族と古代寺院』, 帝塚山大學考古學研究所.
上田睦, 1997, 「河內·和泉の古墳と寺院」, 『季刊 考古學』 60, 東京, 雄山閣.
花谷浩, 1998, 「京內廿四寺について」, 『研究論集』 XI, 奈良, 奈良國立文化財研究所.
林博通, 1998, 『古代近江の遺跡』, サンライズ出版.
小笠原好彦·田中勝弘·西田弘·林博通, 1998, 『近江の古代寺院』, 京都, 眞陽社.
森郁夫, 1998, 『日本古代寺院造營の研究』, 東京, 法政大學出版局.
藤澤一夫, 1999, 「難波鑄錢司及百濟尼寺考」, 『大阪の歷史と文化財』 2, 大阪, 大阪市教育委員會.
조원창 2000, 「백제 와적기단에 대한 일연구」, 『한국상고사학보』 33, 한국상고사학회.
조원창 2002, 「백제 이층기단 축조술의 일본 飛鳥寺 전파」, 『백제연구』 35, 대전, 충남대학교백제연구소.

森郁夫, 2002,「わが國古代寺院の伽藍配置」,『學叢』13, 京都, 京都國立博物館.
上原眞人, 2002,「平城京·平安京の文化」,『列島の古代史-古代史の流れ-』8, 東京, 岩波書店.
한정호, 2007,「감은사지 삼층석탑 창건 과정과 意匠計劃에 대한 연구」,『미술사학연구』253, 한국미술사학회.
廣岡孝信, 2008,「奈良縣御所市二光寺廢寺の發掘調査」,『考古學雜誌』92-1, 日本考古學會.
정자영, 2008,「백제의 심초 및 사리봉안」,『문화재』41-1, 대전, 국립문화재연구소.
大橋一章, 2009,「飛鳥寺の創立と本尊」,『奈良美術成立史論』, 東京, 中央公論美術出版.
大脇潔, 2010,「飛鳥·藤原京の寺院」,『飛鳥から藤原京へ』(古代の都1), 東京, 吉川弘文館.
佐川正敏, 2010,「王興寺と飛鳥寺の伽藍配置·木塔心礎設置·舍利奉安の形式と系譜」,『古代東アジアの佛教と王權』, 東京, 勉誠出版.
정자영, 2010,「백제 사원의 가람배치와 전개과정 고찰-탑·금당지를 중심으로」,『동아시아 고대사지 비교연구Ⅱ-금당지편』, 扶餘, 國立扶餘文化財硏究所.
이병호, 2011,「百濟 定林寺式伽藍配置의 展開와 日本의 初期寺院」,『百濟硏究』54, 대전, 충남대학교백제연구소.
조원창, 2011,「飛鳥時代 왜 회외사지에 나타난 백제의 건축고고문화」,『백제의 토목 건축』, 서울, 서경문화사.
정자영, 2012,「부여 정림사지 가람배치와 편년적 검토」,『한국상고사학보』76, 한국상고사학회.
한나래, 2013,「6~7세기 백제와 일본 사찰건축 비교연구」,『백제 불교문화가 일본열도에 끼친 영향』, 대전, 국립문화재연구소.
이병호, 2013,「백제 사원과 飛鳥寺 삼금당의 원류」,『百濟硏究』57, 대전, 충남대학교백제연구소.
이병호, 2013,「百濟 泗沘時期 都城의 儀禮 空間과 王權」,『韓國古代史硏究』71, 한국고대사연구회.
大橋一章, 2013,「6세기 후반 백제사원의 사리안치에 대하여」,『백제문화』48, 공주, 공주대학교백제문화연구소.
이병호, 2014,『백제 불교 사원의 성립과 전개』, 서울, 사회평론.
양은경, 2014,「신라의 사원」,『新羅考古學槪論』上, 果川, 眞仁眞.
金志虎, 2015,『當麻寺の歷史と信仰』, 東京, 勉誠出版.

2) 불상佛像

黃壽永, 1965,「奉化發見의 半跏思惟像」,『考古美術』6-12, 서울, 考古美術同人會.
尹容鎭, 1966,「物野發見半跏思惟像足座」,『考古美術』7-3, 서울, 考古美術同人會.
尹容鎭, 1966,「奉化半跏思惟石像發見址發掘概要」,『考古美術』7-10, 서울, 考古美術同人會.
黃壽永, 1968,「奉化半跏思惟像의 調査」,『文化財』3, 서울, 文化財管理局.
田村圓澄, 1983,『半跏思惟像の道』, 東京, 學生社.
文明大, 1984,『韓國彫刻史』, 서울, 悅話堂.
黃壽永·田村圓澄, 1985,『半跏思惟像の硏究』, 東京, 吉川弘文館.
秋山光和·辻本美三郎, 1994,『法隆寺 玉蟲廚子と橘夫人廚子』, 東京, 岩波書店.

鄭禮京, 1998, 『半跏思惟像의 硏究』, 서울, 혜안.
鄭禮京, 1998, 『中國 北齊·北周 佛像硏究』, 서울, 혜안.
大西修也, 2002, 『日韓古代彫刻史論』, 東京, 中國書店.
林南秀, 2003, 『法隆寺史の硏究』, 東京, 中央公論美術出版.
강우방, 2005, 『원융과 조화-한국고대조각사의 원리1-』, 서울, 열화당.
강희정, 2006, 『관음과 미륵의 도상학』, 서울, 학연문화사.
大西修也, 2011, 『國寶第一號 廣隆寺の彌勒菩薩はどこから来たのか』, 東京, 静山社文庫.
櫻庭裕介, 2013, 「飛鳥寺本尊丈六釋迦如來坐像について」, 『奈良美術硏究』 14, 東京, 早稻田大學奈良美術硏究所.
櫻庭裕介, 2014, 「飛鳥大佛のX線分析と制作技法について」, 『奈良美術硏究』 15, 東京, 早稻田大學奈良美術硏究所.
立川武藏, 2015, 『彌勒の来た道』, 東京, NHK BOOKS.

3) 사리장엄구舍利莊嚴具

주경미, 2003, 『중국고대 불사리장엄 연구』, 서울, 일지사.
김연수, 2008, 「부여 왕흥사 목탑지 출토 사리장엄구에 대하여」, 『부여 왕흥사지 출토 사리기의 의미』, 國立扶餘文化財硏究所.
한정호, 2009, 「익산 왕궁리 오층석탑과 사리장엄구 연구」, 『신라사학보』 16, 국립공주박물관.
주경미, 2011, 「韓日 古代 佛舍利莊嚴의 비교 연구」, 『불교미술사학』 12, 불교미술사학회.
한정호, 2013, 「백제 불탑 사리장엄의 조사현황과 특징」, 『백제사찰연구』, 扶餘, 國立扶餘文化財硏究所.
주경미, 2014, 「미륵사지 석탑 사리장엄구의 구성과 의의」, 『백제연구』 59, 대전, 충남대학교백제연구소.
주경미, 2018, 「백제 왕흥사지 출토 사리장엄구와 6세기 동아시아 불교문화」, 『백제연구』 67, 대전, 충남대학교백제연구소.

31. 묘제墓制

和田萃, 1969, 「殯の基礎的考察」, 『史林』 第53卷第5號, 京都, 史學硏究會.
小林行雄, 1993, 「黃泉戶喫」, 『古墳文化論考』, 東京, 平凡社.
田中良之·村上久和, 1994, 「墓室內飮食物供獻と死の認定」, 『九州文化史硏究所紀要』 39號, 福岡, 九州大學九州文化史硏究所.
和田萃, 1982, 「飛鳥·奈良時代 喪葬儀禮」, 『東アジアにおける儀禮と國家』, 東京, 學生社.
土生田純之, 1985, 「古墳出土の須恵器(1)」, 『末永先生米寿記念獻呈論文集』, 大阪, 末永先生米寿記念獻呈論文刊行會.
森下浩行, 1986, 「日本における橫穴式石室の出現とその系譜」, 『古代學硏究』 111, 大阪, 古代學硏究會.
網干善教, 1986, 『古墳と古代史』, 東京, 學生社.

河上邦彦, 1989,「終末期古墳の立地と風水思想」,『堅田先生古希記念論文集』, 京都, 眞陽社.
小出義治, 1990,「喪葬祭祀と土器」,『土師器と祭祀』, 東京, 雄山閣.
洪潽植, 1993,「百濟 橫穴式石室墓의 型式分類와 對外傳播에 관한 硏究」,『博物館硏究論集』 2, 釜山, 釜山直轄市立博物館.
柳澤一男, 1993,「橫穴式石室の導入と系譜」,『季刊考古學45-橫穴式石室の世界-』, 東京, 雄山閣.
和田萃, 1995,「殯の基礎的考察」,『日本古代の儀禮と祭祀』, 東京, 塙書房.
土生田純之, 1998,『黃泉國の成立』, 東京, 學生社.
森本徹, 1998,「韓國における初期火葬墓の硏究」,『青丘學術論集』 第13集, 東京, 財團法人韓國文化硏究振興財團.
田中良之, 1999,『人骨および人骨付着昆虫遺体からみた古墳時代モガリの硏究』, 福岡, 九州大學院比較社會文化硏究科.
高田貫太, 1999,「瀨戸内における渡来文化の受容と展開-5世紀代の墓制を中心として」,『渡来文化の受容と展開-5世紀における政治的社會的変化の具体相(2)-』(第46回埋蔵文化財硏究集會), 大阪, 埋蔵文化財硏究會.
土生田純之, 2000,「積石塚古墳と合掌形石室の再検討 - 大室古墳群を中心として - 」,『福岡大學総合硏究所報』 第240號, 福岡, 福岡大學総合硏究所.
小田富士雄, 2000,「百済古墳文化と北部九州 - 特に橫穴式石室について - 」,『日本所在百済文化財調査報告書2 - 九州地方 - 』(國立公州博物館硏究叢書第11冊), 公州, 國立公州博物館.
浅岡俊夫, 2001,「韓國古墳副葬品の脚台打ち欠き祭祀」,『立命館大學考古學論集Ⅱ』, 京都, 立命館大學考古學論集刊行會編.
吉井秀夫, 2002,「朝鮮三國時代における墓制の地域性と被葬者集團」,『考古學硏究』 第49巻第3號, 岡山, 考古學硏究會.
홍보식, 2002,『신라 후기 고분문화 연구』, 서울, 춘추각.
河上邦彦(編), 2003,『季刊考古學82-終末期古墳とその時代-』, 東京, 雄山閣.
北村多加史, 2004,『風水と天皇陵』, 東京, 講談社.
田中良之, 2004,「殯再考」,『福岡大學考古學論集-小田富士雄先生退職記念-』, 小田富士雄先生退職記念事業會.森下浩行, 1986,「日本における橫穴式石室の出現とその系譜」,『古代學硏究』 111, 大阪, 古代學硏究會.
山本孝文, 2006,『삼국시대 율령의 고고학적 연구』, 서울, 서경출판사.
岡本敏行, 2006,「石櫃を持つ火葬墓-伊福吉部足比売墓と名古曽火葬墓」,『大阪文化財硏究』 第30集, 大阪, 財團法人大阪府文化財センター.
吉井秀夫, 2010,『古代朝鮮墳墓にみる國家形成』, 京都, 京都大學出版會.
大田裕樹, 2011,「日韓古代火葬墓の比較硏究ー日本古代の火葬墓の系譜をめぐってー」,『日韓文化財論集』 1, 奈良, 奈良文化財硏究所.
조윤재, 2012,「中國의 塼室墓와 百濟의 塼室墓」,『송산리 고분군 기초자료집(논고)』(국립공주박물관 연구총서 25), 국립공주박물관.

김용성, 2014, 「백제 후기 능묘와 능원의 특성」, 『문화재』 47-2, 대전, 국립문화재연구소.
金奎運, 2014, 『古墳からみた日本列島と韓半島』(文學硏究科博士學位論文), 京都, 京都大學大學院.
金俊植, 2019, 『加耶橫穴式石室硏究』(考古人類學科博士學位論文), 慶北大學校大學院.
한옥민, 2019, 『영산강유역 고분의 축조연구』, 과천, 진인진.
조윤재, 2019, 「古代 中國 鎭墓獸의 變容과 武寧王陵 鎭墓獸 再論」, 『백제연구』 69, 대전, 충남대학교 백제연구소.
小林孝秀(著), 鄭仙雲(譯), 2020, 「橫穴式石室 導入으로 본 東日本과 加耶」, 『慶北大學校考古人類學科40周年記念論叢유라시아歐亞 고고考古와 문화文化』, 大邱, 慶北大學校考古人類學科40周年記念論叢刊行委員會.

32. 영산강유역榮山江流域 전방후원분前方後圓墳

姜仁求, 1983, 「咸安·固城地方에서의 前方後圓墳 발견의 의의」, 『영남대학교신문』 1048, 경산, 영남대학교.
姜仁求, 1984, 『三國時代墳丘墓硏究』, 慶山, 嶺南大學校出版部.
森浩一(編), 1984, 『韓國の前方後圓墳-松鶴洞1號墳問題について』, 東京, 社會思想社.
成洛俊, 1993, 「전남지방 장고분의 축조기획에 대하여」, 『역사학연구』 12, 광주, 전남대학교사학회.
林永珍, 1994, 「광주 월계동 장고분 2기」, 『한국고고학보』 31, 한국고고학회.
東潮, 1995, 「榮山江流域の慕韓」, 『考古學硏究會40周年記念論文集-展望考古學-』, 岡山, 考古學硏究會.
土生田純之, 1996, 「朝鮮半島の前方後圓墳」, 『人文科學年報』 26, 神奈川, 專修大學人文科學硏究所.
岡內三眞(編), 1996, 『韓國の前方後圓形墳』, 東京, 雄山閣.
李正鎬, 1996, 「전방후원형 고분의 연구사 검토」, 『호남고고학보』 4, 호남고고학회.
小田富士雄, 1997, 「韓國の前方後圓形墳」, 『福岡大學人文論叢』 28-4, 福岡, 福岡大學.
林永珍, 1997, 「호남지역 석실분과 백제의 관계」, 『호남고고학의 제문제』, 제21회 한국고고학회 발표요지.
朴淳發, 1998, 「4~6世紀 榮山江流域의 動向」, 『百濟史上의 戰爭』(第9回百濟硏究 國際學術大會), 大田, 忠南大學校百濟硏究所.
崔盛洛, 1999, 「전방후원형 고분의 연구현황과 과제」, 『박물관 연보』 8, 무안, 목포대학교박물관.
土生田純之, 2000, 「韓·日前方後圓墳의 比較檢討 - 石室構造와 葬送儀礼를 中心으로 - 」, 『韓國의前方後圓墳』, 白馬學術叢書 11, 大田, 忠南大學校出版部.
申敬澈·朱甫暾·朴淳発·土生田純之·北條芳隆, 2000, 『韓國의 前方後圓墳』, 白馬學術叢書11, 大田, 忠南大學校出版部.
朱甫暾, 2000, 「百濟의 榮山江流域支配方式과 前方後圓墳被葬者의 性格」, 『韓國의前方後圓墳』, 白馬學術叢書 11, 大田, 忠南大學校出版部.

朴淳發, 2000, 「백제의 남천과 영산강유역 정치체의 재편」, 『韓國의 前方後圓墳』, 白馬學術叢書 11, 大田, 忠南大學校出版部.
林永珍, 2000, 「영산강유역 석실봉토분의 성격」, 『영산강 유역 고대사회의 새로운 조명』, 무안, 역사문화학회·전라남도.
田中俊明, 2000, 「榮山江流域 前方後圓形古墳의 性格」, 『榮山江流域 古代社會의 새로운 照明』, 무안, 歷史文化學會·木浦大學校博物館.
土生田純之, 2000, 「日韓前方後圓墳の比較検討 - 石室の構造と葬送儀礼を中心として - 」, 『專修考古學』 8, 神奈川, 專修大學考古學會.
近藤義郎, 2001, 「韓國の前方後圓形古墳」, 『前方後圓墳に學ぶ』, 東京, 山川出版社.
橋本博文, 2001, 「韓國の前方後圓墳」, 『アシアンレター』 8, 本庄, 「東アジアの歷史と文化」, 懇話會.
東潮, 2001, 「倭と榮山江流域-倭韓の前方後圓墳をめぐって-」, 『朝鮮學報』 179, 天理, 朝鮮學會.
柳澤一男, 2001, 「全南地方の榮山江型横穴式石室の系譜と前方後圓墳」, 『朝鮮學報』 179, 天理, 朝鮮學會.
吉井秀夫, 2001, 「榮山江流域の三國時代墓制とその解釈をめぐって」, 『朝鮮史研究會論文集』 39, 朝鮮史研究會.
西谷正, 2001, 「韓國の前方後圓墳をめぐる諸問題」, 『朝鮮學報』 179, 天理, 朝鮮學會.
西谷正, 2001, 「韓國の前方後圓墳と古代の日本」, 『東アジアの古代文化』 109, 東京, 大和書房.
申大坤, 2001, 「榮山江流域の前方後圓墳」, 『飛鳥の王権と加賀の渡来人』, 金澤, 石川縣立歷史博物館.
姜仁求, 2001, 『韓半島의前方後圓墳論集』, 서울, 동방미디어.
諫早直人, 2002, 「榮山江流域における前方後圓墳の被葬者像」, 東京, 早稲田大學教育學部卒業論文.
朴天秀, 2002, 「榮山江流域における前方後圓墳の被葬者の出自とその性格」, 『考古學研究』 49-2, 岡山, 考古學研究會.
朴天秀, 2002, 「榮山江流域と加耶地域における倭系古墳の出現過程とその背景」, 『古墳時代の日韓交流 - 熊本の古墳文化を探る - 』, 熊本, 肥後考古學會·熊本古墳研究會.
朝鮮學會(編), 2002, 『前方後圓墳と古代の日朝関係』, 東京, 同成社.
朴天秀, 2003, 「榮山江流域と加耶地域における倭系古墳の出現過程とその背景」, 『熊本古墳研究』1, 熊本古墳研究會.
朴天秀, 2003, 「韓國全羅道前方後圓墳地域の歷史的な性格と倭」, 『國學院大學(21世紀COEプログラム), 熊本シンポジウム-古代九州の古墳文化と韓國の前方後圓墳』, 東京, 國學院大學.
朴天秀, 2003, 「榮山江流域における前方後圓墳の出現の歷史的背景」, 『東アジアの古代文化』117, 東京, 大和書房.
朴天秀, 2003, 「榮山江流域における前方後圓墳からみた古代の韓半島と日本列島」, 『古代東アジアの異文化間交流と文化形成(東アジア異文化間交流史研究會第2回國際研究會議資料集)』, 東京, 國學院大學21世紀COEプログラム.

土生田純之, 2003,「前方後圓墳をめぐる韓と倭」,『古代東アジアの異文化間交流と文化形成(東アジア異文化間交流史研究會第2回國際研究會議資料集)』, 東京, 國學院大學21世紀COEプログラム.

柳沢一男, 2003,「韓國の前方後圓墳と中·北部」,『古代東アジアの異文化間交流と文化形成(東アジア異文化間交流史研究會第2回國際研究會議資料集)』, 東京, 國學院大學21世紀COEプログラム.

國學院大學21世紀COEプログラム, 2003『國學院大學(21世紀COEプログラム)熊本シンポジウム-古代九州の古墳文化と韓國の前方後圓墳』, 東京, 國學院大學.

國學院大學21世紀COEプログラム, 2003,『古代東アジアの異文化間交流と文化形成(東アジア異文化間交流史研究會第2回國際研究會議資料集)』, 東京, 國學院大學21世紀COEプログラム.

林永珍, 2004,「영산강유역 삼국시대 고분문화의 성격과 추이에 대한 토론요지」,『밖에서 본 湖南考古學의 성과와 쟁점』, 全州, 第12回 湖南考古學會発表文.

禹在柄, 2004,「榮山江流域 前方後圓墳의 出現과 그 背景」,『湖西考古學』10, 湖西考古學會.

洪漕植, 2004,「영산강유역 삼국시대 고분문화의 성격과 추이」,『밖에서 본 湖南考古學의 성과와 쟁점』, 무안, 第12回 湖南考古學會発表文.

崔盛洛, 2004,「전방후원형 성격에 대한 재고」,『한국상고사학보』44, 한국상고사학회.

朴天秀, 2004,「榮山江流域における前方後圓墳が提起する諸問題」,『歷史と地理』577, 東京, 山川出版社.

朴天秀, 2005,「榮山江流域における前方後圓墳からみた古代の韓半島と日本列島」,『日韓交流展-海を渡った日本文化 바다를 건넌 일본문화-』, 西都原, 西都原考古博物館.

朴天秀, 2006,「榮山江流域 前方後圓形古墳을 통해 본 5-6세기 韓半島와 日本列島」,『百濟研究』43, 大田, 忠南大學校 百濟研究所.

辻秀人, 2006,「榮山江流域의 前方後圓墳과 倭國 周緣地域의 前方後圓墳」,『百濟研究』44, 大田, 忠南大學校 百濟研究所.

朴天秀, 2010,「榮山江流域의 前方後圓墳 被葬者의 性格과 出現의 歷史的 背景」,『韓日歷史爭點論集前近代編』(2010內部資料), 서울, 東北亞歷史財團.

大韓文化財研究院(編), 2011,『韓半島의 前方後圓墳』(東北亞細亞 古代交流關係史1), 서울, 學研文化社.

朴天秀, 2011,「榮山江流域의 前方後圓墳에 대한 研究史 檢討와 새로운 照明」,『韓半島의 前方後圓墳』(東北亞細亞 古代交流關係史1), 서울, 學研文化社.

延敏洙, 2011,「榮山江流域의 前方後圓墳 被葬者와 性格」,『韓半島의 前方後圓墳』(東北亞細亞 古代交流關係史1), 서울, 學研文化社.

정기진, 2014,「전남 서부지역 전방후원형분 축조세력 검토」,『야외고고학』, 대전, 한국문화유산협회.

高田貫太, 2019,『異形の古墳-朝鮮半島の前方後圓形墳-』, 東京, 角川選書.

國立羅州博物館, 2019,『韓國의 長鼓墳』, 羅州, 國立羅州博物館.

馬韓研究院(編), 2020, 『長鼓墳의 被葬者와 築造 背景』(馬韓研究院 叢書8), 學研文化社.
朴重煥, 2020, 「長鼓形古墳의 分布와 出現背景」, 『長鼓墳의 被葬者와 築造 背景』(馬韓研究院 叢書8), 學研文化社.
金俊植, 2020, 「長鼓峰類型 倭系石室의 再檢討와 被葬者의 性格」, 『長鼓墳의 被葬者와 築造 背景』(馬韓研究院 叢書8), 學研文化社.
金奎運, 2020, 「韓半島 倭계석실과 前方後圓墳의 成格」, 『長鼓墳의 被葬者와 築造 背景』(馬韓研究院 叢書8), 學研文化社.
朴天秀, 2020, 「古代の朝鮮半島と日本列島」, 『渡來系移住民』, 東京, 岩波書店.
高田貫太, 2020, 「日本考古學에서 前方後圓墳에 대한 歷史的認識의 現狀과 課題-榮山江流域 前方後圓墳과 關聯하여-」, 『慶北大學校考古人類學科40周年記念論叢유라시아歐亞 고고考古와 문화文化』, 大邱, 慶北大學校考古人類學科40周年記念論叢刊行委員會.
박형렬, 2022, 「호남지역 장고분의 상대순서와 공간적 의의」, 『호남고고학보』 70, 호남고고학회.

33. 영산강유역榮山江流域 출토出土 하니와埴輪

1) 일본열도日本列島 하니와埴輪

川西宏幸, 1978, 「圓筒埴輪總論」, 『考古學雜誌』 64-2, 東京, 日本考古學會.
高橋克壽, 1992, 「埴輪の種類と編年 2器財埴輪」, 『古墳時代の研究9』, 東京, 雄山閣.
小栗明彦, 1992, 「埴輪倒立技法の問題」, 『史學研究集錄』 17, 東京, 國學院大學大學院日本史學專攻大學院會.
犬塚康博, 1994, 「「味美技法」批判」, 『名古屋市博物館研究紀要』 17, 名古屋, 名古屋市博物館.
高橋徹, 1992, 「埴輪の種類と編年 G九州」, 『古墳時代の研究』 9, 東京, 雄山閣.
高橋克壽, 1996, 『歴史発掘9埴輪の世紀』, 東京, 講談社.
岸本圭, 1996, 「北部九州における圓筒埴輪の規格性」, 『九州考古學』 71, 福岡, 九州考古學會.
高橋克壽, 2011, 「形象埴輪と葬送祭祀」, 『古墳時代の考古學3 墳墓構造とと葬送祭祀』, 東京, 同成社.
高橋克壽, 2015, 「人物埴輪の創出と古墳祭祀」, 『前方後方墳と東西出雲の成立に関する研究』(島根縣古代文化センター研究論集第 14), 島根縣古代文化センター.
高橋克壽, 2015, 「人物埴輪論の見直し」, 『花園大學考古 學研究論叢』Ⅲ, 京都, 花園大學考古學研究室.
若狹徹, 2022, 『埴輪』, 東京, 角川ヒイア文庫.

2) 영산강유역榮山江流域 하니와埴輪

小栗明彦, 1997, 「東海·北陸·韓國の埴輪に見る關係」, 『第5回春日井シンポジウム資料集』, 春日井市教育委員會文化財課.
小栗明彦, 1997, 「光州明花洞1號墳出土埴輪の評價」, 『古代學研究』 137, 大阪, 古代學研究會.
鐘方正樹, 1999, 「2條突帶の圓筒埴輪」, 『埴輪論叢』 1, 埴輪検討會.

小栗明彦, 2000, 「全南地方 出土 埴輪의 意義」, 『百濟硏究』 第32輯, 大田, 忠南大學校百濟硏究所.
禹在柄, 2000, 「영산강유역 전방후원분 출토 원통형토기에 관한 시론」, 『百濟硏究』 第31輯, 大田, 忠南大學校百濟硏究所.
朴淳發, 2001, 「영산강유역 전방후원분과 植輪」, 『한일 고대인의 흙과 삶』, 전주, 국립전주박물관 특별전 도록.
太田博之, 2001, 「全羅南道の埴輪とその特質」, 『アシアンレター』 第8號, 本庄, 「東アジアの歴史と文化」懇話會.
大竹弘之, 2002, 「韓國全羅南道の圓筒形土器-いわゆる埴輪形土製品をめぐって-」, 『前方後圓墳と古代の日朝関係』, 東京, 同成社.
大竹弘之, 2003, 「韓國全羅南道の圓筒形土器Ⅱ - 韓國培材大學校博物館所蔵の圓筒形土器の紹介と前稿の補訂 - 」, 『考古學に學ぶ(Ⅱ)』(同志社大學考古學シリーズⅧ, 考古學研究室開設五十周年記念), 京都, 同志社大學考古學シリーズ刊行會.
林永珍, 2006, 「墳周土器를 통해 본 韓日關係 一面」, 『古文化』 67, 서울, 한국박물관협회.
이영철, 2007, 「壺形墳周土器의 등장과 시점」, 『호남고고학보』 25, 호남고고학회.
坂靖, 2015, 「긴키지방의 하니와와 한반도 남부의 하니와」, 『한국의 원통형토기(분주토기)』, 나주, 국립나주문화재연구소.
廣瀨寬, 2017, 「榮山江流域 圓筒形埴輪의 展開過程」, 『國立歷史民俗博物館硏究報告』 217, 千葉, 國立歷史民俗博物館.
賀來貴代, 2018, 「咸平金山里方臺形墳出土埴輪について」, 『日韓埴輪の比較検討と倭系古墳出現の歴史的な背景』, 大邱, 京都國立博物館硏究費検討會·慶北大學校.
犬木努, 2018, 「咸平金山里方臺形墳出土埴輪のハケメ分析の現状と課題をふくめて」, 『日韓埴輪の比較検討と倭系古墳出現の歴史的な背景』, 大邱, 京都國立博物館硏究費検討會·慶北大學校.
김수빈, 2018, 『榮山江流域 圓筒形土器의 展開와 意味』(文化人類學科 碩士學位論文), 慶山, 嶺南大學校 大學院.
반야스시(坂靖), 2020, 「韓半島 하니와(埴輪)와 前方後圓墳의 被葬者像」, 『長鼓墳의 被葬者와 築造背景』(馬韓硏究院 叢書8), 學硏文化社.

34. 옥석제품玉石製品

1) 옥제품玉製品

崔恩珠, 1986, 「韓國 曲玉의 硏究」, 『崇實史學』 4, 서울, 崇實大學校史學會.
森浩一(編), 1988, 『古代翡翠文化の謎』, 東京, 新人物往来社.
森浩一(編), 1990, 『古代翡翠道の謎』, 東京, 新人物往来社.
門田誠一, 1992, 「ヒスイ·日本と朝鮮半島との交易」, 『海でむすばれた人々 - 古代東アジアの歴史とくらし - 』, 京都, 同朋社出版.
寺岡光晴, 1995, 『日本の翡翠』, 東京, 吉川弘文館.
早乙女雅博·早川泰弘, 1997, 「日韓硬玉製勾玉の自然科學分析」, 『朝鮮學報』 162, 天理, 朝鮮學會.

大賀克彦, 2005,「稲童古墳群の玉類について-古墳時代中期後半における玉の伝世-」,『稲童古墳群-福岡縣行橋市稲童所在の稲童古墳群調査報告』, 行橋, 行橋市教育委員會.
朴天秀·林童美, 2013,「新羅·加耶의 玉」,『韓國 先史·古代의 玉硏究』, 부산, 복천박물관.
古代歷史文化協議會, 2018,『玉-古代を彩る至寶-』, 松江, ハーベスト出版.
谷澤亜里, 2020,『玉からみた古墳時代の開始と社会変革』, 東京, 同成社.

2) 석제품石製品

米田文孝, 1991,「7石製品」,『古墳時代の硏究8古墳Ⅱ副葬品』, 東京, 雄山閣.
申敬澈, 1994,「伽耶地域出土倭系遺物の歷史的意義」,『伽耶および日本の古墳出土遺物の比較研究』, 佐倉, 國立歷史民俗博物館.
河村好光, 1995,「海をわたってきた鏃形碧玉製品」,『考古學研究會40周年記念論集-展望考古學-』, 岡山, 考古學研究會.

3) 석제石製 모조품模造品

白石太一郎, 1985,「神まつりと古墳の祭祀-古墳出土石製模造品を中心として-」,『國立歷史民俗博物館研究報告』第7集, 佐倉, 國立歷史民俗博物館.
木下亘, 1991,「8石製模造品」,『古墳時代の研究8古墳Ⅱ-副葬品-』, 東京, 雄山閣.
河野一隆, 2003,「石製模造品の編年と儀礼の展開」,『帝京大學山梨文化財研究所研究報告第11集-特集古墳時代中期の諸様相-』, 山梨, 帝京大學山梨文化財研究所.

35. 류구열도산패제품琉球列島産貝製品

木下尙子, 1994,「イモガイをつけた馬具—騎馬文化の中の南海産貝—」,『倭國の形成と東アジアの騎馬文化』第11回 古代史シンポジウム.
木下尙子, 1996,『南島貝文化の研究』, 東京, 法政大學出版部.
木下尚子, 2001,「古代朝鮮·琉球交流試論 - 朝鮮半島における紀元1世紀から7世紀の大型巻貝使用製品の考古學的検討」,『青丘學術論集』第18集, 東京, 韓國文化研究振興財團.
木下尙子, 2002,『韓半島の琉球列島産貝製品-1~7世紀を對象に-』,『韓半島考古學論叢』, つくば, すずさわ書店.
유병일, 2012,「嶺南地域에서 출토된 交流관련 動物遺體(조가비)」,『嶺南考古學』61, 嶺南考古學會.
中村友昭, 2014,「琉球列島産貝製品かたみた地域間交流」,『古墳時代の地域間交流Ⅱ』, 第17回九州前方後圓墳研究會.
朴天秀·李炫姃, 2014,「琉球列島産貝製品かたみた地域間交流」,『海洋交流의 考古學』(第11回 嶺南考古學會·九州考古學會合同交流會), 那覇, 嶺南考古學會·九州考古學會.

36. 관재棺材

尾中文彦, 1939,「古墳其の他古代の遺跡より発掘されたる木材」,『木材保存』第7第4號, 東京, 木材保存會.
강동석, 2006, 「한일 고분출토 목관의 비교」, 『문화재』 39, 대전, 국립가야문화재연구소.
박상진·강애경, 2011, 「창녕 송현동6·7호분 출토 목제유물의 수종분석」, 『창녕 송현동고분군 I -6·7호분 발굴조사보고-』(學術研究叢書第50輯), 昌原, 국립가야문화재연구소.

II. 일본 도록과 자료집日本 圖錄과 資料集

1. 도록圖錄

1) 규슈九州

(1) 후쿠오카현福岡縣

福岡市立歷史博物館, 1986,『早良王墓とその時代-墳墓が語る激動の彌生社會-』, 福岡, 福岡市立歷史博物館.

岩戸山歷史資料館, 1988,『岩戸山歷史資料館展示圖録』, 八女, 八女市教育委員會.

北九州市立考古博物館, 1989,『五世紀の北九州-倭の五王時代の國際交流-』, 北九州, 北九州市立考古博物館.

北九州市立考古博物館, 1993,『終末期古墳の世界-高松塚とその時代-』, 北九州, 北九州市立考古博物館.

志摩町歷史資料館, 1997,『伊都國発掘'97 - 近年の発掘調査成果展 - 道と交易』, 志摩町歷史資料館.

宗像大社神寶館, 2003,『「海の正倉院」沖の島』, 宗像, 宗像大社.

福岡市博物館, 2004,『百済武寧王と倭の王たち秘められた黄金の世紀展』, 福岡, 福岡市博物館.

福岡市博物館, 2007,『古代の博多鴻臚館とその時代』, 福岡, 福岡市博物館.

九州國立博物館, 2010,『九州國立博物館開館5周年記念特別展馬アジアを駆けた二千年』, 福岡, 九州國立博物館.

行橋市歷史資料館, 2012,『大王に仕えた豊の豪族』, 行橋, 行橋市歷史資料館.

行橋市歷史資料館, 2015,『稲童古墳群展』, 行橋, 行橋市歷史資料館.

行橋市教育委員會, 2017,『邪馬台國時代の豊』, 行橋, 行橋市歷史資料館.

福岡市博物館, 2017,『よみがえれ鴻臚館-行き交う人々と唐物-』, 福岡, 福岡市博物館.

九州國立博物館, 2017,『宗像沖の島と大和朝廷』, 福岡, 九州國立博物館.

(2) 사가현佐賀縣

佐賀縣立博物館, 1998,『日本の古墳-僕が調べた歷史の謎-』, 佐賀, 佐賀縣立博物館.

佐賀縣立名護屋城博物館, 1999,『倭國と加耶-古代の海をこえて-』, 佐賀, 佐賀縣立博物館.

(3) 구마모토현熊本縣

熊本縣立裝飾古墳館, 1980,『古代遺跡発掘展』, 熊本, 熊本縣立裝飾古墳館.

熊本縣立裝飾古墳館, 1992,『裝飾古墳 -よみがえる古代·裝飾古墳の世界-』, 熊本, 熊本縣立裝飾古墳館.

熊本縣立裝飾古墳館, 1995,『宮崎縣の裝飾古墳と地下式横穴墓』, 熊本, 熊本縣立裝飾古墳館.

熊本縣立裝飾古墳館, 1996,『全國の裝飾古墳2 大分縣の裝飾古墳』, 熊本, 熊本縣立裝飾古墳館.

熊本縣立裝飾古墳館, 1997,『福岡縣の裝飾古墳』, 熊本, 熊本縣立裝飾古墳館.

熊本縣立装飾古墳館, 1998,『今どきの考古學』, 熊本, 熊本縣立装飾古墳館.
熊本縣立装飾古墳館, 1998,『佐賀縣·長崎縣の装飾古墳』, 熊本, 熊本縣立装飾古墳館.
熊本縣立装飾古墳館, 1999,『中國·四國地方の装飾古墳』, 熊本, 熊本縣立装飾古墳館.
熊本縣立装飾古墳館, 2000,『近畿地方の装飾古墳』, 熊本, 熊本縣立装飾古墳館.
熊本縣立装飾古墳館, 2003,『肥後の至宝展Ⅰ 新発見·再発見 菊池川の古代遺跡』, 熊本, 熊本縣立装飾古墳館.
熊本縣立装飾古墳館, 2009,『茨城縣の装飾古墳』, 熊本, 熊本縣立装飾古墳館.

(4) 미야자키현宮崎縣

西都原考古博物館, 2004,『遺物たちの復帰展』, 西都原, 西都原考古博物館.
西都原考古博物館, 2004,『日韓交流展-それでも騎馬文化はやってきた 그래도 기마문화는 왔다-』, 西都原, 西都原考古博物館.
西都原考古博物館, 2005,『日韓交流展-海を渡った日本文化 바다를 건넌 일본문화-』, 西都原, 西都原考古博物館.
西都原考古博物館, 2007,『巨大古墳の時代 -九州南部の中期古墳-』, 西都原, 西都原考古博物館.
西都原考古博物館, 2007,『日韓交流展　王者の装い』, 西都原, 西都原考古博物館.
西都原考古博物館, 2008,『日韓の武具 한국과 일본의 무구』, 西都原, 西都原考古博物館.
西都原考古博物館, 2011,『覇者の愛した煌めき -六世紀代の日韓金銅製品-』, 西都原, 西都原考古博物館.
西都原考古博物館, 2012,『日向の古墳Ⅰ 蒼き海路を統べるもの』, 西都原, 西都原考古博物館.
西都原考古博物館, 2012,『日向の古墳Ⅱ 山之将軍と里之王は地底の奥津城に眠る』, 西都原, 西都原考古博物館.
西都原考古博物館, 2013,『山之将軍と里之王は地底の奥津城に眠る』, 西都原, 西都原考古博物館.
西都原考古博物館, 2013,『韓國中原と南九州 -日韓の古墳の多様性を検討する-』, 西都原, 西都原考古博物館.
西都原考古博物館, 2014,『西都原を逸品たち』, 西都原, 西都原考古博物館.
西都原考古博物館, 2014,『埴輪を科學する』, 西都原, 西都原考古博物館.
西都原考古博物館, 2014,『日向の神々と出雲の神々』, 西都原, 西都原考古博物館.
西都原考古博物館, 2015,『生目·西都原·新田原』, 西都原, 西都原考古博物館.
西都原考古博物館, 2016,『火内と辺境 -隼人と蝦夷-』, 西都原, 西都原考古博物館.
西都原考古博物館, 2017,『日向諸縣君と葛城氏』, 西都原, 西都原考古博物館.

2) 서일본西日本

(1) 히로시마현廣島縣

廣島縣立歴史民俗資料館, 1994,『古墳と大陸文化』, 廣島, 廣島縣立歴史民俗資料館.

(2) 에히메현愛媛縣
松山市考古館, 2002,『海を渡ってきたひと·もの·わざ』, 松山, 松山市考古館.

(3) 오카야마현岡山縣
津山郷土博物館, 2003,『渡来人』, 津山, 津山郷土博物館.

(4) 도쿠시마현徳島縣
徳島縣立博物館, 1992,『四國の古墳』, 徳島, 徳島縣立博物館.

(5) 시마네현島根縣
島根縣八雲立つ負風土記の丘資料館, 1979,『隠岐の國』, 松江, 島根縣八雲立つ負風土記の丘資料館.
島根縣八雲立つ負風土記の丘資料館, 1991,『古代の出雲と朝鮮半島-日本海が結ぶ古代文化交流-』, 松江, 島根縣八雲立つ負風土記の丘資料館.
島根縣八雲立つ負風土記の丘資料館, 1996,『黄金に魅せられた倭人たち』, 松江, 島根縣八雲立つ負風土記の丘資料館.
島根縣立古代出雲歷史博物館, 2009,『輝く出雲ブランド-古代出雲の玉作り』, 松江, 島根縣立古代出雲歷史博物館.
古代出雲歷史博物館, 2011,『壯大なる交流』, 松江, 島根縣立古代出雲歷史博物館.
京都國立博物館島根縣立古代出雲歷史博物館, 2012,『大出雲展』, 松江, 島根縣立古代出雲歷史博物館.
島根縣八雲立つ負風土記の丘資料館, 2022,『出雲石見隠岐古墳文化』, 松江, 島根縣八雲立つ負風土記の丘資料館.

3) 긴키近畿
(1) 효고현兵庫縣
兵庫縣立博物館, 1996,『大王の世紀-兵庫の古墳と文化-』, 兵庫, 兵庫縣立博物館.
姫路市埋蔵文化財センター, 2005,『開館記念特別展宮山古墳』, 姫路, 姫路市埋蔵文化財センター.
兵庫縣立考古博物館, 2010,『アメノヒボコの考古學』, 兵庫, 兵庫縣立考古博物館.

(2) 교토부京都府
京都文化博物館, 1989,『海を渡って来た人と文化-古代日本と東アジア-』, 京都, 京都文化博物館.
京都大學文學部博物館, 1993,『紫金山古墳と石山古墳』, 京都, 京都大學文學部博物館.
京都國立博物館, 1993,『倭國』, 京都, 京都國立博物館.
京都大學總合博物館, 1997,『王者の武装-5世紀の金銅技術-』, 京都, 京都大學總合博物館.
京都市, 2012,『平安京以前-古墳が造られた時代-』(京都市文化財ブックス第26集), 京都, 京都市.

京都文化博物館, 2015,『日本のふるさと-大丹後展-』, 京都, 京都文化博物館.

(3) 오사카부大阪府

大阪府教育委員會·大阪市文化財協會, 1989,『よみかえる古代船と5世紀の大阪』, 大阪, 大阪府教育委員會·大阪市文化財協會.
吹田市立彌生文化博物館, 1993,『海を渡ってきた陶人たち』, 大阪, 吹田市立彌生文化博物館.
大阪府埋蔵文化財協會, 1993,『須恵器の始まりをさぐる』, 大阪, 大阪府埋蔵文化財協會.
柏原市立歴史資料館, 1995,『高井田横穴群』, 柏原, 柏原市立歴史資料館.
東大阪郷土博物館, 2002,『うまかいのさと』, 東大阪, 東大阪郷土博物館.
四条畷市立歴史民俗資料館, 2002,『第17回特別展 みどりの風と古墳-忍岡古墳石室覆屋再建を記念して-』, 四条畷, 四条畷市立歴史民俗資料館.
池田市立歴史民俗資料館, 2004,『出みでは白兵を辟け-古墳時代対國外的軍事組織の編成-』, 大阪, 池田市立歴史民俗資料館.
四条畷市立歴史民俗資料館, 2004,『開館20周年記念特別展-馬と生きる-』, 四条畷, 四条畷市立歴史民俗資料館.
大阪歴史博物館, 2004,『古代都市誕生-飛鳥時代の仏教と國づくり-』, 大阪, 大阪歴史博物館.
八尾市立歴史民俗資料館, 2008,『八尾の渡来文化』, 八尾, 八尾市立歴史民俗資料館.
財團法人枚方市文化財協會, 2009,『圖録考古資料でみる枚方の歴史』, 枚方, 財團法人枚方市文化財協會.
大阪大學大學院文學研究科(編), 2014,『野中古墳と倭の五王の時代』, 大阪, 大阪大學.
大阪府立狭山池博物館, 2001,『古代の土木技術』, 開館記念特別展.
大阪府立狭山池博物館, 2007,『國土を拓いた金物たち』, 平成19年度特別展.
大阪府立狭山池博物館, 2011,『古代狭山池と臺地開發のはじまり』, 平成23年度特別展.
大阪府立狭山池博物館, 2012,『中世狭山池の水下世界』, 平成24年度特別展.
大阪府立狭山池博物館, 2016,『河内の開發とㄴ渡來人 -蔀屋北遺跡の世界-』, 狭山池築造1400年·平成 二八年度特別展.
大阪府立狭山池博物館, 2021,『狭山池のルーツ-古代東アジアのため池と土木技術-』(大阪府立狭山池博物館開館20周年記念令和三年度特別展), 大阪, 大阪府立狭山池博物館.
大阪府立狭山池博物館, 2022,『古墳時代導水施設の儀礼』(大阪府立狭山池博物館開館令和4年度特別展), 大阪, 大阪府立狭山池博物館.
大阪府立近つ飛鳥博物館, 2003,『黄金のアクセサリー-古墳時代の装身具-』, 大阪, 大阪府立近つ飛鳥博物館.
大阪府立近つ飛鳥博物館, 2004,『古墳から奈良時代墳墓へ-古代律令國家の墓制-』, 大阪, 大阪府立近つ飛鳥博物館.
大阪府立近つ飛鳥博物館, 2004,『今来才伎-古墳·飛鳥の渡来人-』, 大阪, 大阪府立近つ飛鳥博物館.

大阪府立彌生文化博物館, 2004,『大和王権と渡来人登場-三·四世紀の倭人社會-』, 大阪, 大阪府立近つ飛鳥博物館.
大阪府立近つ飛鳥博物館, 2006,『應神大王の時代-河内政権の幕開け-』, 大阪, 大阪府立近つ飛鳥博物館.
大阪府立近つ飛鳥博物館, 2006,『年代のものさし-陶邑の須恵器-』, 大阪, 大阪府立近つ飛鳥博物館.
大阪府立近つ飛鳥博物館, 2006,『河内内湖周邊に定着した渡来人』, 大阪, 大阪府立近つ飛鳥博物館.
大阪府立近つ飛鳥博物館, 2007,『河内古代寺院巡禮』, 大阪, 大阪府立近つ飛鳥博物館.
大阪府立彌生文化博物館, 2007,『発掘された大阪2007-水都大阪の國際交流史-』, 大阪, 大阪府立近つ飛鳥博物館.
大阪府立近つ飛鳥博物館, 2010,『ふたつの飛鳥の終末期古墳-河内飛鳥と大和飛鳥-』, 大阪, 大阪府立近つ飛鳥博物館.
大阪府立近つ飛鳥博物館, 2010,『継体大王の時代』, 大阪, 大阪府立近つ飛鳥博物館.
大阪府立近つ飛鳥博物館, 2011,『鉄とヤマト王権』, 大阪, 大阪府立近つ飛鳥博物館.
大阪府立近つ飛鳥博物館, 2012,『王と首長の神まつり』, 大阪, 大阪府立近つ飛鳥博物館.
大阪府立近つ飛鳥博物館, 2012,『倭人と文字の出會い』, 大阪, 大阪府立近つ飛鳥博物館.
大阪府立近つ飛鳥博物館, 2013,『考古學からみた推古期』, 大阪, 大阪府立近つ飛鳥博物館.
大阪府立近つ飛鳥博物館, 2014,『箸墓以降』, 大阪, 大阪府立近つ飛鳥博物館.
大阪府立彌生文化博物館, 2015,『古代出雲とヤマト王権』, 大阪, 大阪府立彌生文化博物館.
大阪府立彌生文化博物館, 2016,『鉄の彌生時代 -鉄器は社會を変えたのか?-』, 大阪, 大阪府立彌生文化博物館.
大阪府立近つ飛鳥博物館, 2016,『古墳とは何か』, 大阪, 大阪府立近つ飛鳥博物館.
大阪府立近つ飛鳥博物館, 2017,『東國尾張とヤマト王権』, 大阪, 大阪府立近つ飛鳥博物館.
大阪府立近つ飛鳥博物館, 2017,『古墳出現期の筑紫·吉備·機内』, 大阪, 大阪府立近つ飛鳥博物館.
大阪府立近つ飛鳥博物館, 2021,『玉からみた古墳時代』, 大阪, 大阪府立近つ飛鳥博物館.

(4) 나라현奈良縣

奈良國立文化財研究所飛鳥資料館, 1979,『日本古代の墓誌』, 奈良, 奈良國立文化財研究所飛鳥資料館.
奈良國立文化財研究所飛鳥資料館, 1979,『飛鳥時代の古墳』, 奈良, 奈良國立文化財研究所飛鳥資料館.
奈良國立文化財研究所, 1989,『平城京展 -再現された奈良の都-』. 奈良國立文化財研究所飛鳥資料館.
奈良國立文化財研究所, 1992,『飛鳥の工房』. 奈良國立文化財研究所飛鳥資料館.
奈良國立文化財研究所飛鳥資料館, 1999,『佛舍利埋納』, 飛鳥, 飛鳥資料館.

奈良國立文化財研究所飛鳥資料館, 2000,『飛鳥池遺蹟』, 奈良, 奈良國立文化財研究所飛鳥資料館.
奈良國立文化財研究所, 2002,『飛鳥·藤原展-古代律令國家の創造-』, 奈良, 朝日新聞社.
奈良國立文化財研究所飛鳥資料館, 2014,『はぎとり きりとり かたどり -大地にきざまれた記憶-』, 秋期特別展圖錄.
奈良國立博物館, 1994,『國寶法隆寺展』, 奈良, 奈良國立博物館.
奈良國立博物館, 1998,『天平』, 奈良, 奈良國立博物館.
奈良國立博物館, 2002,『大佛開眼1250年紀念-東大寺のすべて-』, 奈良, 奈良國立博物館.
奈良國立博物館, 2004,『金銀の古墳時代-副葬品にみる日韓交流の足跡-』, 奈良, 奈良國立博物館.
奈良國立博物館, 2010,『平成遷都1300年記念-大遣唐使展-』, 奈良, 奈良國立博物館.
奈良國立博物館, 2015,『白鳳-花ひらく佛教美術』, 奈良, 奈良國立博物館.
薬師寺, 1986,『薬師寺白鳳再建への道』, 奈良, 薬師寺.
奈良縣立橿原考古學研究所附屬博物館, 1981,『葛城の古墳と古代寺院』, 橿原, 奈良縣立橿原考古學研究所附屬博物館.
奈良縣立橿原考古學研究所附屬博物館, 1987,『倭の五王時代の海外交流-渡来人の足蹟-』, 橿原, 奈良縣立橿原考古學研究所附屬博物館.
奈良縣立橿原考古學研究所附屬博物館, 1988,『橿原考古學研究所50周年記念特別展-石舞台から藤ノ木古墳-』, 橿原, 奈良縣立橿原考古學研究所附屬博物館.
奈良縣立橿原考古學研究所附屬博物館, 1989,『古代の文化交流を探る-藤ノ木古墳-』, 橿原, 奈良縣立橿原考古學研究所附屬博物館.
奈良縣立橿原考古學研究所附屬博物館, 1989,『出土品とハイビジョン映像による-藤ノ木古墳とその時代展-』, 橿原, 奈良縣立橿原考古學研究所附屬博物館.
奈良縣立橿原考古學研究所附屬博物館, 1981,『葛城の古墳と古代寺院』.
奈良縣立橿原考古學研究所附屬博物館, 1992,『當麻石光寺と彌勒佛槪報』.
奈良縣立橿原考古學研究所附屬博物館, 1992,『1500年前のシルクロード-新沢千塚の遺寶とその源流-』, 橿原, 奈良縣立橿原考古學研究所附屬博物館.
奈良縣立橿原考古學研究所附屬博物館, 1995,『古代葛城の王』, 橿原, 奈良縣立橿原考古學研究所附屬博物館.
奈良縣立橿原考古學研究所附屬博物館, 1997,『常設展示圖錄大和の考古學』, 橿原, 奈良縣立橿原考古學研究所附屬博物館.
奈良縣立橿原考古學研究所附屬博物館, 1998,『大和まほろば』, 橿原, 奈良縣立橿原考古學研究所附屬博物館.
奈良縣立橿原考古學研究所附屬博物館, 1999,『蓮花百相-瓦からみた初期寺院の成立と展開-』, 橿原, 奈良縣立橿原考古學研究所附屬博物館.
奈良縣立橿原考古學研究所附屬博物館, 2000,『權威の象徵-古墳時代の威儀具』, 橿原, 奈良縣立橿原考古學研究所附屬博物館.
奈良縣立橿原考古學研究所附屬博物館, 2000,『大古墳展-大和王權と古墳の鏡-』, 東京, 東京新聞.

奈良縣立橿原考古學研究所附屬博物館, 2000,『大佛開眼 -東大寺の考古學-』, 平成12年度秋季特別展.

奈良縣立橿原考古學研究所附屬博物館, 2001,『聖德太子の遺蹟-斑鳩宮造営千四百年-』, 橿原, 奈良縣立橿原考古學研究所附屬博物館.

奈良縣立橿原考古學研究所, 2002,『大和考古學100年』, 橿原, 奈良縣立橿原考古學研究所.

奈良縣立橿原考古學研究所附屬博物館, 2002,『大和と東國-初期ヤマト政権を支えた力-』, 橿原, 奈良縣立橿原考古學研究所附屬博物館.

奈良縣立橿原考古學研究所附屬博物館, 2002,『政権交替-古墳時代前期前半のヤマト-』, 橿原, 奈良縣立橿原考古學研究所附屬博物館.

奈良縣立橿原考古學研究所附屬博物館, 2003,『馬と馬具の考古學-古墳時代の馬とので出會い-』, 橿原, 奈良縣立橿原考古學研究所附屬博物館.

奈良縣立橿原考古學研究所附屬博物館, 2003,『前方後圓墳-もう一人の主役-』, 橿原, 奈良縣立橿原考古學研究所附屬博物館.

奈良縣立橿原考古學研究所附屬博物館, 2005,『巨大埴輪とイワレの王墓』, 橿原, 奈良縣立橿原考古學研究所附屬博物館.

奈良縣立橿原考古學研究所附屬博物館, 2006,『海を越えたはるかな交流-橿原の古墳と渡来人-』, 橿原, 奈良縣立橿原考古學研究所附屬博物館.

奈良縣立橿原考古學研究所附屬博物館, 2006,『葛城氏の實像』, 橿原, 奈良縣立橿原考古學研究所附屬博物館.

奈良縣立橿原考古學研究所附屬博物館, 2007,『金の輝き、ガラスの煌めき-藤ノ木古墳の全貌』, 橿原, 奈良縣立橿原考古學研究所附屬博物館.

奈良縣立橿原考古學研究所附屬博物館, 2010,『はにわ人と動物たち』, 橿原, 奈良縣立橿原考古學研究所附屬博物館.

奈良縣立橿原考古學研究所附屬博物館, 2011,『仏教伝来』, 橿原, 奈良縣立橿原考古學研究所附屬博物館.

奈良縣立橿原考古學研究所附屬博物館, 2012,『三國志の時代-2·3世紀の東アジア-』, 橿原, 奈良縣立橿原考古學研究所附屬博物館.

奈良縣立橿原考古學研究所附屬博物館, 2012,『「日本國」の誕生 -古事記が出来たころ-』, 橿原, 奈良縣立橿原考古學研究所附屬博物館.

奈良縣立橿原考古學研究所附屬博物館, 2012,『やまとの地寶-遺物が語る奈良の歷史-』, 橿原, 奈良縣立橿原考古學研究所附屬博物館.

奈良縣立橿原考古學研究所附屬博物館, 2014,『彌生時代の墓 -死者の世界-』, 橿原, 奈良縣立橿原考古學研究所附屬博物館.

奈良縣立橿原考古學研究所附屬博物館, 2015,『継体大王とヤマト』, 橿原, 奈良縣立橿原考古學研究所附屬博物館.

奈良縣立橿原考古學研究所附屬博物館, 2016,『やまとのみやけと司祭者』, 橿原, 奈良縣立橿原考古學研究所附屬博物館.
奈良縣立橿原考古學研究所附屬博物館, 2016,『葛城氏を掘る』, 橿原, 奈良縣立橿原考古學研究所附屬博物館.

(5) 와카야마현和歌山縣

和歌山市立博物館, 2000,『大谷古墳とその遺物』, 和歌山, 和歌山市立博物館.
和歌山市立博物館, 2001,『渡来文化の波 - 5~6世紀の紀伊國を探る - 』, 和歌山, 和歌山市立博物館.
和歌山縣立紀伊風土記の丘, 2014,『須恵器誕生 - 新しい土器は古墳時代をどう変えたか - 』, 和歌山, 和歌山縣立紀伊風土記の丘.

(6) 시가현滋賀縣

大津市歷史博物館, 1993,『古代の宮都 よみがえる大津京』, 特別展.
大津市歷史博物館, 1995,『近江の古代を掘る -土に刻まれた歷史』, 開館5周年記念企劃展.
大津市立歷史博物館, 1996,『近江古代を掘る-土に刻まれた歷史-』, 大津, 大津市立歷史博物館.
滋賀縣立安土城考古博物館, 2001,『20世紀近江発掘ベスト10展』, 安土, 滋賀縣立安土城考古博物館.
滋賀縣立安土城考古博物館, 2001,『韓國より渡り来て-古代國家の形成と渡来人-』, 安土, 滋賀縣立安土城考古博物館.
野洲町立歷史民俗資料館, 2001,『古代國家の始まり-古代野洲の王たち-』, 野洲, 野洲町立歷史民俗資料館.
栗東歷史民俗博物館·(財)栗東市文化大陸振興事業團, 2003,『古墳時代の装飾品』, 栗東, 栗東歷史民俗博物館·(財)栗東市文化大陸振興事業團.
滋賀縣立安土城考古博物館, 2011,『湖と海の王-古墳時代の近江と越前·若狭·丹後-』, 安土, 滋賀縣立安土城考古博物館.
滋賀縣立安土城考古博物館, 2012,『湖を見つめた王-継体大王と琵琶湖-』, 安土, 滋賀縣立安土城考古博物館.
愛莊町歷史文化資料館, 2015,『エチ秦氏-渡来文化の興隆-』, 愛莊, 愛莊町歷史文化資料館.

(7) 미에현三重縣

梶本龜次郎, 1954,『三重考古圖錄』, 三重縣教育委員會.
三重縣埋蔵文化財センター, 2005,『第24回三重縣埋蔵文化財展石山古墳』, 三重縣埋蔵文化財センター.

4) 동일본東日本

(1) 후쿠이현福井縣

福井縣立若狭歷史民俗資料館, 1991,『躍動する若狭の王者たち-前方後圓墳の時代-』, 小浜, 福井縣立若狭歷史民俗資料館.
福井縣立博物館, 1994,『北陸の玉-古代のアクセサリー-』, 福井, 福井縣立博物館.
福井縣立若狭歷史民俗資料館, 1999,『若狭の古代遺蹟-発掘の成果と出土品-』, 小浜, 福井縣立若狭歷史民俗資料館.
若狭町歷史文化館, 2009,『常設展示圖錄』, 若狭, 若狭町歷史文化館.

(2) 도야마현富山縣

生駒勝浩·宇津裕人(編), 1994,『平成6年度特別企画展圖録 古代の須恵器 - 新技術の伝来 - 』, 富山, 富山縣埋蔵文化財センター.

(3) 이시카와현石川縣

石川縣歷史博物館, 1996,『波濤をこえて-古代中世東アジア交流-』, 金沢, 石川縣歷史博物館.

(4) 아이치현愛知縣

名古屋市博物館, 1985,『特別展古墳時代の馬具』, 名古屋, 名古屋市博物館.

(5) 나가노현長野縣

飯田市美術博物館·飯田市上郷考古博物館, 1997,『伊那谷の馬·科野の馬 - 古墳時代おける受容と廣がり - 』, 飯田, 飯田市美術博物館·飯田市上郷考古博物館.

(6) 야마나시현山梨縣

山梨縣考古博物館, 1994,『古墳時代の甲冑』, 山梨, 山梨縣考古博物館.

(7) 도쿄도東京都

毎日新聞社, 1968,『原色版國寶1』, 東京, 毎日新聞社.
大田區立鄕土博物館, 1994,『武蔵國造の乱』, 東京, 大田區立鄕土博物館.
五島美術館, 1998,『日本三彩綠釉』, 東京, 五島美術館.
世田谷區立鄕土博物館, 2000,『野毛大塚古墳の時代 - 畿內の王権と古代の東國 - 』, 東京, 足立區立鄕土博物館.
足立區立鄕土博物館, 2000,『古代伊興遺蹟の世界』, 東京, 足立區立鄕土博物館.
東京國立博物館, 1982,『寄贈小倉コレクション目録』, 東京, 東京國立博物館.
東京國立博物館, 1992,『伽耶文化展』, 東京, 東京國立博物館.
東京國立博物館, 1992,『復帰20周年記念特別展海上の道 - 沖縄の歷史と文化 - 』, 東京, 東京國立博物館.
東京國立博物館, 1996,『法隆寺金獻納寶物』, 東京, 東京國立博物館.
東京國立博物館, 1997,『日本のかたな-鐵のわざと武のこころ-』, 東京, 東京國立博物館.

東京國立博物館, 2000,『日本出土の舶載陶磁 - 朝鮮·渤海·ベトナム·タイ·イスラム - 』, 東京, 東京國立博物館.
東京國立博物館·九州國立博物館, 2013,『國寶大神社展』, 東京, 東京國立博物館.

(8) 군마현群馬縣

群馬縣立歷史博物館, 1990,『藤ノ木古墳と東國の古墳文化』, 高崎, 群馬縣立歷史博物館.
群馬縣立歷史博物館友の會, 1996,『圖説はにわの本』, 高崎, 群馬縣立歷史博物館友の會.
群馬縣立歷史博物館, 1999,『観音山古墳と東アジア世界 - 海を越えた鏡と水瓶の縁 - 』, 高崎, 群馬縣立歷史博物館.
群馬縣立歷史博物館, 2017,『海を渡って来た馬文化』, 高崎, 群馬縣立歷史博物館.

(9) 사이타마현埼玉縣

埼玉縣立博物館, 1994,『古代東國の渡来文化』, 埼玉縣立博物館.

(10) 요코하마시横浜市

横浜市立歷史博物館, 2004,『ヤマトとアヅマ』, 横浜, 横浜市立歷史博物館.
横浜市歷史博物館, 2007,『ヒトが移る モノが動く -古代の東國にその痕跡を探る-』, 特別展.

(11) 치바현千葉縣

松戶市立歷史博物館, 2012,『東日本の渡来文化-海を越える人とモノ-』, 松戶市, 松戶市立歷史博物館.

(12) 이바라키현茨城縣

茨城縣立歷史館, 1990,『特別展茨城の古墳』, 茨城, 茨城縣立歷史館.

(13) 후쿠시마현福島縣

福島縣立博物館, 1994,『會津大塚山古墳の時代 - 激動の三·四世紀 - 』, 會津若松, 福島縣立博物館.

2. 자료집資料集

(財)大阪府埋蔵文化財協會編, 1987,『彌生·古墳時代の大陸系土器の諸問題』(第21回埋蔵文化財研究集會), 埋蔵文化財研究會.
埋蔵文化財研究會, 1993,『甲胄出土古墳にみる武器武具の変遷』(第33回埋蔵文化財研究集會), 宮崎, 埋蔵文化財研究會.
埋蔵文化財研究會, 1993,『古墳時代における朝鮮系文物の傳播』(第34回 埋葬文化財研究集會), 奈良, 埋葬文化財研究會.
(財)滋賀縣文化財保護協會·滋賀縣立安土城考古博物館, 1996,『いにしえの渡りびと近江·河内·大和の渡来人-』(財團法人滋賀縣文化財保護協會25周年記念代7回埋蔵文化財調査研究會シンポジウム), 大津, (財)滋賀縣文化財保護協會·滋賀縣立安土城考古博物館.
まつおか古代実行委員会, 1997,『発掘された北陸の古墳報告会資料集』, まつおか古代実行委員会.
埋蔵文化財研究會, 1998,『中期古墳の展開と変革-5世紀における政治的社会的変化の具体相⑴』(第44回埋蔵文化財研究集會), 埋蔵文化財研究會.
林博通, 1998,『古代近江の遺跡』, 彦根, サンライズ出版.
埋蔵文化財研究會, 1998,『中期古墳の展開と変革-5世紀における政治的社會的変化の具体相⑴』(第44回埋蔵文化財研究集會), 埋蔵文化財研究會.
埋蔵文化財研究會, 1999,『渡来文化の受容と展開-5世紀における政治的社會的変化の具体相⑵』(第46回埋蔵文化財研究集會), 埋蔵文化財研究會.
九州前方後圓墳研究會, 1999,『九州における横穴式石室の導入と展開』(第42回九州前方後圓墳研究會), 熊本, 九州前方後圓墳研究會.
石川縣立歴史博物館, 2001,『日韓国際シンポジウム-飛鳥の王権と加賀の渡来人-』, 金沢, 石川縣立歴史博物館.
奈良文化財研究所, 2002,『銙帶をめぐる諸問題』, 奈良, 奈良文化財研究所.
土生田純之(編), 2003,『古墳時代東国における渡来系文化の受容と展開』, 神奈川, 専修大學文學部.
九州前方後圓墳研究會, 2005,『九州における渡来人の受容と展開』, 小郡, 九州前方後圓墳研究會.
第34回山陰考古學研究集會事務局(編), 2006,『古代の隠岐』(第34回山陰考古學研究集會資料集), 松江, 第34回山陰考古學研究集會事務局.
九州前方後圓墳研究會, 2007,『九州における中期古墳の再検討』, 熊本, 九州前方後圓墳研究會.
和田晴吾(編), 2007,『渡来文物からみた日韓交流の考古學的な研究』, 京都, 立命館大學文學部考古學研究室.
積山洋(編), 2010,『東アジアにおける難波宮と古代難波の國際的性格に関する総合研究』, 大阪, 財團法人大阪文化財協會.

III. 일본日本 발굴보고서 發掘報告書

1. 규슈九州

1) 나가사키현長崎縣

水野清一·樋口隆康·岡崎敬(編), 1953, 『対馬』(東方考古學叢刊2種6冊), 東亞考古學會.

小田富士雄(編), 1974, 『対馬 浅茅湾とその周辺の考古學調查』(長崎縣文化財調查報告書第17集), 長崎縣教育委員會.

坂田邦洋·永留史彦, 1974, 『恵比須山遺蹟発掘調查報告』, 峰, 長崎縣峰村教育委員會.

坂田邦洋, 1975, 『対馬の遺蹟』, 縄文文化研究會.

坂田邦洋, 1976, 『対馬の考古學』, 縄文文化研究會.

藤田和裕(編), 1976, 『原の辻遺跡』(長崎縣文化財調查報告書第26集), 長崎縣教育委員會.

高倉洋彰, 1980, 『対馬豊玉町ハロウ遺跡』, 豊玉町教育委員會.

高倉洋彰(編), 1980, 『洲藻遺跡』(美津島町文化財調查報告書第2集), 美津島町教育委員會.

豊玉町教育委員會, 1984, 『イノサエ遺跡』(豊玉町文化財調查報告書第5集), 豊玉町教育委員會.

長崎縣教育委員會, 1984, 『神ノ崎遺蹟』(小値賀町文化財調查報告書第4集), 小値賀, 小値賀町教育委員會.

藤田和裕(編), 1984, 『コフノサエ遺蹟』(上対馬町文化財調查報告書第1集), 長崎縣上対馬町教育委員會.

町田利幸(編), 1985, 『古田遺跡』(小佐々町文化財調查報告書第1集), 小佐々町教育委員會.

安楽勉·藤田和裕(編), 1985, 『名切遺跡』(長崎縣文化財調查報告書第71集), 長崎縣教育委員會.

正林護·宮﨑貴夫(編), 1985, 『カラカミ遺跡』(勝本町文化財調查報告書第3集), 勝本町教育委員會.

平川敬治編, 1985, 『串山ミルメ浦遺跡—第1次調查報告書—』(勝本町文化財調查報告書第4集), 勝本町教育委員會.

長崎市教育委員會, 1987, 『曲崎古墳群調查報告書』, 長崎市教育委員會.

正林護·長嶋徹, 1988, 『カラカミ遺跡』(勝本町文化財調查報告書第6集), 勝本町教育委員會.

高野晋司(編), 1988, 『かがり松鼻遺跡』(美津島町文化財調查報告書第3集), 美津島町教育委員會.

諫見富士郎·内山泰紀(編), 1988, 『上篠原遺跡』, 長崎縣立國見高等學校考古學研究部

長崎縣勝本町教育委員會, 1990, 『串山ミルメ浦遺蹟第3次調查報告書』(勝本町文化財調查報告書第8集), 勝本町教育委員會.

芦辺町教育委員會, 1990, 『鬼の窟古墳』, 芦辺町教育委員會.

宮﨑貴夫編, 1990, 『串山ミルメ浦遺跡—第3次調查報告書—』(勝本町文化財調查報告書第8集), 勝本町教育委員會.

長崎縣教育委員會, 1991, 「対馬塚古墳」, 『縣内古墳群細分布調查報告書』(長崎縣文化財調查報告書第106), 長崎縣教育委員會.

本田英樹(編), 1993, 『箕島遺蹟』(美津島町文化財調查報告書第6集), 美津島町教育委員會.

峰町教育委員會, 1993, 『大田原やもと遺蹟』(峰町文化財調查報告書第10集), 峰町教育委員會.

長崎縣峰村教育委員會, 1995,『峰町の遺蹟-三根湾岸の遺蹟-』, 峰村教育委員會.
甲斐田彰·塩塚浩一, 1996,『池ノ浦墳墓』(美津島町文化財調査報告書第7集), 美津島町教育委員會.
藤田和裕(編), 1998,『クワバル古墳』(上対馬町文化財調査報告書第6集), 上対馬町教育委員會.
長崎縣峰町教育委員會, 1998,『下ガヤノキ遺蹟付録吉田蒙古塚』, 峰町教育委員會.
安樂勉(編), 2000,『原の辻遺跡』(長崎縣埋蔵文化財センター調査報告書第18集), 長崎縣埋蔵文化財センター.
白石純悟, 2002,『車出遺跡·戸田遺跡·大谷遺跡』(郷ノ浦町文化財調査報告書第4集), 郷ノ浦町教育委員會.
田中聰一(編), 2005,『笹塚古墳』(壹岐市文化財調査報告書第5集), 壹岐市教育委員會.
田中聰一(編), 2006,『雙六古墳』(壹岐市文化財調査報告書第7集), 壹岐市教育委員會.
宮本一夫(編), 2009,『壱岐カラカミ遺跡Ⅱ』, 九州大學大學院人文科學研究院考古學研究室.
宮本一夫(編), 2013,『壱岐カラカミ遺跡Ⅳ』, 九州大學大學院人文科學研究院考古學研究室.
古澤義久(編), 2017,『原の辻遺跡』(長崎縣埋蔵文化財センター調査報告書第20集), 長崎縣埋蔵文化財センター.

2) 후쿠오카현福岡縣

(1) 후쿠오카시福岡市

中山平次郎(外), 1930,「日拜塚古墳」,『福岡縣名勝天然記念物調査報告第5集』, 福岡, 福岡縣.
山崎純男·柳沢一男(外), 1977,『廣石古墳群』(福岡市埋蔵文化財調査報告書第41集), 福岡, 福岡市教育委員會.
二宮忠司(編), 1979,『三宅廢寺』(福岡市埋蔵文化財調査報告書第50集), 福岡, 福岡市教育委員會
二宮忠司·渡邊和子(編), 1980,『吉武塚原古墳群』(福岡市埋蔵文化財調査報告書第54集), 福岡, 福岡市教育委員會.
福岡市教育委員會, 1981,『原深町遺跡』, 福岡, 福岡市教育委員會.
福岡市教育委員會, 1982,『有田·小田部第2集』, 福岡, 福岡市教育委員會.
柳澤一男(外), 1984,『鋤崎古墳』(福岡市埋藏文化財調査報告第112集), 福岡, 福岡縣教育委員會.
柳沢一男·杉山富雄(編), 1985,『博多Ⅲ - 第17·20·21·22次調査の概要 - 』(福岡市埋蔵文化財調査報告書第118集), 福岡, 福岡市教育委員會.
濱石哲也(編), 1986,『有田遺蹟群-第81次調査-』(福岡市埋蔵文化財調査報告書第129集), 福岡, 福岡市教育委員會.
柳沢一男(編), 1986,『丸隈山古墳Ⅱ』(福岡市埋蔵文化財調査報告書第146集), 福岡, 福岡市教育委員會.
井澤洋一(外), 1987,『博多Ⅶ』(福岡市埋藏文化財調査報告書第147集), 福岡, 福岡市教育委員會.
吉留秀敏(編), 1987,『堤ヶ浦古墳群發掘調査報告書』(福岡市埋蔵文化財調査報告書第151集), 福岡, 福岡市教育委員會.
濱石哲也(編), 1989,『吉武遺蹟群Ⅳ 市道田·飯盛線関係埋蔵文化財調査報告Ⅱ』(福岡市埋蔵文

化財調査報告書第194集), 福岡, 福岡市教育委員會.
松村道博(編), 1989, 『西新町遺蹟』(福岡市埋蔵文化財調査報告書第203集), 福岡, 福岡市教育委員會.
福岡市教育委員會, 1990, 『有田·小田部第11集』, 福岡, 福岡市教育委員會.
濱石哲也·菅波正人·林田憲三(編), 1991, 『梅林古墳 - 市営住宅建設に伴う飯倉H遺蹟の調査 - 』(福岡市埋蔵文化財調査報告書第240集), 福岡, 福岡市教育委員會.
濱石哲也(編), 1994, 『山崎古墳群 - 第2次調査 - 』(福岡市埋蔵文化財調査報告書第380集), 福岡, 福岡市教育委員會.
長家伸(編), 1994, 『西新町遺蹟3』(福岡市埋蔵文化財調査報告書第375集), 福岡, 福岡市教育委員會.
福岡市教育委員會, 1994, 『有田·小田部第19集』, 福岡, 福岡市教育委員會.
福岡市教育委員會, 1995, 『有田·小田部第21集』, 福岡, 福岡市教育委員會.
福岡市教育委員會, 1996, 『西新町遺蹟5』(福岡縣文化財調査報告第484集), 福岡, 福岡市教育委員會.
二宮忠司·大庭友子(編), 1996, 『三郎丸古墳群』(福岡市埋蔵文化財調査報告書第495集), 福岡, 福岡市教育委員會.
福岡市教育委員會, 1998, 『有田·小田部31』, 福岡, 福岡市教育委員會.
池田祐司·久住猛雄(編), 2000, 『JR筑肥線複線化地内遺蹟埋蔵文化財調査報告書』(福岡市埋蔵文化財調査報告書第654集), 福岡, 福岡市教育委員會.
重藤輝行(編), 2000, 『西新町遺蹟Ⅱ』(福岡縣文化財調査報告第154集), 福岡, 福岡縣教育委員會.
福岡市教育委員會, 2001, 『吉武遺跡群XⅢ』(福岡市埋蔵文化財調査報告書第675集).
福岡市教育委員會, 2003, 『吉武遺跡群XⅤ』(福岡市埋蔵文化財調査報告書第775集), 福岡, 福岡市教育委員會.
福岡市教育委員會, 2004, 『吉武遺跡群XⅥ』(福岡市埋蔵文化財調査報告書第831集), 福岡, 福岡市教育委員會.
福岡市教育委員會, 2005, 『吉武遺跡群XⅦ』(福岡市埋蔵文化財調査報告書第864集), 福岡, 福岡市教育委員會.
福岡市教育委員會, 2006, 『吉武遺跡群XⅧ』(福岡市埋蔵文化財調査報告書第911集), 福岡, 福岡市教育委員會.
福岡市教育委員會, 2008, 『吉武遺跡群XX』(福岡市埋蔵文化財調査報告書第1018集), 福岡, 福岡市教育委員會.
井沢洋一·榗崎直子(編), 2001, 『梅林遺蹟第2次調査』(福岡市埋蔵文化財調査報告書第660集), 福岡, 福岡市教育委員會.
森井啓次(編), 2001, 『西新町遺蹟Ⅲ』(福岡縣文化財調査報告第157集), 福岡, 福岡縣教育委員會.
杉山富雄(編), 2002, 『鋤崎古墳－1981~1983調査報告』(福岡市埋蔵文化財調査報告書第730集), 福岡, 福岡市教育委員會.

吉田東名(編), 2002,『西新町遺蹟Ⅳ(上)』(福岡縣文化財調査報告第168集), 福岡, 福岡縣教育委員會.
吉田東名(編), 2002,『西新町遺蹟Ⅳ(下)』(福岡縣文化財調査報告第168集), 福岡, 福岡縣教育委員會.
松浦一之介, 2003,『元岡·桑原遺蹟群2ー桑原石ヶ元古墳群の報告』(福岡市埋蔵文化財調査報告書第744集), 福岡, 福岡縣教育委員會.
横山邦継(編), 2003,『吉武遺蹟群ⅩⅤ飯盛吉武圃場整備関係調査報告書19』(福岡市埋蔵文化財調査報告書第775集), 福岡, 福岡市教育委員會.
福岡市教育委員會, 2005,『西新町遺蹟8西新町遺蹟第16次調査報告書』(福岡縣文化財調査報告第846集), 福岡, 福岡市教育委員會.
大庭康時(編), 2009,『事跡鴻臚館跡-鴻臚館跡18谷部(堀分)の調査』(福岡市埋蔵文化財調査報告書第1022集), 福岡, 福岡市教育委員會.
福岡市教育委員會, 2010,『有田·小田部48』, 福岡, 福岡市教育委員會.
吉武學(編), 2012,『事跡鴻臚館跡-鴻臚館跡19南館部分の調査(1)』(福岡市埋蔵文化財調査報告書第1175集), 福岡, 福岡市教育委員會.
大塚紀宜(編), 2013,『元岡·桑原遺蹟群22-제56次調査の報告』(福岡市埋蔵文化財調査報告書第1210集), 福岡, 福岡縣教育委員會.
吉武學(編), 2014,『事跡鴻臚館跡-鴻臚館跡21南館部分の調査(3)』(福岡市埋蔵文化財調査報告書第1248集), 福岡, 福岡市教育委員會.
福岡市教育委員會, 2014,『徳永B遺跡3 ー第4次調査報告ー』, 福岡, 福岡市教育委員會.

(2) 후쿠오카현福岡縣

서부西部

宮地嶽神社, 1968,『國宝宮地嶽古墳出土品修理報告書』, 津屋崎, 宮地嶽神社.
石山勳(編), 1977,『神原·奴山古墳群』(福岡縣文化財調査報告書第54集), 福岡, 福岡縣教育委員會.
鈴木隆彦(編), 1978,『奴山5號古墳発掘調査報告』, 津屋崎, 津屋崎町教育委員會.
石山勳(編), 1981,『釜塚』(前原町文化財調査報告書第4集), 前原, 前原町教育委員會.
伊崎俊秋(編), 1981,『手光古墳群Ⅰ』(福間町文化財調査報告書第1集), 福間, 福間町教育委員會.
井上裕弘(編), 1983,『御床松原遺蹟』(志摩町文化財調査報告書第3集), 志摩, 志摩町教育委員會.
岡部裕俊(編), 1987,『井原遺蹟群 福岡縣糸島郡前原町大字井原字上學所在遺蹟調査報告』(前原町文化財調査報告書第25集), 前原, 前原町教育委員會.
林覚(編), 1992,『井原塚廻遺蹟』(前原町文化財調査報告書第38集), 前原, 前原町教育委員會.
林覚(編), 1994,『井ノ浦古墳·辻ノ田古墳群』(前原市文化財調査報告書第53集), 前原, 前原市教育委員會.
岡部裕俊(編), 1994,『井原遺蹟群 井原周辺の古墳群』(前原市文化財調査報告書第51集), 前原, 前原市教育委員會.

岡部裕俊·河村裕一, 1994, 「糸島地方の古墳資料集成(その1)」, 『福岡考古』 第16號, 福岡, 福岡縣考古學會.
西田大輔(編), 1994, 『夜臼·三代地區遺蹟群第4分冊』(新宮町埋蔵文化財発掘調査報告書第16集), 新宮, 新宮町教育委員會.
西田大輔(編), 1999, 『相島積石塚群』(新宮町埋蔵文化財発掘調査報告書第9集), 新宮, 新宮町教育委員會.
井浦一(編), 1999, 『福間割畑遺蹟』(福間町文化財調査報告書第14集), 福間, 福間町教育委員會.
柳田康雄(編), 1999, 『手光古墳群Ⅱ』(福間町文化財調査報告書第15集), 福間, 福間町教育委員會.
角浩行, 2000, 「伊都國の遺蹟と遺物 - 糸島地區出土朝鮮半島系遺物について - 」, 『嶺南考古學會·九州考古學會第4回合同考古學大會 考古學から見た弁·辰韓と倭』, 嶺南考古學會·九州考古學會.

북부北部

梅原末治·小林行雄, 1939, 『筑前國嘉穂郡王塚装飾古墳』(京都帝國大學文學部考古學研究室報告第十五冊), 京都, 京都帝國大學文學部考古學研究室.
宗像神社復興期成會, 1958, 『沖の島-宗像神社沖津宮祭祀遺蹟-』, 東京, 宗像神社復興期成會.
宗像神社復興期成會, 1961, 『続沖の島-宗像神社沖津宮祭祀遺蹟-』, 東京, 宗像神社復興期成會.
渡辺正気, 1963, 『銀冠塚』, 福岡, 福岡縣教育委員會.
児嶋隆人, 1970, 「福岡縣かって塚古墳調査報告」, 『考古學雑誌』 52-3, 東京, 日本考古學會.
酒井仁夫(編), 1979, 『相原古墳群』(宗像町文化財調査報告書第1集), 宗像, 宗像町教育委員會.
原俊一(編), 1982, 『浦谷古墳群I』(宗像市文化財調査報告書第5集), 宗像市教育委員會.
佐田茂(編), 1984, 『セスドノ古墳』(田川市文化財調査報告書第3集), 田川, 田川市教育委員會.
長谷川清之(編), 1986, 『影塚南遺蹟影塚東遺蹟』(桂川町文化財調査報告書第6集), 桂川, 桂川町教育委員會.
藤田等·嶋田光一(編), 1986, 『寺山古墳』(飯塚市文化財調査報告書第10集), 飯塚, 飯塚市教育委員會.
橋口達也(編), 1989, 『神原·奴山古墳群』(津屋崎町文化財調査報告書第6集), 津屋崎, 津屋崎町教育委員會.
横田賢次郎(編), 1990, 『天台寺跡』(田川市文化財調査報告書第6集), 田川, 田川市教育委員會.
嶋田光一, 1991, 「福岡縣櫨山古墳の再検討」, 『児嶋隆人先生喜寿記念論集-古文化論叢-』, 論叢刊行會.
橋口達也(編), 1991, 『宮司井手ノ上古墳』(津屋崎町文化財調査報告書第7集), 津屋崎, 津屋崎町教育委員會.
池ノ上宏·安武千里(編), 1994, 『在自遺蹟群I 津屋崎地區縣営圃場整備事業に伴う発掘調査報告』(津屋崎町文化財調査報告書第9集), 津屋崎, 津屋崎町教育委員會.
白木英敏(編), 1994, 『冨地原川原田I』(宗像市文化財調査報告書第39集), 宗像市教育委員會.

池ノ上宏·安武千里(編), 1995,『在自遺蹟群II 縣営圃場整備事業津屋崎地區に伴う発掘調査報告』(津屋崎町文化財調査報告書第10集), 津屋崎, 津屋崎町教育委員會.
池ノ上宏(編), 1996,『在自遺蹟群III』(津屋崎町文化財調査報告書第11集), 津屋崎, 津屋崎町教育委員會.
横田賢次郎(編), 1997,『大分廢寺』(筑穂町文化財調査報告書第3集), 筑穂, 筑穂町教育委員會.
岡崇(編), 2000,『久原滝ヶ下』(宗像市文化財調査報告書第48集), 宗像市教育委員會.
毛利哲久(編), 2000,『小正西古墳』(穂波町文化財調査報告書第12集), 穂波, 穂波町教育委員會.
福本寛, 2004,『猫迫1號墳』(田川市文化財調査報告書第11集), 田川, 田川市教育委員會.
福津市教育委員會, 2011,『津屋崎古墳群II』(福津市文化財調査報告書4), 福津, 福津市教育委員會.
福津市教育委員會, 2013,『津屋崎古墳群3』(福津市文化財調査報告書7), 福津, 福津市教育委員會.
辻田淳一浪(編), 2015,『山の神古墳の研究』, 福岡, 九州大學文學部考古學研究室.

동부東部

島田虎次郎, 1925,「與原古墳(御所山古墳)」,『福岡縣名勝天然記念物調査報告』第1集, 福岡縣.
酒井仁夫(編), 1977,『九州縦貫自動車道関係埋蔵文化財調査報告IX』, 福岡, 福岡縣教育委員會.
竹並遺蹟調査會, 1979,『竹並遺蹟』, 東出版寧楽社.
宇野慎敏(編), 1986,『潤崎遺蹟』(北九州市文化財調査報告第49集), 北九州, 北九州市教育委員會.
岡村秀典·重藤輝行(編), 1993,『番塚古墳 - 福岡縣京都郡苅田町所在前方後圓墳の発掘調査 - 』, 福岡, 九州大學文學部考古學研究室·感苅田町教育委員會.
苅田町·かんだ鄉土史研究會, 1996,『豊前石塚山』, 苅田町·かんだ鄉土史研究會.
行橋市教育委員會, 1999,『鬼熊遺蹟-福岡縣行橋市南泉5丁目所在遺蹟の調査』(行橋市文化財調査報告書 第27集), 行橋, 行橋市教育委員會.
行橋市教育委員會, 2005,『稲童古墳群-福岡縣行橋市稲童所在の稲童古墳群調査報告』(行橋市文化財調査報告書第32集), 行橋, 行橋市教育委員會.

남부南部

中山平次郎(外), 1929,「日拝塚」,『史蹟名称天然紀念物調査報告書』第五輯, 福岡縣.
中山平次郎(外), 1930,「日拜塚古墳」,『福岡縣名勝天然記念物調査報告第5集』, 福岡, 福岡縣.
柳田康雄(編), 1979,『小田茶臼山古墳』(甘木市文化財調査報告第4集), 甘木, 甘木市教育委員會.
橋口達也(編), 1979,『池の上墳墓群』(甘木市文化財調査報告第5集), 甘木, 甘木市教育委員會.
森田勉·馬田弘稔(編), 1979,『福岡縣小郡市三沢所在遺蹟群の調査 下巻』(九州縦貫自動車道関係埋蔵文化財調査報告XXXI集), 福岡, 福岡縣教育委員會.
春日市教育委員會, 1980,『赤井手遺蹟』(春日市文化財調査報告書第6集), 春日, 春日市教育委員會.
橋口達也(編), 1982,『古寺墳墓群』(甘木市文化財調査報告第14集), 甘木, 甘木市教育委員會.
舟山良一(編), 1982,『牛頸中通遺蹟群II』(大野城市文化財調査報告書第9集), 大野城市教育委員會.
橋口達也(編), 1983,『古寺墳墓群II』(甘木市文化財調査報告第15集), 甘木, 甘木市教育委員會.

佐田茂·伊﨑俊秋(編), 1983,『立山山古墳』(八女市文化財発掘調査報告書 第10集), 八女, 八女市教育委員會.

川述昭人(編), 1984,『瑞王寺古墳』, 筑後, 筑後市教育委員會.

小田和利(編), 1987,『鬼の枕古墳』(甘木市文化財調査報告第19集), 甘木, 甘木市教育委員會.

宮田浩之(編), 1987,『津古生掛遺蹟Ⅰ』(小群市文化財調査報告書第40集), 小郡, 小郡市教育委員會.

宮田浩之(編), 1988,『津古生掛遺蹟Ⅱ』(小群市文化財調査報告書第40集), 小郡, 小郡市教育委員會.

平川祐介(編), 1989,『月岡古墳國指定重要文化財出土圖録』, 吉井, 吉井町教育委員會.

児玉眞一(編), 1989,『若宮古墳群Ⅰ-月岡古墳·塚堂古墳·日岡古墳』(吉井町埋蔵文化財発掘調査報告書 第4集), 吉井, 吉井町教育委員會.

児玉眞一(編), 1990,『若宮古墳群Ⅱ-塚堂古墳·日岡古墳』(吉井町埋蔵文化財発掘調査報告書第6集), 吉井, 吉井町教育委員會.

九州大學考古學研究室, 1990,「山隈窯跡群の調査 - 福岡縣朝倉郡三輪町所在の初期須恵器窯跡群 - 」,『九州考古學』第65號, 福岡, 九州考古學會

宮田浩之(編), 1990,『三沢古墳群Ⅰ』(小群市文化財調査報告書第62集), 小郡, 小郡市教育委員會.

速水信也(編), 1992,『三沢古墳群Ⅱ』(小群市文化財調査報告書第79集), 小郡, 小郡市教育委員會.

宮田浩之(編), 1992,『團体営津古地區圃場整備事業関係埋蔵文化財調査報告 津古片曽葉遺蹟 福岡縣小郡市津古所在遺蹟の調査』(小郡市文化財調査報告書第78集), 小郡, 小郡市教育委員會.

赤川正秀, 1994,『本郷鶯塚1號墳』(大刀洗町文化財調査報告書第6集), 大刀洗, 大刀洗町教育委員會.

西村智道, 2005,『本郷鶯塚3號墳·本郷野開遺跡Ⅵ』(大刀洗町文化財調査報告書第28集), 大刀洗, 大刀洗町教育委員會.

大刀洗町教育委員會, 2009,『本郷野開遺跡Ⅴ·ⅤⅡ』(大刀洗町文化財調査報告書47), 大刀洗, 大刀洗町教育委員會.

吉武孝礼(編), 1999,『堤蓮町遺蹟』(甘木市文化財調査報告第47集), 甘木, 甘木市教育委員會.

松尾宏(編), 2000,『堤当正寺古墳』(甘木市文化財調査報告第49集), 甘木, 甘木市教育委員會.

西村智道(編), 2000,『西森田遺蹟2』(大刀洗町文化財調査報告書第19集), 大刀洗, 大刀洗町教育委員會.

小田富士雄·武末純一, 2000,『倉瀬戸古墳群Ⅱ－10·11號墳の調査』, 福岡, 福岡大學 人文學部 考古學研究室.

宮崎亮一(編), 2000,『大宰府条坊跡ⅩⅤ-陶磁器分類編-』(大宰府市文化財第49集), 大宰府, 大宰府市教育委員會.

児玉眞一(編), 2005,『若宮古墳群Ⅲ-月岡古墳-』(吉井町埋蔵文化財発掘調査報告書第19集), 吉井, 吉井町教育委員會.

3) 사가현佐賀縣

渡辺正気, 1958,『佐賀市関行丸古墳』(佐賀縣文化財調査報告書第7集), 佐賀, 佐賀縣教育委員會.
木下之治, 1973,『武雄市玉島古墳』, 武雄, 武雄市教育委員會.
木下之治, 1975,『武雄市潮見古墳』, 武雄, 武雄市教育委員會.
佐賀縣教育委員會, 1980,『下中杖遺蹟』(佐賀縣文化財調査報告書第54集), 佐賀, 佐賀縣教育委員會.
唐津湾周辺遺蹟調査委員會(編), 1982,『末廬國』, 東京, 六興出版.
岡崎敬·本村豪章, 1982,「島田塚」,『末廬國』, 東京, 六興出版.
小田冨士雄, 1982,「横田下古墳」,『末廬國』, 東京, 六興出版.
佐賀縣教育委員會, 1982,『九州横斷自動車道關係埋藏文化財発掘調査報告書(2)香田遺蹟』, 佐賀, 佐賀縣教育委員會.
佐賀縣教育委員會, 1983,『九州横斷自動車道關係埋藏文化財発掘調査報告書(3)西原遺蹟』, 佐賀, 佐賀縣教育委員會.
森田孝志(編), 1985,『筑後川下流用水事業に係る文化財調査報告書1』(佐賀縣文化財調査報告書 第80集), 佐賀, 佐賀縣教育委員會.
佐賀縣教育委員會文化財課, 1993,『切畑遺跡·猿嶽A遺跡·猿嶽C·D遺跡·鈴熊遺跡·大久保三本松遺跡16』(佐賀縣文化財調査報告書116), 佐賀, 佐賀縣教育委員會.
佐賀縣教育委員會, 2017,「汐井川古墳群」, 佐賀, 佐賀縣教育委員會.

4) 오이타현大分縣

小田富士雄, 1974,「大分縣下山古墳出土の鐵鋌」,『古文化談叢』第2集, 北九州, 九州古文化研究會.
甲斐忠彦(編), 1986,『鶴見古墳-史跡川部·高森古墳群保存修理報告書-』, 宇佐, 宇佐風土記の岡歴史民俗資料館.
眞野和夫(編), 1986,「免ヶ平古墳」,『大分縣宇佐風土記の岡歴史民俗資料館紀要』3, 宇佐, 宇佐風土記の岡歴史民俗資料館.
村上久和(編), 1989,『上ノ原横穴墓群 I』(大分縣文化財調査報告 第74集), 大分, 大分縣教育委員會.
田中裕介, 1998,『大分の前方後圓墳 -三重·西國東地區篇-』, 大分, 大分縣教育委員會.

5) 구마모토현熊本縣

梅原末治, 1925,「玉名郡繁根木古墳」,『熊本縣名勝天然記念物調査報告』第2集, 熊本, 熊本縣.
田添夏喜, 1966,「伝左山古墳調査概報」,『玉高考古學部報』第17號, 玉名高校考古學部.
乙益重隆, 1967,「不知火町國越古墳」,『昭和41年度埋藏文化財緊急調査概報』, 熊本, 熊本縣教育委員會.
熊本縣教育委員會, 1975,『塚原』(熊本縣文化財調査報告第16集), 熊本, 熊本縣教育委員會.
保存科學研究會東京支部辺, 1979,『史跡大坊古墳保存工事報告書』, 玉名市教育委員會.

本村豪章, 1990,「古墳時代の基礎研究稿 - 資料篇(II) - 」,『東京國立博物館硏究紀要』第26號, 東京, 東京國立博物館.
甲元眞之(編), 1994,「野津古墳群」,『熊本大學文學部考古學硏究室硏究報告第1集』, 熊本, 熊本大學文學部考古學硏究室.
山城敏昭(編), 1997,『塚坊主古墳』(熊本縣文化財調查報告第161集), 熊本, 熊本縣教育委員會.
熊本縣教育委員會, 1998,『鞠智城跡』, 熊本, 熊本縣教育委員會.
中川裕二, 1998,『小塚古墳』(天水町文化財調査報告 第1冊), 天水, 天水町教育委員會.
谷口義介·高木恭二, 1999,「塚原平古墳」, 不知火, 不知火町教育委員會.
今田治代(編), 1999,『野津古墳群II』(竜北町文化財調査報告書第1集), 竜北竜北町教育委員會.
亀田學(編), 2007,『城ヶ辻古墳群』, 熊本縣文化財調查報告第240集, 熊本縣教育委員會.
菊水町史編纂委員會, 2007,『菊水町史 江田船山古墳』, 和水, 和水町.
神川めぐみ(編), 2015,『松橋大塚古墳』, 宇城市教育委員會.

6) 미야자키현宮崎縣

坂本貞義, 1934,「本庄町古墳調査報告」,『宮崎縣名勝天然記念物調査報告第10集』, 宮崎, 宮崎縣.
梅原末治, 1941,「新田原古墳群調査報告」,『宮崎縣名勝天然記念物調査報告第11集』, 宮崎, 宮崎縣.
石川恒太郎, 1943,「六野原古墳調査報告」,『宮崎縣名勝天然記念物調査報告第13集』, 宮崎, 宮崎縣.
瀨之口傳九郎(外), 1944,「六野原古墳調査報告」,『宮崎縣名勝天然記念物調査報告第13集』, 宮崎, 宮崎縣.
宮崎縣教育委員會, 1966,「西諸縣郡飯野町大字小木原の地下式古墳調査報告書」,『宮崎縣文化財調査報告書』第11輯, 宮崎, 宮崎縣.
梅原末治, 1969,『持田古墳群』, 宮崎, 宮崎縣教育委員會.
石川恒太郎, 1970,「國富町大坪地下式古墳調査報告」,『宮崎縣文化財調査報告書第15集』, 宮崎, 宮崎縣教育委員會.
石川恒太郎, 1970,「えびの市小木原地下式古墳発掘調査」,『宮崎縣文化財調査報告書第15集』, 宮崎, 宮崎縣教育委員會.
日高正晴, 1972,「小木原古墳調査」,『九州縱貫自動車道関係埋蔵文化財調査報告』, 宮崎, 宮崎縣教育委員會.
石川恒太郎(編), 1972,『宮崎市下北方町地下式古墳調査報告』(宮崎縣文化財調査報告書第16集), 宮崎, 宮崎縣教育委員會.
石川恒太郎, 1973,「馬頭遺蹟」,『九州縱貫自動車道関係埋蔵文化財調査報告1』, 宮崎, 宮崎縣教育委員會.
田中茂(外), 1974,「灰塚遺蹟」,『九州縱貫自動車道関係埋蔵文化財調査報告2』, 宮崎, 宮崎縣教育委員會.
石川恒太郎, 1974,「田野町灰ヶ野地下式古墳調査報告」,『宮崎縣文化財調査報告書第17集』, 宮崎, 宮崎縣教育委員會.
岩永哲夫, 1976, 「えびの市灰塚遺蹟調査報告」, 『宮崎縣文化財調査報告書第18集』, 宮崎, 宮崎縣教育委員會.
石川恒太郎·日高正晴·岩永哲夫, 1977, 「旭谷地下式古墳発掘調査」, 『宮崎縣文化財調査報告書第19集』, 宮崎, 宮崎縣教育委員會.
岩永哲夫, 1978, 「吹上地下式古墳発掘調査」, 『宮崎縣文化財調査報告書第20集』, 宮崎, 宮崎縣教育委員會.
北郷泰道·岩永哲夫, 1979, 「築池地下式古墳調査報告」, 『宮崎縣文化財調査報告書第21集』, 宮崎, 宮崎縣教育委員會.
茂山護, 1980, 「大萩地下式36號発掘調査」, 『宮崎縣文化財調査報告書第22集』, 宮崎, 宮崎縣教育委員會.
野間重孝, 1980, 「本庄小學校内地下式横穴墓調査報告」, 『國富町文化財調査資料第1集』, 國富, 國富町教育委員會.
北郷泰道, 1981, 「下の平地下式横穴群」, 『宮崎縣文化財調査報告書第24集』, 宮崎, 宮崎縣教育委員會.
長津宗重(外), 1982, 「六野原地下式横穴30號31號調査報告」, 『國富町文化財調査資料第2集』, 國富, 國富町教育委員會.
面高哲郎·長津宗重, 1983, 「宮崎縣都城志和池出土の陶質土器」, 『古文化談叢』 12, 北九州, 九州古文化研究會.
面高哲郎, 1983, 『菓子野地下式横穴第57-4號発掘調査』(都城市文化財調査報告北郷泰道, 1984, 「大萩地下式横穴群」, 『宮崎縣文化財調査報告書第27集』, 宮崎, 宮崎縣教育委員會.
茂山護, 1985, 「大萩地下式37號発掘調査」, 『宮崎縣文化財調査報告書第28集』, 宮崎, 宮崎縣教育委員會.
管付和樹·岩永哲夫(外), 1986, 「一の瀬地下式横穴群」, 『國富町文化財調査資料第4集』, 國富, 國富町教育委員會.
永友良典, 1990, 『小木原遺蹟群蕨地區(AB地區)』(えびの市文化財調査報告書第6集), えびの, 宮崎市えびの市教育委員會.
面高哲郎·長津宗重, 1991, 「立切地下式横穴群」, 『立切町文化財調査資料第1集』, 立切, 立切町教育委員會.
有馬義人(編), 2000, 「新田原古墳群3」, 『國指定史跡新田原古墳群史跡整備にともなう発掘調査概要報告3』(新富町文化財調査報告書第30集), 新富, 新富町教育委員會.
宮崎市えびの市教育委員會, 2001, 『島内地下式横穴墓群』(えびの市文化財調査報告書第29集), えびの, 宮崎市えびの市教育委員會.
宮崎市教育委員會, 2003, 『史跡生目古墳群-保存整備事業発掘調査概要報告書Ⅳ-』(宮崎市文化財調査報告書第54集), 宮崎, 宮崎市教育委員會.
南正覚雅士·丹俊詞(編), 2003, 『山崎上ノ原第2遺蹟山崎下ノ原第1遺蹟』(宮崎縣埋蔵文化財センター発掘調査報告書第79集), 宮崎, 宮崎縣埋蔵文化財センター.
都城市教育委員會, 2004, 『築池遺跡(第1~4 次発掘調査)十三東第2遺跡(第2次発掘調査)』(都城市文化財調査報告書第67集), 都城, 都城市教育委員會.
都城市教育委員會, 2005, 『十三東第2遺跡(第2次調査)築池遺跡(第5地点)』(都城市文化財調査報告書第69集), 都城, 都城市教育委員會.
北郷泰道, 2005, 『西部原古墳群』, 東京, 同成社.
宮崎縣埋蔵文化財センター, 2006, 『山崎上ノ原第2遺跡Ⅱ』(宮崎縣埋蔵文化財センター発掘調査報告書第130集), 宮崎, 宮崎縣埋蔵文化財センター.
宮崎縣教育委員會, 2007, 『西都原173號墳·西都原4號地下式横穴墓·西都原111號墳』(特別史跡西都原古墳群発掘調査報告書第6集), 宮崎, 宮崎縣教育委員會.
宮崎市教育委員會, 2008, 『山崎上ノ原第2遺跡Ⅲ』(宮崎市文化財調査報告書第69集), 宮崎, 宮崎市教育委員會.
宮崎縣埋蔵文化財センター, 2008, 『宮ノ東遺跡』(宮崎縣埋蔵文化財センター発掘調査報告書 第173集), 宮崎, 宮崎縣埋蔵文化財センター.
えびの市教育委員會, 2009, 『島内地下式横穴墓群Ⅲ 岡元遺跡』(えびの市埋蔵文化財調査報告書第50集), えびの, えびの市教育委員會.
えびの市教育委員會, 2010, 『島内地下式横穴墓群Ⅱ』(えびの市埋蔵文化財調査報告書第49集), えびの, えびの市教育委員會.
犬木努(編), 2010, 『西都原169号墳(遺物編)西都原170号墳(遺物編)』(特別史跡西都原古墳群発掘調査報告書第9集), 宮崎, 宮崎縣教育委員會.
都城市教育委員會, 2010, 『都城市内遺跡3』(都城市文化財調査報告書第101集), 都城, 都城市教育委員會.
宮崎縣埋蔵文化財センター, 2012, 『平峰遺跡(1次·2次調査)』(宮崎縣埋蔵文化財センター発掘調査報告書第211集), 宮崎, 宮崎縣埋蔵文化財センター.
宮崎縣埋蔵文化財センター, 2012, 『平峰遺跡(3次調査)』(宮崎縣埋蔵文化財センター発掘調査報告書第211集), 宮崎, 宮崎縣埋蔵文化財センター.
えびの市教育委員會, 2012, 『島内地下式横穴墓群Ⅳ』(えびの市埋蔵文化財調査報告書第53集), えびの, えびの市教育委員會.
宮崎縣埋蔵文化財センター, 2013, 『山崎上ノ原第1遺跡』(宮崎縣埋蔵文化財センター発掘調査報告書第224集), 宮崎, 宮崎縣埋蔵文化財センター.
えびの市教育委員會, 2017, 『島内地下式横穴墓群Ⅴ 灰塚地下式横穴墓群』(えびの市埋蔵文化財調査報告書第54集), えびの, えびの市教育委員會.
えびの市教育委員會, 2018, 『島内139號地下式横穴墓Ⅰ』(えびの市埋蔵文化財調査報告書第55集), えびの, えびの市教育委員會.

7) 가고시마현鹿児島縣

鹿児島縣教育委員會, 1985,『大隅地區埋蔵文化財分布調査概報(横瀬古墳)』(鹿児島縣文化財調査報告書第29集), 鹿児島, 鹿児島縣教育委員會.

橋本達也, 2005,『大隅串良岡崎古墳群-発掘調査概報』, 鹿児島, 鹿児島総合研究博物館.

鹿屋市教育委員會, 2007,「祓川地下式横穴墓群」,『薬師堂の古墳 祓川地下式横穴墓群』(鹿屋市埋蔵文化財調査報告書83), 鹿屋市, 鹿屋市教育委員會.

橋本達也·藤井大祐·甲斐康大, 2008,『大隅串良岡崎古墳群の研究』(鹿児島大學総合研究博物館研究報告no.3), 鹿児島, 鹿児島大學総合研究博物館.

大崎町教育委院會, 2016,『横瀬古墳』(大崎町教育委院會發掘調査報告9), 大崎町, 大崎町教育委院會.

橋本達也, 2016,『鹿児島大學総合研究博物館研究報告No.8:大隅大崎神領10號墳の研究Ⅰ』, 鹿児島, 鹿児島大學総合研究博物館.

橋本達也·中久保辰夫·仲辻慧大·甲斐康大·坂本稔·上野祥史, 2021,『鹿児島大學総合研究博物館研究報告No.15:大隅大崎神領10號墳の研究Ⅱ』, 鹿児島, 鹿児島大學総合研究博物館.

2. 주고쿠中國 시코쿠四國

1) 야마구치현山口縣

小野忠凞(外), 1977,『長光寺山古墳』, 宇都, 宇都市教育委員會.

山口縣教育委員會(編), 1979,『天神山古墳』, 山陽, 山陽町教育委員會.

小田富士雄(外), 1981,『松崎古墳』, 宇都, 宇都市教育委員會.

石川克彦(外), 1982,『天神山古墳Ⅱ』, 山口, 山口縣教育委員會.

福島朝子, 1986,「山口大學埋蔵文化財資料館所蔵の新羅系陶質土器について」,『山口大學構内調査年報Ⅳ』, 山口, 山口大學.

乗安和二三(編), 1988,『國森古墳』, 田布施, 田布施町教育委員會.

桑原邦彦, 1988,「山口縣防府市桑山塔ノ尾古墳」,『古文化談叢』20, 北九州, 九州古文化研究會.

山内紀, 1988,「山口縣心光寺2號古墳の出土遺物をめぐって」,『網干善教先生華甲記念考古學論集』, 大阪, 網干善教先生華甲記念會.

岩崎仁志·白岡太·村岡眞樹(編), 1992,『國秀遺蹟 - 平成3年度縣営圃場整備事業に伴う発掘調査報告 - 』(山口縣埋蔵文化財調査報告第152集), 山口, 山口縣埋蔵文化財調査センター.

桑原邦彦, 1993,「山口縣防府市天神山古墳出土の遺物について」,『古文化談叢』30(中), 北九州, 九州古文化研究會.

岩崎仁志(編), 1994,『木ノ山古墳』, 山口, 山口縣教育委員會.

中村徹也, 2000,「すぐも塚横穴群」,『山口縣史資料編』, 山口, 山口縣.

2) 시마네현島根縣

松江市教育委員會, 1978,『史跡金崎古墳群』, 松江, 松江市教育委員會.

川口幸子·向田薫(編), 1986,『周布小建設予定地内埋蔵文化財(森ヶ曽根古墳)発掘調査報告書』, 浜田, 浜田市教育委員會.
松本岩雄(編), 1987,『出雲岡田山古墳』, 松江, 島根縣教育委員會.
小谷晃一(編), 1996,『御崎山古墳の研究』, 松江, 島根縣古代文化センター.
出雲市教育委員會, 1996,『上長浜貝塚』, 出雲, 出雲市教育委員會.
松本岩雄(編), 1999,『上塩冶築山古墳の研究』, 松江, 島根縣教育委員會.
島根縣教育委員會, 2001,『斐伊川放水路建設予定地内埋蔵文化財発掘調査報告書ＸⅡ - 蟹沢遺蹟·上沢Ⅲ遺蹟·古志本郷遺蹟Ⅲ - 』, 松江, 國土交通省中國地方整備局出雲工事事務所·島根縣教育委員會.
松尾充晶(編), 2001,『かわらけ谷横穴墓群の研究』(島根縣古代文化センター調査研究報告書10), 松江, 島根縣埋蔵文化財調査センター·島根縣古代文化センター.
角田徳幸(編), 2003,『史跡出雲國府跡1』, 松江, 島根縣教育委員會.
横田登·野津研吾(編), 2006,『大座西遺蹟掘調査報告書』, 隠岐, 隠岐の町教育委員會.
島根縣教育廳埋蔵文化財調査センター, 2019,『史跡出雲國府跡10』(風土記の丘地内遺跡発掘調査報告書25), 松江, 島根縣教育廳埋蔵文化財調査センター.

3) 돗토리현鳥取縣

佐々木謙, 1964,『福岡古墳群』(佐々木古代文化研究室記録第3), 米子, 佐々木古代文化研究室.
木村俊夫(編), 1978,『山陰の前期古墳文化の研究』(山陰考古學研究所記録第2), 米子, 山陰考古學研究所.
福部村教育委員會, 1978,『湯山6號墳発掘調査報告書』, 福部, 福部村教育委員會.
鳥取縣教育委員會, 1979,『彩色壁画古墳·梶山古墳緊急発掘調査報告書』, 鳥取, 鳥取縣教育委員會.
鳥取縣教育文化事業團, 1981,『長瀬高浜遺蹟発掘調査報告書Ⅲ』, 鳥取, 財團法人鳥取縣教育文化事業團.
鳥取縣教育文化事業團, 1981,『長瀬高浜遺蹟発掘調査報告書Ⅳ』, 鳥取, 財團法人鳥取縣教育文化事業團.
鳥取縣教育文化事業團, 1983,『長瀬高浜遺蹟発掘調査報告書Ⅵ』, 鳥取, 財團法人鳥取縣教育文化事業團.
中山和之(編), 1990 ,『向山古墳群』, 淀江, 鳥取縣淀江町歴史民俗資料館.
淀江町教育委員會, 1992,『上淀廃寺と彩色壁画概報』, 淀江, 淀江町教育委員會.
淀江町教育委員會, 1995,『上淀廃寺』(淀江町埋蔵文化財調査報告書35), 淀江, 淀江町教育委員會.
森下哲哉(外), 1996,『夏谷遺蹟發掘調査報告書』(倉吉市文化財調査報告書第84集), 倉吉, 倉吉市教育委員會.
倉吉市教育委員會, 1996,『不入岡遺蹟発掘調査報告書』(倉吉市文化財調査報告書第85集), 倉吉, 倉吉市教育委員會.

米子市教育文化事業團埋蔵文化財調査室, 2000,『青木稲場遺跡·福市遺跡(大成地區)』(米子市教育文化事業團文化財発掘調査報告書35), 米子, 米子市教育文化事業團埋蔵文化財調査室.
鳥取市文化財團, 2004,『倭文所在城跡·倭文古墳群』, 鳥取市文化財團.
米子市教育委員會, 2017,『史跡上淀廃寺跡』, 米子, 米子市教育委員會.
鳥取市教育委員會, 2018,『倭文6号墳出土遺物の研究』, 鳥取, 鳥取市教育委員會.

4) 히로시마현廣島縣

廣島縣教育委員會, 1954,『三ツ城古墳』, 廣島, 廣島縣教育委員會.
櫨井勝(外), 1983,『亀山古墳第2次発掘調査概報』, 廣島, 廣島縣教育委員會.
吉舍町教育委員會, 1983,『三玉大塚』, 吉舍, 吉舍町教育委員會.
廣島縣教育委員會, 1985,『池の内遺蹟発掘調査報告』, 廣島, 廣島縣教育委員會.
財團法人廣島市歷史科學教育事業團, 1991,『廣島市佐伯區五日市町所在城ノ下A地區遺蹟発掘調査報告』(財團法人廣島市歷史科學教育事業團調査報告書第2集), 廣島, 廣島市歷史科學教育事業團.

5) 오카야마현岡山縣

近藤義郎(外), 1952,『佐良山古墳群の研究』, 津山, 津山市.
西谷眞治·鎌木義昌(編), 1959,『金蔵山古墳』, 東京, 木耳社.
鎌木義昌, 1962,「備前車塚古墳」,『岡山市史古代編』, 岡山, 岡山市役所.
鎌木義昌(編), 1965,『隨庵古墳』, 総社, 総社市教育委員會.
鎌木義昌(編), 1965,『長福寺裏山古墳群』, 岡山, 長福寺裏山古墳群関戸廃寺址推進委員會.
村井嵓雄, 1972,「岡山縣天狗山古墳出土の遺物」,『MUSEUM』No.250, 東京, 東京國立博物館.
神原英朗(編), 1975,『用木古墳群』, 山陽, 山陽團地埋蔵文化財調査事務所.
神原英朗(編), 1976,『岩田古墳群』, 山陽, 山陽團地埋蔵文化財調査事務所.
行田裕美·坂本心平, 1997,『西吉田北遺蹟』, 津山, 津山市教育委員會.
西川宏, 1986,「牛文茶臼山古墳」,『岡山縣史第18巻 考古資料』, 岡山, 岡山縣史編纂委員會.
村上幸雄(編), 1987,「法蓮40號墳」,『総社市埋蔵文化財発掘調査報告4』, 総社, 総社市教育委員會.
近藤義郎·新納泉(編), 1991,『岡山市浦間茶臼山古墳』, 京都, 眞陽社.
岡山縣教育委員會, 1993,「菅生小學校裏山遺蹟」,『岡山縣埋蔵文化財発掘調査報告書81』, 岡山, 岡山縣教育委員會.
島崎東(編), 1993,『窪木薬師遺蹟』, 岡山, 岡山縣文化財保護協會.
内藤善史(編), 1993,「浅川古墳群ほか」,『岡山縣埋蔵文化財発掘調査報告書123』, 岡山, 岡山縣教育委員會.
下沢公明(編), 1996,『斎富遺蹟』, 岡山, 岡山縣文化財保護協會.
行田裕美·坂本心平, 1997,『西吉田北遺蹟』, 津山, 津山市教育委員會.
岡山縣教育委員會, 2000,「高塚遺蹟」,『岡山縣埋蔵文化財発掘調査報告書150』, 岡山縣教育委員會.

松木武彦, 2001, 「天狗山古墳·天狗山西古墳の発掘調査」, 『吉備地域における(雄略朝)期の考古學的研究』(科學研究費補助金基盤研究(B)研究成果報告書), 岡山, 岡山大學文學部.
松木武彦·和田剛·寺村裕史(編), 2014, 『天狗山古墳』, 岡山, 岡山大學考古學研究室·天狗山古墳発掘調査團.
西田和浩(編), 2015, 『千足古墳-第1-第4次發掘調査報告書-』, 岡山, 岡山市教育委員會.

6) 에히메현愛媛縣

今治市教育委員會, 1974, 『唐古代遺跡: 今治市桜井國分唐子古墳(墳墓)群調査報告』, 今治, 今治市教育委員會.
森光晴, 1986, 「一五金子山古墳」, 愛媛縣史編さん委員會(編), 『愛媛縣史資料編 考古』, 松山, 愛媛縣愛媛縣史編さん委員會.
谷若倫郎(編), 1993, 『出作遺蹟Ⅰ』, 松前, 松前町教育委員會.
岡田敏彦編, 1996, 『一般國道196號松山環状線埋蔵文化財発掘調査報告書Ⅲ』, 松山, 財團法人愛媛縣埋蔵文化財調査センター.
松山市教育委員會·松山市生涯學習振興財團埋蔵文化財センター(編), 1997, 『桧山峠7號墳』, 松山, 松山市教育委員會·松山市生涯學習振興財團埋蔵文化財センター.
多田仁·和田賢·岡本芳明, 1998, 「猿ヶ谷2號墳」, 『四國縦貫自動車道埋蔵文化財発掘調査報告書Ⅻ - 伊予編Ⅱ - 』, 松山, 財團法人愛媛縣埋蔵文化財調査センター.
岡田敏彦, 1999, 「鹿の子古墳群」, 『縣道今治丹原線の建設に伴う埋蔵文化財調査報告書第2集 鹿の子古墳群 新谷森ノ前遺蹟』(埋蔵文化財発掘調査報告書第78集), 松山, 愛媛縣埋蔵文化財調査センター.
岡田敏彦, 2001, 「愛媛縣における首長墳素描」, 『(財)愛媛縣埋蔵文化財調査センター研究紀要』第2號, 松山, 財團法人愛媛縣埋蔵文化財調査センター.
松山市教育委員會·財團法人松山市生涯學習振興財團埋蔵文化財センター, 2001, 『播磨塚天神山古墳』(松山市文化財調査報告書83), 松山, 財團法人松山市生學習振興財團埋蔵文化財調査センター.
髙尾和長(編), 2002, 『船ヶ谷遺跡 - 4次調査 - 遺構· 遺物編』, 松山, 松山市教育委員會·財團法人松山市生學習振興財團埋蔵文化財調査センター.
高尾和生(編), 2003, 『船ヶ谷遺蹟4次調査Ⅱ福音小學校構内遺蹟Ⅲ』(松山市文化財調査報告書95), 松山, 松山市教育委員會·財團法人松山市生學習振興財團埋蔵文化財調査センター.

7) 가가와현香川縣

梅原末治, 1933, 『讃岐高松石清尾山石塚の研究』(京都帝國大學文學部考古學研究室報告第十二冊), 京都, 京都帝國大學文學部考古學研究室.
森井正, 1966, 「高松市女木島山古墳」, 『香川文化財調査報告』8, 香川, 香川縣教育委員會.
香川縣, 1983, 『新編香川叢書考古編』, 香川, 香川縣.

香川縣教育委員會, 1984,「三谷三郎池西岸窯跡」,『香川埋蔵文化財調査年報昭和58年度』, 香川, 香川縣教育委員會.
高橋守·笹川竜一, 1991,『安田東3號墳発掘調査報告書』, 香川, 満濃町教育委員會.
善通寺市教育委員會, 1992,『史跡有岡古墳群保存整備事業報告書』, 善通寺, 善通寺市教育委員會.
徳島縣立博物館, 1992,『四國の古墳』, 徳島, 徳島縣立博物館.
香川縣教育委員會, 1993,『尾崎西遺蹟-平成4年度-』, 香川, 香川縣教育委員會.
大久保徹也, 1996,「壺形埴輪」,『中間西井坪遺跡Ⅰ』, 財團法人香川縣埋蔵文化財調査センター.
片桐孝浩, 2002,『原間遺跡Ⅱ』(四國横断自動車道建設に伴う埋蔵文化財発掘調査報告第四十二冊), 香川縣教育委員會·財團法人香川縣埋蔵文化財調査センター·日本道路公團·香川縣土木部.
松浦暢昌(編), 2014,『旧練兵場遺跡 王墓山古墳 岡古墳群 善通寺旧境内 - 善通寺市内文化財整理事業ほかに伴う埋蔵文化財調査·整理報告書 - 』(善通寺市文化財資料集第2集), 善通寺市教育委員會.
高松市教育委員會, 2015,『相作馬塚』(高松市埋蔵文化財発掘調査報告第157集), 高松, 高松市教育委員會.
高松市教育委員會·日進堂, 2017,『相作馬塚古墳Ⅱ』(高松市埋蔵文化財発掘調査報告第185集), 高松, 高松市教育委員會·日進堂.

8) 고치현高知縣

山本哲也, 1985,『高岡山古墳群発掘調査報告書』, 高知, 高知縣教育委員會.

9) 도쿠시마현徳島縣

西山要一·大崎敏子, 1977,「徳島縣恵解山第1號古墳出土衝角付冑の保存処理」,『古代研究』11, 元興寺仏教民俗資料研究所考古學研究室.
財團法人徳島縣文化財センター, 1994,『四國縦貫自動車建設に伴う埋蔵文化財発掘調査報告書10柿谷遺蹟·菖浦谷西山Ｂ遺蹟·山田古墳群A』, 徳島, 財團法人徳島縣文化財センター.

3. 긴키近畿

1) 효고현兵庫縣

梅原末治(外), 1935,「飾磨郡奥山古墳」(兵庫縣史蹟名勝天然記念物調査報告11), 神戸, 兵庫縣教育委員會.
梅原末治, 1939,「在田村龜山古墳と其の遺物」(兵庫縣史蹟名勝天然記念物調査報告14), 神戸, 兵庫縣教育委員會.
小林行雄, 1941,「園田大塚山古墳とその遺物」(兵庫縣史蹟名勝天然記念物調査報告15), 神戸, 兵庫縣教育委員會.
加古川市教育委員會, 1965,『印南野-その考古學的研究-1』, 加古川, 加古川市教育委員會.

上野哲也, 1966,『姫路丁古墳群』, 姫路, 東洋大學附屬姫路高等學校.
加古川市教育委員會, 1969,『印南野-その考古學的硏究-2』, 加古川, 加古川市教育委員會.
喜谷美宣, 1970,『史蹟五色塚古墳環境整備事業報告』, 神戸, 神戸市教育委員會.
姫路市教育委員會, 1970,『宮山古墳発掘調査概要』, 姫路, 姫路市教育委員會.
阿久津久·小川良太, 1972,『明神古墳群』, 一宮, 一宮町教育委員會.
姫路市教育委員會, 1973,『宮山古墳第2次発掘調査概報』, 姫路, 姫路市教育委員會.
瀨戸谷晧(編), 1978,『但馬大藪古墳群-北兵庫における大型群集墳』, 養父, 養父町教育委員會·武庫川女子大學考古學硏究會.
瀨戸谷晧(編), 1978,『七ツ塚古墳群』, 豊岡, 但馬考古學硏究會.
八賀晋(編), 1982,『京都國立博物館蔵-富雄丸山古墳西宮山古墳出土遺物-』, 京都, 京都國立博物館.
兵庫縣揖龍野市教育委員會, 1984,『鳥坂古墳群』, 龍野, 兵庫縣揖龍野市教育委員會.
喜谷美宣, 1985,『カンス塚古墳』, 加古川, 加古川市教育委員會.
松本正信(外), 1986,『法花堂二號墳-甲冑と鉄鋌を出土した小古墳』(香寺町文化財調査報告1), 香寺, 香寺町教育委員會.
八鹿町教育委員會, 1987,『箕石古墳群』(兵庫縣八鹿町文化財調査報告書6), 八鹿, 八鹿町教育委員會.
丸山潔, 1990,「城の前地區第24次調査」,『昭和62年度神戸市埋蔵文化財年報』, 神戸, 神戸市教育委員會.
明石市教育委員會, 1990,『赤根川·金ヶ崎窯』, 明石市教育委員會.
近藤義郎(編), 1991,『權現山51號墳』, 岡山, 權現山51號墳刊行會.
淡神文化財協會, 1992,『淡河中村遺跡』, 淡神文化財協會.
藤田史子, 1992,『郡家遺蹟-神戸市東灘區所在御影中町地區第4次調査』, 西ノ宮, 大手前女子大學史學硏究所.
加古川市教育委員會, 1993,『加古川市カンス塚古墳発掘調査概要』, 加古川, 加古川市教育委員會.
西紀·丹南町教育委員會, 1993,『大師山6號墳·宮田1號墳発掘調査概要報告書』, 西紀·丹南町教育委員會.
秋枝芳, 1994,「見野長塚古墳」,『TSUBOHORI』, 姫路市教育委員會.
加西市教育委員會, 1994,『加西市埋蔵文化財調査報告27: 小谷遺跡』, 加西市教育委員會.
加古川市教育委員會, 1997,『行者塚古墳発掘調査概報』, 加古川, 加古川市教育委員會.
神戸市教育委員會, 1999,「寒鳳遺蹟 第2次調査」,『平成8年度神戸市埋藏文化財年報』, 神戸, 神戸市教育委員會.
松本正信(外), 2000,『山津屋麦田原』, 揖川, 兵庫縣揖保川町教育委員會.
三木市教育委員會, 2000,『高木古墳群·高木多重土壘1』, 三木市教育委員會.
三木市教育委員會, 2000,『高木古墳群·高木多重土壘2』, 三木市教育委員會.
神戸市教育委員會, 2001,『住吉宮町遺蹟』, 神戸, 神戸市教育委員會.

兵庫縣教育委員會, 2002,『年ノ神古墳群』, 兵庫, 兵庫縣教育委員會.
山田清朝(編), 2005,『市之郷遺蹟』, 兵庫, 兵庫縣教育委員會.
阪口英毅(編), 2006,『小野王塚古墳出土品保存処理報告書』(小野市文化財調査報告第27集), 小野, 小野市教育委員會.
兵庫縣教育委員會, 2006,『加西南産業團地内遺跡調査報告書 状覚山古墳群·堀山古墳群·堀山遺跡ほか』, 兵庫, 兵庫縣教育委員會.
兵庫縣教育委員會, 2006,『若王寺遺跡』, 兵庫, 兵庫縣教育委員會.
大阪大學勝福寺古墳発掘調査團, 2007,『勝福寺古墳の研究』(大阪大學大學院文學研究科考古學研究報告第4冊), 大阪, 大阪大學大學院文學研究科考古學研究室.
神戸市教育委員會, 2008,『郡家遺跡第83次発掘調査報告書』, 神戸市教育委員會.
姫路市教育委員會, 2009,『姫路市見野古墳群発掘調査報告書』, 姫路, 姫路市教育委員會.
南あわじ市教育委員會, 2009,『南あわじ市埋蔵文化財調査年報Ⅱ, 2005年度, 埋蔵文化財調査』, 南あわじ市教育委員會.
兵庫縣教育委員會, 2009,『竹万宮ノ前遺跡』, 兵庫, 兵庫縣教育委員會.
姫路市教育委員會, 2009,『姫路市見野古墳群発掘調査報告書』, 姫路, 姫路市教育委員會.
兵庫縣縣立高古博物館, 2010,『事蹟茶すり山古墳』, 兵庫, 兵庫縣教育委員會.
兵庫縣立考古博物館, 2010,『雲部車塚古墳の研究』, 兵庫, 兵庫縣立考古博物館.
南あわじ市教育委員會, 2010,『南あわじ市埋蔵文化財調査年報Ⅲ, 2006年度, 埋蔵文化財調査』, 南あわじ市教育委員會.
神戸市教育委員會, 2011,『郡家遺跡第85次発掘調査報告書』, 神戸, 神戸市教育委員會.
兵庫縣教育委員會埋蔵文化財調査事務所, 2011,『兵庫縣文化財調査報告406: 姫路市 市之郷遺跡発掘調査報告書3』, 兵庫, 兵庫縣教育委員會.
兵庫縣立考古博物館, 2012,『兵庫縣文化財調査報告433: 姫路市 市之郷遺跡4』, 兵庫, 兵庫縣教育委員會.
発掘された明石の歴史展実行委員會, 2012,『明石の古墳Ⅱ』.
兵庫縣教育委員會, 2012,『東沢1號墳』, 兵庫, 兵庫縣教育委員會.
姫路市教育委員會, 2016,『國指定重要文化財宮山古墳出土品』, 姫路, 姫路市教育委員會.

2) 오사카부大阪府

大阪府, 1930,『大阪府史跡名勝天然記念物調査報告第三輯大阪府下に於ける主要な古墳墓の調査(其一)』(大阪府史跡名勝地調査會報告1), 大阪, 大阪府.
梅原末治, 1932,「淡輪村西小山古墳とその遺物」,『大阪府下に於ける主要な古墳の調査』(大阪府史跡名勝地調査會報告3), 大阪, 大阪府.
梅原末治, 1932,「長持山古墳の調査」,『大阪府の文化財』, 大阪府教育委員會.
末永雅雄·森浩一(編), 1953,『河内黒姫山古墳の研究』(大阪府文化財調査報告第1冊), 大阪, 大阪府教育委員會.

末永雅雄·森浩一, 1954,『和泉黄金塚古墳』(日本考古學會調査報告第5), 綜藝社.
川端眞治·金関恕, 1955,「摂津豊川村南塚古墳調査概報」,『史林 第38巻第5號』, 史學研究會.
樋口隆康·岡崎敬·宮川歩, 1961,「和泉七観古墳調査報告」,『古代學硏究』27, 大阪, 古代學研究會.
大阪府教育委員會, 1962,「南塚古墳の調査」,『大阪府の文化財』, 大阪, 大阪府教育委員會.
藤直幹·井上薫·北野耕平, 1964,『河内における古墳の調査』(大阪大學文學部國史研究室研究報告第1册), 豊中, 大阪大學文學部國史研究室.
西谷正, 1965,『藤の森·蕃上山二古墳の調査』, 大阪, 大阪府水道局.
田代克己, 1973,『堂山古墳群発掘調査概要』, 大阪, 大阪府教育委員會.
堀江門也(外), 1974,『一須賀古墳群發掘調査概要』, 大阪, 大阪府教育委員會.
北野耕平, 1976,『河内野中古墳の調査』(大阪大學文學部國史研究室研究報告第2册), 豊中, 大阪大學文學部國史研究室.
中村浩(編), 1980,『陶邑Ⅲ』(大阪府文化財調査報告書第30輯), 大阪, 財團法人大阪府埋蔵文化財協會.
八尾南遺跡調査會, 1981,『八尾南遺跡―大阪市高速電気軌道2號線建設に伴う発掘調査報告書-』, 八尾南遺跡調査會.
大阪市教育委員會·大阪市文化財協會, 1982,「MS80-11次発掘調査概報」,『昭和55年度大阪市内埋蔵文化財包蔵地発掘調査報告書』, 大阪市教育委員會·大阪市文化財協會.
赤木克巳(編), 1986,『城山(その2)近畿自動車道天理~吹田線建設に伴う埋蔵文化財発掘調査概要報告書』, 大阪, 財團法人大阪文化財センター.
天野末喜(外), 1986,『古市古墳群』, 藤井寺, 藤井寺市教育委員會.
柳本照男(編), 1987,『摂津豊中大塚古墳』(豊中市文化財調査報告書第20集), 豊中, 豊中市教育委員會.
堺市教育委員會, 1989,『百舌鳥大塚山古墳発掘調査報告-前方部北西コーナーの調査-』, 堺, 堺市教育委員會.
岸本道昭·岡戸哲紀(編), 1990,『陶邑·伏尾遺蹟 A地區近畿自動車道松原南海線建設に伴う発掘調査報告書』(財大阪府埋蔵文化財協會調査報告書第60輯), 大阪, 大阪府教育委員會·財團法人大阪府埋蔵文化財協會.
末永雅雄(編), 1991,『楯塚·鞍塚·珠金塚古墳』, 奈良, 由良大和古代文化研究協會.
虎間英喜, 1993,『久米田古墳群發掘調査概要』Ⅰ, 岸和田, 岸和田市教育委員會.
西口陽一, 1994,『野々井西遺蹟·ON231號窯跡』, 大阪, 大阪府教育委員會·財團法人大阪府埋藏文化財協會.
三木弘(編), 1994,『堂山古墳群』(大阪府文化財調査報告書第45輯), 大阪, 大阪府教育委員會.
岡戸哲紀(編), 1995,『陶邑·大庭寺遺蹟Ⅴ』(財大阪府文化財調査研究センター報告書 第10集), 大阪, 大阪府教育委員會·(財)大阪府文化財調査研究センター.
岡戸哲紀(編), 1995,『陶邑·大庭寺遺蹟Ⅳ 近畿自動車道松原·すさみ線建設に伴う発掘調査報告書本文編』(財大阪府埋蔵文化財協會調査報告書第90輯), 大阪, 大阪府教育委員會·財團法人大阪府埋蔵文化財協會.
安村俊史·桑野一幸, 1996,『高井田山古墳』, 柏原, 柏原市教育委員會.
江浦洋(編), 1998,『藏塚古墳』(財大阪府文化財調査研究センター報告書第24集), 大阪, (財)大阪府文化財調査研究センター.
大阪市文化財協會 1999,『細工谷遺跡發掘調査報告Ⅰ』. 大阪, 財團大阪市文化財協會.
大阪市文化財協會, 1999,『長原遺蹟東部地區発掘調査報告Ⅱ』, 大阪, 財團大阪市文化財協會.
大阪市文化財協會, 2002,『長原遺蹟東部地區発掘調査報告Ⅷ』, 大阪, 財團大阪市文化財協會.
交野市教育委員會, 2000,『交野車塚古墳群-交野東車塚古墳(調査編)-』(交野市埋蔵文化財調査報告1999-1), 交野, 交野市教育委員會.
大阪府教育委員會, 2000,『安威遺蹟』, 大阪, 大阪府教育委員會.
羽曳野市教育委員會, 2002,『史跡古市古墳群-峰ヶ塚古墳後圓部発掘調査報告書-』, 羽曳野, 羽曳野市教育委員會.
井上智博(編), 2002,『池島·福万寺遺蹟2』(財)大阪府文化財調査研究センター報告書第79集), 大阪, (財)大阪府文化財調査研究センター.
下山惠子·吉澤則男, 2002,『事蹟古市古墳群峯ヶ塚古墳後園部發掘調査報告書』, 羽曳野, 羽曳野市教育委員會.
大阪市文化財協會, 2004,『大坂城下町跡Ⅱ』, 大阪市文化財協會.
大阪府文化財センター, 2004,『八尾市 小阪合遺跡(その2)八尾團地(建替)埋蔵文化財発掘調査(第2次)』, 大阪府文化財センター.
豊中市史編纂委員會, 2005,「御獅子塚」,『新修 豊中市史 第4卷 考古』, 豊中, 豊中市史編纂委員會.
大阪市文化財協會, 2005,『長原遺跡発掘調査報告』XⅡ, 大阪, 大阪市文化財協會.
大阪市文化財協會, 2006,「NG84-25次およびその周辺の調査」,『長原発掘調査報告書』XV, 大阪, 大阪市文化財協會.
大阪市文化財協會, 2008,『長原遺跡発掘調査報告』XⅦ, 大阪, 大阪市文化財協會.
一瀨和夫, 2009,『古墳時代のシンボル - 仁德陵古墳 - 』(シリーズ遺蹟に學ぶ055), 東京, 新泉社.
羽曳野市教育委員會, 2010,『庭鳥塚古墳調査報告書』, 羽曳野市埋蔵文化財調査報告書66.
奥村茂輝(外), 2010,『高宮遺蹟』(財)大阪府文化財センター報告書第206集), 大阪, (財)大阪府文化財センター.
大阪府教育委員會, 2010,『蔀屋北遺蹟1』, 大阪, 大阪府教育委員會.
大阪市文化財協會, 2012,『大坂城下町跡Ⅲ·Ⅵ』, 大阪, 大阪市文化財協會.
大阪市教育委員會·大阪市博物館協會文化財研究所, 2012,「難波宮跡·大坂城跡発掘調査(NW10-1)報告書」,『大阪市内埋蔵文化財包蔵地発掘調査報告書 2010』, 大阪市教育委員會·大阪市博物館協會文化財研究所.
阪口英毅(編), 2014,『七観古墳の研究 - 1947, 1952年出土遺物の再検討』, 京都, 京都大學大學院文學研究科.
小森牧人, 2015,「堺市城ノ山古墳にみえる倭と朝鮮半島の交渉 - 同志社大學所蔵 堺市城ノ山古墳出土遺物調査報告(3)にかえて－」,『同志社大學考古學シリーズＸＩ森浩一先生に學ぶ』50, 京都, 同志社大學考古學シリーズ刊行會.
小森牧人, 2015,「堺市城ノ山古墳にみえる倭と朝鮮半島の交渉－同志社大學所蔵 堺市城ノ山古墳出土遺物調査報告(3)にかえて－」,『同志社大學考古學シリーズＸＩ森浩一先生に學ぶ』50, 京都, 同志社大學考古學シリーズ刊行會.
大阪市文化財協會, 2015,『加美遺跡発掘調査報告6』, 大阪, 大阪府教育委員會.
立命館大學文學部, 2016,『久米田古墳群發掘調査報告』(立命館大學文學部學藝院課程研究報告19), 眞陽社.
枚方市教育委員會·枚方市文化財研究調査會, 2015,『特別史跡 百濟寺跡 －本文編－』. 枚方市教育委員會·枚方市文化財研究調査會.

3) 교토부京都府

梅原末治, 1920,「葛野郡松尾村穀塚」,『京都府史跡名勝地調査會報告2』, 京都, 京都府.
梅原末治, 1920,「美濃山ノ古墳」,『京都府史蹟勝地調査會報告2』, 京都, 京都府.
京都府峰山町教育委員會, 1972,『カジヤ古墳発掘調査報告書』(京都府峰山町文化財調査報告第1集), 京都府峰山町教育委員會.
安藤信策, 1976,「大覚寺古墳群発掘調査概要」,『埋蔵文化財発掘調査概報』, 京都, 松香堂.
杉本宏(編), 1983,『隼上り瓦窯跡発掘調査概報』(宇治市埋蔵文化財発掘調査概報第3冊), 宇治, 宇治市教育委員會.
秋山浩三·山中章(編), 1988,『物集女車塚』(向日市埋蔵文化財調査報告第23冊), 向日, 向日市教育委員會.
河野一隆, 1997,「奈具岡北古墳群」,『京都府遺蹟調査概報』 第76冊, 京都, 京都府埋蔵文化財センター.
樋口隆康, 1998,『椿井大塚山古墳発掘調査報告』(京都府相楽郡郡山城町埋蔵文化財調査報告第20集), 京都, 眞陽社.
鍋田勇外, 1989,「私市圓山古墳群」,『京都府遺蹟調査概報』 第36冊, 京都, 京都府埋蔵文化財センター.
森浩一, 1990,『園部垣内古墳』, 園部, 園部町教育委員會.
八幡市教育委員會, 1990,『ヒル塚古墳発掘調査概報』, 八幡, 八幡市教育委員會.
杉本宏(編), 1991,『宇治二子山古墳発掘調査報告』, 宇治, 宇治市教育委員會.
京都府埋蔵文化財センター, 1997,『瓦谷古墳群』(京都府遺蹟調査報告第23冊), 京都, 京都府埋蔵文化財センター.
小池寛, 1998,「森垣外遺蹟第2次調査」,『京都府遺蹟調査概報』 第86冊, 京都, 京都府埋蔵文化財センター.
大宮町教育委員會, 1998,『大宮町文化財調査報告書14: 三坂神社墳墓群·三坂神社裏古墳群·有明古墳群·有明横穴群』, 大宮町教育委員會.

福島孝行, 2000,「今林古墳群の発掘調査」,『京都府埋蔵文化財情報』第78號, 京都府埋蔵文化財調査研究センター.
京都府埋蔵文化財調査研究センター, 2001,『京都府遺跡調査概報』第97冊.
大宮町教育委員會, 2001,『左坂古墳群(墳墓)群G支群』, 京都府大宮町文化愛調査報告第20集.
京都市埋蔵文化財研究所, 2002,『平成11年度京都市埋蔵文化財調査概要』, 京都, 京都市埋蔵文化財研究所.
浜中邦弘·田中元浩, 2006,「宇治市街遺蹟(宇治妙楽55)古墳時代流路SD302について-出土須恵器と年代観の検討を主として-」,『第14回京都府埋蔵文化財研究會発表資料集-京都府内最新の研究成果-』, 京都, 京都府埋蔵文化財研究會.
門田誠一(編), 2001,『園部岸ヶ前古墳群発掘調査報告書』, 佛教大學校地調査委員會.
城陽市教育委員會, 2009,『城陽市埋藏文化財調查報告書』, 城陽, 城陽市教育委員會.
八幡市教育委員會, 2010,『王塚古墳範囲確認調査(第1~3次)報告書』(八幡市埋蔵文化財発掘調査報告第54集), 八幡市教育委員會 .
岩崎誠(外), 2012,『長岡京市文化財調査報告書第62冊—國史跡恵解山古墳の調査—』, 長岡京, 長岡京市教育委員會.
向日市教育委員會, 2014,『元稲荷古墳』(向日市埋蔵文化財調査報告第101集), 向日, 向日市教育委員會.

4) 시가현滋賀縣

濱田耕作·梅原末治編, 1923,『京都帝國大學文學部考古學研究報告』第8冊, 京都帝國大學文學部.
肥後和男, 1929,『大津京の研究』, 大津, 滋賀縣保勝會.
梅原末治, 1938,「安土瓢箪山古墳」,『滋賀縣史蹟調査報告』第7册, 大津, 滋賀縣.
滋賀縣教育委員會, 1960,『車津市山寺町北谷古墳群発掘調査概報』, 大津, 滋賀縣教育委員.
西田弘·鈴木博司·金関恕, 1961,『新開古墳』(滋賀縣史跡調査報告第十二冊), 大津, 滋賀縣教育委員會.
丸山竜平·福岡澄男, 1969,「大津北部の古墳文化」,『滋賀縣文化財調査報告書4』, 大津, 滋賀縣教育委員會.
田辺昭三(編), 1973,『湖西線關係遺蹟發掘調査報告書』, 大津, 滋賀縣教育委員會.
西田弘, 1974,『畑尻遺蹟』(大津市文化財調査報告書1), 大津, 大津市教育委員會.
池佐藤宗諄, 1975,『穴太下大門遺蹟』(大津市文化財調査報告書3), 大津, 大津市教育委員會.
中司照世·川西廣幸, 1980,「滋賀縣北谷11號墳の研究」,『考古學雜誌』66-2, 東京, 日本考古學會.
松本俊和, 1982,「滋賀里遺蹟見世二丁目字馬艸1391, 5發掘調査報告」,『滋賀里·穴太地區遺蹟群發掘調査報告書Ⅱ』(大津市埋藏文化財調査報告書5), 大津, 大津市教育委員會.
長浜市教育委員會, 1988,『越前塚発掘調査報告書』(長浜市埋蔵文化財調査資料第5集), 長浜, 長浜市教育委員會.
田保信, 1989,『櫟本高塚遺蹟發掘調査報告』, 櫟本高塚遺蹟發掘調査團.

青山均, 1994,『穴太遺蹟(彌生町地區)發掘調査報告書』(大津市埋藏文化財調査報告書15), 大津, 大津市教育委員會.
福田敬, 1994,『大谷南遺蹟發掘調査報告書』(大津市埋藏文化財調査報告書24), 大津, 大津市教育委員會.
栗本政志, 1994,『滋賀里遺蹟發掘調査報告書』(大津市埋藏文化財調査報告書26), 大津, 大津市教育委員會.
滋賀縣教育委員會, 1994,「大壁造建物, 犬上郡でもみつかる多賀町木曾遺蹟」,『滋賀埋文ニュース』第175號, 大, 津滋賀縣埋藏文化財センター.
小野山節(編), 1995,『琵琶湖周辺の6世紀を探る』, 京都, 京都大學文學部考古學研究室.
雪野山古墳発掘調査團, 1996,『雪野山古墳の研究』, 八日, 八日市教育委員會.
田井中洋介(外), 1996,『野田道遺蹟』, 大津, 滋賀縣教育委員會·滋賀縣文化財保護協會.
林博通·仲川靖(外), 1997,『穴太遺蹟發掘調査報告書Ⅱ』, 大津, 滋賀縣教育委員會.
坂本正裕(編), 1999,『墓立遺蹟·柿田遺蹟·正蓮寺遺蹟調査報告書』(滋賀縣長浜市埋藏文化財調査報告書25集), 長浜, 長浜市教育委員會.
中主町教育委員會, 2001,『平成中11年度主町内光遺蹟發掘調査年報光相寺遺蹟第26次發掘調査報告』, 中主, 中主町教育委員會.
野洲町教育委員會, 2001,『史跡大岩山古墳群-天王山古墳·圓山古墳·甲山古墳調査整備報告書』(野洲町文化財調査報告書第26集), 野洲, 野洲町教育委員會.
清水ひかる(外), 2004,『下五反田遺蹟』, 大津, 滋賀縣教育委員會·滋賀縣文化財保護協會.
高島市教育委員會, 2010,『田中36號墳発掘調査報告書』(高島市埋藏文化財調査資料第14集), 高島, 高島市教育委員會.
小林裕季, 2011,『南滋賀遺蹟群發掘調査報告書遺蹟發掘調査報告書』(大津市埋藏文化財調査報告書54), 大津, 大津市教育委員會.
林修平·細川修平, 2012,『古代甲賀の首長と副葬品―塚越古墳出土遺物調査報告―』(甲賀市史編纂叢書第8集), 甲賀, 甲賀市教育委員會.
滋賀縣教育委員會事務局文化財保護課·滋賀縣文化財保護協會(編), 2013,『辻遺跡』, 大津, 滋賀縣教育委員會事務局文化財保護.

5) 나라현奈良縣

梅原末治, 1921,『佐味田新山古墳研究』, 東京, 岩波書店.
内務省, 1927,『奈良縣に於ける指定史蹟』第2冊(内務省編纂史蹟調査報告第三), 東京, 内務省.
史跡名勝天然記念物保存協會, 1928,『奈良縣に於ける指定史蹟』第1冊(史蹟調査報告第三), 東京, 刀江書院.
佐藤小吉·末永雅雄, 1930,「円照寺墓山第一號古墳調査」,『奈良縣史跡名勝天然記念物調査報告』11, 奈良, 奈良縣.
高橋逸夫·梅原末治, 1937,『大和島庄石舞台の巨石古墳』(京都帝國大學文學部考古學研究室報告第十四冊), 京都, 京都帝國大學文學部考古學硏究室. 眞陽社.
末永雅雄, 1949, 『奈良市法華寺町ウナワベ古墳群 大和第三, 第四, 第五, 第六號古墳調査』(奈良縣史蹟名勝天然記念物調査報告抄報第4冊), 奈良, 奈良縣教育委員會.
小島俊次·伊達宗泰, 1957, 『珠城山古墳』, 奈良, 奈良縣教育委員會.
奈良國立文化財硏究所, 1958, 『飛鳥寺』, 京都, 眞陽社.
秋山日出雄·網干善教, 1959, 『室大墓』(奈良縣史跡名勝天然記念物調査報告第18冊), 奈良, 奈良縣教育委員會.
浜田耕作·伊達宗泰, 1960, 『大三輪町穴師珠城山2號·3號墳』, 奈良, 奈良縣教育委員會.
網干善教, 1961, 『五条猫塚古墳』(奈良縣史跡名勝天然記念物調査報告第20冊), 奈良, 奈良縣教育委員會
奈良國立文化財硏究所, 1961, 『平城宮伝飛鳥鳥板蓋宮』, 京都, 眞陽社.
伊達宗泰, 1966, 「和邇上殿古墳」, 『奈良縣史跡名勝天然記念物調査報告』 第23冊, 奈良縣教育委員會.
北野耕平, 1967, 『塚山古墳』, 奈良, 奈良縣教育委員會.
小島俊次, 1969, 「割塚古墳の調査」, 『青陵』 奈良縣橿原考古學硏究所彙報 No.14, 奈良縣橿原考古學硏究所.
奈良縣立橿原考古學硏究所, 1972, 『壁画古墳高松塚』, 橿原, 奈良縣立橿原考古學硏究所.
奈良縣教育委員會, 1973, 『磐余·池ノ内古墳群』, 奈良縣史跡名勝天然記念物調査報告第28冊, 奈良縣教育委員會.
白石太一郎, 1974, 「城山2號墳」, 『馬見丘陵における古墳の調査』, 橿原, 奈良縣立橿原考古學硏究所.
奈良縣立橿原考古學硏究所, 1974, 『巨勢山古墳群調査概報』, 橿原, 奈良縣立橿原考古學硏究所.
網干善教·友成誠司, 1974, 『谷畑古墳』, 榛原, 榛原町教育委員會.
白石太一郎·河上邦彦·亀田博·千賀久, 1976, 『葛城·石光山古墳群』(奈良縣史跡名勝天然記念物調査報告第31冊), 橿原, 奈良縣立橿原考古學硏究所.
網干善教, 1977, 『牽牛子塚古墳』, 明日香村, 明日香村教育委員會.
奈良縣立橿原考古學硏究所(編), 1977, 『新沢千塚126號墳』, 奈良, 奈良縣立橿原考古學硏究所.
伊達宗泰·小島俊次, 1977, 『メスり山古墳』(奈良縣史跡名勝天然記念物調査報告 35冊), 奈良, 奈良縣教育委員會.
奈良縣立橿原考古學硏究所(編), 1981, 『新沢千塚古墳群』(奈良縣史跡名勝天然記念物調査報告書 第39冊), 奈良, 奈良縣教育委員會.
八賀晋(編), 1982, 『京都國立博物館蔵-富雄丸山古墳西宮山古墳出土遺物-』, 京都, 京都國立博物館.
阪口俊幸, 1983, 「南山古墳群」, 『日本考古學年報361983年度版』, 日本考古學協會.
河上邦彦(編), 1984, 『市尾墓山古墳』, 高取, 高取町教育委員會.
奈良國立文化財硏究所, 1985, 「石神遺蹟第4次調査」, 『飛鳥·藤原宮発掘調査概報15』, 奈良, 奈良

國立文化財研究所.
今尾文昭(外), 1986,『掖上鑵子塚古墳測量調查報告』, 南葛城地域の古墳文化研究會.
阪口俊孝, 1986,「奈良縣南山古墳群」,『日本考古學年報36』, 日本考古學會.
関川尙功(編), 1987,『与楽古墳群』, 橿原, 奈良縣立橿原考古學研究所.
奈良國立文化財研究所飛鳥藤原宮跡発掘調查部, 1987,「左京六条三坊の調查(第47·50次)」,『飛鳥·藤原宮発掘調查概報17』, 奈良, 奈良國立文化財研究所飛鳥藤原宮跡発掘調查部.
御所市教育委員會, 1988,『巨勢山古墳群2』, 御所, 御所市教育委員會.
新庄町教育委員會·奈良縣立橿原考古學研究所, 1988,『寺口忍海古墳群』, 奈良, 新庄町教育委員會·奈良縣立橿原考古學研究所.
泉武·山田圭子(編), 1990,『天理市埋蔵文化財調查報告第4集 星塚·小路遺蹟』(天理市埋蔵文化財調查報告 第4集), 天理, 天理市教育委員會.
奈良縣立橿原考古學研究所, 1990,『斑鳩藤ノ木古墳-第1次調查報告書』, 奈良, 斑鳩町·斑鳩町教育委員會.
奈良縣立橿原考古學研究所, 1991,『寺口千塚』, 橿原, 奈良縣立橿原考古學研究所.
坂靖, 1994,「佐田遺蹟(南鄕·井戶地區)」,『奈良縣遺蹟調查概報1993年度』.
奈良縣立橿原考古學研究所, 1995,『斑鳩藤ノ木古墳第二·三次發掘調查報告書』, 奈良, 斑鳩町·斑鳩町教育委員會.
奈良縣立橿原考古學研究所, 1995,『斑鳩藤ノ木古墳第二·三次發掘調查報告書』, 奈良, 斑鳩町·斑鳩町教育委員會.
坂靖(外), 1996,『南鄕遺蹟群Ⅰ』(奈良縣史跡名勝天然記念物調查報告第69冊), 橿原, 奈良縣立橿原考古學研究所.
青柳泰介, 1996,「井戶遺蹟·南鄕安田遺蹟發掘調查概報」,『奈良縣遺蹟調查概報1995年度』, 橿原, 奈良縣立橿原考古學研究所.
奈良縣立橿原考古學研究所(編), 1999,『黒塚古墳 調查概報』, 學生社.
藤田和尊·木許守, 1999,『台風7號被害による室宮山古墳出土遺物』, 御所, 御所市教育委員會.
奈良縣立橿原考古學研究所(編), 2001,『ホケノ山古墳 調查概報(大和の前期古墳)』, 學生社.
奈良文化財研究所, 2002,『大和山田寺跡』, 奈良, 奈良國立文化財研究所.
御所市教育委員會, 2002,『巨勢山古墳群3』, 御所, 御所市教育委員會.
伊藤雅和·木村充保(編), 2003,『中町西遺蹟』(奈良縣立橿原考古學研究所調查報告 第85冊), 橿原, 奈良縣立橿原考古學研究所.
奈良文化財研究所, 2007,『法隆寺若草伽藍跡發掘調查報告書』, 奈良, 奈良國立文化財研究所.
奈良文化財研究所, 2008,『特別史蹟 キトラ古墳發掘調查報告書』, 奈良, 奈良國立文化財研究所.
土橋理子(外), 2008,『向山遺蹟』(奈良縣文化財調查報告書127冊), 橿原, 奈良縣立橿原考古學研究所.
明日香村教育委員會文化財課, 2010,『眞弓鑵子塚古墳発掘調查報告書』(明日香村文化財調查報告書7), 明日香村教育委員會.

桜井市立埋藏文化財センター, 2010,『桜井の横穴式石室を訪ねて』(財)桜井市文化財協會.
小島靖彦·辰巳陽一(編), 2011,『下田東遺跡』, 香芝, 香芝市教育委員會.
天理大學附属天理参考館考古美術室, 2013,『奈良縣天理市布留遺跡杣之内 (北池·大東) 地區発掘調査報告書』(考古學調査研究中間報告28), 天理, 天理大學附属天理参考館考古美術室.
明日香村教育委員會文化財課, 2013,『牽牛子塚古墳発掘調査報告書』(明日香村文化財調査報告書10), 明日香, 明日香村教育委員會.
奈良國立博物館, 2013·2014·2015,『五條猫塚古墳の研究』, 奈良, 奈良國立博物館.
橿原市教育委員會, 2015,『新堂遺跡—京奈和自動車道「御所區間」建設に伴う発掘調査報告書—』(橿原市埋蔵文化財調査報告第12冊), 橿原, 橿原市教育委員會.
清喜祐二(編), 2017,『宇和那辺陵墓参考地舊陪塚ろ號(大和6號墳)-出土の遺物整理報告-』, 東京, 宮内廳書陵部陵墓課.
奈良文化財研究所, 2017,『特別史蹟高松塚古墳掘調査報告書-高松塚古墳石室解體事業にともなう發掘調査』(國寶高松塚古墳壁畫恒久保存對策事業報告書1), 奈良, 文化廳·奈良國立文化財研究所·奈良縣立橿原考古學研究所·明日香村教育委員會.
橿原市教育委員會, 2018,『新堂遺跡Ⅱ—京奈和自動車道「御所區間」建設に伴う発掘調査報告書—』, 橿原, (橿原市埋蔵文化財調査報告第14冊), 橿原市教育委員會.
奈良文化財研究所, 2022,『飛鳥池遺蹟發掘調査報告書本文編Ⅲ-遺蹟·遺構』(奈良文化財研究所學報71冊), 奈良, 奈良國立文化財研究所.

6) 와카야마현和歌山縣

樋口隆康·西谷眞治·小野山節, 1959,『大谷古墳』, 和歌山, 和歌山市教育委員會.
末永雅雄(編), 1967,『岩橋千塚』, 和歌山, 和歌山市教育委員會.
金谷克巳, 1970,『紀伊の古墳』3, 京都, 綜藝社.
関西大學文學部考古學研究室, 1972,『和歌山市における古墳文化』, 和歌山, 和歌山市教育委員會.
和歌山大學考古學研究會, 1973,「上野山古墳調査報告」,『埴輪』9, 和歌山, 和歌山大學考古學研究會.
関西大學考古學研究會, 1977,「背見山古墳発掘調査概報」,『古代學研究』85, 古代學研究會.
橋本市教育委員會, 1984,『東家遺跡』, 橋本市教育委員會.
和歌山縣教育委員會, 1984,『鳴神地區遺蹟発掘調査報告書』, 和歌山, 和歌山縣教育委員會.
和歌山縣教育委員會, 1984,『鳴滝地區遺蹟発掘調査報告書』, 和歌山, 和歌山縣教育委員會.
園部円山古墳保存會, 1989,『園部円山古墳調査概報』, 和歌山市教育委員會文化振興課.
和歌山縣文化財センター, 1990,『田屋遺蹟発掘調査報告書』, 和歌山, 和歌山縣文化財センター.
和歌山市教育委員會, 1993,『車駕之古址古墳発掘調査概報』, 和歌山, 和歌山市教育委員會.
和歌山縣教育委員會, 2001,『岩橋千塚周邊古墳群発緊調査報告書』, 和歌山, 和歌山縣教育委員會.
和歌山市文化体育振興事業團, 2002,『有功遺跡第3次発掘調査概報』, 和歌山, 和歌山市文化体育振興事業團

和歌山縣文化財センター, 2003,『西庄遺蹟』, 和歌山, 和歌山縣文化財センター.
和歌山縣文化財センター, 2006,『楠見遺跡』, 和歌山, 和歌山縣文化財センター.
和歌山縣文化財センター, 2007,『垂井女房が坪遺跡·野口遺跡·北馬場遺跡·柏原遺跡』, 和歌山, 和歌山縣文化財センター.
橋本市遺跡調査會, 2014,『東家遺跡·東家館跡発掘調査報告書』, 橋本市遺跡調査會.
和歌山縣文化財センター, 2017,『平井遺跡, 平井Ⅱ遺跡—第二阪和國道建設に伴う発掘調査報告書—』.
和歌山縣立紀伊風土記の丘, 2022,『わかやま古墳ガイド』和歌山, ニュース和歌山.

7) 미에현三重縣

鈴鹿市教育委員會, 1966,『鈴鹿市經塚古墳』, 鈴鹿, 鈴鹿市教育委員會.
鈴鹿市教育委員會, 1967,『國鉄伊勢線関係遺跡調査報告』, 鈴鹿, 鈴鹿市教育委員會.
朝日町教育委員會, 1988,『縄生廃寺蹟發掘調査報告』(朝日町文化財調査報告1), 朝日, 朝日町教育委員會.
小玉道明(外), 1988,『井田川茶臼山古墳』(三重縣史跡調査報告第26冊), 三重, 三重縣教育委員會.
津市教育委員會, 1991,『メクサ3號墳發掘調査報告』(津市文化財調査報告20), 津, 津市教育委員會.
三重縣埋藏文化財センター, 1994,『大里西沖遺蹟(2次)』, 三重, 三重縣埋藏文化財センター.
名張市遺跡調査會, 1999,『横山古墳群』, 名張, 名張市遺跡調査會.
穂積裕昌(外), 2002,『六大A遺蹟発掘調査報告』, 三重, 三重縣埋藏文化財センター.
三重縣埋藏文化財センター, 2005,『天花寺丘陵内遺跡群発掘調査報告書Ⅵ』, 三重, 三重縣埋藏文化財センター.
豊田祥三, 2006,「付編近代古墳発掘調査報告—伊賀市下神戸所在—」,『天童山古墳群発掘調査報告』, 三重縣埋蔵文化財センター.
三重縣埋藏文化財センター, 2009,『木造赤坂遺蹟』, 三重, 三重縣埋藏文化財センター.

4. 호쿠리쿠北陸

1) 후쿠이현福井縣

斎藤優, 1970,『若狭上中町の古墳』, 上中町教育委員會.
斎藤優, 1973,『天神山古墳群』, 鯖江市教育委員會.
福井縣教育委員會, 1979,『立洞2號墳耶山ノ上1號墳』(北陸自動車関係遺蹟調査報告書13), 福井, 福井縣教育委員會.斎藤優, 1979,『改訂松岡古墳群』, 福井, 福井縣松岡町教育委員會.
中司照世, 1986,「Ⅳ古墳時代」,『圖説発掘が語る日本史3-東海北陸-』, 東京, 新人物往来社.
上中町教育委員會, 1992,『向山1號墳』, 上中, 上中町教育委員會.
中司照世, 1993,「日本海中部の古墳文化」,『新版古代の日本7-中部-』, 東京, 角川書店.
入江文敏, 2001,「若狭越所在の首長墓出土の半島系遺物」,『古墳時代の加耶と倭-継体大王時代の日韓交流-』, 松岡, 松岡越の國傳説実行委員會.

松井政信·浅野良治(編), 2005, 『石舟山古墳·鳥越山古墳·二本松山古墳』, 松岡, 松岡町教育委員會·永平寺町教育委員會.
福井市教育委員會, 2011, 『河合寄安遺跡』, 福井, 福井市教育委員會.
古川登(編), 2012, 『福井市古墳発掘調査報告書Ⅰ』, 福井, 福井市教育委員會.
若狭町, 2015, 『若狭向山1號墳』, 若狭, 若狭町.

2) 이시카와현石川縣

後藤修一, 1937, 「加賀國江沼郡勅使村字二子塚所在狐塚古墳」, 『古墳發掘報告』, 東京, 帝室博物館.
土肥富士夫(編), 1986, 『矢田遺蹟』, 七尾, 石川縣七尾市教育委員會.
宮下幸夫·樫田誠(編), 1989, 『後山無常堂古墳·後山神明3号墳発掘調査報告書』, 小松市教育委員會.
加賀市教育委員會, 1990, 『吸坂丸山古墳群』, 加賀, 加賀市教育委員會.
樫田誠, 1992, 『矢田野エジリ古墳發掘調査報告書』, 小松, 石川縣小松市教育委員會.
吉岡康·河村好光(編), 1997, 『加賀能美古墳群』, 寺井, 石川縣寺井町·寺井町教育委員會.
富田和氣·夫荒井仁, 1997, 『史蹟須曽蝦夷穴古墳Ⅰ-保存修理作業報告書-』, 能登島, 能登島町教育委員會.
富田和氣(外), 2001, 『史蹟須曽蝦夷穴古墳Ⅱ-發掘調査報告書-』, 能登島, 能登島町教育委員會.

3) 도야마현富山縣

富山縣教育委員會, 1973, 『富山縣氷見市朝日長山古墳群調査報告書』, 富山, 富山縣教育委員會.
富山縣教育委員會, 1978, 『富山縣高岡市桜谷古墳群調査報告書』, 富山, 富山縣教育委員會.
伊藤隆三(外), 1986, 『若宮古墳』, 小谷部, 小谷部市教育委員會.

4) 니이카타현新潟縣

三条市教育委員會, 1989, 『保内三王山古墳群』, 三条, 三条市教育委員會.

5. 도카이東海 주부中部

1) 기후현岐阜縣

岐阜市教育委員會, 1962, 『岐阜市長良龍門寺古墳』, 岐阜, 岐阜市教育委員會.
池田町教育委員會, 1985, 『中八幡古墳発掘調査報告書』, 池田, 池田町教育委員會.
岐阜縣·岐阜縣教育委員會, 1986, 『椿洞古墳群-公共急傾斜地防災事業に伴う緊急發掘調査』, 岐阜, 岐阜縣教育委員會.
池田町教育委員會, 1989, 『雨乞塚2號墳発掘調査報告書』, 池田, 池田町教育委員會.
船来山古墳群調査會, 1999, 『船来山古墳群』, 船来山古墳群調査團.
大垣市教育委員會, 2003, 『史跡昼飯大塚古墳』(大垣市文化財調査報告12集), 大垣, 大垣市教育委員會.
大垣市教育委員會, 2003,『大垣市の古墳時代』, 大垣, 大垣市教育委員會.
渡邊博人(編), 2003,『大牧1號墳發掘調査報告書』, 各務原, 各務原市教育委員.
横幕大祐·内山敏行·鈴木一有, 2005,『中八幡古墳資料調査報告書』, 池田, 池田町教育委員會.
岐阜市教育文化振興事業団, 2007,『船木山古墳群』, 岐阜市教育文化振興事業団.
遊塚古墳群資料調査検討會, 2011,「遊塚古墳群出土遺物報告」,『大垣市史』考古編, 大垣, 大垣市.

2) 아이치현愛知縣

守山市教育委員會, 1963,『守山の古墳』, 守山市教育委員會.
豊田市教育委員會, 1966,『豊田大塚古墳発掘調査報告書』, 豊田, 豊田市教育委員會.
岡崎市教育委員會(斎藤嘉彦), 1981,『岡崎市経ヶ峰1號古墳』, 岡崎, 岡崎市教育委員會.
土生田純之, 1988,「中ノ郷(穴観音)古墳横穴式石室実測調査報告」,『西三河の横穴式石室』, 愛知大學日本史専攻會考古部會.
一宮町教育委員會, 1995,『城山 キャッスルヒルカントリークラブ建設工事に伴う埋蔵文化財発掘調査報告書』, 一宮, 一宮町教育委員會.
木村光一(編), 1996,『埋蔵文化財調査報告書24伊勢山中學校遺蹟(第5次)』(名古屋市文化財調査報告31), 名古屋, 名古屋市教育委員會.
鈴木正貴, 1998,「矢迫遺蹟」,『年報平成9年度』(財)愛知縣埋蔵文化財センター.
岩原剛, 2001,『三ツ山古墳調査概要(Ⅲ)』, 豊橋, 豊橋市教育委員會.
犬山市教育委員會, 2005,『史跡東之宮古墳調査報告書』, 犬山, 犬山市教育委員會.
豊田市教育委員會, 2008,『井上1號墳』, 豊田, 豊田市教育委員會.
名古屋市教育委員會, 2011,『埋蔵文化財調査報告書61 志段味古墳群』, 名古屋, 名古屋市教育委員會.
犬山市教育委員會, 2014,『史跡東之宮古墳』, 犬山, 犬山市教育委員會.
名古屋市教育委員會, 2014,『埋蔵化財調査報告書77 志段味古墳群3』, 犬山, 犬山市教育委員會.
豊田市教育委員會, 2016,『豊田大塚古墳2-6世紀前半における首長墓の調査-』(豊田市埋蔵文化財発掘調査報告書第70集), 豊田, 豊田市教育委員會.

3) 시즈오카현靜岡縣

後藤修一·内藤政光·高橋勇(編), 1939,『松林山古墳』(1975年復刻), 静岡, 静岡縣文化財保護協會.
内藤晃·大塚初重(編), 1961,『三池平古墳』, 庵原, 庵原町教育委員會.
盤田市教育委員會, 1977,『盤田67號墳発掘調査報告書』, 盤田, 盤田市教育委員會.
藤枝市教育委員會, 1983,『若王子釣瓶落古墳群』, 藤枝, 藤枝市教育委員會.
静岡縣袋井市教育委員會·財團法人元興寺文化財研究所, 1994,『團子塚九號墳』, 袋井, 袋井市教育委員會.
原秀三郎(編), 1995,『遠江堂山古墳』, 磐田, 静岡縣磐田市教育委員會.

袋井市教育委員會, 1996,『高尾向山遺跡Ⅱ』, 袋井, 袋井市教育委員會.
鈴木敏則(編), 1998,『千人塚古墳, 千人塚平古墳·宇藤坂古墳群』, 浜松, 浜松市教育委員會.
浅羽町教育委員會, 1999,『五ヶ山2號墳-静岡縣盤田郡浅羽町五ヶ山2號墳発掘調査報告書』, 盤田, 浅羽町教育委員會.
袋井市教育委員會, 1999,『石ノ形古墳』, 袋井, 袋井市教育委員會.
浜松市博物館, 2000,『須部Ⅱ遺跡』, 静岡縣西部農林事務所·浜松市文化協會.
磐田市教育委員會, 2003,『東部土地區画整理事業地内埋蔵文化財発掘調査報告書』, 磐田市教育委員會.
藤枝市教育委員會, 2003,『高田観音前1·2號墳発掘調査報告書』, 藤枝市教育委員會.
袋井市教育委員會, 2004,『愛野向山遺跡Ⅱ』, 袋井市教育委員會.
菊川町教育委員會, 2004,『長池古墳群4號墳発掘調査報告書』, 菊川町教育委員會.
田村隆太郎·鈴木一有, 2008,『森町円田丘陵の古墳群』(静岡縣埋蔵文化財調査研究所調査報告第186集), 静岡埋埋蔵文化財調査研究所.
静岡縣埋蔵文化財調査研究所, 2009,『菊川市下平川の遺跡群』, 静岡縣埋蔵文化財調査研究所.
浜松市教育委員會, 2009,『鳥居松遺跡5次』, 浜松市文化振興財團.
浜松市教育委員會, 2012,『梶子遺跡13次』, 浜松市文化振興財團.
沼津市教育委員會, 2015,『松長6號墳発掘調査報告書』, 沼津市教育委員會.

4) 나가노현長野縣

森本六爾, 1929,『川柳将軍塚古墳の研究』, 東京, 岡書院.
大場磐雄(外), 1964,「長野縣東筑摩郡坂井村安坂積石塚の調査(1)」,『信濃』Ⅲ16-4.
大場磐雄(外), 1964,「長野縣東筑摩郡坂井村安坂積石塚の調査(2)」,『信濃』Ⅲ16-6.
大場磐雄(外), 1966,『信濃浅間古墳』, 本郷, 本郷村教育委員會.
長野市教育委員會, 1968,『信濃長原古墳群』(長野縣考古學會研究報告書5), 長野, 長野市教育委員會.
飯田市教育委員會, 1971,『妙前大塚(3號)古墳発掘調査報告書』, 飯田, 飯田市教育委員會.
斎藤忠(外), 1978,『弘法山古墳』, 松本, 松本市教育委員會.
長野市教育委員會, 1981,『長野大室古墳群』, 長野, 長野市教育委員會.
大沢和夫, 1983,「飯沼雲彩寺古墳」,『長野縣史考古資料編全一巻(三)主要遺蹟(南信)』, 長野, 長野縣.
今村善興小林正春, 1983,「高岡1號古墳」,『長野縣史考古資料編全一巻(三)主要遺蹟(南信)』, 長野, 長野縣.
今村善興小林正春, 1983,「新井原12號古墳」,『長野縣史考古資料編全一巻(三)主要遺蹟(南信)』, 長野, 長野縣.
今村善興, 1983,「畦地1號古墳」,『長野縣史考古資料編全一巻(三)主要遺蹟(南信)』, 長野, 長野縣.
大沢和夫, 1983,「正清寺古墳」,『長野縣史考古資料編全一巻(三)主要遺蹟(南信)』, 長野, 長野縣.

桐原健, 1983,「安坂古墳群」,『長野縣史考古資料編全一卷(三)主要遺蹟(中信)』, 長野, 長野縣.
桐原健, 1983,「中山古墳群」,『長野縣史考古資料編全一卷(三)主要遺蹟(中信)』, 長野, 長野縣.
長野市教育委員會, 1987,『長野市の埋蔵文化財19:土口将軍塚古墳』, 長野市教育委員會.
長野市教育委員會, 1988,『地附山古墳群 : 上池ノ平1~5號古墳緊急発掘調查報告書』(長野市の埋蔵文化財第30集), 長野市教育委員會.
長野縣埋蔵文化財センター, 1991,『上信越上越自動車道埋蔵文化財発掘調査報告書3-長野市内その1-大室古墳群』, 長野, 長野縣埋蔵文化財センター.
森將軍塚古墳發掘調査團, 1992,『史跡森將軍塚古墳-保存整備事業發掘調査報告書』, 更埴, 更埴市教育委員會.
飯田市教育委員會, 1992,『八幡原遺跡物見塚古墳』, 飯田市教育委員會.
長野縣松本市教育委員會, 1994,『出川南遺跡IV·平田里古墳群緊急発掘調查報告書』115, 長野縣松本市教育委員會.
飯田市教育委員會, 1999,『寺所遺跡』, 飯田市教育委員會.
須坂市教育委員會, 2000,『長野縣史跡八丁鎧塚』, 須坂, 須坂市教育委員會.
小林正春(編), 2000,『宮垣外遺蹟·高屋遺蹟』, 飯田, 長野縣飯田市教育委員會.
小林正春(編), 2001,『溝口の塚古墳』, 飯田, 長野縣飯田市教育委員會.
木島平村教育委員會, 2002,『根塚遺蹟』(木島平村埋蔵文化財調査報告書), 木島平, 木島平村教育委員會.
小林正春(編)2002,『月の木遺蹟·月の木古墳群』, 飯田, 長野縣飯田市教育委員會.
小林正春(編), 2003,『北本城々跡·北本城古墳』, 飯田, 長野縣飯田市教育委員會.
長野縣飯田市教育委員會, 2007,『飯田における古墳の出現と展開』, 飯田, 長野縣飯田市教育委員會.
明治大學文學部考古學研究室, 2015,『信濃大室積石塚古墳群の研究IV』, 東京, 明治大學文學部考古學研究室.
國學院大學研究開発推進機構學術資料センター, 2015,『長野縣史跡八丁鎧塚』(須坂市埋蔵文化財発掘調査報告21), 國學院大學研究開発推進機構學術資料センター.
飯田市教育委員會, 2017,『北方西の原遺跡』, 飯田, 飯田市教育委員會.

6. 간토関東 도호쿠東北

1) 가나카와현神奈川縣

石野瑛, 1935,「横浜市磯子區室の木古墳調查記」,『考古學雜誌』第25券第6號, 東京, 日本考古學會.
日野一郎, 1961,『眞土大塚山古墳』(平塚市文化財調査報告書3集), 平塚, 平塚市教育委員會.
赤星直忠, 1961,「伊勢原町登尾山古墳」,『埋蔵文化財調査報告1』, 神奈川, 神奈川縣教育委員會.
本村豪章, 1974,「相模眞土大塚山古墳の再検討」,『考古學雜誌』第60券第1號, 東京, 日本考古學會.

2) 도쿄도東京都

足立區遺蹟調査會, 1997,『伊興遺蹟』, 足立, 足立區伊興遺蹟調査會.

寺田良喜·三浦淑子(編), 1999,『野毛大塚古墳』, 世田谷, 世田谷區教育委員會·野毛大塚古墳調査會.

世田谷區教育委員會, 2000,『喜多見中通南遺跡』Ⅱ, 世田谷, 世田谷區教育委員會.

市川康弘, 2015,『東京都足立區花畑遺跡Ⅱ』, 川口土木建設工業株式會社·大成エンジニアリング株式會社.

3) 치바현千葉縣

大場磐雄·亀井正道, 1951,「上総國姉崎二子塚古墳調査概報」,『考古學雜誌』37-3, 東京, 日本考古學會.

滝口宏, 1952,『上総金鈴塚古墳』, 東京, 早稲田大學考古學研究室.

甘粕健(編), 1969,『我孫子古墳群』, 東京, 東京大學考古學研究室·我孫子町教育委員會.

市毛勳(編), 1971,『千葉縣香取郡下総町大日山古墳』, 千葉, 千葉縣教育委員會.

小出義治(編), 1980,『上総山王山古墳』, 市原, 千葉縣市原市教育委員會.

小出義治(編), 1980,『上総山王山古墳』, 市原, 千葉縣市原市教育委員會.

瀧口宏(編), 1988,『王賜銘鉄劒概報-千葉縣稲荷台1號墳出土-』, 市原, 市原市教育委員會.

村井嵓雄, 1988,「千葉縣木更津市大塚山古墳出土遺物の研究」,『MUSEUM』No.189, 東京, 東京國立博物館.

平野功, 1989,「布野台遺蹟の調査」,『小見川町内遺蹟群発掘調査報告書1988年度』, 小見川, 小見川町教育委員會.

千葉縣埋蔵文化財センター, 1990,『佐倉市大作遺蹟-佐倉三工業團地造成に伴う埋蔵文化財発掘調査報告書Ⅶ-』, 四街道, 千葉縣埋蔵文化財センター.

小沢洋, 2004,「内裏塚古墳群」,『千葉縣の歷史資料編考古2』, 千葉, 千葉縣.

杉山晋作, 2004,「八重原1號墳」,『千葉縣の歷史資料編考古2』, 千葉, 千葉縣.

永沼津朗, 2004,「江子田古墳群」,『千葉縣の歷史資料編考古2』, 千葉, 千葉縣.

白井久美子, 2004,「姉崎古墳群」,『千葉縣の歷史資料編考古2』, 千葉, 千葉縣.

白井久美子·西野雅人, 2004,「生実椎名崎遺蹟群」,『千葉縣の歷史資料編考古2』, 千葉, 千葉縣.

酒井清治, 2004,「大森第2遺蹟」,『千葉縣の歷史資料編考古2』, 千葉, 千葉縣.

矢戸三男, 2004,「東寺山戸張作遺蹟」,『千葉縣の歷史資料編考古2』, 千葉, 千葉縣.

白井久美子, 2004,「竜角寺古墳群」,『千葉縣の歷史資料編考古2』, 千葉, 千葉縣.

荒井世志紀, 2004,「鴇崎古墳群」,『千葉縣の歷史資料編考古2』, 千葉, 千葉縣.

平野功, 2004,「城山古墳群」,『千葉縣の歷史資料編考古2』, 千葉, 千葉縣.

峰村篤(編), 2005,『行人台遺跡発掘調査報告書』, 松戸市遺跡調査會.

木更津市教育委員會(編), 2020,『金鈴塚古墳出土品再整理報告書』, 木更津, 木更津市教育委員會.

上野祥史(編), 2022,『金鈴塚古墳と古墳時代社會の終焉』, 東京, 六一書房.

4) 야마나시현山梨縣

山梨縣, 1931, 『山梨縣史蹟名勝天然記念物調査報告第5集(大丸山古墳)』, 山梨, 山梨縣.

小林廣和(外), 1979, 『甲斐茶塚古墳』, 山梨, 山梨縣教育委員會.

甲府市教育委員會, 2001, 『横根櫻井積石塚古墳群調査報告書』, 甲府, 山梨縣教育委員會.

5) 사이타마현埼玉縣

村井喦雄, 1956, 「武蔵國川田谷熊野神社境内の古墳」, 『考古學雑誌』 41-3, 東京, 日本考古學會.

埼玉縣史編纂室, 1982, 「大寺廢寺」·「高岡廢寺」, 『埼玉縣古代寺院跡調査報告書』, 埼玉縣史編纂室.

行田市教育委員會, 1988, 『酒巻古墳群』, 行田, 行田市教育委員會.

若松良一(外), 1989, 『奥の山古墳·瓦塚古墳·中の山古墳』, 浦和, 埼玉縣教育委員會.

岡本健一(編), 1997, 『将軍山古墳』, 浦和, 埼玉縣教育委員會.

6) 군마현群馬縣

後藤守一·相川龍雄, 1936, 『群馬縣史蹟名勝天然記念物調査報告第3輯 多野郡平井村白井稲荷山古墳』, 群馬縣.

赤堀村教育委員會, 1978, 『赤堀村地蔵山の古墳2』, 赤堀村教育委員會.

松島栄治, 1981, 「前橋天神山古墳」, 『群馬縣史』資料編3, 原始古代3古墳, 群馬縣.

桜庭一寿, 1981, 『史跡観音山古墳 - 保存修理事業報告書 - 』, 群馬縣教育委員會.

田島桂男, 1981, 「白石稲荷山古墳」, 『群馬縣史』 資料編3原始古代3古墳, 群馬縣.

田島桂男, 1983, 「藤岡市白井市字稲荷原 稲荷山古墳」, 『東京國立博物館圖版目録』古墳遺物篇(関東Ⅱ), 東京國立博物館.

山武考古學研究所, 1983, 『倉賀野万福寺遺跡』, 山武考古學研究所.

渋川市教育委員會, 1985, 『空沢遺跡 第5次』, 渋川市教育委員會.

渋川市教育委員會, 1986, 『空沢遺跡 第6次』, 渋川市教育委員會.

志村哲外, 1986, 『白石稲荷山古墳範囲確認調査報告書』Ⅰ.

志村哲外, 1987, 『白石稲荷山古墳範囲確認調査報告書』Ⅱ.

田口一郎, 1988, 「下芝谷ッ古墳」, 『日本考古學年報』 39, 東京, 日本考古學協會.

渋川市教育委員會, 1988, 『行幸田山遺蹟』, 渋川, 渋川市教育委員會.

北群馬郡子持村教育委員會, 1990, 『黒井峯遺跡発掘調査報告書』, 北群馬郡子持村教育委員會.

高崎市教育委員會, 1992, 『觀音塚古墳調査報告書』, 高崎, 高崎市教育委員會.

志村哲, 1993, 『範囲確認調査報告書Ⅲ平井地區1號古墳』, 藤岡, 藤岡市教育委員會.

前橋市教育委員會, 1993, 『前二子古墳』, 前橋市教育委員會.

甘楽郡甘楽町教育委員會, 1996, 『西大山遺跡』, 甘楽郡甘楽町教育委員會.

高崎市遺跡調査會, 1997, 『高崎情報團地遺跡』, 高崎市遺跡調査會.

田口一郎, 1998, 「下芝·八ッ古墳の飾履が提起する問題一東國の渡来文化研究Ⅱ一」, 『日本考古學協會第64回総會研究発表要旨』, 日本考古學協會.

群馬縣教育委員會·財團法人群馬縣埋蔵文化財調査事業團, 1998, 『綿貫観音山古墳Ⅰ-墳丘·埴輪編-』, 勢多, 群馬縣考古資料普及會.
群馬縣教育委員會·財團法人群馬縣埋蔵文化財調査事業團, 1999, 『綿貫観音山古墳Ⅱ-石室·遺物編-』, 勢多, 群馬縣考古資料普及會.
高崎市教育委員會, 2001, 『劔崎長瀞西遺蹟1-浄水場建設に伴う発掘調査報告書第1集』(高崎市文化財調査報告書第179集), 高崎, 高崎市教育委員會.
専修大學考古學研究室, 2003, 『劔崎長瀞西5·27·35號墳-劔崎長瀞西遺蹟2-』(専修大學考古學研究室研究報告第1册), 神奈川, 専修大學考古學研究室.
安中市教育委員會, 2003, 『簗瀬二子塚古墳 簗瀬首塚古墳』, 安中市教育委員會.
群馬縣埋蔵文化財調査事業團, 2004, 『多田山古墳群』群馬縣埋蔵文化財調査事業團.
前橋市教育委員會, 2005, 『大室古墳群』, 前橋市教育委員會.
黒田晃, 2007, 「剣崎長瀞西遺跡」, 『高崎市史』(資料編考古), 高崎市.
群馬縣埋蔵文化財調査事業團, 2007, 『吹屋糀屋遺跡』, 群馬縣埋蔵文化財調査事業團.
前原豊, 2009, 『東國大豪族の威勢 大室古墳群 』, 新泉社.
富岡市教育委員會, 2009, 『丹生地區遺跡群』, 富岡市教育委員會.
高崎市教育委員會, 2014, 『下里見宮谷戸遺跡2 足門東屋敷間遺跡五霊神社古墳』, 崎市教育委員會.
東吾妻町教育委員會, 2016, 『下郷古墳群71號墳』, 吾妻町教育委員會.
大木紳一郎(外), 2017, 『金井東裏遺跡甲冑装人骨等詳細調査報告書』, 群馬縣教育委員會.
公益財團法人群馬縣埋蔵文化財調査事業團, 2019, 『東裏遺跡古墳時代編』(群馬縣埋蔵文化財調査事業團調査報告書第652集), 公益財團法人群馬縣埋蔵文化財調査事業團.

7) 도치키현栃木縣

前澤輝政, 1955, 「佐野市八幡山古墳調査概報」, 『古代』 第16號, 早稲田大學考古學會.
小山市教育委員會, 1972, 『桑57號墳発掘調査報告書』, 小山, 小山市教育委員會.
大和久震平(編), 1974, 『七廻り鏡塚古墳』, 帝國地方行政學會.
前澤輝政, 1977, 『下野の古墳』(しもつけ文庫4.)
栃木縣文化振興事業團編集, 1988, 『二ノ谷遺跡』(栃木縣埋蔵文化財調査報告 第97集), 住宅·都市整備公團·財團法人栃木縣文化振興事業團発行.
大川清·吉岡秀範·三輪孝幸 ·中島雄一, 1995, 『栃木縣上三川町 殿山遺跡Ⅰ』, 日本窯業史研究所·上三川町教育委員會.
とちぎ生涯學習文化財團編, 2001, 『権現山遺跡·百目鬼遺跡』 本文編 Ⅲ, 宇都宮, 栃木縣教育委員會·とちぎ生涯學習文化財團.
板橋正幸·田熊清彦, 2003, 『西下田遺蹟』(栃木縣埋蔵文化財調査報告書第273集), 宇都宮, 財團法人とちぎ生涯學習埋蔵文化財センター.
とちぎ生涯學習文化財團編, 2006, 『東谷·中島地區遺跡群7磯岡北古墳群』, 宇都宮, 栃木縣教育

委員會·財團法人とちぎ生涯學習文化財團.
とちぎ未来づくり財團, 2013,『東谷·中島地區遺跡群14 権現山遺跡南部·磯岡遺跡』, 宇都宮, 栃木縣教育委員會·とちぎ未来づくり財團.

8) 이바라키현茨城縣

斎藤忠(外), 1960,『三味塚古墳』, 茨城, 茨城縣教育委員會.
大洋村教育委院會, 1981,『常陸梶山古墳-茨城縣鹿島郡大洋村梶山所在』, 大洋, 大洋村教育委院會.
増田精一, 1986,『武者塚古墳』, 新治, 新治村教育委員會.
茨城縣新治村教育委員會, 1986,『武者塚古墳』, 新治, 茨城縣新治村教育委員會.
日立市教育委員會, 1987,『赤羽横穴群』, 日立, 日立市教育委員會.
松尾昌彦·滝沢誠, 1988,「上野古墳出土遺物の再検討」,『関城町史別冊資料編関城町の遺跡』, 関城町.
出島村教育委員會, 1992,『富士見塚古墳』, 出島, 出島村教育委員會.
吉川明宏·新井聡·黒澤秀雄編, 1995,『(仮称)北条住宅團地建設工事地内埋蔵文化財調査報告書 中台遺跡』, 茨城縣教育財團.
小林三郎(編), 2001,『三昧塚古墳第3次発掘調査報告書』, 玉造町遺跡調査會·玉造町教育委員會.

9) 후쿠시마현福島縣

柳沼賢治(外), 1960,「南山田遺蹟」,『郡山東部10』, 郡山, 郡山市教育委員會.
成田克俊·梅宮茂, 1960,『勿来市金冠塚古墳調査概報』(福島縣文化財調査報告書第8集), 福島, 福島縣教育委員會.
會津若松史出版委員會, 1964,『會津大塚山古墳』, 若松, 會津若松史出版委員會.
いわき市史編纂委員會, 1971,『いわき市史別券中田横穴』, いわき, いわき市.

10) 미야기현宮城縣

藤沢敦·大友喜助, 1992,『西屋敷1號墳·吉ノ内1號墳発掘調査報告書第1集』(宮城縣角田市文化財調査報告書第8集), 角田, 角田市教育委員會.

11) 아오모리현青森縣

青森縣八戶市教育委員會, 1990,「丹後平古墳」,『八戶市埋藏文化財調査報告書第44集』, 八戶, 青森縣八戶市教育委員會.

IV. 한국韓國 도록圖錄과 자료집資料集

1. 도록圖錄

1) 서울시, 경기도京畿道

(1) 서울시

百済文化開発研究院, 1984, 『百済土器圖録 - 百済遺物圖録 第2輯 - 』, 서울, 百濟文化開發研究院.

百済文化開発研究院, 1992, 『百済彫刻工藝圖録 - 百済遺物圖録第3輯 - 』, 서울, 百濟文化開發研究院.

國立中央博物館, 1991, 『佛舍利 莊嚴』, 서울, 國立中央博物館.

國立中央博物館, 1991, 『神秘의 古代王國-伽耶特別展-』, 서울, 國立中央博物館.

國立中央博物館, 1997, 『特別展 韓國古代의 土器』, 서울, 國立中央博物館.

國立中央博物館, 1997, 『韓國古代의 土器』, 서울, 國立中央博物館.

國立中央博物館, 1998, 『韓國古代國家의 形成』, 서울, 通川文化社.

國立中央博物館, 1999, 『百済特別展圖録』, 서울, 國立中央博物館.

國立中央博物館, 1999, 『特別展 百済』, 서울, 通川文化社.

國立中央博物館, 2002, 『高麗·朝鮮의 対外交流』, 서울, 通川文化社.

國立中央博物館, 2008, 『永遠한 生命의 울림 統一新羅 彫刻』, 서울, 國立中央博物館.

國立中央博物館, 2008, 『國立中央博物館소장 중국도자』, 서울, 國立中央博物館.

國立中央博物館, 2010, 『皇南大塚』, 서울, 國立中央博物館.

國立中央博物館, 2015, 『古代佛教彫刻大全』, 서울, 國立中央博物館.

國立中央博物館, 2016, 『세계유산 백제』, 서울, 國立中央博物館.

國立中央博物館, 2017, 『韓日 金銅半跏思惟像 科學的 調査報告』, 서울, 國立中央博物館.

國立中央博物館, 2019, 『가야 동아시아 교류와 네트워크의 중심지들』, 서울, 國立中央博物館.

梨花女子大學校博物館, 1999, 『霊岩陶磁文化센터 開館記念特別展 霊岩의 土器伝統과 鳩林陶器』, 서울, 梨花女子大學校出版部.

서울大學校博物館, 2000, 『特別展高句麗 - 漢江流域の高句麗要塞 - 』, 서울, 서울大學校博物館.

서울大學校博物館, 2003, 『海東盛國 渤海』, 서울, 서울大學校博物館·東京大學文學部.

서울歷史博物館, 2002, 『風納土城 잃어버린 「王都」를 찾아서』, 서울, 서울歷史博物館.

Leeum, 2011, 『삼성미술관 Leeum 소장품 선집, 고미술』, 서울, Leeum.

Leeum, 2013, 『金銀寶華』, 서울, Leeum.

한성백제박물관, 2017, 『가야 백제와 만나다』, 서울, 한성백제박물관.

(2) 경기도京畿道

世界陶磁器엑스포組織委員會展示部, 2001, 『東北亜陶磁交流展』, 世界陶磁器엑스포組織委員會.

世界陶磁器엑스포組織委員會展示部, 2001, 『世界陶磁文明展』, 世界陶磁器엑스포組織委員會.

京畿道博物館, 2005, 『우리 고구려』, 京畿道博物館.

京畿道博物館, 2010, 『遼寧古代文物展』(2010年海外交流特別展), 京畿道博物館.
용인대학교박물관, 2014, 『토기 그 질박한 역사의 여정』(우학문화연구 제16호), 용인, 용인대학교박물관.

2) 전라남도全羅南道

(1) 광주시光州市

國立光州博物館, 1992, 『한국의 옹관묘』, 光州, 國立光州博物館.
國立光州博物館, 1998, 『光州博物館20周年記念特別展-栄山江의 古代文化-』, 光州, 國立光州博物館.
國立光州博物館, 2000, 『特別展新千年(1999~2000)湖南考古學의 成果』, 光州, 國立光州博物館.
國立光州博物館, 2021, 『特別展'咸平 禮德里 新德古墳'비밀의 공간, 숨겨진 열쇠』, 光州, 國立光州博物館.

(2) 나주시羅州市

國立羅州文化材硏究所·國立羅州博物館, 2019, 『나주 복암리 정촌고분-마한사람들 큰 무덤과 함께 잠들다-』, 羅州, 國立羅州文化材硏究所·國立羅州博物館.
國立羅州博物館, 2019, 『韓國의 長鼓墳』, 羅州, 國立羅州博物館.
國立羅州文化材硏究所, 2021, 『나주 정촌고분 출토 금동신발 보물지정도록 신선되어 하늘을 나르샤』, 羅州, 羅州文化材硏究所.
國立羅州博物館, 2021, 『金銀보다 귀한 玉』, 羅州, 國立羅州博物館.
國立羅州博物館, 2022, 『古代 榮山江 동물과 사람』, 羅州, 國立羅州博物館.

3) 전라북도全羅北道

전주시全州市

國立全州博物館, 1991, 『國立全州博物館圖録』, 全州, 國立全州博物館.
國立全州博物館, 1995, 『바다와 祭祀-扶安 竹幕洞 祭祀遺蹟』, 全州, 國立全州博物館.
國立全州博物館, 1996, 『全羅北道의 歷史文物展Ⅰ 高敞郡의 歷史文物』, 全州, 國立全州博物館
全州大學校博物館, 1998, 『全州大學校博物館圖錄』, 全州, 全州大學校博物館.
國立全州博物館, 2001, 『韓·日古代人의 흙과 삶』, 全州, 國立全州博物館.
國立全州博物館, 2013, 『益山』, 全州, 國立全州博物館.

4) 충청남도忠清南道

(1) 공주시公州市

國立公州博物館, 1990, 『龜甲文과 鬼面文』, 公州, 國立公州博物館.
國立公州博物館, 1999, 『國立公州博物館』, 서울, 通川文化社.
國立公州博物館, 2001, 『百濟斯麻王-무령왕릉 발굴, 그후 30년의 발자취』, 公州, 國立公州博物館.
國立公州博物館, 2002, 『特別展 錦江 最近発掘10年史』, 公州, 國立公州博物館.
國立公州博物館, 2011, 『무령왕릉을 格物하다』, 公州, 國立公州博物館.

國立公州博物館, 2017,『백제의 불교미술』, 公州, 國立公州博物館.
國立公州博物館, 2021,『武寧王陵發掘50年』, 公州, 國立公州博物館.

(2) 부여군扶餘郡

國立扶餘博物館, 2003,『百濟의 度量衡』, 扶餘, 國立扶餘博物館.
國立扶餘博物館, 2003,『百濟의 文字』, 扶餘, 國立扶餘博物館.
國立扶餘博物館, 2003,『百濟金銅大香爐』, 扶餘, 國立扶餘博物館.
國立扶餘博物館, 2005,『百濟人의 服飾』, 扶餘, 國立扶餘博物館.
國立扶餘博物館, 2006,『百濟의 工房』, 扶餘, 國立扶餘博物館.
國立扶餘博物館·國立扶餘文化財硏究所, 2008,『百濟王興寺』, 扶餘, 國立扶餘博物館.
國立扶餘博物館·佛教中央博物館, 2009,『백제가람에 담긴 불교문화』, 扶餘, 國立扶餘博物館.
國立扶餘博物館·國立加耶文化財硏究所, 2009,『나무 속 암호 목간』, 扶餘, 國立扶餘博物館.
國立扶餘博物館, 2010,『百濟 重興을 꿈꾸다, 陵山里寺址』, 扶餘, 國立扶餘博物館.
國立扶餘博物館, 2010,『百濟瓦塼』, 扶餘, 國立扶餘博物館.
國立扶餘博物館·扶餘郡, 2013,『하늘에 올리는 염원 百濟金銅大香爐』, 扶餘, 國立扶餘博物館.
國立扶餘文化財硏究所, 2016,『百濟 舍利莊嚴과 동아시아 佛教文化』, 扶餘, 國立扶餘文化財硏究所.

(3) 대전시大田市

國立文化財硏究所, 2014,『益山 彌勒寺址 石塔 舍利莊嚴』, 大田, 國立文化財硏究所.

5) 충청북도忠淸北道

청주시淸州市

國立淸州博物館, 1989,『韓國出土 中國陶磁 特別展』, 淸州, 國立淸州博物館.
國立淸州博物館, 1992,『韓國의 銅鏡』, 淸州, 國立淸州博物館.
國立淸州博物館, 1997,『鐵의 歷史』, 淸州, 國立淸州博物館.
國立淸州博物館, 2001,『國立淸州博物館』, 서울, 通川文化社.

6) 경상남도慶尙南道

(1) 진주시晉州市

國立晉州博物館, 1984,『國立晉州博物館圖錄』, 晉州, 國立晉州博物館.

(2) 창원시昌原市

國立昌原文化財硏究所, 2004,『韓國의 古代木簡』(學術調査報告 第25輯), 昌原, 國立昌原文化財硏究所.

(3) 부산시釜山市

釜山大學校博物館, 1998,『金海의 古墳文化』, 金海, 金海市.

釜山廣域市立博物館福泉分館·國立金海博物館, 2000,『考古學이 찾은 先史와 加耶』, 釜山, 새한出版社.

福泉博物館, 2001,『福泉博物館圖錄』, 釜山, 福泉博物館.

福泉博物館, 2002,『古代 동아시아의 文物交流』, 釜山, 福泉博物館.

福泉博物館, 2004,『금관가야와 신라』, 釜山, 福泉博物館.

福泉博物館, 2009,『복천동 고분문화』, 釜山, 福泉博物館.

福泉博物館, 2010,『한국의 고대갑주』, 釜山, 福泉博物館.

福泉博物館, 2013,『선사·고대 옥의 세계』, 釜山, 福泉博物館.

釜山博物館·漢城百濟博物館, 2014,『러시아연해주문물전-프리모리에-』, 釜山, 釜山博物館·漢城百濟博物館.

福泉博物館, 2015,『가야와 마한·백제』, 釜山, 福泉博物館.

(4) 김해시金海市

國立金海博物館, 1998,『國立金海博物館圖錄』, 서울, 通川文化社.

國立金海博物館, 1999,『가야의 그릇받침』, 서울, 通川文化社.

國立金海博物館, 2007,『함안 말이산 34호분』, 金海, 國立金海博物館.

國立金海博物館, 2008,『國立金海博物館圖錄』, 서울, 通川文化社.

國立金海博物館, 2009,『특별전 지산동고분과 대가야』, 金海, 國立金海博物館.

國立加耶文化財研究所·國立金海博物館, 2010,『비사벌』, 昌原, 國立加耶文化財研究所·國立金海博物館.

國立金海博物館, 2014,『비사벌의 지배자 그 기억을 더듬다』, 金海, 國立金海博物館·우리문화재연구원·昌寧郡.

國立金海博物館, 2015,『甲冑, 戰士의 象徵』, 金海, 國立金海博物館.

國立金海博物館, 2015,『유리건판으로 보는 창녕고분군』, 金海, 國立金海博物館.

國立金海博物館, 2017,『밀양』, 金海, 國立金海博物館.

國立金海博物館, 2018,『국립김해박물관』, 金海, 國立金海博物館.

國立金海博物館, 2021,『가야인 바다에 살다』, 金海, 國立金海博物館.

大成洞古墳博物館, 2003,『대성동고분박물관 전시안내도록』, 金海, 大成洞古墳博物館.

大成洞古墳博物館, 2013,『동아시아 교역의 가교! 대성동 고분군』, 金海, 大成洞古墳博物館.

大成洞古墳博物館, 2017,『대성동고분박물관 재개관 기념 비밀의 문 다시 두드리다』, 金海, 大成洞古墳博物館.

(5) 함안군咸安郡

咸安博物館, 2004,『咸安의 遺蹟과 遺物』, 咸安, 咸安博物館.

咸安博物館, 2005,『安羅國의 象徵 불꽃무늬토기』, 咸安, 咸安博物館.

(6) 합천군陜川郡

陜川博物館, 2005,『黃江, 玉田 그리고 多羅國』, 陜川, 陜川博物館.
陜川博物館, 2007,『黃江이 전하는 삶의 흔적』, 陜川, 陜川博物館.
陜川博物館·慶尚大學校博物館, 2020,『加耶의 寶庫 玉田』, 陜川, 陜川博物館·慶尚大學校博物館.

(7) 양산시梁山市

통도사성보박물관, 2000,『佛舍利信仰과 그 莊嚴』, 양산, 통도사성보박물관.

(8) 울산시蔚山市

울산박물관, 2011,『울산박물관 개관기념도록』, 울산, 울산박물관.

(9) 창녕군昌寧郡

昌寧博物館, 2007,『소장유물도록』, 昌寧, 昌寧博物館.
유병록 외, 2013,『창녕 계성리에 찾아온 백제사람들』, 昌寧, 昌寧博物館.

7) 경상북도慶尚北道

(1) 대구시大邱市

계명대학교박물관, 1988,『개관10주년기념 星州星山洞古墳 特別展圖錄』, 大邱, 啓明大學校博物館.
김세기·노중국·박천수·이명식·이희준·주보돈, 1998,『가야문화도록』, 대구, 경상북도.
國立大邱博物館, 1999,『國立大邱博物館』重版, 서울, 通川文化社.
國立大邱博物館, 2000,『押督人의 삶과 죽음』, 서울, 通川文化社.
慶北大學校博物館, 2000,『開校54周年記念特別展 慶北大學校博物館遺蹟発掘40年』, 大邱, 慶北大學校博物館.
國立大邱博物館, 2001,『맥터카트博士의 大邱사랑 文化財사랑』, 서울, 通川文化社.
國立大邱博物館, 2001,『大邱五千年』, 서울, 通川文化社.
慶北大學校博物館, 2003,『慶北大學校博物館所藏遺物圖錄』, 大邱, 慶北大學校博物館.
國立大邱博物館, 2004,『우리 문화 속의 中國 陶磁器』, 大邱, 國立大邱博物館.
朴天秀, 2009,『日本列島속의 大加耶文化』, 大邱, 慶北大學校·大伽耶博物館.
朴天秀, 2011,『國內外 所藏 大加耶文物』, 大邱, 慶北大學校·大伽耶博物館.
朴天秀(編), 2015,『達城의 遺蹟과 遺物』, 大邱, 慶北大學校博物館.
朴天秀(編), 2015,『실크로드와 신라-유리의 길-』, 大邱, 慶北大學校博物館·경주세계문화엑스포.
朴天秀(編), 2018,『李(加藤)九祚의 生涯와 絲綢之路 琉璃, 織物』, 경북대학교실크로드조사연구센터·慶北大學校博物館·達城郡.
朴天秀(編), 2020,『유라시아 실크로드 복식교류』, 大邱, 경북대학교출판부.

朴天秀(編), 2021,『신라 유라시아로 나아가다』, 大邱, 慶北大學校博物館.
박천수·정선운·신동호, 2021,『加耶, 嶺湖南을 넘다』(國立金海博物館·慶北大學校博物館企劃), 大邱, 慶北大學校博物館.
박천수·김민규·임영재·최정범·장주탁·신현우·김동균·배노찬, 2021,『韓國과 中國, 2000年의 同行』(國立金海博物館·慶北大學校博物館企劃), 大邱, 慶北大學校博物館.

(2) 경주시慶州市

國立慶州博物館, 1987,『菊隱 李養璿 蒐集文化財』, 慶州, 國立慶州博物館.
國立慶州博物館, 1991,『경주와 실크로드』, 慶州, 國立慶州博物館.
國立慶州博物館, 1996,『신라인의 무덤 新羅陵墓의 形成과 展開』, 慶州, 國立慶州博物館.
國立慶州博物館, 1997,『新羅土偶』, 서울, 通川文化社.
國立慶州博物館, 2000,『新羅瓦塼』, 慶州, 國立慶州博物館·慶州世界文化엑스포組織委員會.
國立慶州博物館, 2001,『新羅黃金-신비한 황금의 나라』, 慶州, 國立慶州博物館.
國立慶州博物館, 2002,『文字로 본 新羅 新羅人의 記録과 筆跡』, 慶州, 國立慶州博物館.
國立慶州博物館, 2015,『일본의 고훈문화(日本の古墳文化)』, 慶州, 國立慶州博物館.
國立慶州博物館, 2020,『오색영롱 한국 고대 유리와 신라』, 慶州, 國立慶州博物館.
國立慶州博物館, 2021,『고대 한국의 외래계 문물』, 慶州, 國立慶州博物館.
國立慶州文化財研究所, 2006,『芬皇寺-출토유물-』, 慶州, 國立文化財研究所.

(3) 고령군高靈郡

大伽耶博物館, 2003,『大伽耶의 遺蹟과 遺物』, 高靈, 大伽耶博物館.
大伽耶博物館, 2006,『토기로 본 大加耶』, 高靈, 大伽耶博物館.
大伽耶博物館, 2008,『대가야와 여섯 가야』, 高靈, 大伽耶博物館.
大伽耶博物館, 2010,『대가야는 살아있다』, 高靈, 大伽耶博物館.
大伽耶博物館, 2015,『고령 지산동 대가야고분군』, 高靈, 大伽耶博物館.
大伽耶博物館, 2017,『대가야왕릉속의 비밀, 지산동518호분』, 高靈, 大伽耶博物館國立加耶文化財研究所.

2. 자료집資料集

木浦大學校博物館, 2000,『全南의 古代 墓制』(木浦大學校博物館學術叢書第43冊), 木浦, 木浦大學校博物館·全羅南道.
申英浩(外), 1999,『日本所在百済文化財調査報告書 I - 近畿地方 - 』(國立公州博物館研究叢書第9冊), 公州, 國立公州博物館.
林永珍·趙鎭先, 2000,『全南地域 古墳 測量 報告書』, 光州, 全羅南道.
鄭詳基(外), 2000,『日本所在百済文化財調査報告書 II - 九州地方 - 』(國立公州博物館研究叢書第11冊), 公州, 國立公州博物館.

鄭相基(外), 2002, 『日本所在百済文化財調査報告書Ⅲ - 近畿地方 - 』(國立公州博物館研究叢書第14冊), 公州, 國立公州博物館.
全栄来, 2003, 『全北古代山城調査報告書』, 全州, 全羅北道·韓西古代學研究所.
全羅北道·全北文化財研究院, 2003, 『全北地域 百済 文化遺產』, 全州, 全羅北道·全北文化財研究院.
鄭相基(外), 2004, 『日本所在百済文化財調査報告書Ⅳ - 長野·東京·千葉地方 - 』(國立公州博物館研究叢書第15冊), 公州, 國立公州博物館.
朴天秀·松永悅枝·金俊植, 2011, 『東亞細亞 古墳 曆年代 資料集』, 서울, 學研文化社.
충청남도·충청남도역사문화연구원, 2017, 『일본속의 백제: 긴키지역Ⅰ유적 유물 개관편』(해외 백제문화재 자료집2), 공주, 충청남도·충청남도역사문화연구원.
충청남도·충청남도역사문화연구원, 2017, 『일본속의 백제: 긴키지역Ⅱ유적 유물 상세편 논문편』(해외 백제문화재 자료집2), 공주, 충청남도·충청남도역사문화연구원.
충청남도·충청남도역사문화연구원, 2017, 『일본속의 백제: 큐슈지역 유적 유물 개관편 상세편 논문편』(해외 백제문화재 자료집3), 공주, 충청남도·충청남도역사문화연구원.
충청남도·충청남도역사문화연구원, 2017, 『일본속의 백제: 혼슈 시코쿠지역 유적 유물 개관편 상세편 논문편』(해외 백제문화재 자료집4), 공주, 충청남도·충청남도역사문화연구원.
국립가야문화재연구소, 2018, 『가야 문헌사료편』(가야자료총서1), 창원, 국립가야문화재연구소.
국립가야문화재연구소, 2018, 『가야 일제강점기편』(가야자료총서2), 창원, 국립가야문화재연구소.
국립가야문화재연구소, 2018, 『가야 발굴조사 자료편Ⅰ』(가야자료총서3), 창원, 국립가야문화재연구소.
국립가야문화재연구소, 2018, 『가야 발굴조사 자료편Ⅱ』(가야자료총서4), 창원, 국립가야문화재연구소.
국립가야문화재연구소, 2018, 『가야 발굴조사 자료편Ⅲ』(가야자료총서5), 창원, 국립가야문화재연구소.
국립가야문화재연구소, 2018, 『가야 발굴조사 자료편Ⅳ』(가야자료총서6), 창원, 국립가야문화재연구소.
국립가야문화재연구소, 2019, 『일본 내 가야 자료편Ⅰ』(가야자료총서8), 창원, 국립가야문화재연구소.
국립가야문화재연구소, 2019, 『일본 내 가야 자료편Ⅱ』(가야자료총서9), 창원, 국립가야문화재연구소.
국립가야문화재연구소, 2019, 『일본 내 가야논저목록편』(가야자료총서10), 창원, 국립가야문화재연구소.
國立羅州博物館, 2019, 『韓國의 長鼓墳』, 羅州, 國立羅州博物館.
朴天秀·鄭仙雲·申東浩, 2021, 『加耶, 嶺湖南을 넘다』(國立金海博物館·慶北大學校博物館企劃), 大邱, 慶北大學校博物館.
동북아역사재단 한국고중세사연구소(편), 2021, 『중국 소재 고구려 유적과 유물 Ⅰ: 압록강 중상류 1 환인』(중국 소재 고구려 유적과 유물 1), 서울, 동북아역사재단.
동북아역사재단 한국고중세사연구소(편), 2021, 『중국 소재 고구려 유적과 유물 Ⅱ: 압록강 중상류

2 집안-신빈』(중국 소재 고구려 유적과 유물 2), 서울, 동북아역사재단.

동북아역사재단 한국고중세사연구소(편), 2021, 『중국 소재 고구려 유적과 유물 Ⅶ: 요동반도 - 태자하 유역』(중국 소재 고구려 유적과 유물 7), 서울, 동북아역사재단.

동북아역사재단 한국고중세사연구소(편), 2021, 『중국 소재 고구려 유적과 유물 Ⅷ: 혼하 - 요하 중상류』(중국 소재 고구려 유적과 유물 8), 서울, 동북아역사재단.

동북아역사재단 한국고중세사연구소(편), 2021, 『중국 소재 고구려 유적과 유물 Ⅸ: 심양 석대자산성』(중국 소재 고구려 유적과 유물 9), 서울, 동북아역사재단.

동북아역사재단 한국고중세사연구소(편), 2021, 『중국 소재 고구려 유적과 유물 Ⅹ: 송화강 - 목단강 - 두만강 유역』(중국 소재 고구려 유적과 유물 10), 서울, 동북아역사재단.

國立羅州博物館·西都原考古博物館, 2021, 『韓·日古代橫穴式石室墓와 橫穴墓1古代 韓半島 橫穴式石室墓와 橫穴墓』, 羅州, 國立羅州博物館·西都原考古博物館.

國立羅州博物館·西都原考古博物館, 2021, 『韓·日古代橫穴式石室墓와 橫穴墓Ⅱ古代 日本列島 橫穴式石室墓와 橫穴墓』, 羅州, 國立羅州博物館·西都原考古博物館.

V. 한국韓國 발굴보고서發掘報告書

1. 경상남도慶尙南道

1) 김해시金海市

(1) 양동리고분군良洞里古墳群

國立文化財研究所, 1989,『金海 良洞里古墳發掘調査報告書』, 서울, 國立文化財研究所.

林孝澤·郭東哲, 2000,『金海良洞里古墳文化』(東義大學校博物館學術叢書7), 釜山, 東義大學校博物館.

東義大學校博物館, 2008,『金海良洞里古墳群Ⅰ』, 釜山, 東義大學校博物館.

海東文化財研究院, 2016,『金海 良洞里遺蹟: 金海 進禮~酒村間 4車路 擴·鋪裝工事敷地 內 遺蹟』, 昌原, 海東文化財研究院.

東義大學校博物館, 2017,『金海良洞里古墳群Ⅱ』(東義大學校博物館學術叢書18), 釜山, 東義大學校博物館.

東義大學校博物館, 2019,『金海良洞里古墳群Ⅲ』(東義大學校博物館學術叢書19), 釜山, 東義大學校博物館.

東義大學校博物館, 2019,『金海良洞里古墳群Ⅳ』(東義大學校博物館學術叢書20), 釜山, 東義大學校博物館.

東義大學校博物館, 2021,『金海良洞里古墳群Ⅴ』(東義大學校博物館學術叢書21), 釜山, 東義大學校博物館.

東義大學校博物館, 2022,『金海良洞里古墳群Ⅵ』(東義大學校博物館學術叢書22), 釜山, 東義大學校博物館.

韓和文物研究院, 2022,『金海良洞里古墳群』(韓和文物研究院發掘調査報告書14), 金海, 韓和文物研究院.

(2) 대성동고분군大成洞古墳群

申敬澈·金宰佑, 2000,『金海大成洞古墳群Ⅰ』(慶星大學校博物館研究叢書第4輯), 釜山, 慶星大學校博物館.

申敬澈·金宰佑·沈載龍·李映周, 2000,『金海亀旨路墳墓群』(慶星大學校博物館研究叢書第3輯), 釜山, 慶星大學校博物館.

申敬澈·金宰佑, 2000,『金海大成洞古墳群 - 概報 - 』(慶星大學校博物館研究叢書第4輯), 釜山, 慶星大學校博物館.

申敬澈·金宰佑·沈載龍·李映周, 2000,『金海大成洞古墳群周辺地域試掘調査』(慶星大學校博物館研究叢書第5輯), 釜山, 金海市·慶星大學校博物館.

申敬澈·金宰佑, 2000,『金海大成洞古墳群Ⅱ』(慶星大學校博物館研究叢書第7輯), 釜山, 慶星大學校博物館.

申敬澈·金宰佑·李在勳·河志鎬·權貴香, 2003,『金海大成洞古墳群-展示館敷地의 発掘調査 및

47·52號墳-』(慶星大學校博物館研究叢書第10輯), 釜山, 慶星大學校博物館.
金海市 大成洞古墳博物館, 2013,『金海 大成洞古墳群 : 73號墳~84號墳』, 金海, 金海市 大成洞古墳博物館.
金海市 大成洞古墳博物館, 2015,『金海 大成洞古墳群 : 85號墳~91號墳』, 金海, 金海市 大成洞古墳博物館.
大成洞古墳博物館, 2016,『金海 大成洞古墳群-92~94號墳, 支石墓-』(博物館學術叢書第17冊), 金海, 大成洞古墳博物館.
大成洞古墳博物館, 2016,『金海 大成洞古墳群-96~149號-』(博物館學術叢書第17冊), 金海, 大成洞古墳博物館.
大成洞古墳博物館, 2017,『金海 大成洞古墳群-추가 보고 및 종합 고찰-』(博物館學術叢書第19冊), 金海, 大成洞古墳博物館.

(3) 예안리고분군禮安里古墳群

鄭澄元(外), 1985,『金海礼安里古墳群 I 』(釜山大學校博物館遺蹟調査報告第8輯), 釜山, 釜山大學校博物館.
鄭澄元(外), 1993,『金海禮安里古墳群 II 』(釜山大學校博物館遺蹟調査報告第15輯), 釜山, 釜山大學校博物館.

(4) 여타 유적

申敬澈·李相憲·李海蓮·金宰佑, 1989,『金海七山洞古墳群 I - 第Ⅲ地區の発掘調査 - 』(慶星大學校博物館遺蹟調査報告第1輯), 釜山, 慶星大學校博物館.
李尚律·李昶燁·金一圭, 1998,『金海大成洞燒成遺蹟』(釜慶大學校博物館遺蹟調査報告第3輯), 釜山, 釜慶大學校博物館.
徐姈男(外), 1998,『金海鳳凰臺遺蹟』(釜山大學校博物館研究叢書第23輯), 釜山, 釜山大學校博物館.
李源鈞·李尚律, 2000,『金海龟山洞古墳』(釜慶大學校博物館研究叢書第5輯), 釜山, 釜慶大學校博物館.
全虎兌·金栄眠·金賢哲, 2001,『金海陵洞遺蹟 I - 木槨墓』(蔚山大學校博物館學術研究叢書第8輯), 蔚山, 蔚山大學校博物館·韓國土地公社.
林志暎·宋楨植·千羨幸, 2002,『金海會峴里貝塚 - 転写를 위한 試掘調査 報告書 - 』(釜山大學校人文大學考古學科學術叢書第1輯), 釜山, 釜山大學校人文大學考古學科.
慶南考古學研究所, 2005,『鳳凰土城-金海 會峴洞事務所~盆城路間 消防道路 開設區間 發掘調査 報告書-』, 晉州, 慶南考古學研究所.
三江文化財研究院, 2009,『金海 官洞里 三國時代 津址 : 金海 栗下宅地事業區間 內 發掘調査報告』, 晉州, 三江文化財研究院.
김갑진·김병표·이유진, 2014,『김해 봉황동유적』(東洋文物研究院調査研究報告第16輯), 釜山, 東

洋文物研究院.
東西文物研究院, 2015,『金海 望德里遺蹟Ⅱ上』(東西文物研究院調查研究報告第84冊), 金海, 東西文物研究院.
東西文物研究院, 2015,『金海 望德里遺蹟Ⅱ下』(東西文物研究院調查研究報告第84冊), 金海, 東西文物研究院.
東西文物研究院, 2015,『金海 望德里遺蹟Ⅲ』(東西文物研究院調查研究報告第84冊), 金海, 東西文物研究院.
東西文物研究院, 2015,『金海 望德里遺蹟Ⅳ』(東西文物研究院調查研究報告第84冊), 金海, 東西文物研究院.
慶尙文化財研究院, 2019,『金海 元支里 古墳群 3號墳 : 金海 元支里 古墳群(3號墳)緊急 發掘調查』, 晉州, 慶尙文化財研究院.
加耶文物研究院, 2020,『金海 元支里 古墳群 : M3·M4號墳』, 蔚山, 加耶文物研究院.
釜慶大學校博物館, 2020,『金海杜谷遺蹟』(釜慶大學校博物館遺蹟調查報告第8輯), 釜山, 釜慶大學校博物館.
嘉耕考古學研究所, 2022,『金海 (舊)鳳凰初等學校 教育施設敷地 內 遺蹟』, 天安, 嘉耕考古學研究所.
韓和文物研究院, 2022,『金海 鳳凰洞 240番地 遺蹟』, 金海, 韓和文物研究院.

2) 부산시釜山市

(1) 복천동고분군福泉洞古墳群

金東鎬, 1971,『東萊福泉洞第1號古墳発掘調查報告』(1970年度 古蹟調查報告), 釜山, 東亜大學校博物館.
鄭澄元·申敬澈, 1982,『東萊福泉洞古墳群Ⅰ』, 釜山, 釜山大學校博物館.
東亞大學校博物館, 1984,『上老大島 : 東萊福泉洞古墳·固城東外洞貝塚』, 釜山, 東亞大學校博物館.
釜山大學校博物館, 1989,『東萊福泉洞第2次調查概報』, 釜山, 釜山大學校博物館.
鄭澄元(外), 1990,『東萊福泉洞古墳群Ⅱ』(釜山大學校博物館遺蹟調查報告第14輯), 釜山, 釜山大學校博物館.
宋桂鉉·河仁秀·洪潽植·李賢珠, 1992,『東萊福泉洞53號墳』(釜山直轄市立博物館遺蹟調查報告書第6冊), 釜山, 釜山直轄市立博物館.
洪潽植, 1997,『東萊福泉洞93·95號墳』(釜山廣域市立博物館福泉分館研究叢書第3冊), 釜山, 釜山廣域市立博物館福泉分館.
鄭澄元·李在賢·全玉年·林志英·董鎮淑, 1996,『東萊福泉洞古墳群Ⅲ』(釜山大學校博物館遺蹟調查報告第19輯), 釜山, 釜山大學校博物館.
宋桂鉉·李海蓮, 1997,『東萊福泉洞古墳群 - 第5次発掘調查99~109號墓 - 』(釜山直轄市立博物館遺蹟調查報告書第12冊), 釜山, 釜山直轄市立博物館.

宋桂鉉·洪潽植·金恩瑩, 1999, 『東萊福泉洞古墳群 - 第6次発掘調査141~153號·朝鮮時代遺構 - 』(釜山廣域市博物館福泉分館研究叢書第7冊), 釜山, 釜山廣域市博物館福泉分館.
禹順姬·金枝秀, 2001, 『東萊福泉洞鶴巣臺古墳』, 釜山, 釜山大學校博物館.
福泉博物館, 2001, 『東萊福泉洞古墳群-52·54號-』, 釜山, 福泉博物館.
李賢珠, 2004, 『福泉洞古墳群東便整備地域試掘調査報告』(福泉博物館學術研究叢書第18輯), 釜山, 福泉博物館.
河炳巖, 2004, 『福泉洞古墳群第7次調査報告』(福泉博物館學術研究叢書第17輯), 釜山, 福泉博物館.
박현숙, 2004, 『東萊壽安洞231-2番地遺蹟』(福泉博物館學術研究叢書第19輯), 釜山, 福泉博物館.
福泉博物館, 2008, 『東萊福泉洞古墳群 : 第8次發掘調査 160~166號』, 釜山, 福泉博物館.
福泉博物館, 2010, 『東萊福泉洞古墳群 : 第8次發掘調査 167~174號』, 釜山, 福泉博物館.
福泉博物館, 2010, 『東萊福泉洞古墳群 : 第5次發掘調査 38號』, 釜山, 福泉博物館.
申敬澈(外), 2012, 『東萊福泉洞古墳群Ⅳ-35·36號墳-』(釜山大學校博物館遺蹟調査報告第37輯), 釜山, 釜山大學校博物館.
釜山大學校博物館, 2013, 『東萊福泉洞古墳群Ⅴ』, 釜山, 釜山大學校博物館.
金斗喆(外), 2013, 『東萊福泉洞古墳群Ⅴ-19·20, 25·26, 31·32號墳-』(釜山大學校博物館遺蹟調査報告第38輯), 釜山, 釜山大學校博物館.
金斗喆(外), 2013, 『東萊福泉洞古墳群Ⅵ-2·27, 8·9, 14·24號墳』(釜山大學校博物館遺蹟調査報告第39輯), 釜山, 釜山大學校博物館.
福泉博物館, 2015, 『東萊福泉洞古墳群 : 第6次發掘調査 126~132號墓』, 釜山, 福泉博物館.
金斗喆(外), 2016, 『東萊福泉洞古墳群Ⅷ-4·7·12·13, 30號墳』(釜山大學校博物館遺蹟調査報告第42輯), 釜山, 釜山大學校博物館.
안성희(외), 2017, 『東萊福泉洞古墳群Ⅸ-15·17·18·23·37號墳』(釜山大學校博物館遺蹟調査報告第43輯), 釜山, 釜山大學校博物館.
안성희(외), 2018, 『東萊福泉洞古墳群Ⅹ-41·42·43·45號墳』(釜山大學校博物館遺蹟調査報告第45輯), 釜山, 釜山大學校博物館.
안성희(외), 2019, 『東萊福泉洞古墳群Ⅺ-44, 48號墳』(釜山大學校博物館遺蹟調査報告第45輯), 釜山, 釜山大學校博物館.
福泉博物館, 2019, 『東萊福泉洞古墳群 : 第6次發掘調査 133~140號』, 釜山, 福泉博物館.
福泉博物館, 2020, 『東萊福泉洞古墳群 : 第5次發掘調査 76~84號』, 釜山, 福泉博物館.
福泉博物館, 2021, 『東萊福泉洞古墳群 : 第5次發掘調査 110~118號』, 釜山, 福泉博物館.

(2) 연산동고분군蓮山洞古墳群

安春培, 1989, 「釜山蓮山洞4號墳 發掘調査報告」, 『釜山女大史學』(第6·7合輯), 釜山, 釜山女大史學會.
釜山博物館, 2012, 『蓮山洞古墳群 -연제체육공원 조성부지 조사-』(釜山博物館學術研究叢書第34

輯), 釜山, 釜山博物館.
釜山博物館, 2012, 『蓮山洞古墳群 -고총고분 기초 조사-』(釜山博物館學術研究叢書第34輯), 釜山, 釜山博物館.
釜山博物館, 2014, 『蓮山洞 M3號墳 -연산동 고총고분군 2차 조사-』(釜山博物館學術研究叢書第41輯), 釜山, 釜山博物館.
釜山博物館, 2014, 『蓮山洞 M7·M10號墳 -연산동 고총고분군 3차 조사-』(釜山博物館學術研究叢書第44輯), 釜山, 釜山博物館.
釜山博物館, 2014, 『蓮山洞 M8號墳 -1987년도 조사-』(釜山博物館學術研究叢書第45輯), 釜山, 釜山博物館.

(3) 여타 유적

韓炳三·李健茂, 1976, 『朝島貝塚』(國立博物館古蹟調査報告第9冊), 서울, 國立中央博物館.
金廷鶴·鄭澄元, 1979, 『釜山華明洞古墳群』(釜山大學校博物館遺蹟調査報告2), 釜山大學校博物館.
尹炳鏞·林孝澤·沈奉謹, 1983, 『釜山德川洞古墳』(釜山直轄市立博物館遺蹟調査報告書第1冊), 釜山, 釜山直轄市立博物館.
尹炳鏞, 1985, 『釜山老圃洞古墳』(釜山直轄市立博物館遺蹟調査報告書第2冊), 釜山, 釜山直轄市立博物館.
尹炳鏞·宋桂鉉, 1988, 『釜山老圃洞遺蹟Ⅱ』(釜山直轄市立博物館遺蹟調査報告書第3冊), 釜山, 釜山直轄市立博物館.
鄭澄元·安在晧(外), 1988, 『釜山老圃洞遺蹟』(釜山大學校博物館遺蹟調査報告第12輯), 釜山, 釜山大學校博物館.
宋桂鉉·河仁秀, 1990, 『東萊福泉洞萊城遺蹟』(釜山直轄市立博物館遺蹟調査報告書第5冊), 釜山, 釜山直轄市立博物館.
宋桂鉉·洪潽植, 1993, 『生谷洞加達古墳群Ⅰ』(釜山直轄市立博物館遺蹟調査報告書第8冊), 釜山, 釜山直轄市立博物館.
洪潽植, 1997, 『釜山의 三韓時代遺蹟과 遺物Ⅰ - 東萊貝塚 - 』(釜山廣域市立博物館福泉分館研究叢書第2冊), 釜山, 釜山廣域市立博物館福泉分館.
洪潽植, 1998, 『釜山의 三韓時代遺蹟과 遺物Ⅱ』(釜山廣域市博物館福泉分館研究叢書第4冊), 釜山, 釜山廣域市博物館福泉分館.
宋桂鉉·董鎮淑, 1999, 『釜山의 三國時代遺蹟과 遺構』(釜山廣域市博物館福泉分館研究叢書第6冊), 釜山, 釜山廣域市博物館福泉分館.

3) 함안군咸安郡

(1) 말이산고분군末伊山古墳群

今西龍, 1920, 「慶尚北道善山郡·達城郡·高霊郡·星州郡·金泉郡, 慶尚南道咸安郡·昌寧郡調査報告」,『大正六年度古蹟調査報告』, 京城, 朝鮮総督府.
秋淵植, 1987,「咸安道項里伽耶古墳群発掘調査予報」,『嶺南考古學3』, 釜山, 嶺南考古學會.
李柱憲, 1997,『咸安道項里古墳群 I 』(學術調査報告第4輯), 昌原, 國立昌原文化財研究所.
李柱憲, 1999,『咸安道項里古墳群 II 』(學術調査報告第7輯), 昌原, 國立昌原文化財研究所.
李柱憲, 2000,『咸安道項里古墳群 III 』(學術調査報告第8輯), 昌原, 國立昌原文化財研究所.
慶南考古學研究所, 2000,『道項里末山里遺蹟』, 진주, 慶南考古學研究所.
李柱憲, 2001,『咸安道項里古墳群 IV 』(學術調査報告第13輯), 昌原, 國立昌原文化財研究所.
池炳穆·李柱憲, 2002,『咸安馬甲塚』(學術調査報告第15輯), 昌原, 國立昌原文化財研究所·咸安郡.
慶南發展研究院歷史文化센터, 2004,『함안말산리451-1번지유적, 함안말산리101-2번지유적』(慶南發展研究院歷史文化센터調査研究報告書第14冊), 慶南發展研究院 歷史文化센터.
國立昌原文化財研究所, 2004,『咸安道項里古墳群 V 』, 昌原, 國立昌原文化財研究所.
東亞細亞文化財研究院, 2008,『咸安 道項里 六號墳』, 馬山, 東亞細亞文化財研究院.
慶南發展研究院歷史文化센터, 2016,『함안 말이산100·101호분』(慶南發展研究院歷史文化센터調査研究報告書第125冊), 慶南發展研究院 歷史文化센터.
慶南發展研究院歷史文化센터, 2017,『함안 말이산 21호분』(慶南發展研究院歷史文化센터調査研究報告書第133冊), 慶南發展研究院 歷史文化센터.
國立金海博物館, 2017,『咸安 末伊山 4號墳(舊 34號墳)』, 金海, 國立金海博物館.
우리文化財研究院, 2018,『成安 末伊山古墳群 : 第25·26號墳』, 昌原, 우리文化財研究院.
경상문화재연구원, 2020,『함안 말이산 고분군 57·128호분, 석1호묘』(慶尙文化財研究院 發掘調査報告89), 경상문화재연구원.
東亞細亞文化財研究院, 2021,『咸安 末伊山 古墳群 13號墳과 周邊 古墳』(東亞細亞文化財研究院 發掘調査報告書 第127集), 東亞細亞文化財研究院.
頭流文化研究院, 2021,『咸安 末伊山 古墳群 : 咸安 末伊山 古墳群 整備事業敷地 內 遺蹟』, 金海, 頭流文化研究院.

(2) 여타 유적

趙榮濟·朴升圭·柳昌煥·李瓊子·金相哲, 1994,『咸安篁沙里墳墓群』(慶尙大學校博物館學術調査報告第9輯), 晋州, 慶尙大學校博物館.
朴東百·金亨坤·崔憲燮·兪炳一·朴文洙, 1995,『咸安梧谷里遺蹟』(昌原大學校博物館學術調査報告第9冊), 昌原, 韓國道路公社·昌原大學校博物館.
國立昌原文化財研究所, 1998,『咸安城山山城』(學術調査報告第5輯), 昌原, 國立昌原文化財研究所.
國立昌原文化財研究所, 2004,『咸安城山山城 II 』(學術調査報告第27輯), 昌原, 國立昌原文化財研究所.
國立金海博物館, 2007,『咸安于巨里土器生産遺蹟』, 金海, 國立金海博物館.
慶南發展研究院 歷史文化센터, 2017,『咸安 南門外古墳群 11號墳』, 咸安, 慶南發展研究院 歷史文化센터.

東亞細亞文化財研究院, 2020, 『咸安 安谷山城』, 昌原, 東亞細亞文化財研究院.

4) 고성군固城郡

(1) 송학동고분군松鶴洞古墳群

姜仁求, 1986, 『韓國의 前方後圓墳-舞妓山과 長鼓山 測量調査報告書-』, 서울, 韓國精神文化研究院.
沈奉謹, 2005, 『固城 松鶴洞古墳群』(古蹟調査報告第37冊), 釜山, 東亞大學校博物館.

(2) 내산리고분군內山里古墳群

國立昌原文化財研究所, 2002, 『固城內山里古墳群 I 』(學術調査報告第18輯), 昌原, 國立昌原文化財研究所.
國立昌原文化財研究所, 2005, 『固城內山里古墳群 II 』(學術調査報告第30輯), 昌原, 國立昌原文化財研究所.
國立昌原文化財研究所, 2007, 『固城內山里古墳群 III 』(學術調査報告第38輯), 昌原, 國立昌原文化財研究所.

(3) 고성패총固城貝塚

金鍾徹·徐五善·申大坤, 1992, 『固城貝塚』(國立博物館古蹟調査報告第24冊), 國立中央博物館.
김두철·박경도, 2003, 『固城東外洞遺蹟』(國立晋州博物館遺蹟調査報告書第16冊), 國立晋州博物館.

(4) 여타 유적

東亞大學校博物館, 1984, 『上老大島 : 東萊福泉洞古墳·固城東外洞貝塚』, 釜山, 東亞大學校博物館.
國立晋州博物館, 1990, 『固城栗垈里2號墳』(國立晋州博物館遺蹟調査報告書第4冊), 國立晋州博物館.
朴淳発·李相吉, 1994, 『固城蓮塘里古墳群』(慶南大學校博物館叢書5), 慶南大學校博物館.
國立晋州博物館, 2003, 『固城東外洞遺蹟』(國立晉州博物館誘蹟調査報告書 第16冊), 國立晋州博物館.

5) 사천시泗川市

鄭澄元(外), 1989, 『勒島住居址』(釜山大學校博物館遺蹟調査報告第13輯), 釜山, 釜山大學校博物館.
趙榮濟·柳昌煥·李瓊子, 1998, 『泗川月城里古墳群』(慶尚大學校博物館研究叢書第18輯), 晋州, 慶尚大學校博物館·慶南開発公社.

6) 합천군陜川郡

(1) 옥전고분군玉田古墳群

趙榮濟·朴升圭他, 1986,『陜川玉田古墳群第1次発掘調査概報』(慶尚大學校博物館調査報告第1輯), 慶尚大學校博物館.

趙榮濟, 1988,『陜川玉田古墳群Ⅰ-木槨墓』(慶尚大學校博物館調査報告第3輯), 晋州, 慶尚南道·慶尚大學校博物館.

趙榮濟·朴升圭, 1990,『陜川玉田古墳群Ⅱ-M3號墳』(慶尚大學校博物館調査報告第6輯), 晋州, 慶尚大學校博物館,

趙榮濟·朴升圭·金貞禮·柳昌煥·李瓊子, 1992,『陜川玉田古墳群Ⅲ-M1·M2號墳』(慶尚大學校博物館調査報告第7輯), 晋州, 慶尚大學校博物館.

趙榮濟·朴升圭·柳昌煥·李瓊子·金相哲, 1993,『陜川玉田古墳群Ⅳ-M4·M6·M7號墳』(慶尚大學校博物館調査報告第7輯), 晋州, 慶尚大學校博物館.

趙榮濟, 1994,『陜川玉田古墳群試掘調査報告書』(慶尚大學校博物館學術調査報告第10輯), 晋州, 慶尚大學校博物館.

趙榮濟·柳昌煥·李瓊子, 1995,『陜川玉田古墳群Ⅴ - M10·11·18號墳』(慶尚大學校博物館研究叢書第13輯), 晋州, 慶尚大學校博物館.

趙榮濟·柳昌煥·李瓊子, 1997,『陜川玉田古墳群Ⅵ-23·28號墳』(慶尚大學校博物館研究叢書第16輯), 晋州, 慶尚大學校博物館.

趙榮濟·柳昌煥·李瓊子, 1998,『陜川玉田古墳群Ⅶ-12·20·24號墳』(慶尚大學校博物館研究叢書第19輯), 晋州, 慶尚大學校博物館.

趙榮濟·柳昌煥·河承哲, 1999,『陜川玉田古墳群Ⅷ-5·7·35號墳』(慶尚大學校博物館研究叢書第21輯), 晋州, 慶尚大學校博物館.

趙榮濟·柳昌煥·河承哲, 2000,『陜川玉田古墳群Ⅸ - 67 - A·B, 73~76號墳 - 』(慶尚大學校博物館研究叢書第23輯), 晋州, 慶尚大學校博物館.

趙榮濟·柳昌煥, 2003,『陜川玉田古墳群Ⅹ』(慶尚大學校博物館研究叢書第26輯), 晋州, 慶尚大學校博物館.

趙榮濟·柳昌煥, 2011,『陜川玉田M28號墳陜川城山里城址』(慶尚大學校博物館研究叢書第31, 32輯), 晋州, 慶尚大學校博物館.

(2) 삼가고분군三嘉古墳群

沈奉謹, 1982,「陜川三嘉古墳群」(古蹟調査報告書第6冊), 釜山, 慶尚南道·東亜大學校博物館.

慶南研究院 歷史文化센터, 2013,『陜川 三嘉古墳群(Ⅱ地區)』, 咸安, 慶南研究院 歷史文化센터.

東西文物研究院, 2014,『陜川 三嘉古墳群 Ⅰ- 上·下』, 金海, 東西文物研究院.

東西文物研究院, 2014,『陜川 三嘉古墳群 Ⅱ- 上·下』, 金海, 東西文物研究院.

東西文物研究院, 2014,『陜川 三嘉古墳群 Ⅲ』, 金海, 東西文物研究院.

東西文物研究院, 2014,『陜川 三嘉古墳群 Ⅳ』, 金海, 東西文物研究院.

慶南研究院 歷史文化센터, 2021, 『陜川 三嘉古墳群 가-24號墳』, 咸安, 慶南研究院 歷史文化센터.

(3) 저포리유적苧浦里遺蹟

鄭永和·梁道栄·金龍星, 1987, 『陜川苧浦里古墳群(A地區)』(陜川댐水没地區発掘調査報告3), 慶山, 慶尚南道·嶺南大學校博物館.
朴東百·秋淵植, 1988, 『陜川苧浦里B古墳群』(昌原大學博物館學術調査報告第2冊), 昌原, 昌原大學博物館.
暁星女子大學校博物館, 1987, 「陜川苧浦里C·D地區遺蹟」, 『暁星女子大學校博物館學術調査報告書3』, 大邱, 慶尚南道·暁星女子大學校博物館.
尹容鎮, 1987, 『陜川苧浦里D地區遺蹟』(陜川댐水没地區発掘調査報告5), 大邱, 慶尚南道·慶北大學校考古人類學科.
鄭澄元(外), 1987, 『陜川苧浦里E地區遺蹟』(釜山大學校博物館遺蹟調査報告第11輯), 釜山, 釜山大學校博物館.

(4) 여타 유적

沈奉謹, 1986, 『陜川 鳳溪里古墳群』(古蹟調査報告書第13冊), 釜山, 慶尚南道·東亜大學校博物館.
金正完·任鶴鐘·権相烈·孫明助·鄭聖姫, 1987, 『陜川磻渓堤古墳群』(國立晋州博物館遺蹟調査報告書第2冊), 晋州, 慶尚南道·國立晋州博物館.
趙榮濟·朴升圭, 1987, 『陜川中磻渓墳墓群』(陜川댐水没地區発掘調査報告2), 晋州, 慶尚南道·慶尚大學校博物館.
沈奉謹, 1987, 『陜川倉里古墳群』(古蹟調査報告書第14冊), 釜山, 慶尚南道·東亜大學校博物館.
慶南發展研究院 歷史文化센터, 2005, 『陜川 大耶城 : 陜川郡 大耶城 考證을 爲한 1·2차 試掘調査 報告書』(慶南發展研究院 歷史文化센터 調査研究報告書 第27冊), 昌原, 慶南發展研究院 歷史文化센터.
東洋文物研究院, 2011, 『陜川 大耶城』(調査研究報告第2輯), 釜山, 東洋文物研究院.
東西文物研究院, 2011, 『陜川 城山里 城址』(東西文物研究院 調査研究報告書 第32冊), 金海, 東西文物研究院.
東西文物研究院, 2015, 『陜川 城山里 城址』(東西文物研究院 調査研究報告書 第82冊), 金海, 東西文物研究院.
東西文物研究院, 2018, 『陜川 城山里 城址』(東西文物研究院 調査研究報告書 第110冊), 金海, 東西文物研究院.

7) 창녕군昌寧郡

(1) 교동校洞·송현동고분군松峴洞古墳群

穴沢咊光·馬目順一, 1975, 「昌寧校洞古墳群-梅原考古資料による谷井濟一氏發掘遺物の研究-」, 『考古學雜誌』 第60卷4號, 東京, 日本考古學會.

沈奉謹·朴光春·李東注·辛勇旻·高久健二, 1992,『昌寧校洞古墳群』(東亞大學校博物館調査報告第21冊), 釜山, 東亞大學校博物館.
慶南文化財硏究院, 2006,『昌寧 松峴洞 古墳群 : 2~5號墳 試掘調査 및 6·7號墳 發掘調査』, 昌原, 慶南文化財硏究院.
國立昌原文化財硏究所, 2011,『昌寧 松峴洞 古墳群 I : 6·7號墳 發掘調査報告』, 昌原, 國立昌原文化財硏究所.
國立加耶文化財硏究所, 2013,『昌寧 校洞古墳群-駐車場造成敷地內 遺蹟 發掘調査報告』, 昌原, 國立加耶文化財硏究所.
三江文化財硏究院, 2013,『昌寧 校洞 新羅墓群 : 昌寧博物館 增築敷地 內 遺蹟 試·發掘調査』, 晉州, 三江文化財硏究院.
우리문화재연구원, 2014,『사적 제514호 昌寧校洞과 松峴洞古墳群-종합학술연구보고서-』(學術調査硏究叢書65冊), 昌原, 우리문화재연구원.
우리文化財硏究院, 2014,『昌寧 校洞과 松峴洞 古墳群 : 第1群 7號墳 및 周邊 古墳』, 昌原, 우리文化財硏究院.
國立加耶文化財硏究所, 2015,『昌寧 校洞 88號墳 發掘調査報告書』, 昌原, 國立加耶文化財硏究所.
國立金海博物館, 2015,『昌寧 校洞 7號墳』, 金海, 國立金海博物館.
慶南發展硏究院 歷史文化센터, 2017,『昌寧 校洞과 松峴洞古墳群 第III群 1-1號墳·8號墳』(慶南發展硏究院 歷史文化센터 調査硏究報告書 第135冊), 함안, 慶南發展硏究院 歷史文化센터.
東亞細亞文化財硏究院, 2020,『史蹟 第514號 昌寧 校洞과 松峴洞 古墳群 II群 41號墳과 周邊古墳』(東亞細亞文化財硏究院 發掘調査 報告書 117), 昌原, 東亞細亞文化財硏究院.
우리文化財硏究院, 2021,『昌寧 校洞과 松峴洞 古墳群 II群內 遺蹟 : 58호묘~88호묘 外』(우리文化財硏究院 學術調査報告 114冊), 昌原, 우리文化財硏究院.
우리文化財硏究院, 2021,『昌寧 校洞과 松峴洞 古墳群』(우리文化財硏究院 學術調査報告 115冊), 昌原, 우리文化財硏究院.

(2) 계성고분군桂城古墳群

李殷昌·梁道栄·金龍星·張正男, 1991,『昌寧桂城里古墳群 - 桂域1·4號墳 - 』(學術調査報告第9冊), 慶山, 嶺南大學校博物館.
鄭澄元·全玉年(編), 1995,『昌寧桂城古墳群』(釜山大學校博物館硏究叢書第18輯), 釜山, 釜山大學校博物館.
慶尙南道, 1997,『昌寧桂城里古墳群發掘調査보고』, 서울, 文化財管理局.
辛勇旻, 2000,『昌寧桂城古墳群』(湖岩美術館遺蹟発掘調査報告第6冊), 龍仁, 湖岩美術館.
慶南考古學硏究所, 2001,『昌寧 桂城 新羅高塚群』, 晉州, 慶南考古學硏究所.
慶南發展硏究院 歷史文化센터, 2017,『昌寧 桂城古墳群 2·3號墳』, 咸安, 慶南發展硏究院 歷史文化센터.
慶南發展硏究院 歷史文化센터, 2019,『昌寧 桂城古墳群 5號墳』, 咸安, 慶南發展硏究院 歷史文

化센터.
慶南發展研究院 歷史文化센터, 2020,『昌寧 桂城古墳群 整備事業敷地 內 遺蹟 - 桂城 2·3·4·5號 石槨墓 -』, 咸安, 慶南發展研究院 歷史文化센터.
慶南發展研究院 歷史文化센터, 2021,『昌寧 桂城古墳群 1號墳·15號墳』, 咸安, 慶南發展研究院 歷史文化센터.

(3) 계성리유적桂城里遺蹟

우리文化財研究院, 2008,『昌寧 桂城里 遺蹟』, 昌原, 우리文化財研究院.

(4) 동리고분군東里古墳群

한겨레文化財研究院, 2014,『昌寧 東里遺蹟』, 蔚山, 한겨레文化財研究院.

(5) 말흘리유적末屹里遺蹟

慶南考古學研究所, 2005,『昌寧 末屹里 遺蹟』, 晉州, 慶南考古學研究所.

(6) 여타 유적

金誠龜·金正完·權相烈·姜炅希, 1991,『昌寧余草里土器窯跡(Ⅰ)』(國立晋州博物館遺蹟調査報告書第7冊), 晋州, 國立晋州博物館.
慶南發展研究院歷史文化센터, 2004,『昌寧友江里古墳群』(慶南發展研究院歷史文化센터調査研究報告書第12冊), 慶南發展研究院歷史文化센터·釜山地方國土管理廳.
國立加耶文化財研究所, 2014,『昌寧 靈山古墳群』, 昌原, 國立加耶文化財研究所.
頭流文化研究院, 2017,『창녕 명리 고분군』(發掘調査報告書第26輯), 金海, 頭流文化研究院.
東亞細亞文化財研究院, 2021,『昌寧 兎川里 土器가마터』, 昌原, 東亞細亞文化財研究院.

8) 의령군宜寧郡

(1) 유곡리고분군柳谷里古墳群

慶南發展研究院 歷史文化센터, 2018,『宜寧 柳谷里古墳群 2號墳』, 咸安, 慶南發展研究院 歷史文化센터.
慶南發展研究院 歷史文化센터, 2020,『宜寧 柳谷里古墳群 3號墳』, 咸安, 慶南發展研究院 歷史文化센터.
慶南發展研究院 歷史文化센터, 2021,『宜寧 柳谷里古墳群 4號墳, 11號墳』, 咸安, 慶南發展研究院 歷史文化센터.

(2) 경산리고분군景山里古墳群

趙榮濟·柳昌煥, 2004,『宜寧景山里古墳群』(慶尚大學校博物館研究叢書第28輯), 晋州, 慶尚大學校博物館.

極東文化財硏究院, 2018,『宜寧景山里M2號墳』, 極東文化財硏究院.

(3) 여타 유적

趙榮濟·朴升圭·柳昌煥·李瓊子, 1994,『宜寧禮屯里墳墓群』(慶尙大學校博物館學術調査報告第11輯), 晋州, 慶尙大學校博物館.
趙榮濟·朴升圭·柳昌煥·李瓊子·金相哲, 1994,『宜寧中洞里古墳群』(慶尙大學校博物館學術調査報告第12輯), 晋州, 慶尙大學校博物館.
嶺南埋藏文化財硏究院, 1997,『宜寧泉谷里古墳群Ⅰ』(嶺南埋藏文化財硏究院學術調査報告第9冊), 大邱, 社團法人嶺南埋藏文化財硏究院·宜寧郡.
嶺南埋藏文化財硏究院, 1997,『宜寧泉谷里古墳群Ⅱ』(嶺南埋藏文化財硏究院學術調査報告第10冊), 大邱, 社團法人嶺南埋藏文化財硏究院·宜寧郡.
趙榮濟·柳昌煥·河承哲·孔智賢, 2000,『宜寧雲谷里古墳群』(慶尙大學校博物館硏究叢書第22輯), 晋州, 慶尙大學校博物館.
慶尙文化財硏究院, 2011,『의령 죽전리고분군』(發掘調査調査報告書第3冊), 晋州, 慶尙文化財硏究院.
慶南發展硏究院歷史文化센터, 2012,『의령 죽전리고분군』(慶南發展硏究院歷史文化센터調査硏究報告書第100冊), 慶南發展硏究院歷史文化센터.

9) 산청군山淸郡

安春培, 1983,「山淸中村里古墳発掘調査概報」,『韓國考古學年報10』, 서울, 서울大學校博物館.
趙榮濟·柳昌煥·宋永鎭, 2002,『大田 - 晋州間高速道路建設區間內山淸玉山里遺蹟 - 木槨墓 - 』(慶尙大學校博物館硏究叢書第25輯), 晋州, 韓國道路公社·慶尙大學校博物館.
趙榮濟·柳昌煥·張相甲·尹敏根, 2002,『山淸 生草古墳群』(慶尙大學校博物館硏究叢書第29輯), 晋州, 韓國道路公社·慶尙大學校博物館.
新羅大學校 博物館, 2004,『山淸 中村里 古墳群』, 釜山, 新羅大學校 博物館.
慶南發展硏究院歷史文化센터, 2004,『山淸明洞遺蹟Ⅰ』(慶南發展硏究院歷史文化센터調査硏究報告書第17冊), 창원, 慶南發展硏究院歷史文化센터.
趙榮濟·柳昌煥·張相甲·尹敏根, 2006,『山淸 生草古墳群』(慶尙大學校博物館硏究叢書第29輯), 晋州, 慶尙大學校博物館.
慶南發展硏究院 歷史文化센터, 2006,『山淸 坪村里 遺蹟 : 山淸郡 生草 반갯들 水害復舊事業地區內 遺蹟 發掘調査』, 咸安, 慶南發展硏究院 歷史文化센터.
慶南發展硏究院 歷史文化센터, 2007,『山淸 坪村里 遺蹟Ⅱ : 山淸郡 生草 반갯들 水害復舊事業地區內 遺蹟 發掘調査』, 咸安, 慶南發展硏究院 歷史文化센터.
조영제·류창환·김승신·정지선, 2008,『山淸 生草 M12·13號墳』(慶尙大學校博物館硏究叢書第31輯), 晋州, 慶尙大學校博物館.
慶南發展硏究院 歷史文化센터, 2011,『山淸 下村里遺蹟』, 咸安, 慶南發展硏究院 歷史文化센터.

慶南發展研究院 歷史文化센터, 2016,『山清 中村里古墳群 2次』, 咸安, 慶南發展研究院 歷史文化센터.
慶南發展研究院 歷史文化센터, 2019,『山清 中村里古墳群 : 山清 中村里 山206-7 太陽光發電所敷地』, 咸安, 慶南發展研究院 歷史文化센터.
嶺南文化財研究院, 2020,『山清 坪村里遺蹟 3』, 漆谷, 嶺南文化財研究院.

10) 진주시晉州市

(1) 옥봉玉峰·수정봉고분군水精峰古墳群

朝鮮総督府, 1916,『朝鮮古蹟圖譜』第三册, 京城, 朝鮮総督府.
定森秀夫·吉井秀夫·内田好昭, 1990,「韓國慶尚南道晋州水精峯2號墳·玉峯7號墳出土遺物 - 東京大學工學部建築史研究室所蔵資料の紹介 - 」,『京都文化博物館研究紀要朱雀』第3集, 京都, 京都府京都文化博物館.
慶尙文化財研究院, 2022,『晉州 水精峰 古墳群』, 晉州, 慶尙文化財研究院.

(2) 여타 유적

趙栄済·朴升圭, 1989,『晋州加佐洞古墳群1~4號墳』(慶尚大學校博物館調査報告第4輯), 晋州, 慶尚大學校博物館.
姜昊希, 1994,『晋陽武村里加耶墓』(國立晋州博物館遺蹟調査報告書第9冊), 晋州, 國立晋州博物館·晋陽郡.
慶南考古學研究所, 1999,『雨水里小加耶墓群』(慶南考古學研究所遺蹟發掘調査報告書第1冊), 晋州, 慶南考古學研究所.
慶南考古學研究所, 2005,『晋州 武村Ⅲ』, 晋州, 慶南考古學研究所.
慶南考古學研究所, 2005,『晋州 武村Ⅳ』, 晋州, 慶南考古學研究所.
三江文化財研究院, 2010,『晋州 上村里 遺蹟 : 小加耶 陶窯址』, 晉州, 三江文化財研究院.
慶尙文化財研究院, 2017,『晋州 加佐洞 山 39-6번지 遺蹟 : 신진주 역세권 개발사업지구 내 유적』(發掘調査研究叢書第60冊), 晋州, 慶尙文化財研究院.

11) 거창군居昌郡

韓永熙·金正完, 1985,「居昌末屹里古墳」,『國立博物館古蹟調査報告17』, 서울, 國立中央博物館.
慶南發展研究院歷史文化센터, 2012,『居昌 末屹里古墳群』(慶南發展研究院歷史文化센터調査研究報告書第94冊), 昌原, 慶南發展研究院歷史文化센터.
慶尙文化財研究院, 2015,『居昌 武陵里 古墳群 2 ·3 號墳』, 晉州, 慶尙文化財研究院.
東洋文物研究院, 2021,『居昌 石岡里 古墳群 M13號墳』, 密陽, 東洋文物研究院.

12) 함양군咸陽郡

金東鎬, 1972,『咸陽上柏里古墳群発掘調査報告』(1972年度古蹟調査報告), 釜山, 東亜大學校博物館.

朴鍾益·李柱憲, 1996,「咸陽蒸谷里古墳群発掘調査報告」,『年報』, 昌原, 國立昌原文化財硏究所.
釜山大學校博物館, 1986,『咸陽白川里1號墳』(釜山大學校博物館遺蹟調査報告10), 釜山, 釜山大學校博物館.
慶南發展硏究院歷史文化센터, 2007,『咸陽花山里遺蹟』(慶南發展硏究院歷史文化센터調査硏究報告書第59冊), 昌原, 慶南發展硏究院歷史文化센터.
楊花英, 2009,『咸陽 牛鳴里遺蹟』(東西文物硏究院調査硏究報告第7冊), 東西文物硏究院.
東亞細亞文化財硏究院, 2012,『咸陽 道川·松坪·玉溪里 遺蹟 咸陽 松坪里 遺蹟(追加 發掘調査)』(東亞細亞文化財硏究院 發掘調査報告書 第61·62輯), 馬山, 東亞細亞文化財硏究院.
釜山大學校博物館, 2021,『咸陽白川里古墳群』(釜山大學校博物館 硏究叢書 第47集), 釜山, 釜山大學校博物館.

13) 창원시昌原市

(1) 현동유적縣洞遺蹟

朴東百·李盛周·金亨坤, 1990,『馬山縣洞遺蹟』(昌原大學校博物館學術調査報告3), 昌原, 昌原大學校博物館.
東西文物硏究院, 2012,『馬山縣洞遺蹟』, 金海, 東西文物硏究院.

(2) 도계동고분군道溪洞古墳群

朴東百·秋淵植, 1987,『昌原道溪洞古墳群Ⅰ』(昌原大學博物館學術調査報告第1冊), 昌原, 昌原大學博物館.
林孝澤·郭東哲, 1996,『昌原道溪洞古墳群』(東義大學校博物館學術叢書4), 釜山, 東義大學校博物館.
慶南發展硏究院歷史文化센터, 2004,『昌原道溪洞遺蹟』(慶南發展硏究院歷史文化센터調査硏究報告書第26冊), 昌原, 慶南發展硏究院歷史文化센터.
東西文物硏究院, 2012,『馬山縣洞遺蹟Ⅰ』(東西文物硏究院調査硏究報告書第51冊), 金海, 東西文物硏究院.
楊花英(外), 2012,『馬山縣洞遺蹟Ⅱ』(東西文物硏究院調査硏究報告書第64冊), 金海, 東西文物硏究院.
頭流文化硏究院, 2018,『昌原 道溪洞·中洞·盤溪洞遺蹟』, 金海, 頭流文化硏究院.

(3) 석동유적石洞遺蹟

慶南文化財硏究院, 2003,『鎭海石洞遺蹟：鎭海石洞(2)住宅開發工業地域內』, 昌原, 慶南文化財硏究院.
三江文化財硏究院, 2016,『鎭海石洞遺蹟』, 晉州, 三江文化財硏究院.
배덕환(外), 2017,『昌原石洞複合遺蹟Ⅰ-Ⅵ』(東亞細亞文化財硏究院發掘調査報告書第96輯), 馬山, 東亞細亞文化財硏究院.

慶尙文化財硏究院, 2017, 『昌原石洞1-40·9-18番地 遺蹟』(發掘調査報告書 第57冊), 晋州, 慶尙文化財硏究院.

(4) 여타 유적

安春培, 1984, 『昌原三東洞甕棺墓』(釜山女子大學博物館遺蹟調査報告第1輯), 釜山, 釜山女子大學博物館.

李柱憲·金大成·兪炳一·金良美, 1994, 『昌原加音丁洞遺蹟』(學術調査報告第2輯), 昌原, 國立昌原文化財硏究所.

沈奉謹·李東注, 1996, 『鎭海龍院遺蹟(第1·2次合輯)』(古蹟調査報告書第24冊), 釜山, 韓國土地公社·東亜大學校博物館.

昌原大學校博物館, 2000, 『昌原 遷善洞古墳群』(昌原大學校博物館 學術調査報告 第三十冊), 昌原, 昌原大學校博物館.

任鶴鐘·洪鎭根·張尙勳, 2001, 『徳山一本浦間地方道路工事區間内発掘調査昌原茶戸里遺蹟』(國立博物館古蹟調査報告第32冊), 서울, 國立中央博物館·慶尙南道.

禹枝南(外), 2007, 『馬山合城洞遺蹟』, 晋州, 慶南考古學硏究所.

辛勇旻(外), 2009, 『昌原 新方里 低濕遺蹟』(東亞細亞文化財硏究院發掘調査報告書第33輯), 馬山, 東亞細亞文化財硏究院.

辛勇旻(外), 2011, 『鎭海 馬川洞 遺蹟』(東亞細亞文化財硏究院發掘調査報告書第52輯), 馬山, 東亞細亞文化財硏究院.

慶南發展硏究院歷史文化센터, 2011, 『馬山 鎭北 大坪里遺蹟』(慶南發展硏究院歷史文化센터調査硏究報告書第90冊), 昌原, 慶南發展硏究院歷史文化센터.

林東在·金東憲, 2012, 『昌原 中洞遺蹟』(東西文物硏究院調査硏究報告書第63冊), 金海, 東西文物硏究院.

楊花英·余昌炫, 2012, 『昌原 東田里遺蹟』(東西文物硏究院調査硏究報告第53冊), 東西文物硏究院.

東西文物硏究院, 2013, 『昌原 東田里古墳群』(東西文物硏究院調査硏究報告書第70冊), 金海, 東西文物硏究院.

14) 밀양시密陽市

孫明助·尹泰映, 2001, 『密陽沙村製鉄遺蹟』(國立金海博物館學術調査報告第1冊), 金海, 國立金海博物館.

密陽大學校博物館, 2004, 『密陽 月山里古墳群』(密陽大學校博物館學術調査報告第4冊), 密陽, 密陽大學校博物館·密陽市.

慶南發展硏究院歷史文化센터, 2006, 『密陽 新安遺蹟Ⅰ-Ⅱ』(慶南發展硏究院歷史文化센터調査硏究報告書第45冊), 昌原, 慶南發展硏究院歷史文化센터·釜山地方國土管理廳.

趙賢庭·黃外植, 2007, 『密陽 貴明里 三國時代 무덤군Ⅰ-Ⅲ』, 晋州, 慶南考古學硏究所.

東亞細亞文化財研究院, 2013, 『密陽 美田里複合遺蹟』(東亞細亞文化財研究院發掘調査報告書第71輯), 馬山, 東亞細亞文化財研究院.
頭流文化研究院, 2016, 『밀양 임천·금곡유적』(發掘調査報告書第17輯), 金海, 頭流文化研究院.
최경규(외), 2017, 『密陽 良東里古墳群』(東亞細亞文化財研究院發掘調査報告書第97輯), 馬山, 東亞細亞文化財研究院.

15) 울산시蔚山市

鄭澄元·李在賢(外), 1997, 『蔚山下垈遺蹟 - 古墳 Ⅰ』(釜山大學校博物館遺蹟調査報告第20輯), 釜山, 釜山大學校博物館.
徐英男·金度憲, 1998, 『蔚山下垈遺蹟 - 古墳 Ⅱ』(釜山大學校博物館研究叢書第22輯), 釜山, 釜山大學校博物館.
全虎兌·金栄珉·宋楨植, 2000, 『蔚山達川遺蹟』(蔚山大學校博物館學術研究叢書第5輯), 蔚山, 蔚山大學校博物館·釜山大學校考古學科.
蔚山發展研究院 文化財센터, 2009, 『蔚山 斑鳩洞遺蹟』, 蔚山, 蔚山發展研究院 文化財센터.

16) 하동군河東郡

趙榮濟·朴升圭·朴鍾益·姜炅希, 1990, 『河東古梨里遺蹟附.河東郡辰橋面地表調査遺蹟』(慶尚大學校博物館調査報告第5輯), 晋州, 慶尚大學校博物館.
沈奉謹, 2001, 『하동고소성시굴조사보고서』, 釜山, 東亜大學校博物館.
배덕환(외), 2012, 『河東 花心里 早田遺蹟·河東 興龍里古墳群』(東亞細亞文化財研究院發掘調査報告書第55·59輯), 馬山, 東亞細亞文化財研究院.
우리문화재연구원, 2013, 『河東 橫川里 遺蹟』(학술조사보고59책), 창원, 우리문화재연구원.
韓國文化財財團, 2016, 「河東 南山里 184-9番地 遺蹟」, 『2014年度 小規模 發掘調査 報告書 12, 慶南 3』, 서울, 韓國文化財財團.
韓半島文化財研究院, 2022, 『河東 興龍里古墳群』, 金海, 韓半島文化財研究院.

17) 양산시梁山市

小川敬吉, 1927, 「梁山夫婦塚と其遺物」, 『朝鮮總督府古蹟調査特別報告』 第5冊, 서울, 朝鮮總督府.
沈奉謹·李東注, 1996, 『鎮海龍院遺蹟(第1·2次合輯)』(古蹟調査報告書第24冊), 釜山, 韓國土地公社·東亜大學校博物館.
沈奉謹(外), 1991, 『梁山金鳥塚·夫婦塚』(古蹟調査報告書第19冊), 釜山, 東亜大學校博物館.
현창호·정현광·허선영, 2005, 『梁山 所土里 古墳群』(學術調査研究叢書第41輯), 馬山, 慶南文化財研究院.
東西文物研究院, 2012, 『梁山 上森里遺蹟 Ⅱ』(東西文物研究院調査研究報告書 第66冊), 金海, 東西文物研究院.
우리문화재연구원, 2013, 『梁山 大石里 遺蹟』(학술조사보고54책), 창원, 우리문화재연구원.

釜慶文物研究院, 2014,『梁山 檢洞 遺蹟 -본문·도면-』(古蹟調査報告第6輯), 釜山, 釜慶文物研究院.

18) 사천시泗川市

鄭澄元(外), 1989,『勒島住居址』(釜山大學校博物館遺蹟調査報告第13輯), 釜山, 釜山大學校博物館.

趙栄済·柳昌煥·李瓊子, 1998,『泗川月城里古墳群』(慶尙大學校博物館研究叢書第18輯), 晋州, 慶尙大學校博物館·慶南開発公社.

慶南考古學研究所, 2002,『泗川鳳溪里三國時代集落』, 晋州, 慶南考古學研究所.

우리文化財研究院, 2011,『泗川 香村洞遺蹟』, 昌原, 우리文化財研究院.

19) 거제시巨濟市

慶南發展研究院歷史文化센터, 2006,『巨濟 長木 古墳』(慶南發展研究院歷史文化센터調査研究報告書第40冊), 昌原, 慶南發展研究院歷史文化센터.

우리文化財研究院, 2012,『居濟 鵝州洞 1485番地 遺蹟』, 昌原, 우리文化財研究院.

우리文化財研究院, 2017,『巨濟 鵝州洞 1540-1番地 遺蹟』, 昌原, 우리文化財研究院.

20) 통영시統營市

文栢成, 2009,『統營 藍坪里遺蹟』(東西文物研究院調査研究報告書第17冊), 金海, 東西文物研究院.

2. 경상북도慶尙北道

1) 경주시慶州市

(1) 대릉원고분군大陵苑古墳群

浜田耕作·梅原末治, 1922,「慶州金冠塚とその遺寶」,『古蹟調査特別報告』本文上, 京城, 朝鮮總督府.

浜田耕作·梅原末治, 1924,「慶州金冠塚とその遺寶」,『古蹟調査特別報告』圖版上下, 京城, 朝鮮總督府.

梅原末治, 1932,「慶州金鈴塚·飾履塚發掘調査報告」,『大正十三年度古蹟調査報告』第5冊, 京城, 朝鮮總督府.

有光教一, 1934,「皇吾里54號墳甲·乙塚」,『昭和八年度古蹟調査報告』第5冊, 京城, 朝鮮總督府.

斎藤忠, 1937,「慶州皇南里第百九號墳皇吾里第十四號墳」,『昭和九年度古蹟調査報告』第5冊, 京城, 朝鮮總督府.

金載元, 1948,『慶州路西里壺杅塚과銀鈴塚』(國立博物館古蹟調査報告第1冊), 서울, 國立博物館.

金載元·金元龍, 1955,『慶州路西里雙床塚·馬塚·138號墳』(國立博物館古蹟調査報告第2冊), 서울, 國立博物館.

國立博物館編, 1964,『皇吾里4·5號古墳皇南里破壊古墳発掘調査報告』(國立博物館古蹟調査報告第5冊), 서울, 國立博物館.

金宅圭·李殷昌, 1975,『皇南洞古墳発掘調査概報』(古蹟調査報告第1冊), 慶山, 嶺南大學校博物館.

文化公報部文化財管理局編, 1974,『天馬塚発掘調査報告書』, 서울, 文化公報部文化財管理局.
金廷學·鄭澄元·林孝澤, 1980,「味鄒王陵 第七地區 古墳群 發掘調査 報告」,『慶州地區 古墳發掘調査報告書』第2輯, 文化財管理局·慶州史蹟管理事務所.
國立慶州博物館·慶北大學校博物館, 1990,『慶州月城路古墳群』, 慶州, 國立慶州博物館·慶北大學校博物館·慶州市.
文化財管理局·文化財研究所編, 1994,『皇南大塚(南墳)発掘調査報告書』, 서울, 文化財管理局·文化財研究所.
有光教一·藤井和夫, 2000,『朝鮮古蹟研究會遺稿Ⅰ慶州皇吾里第16號墳·慶州路西里215番地古墳発掘調査報告書1923-1933』, 東京, 財團法人東洋文庫.
金吉植, 2000,『慶州路東里四號墳』(日帝強占期資料調査報告1), 서울, 國立中央博物館.
朴辰一·沈秀娟, 2014,『慶州瑞鳳塚Ⅰ』(日帝強占期資料調査報告13), 서울, 國立中央博物館.
國立中央博物館, 2016,『慶州金冠塚(遺構篇)』(日帝強占期資料調査報告22), 서울, 國立中央博物館.
國立中央博物館, 2016,『慶州金冠塚(遺物篇)』(日帝強占期資料調査報告23), 서울, 國立中央博物館.
國立慶州文化財研究所, 2011,『慶州 쪽샘遺蹟 發掘調査 報告書Ⅰ(A地區)』, 慶州, 國立慶州文化財研究所.
國立慶州文化財研究所, 2012,『慶州 쪽샘地區 新羅古墳Ⅱ- C地區 發掘調査 報告書 -』, 慶州, 國立慶州文化財研究所.
國立慶州文化財研究所, 2013,『慶州 쪽샘地區 新羅古墳Ⅲ - B1號 發掘調査 報告書 -』, 慶州, 國立慶州文化財研究所.
國立慶州文化財研究所, 2016,『慶州쪽샘地區 新羅古墳遺蹟Ⅵ - B地區 試·發掘調査 報告書 -』, 慶州, 國立慶州文化財研究所.
國立慶州文化財研究所, 2016,『慶州쪽샘地區 新羅古墳遺蹟Ⅶ - B地區 連接墳 發掘調査 報告書 -』, 慶州, 國立慶州文化財研究所.
國立慶州文化財研究所, 2017,『慶州쪽샘地區 新羅古墳遺蹟Ⅷ - H·L地區 分布調査 報告書 -』, 慶州, 國立慶州文化財研究所.
國立慶州文化財研究所, 2018,『慶州쪽샘地區 新羅古墳遺蹟Ⅸ - C10號 木槨墓·C16號 積石木槨墓 發掘調査 報告書 -』, 慶州, 國立慶州文化財研究所.
國立慶州文化財研究所, 2021,『慶州쪽샘地區 新羅古墳遺蹟ⅩⅡ - H85·86號 L17·137號 發掘調査報告書 -』, 慶州, 國立慶州文化財研究所.

(2) 신라왕경新羅王京

文化財管理局·文化財研究所編, 1982,『皇龍寺発掘調査報告書』, 서울, 文化財管理局·文化財研究所.
文化財管理局文化財研究所, 1984,『皇龍寺-遺蹟發掘調査報告書Ⅰ』, 서울, 文化財管理局文化財研究所.
慶州古蹟發掘調査團, 1990,『月城垓字 發掘調査報告書Ⅰ』, 慶州, 慶州古蹟發掘調査團.
嶺南文化財研究院, 2001,『慶州龍江洞苑池遺蹟』(嶺南文化財研究院學術調査報告第30冊), 大邱, 嶺南文化財研究院·慶尚北道慶州教育廳.
國立慶州文化財研究所, 2001,『新羅王京發掘調査報告書 I 遺物圖板』, 慶州, 國立慶州文化財研究所.
國立慶州文化財研究所, 2002,『新羅王京發掘調査報告書 I 本文』, 慶州, 國立慶州文化財研究所.
金洙南(外), 2003,『慶州北門路王京遺蹟 - 試·発掘調査報告書 - 』(學術調査報告第145冊), 서울, 韓國文化財保護財團·慶州市.
國立慶州文化財研究所, 2004,『月城垓子 : 發掘調査報告書 II 』, 慶州, 國立慶州文化財研究所.
國立慶州文化財研究所, 2008,『慶州 九黃洞 皇龍寺址展示館 建立敷地內 遺蹟発掘調査報告書1』, 慶州, 國立慶州文化財研究所.
國立慶州文化財研究所, 2009,『傳 仁容寺址發掘報告書』, 慶州, 國立慶州文化財研究所.
國立慶州文化財研究所, 2012,『四天王寺 I -金堂址 発掘調査報告書』, 慶州, 國立慶州文化財研究所.
國立慶州文化財研究所, 2011,『月城垓子 : 發掘調査報告書 III(4號 垓子)』, 慶州, 國立慶州文化財研究所.
國立慶州文化財研究所, 2012,『月城垓子 : 發掘調査報告書 IV(5號 垓子)』, 慶州, 國立慶州文化財研究所.
國立慶州文化財研究所, 2013,『四天王寺 II -回廊內廊 発掘調査報告書』, 慶州, 國立慶州文化財研究所.
國立慶州文化財研究所, 2013,『傳 仁容寺址發掘報告書 II 』, 慶州, 國立慶州文化財研究所.
國立慶州文化財研究所, 2014,『四天王寺 III -回廊外廊 発掘調査報告書』, 慶州, 國立慶州文化財研究所.
國立慶州文化財研究所, 2015,『月城垓子 : 發掘調査報告書 V(라구역)』, 慶州, 國立慶州文化財研究所.
新羅文化遺産研究院, 2018,『皇龍寺 廣場과 都市 I 』, 慶州, 新羅文化遺産研究院.
新羅文化遺産研究院, 2020,『皇龍寺 廣場과 都市 II 』, 慶州, 新羅文化遺産研究院.
서라벌文化財研究院, 2022,『慶州 東部史蹟地帶 水路整備 및 石橋復元工事敷地(2次)·撥川 整備復元 事業敷地(3次) 內 遺跡 發掘調査 報告書』, 慶州, 서라벌文化財研究院.

(3) 감은사感恩寺

金載元(外), 1961,『感恩寺址発掘調査報告書』, 서울, 乙酉文化社.
國立慶州文化財研究所, 1997,『感恩寺發掘調査報告書』, 慶州, 國立慶州文化財研究所.

(4) 조양동고분군朝陽洞古墳群

韓炳三·朴方龍·金吉植·徐正珠, 2000,『慶州朝陽洞遺蹟 I 』(國立慶州博物館學術調査報告第11冊), 慶州, 國立慶州博物館.
鄭聖喜·金吉植·李漢祥·金賢姬, 2003,『慶州朝陽洞遺蹟 II 』(國立慶州博物館學術調査報告第13冊), 慶州, 國立慶州博物館.

(5) 황성동유적隍城洞遺蹟

朴文洙·孫明助他, 1999,『慶州隍城洞524-9番地溶解爐跡』, 慶州, 國立慶州博物館.

李白圭·李在煥·金允喜, 2000,『慶州隍城洞遺蹟Ⅲ·Ⅳ』(慶北大學校博物館學術調査報告第26冊), 大邱, 慶北大學校博物館.

金鍾徹·金世基·李世主, 2000,『慶州隍城洞遺蹟Ⅴ』(啓明大學校博物館遺蹟調査報告第10輯), 大邱, 啓明大學校博物館.

金洙南(外), 2002,『慶州隍城洞遺蹟 - 537-1·10, 537-4·535-8, 544-1·6番地発掘調査報告書 - 』(學術調査報告第132冊), 慶州, 韓國文化財保護財團·慶州市.

金洙南(外), 2003,『慶州隍城洞遺蹟Ⅰ - 河辺路開設區間発掘調査報告書 - 』(學術調査報告第141冊), 서울, 韓國文化財保護財團·慶州市.

黃尙周·安在晧·金鎬詳·黃昌漢, 2002,『隍城洞古墳群』(東國大學校慶州캠퍼스博物館研究叢書第8冊), 慶州, 東國大學校慶州캠퍼스博物館.

國立慶州博物館學芸研究室編, 2002,『慶州隍城洞古墳群Ⅱ - 513·545番地 - 』(國立慶州博物館學術調査報告第14冊), 慶州, 國立慶州博物館.

(6) 여타 유적

嶺南文化財研究院學, 1999,『慶州舍羅里遺蹟Ⅰ - 積石木槨墓·石槨墓 - 』(嶺南文化財研究院學術調査報告第19冊), 大邱, 嶺南文化財研究院.

嶺南文化財研究院, 2001,『慶州舍羅里遺蹟Ⅱ - 木棺墓、住居址』(嶺南文化財研究院學術調査報告第32冊), 大邱, 嶺南文化財研究院.

嶺南文化財研究院, 2002,『慶州九於里古墳群Ⅰ - 積石木槨墓·石室墳 - 』(嶺南文化財研究院學術調査報告第42冊), 大邱, 嶺南文化財研究院.

國立慶州博物館學芸研究室編, 2002,『國立慶州博物館敷地内発掘調査報告書 - 美術館敷地及び連結通路敷地 - 』(國立慶州博物館學術調査報告第15冊), 慶州, 國立慶州博物館.

2) 고령군高靈郡

(1) 지산동고분군池山洞古墳群

朝鮮総督府, 1916,『朝鮮古蹟圖譜』第三册, 京城, 朝鮮総督府.

今西龍, 1920,「慶尙北道善山郡·達城郡·高靈郡·星州郡·金泉郡, 慶尙南道咸安郡·昌寧郡調査報告」,『大正六年度古蹟調査報告』, 京城, 朝鮮総督府.

浜田耕作·梅原末治, 1922,「慶尙北道星州郡·高靈郡, 慶尙南道昌寧郡古蹟調査報告」,『大正七年度古蹟調査報告』, 京城, 朝鮮総督府.

尹容鎭·金鍾徹, 1979,『大伽耶古墳発掘調査報告書』, 高靈, 高靈郡.

金鍾徹, 1981,『高靈池山洞古墳群 32~35號墳·周辺石槨墓』(啓明大學校博物館遺蹟調査報告第1輯), 大邱, 啓明大學校博物館.

金誠亀·金弘柱·金圭東·楊夏錫, 1996,『主山城地表調査報告書』(國立大邱博物館學術調査報告第1冊), 大邱, 國立大邱博物館·高霊郡.
嶺南埋藏文化財研究院, 1998, 『高霊池山洞30號墳』(嶺南埋蔵文化財研究院學術調査報告第13冊), 大邱, 社團法人嶺南埋蔵文化財研究院·高霊郡.
嶺南埋藏文化財研究院, 2000, 『大伽耶歷史館新築敷地內-高霊池山洞古墳群-』, 大邱, 高霊郡.
慶尚北道文化財研究院, 2000, 『大伽耶歷史館新築敷地内高霊池山洞古墳群』(學術調査報告第6冊), 慶山, 慶尚北道文化財研究院·高霊郡.
有光教一·藤井和夫, 2002, 『朝鮮古蹟研究會遺稿II 公州宋山里第29號墳 高霊主山第39號墳発掘調査報告1933, 1939』, 東京, ユネスコ東アジア文化研究センター·財團法人東洋文庫.
嶺南大學校博物館, 2004, 『高靈 池山洞古墳群』, 慶山, 嶺南大學校博物館.
嶺南埋藏文化財研究院, 2006, 『高霊池山洞古墳群Ⅰ』(嶺南埋蔵文化財研究院學術調査報告第70冊), 大邱, 財團法人嶺南埋蔵文化財研究院·高霊郡.
嶺南埋藏文化財研究院, 2006, 『高霊池山洞古墳群Ⅱ』(嶺南埋蔵文化財研究院學術調査報告第108冊), 大邱, 財團法人嶺南埋蔵文化財研究院·高霊郡.
嶺南埋藏文化財研究院, 2006, 『高霊池山洞古墳群Ⅲ』(嶺南埋蔵文化財研究院學術調査報告第109冊), 大邱, 財團法人嶺南埋蔵文化財研究院·高霊郡.嶺南埋藏文化財研究院, 2006, 『高霊池山洞古墳群Ⅳ』(嶺南埋蔵文化財研究院學術調査報告第110冊), 大邱, 財團法人嶺南埋蔵文化財研究院·高霊郡.
嶺南埋藏文化財研究院, 2006, 『高霊池山洞古墳群Ⅴ』(嶺南埋蔵文化財研究院學術調査報告第111冊), 大邱, 財團法人嶺南埋蔵文化財研究院·高霊郡.
嶺南埋藏文化財研究院, 2006, 『高霊池山洞古墳群Ⅵ』(嶺南埋蔵文化財研究院學術調査報告第112冊), 大邱, 財團法人嶺南埋蔵文化財研究院·高霊郡.
朴天秀(外), 2009, 『高靈 池山洞44號墳 : 大伽倻王陵』, 大邱, 慶北大學校 博物館.
大東文化財研究院, 2012, 『高靈 池山洞 第73~75號墳』, 大邱, 大東文化財研究院.
國立加耶文化財研究所, 2016, 『高靈 池山洞古墳群 518號墳 發掘調査報告書』, 昌原, 國立加耶文化財研究所.
大東文化財研究院, 2020, 『高靈 池山洞 大加耶古墳群Ⅰ』, 大邱, 大東文化財研究院.
忠淸文化財研究院, 2021, 『史蹟 第79號 高靈 池山洞 古墳群 第604號墳 精密發掘調査 報告書』, 公州, 忠淸文化財研究院.

(2) 고아동고분군古衙洞古墳群

金英夏·尹容鎮, 1966, 『仁同·不老洞, 高霊古衙古墳発掘調査報告』(慶北大學校博物館叢刊第2冊), 大邱, 慶北大學校博物館.
金元龍·金正基, 1967, 「高霊壁画古墳調査報告」, 『韓國考古2』, 서울, 서울大學校文理大學考古人類學科.
金世基·曹永鉉·金秉柱, 1985, 『高霊古衙洞壁画古墳実測調査報告』(啓明大學校博物館遺蹟調査報告第2輯), 大邱, 啓明大學校出版部.

(3) 여타 유적

李殷昌, 1982,「新羅伽耶土器窯址」,『暁星女子大學博物館學術調査報告1』, 하양, 暁星女子大學校博物館.

金鍾徹·金世基·曹永鉉·金秉柱外, 1995,『高霊本館洞古墳群第34·35·36號墳 및 石槨墓群』(啓明大學校博物館遺蹟調査報告第4輯), 大邱, 啓明大學校博物館.

嶺南埋蔵文化財研究院, 1996,『高霊快賓洞古墳群』(嶺南埋蔵文化財研究院學術調査報告第3冊), 大邱, 社團法人嶺南埋蔵文化財研究院.

嶺南文化財研究院, 2002,『高霊桃津里古墳群』(嶺南文化財研究院學術調査報告第45冊), 大邱, 嶺南文化財研究院.

慶北大學校博物館, 2006,『傳 大伽耶宮城址』, 大邱, 慶北大學校博物館.

大東文化財研究院, 2014,『高靈 主山城 Ⅰ』, 星州, 大東文化財研究院.

嶺南文化財研究院, 2017,『高靈 松林里 大加耶 土器가마 遺蹟』, 漆谷, 嶺南文化財研究院.

大東文化財研究院, 2017,『高靈 主山城 Ⅱ』, 大邱, 大東文化財研究院.

大東文化財研究院, 2019,『高靈 烽火山 遺蹟』, 大邱, 大東文化財研究院.

3) 대구시大邱市

(1) 비산내당동고분군飛山內堂洞古墳群(달성고분군達城古墳群)

小泉顧夫·野守健, 1930,「慶尙北道達城郡大達西面邱古墳調査報告」,『大正12年度古蹟調査報告第1冊』, 京城, 朝鮮古蹟研究會.

朝鮮古蹟研究會, 1940,「大邱に於ける古墳の調査」,『昭和13年度古蹟調査報告』, 朝鮮古蹟研究會.

金龍星·金大煥, 2002,『達城古墳發掘調査-大邱廣域市西歐飛山4洞202-1番地遺蹟』, 嶺南大學校博物館.

李在煥·金基玉, 2003,「大邱達城古墳群殘存遺蹟-大邱市飛山4洞200-82番地遺蹟-」,『大邱花園城山里1號墳』(慶北大學校博物館學術叢書29), 大邱, 慶北大學校博物館.

(2) 여타 유적

金宅圭·李殷昌, 1978,『鳩岩洞古墳発掘調査報告』(古蹟調査報告第2冊), 慶山, 嶺南大學校博物館.

嶺南文化財研究院, 2000,『大邱八達洞遺蹟Ⅰ』(嶺南文化財研究院學術調査報告第20冊), 大邱, 嶺南文化財研究院.

嶺南埋蔵文化財研究院, 2001,『大邱西辺洞古墳群Ⅰ』(嶺南文化財研究院學術調査報告第40冊), 大邱, 嶺南埋蔵文化財研究院.

嶺南文化財研究院, 2003,『達城汶陽里古墳群Ⅰ』(嶺南文化財研究院學術調査報告第55冊), 大邱, 嶺南文化財研究院.

李熙濬·李在煥·井上主税·禹炳喆, 2003,『大邱花園城山里1號墳』(慶北大學校博物館學術叢書29), 大邱, 慶北大學校博物館.

4) 경산시慶山市

(1) 임당고분군林堂古墳群

權彝九·梁道栄·金龍星·姜裕信·金上益, 1991,『慶山林堂地域古墳群Ⅰ-造永1A地域-』(學術調查報告第12冊), 慶山, 嶺南大學校博物館.

鄭永和·金龍星·具滋奉·張容碩, 1994,『慶山林堂地域古墳群Ⅱ-造永EⅢ-8號墳外-』(學術調查報告第19冊), 慶山, 嶺南大學校博物館·韓國土地開発公社慶北支社.

權彝九·金龍星·金上益·金玉順外, 1998,『慶山林堂地域古墳群Ⅲ-造永1B地域-』(學術調查報告第22冊), 慶山, 嶺南大學校博物館·韓國土地公社.

韓國文化財保護財團, 1998,『慶山林堂洞遺蹟Ⅰ-A~B地區 古墳群-』, 서울, 韓國文化財保護財團.

韓國文化財保護財團, 1998,『慶山林堂洞遺蹟Ⅱ-C地區 古墳群-』, 서울, 韓國文化財保護財團.

韓國文化財保護財團, 1998,『慶山林堂洞遺蹟Ⅲ-DⅠ·Ⅲ·Ⅳ地區 古墳群-』, 서울, 韓國文化財保護財團.

韓國文化財保護財團, 1998,『慶山林堂洞遺蹟Ⅳ-DⅡ地區 古墳群-』, 서울, 韓國文化財保護財團.

韓國文化財保護財團, 1998,『慶山林堂洞遺蹟Ⅴ-DⅡ地區 古墳群-』, 서울, 韓國文化財保護財團.

韓國文化財保護財團, 1998,『慶山林堂洞遺蹟Ⅵ-E地區 古墳群-』, 서울, 韓國文化財保護財團.

嶺南大學校博物館, 1999,『慶山林堂地域古墳群Ⅳ-造永CⅠ·Ⅱ號墳-』(學術調查報告第25冊), 慶山, 嶺南大學校博物館.

嶺南文化財研究院, 1999,『慶山 林堂洞遺蹟Ⅰ-F, H地區 및 土城-』, 漆谷, 嶺南文化財研究院.

嶺南大學校博物館, 2000,『慶山林堂地域古墳群Ⅴ-造永EⅠ號墳-』(學術調查報告第35冊), 慶山, 嶺南大學校博物館.

朴升圭·張容碩·安順天, 2001,『慶山林堂洞遺蹟Ⅱ-G地區5·6號墳-』(嶺南文化財研究院學術調查報告第34冊), 大邱, 嶺南埋蔵文化財研究院.

嶺南文化財研究院, 2001,『慶山 林堂洞遺蹟Ⅲ-G地區 墳墓-』, 漆谷, 嶺南文化財研究院.

嶺南文化財研究院, 2001,『慶山 林堂洞遺蹟Ⅳ-G地區 墳墓-』, 漆谷, 嶺南文化財研究院.

鄭永和·金龍星·金大煥·孫貞美, 2002,『慶山林堂地域古墳群Ⅵ-林堂2號墳-』(學術調查報告第42冊), 慶山, 嶺南大學校博物館.

嶺南大學校博物館, 2003,『慶山林堂地域古墳群Ⅶ-林堂5·6號墳-』(學術調查報告第44冊), 慶山, 嶺南大學校博物館.

鄭永和·金龍星·金大煥·安柄權·金鉉珍, 2005,『慶山林堂地域古墳群Ⅷ-林堂7號墳-』(學術調查報告第48冊), 慶山, 嶺南大學校博物館.

嶺南大學校博物館, 2013,『慶山林堂地域古墳群Ⅹ-造永EⅢ-3號墳-』(學術調查報告第57冊), 慶山, 嶺南大學校博物館.

嶺南大學校博物館, 2014,『慶山林堂地域古墳群ⅩⅠ-造永EⅢ-4號墳-』(學術調查報告第58冊), 慶山, 嶺南大學校博物館.

嶺南大學校博物館, 2015,『慶山林堂地域古墳群ⅩⅡ-造永EⅡ-1號墳-』(學術調查報告第59冊), 慶山, 嶺南大學校博物館.

嶺南大學校博物館, 2016,『慶山林堂地域古墳群ⅩⅢ-造永EⅡ-2號墳-』(學術調查報告第60

冊), 慶山, 嶺南大學校博物館.
嶺南大學校博物館, 2017, 『慶山林堂地域古墳群ⅩⅣ - 造永EⅡ - 3號墳 - 』(學術調査報告第61冊), 慶山, 嶺南大學校博物館.
嶺南大學校博物館, 2019, 『慶山林堂地域古墳群ⅩⅤ - 造永EⅡ - 4號墳 - 』(學術調査報告第62冊), 慶山, 嶺南大學校博物館.

(2) 여타 유적

李殷昌·梁道栄·張正男, 1991, 『慶山北四里古墳群』(學術調査報告第10冊), 慶山, 嶺南大學校博物館.

5) 의성군義城郡

金載元·尹武炳, 1962, 『義城塔里古墳』(國立博物館古蹟調査報告第3冊), 서울, 國立博物館.
李白圭·李在煥·金東淑, 2002, 『鶴尾里古墳(義城召文國都邑地古墳群発掘調査研究報告書Ⅰ)』(慶北大學校博物館學術叢書28), 大邱, 慶北大學校博物館·義城郡.
慶北大學校博物館, 2006, 『義城 大里里 3號墳』, 大邱, 慶北大學校博物館·義城郡.
慶尙北道文化財研究院, 2012, 『義城 大里里 二號墳』, 永川, 慶尙北道文化財研究院.
聖林文化財研究院, 2015, 『義城 大里里 45號墳』, 慶州, 聖林文化財研究院.
聖林文化財研究院, 2016, 『義城 大里里 古墳群』, 慶州, 聖林文化財研究院.
聖林文化財研究院, 2020, 『義城 大里里 44號墳』, 慶州, 聖林文化財研究院.
東國文化財研究院, 2021, 『義城 大里里 7號墳』, 慶山, 東國文化財研究院.

6) 상주시尙州市

趙詳紀·朴文濟·洪志潤·呉在鎮·朴成天·方文培·南珍珠·姜元鍾·金基民外, 1998, 『尙州新興里古墳群(Ⅰ)~(Ⅴ)』(學術調査報告第7冊), 서울, 韓國文化財保護財團·釜山地方國土管理廳.
趙詳紀·柳炯均·呉在鎮·南珍珠·姜元鍾·韓基汶·洪志潤·朴文済·方文培·宋大南·呉允淑外, 1998, 『尙州青里遺蹟(Ⅰ)~(Ⅷ)』(學術調査報告第8冊), 서울, 韓國文化財保護財團·(株)韓進重工業.
趙詳紀·韓基汶·呉在鎮·崔景溶·鄭尙姫外, 1998, 『尙州新上里古墳群』(學術調査報告第13冊), 서울, 韓國道路公社·韓國文化財保護財團.
趙詳紀·韓基汶·呉在鎮·崔景溶·鄭尙姫·金淑栄, 1999, 『尙州城洞里古墳群』(學術調査報告第40冊), 서울, 韓國文化財保護財團·韓國道路公社.
趙詳紀·呉在鎮·李文炯·宋大男, 1999, 『尙州青里遺蹟(Ⅸ·Ⅹ)』(學術調査報告第14冊), 서울, 韓國文化財保護財團·(株)韓進重工業.
柳炯均·呉在鎮·申東憲·鄭尙姫, 1999, 『尙州青里遺蹟(ⅩⅠ)』(學術調査報告第27冊), 서울, 韓國文化財保護財團·尙州市.
尹容鎮·李在景·金東淑, 2001, 『驪州 - 亀尾間中部内陸高速道路13工區區間内나區域尙州屛城洞古墳群』(學術調査報告第8冊), 慶山, 慶尙北道文化財研究院·韓國道路公社.
尹容鎮·李在景, 2001, 『尙州今突城地表調査報告書』(學術調査報告第11冊), 尙州市·慶尙北道文化財研究院.
尹容鎭·李在景, 2003, 『尙州新上里古墳群Ⅰ·Ⅱ』(學術調査報告第30冊), 慶尙北道文化財研究院, 釜山地方國土管理廳.
尹容鎭·李在景, 2003, 『尙州軒新洞古墳群』(學術調査報告第31冊), 慶尙北道文化財研究院, 釜山地方國土管理廳.
尹容鎭·李在景, 2003, 『尙州城洞里古墳群Ⅱ』(學術調査報告第32冊), 慶尙北道文化財研究院, 釜山地方國土管理廳.

7) 포항시浦項市

嶺南埋藏文化財研究院, 1998, 『浦項玉城里古墳群Ⅰ·Ⅱ - 나地區 - 』(嶺南埋藏文化財研究院學術調査報告第14冊), 大邱, 社團法人嶺南埋藏文化財研究院·浦項市.
尹炯元, 2000, 『玉城里古墳群Ⅰ - 「가」地區発掘調査報告 - 』, 慶州, 國立慶州博物館·浦項市.
世宗文化財研究院, 2019, 『浦項南城里古墳群Ⅰ區域』, (世宗文化財研究院學術調査報告73)慶山, 世宗文化財研究院.
世宗文化財研究院, 2019, 『浦項南城里古墳群Ⅱ區域本文』, (世宗文化財研究院學術調査報告73) 慶山, 世宗文化財研究院.
世宗文化財研究院, 2019, 『浦項南城里古墳群Ⅱ區域寫眞』, (世宗文化財研究院學術調査報告73) 慶山, 世宗文化財研究院.
世宗文化財研究院, 2019, 『浦項南城里古墳群 考察·맺음말·附錄』, (世宗文化財研究院學術調査報告73) 慶山, 世宗文化財研究院.

8) 영일군迎日郡

孫明助·金鍾吾·洪鎭根, 1995, 『冷水里古墳』, 慶州, 國立慶州博物館.

9) 영덕군盈德郡

崔鍾圭·朴方龍·李漢祥·朴文洙·徐正珠·金賢貞·李世英, 1999, 『盈德槐市里16號墳』, 慶州, 國立慶州博物館.

10) 칠곡군漆谷郡

李白圭·鄭昌熙, 1997, 『京釜高速鉄道大邱·慶北圏文化遺蹟発掘予備調査報告書(付録:若木古墳発掘調査再報告)』(慶北大學校博物館叢書23), 大邱, 慶北大學校博物館·韓國高速鉄道公團.

11) 영주시榮州市

李明植·李熙敦, 1995, 『順興邑内里壁画古墳発掘調査報告書』(學術調査報告第12冊), 大邱, 文化財管理局·大邱大學校博物館.

12) 안동시安東市

尹容鎭(外), 1989, 『臨河댐水没地域文化遺蹟発掘調査報告書(Ⅱ)』, 安東, 安東郡·安東大學博物館·慶北大學校博物館.

任世權·權斗奎·曺圭復, 1998, 『安東太華洞古墳群』(安東大學校博物館叢書12), 安東大學博物館·安東市.

13) 김천시金泉市

嶺南埋蔵文化財硏究院, 2001, 『金泉帽岩洞遺蹟Ⅰ』(嶺南文化財硏究院學術調査報告第38冊), 大邱, 嶺南文化財硏究院·韓國道路公社.

嶺南文化財硏究院, 2003, 『金泉帽岩洞遺蹟Ⅱ』(嶺南文化財硏究院學術調査報告第57冊), 嶺南文化財硏究院·韓國高速鐵道建設公團.

14) 선산군善山郡

낙산동고분군落山洞古墳群

曉星女子大學校博物館, 1989, 『善山落山洞古墳群地表調査報告書』(學術調査報告第4冊), 曉星女子大學校博物館.

15) 성주군星州郡

성산동고분군星山洞古墳群

浜田耕作·梅原末治, 1922, 「慶尚北道星州郡·高霊郡, 慶尚南道昌寧郡古蹟調査報告」, 『大正七年度古蹟調査報告』, 서울, 朝鮮総督府.

啓明大學校博物館, 2006, 『星州星山洞古墳群』(啓明大學校博物館遺蹟調査報告第13輯), 大邱, 啓明大學校博物館.

東國文化財硏究院, 2021, 『星州 星山洞古墳群 第22號墳』, 慶山, 東國文化財硏究院.

16) 영천시永川市

嶺南文化財硏究院, 2001, 『永川淸亭里遺蹟』(嶺南文化財硏究院學術調査報告第39冊), 嶺南文化財硏究院.

17) 청도군淸道郡

宋春永·裵漢極·朴光烈·金昌億, 1994, 『淸道尊池里D地區新羅墳墓群發掘調査報告書』, 大邱教育大學校博物館·雲門댐水沒地域發掘調査團·淸道郡.

李殷昌·朴普鉉·金奭周, 1994, 『雲門댐水沒地域文化遺蹟發掘調査報告書淸道尊池里C地區古墳群』, 大田保健專門大學博物館·雲門댐水沒地域發掘調査團·淸道郡.

慶尚北道文化財硏究院, 2006, 『淸道 鳳岐里遺蹟』(慶尚北道文化財硏究院學術調査報告第67冊), 永川, 慶尚北道文化財硏究院.

慶尙北道文化財硏究院, 2010,『淸道 聖谷里遺蹟Ⅰ』(慶尙北道文化財硏究院學術調査報告第142冊), 永川, 慶尙北道文化財硏究院.
慶尙北道文化財硏究院, 2010,『淸道 鳳岐里遺蹟Ⅱ』(慶尙北道文化財硏究院學術調査報告第142冊), 永川, 慶尙北道文化財硏究院.
慶尙北道文化財硏究院, 2010,『淸道 鳳岐里遺蹟Ⅲ』(慶尙北道文化財硏究院學術調査報告第142冊), 永川, 慶尙北道文化財硏究院.
慶尙北道文化財硏究院, 2011,『淸道 鳳岐里遺蹟Ⅳ』(慶尙北道文化財硏究院學術調査報告第168冊), 永川, 慶尙北道文化財硏究院.
慶尙北道文化財硏究院, 2011,『淸道 鳳岐里遺蹟Ⅴ』(慶尙北道文化財硏究院學術調査報告第169冊), 永川, 慶尙北道文化財硏究院.
慶尙北道文化財硏究院, 2011,『淸道 鳳岐里遺蹟Ⅵ』(慶尙北道文化財硏究院學術調査報告第170冊), 永川, 慶尙北道文化財硏究院.
慶尙北道文化財硏究院, 2019,『淸道 松西里 710番地遺蹟』(慶尙北道文化財硏究院學術調査報告第252冊), 永川, 慶尙北道文化財硏究院.

18) 군위군軍威郡

佛敎文化財硏究所, 2011,『麟角寺』(佛敎文化財硏究所學術叢書第12冊), 서울, 佛敎文化財硏究所.

19) 울릉군鬱陵郡

金元龍, 1963,『鬱陵島』(國立博物館古蹟調査報告第4冊), 서울, 乙酉文化社.

3. 전라남도全羅南道

林永珍·趙鎭先, 2000,『全南地域古墳測量報告書』, 木浦, 全羅南道.

1) 나주시羅州市

(1) 반남고분군潘南古墳群

有光敎一·澤俊一, 1940,「羅州潘南面古墳發掘調査」,『昭和十三年度朝鮮古蹟調査報告』, 京城, 朝鮮總督府.
崔夢龍, 1978,『羅州 大安里 5號 百濟石室墳 發掘 調査報告』, 羅州, 羅州郡廳.
徐聲勳·成洛俊, 1988,『羅州 潘南古墳群綜合調査報告書』(光州博物館學術叢書第13輯), 光州, 國立光州博物館·全羅南道 羅州郡.
林永珍·趙鎭先, 1996,「羅州 潘南面 新村里 4號墳의 墳丘와 周溝」,『碩晤尹容鎭敎授停年退任紀念論叢』, 大邱, 碩晤尹容鎭敎授停年退任紀念論叢刊行委院會.
崔盛洛·李正鎬·高龍圭, 2000,『紫微山城』(木浦大學校博物館學術叢書第67冊), 木浦, 木浦大學校博物館·羅州市.
尹根一·金洛中·조미순, 2001,『羅州新村里9號墳』, 서울, 國立文化財硏究所.

林永珍·趙鎭先·徐賢珠·宋恭善, 2002,『羅州德山里古墳群』(全南大學校博物館學術叢書78), 光州, 全南大學校博物館·羅州市.

(2) 복암리고분군伏岩里古墳群

林永珍·趙鎭先·徐賢珠, 1999,『伏岩里古墳群』, 光州, 全南大學校博物館·羅州市.
國立文化財硏究所, 2001,『羅州伏岩里3號墳』, 서울, 國立文化財硏究所.
國立羅州文化財硏究所, 2010,『羅州 伏岩里遺蹟Ⅰ-1~3차 발굴조사보고서-』, 羅州, 國立羅州文化財硏究所.
國立羅州文化財硏究所, 2013,『羅州 伏岩里遺蹟Ⅱ-4~6차 발굴조사보고서-』, 羅州, 國立羅州文化財硏究所.
國立羅州文化財硏究所, 2017,『羅州伏岩里丁村古墳』, 羅州, 國立羅州文化財硏究所.

(3) 여타 유적

大韓文化財硏究院, 2019,『羅州 佳興里 新興古墳』, 潭陽, 大韓文化財硏究院.
울산문화재연구원, 2021,「고속도로 제255호선 강진-광주간 건설공사(제5, 6공구)구간 내 유적(나주 유곡리 유물산포지2) 시굴조사 전문가 검토회의 자료집」, 울산, 울산문화재연구원.

2) 해남군海南郡

(1) 장고봉고분長鼓峰古墳과 주변

姜仁求, 1986,『韓國의 前方後圓墳-舞妓山과 長鼓山 測量調査報告書-』, 城南, 韓國精神文化硏究院.
國立光州博物館, 2001,『海南 方山里 長鼓峰古墳 試掘調査報告書』(國立光州博物館學術叢書第38冊), 光州, 國立光州博物館·海南郡 國立光州博物館.
國立光州博物館, 2004,『海南 龍日里 龍雲古墳』(國立光州博物館學術叢書第52冊), 光州, 國立光州博物館·海南郡國立光州博物館.

(2) 조산고분造山古墳

徐聲勳·成洛俊, 1984,『海南 月松里造山古墳』(光州博物館學術叢書第4輯), 서울, 國立光州博物館·百濟文化開發硏究院.

(3) 용두리고분龍頭里古墳

姜仁求, 1992,『삼국시대유적의 조사연구(Ⅰ)-자라봉 古墳-附 말무덤고분』, 城南, 韓國精神文化硏究院.

3) 광주시光州市

(1) 명화동고분明花洞古墳

朴仲煥, 1996,『光州 明花洞古墳』(國立光州博物館學術叢書 第29冊), 光州, 國立光州博物館·光州光域市.
國立光州博物館, 2012,『光州 明花洞古墳』, 光州, 國立光州博物館.

(2) 월계동고분月桂洞古墳

全南大學校博物館, 1994,『光州 月桂洞 長鼓墳·雙岩洞 古墳』, 光州, 全南大學校博物館.
임영진·조진선·서현주, 2003,『光州 月桂洞 長鼓墳』, 光州, 全南大學校博物館.

(3) 여타 유적

최성락·이정호·이영철, 1995,『광주오룡동유적』(목포대학교박물관학술총서제33책), 목포, 목포대학교박물관·광주광역시.
朝鮮大學校博物館, 1995,『광주 산월·뚝뫼·포산 유적』, 광주, 朝鮮大學校博物館.
林永珍·趙鎭先·徐賢珠, 1996,『光州月田洞遺蹟』, 광주, 全南大學校博物館·光州廣域市.
林永珍·徐賢珠, 1997,『光州治平洞遺蹟』, 광주, 全南大學校博物館·光州廣域市.都市開發公社.
鄭基鎭·張齊根, 1998,『光州龍鳳洞遺蹟』, 광주, 光州廣域市立民俗博物館.
林永珍·徐賢珠, 1999,『光州雙村洞住居址』, 광주, 全南大學校博物館·光州廣域市都市公社.
林永珍·徐賢珠, 1999,『光州楓岩洞·金湖洞遺蹟』, 광주, 全南大學校博物館·韓國土地公社.
李榮文·曺根佑·鄭基鎭, 1996,『光州日谷洞遺蹟』(木浦大學校博物館學術叢書第41冊), 목포, 木浦大學校博物館·光州市立博物館·韓國土地公社.
崔盛洛·李正鎬·韓玉珉, 1998,『광주벽진동월산유적』, 목포, 목포대학교박물관·철도청.
湖南文化財研究院, 2007,『光州 東林洞遺蹟Ⅲ -溝-』(湖南文化財研究院學術調査報告書第82冊), 湖南文化財研究院.

4) 영암군靈巖郡

(1) 자라봉고분

姜仁求, 1992,『삼국시대유적의 조사연구(Ⅰ)-자라봉 古墳-附 말무덤고분』, 서울, 韓國精神文化研究院.
이영철·임진아·고경진, 2015,『靈岩 泰澗里 자라봉古墳』, 潭陽, 大韓文化財研究院.

(2) 여타 유적

金元龍, 1963,『鬱陵島 附靈岩郡内洞里甕棺墓』(國立博物館古蹟調査報告第4冊), 서울, 國立博物館.
徐聲勳·成洛俊, 1984,『靈岩 萬樹里古墳群』(國立光州博物館學術叢書 第3輯), 光州, 光州博物館.
徐聲勳·成洛俊, 1986,『靈岩 内洞里 초분골 古墳』, 光州, 국립광주박물관·전라남도·영암군.
成洛俊·申相孝, 1989,『靈岩 臥牛里 甕棺墓』, 光州, 國立光州博物館·百濟文化開發研究院.
國立羅州文化財研究所, 2012,『靈巖 沃野里 方臺形古墳-제1號墳 發掘調査報告-』, 羅州, 國立羅州文化財研究所.
國立羅州文化財研究所, 2014,『靈巖 沃野里 方臺形古墳Ⅱ-제1號墳 發掘調査報告書[墳丘]』, 羅州, 國立羅州文化財研究所.

전라남도문화재단 전남문화재연구소, 2022,『영암 내동리 쌍무덤-발굴조사 중간보고서(2019·2020)-』, 무안, 전라남도문화재단 전남문화재연구소.

5) 담양군潭陽郡

영해문화재연구원, 2015,『담양 성월리 월전고분』, 나주, 영해문화재연구원.

6) 함평군咸平郡

(1) 신덕고분新德古墳

成洛俊, 1992,「咸平禮德里新德古墳緊急收拾調査略報」,『제35회전국역사학대회논문및발표요지』, 韓國考古學會.

國立光州博物館, 2021,『咸平禮德里新德古墳』(國立光州博物館學術叢書 第70輯), 國立光州博物館·全羅南道·咸平郡.

國立光州博物館, 2021,『咸平禮德里新德古墳-論考-』(國立光州博物館學術叢書 第70輯), 國立光州博物館·全羅南道·咸平郡.

(2) 마산리고분군馬山里古墳群

동신대학교문화박물관, 2015,『咸平馬山里1號墳』, 나주, 동신대학교문화박물관.

(3) 금산리방분金山里方墳

문안식·이범기·송잔선·최권호·임동중, 2015,『咸平金山里方臺形古墳』(學術叢書第1冊), 務安, 全南文化財硏究所.

이범기·곽명숙·이경민, 2021,『咸平金山里方臺形古墳-發掘中間報告書(2018·2009)-』(學術叢書第13冊), 務安, 全南文化財硏究所.

(4) 여타 유적

林永珍, 1993,『咸平月渓里石渓古墳群Ⅰ』, 光州, 全南大學校博物館·咸平郡.

林永珍, 1993,『咸平月渓里石渓古墳群Ⅱ - 1991年度発掘調査 - 』, 서울, 財團法人百済文化開発研究院.

7) 영광군靈光郡

崔盛洛·金建洙, 2000,『靈光鶴丁里·咸平龍山里遺蹟』(木浦大學校博物館學術叢書第66冊), 木浦, 木浦大學校博物館·益山地方國道管理廳.

崔盛洛·李暎澈·韓玉珉·金永熙, 2001,『靈光軍洞遺蹟』(木浦大學校博物館學術叢書第87冊), 木浦, 木浦大學校博物館·韓國道路公社.

8) 무안군務安郡

崔盛洛·李暎澈·韓玉珉, 1999,『務安 인평 古墳群』(木浦大學校博物館學術叢書第60冊), 木浦, 木浦大學校博物館·鉄道廳.

李榮文·李正鎬·李暎澈, 1997,『務安 良將里 遺蹟』, 木浦, 木浦大學校博物館·務安郡·韓國道路公社.

崔盛洛·李暎澈·尹孝南, 2000,『務安良将里遺蹟2』(木浦大學校博物館學術叢書第63冊), 木浦, 木浦大學校博物館·鉄道廳.

崔盛洛·李正鎬·尹孝男, 2002,『務安高節里古墳』(木浦大學校博物館學術叢書第91冊), 木浦, 木浦大學校博物館·益山地方國道管理廳.

9) 화순군和順郡

大韓文化財硏究院, 2019,『和順 千德里 懷德 3號墳』, 潭陽, 大韓文化財硏究院.

10) 장성군長城郡

李榮文, 1990,『長城 鈴泉里 橫穴式石室墳』, 光州, 全南大學校博物館.

全南文化財硏究院, 2018,『長城 珍原城』, 羅州, 全南文化財硏究院.

釜慶文物硏究院, 2020,『長城 珍原城 : 3次 發掘調査』, 釜山, 釜慶文物硏究院.

11) 보성군寶城郡

林永珍·趙鎭先·徐賢珠, 1998,『寶城金坪遺蹟』, 光州, 全南大學校博物館·寶城郡.

12) 장흥군長興郡

최성락·박철원·최미숙, 2000,『장흥지천리유적』, 목포, 목포대학교박물관·한국수자원공사.

13) 광양시光陽市

崔仁善·李東熙, 1998,『光陽市의 山城 - 精密地表調査報告書 - 』(順天大博物館地方文化叢書第15), 順天, 順天大學校博物館·光陽市.

鄭一·安惠英, 2010,『光陽道月里遺蹟Ⅰ』(全南文化財硏究院學術叢書第50冊), 全南文化財硏究院.

鄭一·安惠英, 2010,『光陽道月里遺蹟Ⅱ』(全南文化財硏究院學術叢書第49冊), 全南文化財硏究院.

順天大學校博物館, 2005,『光陽 馬老山城 I-建物址』, 順天, 順天大學校博物館.

順天大學校博物館, 2009,『光陽 馬老山城 Ⅱ』, 順天, 順天大學校博物館.

順天大學校博物館, 2011,『光陽 馬老山城Ⅲ-城壁, 門址, 雉』, 順天, 順天大學校博物館.

順天大學校博物館, 2012,『光陽 馬老山城 Ⅳ-建物址2』, 順天, 順天大學校博物館.

14) 여수시麗水市

崔仁善·曹根佑, 1998,『麗水의 城址 - 精密地表調査報告書 - 』(順天大博物館地方文化叢書第16), 順天, 順天大學校博物館·麗水市.

林永珍·趙鎮先·徐賢珠, 1998,『麗水美坪洞陽地遺蹟』, 光州, 全南大學校博物館·麗水市.
崔仁善·朴泰洪, 2003,『麗水市의 山城』(南道文化叢書第4), 順天, 麗水市·順天大學校南道文化研究所.
崔仁善·曹根佑·李順葉, 2003,『麗水鼓楽山城1』(順天大博物館學術資料叢書第44), 順天, 順天大學校博物館·麗水市.
順天大學校博物館, 2004,『麗水 鼓樂山城 II』, 順天, 順天大學校博物館.
曹根佑(外), 2011,『麗水竹林里車洞遺蹟 I -住居址·其他-』(馬韓文化研究院叢書45), 順天, 馬韓文化研究院.
曹根佑(外), 2011,『麗水竹林里車洞遺蹟 II -墳墓-』(馬韓文化研究院叢書46), 順天, 馬韓文化研究院.

15) 순천시順天市

順天大學校博物館, 2004,『順天 劍丹山城 I』, 順天, 順天大學校博物館.
順天大學校博物館, 2010,『順天 劍丹山城II』, 順天, 順天大學校博物館.
順天大學校博物館, 2004,『順天 金芚寺址』, 順天, 順天大學校博物館.
順天大學校博物館, 2007,『光陽 玉龍寺址 III-2·3차 발굴조사 보고서』, 順天, 順天大學校博物館.
順天大學校博物館, 2007,『光陽 玉龍寺址 IV-4차 발굴조사보고서』, 順天, 順天大學校博物館.
李東熙(外), 2008,『順天 雲坪里 遺蹟 I』(順天大學校博物館學術資料叢書第60冊), 順天, 順天大學校博物館.
李東熙(外), 2010,『順天 雲坪里 遺蹟 II』(順天大學校博物館學術資料叢書第66冊), 順天, 順天大學校博物館.
順天大學校博物館, 2014,『順天 雲坪里 遺蹟III』(順天大學校博物館學術資料叢書第70冊), 順天, 順天大學校博物館.
順天大學校博物館, 2020,『順天 雲坪里 遺蹟IV』(順天大學校博物館學術資料叢書第74冊), 順天, 順天大學校博物館.

16) 고흥군高興郡

대한문화재연구원, 2011,『高興 掌德里 獐洞遺蹟』, 光州, 대한문화재연구원.
國立羅州文化財研究所, 2014,『古興 野幕古墳』, 羅州, 國立羅州文化財研究所.
林永珍·吳東墠·姜銀珠, 2015,『高興 吉頭里 雁洞古墳』(全南大學校博物館學術叢書100), 光州, 全南大學校博物館.
馬韓文化研究院, 2016,『高興 柯也里 東村古墳』(馬韓文化研究院叢書 65), 順天, 馬韓文化研究院.
全南文化財研究所, 2019,『高興 栢峙城 1』, 務安, 全南文化財研究所.
順天大學校博物館, 2021,『高興 南洋里山城』, 順天, 順天大學校博物館.

17) 신안군新安郡

이정호·이수진·기진화·윤호남, 2015,『신안 안좌면 읍동 배널리고분군』, 羅州, 동신대학교문화박물관.

18) 완도군莞島郡

국립문화재연구소, 2001, 『완도청해진-유적발굴조사보고서Ⅰ』, 국립문화재연구소.

국립문화재연구소, 2002, 『완도청해진-유적발굴조사보고서Ⅱ』, 국립문화재연구소.

4. 전라북도全羅北道

1) 익산시益山市

(1) 왕궁리유적王宮里遺蹟

崔孟植·池炳穆·金美蘭·趙相美·金容民, 1997, 『王宮里中間発掘調査報告Ⅱ』(學術研究叢書第16輯), 扶餘, 國立扶餘文化財研究所.

崔孟植·金容民·金教年·李圭勳·趙相美·徐修敬, 2001, 『王宮里発掘中間報告Ⅲ』(國立扶餘文化財研究所學術研究叢書第27輯), 扶餘, 國立扶餘文化財研究所.

國立扶餘文化財研究所, 2002, 『益山 王宮里 發掘中間報告 Ⅳ』, 扶餘, 國立扶餘文化財研究所.

國立扶餘文化財研究所, 2006, 『王宮里 發掘中間報告Ⅴ』, 扶餘, 國立扶餘文化財研究所.

國立扶餘文化財研究所, 2008, 『王宮里 發掘中間報告Ⅵ』, 扶餘, 國立扶餘文化財研究所.

國立扶餘文化財研究所, 2010, 『王宮里Ⅶ』, 扶餘, 國立扶餘文化財研究所.

國立扶餘文化財研究所, 2012, 『王宮里 發掘中間報告Ⅷ』, 扶餘, 國立扶餘文化財研究所.

國立扶餘文化財研究所, 2018, 『王宮里XⅠ』, 扶餘, 國立扶餘文化財研究所.

國立扶餘文化財研究所, 2020, 『王宮里-발굴중간보고XⅡ』, 扶餘, 國立扶餘文化財研究所.

(2) 쌍릉雙陵

有光教一, 1979, 「扶餘陵山里傳百濟王陵·益山雙陵」, 『橿原考古學研究所論集』 4.

이문형·김중엽, 2018, 「익산 쌍릉(대왕릉: 사적 제87호) 발굴조사 개요」, 『마한백제문화』 32, 원광대학교마한백제연구소.

圓光大學校馬韓百濟研究所, 2021, 『益山 雙陵 : 調査報告書』, 益山, 圓光大學校馬韓百濟研究所.

(3) 미륵사지彌勒寺址

文化財管理局·文化財研究所編, 1989, 『彌勒寺遺蹟発掘調査報告書Ⅰ』, 서울, 文化財管理局·文化財研究所.

扶餘文化税研究所編, 1996, 『彌勒寺遺蹟発掘調査報告Ⅱ』(國立扶餘文化財研究所學術研究叢書第13輯), 扶餘, 國立扶餘文化財研究所.

崔孟植·金容民·田昌基·趙相美·裵秉宣, 2001, 『彌勒寺址西塔周辺発掘調査報告書』(國立扶餘文化財研究所學術研究叢書第28輯), 扶餘, 國立扶餘文化財研究所.

(4) 입점리고분군笠店里古墳群

문화재연구소, 1989, 『익산입점리고분』, 서울, 문화재연구소.

崔完奎·李永徳, 2001, 『益山笠店里百済古墳群 - 1998年度調査 - 』(遺蹟調査報告第50冊), 益山,圓光大學校馬韓·百済研究所·益山市.

(5) 여타 유적

崔完奎, 1995,『益山 熊浦里 百濟古墳群 - 1992, 1993年度 發掘調查』, 서울, 百濟文化開發研究院·圓光大學校博物館.

崔完奎·金鍾文·金奎正, 2000,『益山永登洞遺蹟』(遺蹟調查報告34輯), 益山, 圓光大學校馬韓·百済文化研究所·益山市.

金善基·趙相美, 2001,『益山猪土城試掘調査報告書』(遺蹟調査報告第47冊), 益山, 圓光大學校馬韓·百済文化研究所.

金善基·趙相美, 2001,『益山彌勒山城東門址周辺発掘調査報告書』(遺蹟調査報告第48冊), 益山, 圓光大學校馬韓·百済文化研究所.

2) 고창군高敞郡

(1) 봉덕리고분군鳳德里古墳群

金建洙·盧美善·梁海雄, 2003,『高敞鳳德遺蹟Ⅰ』(湖南文化財研究院學術調查報告書第15冊), 光州, (財)湖南文化財研究院·全羅北道.

金建洙·盧美善·梁海雄, 2003,『高敞鳳德遺蹟Ⅱ』(湖南文化財研究院學術調查報告書第16冊), 光州, (財)湖南文化財研究院·全羅北道.

圓光大學校馬韓·百濟文化研究所, 2015,『高敞鳳德里1號墳綜合報告書』, 益山, 圓光大學校馬韓·百濟文化研究所.

(2) 칠암리고분군七巖里古墳群

圓光大學校馬韓·百濟文化研究所, 2000,『高敞 墳丘墓』, 益山, 圓光大學校馬韓·百濟文化研究所.

大韓文化財研究院, 2017,『高敞七巖里古墳』(大韓文化財研究學術調查報告書第 冊), 潭陽, 大韓文化財研究院.

3) 남원군南原郡

(1) 두락리고분군斗洛里古墳群

尹德香·郭長根, 1989,『斗洛里』, 全州, 全北大學校博物館·南原郡.

김승옥(외), 2015,『南原 酉谷里 및 斗洛里32號墳』(全北大學校博物館叢書第57冊), 全州, 全北大學校博物館.

(2) 월산리고분군月山里古墳群

全榮來, 1983,『南原月山里古墳群發掘調查報告』, 益山, 圓光大學校馬韓·百濟文化研究所.

金奎正(外), 2012,『南原月山里古墳群-M4·M5·M6號墳-』(遺蹟調查報告第65冊), 任實, 全北文化財研究院.

(3) 청계리고분군清溪里古墳群

國立羅州文化財硏究所, 2021,『南原 淸溪里 淸溪古墳群 1號墳發掘調査報告書』, 羅州, 國立羅州文化財硏究所.

(4) 여타 유적

全榮來, 1981,『南原, 草村里古墳群發掘調査報告書』, 全州, 韓國文化財保護協會 全北道支部.

全北大學校博物館, 1994,『杏亭里古墳群』(全北大學校博物館叢書15), 全州, 全北大學校博物館叢書.

대한문화재연구원, 2012,『南原 天使洞遺蹟』, 光州, 대한문화재연구원.

4) 부안군扶安郡

國立全州博物館, 1994,『扶安 竹幕洞 祭祀遺蹟』(國立全州博物館學術博物館學術調査報告第1輯), 全州, 國立全州博物館.

5) 군산시群山市

郭長根·柳哲·韓修英, 1996,『群山助村洞古墳群』(群山大學校博物館學術叢書第4冊), 群山, 群山市·群山大學校博物館.

郭長根·趙仁振, 2004,『群山山月里遺蹟』(群山大學校博物館學術叢書34), 群山, 群山大學校博物館·群山市·文化財廳.

6) 완주군完州郡

윤덕향·강원종·장지현·이태구, 2002,『完州鳳東邑配水池施設敷地内文化遺蹟発掘調査報告書 배매산』(全北大學校博物館叢書35), 全州, 全北大學校博物館·完州郡.

全北大學校博物館, 2010,『上雲里』, 全州, 全北大學校博物館.

全州文化遺産硏究院, 2017,『완주 배매산성』, 全州, 全州文化遺産硏究院

全州文化遺産硏究院, 2020,『완주 배매산성2』, 全州, 全州文化遺産硏究院.

7) 진안군鎭安郡

尹德香·郭長根·趙仁振·盧美善·張知賢, 2001,『鎭安龍潭댐水沒地區内文化遺蹟調査報告書 I 臥亭遺蹟』(全北大學校博物館叢書22·群山大學校博物館學術叢書22), 全州, 全北大學校博物館·群山大學校博物館·鎭安郡·韓國水資源公社.

8) 장수군長水郡

郭長根·趙仁振, 2005,『長水 三峰里·東村里古墳群』, 群山, 群山大學校博物館.

全州文化遺産硏究院, 2015,『長水 三峰里 古墳群』(全州文化遺産硏究院學術叢書第17冊), 全州, 全州文化遺産硏究院.

全州文化遺産硏究院, 2015,『長水 東村里古墳群-1호분-』(全州文化遺産硏究院學術叢書第20

冊), 全州, 全州文化遺産研究院.
全州文化遺産研究院, 2017, 『장수 동촌리·삼봉리 고분군』(全州文化遺産研究院學術叢書第31冊), 全州, 全州文化遺産研究院.
全州文化遺産研究院, 2019, 『長水 東村里古墳群-30號墳-』(全州文化遺産研究院學術叢書第41冊), 全州, 全州文化遺産研究院.
郭長根·韓修英, 1998, 『長水三顧里古墳群』(群山大學校博物館學術叢書第6冊), 群山, 群山大學校博物館.
全州文化遺産研究院, 2015, 『長水 三峰里 古墳群』, 全州, 全州文化遺産研究院.
全州文化遺産研究院, 2020, 『長水三峰里古墳群-16·19號墳-』, 全州, 全州文化遺産研究院.

5. 충청남도忠清南道

1) 공주시公州市

(1) 송산리고분군宋山里古墳群

文化財管理局編, 1973, 『武寧王陵発掘調査報告書』, 서울, 文化財管理局.
有光教一·藤井和夫, 2002, 『朝鮮古蹟研究會遺稿II 公州宋山里第29號墳 高霊主山第39號墳発掘調査報告1933, 1939』, 東京, ユネスコ東アジア文化研究センター·財團法人東洋文庫.
國立公州博物館, 2010, 『武寧王陵新報告書1』, 公州, 國立公州博物館.

(2) 공산성公山城

安承周·李南奭, 1987, 『公山城 百濟推定王宮址 發掘調查報告書』, 公州, 公州師範大學博物館.
公州大學校博物館, 1990, 『公山城 城址發掘調查報告書』, 公州, 公州大學校博物館.
安承周·李南奭, 1992, 『公山城 建物址』, 公州, 公州大學校博物館.
李南奭·李勳, 1999, 『公山城 池塘』, 公州, 公州大學校博物館.
公州大學校博物館, 2016, 『公山城-城廓 發掘報告-』, 公州, 公州大學校博物館.

(3) 정지산유적艇止山遺蹟

李漢祥(外), 1999, 『艇止山』(國立公州博物館學術調查叢書第7冊), 公州, 國立公州博物館·(株)現代建設.

(4) 여타 유적

安承周·李南奭, 1990, 『公州南山里·松鶴里百済古墳発掘調査報告書 - 1987年度発掘調査 - 』, 서울, 財團法人百済文化開発研究院.
安承周·李南奭, 1993, 『公州新基洞·金鶴洞百済·高麗古墳群発掘調査報告書 - 1991年度発掘調査 - 』, 서울, 財團法人百済文化開発研究院.
李浩炯·李漢祥·文銀順, 1993, 『南穴寺址』, 公州, 國立公州博物館.
徐五善·李浩炯, 1995, 『下鳳里Ⅰ』, 公州, 國立公州博物館.

李南奭, 1997,『汾江·楮石里 古墳群』, 公州, 公州大學校博物館.
公州大學校博物館·忠淸南道 公州市, 2000,『대통사지』, 公州, 公州大學校博物館.
金鍾萬·申英浩, 2001,『公州南山里墳墓群』(國立公州博物館硏究叢書第12冊), 公州, 國立公州博物館·(株)錦湖建設.
李南奭, 2002,『山儀里百済古墳』(公州大學校博物館學術叢書02-05), 公州, 公州大學校博物館·天安 - 論山間高速道路株式會社.
李南奭·李賢淑, 2002,『安永里遺蹟』(公州大學校博物館學術叢書02-06), 公州, 公州大學校博物館·天安 - 論山間高速道路株式會社.
羅建柱, 2003,『公州安永里새터·신매遺蹟(天安 - 論山間高速道路建設敷地内文化遺蹟発掘調査報告書(Ⅲ))』((財)忠淸埋蔵文化財硏究院文化遺蹟調査報告第30輯), 公州, (財)忠淸埋蔵文化財硏究院·天安 - 論山間高速道路株式會社.
李南奭·徐程錫·李賢淑·金美先, 2003,『塩倉里古墳群』(公州大學校博物館學術叢書03-01), 公州, 公州大學校博物館·大田地方國土管理廳.
朴大淳·池珉周, 2006,『公州丹芝里遺蹟』((財)忠淸埋蔵文化財硏究院文化遺蹟調査報告第54輯), 公州, 忠淸埋蔵文化財硏究院.
忠淸南道歷史文化硏究院, 2007,『公州水村里遺蹟』(發掘調査報告書40), 公州, 忠淸南道歷史文化硏究院.

2) 부여군扶餘郡

(1) 능산리고분군陵山里古墳群

朝鮮総督府, 1916,『朝鮮古蹟圖譜』第三册, 京城, 朝鮮総督府.
梅原末治, 1937,「扶餘陵山里東古墳群の調査」,『昭和十二年度古蹟調査報告』, 서울, 朝鮮総督府.
崔孟植(外), 1998,『陵山里 - 扶餘陵山里公設運動場新築予定敷地百済古墳1·2次緊急発掘調査報告書 - 』(國立扶餘文化財硏究所學術硏究叢書第18輯), 國立扶餘文化財硏究所·扶餘郡.
國立扶餘博物館, 2018,『扶餘 陵山里 1호(東下塚)』(日帝强占期資料報告29), 扶餘, 國立扶餘博物館.
國立扶餘博物館, 2019,『扶餘 陵山里 東古墳群』(日帝强占期資料報告32), 扶餘, 國立扶餘博物館.
韓國傳統文化大學校 考古學硏究所, 2019,『扶餘 陵山里古墳群 Ⅰ(서고분군)』, 扶餘, 韓國傳統文化大學校 考古學硏究所.
韓國傳統文化大學校 考古學硏究所, 2020,『扶餘 陵山里古墳群 Ⅱ(서고분군)』, 扶餘, 韓國傳統文化大學校 考古學硏究所.

(2) 관북리유적官北里遺蹟

尹武炳, 1985,『扶餘官北里百済遺蹟発掘報告 Ⅰ』, 大田, 忠南大學校博物館·忠淸南道廳.
尹武炳, 1999,『扶餘 官北里 百濟遺蹟發掘報告 Ⅱ』, 大田, 忠南大學校博物館·忠淸南道廳.
國立扶餘文化財硏究所, 2009,『扶餘 官北里 百濟遺蹟發掘報告 Ⅲ』, 扶餘, 國立扶餘文化財硏究所.
國立扶餘文化財硏究所, 2009,『扶餘 官北里 百濟遺蹟發掘報告 Ⅳ』, 扶餘, 國立扶餘文化財硏究所.

國立扶餘文化財研究所, 2009,『扶餘 官北里 百濟遺蹟發掘報告』, 扶餘, 國立扶餘文化財研究所.

(3) 부소산성扶蘇山城

崔孟植·金智蓮, 1997,『扶蘇山城発掘調査中間報告Ⅱ』(學術研究叢書第14輯), 扶餘, 國立扶餘文化財研究所.
崔孟植, 1999,『扶蘇山城 - 整備による緊急発掘調査 - 』(國立扶餘文化財研究所學術研究叢書第20輯), 扶餘, 國立扶餘文化財研究所.
崔孟植·金智蓮·趙相美, 1999,『扶蘇山城発掘中間報告書Ⅲ』(國立扶餘文化財研究所學術研究叢書第23輯), 扶餘, 國立扶餘文化財研究所.
崔孟植·金容民·金智蓮·趙貞妊, 2000,『扶蘇山城発掘中間報告書Ⅳ』(國立扶餘文化財研究所學術研究叢書第26輯), 扶餘, 國立扶餘文化財研究所.
金容民·申種國·蘇哉潤, 2003,『扶蘇山城発掘調査報告書Ⅴ』(國立扶餘文化財研究所學術研究叢書第34輯), 扶餘, 國立扶餘文化財研究所.

(4) 나성羅城

朴淳發·成正鏞, 2000,『百済泗沘羅城』(百済研究所學術研究叢書第2輯), 大田, 忠南大學校百済研究所·扶餘郡.
朴淳發·成正鏞, 2000,『百済泗沘羅城Ⅱ』(忠南大學校百済研究所學術研究叢書第3輯), 大田, 忠南大學校百済研究所·扶餘郡.
朴淳發·董寶璟·山本孝文, 2002,『百済泗沘羅城Ⅲ』(忠南大學校百済研究所學術研究叢書第6輯), 大田, 忠南大學校百済研究所.
國立扶餘博物館, 2003,『扶餘羅城』, 扶餘, 國立扶餘博物館.
忠清文化財研究院, 2009,『扶餘 陵山里 東羅城 內·外部 遺蹟』, 公州, 忠清文化財研究院.
忠清文化財研究院, 2009,『扶餘 석목리 羅城遺蹟』, 公州, 忠清文化財研究院.
부여군문화재보존센터, 2013,『扶餘羅城-北羅城Ⅰ』.
百濟古都文化財團, 2014,『扶餘羅城 北羅城Ⅲ』, 扶餘, 百濟古都文化財團.
百濟古都文化財團, 2015,『扶餘羅城 東羅城Ⅰ-陵山里寺址區間-』, 扶餘, 百濟古都文化財團.
百濟古都文化財團, 2015,『扶餘羅城 東羅城Ⅱ-東羅城 2門址-』, 扶餘, 百濟古都文化財團.
百濟古都文化財團, 2015,『扶餘羅城 北羅城Ⅳ』, 扶餘, 百濟古都文化財團.
百濟古都文化財團, 2017,『扶餘 北羅城Ⅴ·Ⅵ』, 扶餘, 百濟古都文化財團.
百濟古都文化財團, 2017,『扶餘羅城 北羅城Ⅶ -雉城壁 內側調査-』, 扶餘, 百濟古都文化財團.
百濟古都文化財團, 2018,『扶餘羅城 東羅城Ⅲ-필서봉구간-』, 扶餘, 百濟古都文化財團.
百濟古都文化財團, 2018,『扶餘羅城 東羅城Ⅳ-陵山里山地區間 雉·城壁-』, 扶餘, 百濟古都文化財團.
百濟古都文化財團, 2020,『扶餘羅城 北羅城Ⅷ-雙北里 山地區間-』, 扶餘, 百濟古都文化財團.
百濟古都文化財團, 2021,『扶餘羅城 洞羅城Ⅴ』, 扶餘, 百濟古都文化財團.
百濟古都文化財團, 2021,『扶餘羅城 北羅城Ⅸ-雙北里 山地~佳增川 南岸 平地區間-』, 扶餘, 百濟古都文化財團.

(5) 궁남지宮南池

崔孟植·李圭勳·姜炳善·朴相珍·李鎔賢, 1999, 『宮南池』(國立扶餘文化財研究所學術研究叢書第21輯), 扶餘, 國立扶餘文化財研究所.

崔孟植·金教年·李圭勳·田昌基·鄭聖睦·沈相六·呉智娜, 2001, 『宮南池Ⅱ - 現宮南池西北便一帯 - 』(國立扶餘文化財研究所學術研究叢書第29輯), 扶餘, 國立扶餘文化財研究所.

(6) 능사陵寺

金鍾萬(外), 2000, 『陵寺 扶餘陵山里寺址発掘調査進展報告書』(國立扶餘博物館遺蹟調査報告書第8冊), 扶餘, 國立扶餘博物館·扶餘郡.

國立扶餘博物館, 2007, 『陵寺-2007 扶餘 陵山里寺址 6~8차 発掘調査報告書』, 扶餘, 國立扶餘博物館.

國立扶餘文化財研究所, 2008, 『陵寺 扶餘 陵山里寺址 10차 発掘調査報告書書』, 扶餘, 國立扶餘文化財研究所.

韓國傳統文化大學校, 2010, 『陵寺 扶餘 陵山里寺址 9차 発掘調査報告書書』, 扶餘, 韓國傳統文化大學校.

韓國傳統文化大學校, 2011, 『陵寺 扶餘 陵山里寺址 11차 発掘調査報告書書』, 扶餘, 韓國傳統文化大學校.

(7) 왕흥사지王興寺址

國立扶餘文化財研究所, 2009, 『王興寺址Ⅲ-木塔址, 金堂址 發掘調査報告書』.

(8) 여타 유적

石田茂作, 1937, 「夫餘軍守里寺址發掘調査(槪要)」, 『昭和11年度 古蹟調査報告』, 京城, 朝鮮古蹟研究會.

尹武炳, 1981, 『定林寺』, 大田, 忠南大學校博物館.

金誠亀·申光燮·金鍾萬·姜熙天, 1988, 『扶餘亭岩里窯跡(Ⅰ)』(國立扶餘博物館古蹟調査報告第2冊), 扶餘, 國立扶餘博物館.

扶餘文化財研究所, 1992, 『扶餘 楮石里 古墳群』, 扶餘, 扶餘文化財研究所.

申光燮·金鍾萬, 1992, 『扶餘錦城山百済瓦積基壇建物址発掘調査報告書』(國立扶餘博物館古蹟調査報告第3冊), 扶餘, 國立扶餘博物館.

申光燮·金鍾萬, 1992, 『扶餘亭岩里窯跡(Ⅱ)』(國立扶餘博物館古蹟調査報告第4冊), 扶餘, 國立扶餘博物館·扶餘郡.

扶餘文化財研究所, 1993, 『龍井里寺址』, 扶餘, 扶餘文化財研究所.

尹武炳, 1996, 『金剛寺扶餘郡 恩山面 琴公里 百濟寺址發掘報告』, 서울, 國立中央博物館.

李南奭, 1997, 『汾江·楮石里 古墳群』, 公州, 公州大學校博物館.

尹武炳, 1999,『扶餘官北里百済遺蹟発掘報告(Ⅱ)』(忠南大學校博物館叢書第18輯), 大田, 忠南大學校博物館·忠清南道.

崔孟植·金智蓮, 2000,『扶餘百済古墳地表調査報告書Ⅲ』(國立扶餘文化財研究所學術研究叢書第25輯), 扶餘, 國立扶餘文化財研究所.

國立扶餘文化財研究所編, 2003,『扶餘百済古墳地表調査報告書Ⅳ』(國立扶餘文化財研究所學術研究叢書第36輯), 扶餘, 國立扶餘文化財研究所.

許義行, 2003,『扶餘佳塔里·旺浦里·軍守里遺蹟』((財)忠清文化財研究院文化遺蹟調査報告第33輯), 公州, (財)忠清文化財研究院·大田地方國土管理廳.

금강문화유산연구원, 2012,『부여 가탑리 가탑들유적』.

國立扶餘文化財研究所, 2013,『帝釋寺址 發掘調査報告書Ⅱ』, 扶餘, 國立扶餘文化財研究所.

3) 논산군論山郡

安承周·李南奭, 1988,『論山六谷里百済古墳発掘調査報告書 - 1986年度発掘調査 - 』, 서울, 財團法人百済文化開発研究院.

安承周·李南奭, 1988,『論山表井里百済古墳発掘調査報告書 - 1985年度発掘調査 - 』, 서울, 財團法人百済文化開発研究院.

安承周·李南奭, 1993,『論山茅村里百済古墳群発掘調査報告書 - 1992年度発掘調査 - 』, 서울, 財團法人百済文化開発研究院.

安承周·李南奭, 1994,『論山茅村里百済古墳群発掘調査報告書(Ⅱ) - 1993年度発掘調査 - 』, 서울, 財團法人百済文化開発研究院.

4) 천안시天安市

金吉植·南宮丞·李浩炯, 1991,『天安花城里百濟墓』, 公州, 國立公州博物館.

徐五善·權五榮, 1990,「天安 清堂洞遺蹟 發掘調査報告」,『休岩里』(國立博物館古蹟調査報告第22冊), 서울, 국립중앙박물관.

徐五善·權五榮·咸舜燮, 1991,「天安 清堂洞 第2次 發掘調査報告書」,『宋菊里Ⅳ』(國立博物館 古蹟調査報告 第23冊), 서울, 국립중앙박물관.

徐五善·咸舜燮, 1992,「天安 清堂洞 第3次 發掘調査報告書」,『固城貝塚』(國立博物館 古蹟調査報告 第24冊), 서울, 국립중앙박물관.

韓永熙·咸舜燮, 1993,「天安 清堂洞 第4次 發掘調査報告」,『清堂洞』(國立博物館 古蹟調査報告第25冊), 서울, 국립중앙박물관.

함순섭·김재홍, 1995,「天安 清堂洞遺蹟 Ⅰ段階 調査報告」,『清堂洞Ⅱ』(國立博物館 古蹟調査報告 第27冊), 서울, 국립중앙박물관.

李南奭, 2000,『龍院里古墳群』, 公州, 公州大學校博物館.

柳基正·梁美玉, 2001,『天安斗井洞遺蹟(C·D地區)』((財)忠清埋蔵文化財研究院文化遺蹟調査報告第23輯), 公州, (財)忠清埋蔵文化財研究院·天安市経営開発事業所.

百濟古都文化財團, 2020, 『天安 求道里 百濟墳墓』, 扶餘, 百濟古都文化財團.

5) 서천군舒川郡

安承周·李南奭, 1991, 『舒川漆枝里百済古墳群発掘調査報告書 - 1988年度発掘調査 - 』, 서울, 財團法人百済文化開発研究院.

崔孟植, 1998, 『堂丁里』(國立扶餘文化財研究所學術研究叢書第17輯), 扶餘, 國立扶餘文化財研究所.

柳基正·朴大淳·柳昌善, 2003, 『舒川花山里古墳群』((財)忠清埋蔵文化財研究院文化遺蹟調査報告第31輯), 公州, (財)忠清埋蔵文化財研究院·礼山國道維持建設事務所.

6) 보령군保寧郡

成周鐸·車勇杰, 1984, 『保寧保寧里百済古墳発掘調査報告書』, 大田, 忠南大學校百済研究所.

李南奭·李勳, 1996, 『保寧鳴川洞百済古墳群 - 1995年度発掘調査 - 』, 서울, 財團法人百済文化開発研究院.

서오선(외), 2019, 『보령 웅천 구룡리 유적』, 백제문화재연구원.

7) 홍성군洪城郡

安承周·李南奭, 1991, 『洪城星湖里百済古墳群発掘調査報告書 - 1989年度発掘調査 - 』, 서울, 財團法人百済文化開発研究院.

8) 예산군禮山郡

예산군·충남발전연구원, 2000, 『禮山 任存城』, 예산군·충남발전연구원.

9) 대전시大田市

金吉植·李漢祥(外), 1999, 『大田月坪洞遺蹟』(國立公州博物館學術調査叢書第8冊), 公州, 國立公州博物館·忠南大學校博物館·大田廣域市上水道作業本部.

李浩炯·姜秉權, 2003, 『大田月坪洞山城』(忠清文化財研究院文化遺蹟調査報告第32輯), 公州, (財)忠清文化財研究院·大田廣域市.

10) 금산군錦山郡

朴淳發·成正鏞·姜秉權, 2002, 『錦山水塘里遺蹟』(忠南大學校百済研究所學術研究叢書第4輯), 大田, 忠南大學校百済研究所·韓國道路公社.

忠清南道歷史文化院, 2007, 『錦山 栢嶺山城 : 1·2次 發掘調査 報告書』, 公州, 忠清南道歷史文化院.

忠清南道歷史文化院, 2022, 『錦山 栢嶺山城 Ⅱ』, 公州, 忠清南道歷史文化院.

6. 충청북도忠清北道

1) 청주시清州市

(1) 신봉동고분군新鳳洞古墳群

李隆助·車勇杰, 1983,『清州 新鳳洞 百濟古墳群 發掘調査報告書』, 清州, 忠北大學校博物館.

車勇杰·禹鍾允·趙詳紀·吳允淑, 1990,「清州新鳳洞A地區土壙墓群發掘調査報告」,『清州 新鳳洞百濟古墳群 發掘調査報告書』(調査報告第24冊), 清州, 忠北大學校博物館.

車勇杰·趙詳紀·吳允淑, 1995,『清州新鳳洞古墳群』, 清州, 忠北大學校博物館.

車勇杰·趙詳紀, 1996,『清州 新鳳洞 古墳群』, 清州, 忠北大學校博物館.

車勇杰(外), 2002,『清州新鳳洞百済古墳群 - 2000年度発掘分調査報告書 - 』(調査報告第87冊), 清州, 忠北大學校博物館·清州市,

(2) 여타 유적

車勇杰·禹鍾允·趙詳紀·吳允淑, 1994,『清州 松節洞 古墳群』, 清州, 忠北大學校博物館.

車勇杰·趙詳紀, 1994,「清州 松節洞 古墳群 1次' 92年度 發掘調査報告書」,『漣川 三串里 百濟積石塚 發掘調査報告書』, 서울, 文化財研究所.

車勇杰·趙詳紀, 1995,『清州 松節洞 古墳群 發掘調査報告書』(1993年度 發掘調査), 서울, 百濟文化開發研究院.

忠北大學校博物館編, 2002,『清州鳳鳴洞遺蹟(I) - 1地區調査報告 - 』, 清州, 忠北大學校博物館·清州市.

2) 청원군清原郡

趙詳紀·吳允淑·孔敏奎·申年植·趙龍鎬, 1999,『清原梧倉遺蹟 I ~ III』(學術調査報告第23冊), 서울, 韓國文化財保護財團·韓國土地公社.

韓國文化財保護財團·韓國土地公社, 2000,『清原 梧倉遺蹟』(IV)(學術調査報告第24冊), 서울, 韓國文化財保護財團·韓國土地公社.

趙詳紀·吳允淑·趙龍鎬·申年植, 2000,『清原主城里遺蹟』(學術調査報告第78冊), 서울, 韓國文化財保護財團·忠清北道開発事業所.

車勇杰·朴重均, 2002,『清原남성골山城試掘調査報告書』(調査報告第80冊), 清州, 忠北大學校博物館·(株)寶城建設.

3) 음성군陰城郡

車勇杰·趙順欽·金珠美, 2002,『望夷山城忠北區間地表調査報告書』(中原文化研究所第29冊), 清州, 陰城郡·忠北大學校中原文化研究所.

7. 서울시

1) 몽촌토성夢村土城

夢村土城発掘調査團, 1984,『整備·復元을 위한 夢村土城発掘調査報告書』, 서울, 夢村土城發掘調查團.

夢村土城發掘調査團, 1985,『夢村土城 發掘調査報告』, 서울, 夢村土城發掘調査團.

金元龍·任孝宰·林永珍, 1987,『夢村土城 - 東北地區発掘報告』, 서울, 서울特別市·서울大學校博物館.

金元龍·任孝宰·林永珍, 1987,『夢村土城 - 東北地區発掘報告』, 서울, 서울特別市·서울大學校博物館.

金元龍·任孝宰·朴淳發, 1988,『夢村土城 - 東南地區発掘調査報告』, 서울, 서울大學校博物館.

金元龍·任孝宰·朴淳發·崔鍾澤, 1989,『夢村土城 - 西南地區発掘調査報告』, 서울, 서울大學校博物館.

漢城百濟博物館, 2016,『몽촌토성 Ⅱ』, 서울, 漢城百濟博物館.

漢城百濟博物館, 2020,『몽촌토성 Ⅲ』, 서울, 漢城百濟博物館.

2) 풍납토성風納土城

李亨求, 1997,『서울風納土城(百濟王宮)實測調査研究』, 서울, 百濟文化開發研究院.

尹根一·申熙權·崔聖愛·申鍾國, 2001,『風納土城Ⅰ現代連合住宅及1地區再建築敷地』, 서울, 國立文化財研究所.

國立文化財研究所, 2001,『風納土城 Ⅰ(동벽 발굴조사 보고서)』, 서울, 國立文化財研究所.

尹根一·申熙權·崔聖愛, 2002,『風納土城Ⅱ東壁発掘調査報告書』, 서울, 國立文化財研究所.

李南珪·權五栄·李基星(外), 2003,『風納土城Ⅲ - 삼화連立再建築事業敷地에 対한 調査報告 - 』(한신大學校博物館叢書第15冊), 烏山, 한신大學校博物館.

3) 석촌동고분군石村洞古墳群

서울大學校博物館·同考古學科, 1975,『石村洞積石塚発掘調査報告』(서울大學校考古人類學叢刊第六冊), 서울, 서울大學校博物館·同考古學科.

金元龍·裵基同, 1983,『石村洞3號墳(積石塚)発掘調査報告書』, 서울, 石村洞遺蹟発掘調査團.

石村洞遺蹟発掘調査團, 1984,『石村洞3號墳(積石塚)復元을 위한 発掘報告書』, 서울, 서울特別市·石村洞発掘調査團.

金元龍·林永珍, 1986,『石村洞3號墳東쪽古墳群 整理調査報告』(서울大學校考古人類學叢刊第十二冊), 서울, 서울大學校博物館.

石村洞発掘調査團, 1987,『石村洞古墳群発掘調査報告』, 서울, 서울特別市·石村洞発掘調査團.

金元龍·李熙濬, 1987,「서울石村洞3號墳의 年代」,『斗溪李丙燾博士九旬紀念韓國史學論叢』, 서울, 知識産業社.

金元龍·任孝宰·林永珍, 1989,『石村洞1·2號墳』(서울大學校考古人類學叢刊第十四冊), 서울, 서울大學校博物館.

漢城百濟博物館, 2019,『서울 石村洞 古墳群Ⅰ』, 서울, 漢城百濟博物館.

4) 가락동·방이동고분군可樂洞·芳荑洞古墳群

尹世英, 1971,「可樂洞 百濟古墳 第一號·第二號墳 發掘調査略報」,『考古學』第3輯, 서울, 韓國考古學會.

金秉模, 1977,「芳荑洞古墳群 - 漢江流域의 古墳과의 比較 - 」,『考古學』第4輯, 서울, 韓國考古學會.

5) 한강변 고구려유적漢江邊 高句麗遺蹟

구의동보고서 간행위원회, 1997,『한강유역의 고구려요새 - 구의동유적발굴조사 종합보고서 - 』, 서울, 도서출판 소화.

임효재·최종택·임상택·윤상덕·양시은·장은정, 2002,『아차산시루봉보루 - 발굴조사종합보고서 - 』, 서울, 서울大學校博物館·서울大學校人文學研究院·九里市·九里市文化院.

임효재·최종택·양성혁·윤상덕·장은정, 2002,『아차산제4보루 - 발굴조사종합보고서 - 』, 서울, 서울大學校博物館·서울大學校人文學研究院·九里市·九里市文化院.

8. 경기도京畿道

1) 화성시華城市

金載悅·金邱軍·辛勇旻·李根旭, 1998,『華城馬霞里古墳群』(湖岩美術館遺蹟発掘調査報告5冊), 龍仁, 湖岩美術館.

韓國精神文化研究院發掘調査團, 1994,『華城白谷里古墳』, 성남, 韓國精神文化研究院.

李鮮馥·金成南, 2000,『華城 堂下里 I 遺蹟』, 서울, 崇實大學校博物館·서울大學校博物館·韓國高速鐵道建設公團.

漢陽大學校博物館, 1998,『唐城 : 1次 發掘調査報告書』, 서울, 漢陽大學校博物館.

漢陽大學校博物館, 2001,『唐城 : 2次 發掘調査報告書』, 서울, 漢陽大學校博物館.

漢陽大學校博物館, 2018,『唐城 : 第3次 發掘調査(2015~2016年)報告書』, 서울, 漢陽大學校博物館.

漢陽大學校博物館, 2019,『唐城 : 4次 發掘調査報告書』, 서울, 漢陽大學校博物館.

漢陽大學校博物館, 2020,『唐城 : 5次 發掘調査報告書』, 서울, 漢陽大學校博物館.

漢陽大學校博物館, 2021,『唐城 : 6次 發掘調査報告書』, 서울, 漢陽大學校博物館.

2) 안성시安城市

윤내현·한창균·양현주·성현경·손기언·진소래·백종오, 1992,『망이산성 학술조사보고서』(단국대학교중앙박물관고적조사보고제13책), 서울, 단국대학교 박물관·경기도 안성군 일죽면.

한창균·신숙정·성현경·박상빈·손기언·박준범·진소래·백종오·서봉수·박성진, 1996,『망이산성발굴보고서(1)』(단국대학교중앙박물관고적조사보고제20책), 서울, 경기도안성군·단국대학교 박물관.

단국대학교박물관, 1999,『안성 망이산성 2차 발굴조사보고서』, 서울, 단국대학교 박물관·안성시.

3) 용인시龍仁市

한신大學校博物館, 1998,『龍仁 水枝 百濟 住居址』, 烏山, 한신大學校博物館.

4) 이천시利川市

湖巖美術館, 1995, 『利川 孝養山遺蹟 발굴조사 보고서』(湖巖美術館遺蹟發掘調査報告4冊), 龍仁, 湖岩美術館.

5) 연천군漣川郡

沈光注(外), 1999, 『漣川瓠蘆古壘(精密地表調査報告書)』(土地博物館學術調査叢書第2輯), 서울, 韓國土地公社土地博物館·漣川郡.

6) 파주시坡州市

李仁淑·金圭相, 1999, 『坡州舟月里遺蹟』(京畿道博物館遺蹟調査報告第1冊), 龍仁, 京畿道博物館.

7) 포천시抱川市

박경식·서영일·김호준·방유리·田福涼, 2004, 『포천반월산성-종합보고서(Ⅰ)(Ⅱ)』(매장문화재연구소학술조사총서제23책), 서울, 단국대학교매장문화재연구소·포천시.

9. 강원도江原道

1) 원주시原州市

宋義政·尹炯元, 2000, 『法泉里Ⅰ』(古蹟調査報告第31冊), 서울, 國立中央博物館.

2) 동해시東海市

辛虎雄·李相洙, 1994, 「湫岩洞B地區古墳群発掘調査報告」, 『學術叢書3 東海北坪工團造成地域文化遺蹟発掘調査報告書』, 江陵, 関東大學校博物館.

3) 강릉시江陵市

定森秀夫·白井克也, 1999, 「韓國江原道溟州下詩洞古墳群出土遺物 - 東京大學工學部建築史研究室所蔵資料の紹介 - 」, 『京都文化博物館研究紀要朱雀』 第11集, 京都, 京都文化博物館.

江原文化財研究所, 2003, 『柄山洞古墳群』, 春川, 江原文化財研究所.

江原文化財研究所, 2004, 『江陵 江門洞鐵器·新羅時代住居址』, 春川, 江原文化財研究所.

江原文化財研究所, 2007, 『江陵 草堂洞古墳群Ⅲ』, 春川, 江原文化財研究所.

濊貊文化財研究院, 2008, 『江陵 江門洞遺蹟Ⅰ』, 春川, 濊貊文化財研究院.

江陵大學校博物館, 2011, 『江陵 草堂洞古墳群』, 江陵, 江陵大學校博物館.

차재동(외), 2015, 『江陵 江門洞 新羅土城』, 춘천, 국강고고학연구소.